人文地理学

（第三版）

周尚意　王恩涌　张小林
杨新军　韩茂莉　房艳刚
刘云刚　甄　峰　张　华

编著

中国教育出版传媒集团
高等教育出版社·北京

内容提要

本书是普通高等教育"十五"国家级规划教材《人文地理学》(第二版)的修订版。本版保留了第一、二版特色,即以文化统领所有的人文事象,同时吸收了国内外最近的研究成果和资料。在理论上突出地理学的人地关系核心,在论述每类人文事象空间特征时,都将之放在人地关系地域系统中进行分析。在实践上指出了人文地理学的应用领域,指出了地理学参与社会实践的独特视角。各章除正文外,还有案例和思考题,为学习进阶提供了拓展方向。

本书可作为高等学校地理科学类专业基础课教材,也可供相关人员参考。

图书在版编目(CIP)数据

人文地理学 / 周尚意等编著. -- 3版. -- 北京:
高等教育出版社,2024.4
ISBN 978-7-04-061681-1

Ⅰ.①人… Ⅱ.①周… Ⅲ.①人文地理学 – 高等学校
– 教材 Ⅳ.①K901

中国国家版本馆CIP数据核字(2024)第007042号

Renwen Dilixue

策划编辑	陈正雄 杨 博	出版发行	高等教育出版社
责任编辑	杨 博	社 址	北京市西城区德外大街4号
封面设计	李树龙	邮政编码	100120
责任绘图	于 博	印 刷	河北信瑞彩印刷有限公司
版式设计	李树龙	开 本	787mm×1092mm 1/16
责任校对	刘丽娴	印 张	29.75
责任印制	耿 轩	字 数	620 千字
		购书热线	010-58581118
		咨询电话	400-810-0598

本书如有缺页、倒页、脱页等质量问题,请到所购图书销售部门联系调换

版权所有 侵权必究

物料号 61681-00

审图号:GS京(2023)1139号

网 址	http://www.hep.edu.cn
	http://www.hep.com.cn
网上订购	http://www.hepmall.com.cn
	http://www.hepmall.com
	http://www.hepmall.cn
版 次	2000 年 7 月第 1 版
	2024 年 4 月第 3 版
印 次	2024 年 12 月第 3 次印刷
定 价	59.00 元

第三版前言

1978年改革开放之后，中国高等学校地理专业《人文地理学》教材建设经历了40多年的历程，先后出版了多种版本。目前中国大学本科《人文地理学》教材编写已经进入创新中国教材体系的阶段，下面介绍本教材的编写思考，以及作者队伍。

一、以理解区域为教学总目标

本教材是王恩涌教授设计的内容框架，最初吸收了美国伯克利学派的地理分析视角，该学派是从美国中西部学派（midwest school）分出来的一个分支。索尔（C. O. Sauer）和哈特向（R. Hartshorne）出自美国中西部学派，索尔从该学派分出了伯克利学派，他融合了德国区域学派、景观学派的传统，以景观为抓手，综合分析区域内的各种要素构成的区域整体。哈特向与索尔的学术分歧表现为：哈特向认为文化是解释地理的途径，索尔认为地理是解释文化的途径（Howe，2016），其实两者都有道理。他们的共同之处是，他们所说的地理都隐含了区域（region）和地方（place）的含义（Claval和Entrikin，2004）。无论区域还是地方，目前都已经被学术界认定为地理学的核心概念。而今地理学中的区域研究方法已经在计量方法上超越了哈特向在《地理学的性质》和《地理学性质的透视》中阐释的方法，但是依然以不同的形式坚持着认识区域的学术目标。即便是出现了地理的"关系转向"，在强调以分析要素之间关系作为人文地理学的核心内容的研究成果中，也依然将不同尺度的区域单元作为关系的主体（Yeung，2005）。

本教材部分继承了美国中西部学派的三个传统。其一是关注人地关系。即将人文地理学的研究焦点放在人类对环境的感知、文化对人地关系认识和实践的制约，以及环境对人类活动的影响。环境是一个开放的区域系统，文化景观（cultural landscape）可以体现这个开放的区域系统对它所处地方的影响。其二是重视人地关系的时间变化。若非历史地分析文化景观演变，就不能透彻地理解文化和自然相互作用的过程。其三是以区域作为认识对象，将之作为解释人文事象的因素。索尔和他的弟子所做的研究既强调文化景观，也体现了这三个特点（Duncan，1977），例如索尔的《热带美洲生态中的人类》（Sauer，1963），以及他弟子瓦格纳（P. L. Wagner）（1953）关于哥斯达黎加尼科亚的研究，另一位弟子迈克塞尔（M. W. Mikesell）（1961）关于北摩洛哥的研究。此外还有一部学术著作最能体现这三个特点，这就是美国文化地理学和历史生态学教授格拉肯（C. J. Glacken）（1967）撰写的《罗得岛海岸的痕迹》。该书成为研究区域生态环境史的经典之作。作者审视了自希腊化时代以来，当地人们不断变化的环境观念。该书充分体现了美国地理学界中西部学派的三个研究特点。而今这样的学术传统依然指导着人文地理学的研究，例如美国地理学家联合会原主席墨菲（A. B. Murphy）（2020）教授在其新作《地理学为什么重要》一书中，列举的许多例子都体现了这三个特点。例如该书开篇介绍寻找近年来乍得湖区（Lake Chad）危机的原因，首先，他从开放的环境系统入手，看到工业国家碳排放对全球变暖的影响，这种变暖的趋势，在乍得湖流域表现为年降水量逐渐减少，当地的渔业和农业生产也因此受到打击，社会随之动荡；其次，他从历史的角度分析当地人地关系，看到牧业、农业、渔业地区的此增彼降，以及产业结构变化带来的社会冲突；最后，他将乍得湖区放在另外三个尺度的区域格局中进行分析，这三个尺度的区域分别是乍得湖周边四国、这些国家原来的殖民宗主国，以及各种国际机构。

　　王恩涌教授最初设计本教材的思路是，将所有的人类活动类型都分解为五个主题，进而深入理解每类人类活动。这五个主题是文化源地、文化扩散、文化区、文化生态、文化景观。本版在第五、六、八、九、十章较好地体现了这个思路。为了体现学科的新进展，本版在人口地理学、城市地理学、政治地理学、人文地理学面临的21世纪议题这几部分增加了较多的新内容。本教材一方面兼顾人文地理学二级分支的分析逻辑，例如经济地理学的区位论，同时又避免将各章机械拼接，因此提出以"113445"作为本教材使用者在学习各章时，不断重复采用的"思维线索"。

二、以"113445"为内容统领

（一）"11"为"一纵一横"

　　地理学的研究对象是区域，人文地理学在研究区域形成机制时有两个基本分析思路，即英国人文地理学家约翰斯顿（R. J. Johnston）（2000）复述的、赫特纳（1983：135）提出的"一纵和一横"。"一纵"是指在一个区域范围内探讨不同人文要素之间、人文要素与自然要素之间的关系，从而分析由要素关联形成的区域独特性；"一横"是从不同区域之间人文要素的相互关联，分析在关系网中各个区域的独特性。

（二）"3"为三个区域本性

区域本性是指一个区域拥有的，无法搬到其他区域的要素。区域本性之一是某地长期相对稳定的自然要素特征，如气候、地貌等。区域本性之二是长期积累在一地的实体要素组合特征，实体要素包括建筑、道路、设施、田地等。区域本性之三是发生在一地的历史事件，尤其是影响历史进程的大事件（周尚意等，2016）。人们进行区域比较，最基本的是比较主体对区域本性的认识广度和深度，以及对区域本性的价值判断（Denevan和Mathewson，2009）。区域的三个本性在空间上是不可移动的，如果其他地区没有，那么就可能成为区域发展的垄断性资源。例如，一个区域的气候、地形等自然地理特征与其他区域都不同，那么该区域种植或加工的农产品、经济作物就可能有其他地区无法生产的特殊品质；再如，中国许多大城市的发展是因为历史上长期投资建设了基础设施、大规模的建筑群，因此使得新建的城市很难在建筑总量上与之竞争，这些大规模的基础设施和建筑，为吸引后续的投资和人口提供了基础；三如，中国历史上重要事件及其发生地可以成为区域文化资源、旅游资源等。区域三个本性为区域发展提供了可能。即便有的区域可以依据三个本性作为发展的资源条件，但是区域也并非一定使用这些地方资源发展。在第五章介绍农业起源时，讲到世界上有许多动植物，但是人们根据自己多方面的考虑，尤其是成本效益的考虑，最后选择驯化其中很少的品种。在第六章介绍世界主要工业区变化时，介绍了德国的鲁尔工业区，它的煤炭资源还有，内河港口城市还存在，但是在欧盟产业结构调整的过程中当地冶金工业衰退，德国类似的城市还有纽伦堡等。

区域三个本性的分析视角与"一纵一横"的分析视角可以结合在一起。本书将自然环境和资源作为人类活动的自然舞台，这就是"一纵"的思维，我们在区域之间比较区域的三个本性的优劣，这就是"一横"的思维。我们分析区域长期积累的实体要素集合，将之作为区域发展的"本底"，这就是"一纵"的思维；人们可以比较多个区域在第二本性上的差异，从而分析各个区域投资边际效益差异，这就是"一横"的思维。将一个地区历史事件开发为区域文化产业的资源，这是"一纵"思维；分析本区域之外的人们如何看待这个区域的历史事件就是"一横"的思维，区外人的态度决定着这个历史事件在他们心中的软资产价值。以井冈山红色根据地为例，它能成为红色旅游资源，是因为中国共产党有9000多万名党员，他们带动全国人民认同井冈山红色圣地的价值，并成为这个红色旅游资源的潜在游客。

（三）第一个"4"为区域的四个圈层

在"一纵"思维中，人与自然的关系是地理学的基本问题。所谓的四个圈层是指一个自然圈层和三个人文圈层。自然圈层包括大气圈、水圈、岩石圈、生物圈。由于本课程是人文地理学，因此本书将之合为一个圈层。三个人文圈层分别是生计圈层、制度圈层和意识形态圈层。在国外人文地理教材中，将这三个圈层分别定义为technology、sociology和ideology。生计圈层与自然圈层的联系是，人们从自然圈层中获得物质和能量。制度圈层是为了更好地组织人们的生产和生活而组成的社会（society），以及制定的经济制度、法律制度、行政管理制度、俗约等。该圈层通过组织、制度、俗约等影响生计活动，间接地与自然圈层发生联系。意识形态圈层是指导人们在生计圈层和制度圈层实践的价值观、世界观、人生观和审美情趣，例如可持续发展理念、人类共同体理念、师法自然的艺术创造等。区域整体性体现为三个人文圈层和四个自然圈层组成的"七层一体"。因为是侧重分析人类活动，所以将之简化为"四层一体"（详见本书第二章）。

第二章介绍了人文地理学四层一体分析框架，以及相关的三类重要理论。第一，决定论（也称机械主义）。该理论不是强调自然对人文的决定作用，就是强调人文对自然的决定作用。现在虽然有许多批判自然决定论的研究，但是自然在某种状态下，决定论依然起着很大作用。法国年鉴学派第二代的代表人物布罗代尔（2003）将历史分为长时段、中时段和短时段，他认为长时段的历史中存在着一个稳定的结构，它控制着历史，譬如地理环境空间格局对人类活动空间格局的影响。他以地中海地区为例，说明了这种地理结构对地中海历史的影响。本书第二章介绍的布罗代尔的这个观点，可以解释俄罗斯伯朝拉煤田开发历史。在第二次世界大战期间苏联为了发展后方的军事工业，将铁路修到北极圈地区的伯朝拉煤田，促进了这个早已开挖的煤田扩大生产规模，但是从长时段的历史来看，俄罗斯经济核心地区始终不会扩展到极地地区。第二，或然论（也称有机体主义）。该理论将人地关系视为一个有机体，有机体的特征就是各个要素之间不是简单的机械关系，而是有机体中元素可以发展变化，在与外界联系的过程中，内部也相互反馈，有机体生长出新的机能、完成有机体的自我修复。例如北京城市是一个有机体，当这个有机体要发展时，它就以吸引外部资源作为发展的基础，在历史上的消费型政治中心城市的基础上，生长出生产性功能；当生产性功能超出了当地水资源的承载能力时，再通过各种途径扩大外部水资源的供给；当看到通过扩大水资源供给还不能遏制水资源供给紧张的趋势时，城市又开始鼓励节水产业、向外疏解工业。在这个不断地调节的过程中，我们看到了时而是自然决定产业，时而是产业影响自然。第三，适应论（或称为历史演化论）。该理论基本上是强调今日之人地关系，是历史发展的结果，也是未来人地关系的基础。人们不可能无视历史的基础，只能在历史基础之上发展人地关系。本书第七章中案例7-2和第十章的案例10-1就介绍了四层一体。

（四）第二个"4"为四维评价

人类社会发展离不开四个方面的价值判断：第一，推动经济高质量发展；第二，促进社会公平正义；第三，提高生态环境可持续性；第四，保持文化活力。这四个价值判断与中国共产党十九大报告提出的"五位一体"的中国特色社会主义事业总体布局一致。"五位一体"是指"经济建设、政治建设、文化建设、社会建设、生态文明建设"一体。本教材没有提到政治建设，是因为对于全人类而言，政治建设可以是实现其他四个目标的途径。人文地理学关注空间安置，而评价空间安置的维度之一是人类福祉是否增加。经济地理学的区位理论基本上是从提高生产企业效率的立场上提供判断理论工具的。评价空间安置的维度之二是社会关系是否更公平。社会地理学、政治地理学在讨论居住空间隔离、不同性别的空间使用权力、区域管治权力等方面提供了判断依据。评价空间安置的维度之三是人与自然关系是否更和谐。人口地理学中的环境承载力分析、经济地理学中的区域生态足迹分析等为此提供了分析方法。评价空间安置的维度之四是区域文化是否更有活力。文化地理学提供了地方理论，它从文化尊重、文化包容、文化创新等方面提供了区域文化活力的判断依据。

（五）"5"为五个基本的认识论

五个基本的认识论分别是：经验主义、实证主义、人文主义、结构主义和后现代主义。这些认识论与人文地理学结合，就形成了人文地理学的流派或学派。它们分别是经验－实证主义地理学或空间分析学派、人文主义地理学、结构主义地理学（含马克思主义地理学）和后现代主义地理学。将方法论单独列为一章，是中国大学本科人文地理学教材的特色。本教材第二版介绍了四种认识论，其选择的依据是约翰斯顿（2000）编写的《哲学与人文地理学》。该书第二、三、四章依次介绍了实证主义、人文主义和结构主义，第五章介绍这三种认识论的冲突与融合。本书第二版将实证主义分解为经验主义和实证主义，其实两者在认识论上基本是一脉相承的，然后再加上人文主义和结构主义。因为目前许多人文地理学研究采用了后现代主义的认识论，因此本书也将之作为基本的认识论，列在人文主义和结构主义两节的最后。除此之外，本版将第二版中的行为地理学一章，合并到第三章中，因为行为地理学被学术界视为一个流派。

经验主义和实证主义的认识论基本上是理科基础的地理学本科专业学生比

较容易掌握的入门方法，这两种方法目前在自然地理学中普遍使用，学生如果学完了部分自然地理学课程，就会比较容易地掌握先收集资料，而后做归纳分析的步骤，尤其是使用统计分析软件做统计归纳的空间模型。这两个认识论的难点在于，如果没有充足的人文地理学实践经验，可能很难确定因果分析中的主要自变量和因变量关系。

结构主义的认识论是寻找表层结构、深层结构，以及两者之间的关系。结构主义认为深层结构是决定表层结构的根本。所谓结构就是"关联"，那么确定关联要素、关联形式（尤其是空间形式）就是需要培养的基本功。难点是发现决定空间关系的深层结构，而深层结构通常是制度和意识形态文化。

人文主义的认识论是以现象学为基础发展起来的，它反对科学主义至上，尤其是反对普适规律。该方法从发掘人作为主体对地方感受的意象性出发，发展为从人性角度思考人类各种空间安置的趋势。人文主义与结构主义的结合点在于，人文主义为结构主义找到深层结构提供了帮助。这种方法对本科生而言有一定难度，但是只要潜心学习，就能找到感悟世界、认识世界，乃至指引空间实现的路径。

后现代主义的认识论是反对西方近现代体系哲学倾向的思潮。它认为人类可以不断超越已有的对世界的认识结果和认识方法。如后结构主义地理学、结构化地理学都是迈向后现代主义地理学的研究路径。其步骤有四：明确现代性的概念、理论、方法；发现现代性概念、理论、方法的缺陷；用新的概念、方法来呈现、解释世界；说出新的概念、方法呈现、解释世界的合理性。并将最后一步返到第一步，进入下一个探索过程。

三、以培养学科素养为重点

因为教材内容和课堂学时都是有限的，所以人文地理学课程最为重要的是在有限的时间内初步培养起人文地理学的学科素养，本教材将学科素养分为两类。

（一）思维的基本素养

第一，掌握"一纵一横"两种因果联系思维。例如：北京老城中轴线申遗过程有许多学科的学者参与。地理学者在发掘中轴线历史文化意义时，其"一纵"的视角是分析中轴线设计建设与自然之间的关系，除了考虑中轴线走向与天象之间的关系外，还要考虑是否与地形有关；其"一横"的视角是中轴线与其他建筑群之间的关系，例如发掘元大都与元上都之间的关系，与辽金两代城池之间的关系。

第二，学会发掘区域的三个本性。正如前面阐述的，区域的三个本性是区域发展的充分条件。对于中国地理学专业的学生，比较困难的是挖掘第三本性，北京中轴线建筑群是在历史上不断层累出来的，这需要学生查阅大量文献挖掘凝固在中轴线建筑群中的历史文化价值，而历史专业训练出来的能力，有利于找到历史资料。中国传统地理学常说"史地不分家"，指的就是这种基本的思维分析能力。

第三，能够从四个圈层之间的关系把握区域整体性。以北京旧城中轴线核心建筑群而言，它当初的选址在永定河故道边（六海水系位置），因此修建给、排水工程可以节省成本。无论历史还是现实的北京城市中心区功能，都可在生计、制度和意识形态三层中找到定位。历史上皇帝在此居住、行使国家权力、举行祭天地大典，如今它是重要的旅游景区、是国家举行重要政治活动的场地、是体现人民大众当家作主的精神象征。有学者提出，用景观意义来重新组织人文地理学的内容（李蕾蕾，2004），四层一体就是一种组织方式。

第四，建立起从四个方面评价区域发展的意识。就北京城中轴线而言，保护之是广大人民群众的愿望，在设计保护方案时，如果可以做到保护与利用并举，不破坏生态环境，且不破坏文化的多元性，那么这种保护方案就是可行的。

第五，了解区域认知的不同范式。在调查人民群众保护意愿时，可以采用经验主义和实证主义的方法设计调查问卷；在调查人们对中轴线建筑群内部空间关系的认识时，还可以用结构主义方法调查表层空间结构与深层空间结构之间的关系；在调查人们对中轴线建筑的地方认识和认同时，可以采用人文主义的方法；在设计调查项时，可以用后现代主义的视角突破前人的调查路径，探索新的调查对象、调查方法和保护逻辑。

（二）实践的基本素养

实践的基本素养是指"动手"能力，如设计研究框架、确定调查方案、采集数据、利用数学工具分析数据等。本教材设计了"案例框"，其功能是引导教师和学生找到案例的原文，了解其他学者是如何开展研究的实践环节的。有学者提出，提高学生专业技能需要有两个环节来支撑。第一是完善后续的人文地理学课程，从而起到强化训练的作用；第二是加强实践教学环节，在人文地理综合实习中结合具体问题，锻炼学生解决问题的能力（姜巍等，2017）。学生的实习可以是教学实习，还可以是生产实习。中国大陆人文地理学的毕业生目前主要投身到如下应用领域：① 自然资源部门的国土规划、土地利用规划；② 住建部门的城市发展战略、城市规划、村镇规划、风景名胜区规划；③ 文化部门的世界遗产保护；④ 旅游部门的旅游规划；⑤ 交通部门的交通规划等（方创琳等，2011；冯长春等，2017）。

四、本书编著、审阅、编辑人员

本教材第一版是2000年由北京大学王恩涌教授带领多个高校人文地理学教师组成的团队合作完成。2006年第二版由西北大学的赵荣教授接任第一主编，并在原来的写作团队中增加了新作者。2010年王恩涌、赵荣两位教授委托我来负责第三版的修订工作，我一直有畏难心理，在诸位原作者的通力合作下，我们先后召开了三次重要的修订会议，原来的作者推荐新作者加入作者队伍中。在新增的作者中，有多位是中国人文地理学新生代的中坚力量。徐丽萍编审、陈正雄编审、熊玲编辑、杨博编辑在本版修改过程中，起到了重要的指导作用。中国社会科学院世界宗教研究所前所长、中国宗教学会会长、全国人民代表大会民族委员会委员卓新平研究员，中山大学地理科学与规划学院刘晔教授，华东师范大学地理科学学院叶超教授认真地审阅了本书稿，并提出了具体的修改意见。真诚感谢大家付出的心血！

第三版编著者构成如下：第一章绪论，第一至三节由张小林、周尚意编写，在各国人文地理学进展部分，法国由蔡宗夏编写，德国由格波哈特（H. Gebhardt）和孟广文编写，俄罗斯部分由丘巴罗夫（Ilya Chubarov）编写，第四节由周尚意编写；第二章研究主题和核心理论，由王恩涌、周尚意编写；第三章认识论和分析技术，第一节至第三节由周尚意、张小林编写，第四节由柴彦威编写，第五节由张小林、程昌秀编写；第四章人口和区域发展，由张华、韩茂莉编写，韩茂莉负责第二节中的种族、民族结构部分，其余为张华编写；第五章农业起源、发展和分布，第六章工业的出现与工业区位由王恩涌、周尚意编写；第七章聚落与城市发展，由甄峰在第二版基础上修编；第八章民间文化和流行文化，由杨新军、王恩涌编写，周尚意参编流行文化部分；第九章语言的类型、分布和景观，由杨新军等编写；第十章宗教地理与宗教景观，由韩茂莉编写；第十一章尺度、领域、边界和地缘，由刘云刚编写；第十二章人文地理学关注的21世纪议题，由房艳刚编写。

希望本教材薪火相传，为中国人文地理学教材建设贡献一份力量。由于作者认识水平和能力的局限，书中如有不妥之处，敬请读者指正。

周尚意

2021年春于北京

第二版前言

　　本书第一版作为面向21世纪课程教材、普通高等教育"九五"国家教委重点教材，于2000年7月出版。本书出版后，受到学界欢迎，并荣获2002年全国普通高等学校优秀教材一等奖，后经评审又被作为教育部"十五"规划重点教材，入选教育部首批百门精品教材（一类）。

　　为适应时代发展，原书作者决定对《人文地理学》进行修订完善。本次修订由赵荣教授牵头。经与王恩涌教授和高等教育出版社以及有关作者、学界专家沟通商议，拟定了修订原则与章目和修订分工。修订原则如下：

　　1. 坚持原书所确定的原则。即：第一，强调人文地理学内容的系统性与完整性，采用相互联系的方式来阐述各人文地理现象的形式，构筑人文地理学的框架，以有利于人文地理学这门学科的系统性与完整性，也有助于初学者的学习与了解；第二，突出人文地理学的人地关系为中心，文化理论为其重要基础的特点；第三，用以文化为中介的人地关系组织本书的框架体系。

　　2. 保持原书结构体系与框架基本不变。

　　3. 采用最新资料及国内外理论，增删有关内容，调整完善体系。

　　4. 每章增加"内容提要"和"思考题"。

修订后的具体安排如下：

　　第一部分是基础理论部分，包括第1~3章。介绍人文地理学的对象与任务、人文地理学的发展历史和人文地理学的研究主题与基本理论，以及人文地理学的研究方法。

　　第二部分将人文地理学的核心——人及其相关文化特征作为一章（第4章），体现人地关系以人为主的观点。涉及人口、人种、民族、民俗与流行文化。表现人口变化与发展的关系及其空间分布与动态的关系。

　　第三部分是工农业物质文明与城市景观，包括第5~7章。以发展为主线，以空间格局作为发展的空间表现来阐述农业文化、工业文化，以及聚落发展与城市景观。

　　第四部分是人类非物质文明的地理表现，包括第8~12章。有语言、宗教、旅游、政治、人类行为等方面内容，这五章均是把这些要素作为人文地理学体系中的一个重要组成部分来阐述，而且强调其横向的相互联系，把文化作为人地关系的中介进行分析。

第五部分介绍人文地理学所面临的重要问题，人文地理学分析问题的观点与方法（第13章）。

本书第一版编写人员：第1章绪论（南京师范大学张小林）；第2章文化与人文地理学（北京大学王恩涌）；第3章人口分布与迁移（南京师范大学汤茂林）；第4章人口与发展（南京师范大学冯健）；第5章农业的起源与发展、第6章工业的出现与发展（北京大学王恩涌）；第7章种族民族民俗、第8章语言地理（西北大学赵荣、李宝祥）；第9章宗教与宗教地理（北京大学韩茂莉）；第10章聚落地理、第11章旅游地理（西北大学赵荣、杨新军）；第12章行为地理（东北师范大学刘继生）；第13章政治地理（深圳规划国土局李贵才）；第14章人文地理学所面临的问题（刘继生、李贵才、王恩涌）。

参加本次修订的编写人员及分工如下：第1章南京师范大学张小林；第2章北京大学王恩涌、北京师范大学周尚意；第3章南京师范大学陈晓华、张小林；第4章南京师范大学张小林；第5章北京大学王恩涌、北京师范大学周尚意；第6章北京大学王恩涌，北京师范大学周尚意、张瑞红；第7章、第8章西北大学赵荣、德州学院李连璞；第9章北京大学韩茂莉；第10章西北大学杨新军、赵荣；第11章德州学院李连璞、北京大学王恩涌、李贵才；第12章、第13章东北师范大学刘继生。全书由北京大学王恩涌和西北大学赵荣、德州学院李连璞统稿，赵荣最后定稿。北京师范大学任森厚教授对全书初稿进行了认真的审查，提出了许多中肯的意见和建议，在此特致衷心感谢。

对徐丽萍编审、责编田军先生在本书的组织、编写、出版中给予的大力帮助和指导，表示诚挚的谢意。

赵 荣

2005 年 10 月于西北大学

第一版前言

　　我国高等学校开设人文地理学这门课程，曾经历过一段曲折的发展道路。在1949年以前，一些高等学校就开设了此门课程。在20世纪30年代前后，在南京大学前身的东南大学地学系，胡焕庸教授就讲授过人文地理学；在清华大学地学系，洪绂教授也讲授过人文地理学。当时所使用的教材有维达尔的《人文地理学原理》，白吕纳的《人文地理学》以及森普尔的《地理环境之影响》。

　　在1949年以后，我国高校地理教育受极左思想影响并把苏联地理学的结构作为楷模，把自然与人文两方面均衡发展的地理学变成自然地理占主导地位，而人文地理学中只保留有经济地理，处于从属地位的状况，其他部分则全部取消，在教学计划的课程体系中既无其名，更不见其内容。

　　这种不正常的状态持续到20世纪70年代末、80年代初，李旭旦教授呼吁复兴人文地理学，得到各方面的热烈支持。由于大多数学者认为经济地理学在我国已单独发展了几十年，遂主张地理学实行三分法，即分成自然地理学、经济地理学和人文地理学。为复兴人文地理学，中国地理学会于1983年7月批准成立人文地理学专业委员会。

　　1984年3月在南京召开的第一次人文地理学专业委员会上，李旭旦主任提出人文地理学发展的三个要点，即"出人""出书""走正路"。"出人"是培养人才。由于中断了30多年，人文地理学领域严重缺乏人才，不少青少年几乎连什么是人文地理学都不大清楚。没有人，就无法研究、工作和教学。"出人"采取的是培养研究生和开短期学习班等办法。

　　"出书"就是出版书籍。当时没有一本系统讲授人文地理学的书，使学习的人苦于无书可读。有了书，学校可以开课，自学者可以自学。

　　"走正路"，即吸收过去地理照搬外国走过的弯路的经验教训。发展人文地理学切忌拿来主义、照搬照抄，要分析地引进，批判地吸收，发展具有中国特色的人文地理学。

　　会后，人文地理学已正式成为接收研究生的专业，在一些大学里也开始在教学计划中列上人文地理学课程。在教材方面，除东北师范大学的张文奎和南京师范大学的金其铭分别出版了人文地理学教材外，其他学校与个人也陆续出版了各具特色的人文地理学教材。另外，人文地理学的一些分支学科，如人口地理学、城市地理学、聚落地理学、政治地理学、文化地理学、军事地理学、旅游地理学等也都出版了些专著与教材。

1996年，高等学校地理学教学指导委员会在西安讨论地理学各专业改革与课程设置时，教育部"高等教育面向21世纪教学内容和课程体系改革计划"项目"地理学类专业教学内容和课程体系改革研究"项目组提出他们的研究成果。为加强地理类各专业的共同基础，保证教学质量，建议将自然地理学，经济地理学，人文地理学，地图、遥感与地理信息系统，区域分析与区域地理这五门课程作为地理类各专业学生的共同基础课，会议一致通过。

作为教育部"高等教育面向21世纪教学内容和课程体系改革计划"的研究成果，《人文地理学》是一本面向21世纪课程教材。为保证该书的质量，1997年初，在广州中山大学召开了一次研讨会，会上确定了该书的内容框架。本书的框架体系与内容所依据的原则如下：

第一，强调人文地理学内容的系统性与完整性

人文地理学最早由德国学者李特尔奠定其科学基础。李特尔在其所著《地学通论》一书中，以各大洲的区域特点说明人类在既受环境条件约束又利用环境条件的人地相互作用中的历史过程。其框架实际是以世界地理为依据。

法国人文地理大师维达尔－白兰士[1]在其《人文地理学原理》一书中，把人作为一个地理因素来阐述。其内容包括人在地球上的分布，文化模式，流通以及民族起源，发明创造的传播，文化区和城市。

维达尔的学生白吕纳所写的《人文地理学》由于有英文版，在20世纪20年代流行于西方。他将人文地理学所研究的基本事实分为三纲六目（为人类所占有而不生产的土地的事实——家屋与道路；征服动植物的事实——植物的栽培和动物饲养；破坏开发的事实——滥捕动物、滥伐植物与矿物的采掘）；同时，还对人种地理、社会地理、政治地理、历史地理以及对人地关系中的心理要素与人类对地理条件的顺应中的地理精神做了阐述。该书的特点是将人文地理学研究的事实系统化为三纲六目。他是从相互联系中来分析这些人类活动所产生的物质景观。其次，他还注意那些非物质的人文地理现象——社会地理、政治地理、历史地理以及心理和地理精神。

在白吕纳以后至今的半个多世纪的历程中，人文地理学有了很大发展。如

---

[1] 曾译为白兰士，现改为全姓译法。

人口地理、城市地理、文化地理、政治地理、行为地理和旅游地理等方面多已发展成为独立的分支学科。更重要的是利用人类文化学等学科的新成就推动了人文地理学中一些非物质的分支学科的发展。加上原来在人文地理学中的诸经济地理学分支的独立性增强，使西方的人文地理学越来越侧重非经济地理的内容。

虽然人文地理学有了上述的发展，但是西方人文地理学的著作仍多继承维达尔和白吕纳的传统，把人文地理诸现象（物质的与非物质的诸现象）组成一个框架，从相互联系与影响角度进行阐述。我国目前所出版的人文地理学图书大多按照百科全书式组织方式，分别介绍其分支学科的发展和内容。经讨论，我们认为以采用相互联系的方式来阐述各人文地理现象的形式构筑人文地理学的框架较为合适，这样，有利于人文地理学这门学科的系统性与完整性，也有助于初学者的学习与了解。

第二，突出人文地理学的人地关系为中心，文化理论为其重要基础的特点

地理学的特点就是与许多其他学科交叉，并通过与其联系形成自己特色。以自然地理学为例来说，其地貌学、气候学、水文地理、土壤地理、植物地理……既与地质学、气象学、水文学、土壤学、植物学相联系，又与地理学相联系，形成交叉学科。又如在经济地理学中，其分支学科工业地理学、农业地理学，既与经济中的工业经济、农业经济有关，又与有关地理学中诸有关要素有关，才出现工业、农业的空间现象。因此，经济学中的空间经济理论就成了经济地理学重要的理论基础。

作为人文地理学，除了与人口学、宗教、语言、民族、民俗、旅游、行为、政治等学科有关，亦受到自然地理、经济地理各要素的影响，才形成其空间上的特殊现象。这些属于社会科学的相关学科的基础则在于文化学。

因此，由于上述现象，特别是20世纪中期以来文化研究的发展，也促进了人文地理学的发展。特别是当经济地理学从人文地理学中分离出去后，人文地理学就自然地以诸文化现象的空间分布作为人文地理学的研究主体。因此，在美国，作为人文地理学的诸教材的名称有的就以"文化地理""文化景观"为名，有的以"文化地理"或"人、文化、地"为副标题。因为人文地理中的人地关系是通过文化而实现的，因各地的文化的不同而有区域差异。这点与自然地理学中的人地关系，经济地理学中的人地关系是不同的。

在美国很多的人文地理教材中，都有专门一章介绍与地理有关的文化地理理论，有的虽然没单列一章，但都以此为理论基础来阐述各人文地理现象。这

种以文化理论为核心，以文化为中介的人地关系不但显出人文地理的特色，加强了人文地理学的理论基础，而且使人文地理学更加具有完整性及体现出各现象之间的相关与联系。这是与百科全书式的框架结构类教材的重要不同之处。自然地理学也是通过环境问题及其联系改变了其过去着重地貌、气候、水文、生物地理等各要素完全单独阐述的框架，而突出其彼此联系与系统。这次李小建主编的面向21世纪课程教材《经济地理学》，也改变了过去以工业、农业、交通运输等分支作主体的框架体系，而是以综合的经济活动作为主体，把其过程与空间联系起来，使人感到面貌一新。这些情况，也促使我们采用现在的框架体系。

第三，用以文化为中介的人地关系组织本书的框架体系

本书把以文化为中介的人地关系作为本书的框架体系，就是强调文化地理的理论，特别是其中的人地关系方面的理论。再有，在人地关系中，以人作为主体。其具体安排如下：

第一部分绪论，介绍人文地理学的对象与任务、人文地理学的发展历史和人文地理学的思想进程与学习要点。

第二部分介绍文化地理学的理论。这里是以 Terry G. Jorcan-Bychkov 等人编写的《人类镶嵌图：文化地理学导论》（*The Human Mosaic: A Thematic Introduction to Cultural Geography*）一书中的理论部分为基础做了介绍。其内容分为：分布区、扩散、文化生态学、文化整合和文化景观五个方面。对文化生态学中的人地关系有：环境决定论、可能论、适应论、生态论、环境感知和文化决定论。除此以外，我们还介绍了汤因比（Arnold J. Toynbee）的"挑战与应战"的人地观，布罗代尔（Fernand Braudel）的"三时段"论，韦伯（Max Weber）的"思想在社会发展中作用"以及托马斯（William L. Thomas）的人口、自然环境、技术与社会组织相互关系。其目的不仅是从多学科角度介绍人地关系理论，以丰富其内容，也是想让学习者多角度地去思考此问题。

该部分我们没有介绍区位论，它实际上是经济地理学的理论，故未列。

第三部分介绍人口，将其放在前面是要体现人地关系以人为主的观点。这里的人是从群体出发。由于目前很少学生再学人口地理学，故分量稍有增加。该部分为两章，即"人口与发展""人口的分布与迁移"。它体现了人口变化与发展的关系及其空间分布与动态的关系。

第四部分介绍农业与工业。这部分看似属于经济地理范围而不应在这

里介绍，其实，我们考虑的是，文化的发展受其经济基础影响很大，离开基础就很难理解其上层建筑的文化。另外，农业与工业不仅影响其文化，而且还有农业文化、工业文化，而且农业与工业的出现也是文化发展的产物。因此，这两章是以其发展作为主线，以空间的格局作为其发展的空间表现来阐述的，同时，其时空发展总是与有关因素的分布相互联系的。所以，这两章成为本书的不可缺少部分。

第五部分是人文地理学的主体部分，有种族、民族、民俗、语言、宗教、聚落、旅游、行为、政治等方面内容，共七章。这七章均是把这些研究对象作为人文地理学体系中的一个重要组成部分来阐述，而不是百科全书式的，把每个要素作为一门分支学科系统全面地进行阐述，而且强调其横向的相互联系，把文化作为人地关系的中介进行分析。但是，根据我们的教学经验，人文现象与自然现象有很大不同，它有历史发展的继承性，在时空特点方面，尽管地理学注意空间，但人文现象的空间表现则是时间的一个断面，所以，我们往往采用先空间后时间的顺序。

第六部分介绍了人文地理学在进入21世纪时所面临的重要问题。根据共同商讨的意见，认为分别从环境问题、政治地理的"合"与"分"的空间格局与景观建设三个方面着手。根据20世纪的变化，从人文地理角度，以人地关系来分析这三方面的可能趋势。其目的在于让学生了解人文地理学分析问题的观点与方法以及对未来问题的关切。

另外，考虑到这是一本大学本科的入门教材，内容要全，但不宜过深。同时考虑到人文地理方面的后续课程不多，在内容分量上稍有增加，目的是既可作为教材，也可作为参考书，也考虑到各校该课学时不一致，教师讲课时，也可以有所取舍。由于这本教材与目前大多数人文地理学教材框架体系方面有较大差异，虽然在内容上吸取它们的优点，但缺乏经验，而且时间仓促，不足之处甚多，希望讲授此课的老师，学习此教材的同学提出意见，以便以后修改。

参加本书编写的人员如下：第一章南京师范大学张小林，第二章北京大学王恩涌，第三章南京师范大学汤茂林，第四章南京师范大学冯健，第五、六章北京大学王恩涌，第七、八章西北大学赵荣、李宝祥，第九章北京大学韩茂莉，第十、十一章西北大学赵荣、杨新军，第十二章东北师范大学刘继生，第十三章深圳规划国土局李贵才，第十四章刘继生、李贵才、王恩涌。

本书在组织、编写过程中得到徐丽萍很多帮助，特此予以感谢。

王恩涌

2000年2月于北大中关园

目　录

第一章
绪　论

内容提要

人文地理学是地理学科体系中的重要组成部分。本章首先阐述人文地理学在系统地理学分类中的地位，介绍人文地理学的研究对象、学科特性；其次介绍西方人文地理学发展的分期，以及中国人文地理学的发展进程；最后介绍发现人文地理学研究问题的基本途径，以及人文地理学研究的一般步骤。

第一节　人文地理学的研究对象和特性

一、人文地理学在地理学中的位置

地理学是一门具有悠久历史的学科。在人类社会发展的早期，出于生存的基本需要，以及对世界的好奇心，人类试图了解周围的环境，开始积累对周边世界的知识，其中一类是区域性的知识，如《尚书·禹贡》中记载古代中国九州各州的自然地理界线，以及土地利用形式；另一类是带有空间参数的知识，如山的高度、河流的长度、聚落之间的距离。而今研究区域内部自然和人文事象的学科不仅是地理学，还有环境科学、生态学、地质学、植物学、经济学、人口学、社会学等。许多学科的研究内容也涉及空间参数，尤其是天文学、测量学等。因此，当代地理学与其他学科需要有一个定义上的分野，凡是将区域（region）和地方（place）作为影响因子，分析自然或人文事物发展变化的研究则属于地理学研究，例如外来投资是否成功，与企业是否很好地"嵌入"本地企业、非企业机构（如政府、科研机构、工会等）等组成的社会网络有紧密关系，而区域特点包含社会网络特点。

地理学的发展大致可以划分为三个阶段。第一阶段是古代地理时期。这是从地理思想的萌芽出现直到19世纪上半叶。这个时期的地理（geography）以记录区域自然和人文现象为核心，geography的原意就是对地理现象（geo）的记录（graphy）。第二阶段是近代地理学时期，是从1874年开始在德国大学里建立地理教席算起，到第二次世界大战结束，地理学进入近代科学阶段，此时地理学形成了人地关系学派、区域学派、景观学派等，学科内部则不断分化出众多的分支学科。第三阶段是当代地理学阶段，地理学进入了对近代地理学的"革命"时期，特别是在人文地理学内部，先后出现了计量革命、理论革命、行为革命等思潮，学术空前繁荣，学科流派纷呈，引入地理学研究的哲学方法较多，除了原来已经采用的经验主义、实证主义方法外，还出现了人文主义地理学、结构主义地理学、后结构主义地理学、后现代主义地理学等研究流派（约翰斯顿，2000）。

当代地理学是研究地球表面地理环境的结构、分布及其发展变化的规律性，以及人地关系的学科。根据美国国家研究院国家研究理事会的最新研究成果，因为自然系统和人类社会的演进，地球表层处于持续变化中，"地理科学长期关注的不断变化着的地球表层的重要特征和空间结构，以及人类与环境之间的交互作用，正逐渐成为科学和社会的核心内容"。地理学研究的目标是理解地球表层是如何变化的；在哪里发生，为什么会发生，以什么样的速率发生变化；这些变化又可能产生什么影响。用最为通俗的话来说，地理学者关注的焦点在于回答世界是什么样的（what）、世界为什么是这样的（why）、世界会怎样（how）这些最基本的问题。

地理学探求和阐明世界的主要方式可以用图1-1的地理视角矩阵加以表达。换句话说，地理学者应当具有三维的综合研究视角。

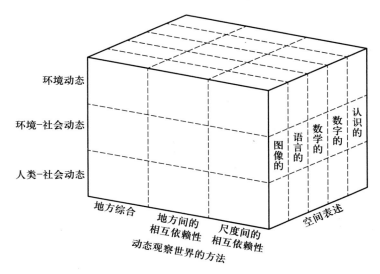

图1-1　地理视角矩阵

一是横坐标：通过地方、地方之间以及尺度之间三个不同维度动态观察世界的方法；

二是纵坐标：环境动态、环境－社会动态、人类－社会动态是地理学的三大综合领域，把地理学与自然系统、经济社会政治系统紧密联系起来；

三是竖坐标：地理学应用图像的、语言的、数学的、数字的、认识的（cognitive）方法进行空间表述。

地理学研究对象的地球表层系统是一个多种要素相互作用的综合体，根据研究对象的侧重点不同，地理学通常分成自然地理学和人文地理学两部分，或分成自然地理学、经济地理学和人文地理学三部分。自然地理学研究自然地理环境的特征、机制、结构及其地域分异规律，自然地理环境（包括大气圈、水圈、生物圈和岩石圈上部）是其研究的舞台。自然地理学包括综合自然地理学、地貌学、气候学、水文学、土壤地理学、生物地理学、海洋地理学、健康地理学、化学地理学等分支学科。广义人文地理学包括所有人文地理学的下级分支。经济地理学是人文地理学主要下级分支，它以经济学理论为基础，分析经济活动区位、空间组织及其与地理环境的相互关系，包括通论经济地理、部门经济地理学（农业地理学、工业地理学、交通运输地理学、商业地理学、信息业地理学等）。狭义人文地理学是研究剔除经济活动之外的人类活动的空间特征和过程，其下级分支主要有人口地理学、聚落地理学、文化地理学、社会地理学、政治地理学、军事地理学等。狭义的人文地理学努力跳出经济学对人类空间实践的解释，从更宽泛的人类空间实践动机，解释人类空间实践，例如政治、社会、文化的动机。

地理学把地球表层作为人类生存的空间来研究。地球表面是人类生存活动最直接、最重要的场所，人类的生产和生活离不开地理环境，人与地理环境间的相互关系始终是地理学研究的重要课题，现代社会和经济发展以前所未有的规模和速度影响着地理环境。随着科学技术的进步，人类与环境相互作用的范围不断扩大，强度不断提高，人对地理环境的干扰和影响越来越大，出现了危害人类社会、人与自然共生系统的各种资源环境问题，如资源在地域上和时间上的供应失调，环境污染扩大及环境质量恶化，城市化进程加快而城市扩展失控等。人类在关注自然环境、经济增长、社会进步的进程中，认识到人类自身在其中的主体作用，社会、经济、文化和政治体制等因素改变了自然界的能量流动和物质循环，自然环境与人文环境相互作用形成了统一的综合体，因此，自然现象和人类活动是无法割裂开来进行研究的，脱离了人类活动的纯自然或脱离了自然环境的人类社会都是不全面的。面对工业化、城市化、全球化等进程引发的资源、环境、生态问题，1980年代以来，可持续发展观成为在世界范围内倡导的一种全新发展观，特别是自1992年世界环境发展大会以来，可持续发展成为各国政治家、科学家乃至公众共同关注的热点领域之一，正确处理和协调人口、资源、环境与经济发展之间的相互关系已成为世界各国共同的发展战略，也是人文地理学研究的主题。

当今世界经济社会发展的又一个重要趋势是全球化不断加强，各国、各地区之间呈现相互渗透、相互依赖、相互竞争的格局，世界经济日益成为全球性的空间经济系统。全球化趋势将带来各个国家及地区政治、经济、文化的全面转型，以经济活动的空间扩张为特征的经济全球化与文化、经济、政治、环境的多样化之间的矛盾将日益突出，全球化时代的多样化问题处于国际地理学研究的核心地位。关注全球化过程中政治、经济、文化、环境的空间重组，重视文化的多样化、全球化与本土化成为人文地理学解决当今世界问题的又一重要内容。

人文地理学以人文现象为研究主体，侧重于揭示人类活动的空间结构及其地域分布的规律性，人文现象的空间分布及其演变不仅受到自然环境的影响，而且社会、经济、文化和政治等因素也起着十分重要的作用。当前人文地理学与自然地理学研究正由分离走向相互结合，深入研究社会现象和社会问题，为社会发展和政策制定起到愈益显著的作用。

综上，人文地理学在地理学中的地位是不可或缺的。一方面，人文活动与自然密不可分；另一方面，任何地理研究、地理知识都是人的空间活动形成的空间意识产物。不同地方的人们对相同区域的地理理解会有差异，因此现在西方地理学界有用geographies替代geography表达"地理"一词的趋势，意在强调地理知识的主体性差异。

二、人文地理学的定义和研究对象

当代人文地理学研究的领域涉及广泛，且与其他许多学科有多维度的交叉。经过不断的学科间交流，地理学者不断修正人文地理学的定义。中外学者对人文地理学的定义存在不同的理解，表1-1是一些关于人文地理学的定义，其中包含研究对象。

中国地理学界对人文地理学的定义也有一定差异。李旭旦（1984）认为：人文地理学是以人地关系的理论为基础，探讨各种人文现象的分布、变化和扩散，以及人类社会活动的空间结构的一门近代科学，着重研究地球表面的人类活动或人与环境的关系所形成的现象的分布与变化。张文奎（1993：1）认为：人文地理学是研究人类活动所创造的人文事象区域系统，研究地表人文事象的空间区域分布、空间差别，并预测其发展和变化规律的科学。吴传钧等（2000）认为：人文地理学是研究地球表层的人类活动和地理环境相互关系的地域体系的形成过程、结构、特点和发展规律的地理学分支学科之一。人文地理学以人地关系论为基础理论，重点研究"人-地"间相互作用、相互适应的规律和人地关系地域体系的调控优化，为国家和地区经济社会的持续发展提供决策支持。可见，中国的人文地理学在吸收国外人文地理学科发展成果的基础上，结合国家经济社会发展的阶段和目标，也具有其自身的特色。

表1-1　关于人文地理学的若干定义

定义	定义来源
研究人类活动与地理环境相互关系的地域体系的形成过程、结构、特点和发展规律的学科。	中国大百科全书·地理学卷（第一版）.北京：中国大百科全书出版社，1992.
研究不同人类集团和地理环境的关系的科学。	[法]阿·德芒戎.人文地理学问题.葛以德，译.北京：商务印书馆，1993.
研究与空间和地方有关的社会各个方面的学科。"纵向"维度是研究人与环境的相互关系，"横向"维度是研究地方之间的相互关系。	[英]R.J.约翰斯顿.哲学与人文地理学.蔡运龙，江涛，译.北京：商务印书馆，2000.
认识和理解地方和区域的相互作用，以及地方的个性和独特性的学科。	Knox P L, Marston S A.Human Geography: Places and Regions in Global Context.2nd ed.Upper Saddle River: Prentice Hall, 2001.
认识人们如何创造地方、如何组织空间与社会，如何在不同地方和不同空间里彼此互动，如何在我们的地点、区域和世界中，理解他人和我们自己。	Fouberg E H, Murphy A B, de Blij H J.Human Geography: People, Place and Culture. 11th ed. New York: John Wiley & Sons, Inc.2015.
研究关于人类活动的空间差异和空间组织以及人类利用自然环境的地理学分支学科。	[英]R.J.约翰斯顿.人文地理学词典.柴彦威，等译.北京：商务印书馆，2004.

尽管国内外人文地理学者对人文地理学研究对象的认识各有侧重，但综合以上论述，人文地理学有其特定的内核，可以总结归纳为四大研究范式。

第一是人地关系的范式。人与环境的关系是一个动态的过程，人文地理学研究人文现象空间特征与人类活动赖以生存的地理环境之间的关系，揭示自然环境对人类社会活动、人类活动对地理环境作用的变化和规律，以及探讨如何适应环境和改造环境，以协调人地关系。

第二是区域研究的范式。人类活动在地球表面创造了各种人文现象，所有的人类活动都是在特定的地域上进行的，人文地理学并不研究人类活动所产生的人文现象的所有方面，例如人文现象的时间序列、社会关系、组织机构等。从作为一门区域科学的地理学的学科本质出发，人文地理学是从地域的观点去研究人文现象的区域差异、区域分布、区域特征及其形成过程、发展规律和演变趋向。

第三是空间分析的范式。人文地理学关注地球表面自然现象和人文现象的区位和空间变化，强调地方和空间对过程与现象的重要性，着重说明在什么地方有什么样的人文活动和人文特性，探讨其演变过程，揭示与地理环境的空间关系，并预测其发展变化趋向。

第四是批判地理学的范式。批判地理学不是以探究"实然"为目标，而是以回答"应然"为目标，即站在人性立场上判断人类的空间实践应该如何。其目的是促进社会正义、人的解放，马克思主义地理学、激进主义地理学、女性主义地理学、后结构主义地理学、后现代主义地理学等都属于这类范式。

三、人文地理学的学科特性

人文地理学是研究地球表层自然环境和人类活动相互作用的交叉学科，它既有社会科学的特性，又有地理学的特性。人文地理学的主要特性既有人文社会科学性，又有地理学自身的区域性和综合性。

（一）人文社会科学性

人文地理学不同于自然地理学，它是一门与人文社会科学密切相关的学科分支。人文社会科学以人及社会现象为研究对象，人文现象的分布是社会现象的空间形式，是一种特殊的社会经济活动。研究社会现象的地域结构是人文地理学的具体研究领域。不同地域人文现象分布的发展和变化，虽然受自然环境、技术条件因素的影响，但主要还是受制于社会、经济、文化、政治等人文因素，其中社会生产方式和社会经济制度是最基本的因素。人是社会性动物，因此都会有社会性意识。人的社会性使得在社会内部的个体，其生存能力远远超过他脱离社会时的生存能力。社会性主要包括利他性、协作性、依赖性，以及更加高级的自觉性等。由于社会有不同群体，覆盖的地区大小也不一样，因此人文地理学的问题就要涉及人与不同尺度区域内的群体之间的关系，如一个人要与家、社区、城市、区域、国家、全球之间建立不同类型、不同强度的关联，这类研究就是前面提到的"横向"维度的研究。

（二）区域性

区域性是地理学的基本特性，当然也是人文地理学的特性之一。任何地理现象都有一定的分布区域，都具有特定的空间和地域，研究地理区域就要剖析不同区域内部的结构（各种成分之间、各部分之间的关系），区域之间的联系，以及它们之间发展变化的制约关系。人文现象的地理位置的研究，它的分布范围、界限、类型、规律的研究，区域特征和区域条件的研究，区域划分的理论和方法的研究，以及地图的编制等，都是区域性的体现。人文地理学与其他人文学科的差异，根本点之一也在于人文地理学包含了区域研究的特性，重视区域特征的差异性和相似性。例如，人口地理学之区别于人口学，民族地理学之区别于民族学，社会地理学之区别于社会学，关键之一也都在于地理学的区域研究特性。离开了区域差异的研究，人文地理学也就失去了立足点。

（三）综合性

综合性的特点来源于地理事物的多样性、整体性。人文地理学是从地域的角度去研究人文现象的。这些人文现象内容繁多，彼此之间以及它们与环境之间有着错综复杂的关联，如果仅就个别地理现象进行分析，就可能无法正确理解现象的本质和问题的关键。只有对所有关联因素进行认真细致地综合，从总体特性进行研究，注重各种要素之间的相互影响和相互制约，以及地表综合体的特征和时空变化规律，才能得出正确的结论。人文地理学自身的优势也在于它在综合研究一个区域的人口、经济、社会、文化、政治、聚落等各方面形成发展的条件、特点、分布规律和人地之间的相互关系以后，在一个更高的层次上发现问题，提出解决矛盾的构思。综合性特点决定了人文地理学的性质是一个横断学科，它与研究地球表面人文要素的学科，如社会学、经济学、政治学、文化学、人口学，甚至心理学、行为科学等，都有密切关系。人文地理学从这些学科吸取有关各种要素的专门知识，反过来又为这些学科提供关于各种要素及其他现象间空间联系的知识。

第二节　西方人文地理学的发展过程

人文地理学的发展经历了漫长的历史过程。西方人文地理学的发展历程可分为三个时期：第一个时期是古代地理学，是指19世纪中叶近代地理学出现之前。第二个时期是近代地理学出现之后到第二次世界大战结束之前。第三个时期是第二次世界大战结束之后。

一、人文地理学的产生

古代地理学时期基本上是积累地理知识和资料的过程，而地理知识的积累主要取决于地理视野的扩展，对未知区域的探索和描述构成了古代人文地理学的主要内容。地理学发轫于古希腊时期。被尊为西方文学鼻祖的古希腊伟大诗人荷马在公元前9世纪时著有两部史诗，即《伊利亚特》和《奥德赛》，它们被认为是最早的记述人文地理知识的著作，叙述了希腊人远征特洛伊城的战争，生动详尽地描述了奥德赛在特洛伊城陷落后回到家乡伊塔卡的艰险经历。因此荷马被推崇为地理学的祖师。在荷马之后著名的古希腊学者还有希罗多德（Herodotus）、柏拉图（Plato）、亚里士多德（Aristotle）、埃拉托色尼（Eratosthenes）等，他们的著作中也有关于人文地理和人地关系的阐述。哺育古希腊地理学成长的两位"乳母"是地理考察和哲学：一方面，军事扩张及人类早期商业活动，使得地中海周边地区的人们不断扩大地理视野，为当时的学者提供了记录描述不同地方的素材；另一方面，哲学则对古希腊人文地理学的解释奠定了基础。埃拉托色尼首创了"地理学"（geographe）这一名词，geo为地球，graphe为描述（克拉瓦尔，2007：13–24）。他的研究特色是把地球作为人类的家园来研究，力图说明人类生活与地理环境之间的关系。

二、19世纪末到20世纪中的人文地理学发展

近代地理学出现的标志是两位德国地理学家创建出新的地理研究范式。这两位学者是洪堡（A. von Humboldt）和李特尔（K. Ritter）。他们被尊为近代地理学的开山大师，对近代人文地理学的产生也有重要的影响。洪堡的伟大功绩在于使地理学成为一门独立的科学，他通过在美洲的野外考察写成了三十卷的巨著《1799—1804年新大陆热带地区旅行记》，晚年著有《宇宙》五卷。尽管他的成就主要在自然地理学方面，但他也注意到人地之间的相互作用。洪堡创立了因果原则、综合原则、比较原则等研究的基本方法，使地理学从古代地理学对地理现象的描述和记述，走向近代地理学的解释和探讨因果关系，他强调地表事物的整体研究，不仅包括地表各自然现象，还包括了人类社会活动。李特尔是近代人文地理学的开山大师，他认为地理学研究的是人类家园，要确立一门以人与自然的有机统一为基础的新的科学的地理学，致力于探究自然环境与人类历史的因果关系。他认为："地理学研究的目的，要求人们将其活动及其空间作为一个统一的舞台，因而，要叙述的不仅仅是这个舞台本身，而是其与人的关系。"与洪堡不同的是，李特尔应用区域方法来论证人地关系，研究世界各地区不同地理现象的因果关系，主张从自然条件对人类历史的影响上阐明地理学的人文方向。

与古典地理学不同的是，人文地理学已经成为一门独立的地理学分支学科，古典地理学

中的人文地理知识只是现象的描述和简单的解释。在李特尔之后，发展为探究人地之间的因果关系，力求用一般原则去认识地理现象，寻求科学的解释。促使近代人文地理学产生的主要外在动力有：一是地理大发现和一系列探险活动。整个世界的轮廓已完全呈现在人类的面前，大量的新文献和新资料，扩大了人们的视野，关于地球事实的记载文件呈天文数字增加，寻求复杂现象的答案引发地理学的发展。二是科学革命带来的冲击。开始于17世纪，在19世纪下半叶取得普遍进展的学术上的革新，对被称为"科学之母"的地理学是个重大的冲击，地理学的研究方法走向更切合实用的归纳和解释，阐述因果关系，并提供对事物日益精确的描述。三是其他学科的进步对地理学的推动，引起了研究方法和手段的变革。一些新的学术思想被引入地理学理论体系中。近代人文地理学的研究是个不断探索的过程，不同国家的学者试图从不同角度探讨人类活动与地理环境之间的关系，探究人文地理学的特定研究视角和解释途径，相继形成了以德国拉采尔（F. Ratzel）为代表的环境学派，以法国维达尔－白兰士（V. de la Blache）、白吕纳（J. Brunhes）为代表的人地相关学派，以德国赫特纳（A. Hettner）、美国学者哈特向为代表的区域学派，以施吕特尔（O. Schlüter）、索尔为代表的景观学派。

（一）德国

德国是近代地理学的发源地，人文地理学的许多学术思想大多是直接或间接从德国形成并向世界各国传播开来的。

系统提出人地关系理论的是拉采尔，他被认为是近代人文地理学的创始人之一。一方面，他为人文地理学（或他创名的人类地理学）提供了比较系统的研究路径；另一方面，他被认为是地理环境决定论思想的引入者，在其《人类地理学》（*Anthropogeographie*，卷1，1882；卷2，1891）、《政治地理学》（*Politische Geographie*，1897）等著作中，阐述了地理环境对人类活动、国家等的支配作用，可以说是人文地理学理论体系中完整和系统的早期思想。赫特纳是区域学派的代表人物。他主张地理学应着重于空间分布的研究，区域地理学是地理学的核心，地理学研究的区域应是人类与环境相互作用的结果，所有自然界中与人类活动相互影响的一切要素、与自然环境相互联系的人文现象都是区域的特征。他的地理学方法论著作《地理学：它的历史、性质和方法》在国际地理学界产生了广泛的影响。施吕特尔是景观学派的创始人，他认为，地理学者应首先着眼于地球表面可以通过感官觉察到的事物，着眼于这种感觉——景观的整体。景观是自然和人类社会共同创造的生活空间，他注重从历史的角度来分析景观，探究一个原始景观（在经过人类活动重大改变之前存在的景观）转变成文化景观（人类文化所创造的景观）的过程，这就是地理学的主要任务。

德国对近代人文地理学发展产生重大影响的是区位理论学派。德国农业经济学家杜能（J. H. von Thünen）首先创立了农业区位论，此后韦伯（A. Weber）创立了工业区位论，克里斯塔勒（W. Christaller）提出城市区位理论——中心地学说，还有廖什（A. Lösch）建立了市场区位理论。区位论思想对现代地理学的理论、方法乃至实践都产生了深远的影响（詹姆斯、马丁，1989）。

（二）法国

法国近代人文地理学的奠基人是白兰士。他建立起来的法国学派主要特色是在人地关系理论与区域人文地理研究两个方面。在人地关系中，白兰士竭力反对拉采尔的环境决定论思想，他认为，除了环境的直接影响外，还有其他因素在起作用，强调人类对外界环境的适应不是被动的，而是主动的，因而人与自然环境之间是相互作用的，所以他的理论被称为"人地相关论"。他的学生白吕纳进一步发扬了他的思想。白吕纳（1935）在《人地学原理》一书中，把人生地理事实分为三纲六目：第一纲是地面上建设事业的不能生产者，包含两目——房屋与道路，第二纲是动植物的利用事业，包含两目——耕种与畜牧，第三纲是经济上的破坏事业，包含两目——猎杀动物，采集、砍伐植物和开采矿产。白吕纳进一步细化了人地之间的相互关系。法国的人地相关论思想使人地关系理论研究有了很大的进步。

法国学派特别重视小区域研究，重视实地考察，以区域人生地理事实作为人地关系理论分析的佐证，以小区域的野外考察作为训练地理学者的最好途径。提倡小区域研究的法国学派没有像德国学派那样出现自然地理学与人文地理学的明显分化。

（三）英国

英国近代人文地理学的发展比德法两国人文地理学晚几十年，但是通过与历史学、社会学的结合，出现了有世界影响的地理学家，如可以被视为政治地理学家的麦金德（H. J. Mackinder）。他从全球的视角讨论世界政治活动的规律性，开创了地缘政治理论的先河（在本书第十一章将有介绍）。英国在区域划分、土地利用调查等方面在国际地理学界影响很大，有影响的人文地理学家有哈格特（P. Haggett）、梅西（D. Massey）等。哈维（D. Harvey）也被视为英国人文地理学家[①]。

（四）美国

美国近代人文地理学的主要思想源自德国，并逐步形成了自己的特色。在人地关系研究领域，一些学者片面接受了拉采尔的环境决定论观点。其中最为著名的是森普尔（E. C. Semple）和亨廷顿（E. Huntington）。森普尔是拉采尔的学生，著有《地理环境的影响》《美国历史及其地理条件》等著作，她强调自然地理环境对人类体质、民族发展与国家历史有决定性影响。亨廷顿在《文明与气候》一书中，也特别强调了气候对人类文明的决定性影响，

---

① 哈维的另一个学术标签是人类学家。他在美国任教，但是国籍是英国。

提出人类文明只有在具有刺激性气候的地区才能有所发展等观点。1920年代以后，环境决定论观点在美国遭到批判，巴罗斯（H. H. Barrows）把人文地理学称为人类生态学，提出人类对于自然和生物环境适应的观点。对美国地理学发展产生较大影响的另一位人文地理学家是索尔，他主张地理学者应致力于研究景观中的文化要素，形成了文化景观学派。他所定义的文化景观是在自然地表之上的人类活动的痕迹。他认为：地理学是研究地球表面按地区联系的各种事物，包括自然事物和人文事物及其在各地间的差异，人类按照其文化的标准，对其天然环境的自然现象和生物现象施加影响，并把它们改变成文化景观。哈特向是区域学派的代表人物，他的学术来源也是前面提到的德国区域学派的赫特纳。哈特向在其《地理学的性质》《地理学性质的透视》两书中指出，地理学是描述和解释作为人类世界的地球各地方之间变异特性的科学，地理学最关心的是人的世界和非人文世界之间的关联。这种关联性可以看作人地关系的同义语（哈特向，1963；1996）。

（五）苏联

俄国近代人文地理学主要承袭德国的思想。苏联出于社会主义建设的需要，经济地理学获得了很大的发展，以经济地理学取代了人文地理学。苏联经济地理研究者在经济地理学内部形成了两大学派：地理学派和经济学派。前者以巴朗斯基（N. N. Baransky）、萨乌什金（Y. G. Saushkin）和科罗绍夫斯基（N. N. Kolosovsky）等人为代表，主张经济地理学的研究对象是区域，强调经济地理与自然地理的密切联系，重视自然条件的分析和区域的综合研究；后者以费根（Y. G. Feygin）、康斯坦丁诺夫（O. A. Konstantinov）为代表，认为经济地理学属于一门纯粹的经济科学，研究对象是生产分布的规律及具体部门的布局，着重对生产布局的因素、投资比例、发展速度、经济效益的分析。对西方人文地理学的批判削弱了苏联地理学界对人地关系的综合分析研究。1920—1950年代，苏联的经济地理学包括自然地理以外的所有与人类空间活动有关的研究领域，社会地理研究也包括在内（社会课题总数量较少，重点在工业地理学、区域地理学、国别地理学）。所谓苏联区域学派，主要使用马克思主义社会分工理论来研究高度集中计划经济背景下的国内经济地理位置、区域劳动分工、地区生产综合体、动力生产循环等概念。苏联经济地理学者积累了大量计划经济背景之下积极参与行业决策过程的方法和概念，从工业布局角度研究地区发展计划、城市规划、五年计划等。

三、1950 年代后人文地理学发展

第二次世界大战以后，随着社会经济与科学技术的飞速进步，人文地理学进入了一个新的发展阶段。这时期世界上人文地理学的主要研究阵营分为三个。

第一个阵营是英美人文地理学学者群体。由于美国政治经济影响在全世界范围内的扩张，加之原来英国在殖民地国家的英语推广，使得英语成为国际地理学界交流的主要语言，他们迅速获得了人文地理学领域的学术话语权。如果说近代人文地理学的故乡是德国，那么当代人文地理学的许多新思想诞生在英美，而许多美国著名的人文地理学者都是来自英国，或在英国受过高等教育，这也体现了这个阵营内的密切联系。正如皮特（R. Peet）在《现代地理学思想》（*Modern Geographical Thought*）一书中总结的，计量革命、马克思主义地理学（Marxist geography）、人文主义地理学（humanistic geography）、后现代主义地理学（postmodernist geography）的代表人物都集中在美国。在哈伯德（P. Hubbard）和基钦（R. Kitchin）合编的《主要思想家论空间和地方》（*Key Thinkers on Space and Place*）一书中提到的地理学者中，多数也来自英国和美国。

第二个阵营是欧洲大陆人文地理学学者群体，以德国、法国等为主。尽管法国和德国的人文社会科学还引领着国际潮流，但是人文地理学的新发现却不多。

法国在这个时期虽然逐渐走出了战争破坏的困境，但失去了政治和经济上的优势。法国地理学家不得不进行革新，他们开始意识到传统地理学的理论、实践和手段都存在着许多不足，必须以创新精神重新组合地理学研究和教学，法国地理学家称之为"地理学进入重组和创新时代"。这个时期的法国地理学，特别是人文地理学表现为以下特征。① 继承法国维达尔学派（保罗·维尔达－白兰士开创的学派）的"人地关系学说"传统，重视人文地理学的理论基础，强调人文地理研究与地理学家的培养应当集中在区域研究上。新时代区域地理研究的重点应由传统的小区域分析和国别地理扩展到世界地缘政治、经济和文化研究，同时指出人文地理学与自然地理学的密切结合不可分割。正如克拉瓦尔（P. Claval）（2007：203-232）在《地理学思想史》中指出的，马克思主义地理学、人文主义地理学、后现代主义地理学等思潮也影响着这个时期法国人文地理学的研究。② 出现应用地理学创新学派：强调人文地理学理论与实践相结合，为国家国土整治、生态环境保护和应对气候变化服务。一批中年地理学家在法国国土整治与区域规划、大巴黎地区新城建设与古都保护、罗纳河流域生态环境整治等重大项目中取得了令人瞩目的成就。应用地理学为大学地理系毕业生拓宽了就业出路。③ 新地理学派：强调人文地理学应大力引进新技术、新手段和新方法，从定性研究走向定量分析。青年一代地理学者较多。不过，当地理学过度追求新技术、数学建模被质疑后，地理学逐渐走上理性发展的道路。法国人文地理学的主要贡献是提出了"生活空间地理学"，这是一套基于人类学方法，在哲学高度上思考文化地理、社会地理和政治地理问题的研究领域。

作为近代地理学的发源地，德国地理学产生了地理环境决定论、文化遗传与景观、地缘政治、中心地等众多地理学理论，涌现出李特尔、拉采尔、杜能、韦伯、赫特纳、克里斯塔勒等人文地理学者，然而，二战后德国地理学面临着如何从传统地理学向定量分析和追求一般性地理规律的现代地理学发展的转型与挑战。二战后德国人文地理学发展分为5个阶段，每个阶段的主要地理研究思想与研究范式也发生了较大的变化，1969年在基尔召开的德国地理大会成为德国人文地理学发展的转折点。① 保守恢复阶段：二战后德国人文地理在法西斯地缘政治思想之后建立起了非政治色彩的地理学、传统区域地理学的主导地位和个性思维、例外方法（地理观察是核心方法）、景观研究和自然景观分类。代表性地理学者有特罗尔（C. Troll）、伯贝克（H. Bobek）、哈特克（W. Hartke）及科尔布（A. Kolb）。② 1969年基尔地理大会后的理论与观念革命。这一阶段批判传统区域地理学，建立地理学模型思维，以及空间分析、普适性思维，定量研究方法。代表性地理学者有巴特尔（D. Bartels）、哈德（G. Hard）、沃思（E. Wirth）等。③ 1985年以来以行动者为导向的实践方法影响越来越大。这一主要思想反映在社会地理学、地理学中的建构主义观点、新文化地理学的适应、卫星图像的解译等方面。主要地理学者有威尔勒恩（B. Werlen）、鲁伯（P. Reuber）、格波哈特（H. Gebhardt）等。④ 1990年代以来地理信息系统和大数据的使用。建立不同空间层次的空间数据系统，利用开源系统解决不同的研究问题。主要地理学者为来自信息学和地理学的不同科学家，例如齐普夫（A. Zipf）等。⑤ 2000年以来地理学抽象思维、实践理论和可视化技术的反思，以及社会－环境统一地理学（自然地理学和人文地理学之外的地理学新融合研究）成为德国人文地理研究主流。主要学者有格波哈特、鲁伯等。

第三个是苏联解体后的俄罗斯人文地理学阵营。第二次世界大战后，苏联政治经济势力影响所有的社会主义国家。1950年代，苏联自然地理与经济地理相分离的二元论观点占据统治地位。从1950年代末人口地理学、城市地理学发展较快，主要人物是拉波（G. M. Lappo）和科厄里夫（B. S. Khorev）。1960年阿努钦（D. N. Anuchin）在《地理学的理论问题》一书中，抨击二元论，强调发展统一地理学。科厄里夫在1970年代初提出了"人口分布骨架"的概念。1970年代后，苏联开始将经济地理学改称为社会经济地理学，虽然不称之为人文地理学，但内容与人文地理学大致相当。苏联解体后，俄罗斯地理学的发展面临新问题和新挑战：如计划经济转化到市场经济、国家领土缩小、新边境地区的出现、国家退出大型区域规划、统计原则改变等。根据2016年的数据，俄罗斯11个城市设有隶属于俄罗斯科学院系统的经济社会地理科研机构，39个城市有设立经济社会地理专业的大学，从事经济社会地理研究的有500~800名研究人员。主要研究力量集中在莫斯科（莫斯科罗蒙诺索夫国立大学地理学系、俄罗斯科学院地理研究所）、圣彼得堡（圣彼得堡国立大学地球科学学院）、伊尔库茨克、符拉迪沃斯托克（海参崴）。近30年主要的人文地理学代表人物有：巴克拉诺夫（P. Y. Baklanov）、前国际地理联合会主席科罗绍夫（V. A. Kolossov）、米洛尼恩科（N. S. Mironenko）、米纳科尔（P. A. Minakir）、特雷维什（A. I. Treivish）、戈尔金（A. P. Gorkin）。他们的主要研究方向涉及人口地理学（包括宗教、移民、农村等）、城市地理学、工业地理学、农业地理学、运输地理学、服务业地理学、文化地理学、政治地理学（地缘政治）、旅游地理学、国别地理学、世界地理学等。

当代西方人文地理学与前期相比，无论在研究方向还是研究内容、方法上都有一些新的变化，总体来看，它具有以下主要特征。

（一）理论与哲学方法论的多元化

近代人文地理学以探究人地之间的因果关系为主旨，形成了两种不同的人地观：环境决定论和或然论，其哲学基础都是把因果联系作为最普遍最基本的关联形式。1950年代以来，地理学吸收了近代科学的哲学方法论作为理论研究的指导，推动了人文地理学的革新。

在人地关系理论的研究方面，随着科学技术的发展，人类改变地理环境的规模和速度不断强化，人口增长、资源短缺、环境恶化、经济发展等都给当代社会带来一系列全球性和地区性的矛盾。在这种背景下，如何协调人地关系成为人文地理学研究的主题，客观上要求人文地理学成为定向改造和管理人类生存所需的周围环境的科学。应用系统论的观点，把一个地区人类的社会经济活动与所处的地理环境看作一个内在联系的系统，着重研究两者之间相互作用的规律，并协调双方的关系，目的是使人类社会转变为可持续发展的社会。人地关系协调论思想奠定了现代人文地理学的统一性和综合性，探索人地关系地域系统的理论、模式、途径和方法成为现代人文地理学的中心课题。人地协调论、可持续发展观等成为现代人文地理学的理论基础。

1950年代后，尤其是1970年代以来人文地理学在哲学方法论上表现出多元化的趋向。一方面，科学哲学首先被引入人文地理学，大大加强了人文地理学的自然科学基础。1950年代末期兴起的计量革命不仅推广或强化了统计方法的运用，而且强调了在研究地理问题时，应该以理论为主导，以发展理论和模式为其终极目标。计量革命的哲学基础，属于逻辑实证主义（logical positivism）或逻辑经验主义（logical empiricism）范畴，它强调唯有通过客观的逻辑方法（特别强调了数学方法的使用）验证后的事实与结论，才能被认为是知识。另一方面，西方人文地理界也相继受到了人文主义、结构主义思潮的影响，从其他社会科学，如经济学、社会学、心理学、政治学等引进了一些新观念、方法和技术，大大地丰富了地理学的理论基础，也相当程度地提高了其学术地位，将人文地理学从以前侧重于区域描述，改变为现在的对人与社会、人与环境及人与地点或地方关系的诠释。这些哲学思想引入地理学研究中，对提高包括人文地理学在内的各门自然科学和社会科学的理论水平具有重要的意义。

从1960年代末期开始，区位分析和空间科学逐渐受到了来自地理学以外及产生于其内部的种种批判，可以说，由1970年代早期开始，西方人文地理学（包括经济地理及城市地理）的发展，皆衍生于对计量革命的不满。同时，西方人文地理界也相继受到了心理学、结构主义、人文主义的影响，出现了行为地理学（behavioral geography）、马克思主义地理学及人文主义地理学等学派（皮特，2005）。

1980年代以来，随着全球化、信息化、生态化和知识经济的大步推进，西方国家向后工业社会的转型加快，出现了所谓的"后现代转向"。其特征是：知识和信息成为社会的新的组织原则，福特主义的大规模生产和消费方式逐渐被全球化的和更为灵活的生产所替代。后现代主义哲学思潮于是兴起，它对用理性、逻辑及依靠所谓的客观事实和证据来证实的科学思维方式提出质疑，反对做高度概括性的、以偏概全的、一概而论的，以及意欲一网打尽的大言论、大理论。后现代主义地理学主张在探讨问题时，应特别注意小范围空间内的地方文化情况，它强调事物都是在某种特定的时间与空间情况下才能出现和存在，故观察者在探索问题时，应考虑问题的特殊性。后现代主义强调非传统、异样化事物，不但促进了地理学者对少数人群问题的研究，如对少数族裔、亚文化群体的研究，也打破了以往仅以男性立场为研究视角的传统地理学，开创了强调女性观点、男女空间行为有差异性的性别研究及女性主义地理学（feminist geography）。

（二）研究方法的不断革新

人文地理学传统的研究方法是定性分析（也称质性分析），其表现是仅描述和解释客观地理事实，而缺少对规律及原理的探索。现代科学技术的发展为人文地理学研究提供了新的研究方法和手段，提高了人文地理学定量研究的能力。

首先，计量方法和数学模型在人文地理学中得到广泛应用。西方地理学的计量革命自1950年代开始，在1960年代兴盛。大量数学统计方法应用到人文地理学研究中，其他学科的定律、规律也用来研究人文地理问题，使人文地理学从定性分析走向定量分析，揭示人文现象的相互关系、相互作用的空间规律性。第二次世界大战后初期，美国地理学界的区域学派观点占上风，以谢弗（F. K. Schaefer）为代表的地理学者首先向区域研究的公式化和理论的贫乏发起挑战，提出必须加强地理学理论、方法论研究。1950年代中期，华盛顿大学的地理学者加里森（W. Garrison）开设了第一个使用数学统计的研究班，培养了首批计量地理学者，参加这一研究班的学员其后把计量地理学传播到英国、瑞典等其他国家，掀起了1960年代计量地理的高潮，并引发了理论地理学的发展。1970年代以后，地理学研究中有片面追求定量化、滥用数学公式的趋向，但也有人认识到，计量革命仅仅是一种研究手段的更新，并不能完全取代传统的研究方法，也不能完全解释地理现象，只有和定性分析方法相结合才能更好地发挥作用。

其次，1970年代，人文地理学引入了心理学的分析方法，被人们称为西方人文地理学的"行为革命"。人文地理学研究人地关系，首先需要研究人，研究人的心理和行为，研究人的个体或集团在特定社会环境下心理活动的发展变化规律以及这些规律与地理现象之间的关系。行为地理学研究的核心是以个人为决策单位的信息处理表现行为，所以着重点是人的差异。群体或个体不同的品质和动机决定了对环境感知和行为的差异性。早期人文地理学中行为的研究偏重于外在行为和环境感知的研究，近年来，研究领域已扩展到对决策、学习、人格、态度等方面的研究。

最后，现代地理学在观察和收集资料、信息的手段上有了根本性的变革。传统的地理学主要采取实地调查或采用观察、统计资料，这种方法往往需要的时间长，可靠性差。而遥感技术的出现大大改变了这一状况，它可以在较短的时间内收集大面积同时同质的材料，可以用来进行对比研究，而且精确度高、信息量大、可信度高，地理信息系统等新的技术方法进一步强化了地理信息的获取、量化、存储、处理、查询、检索、显示、制图、分析与综合评价，对人文地理学的发展有着极其重要的作用。

（三）研究内容和方向的社会化、应用化趋向

现代西方人文地理学的研究内容在深度和广度上都有很大的发展：在人地关系研究方面，既注重生态观点，同时社会化和人文化的倾向得到强化，人文地理学研究日益向实用方向发展，面向人类迫切需要解决的那些实际问题。

在相当长的时期之内，地理学一直以自然地理学的研究居主导地位，在人地关系研究中，大多注重自然地理环境的作用，随着统一地理学思想的确认，现代地理学的人文化倾向愈益明显，从人的角度出发，以人为主体进行研究成为人地关系的主流，强调社会、文化等非物质因素成为现代人文地理学的突出特点，社会地理学、文化地理学、政治地理学、民族地理学、宗教地理学、犯罪地理学等新兴学科受到人文地理学者的关注。当然，这并非不重视对地的研究，人文地理学研究人地关系必须以环境为基础，脱离了地，也就不能称其为地理学研究了。人和地是矛盾的统一体，人文地理学需要应用生态学的规律，主动协调人类活动与自然环境之间的关系，预测人类活动可能引起的变化和后果，在开发利用的同时优化人类的生态环境。

人文地理学研究的另一个趋向是应用方向。人文地理学是一门和社会经济发展有着密切关联的学科，它的应用相当广泛，如地区资源的开发评价、地区综合发展分析、城市与区域规划等。人文地理学的几乎每一个研究领域，都与社会发展密切相关。尤其值得注意的是，随着现代社会的发展，社会对人文地理学的需求呈现出愈加迫切的趋势。人类当前面临的一系列问题如人口、资源、环境、发展等都与人文地理学有着密切的联系，它们为人文地理学的发展提供了巨大的动力。

人文地理学还可以视为一门交叉学科，它与相邻学科之间的交叉越来越广泛而频繁，特别是与环境学、生态学、经济学、社会学及系统工程学的交叉最为密切，从而出现了一些具有高度交叉的人文地理学分支，最典型的就是城市地理学、乡村地理学。由于人类所面临的人口、资源、环境等重大问题都具有综合性，不是任何一门学科所能单独解决的，这就必然要求相关学科从不同角度共同探讨。

第三节　中国人文地理学的发展

一、古代人文地理学思想萌芽

中国古代的人文地理思想与知识极其丰富，但尚未形成科学的人文地理学。中国古代的人文地理记述也很丰富。学术界目前公认的中国最早的地理著作为《尚书·禹贡》，其成书时间有争议，多认为在战国时代。《尚书·禹贡》全文不长，流传的不同版本字数相差不多，它全面记述了当时全国的地理特征。该书将天下分为九州，记录了各州山川、土壤、物产、田赋、交通、贡品和民族信息，反映了当时中国各地的自然地理、人文地理和经济地理概况。中国古代人文地理学主要的贡献有：一是产生了人地关系思想的萌芽，对人地关系进行了初步的探究。据李旭旦总结，中国古代出现了四种人地思想的萌芽，包括地理环境决定论思想、人定胜天思想、天人相应论和因地制宜思想。二是积累了大量以区域人文地理论述为特色的人文地理知识。这些遗产反映在中国浩如烟海的史书、地方志及游记中，具有世界上无与伦比的长期性和连贯性。史书中具代表性的人文地理论述有西汉司马迁所著《史记·货殖列传》，东汉班固所著《汉书·地理志》。此外历代遗留下的地方志达七八千种，十万余卷，既有全国性的，也有省区的，大量的则是府、州、县志，如晚唐的《元和郡县图志》（813）、元代的《大元一统志》（1285—1303）等。中国游记类著作以明末的《徐霞客游记》最为著名。古代的历史记载中大多是记载史、地、文三方面的综合著作，以罗列各地的自然、物产、民俗风情等为主要内容。虽然这些记载包含了丰富的人文地理知识，但是还不属于近代地理学定义的人文地理学。

中国古代有着悠久的传统地理发展史，除了古代哲人提出的人地关系思想外，古人还以地方志的形式，系统记录了不同尺度区域的人文地理信息。这些古代的区域人文地理信息可以从中国国家图书馆·中国国家数字图书馆的《数字方志》中获得。关于中国人文地理学的发展，后面有专门一部分论述。

二、近代人文地理学的引进和发展

中国近代地理学的发展要比西方国家晚半个世纪左右。鸦片战争以后，西方的科学技术逐渐被引入国内，国内为了学习西方科学技术，派遣了许多学生赴欧美留学，把西方近代地理学思想介绍到国内，人文地理学开始在中国得到发展。

中国近代地理学的先驱者首推张相文（1866—1933）、竺可桢（1890—1974）等。张相文编著了中国第一批地理教科书，1909年发起创办中国第一个地理学术团体——中国地学会，创办了最早的地理杂志——《地学杂志》，用来翻译介绍国外的地理学思想。竺可桢是中国著名的气象、地理学家。中国近代地理学界早期的一些著名学者，如胡焕庸、张其昀等是他的学生。在竺可桢等人的推动下，中国近代地理学在1930年代和1940年代得到了发展，人文地理学在吸收西方新地理学思想的基础上取得了一定的成就。一方面，引入了西方近代人文地理学的新思想和研究方法，如竺可桢、张其昀、胡焕庸等（1933）翻译的《新地学》，其中包括17篇法国、英国、美国、日本学者的文章，包括白吕纳、索尔、戴维斯等中国学者熟悉的地理学家。该书的最后附有一篇新地学十二个代表人物的简介。谌亚达（1933）翻译了法国著名人文地理学家白吕纳（当时按照发音译为布留诺）的《人文地理学》，后任美锷、李旭旦（1935）再译该书，名为《人地学原理》。这些译作对中国近代人文地理学的发展起到了促进作用。另一方面，受当时欧洲大陆和英美学派的影响，中国人文地理学研究开始起步，主要集中在人地关系、人口地理学、农业地理学、城市地理学、乡村地理学、运输地理学、政治地理学等领域，以及区域综合考察。如胡焕庸对中国人口分布的研究，首先指出了瑷珲（现称黑河）—腾冲这一人口地理分界线；区域综合考察与区域研究中，法国的"或然论"思想是人地关系讨论的重心。

三、当代人文地理学的发展

中华人民共和国成立后，人文地理学在中国经历了曲折的发展过程。由于受苏联模式的影响，中国的人文地理学受到了不公正的对待，经济地理学一枝独秀。1980年以后中国的人文地理学才得以恢复，得到了长足的进步。

（一）1949—1979年

这一时期是中国经济地理学一枝独秀、人文地理学衰落的阶段。地理科学全盘学习苏联的理论与方法，把地理学分为自然地理学和经济地理学两门独立的学科，中国经济地理学得以快速发展。而人们对人文地理学则采取了全盘否定的态度。当时人们认为人文地理学是为帝国主义服务的伪科学，从而否定了人文地理学作为一门学科存在的价值。

当时经济地理工作的最大特点是坚持为社会主义建设服务的方针，例如铁路选线和水利建设、资源综合考察、工业布局、农业区划、区域规划等。经济地理工作者在实践中为国家做出了贡献，同时出版了大量的区域经济地理著作和经济地理学理论成果，发展了经济地理学（吴传钧等，2000）。

（二）1980—1990年

此为中国人文地理学复兴阶段。1978年以后，国家工作重点转移到现代化建设上，实行对外开放政策，学术思想大为活跃，学者与国外地理界交流增多。国外人文地理学发展迅速并成为各国地理科学中最活跃的一个分支，研究成果在解决社会经济问题中发挥着越来越大的作用，中国社会经济发展的实际也要求开展多方面的人文地理研究。这就促使中国地理界重新评价人文地理学的地位和作用。1979年12月28日到1980年1月3日中国地理学会在广州召开第四届全国大会，李旭旦在会议上首先提出复兴人文地理学，得到了与会代表的热烈响应。此后，在李旭旦、吴传钧、鲍觉民等的推动下，在中国地理学会中成立了人文地理专业委员会，开始有组织、有计划地开展工作。该专业委员会与西安外国语学院联合创办了《人文地理》学术期刊（1988年前名为《国外人文地理》），通过翻译介绍国外人文地理学著作、论文，出版了一系列教材、论著，逐步实现了人文地理学科的普及（吴传钧等，2000）。

（三）1990—2010年代

在这一时期，中国人文地理学进入了全面发展、提高阶段，无论是在基础理论和方法论上，还是在研究的深度和广度上均有了较大的发展。主要体现在如下几方面。

第一，学科分支逐渐健全。国家自然科学基金委员会地球科学部支持的学术研究项目分支几乎覆盖了目前国际上所有的人文地理学领域，如城市地理学、乡村地理学、人口地理学、社会地理学、文化地理学、政治地理学、军事地理学等，并促进了这些分支下面的次级分支领域的发展，如社区地理学、民族地理学、语言地理学、文学地理学、国防地理学等。随着各个学科分支研究队伍的壮大，中国地理学会也陆续成立了许多人文地理学的专业委员会。

第二，出版了各个学科分支的系列专著。高等教育出版社、科学出版社、商务印书馆、人民教育出版社、江苏教育出版社、中国大百科全书出版社，中国各个地理学学术刊物等出版单位先后出版了系列的人文地理学专著、论著，包含国外地理学者的重要著作。这些出版物极大地推动了中国人文地理学的发展和学科影响。

第三，以大课题研究为国家决策提供建设性意见。具体的领域包括：通过综合科学考察，开展资源环境承载力评价；参与国家重大区划与规划；开展国情分析与区域可持续发展分析；研究新型城镇化与城市群建设；参与国家精准扶贫与乡村振兴工作；研究生态文明体制改革方案，以及美丽中国建设途径；参与"一带一路"建设决策；参与国家安全、生态环境保护与科技防灾减灾等方面研究和决策服务。例如在主体功能区规划方面，2002—2010年间，在国家科技支撑计划项目和国家自然科学基金重点项目资助下，开展了主体功能区理论和方法的研究；在国家发展和改革委员会重大研究课题和中国科学院重点部署项目的资助下，开展了主体功能区划应用研究和方案研制；创建地域功能理论，开发主体功能区划技术规程，编制完成中国首部主体功能区划方案，指导全国完成各省主体功能区划。开拓了综合人文地理学理论研究新领域，解决了综合地理区划方法问题，为主体功能区从规划上升到国家战略和生态文明基础性制度提供了科技支撑。主体功能区战略成为中国"十四五"规划和

2035年远景目标中经济发展和生态环境保护的大战略，由主体功能区划开发的资源环境承载力和国土空间开发适宜性评价方法（即双评价方法）和"三区三线"空间格局表达方法，成为全国优化国土空间开发保护格局的基础方法。

（四）2010年代以来的学科发展方向

第一，树立人地和谐的科学发展观，进一步深化人地关系理论及研究方法。人地关系研究的方向有：① 加强经济全球化与人地关系机理响应、人地系统调控机理与过程、格局与节律及模拟人地"最佳距离"的研究；② 采用RS、GIS和GNSS技术手段加强人地系统的动态模拟、综合集成与决策支持系统的研究；③ 加强人地系统与区域可持续发展交互关系的研究；④ 加强人地系统演进过程中的全球问题、全球变化问题及其区域响应问题的系列研究，推动人地关系研究由区域化向全球化方向转变；⑤ 加强人地系统中环境伦理与生态道德的研究，道德文明的力量将最终取代资金、技术、政策等手段成为协调人地关系的最主要力量。

第二，顺应文化强国的发展趋势，构建"本土化"的文化地理学科体系。目前，中国文化地理的研究倾向于引进吸收西方新文化地理学的新概念并试图将其植入中国不同的发展区域，强调文化地理理论思辨和研究方法的研究。从"十三五"时期开始，中国将文化产业提升为国民经济发展的战略性支柱产业来发展，将文化产业作为调整产业结构、加快经济转型的重要产业。在这种情况下，一是要加强文化地理研究与国家文化产业振兴的融合研究，强化应用性。文化地理学研究要与国民经济发展密切结合起来，与弘扬中国优秀传统文化相结合，提升文化地理学的学科地位。二是将"引进来"与"本土化"有机结合起来，系统建设中国特色的文化地理学学科体系。三是在学科间交流基础上开展理论创新，注重吸收其他学科的科学营养，在与其他学科充分交流的基础上做好学科"边界跨越者"。

第三，加强新地缘政治学、都市政治地理学和地方政治地理学的研究。从战略需求角度分析，一方面中国正处在政治体制改革的重要时期，区域一体化、区域联合与合作、地方选举、社会文明建设与和谐社会建设，以及乡村振兴等都需要对政治因素展开研究；另一方面，中国作为世界上第二大经济体的大国，越来越多地赢得了参与国际事务的资格和广泛的话语权。日益深入的政治体制改革和日益扩大的国际影响，迫切要求中国自身必须在学术层面上予以回应，需要政治地理学提供科学支撑。为此，未来中国政治地理学应加强以下三方面可供探讨和实证的研究领域：① 加强新地缘政治学的研究，探讨世界经济的结构变化，全球城市体系的新霸权，国际经济新秩序的格局变动，欧盟、亚洲太平洋地区、东盟等大区域的地缘政治格局等，为新地缘政治学的发展做出贡献。② 开展都市政治地理学的研究，如城市快速建设引发的恶性强制拆迁问题，开发区建设造成的农民失地问题，不同空间尺度的区域剥夺问题等，为推进城乡社会公平、加强城市管理及城市规划决策提供参考依据。③ 逐步开展地方政治地理学的研究，包括选举地理学的"地方"研究、新区域地理学的"地方政治"研究和显性的"政治力学"和"政治生态"的研究。

第四，依托最新人口普查数据和其他大数据，推动人口地理学、社会地理学研究实现新的跨越。进一步加大对人口地理学、社会地理学全新的研究，力图实现学科分支研究的新跨越。① 从居民个体行为和微观层次推进社会地理学研究手法的多样化；② 进一步丰富社会地理学研究的空间尺度，从建成区尺度、市区尺度、都市区尺度延伸到郊区的社会空间、村落和社区的社会空间甚至更小尺度的社会空间中去；③ 注重实证主义、人文主义和结构主义等社会地理研究方法论的互补。

第五，进一步拓展行为地理学研究的广度与深度。未来中国行为地理学深化研究的重点包括认知空间、行为决策机理和行为规划研究等，研究的核心将更加转向"空间中的行为"和日常行为。① 采用先进技术手段，从主观选择和外在制约等多学科视角把握行为与空间的关系、人类行为与环境的互动关系等，提升研究的学术价值与应用价值。② 加强认知地图理论与方法的研究，深化认知地图空间分析，拓宽研究领域，解释其背后的深层次城市空间结构的形成机制。③ 加强对行为地理学和时间地理学的正面实验性研究，探索新的时空数据生产与管理方法，以促进理论和方法的提升。④ 加强转型期中国城市空间重构、社会分层、不同类型群体的行为空间与空间行为研究，实现提高居民生活质量、保证社会公平、构建低碳的城市空间结构目标。

第四节　如何发现人文地理学研究问题

即使了解了人文地理学的定义、特性和研究内容，也未必可以找到一个有意思、有价值的研究问题。我们都希望所研究的人文地理学问题，既可以经世致用，也可以推进学术思辨，尤其是为其他相关学科提供地理学的学术营养。那么如何找到这样的研究问题呢？

一、从社会实践发现问题

人文地理学作为一种知识体系和认识活动，其研究问题的主要来源是社会实践。与哲学、文学、历史学等人文科学不一样，人文地理学不仅是一门理论性很强的学科，而且还是一门有重要实践意义的学科。在一定程度上说，人文地理学也是一门应用科学，因此它研究的问题是要回答在社会实践中如何做的问题。在《重新发现地理学》一书中，美国地理学家总结了地理学在私人和公共决策中的作用，涉及地区和地方决策、国家决策、国际决策等不同尺度的层面，为决策提供信息和技术方面的支持。关于人与环境问题，地理学提供了一种有价值的思维方式，一种强调复杂系统中的联系和整体安排的思维方式（美国国家研究院地学、环境与资源委员会地球科学与资源局《重新发现地理学》委员会，2002：151）。当前，中国经济、社会和文化建设提出了许多课题，需要人文地理学者去参与研究。例如，土地资源开发与利用规划、城市总体规划和村镇规划、地域城镇体系的研究、行政区划的合理调整和市镇设置、人口迁移和人口流动规律、农村劳动力转移研究、旅游资源开发与旅游区规划，等等。人文地理工作者可参与的实践项目很多，涉及范围很广，如发展战略、区划、规划、地域开发和整治、产业布局论证等一系列单项或综合的任务研究，其中各种地区性规划是当前人文地理学工作者参与实践的主题（葛全胜等，2020）。

上述社会实践领域提出的问题有很多，不是所有的问题都能由人文地理学者给出完整的答案。人文地理学者主要回答由人文地理学定义确定的议题，即空间、地方、区域是如何影响人类活动（含人地关系）的。因此，凡是涉及如下指标的人类实践活动都需要人文地理学者来回答。① 距离，以及由距离派生出来的面积、密度、相邻性、空间隔离度、可进入性、分散度等。如垃圾填埋场与居住区的空间距离要多远？公共交通站点的密度要多大？农田整理的基本地块多大合理？② 形状，如规则度、紧实度、破碎度等。如何种国土形状的国防成本相对低？城市街道格局是否一定要呈棋盘状？③ 区位，它是针对某种人类活动而言，由地理要素的一纵一横关系共同决定的地点性质。在有些情况下，区域可以视为一个区位点。如，一个既定的区位点适合布局什么工业？某个城市未来会有多大的发展空间？④ 地方，一类群体基于对某个区位或区域的认识而判定的该区位或区域的功能和价值。如帝国主义国家对殖民地国家土地资源的认识与当地人们对土地的认识是不一样的。再如当环境保护主义者与保护地居民对土地利用的态度达到一致，就实现了地方意义的共享。

二、从学术概念理论体系发现问题

人文地理学的学术发展已经有了丰富的概念体系，以及由概念体系支撑的理论体系。由于本书面对的主要读者对象是地理专业的本科生，因此本书对人文地理学学术思想史的介绍极为简略。研究生阶段的学术问题主要是对概念体系、理论体系的改进，甚至是颠覆。这里我们将人文地理学的学术研究分为两类，这就是前文中提到的"一纵"和"一横"。

首先，从"一纵"的议题中找到要研究的问题。"一纵"是人地关系地域系统的研究。这一直是地理学研究的核心问题，这种研究既包括人类对地理环境的认识和改造，也包括这种改造对人类的各种影响，尤其是对人类生存和发展的制约。当代地理学的科学基础是关于地球表层系统各组成要素相互作用、作用机理及人类活动与地理环境相互协调关系调控的综合研究。地理科学是一门综合性很强的横断科学，其研究对象是地球表层大气圈、岩石圈、水圈、生物圈和人类圈交互作用的界面。自然地理学在切入这类问题时，往往是从物质能量交换的组成、方式、强度的定量分析入手，然而人类活动影响了这三类定量分析。国际全球变化研究计划——国际地圈生物圈计划（IGBP）原来只包括各门自然科学，后来逐渐认识到离开人类活动，全球变化现象就难以理解，因此IGBP就与国际全球环境变化人文因素计划（IHDP）合作，研究人类活动与全球环境变化的相互影响。人文地理学切入这个问题，要从人类对不同地区的自然资源利用形式、利用强度来分析。而决定利用形式和强度的是具有利用决策权的主体的"三观"（世界观、人生观和价值观）等，我们称之为意识形态要素，以及在这些观念指导下建立的正规和非正规制度和组织机构，前者是官方指定的、具有强制性

案例1–1　土地利用变化与溯因因果事件方法

研究土地利用变化原因的分析模式有土地变化科学（LCS）、社会生态系统（SES）和政治生态学（PE）。有学者探索了新的分析方法——溯因因果事件论（abductive causal eventism, ACE）。该方法的特色是将事件作为重要的分析因素，分析位于中美洲西印度群岛的圣卢西亚两个农村的土地利用变化。调查发现这里的耕地弃耕严重，耕地地区变为林地。弃耕的原因来自"一横"的视角，第一，这个英联邦的岛国，农业高度依赖国际市场，国内农产品价格没有优势，就导致了弃耕。第二，1960—1970年代这里经历弃耕高峰，原因是当时大量年轻人移民海外。第三，从1990年代中期到2000年代初，又出现了另一个弃耕高峰，原因是世界贸易组织出台的一系列贸易裁决，削弱了当地香蕉的市场竞争力。此外，返乡者开始转入旅游业，劳动力进一步从农业中抽离。

资料来源：Walters, 2017。

的，后者是民间约定俗成的。二者合称为制度和社会因素。选择意识形态要素、制度和社会要素中的一个，分析它与其他要素之间的关系，从而理解该要素是如何与其他要素整合在一起，共同作用于自然圈层的，这就是人文地理学研究的问题。例如本书案例2–3的探索是，在原有以收入评价外来移民社会融入的基础上，增加了多个文化的评价维度。

其次，从"一横"的议题中找到要研究的问题。"一横"是指在不同尺度区域之间的要素联系。区域之间的要素联系可以分为人流、物流、信息流、资本流。这些流动展现为各种流动性（mobility）表述。解释流动机制有一系列地理学概念，如地方、区位等；与之相联系的理论是地方感理论、若干种区位论、地理学第一定律等。影响流动途径的概念有边界、隔离（或区隔）等，与之相联系的理论有推拉效应理论、边界效应理论等。在这些概念和理论之下，还有一系列次级概念和次级理论，例如与地方概念相联系的次级概念有文化景观、地方感等。而人文地理学的研究就是结合实践问题，发现这些概念和理论在解释上的缺陷，提出新的概念或理论，并证明它们在解释某些现象上的适用性和有效性。例如本书案例6–3的创新是找到了产业发展区位因素中的新制度因素。

三、从研究方法发现问题

人文地理学研究的问题可以是改进或颠覆已有的研究方法。人文地理学的研究方法一般分为两类。一类是认识论层面上的方法，如前面提及的实证主义、人文主义、结构主义等。这部分有专章介绍，这里就不赘述。另一类是技术方法，它是指研究数据和资料的收集、数据分析处理方法。

数据收集方法有传统的田野收集方法，还有基于遥感影像、网络大数据的收集方法。数据处理方法有传统的简单分析指标，如密度、区位商等，还有基于计算机技术的空间分析。人文地理学的研究问题可以从完善这些方法上入手，例如对可进入性的度量，过去就是以抵达某个空间地的距离来衡量，后来改进为以进入的成本（含时间成本）来衡量，再后来还出现了"两步搜索"的度量。基于技术方法改进的人文地理学研究问题还有很大的探究空间，因为人文地理学的综合性要求多元数据的融合，数据之间的知识图谱（数据之间的逻辑关系）还不清晰，因此这部分的研究，还要仰仗基于学术概念、理论的新进展。当然概念和理论的发展也需要从数据分析发现的问题获得新灵感。例如本书案例1-1是找到了一个新的技术方法，分析土地利用变化的原因。

【本章主要概念】

人文地理学；近代人文地理学；区域性；综合性。

【思考题】

1. 你接受哪种人文地理学定义，理由是什么？
2. 举例说明人文地理学的研究内容。
3. 举例说明人文地理学与其他社会科学在研究视角上的差别。
4. 列举一个人文地理学研究成果，并判断它属于人文地理学哪个分支。
5. 列举一个人文地理学研究，并判断它采用了哪种研究范式。
6. 结合实例，说出人文地理学在当前中国经济社会发展中的应用价值。
7. 结合国家和地区发展，尝试找到一个可以探究的人文地理学问题。

第二章
研究主题和核心理论

内容提要

人类一切有意识的空间活动均与活动主体的人生观、世界观、价值观、审美观等相关，因此研究人文地理学首先必须研究意识形态文化。本章首先介绍文化的概念与文化的形成；其次介绍人文地理学五大主题：① 人类在地表的印记——文化景观；② 文化的时空现象——文化扩散；③ 人文事象的空间表征——文化区；④ 文化特质之间的协调——文化整合；⑤ 人类活动与环境关系的地理格局——文化生态学。在此基础上，本章重点介绍不同时期出现的人地关系相关理论，以及其他学科对人地关系的探讨。

按照系统地理学的学科划分，人文地理学依照研究对象可以划分为二级、三级、四级学科分支。无论是哪类人文活动，都属于广义的文化事象，而人类的所有空间实践都被狭义的文化理念和价值观指引。因此第二次世界大战后，西方人文地理学界将文化地理学提升到作为地理学的研究方法，许多人文地理学教材都把文化放在重要地位，例如本书第一版序中提到的一本流行的人文地理学教材《人类镶嵌图》（*The Human Mosaic*）就采用文化作为研究方法，以之统领该书各章，从文化区、文化生态、文化整合、文化景观等方面进行系统论述（Domosh等，2013）。本教材也将文化地理列于前面的位置。

地理学关注的是相对稳定在地表的文化事象（文化景观）。每个文化事象都有其发源地，文化事象将从发源地扩散到其他地区，这种扩散可以以物流、人流、信息流、资本流等实现（文化扩散）。当该文化事象的分布稳定下来，则形成文化区（文化区）。不同类型的文化区之间有彼此的空间交错，则出现文化整合与非整合现象（文化整合）。文化区发展与所在的自然环境有永恒的联系，自然与人类活动的相互作用则形成文化生态学（文化生态学）。

本章所介绍的各个研究主题是了解和掌握文化地理学这个地理学分支的切入点。任何人类活动都可视为一种文化事象，例如中国实行的主体功能区划体现了人类可持续发展、协同发展的理念。人文地理学的许多基本理论都与文化相关。例如区位论里的竞租曲线与人们对特定土地的价值判断有密切关系；中心地理论中的门槛人口数量与消费者偏好有密切关系；人口地理学的推拉理论既与流出地和流入地的形式有关，也与人们对自己、对家人的文化态度、责任有密切关系；政治地理学的国力方程中既包含实体要素，还包括制度文化、精神文化等软实力。

第一节　文化的概念与文化的结构

一、文化的概念

文化有广义和狭义之分，狭义文化指文学、艺术、宗教、风俗、习惯，以及信仰、道德等。在本书中，文化采取广义的概念，即人类的所有创造物。

在中国，文化一词最早出现在《周易》中，"观乎天文，以察时变，观乎人文，以化成天下"①。此处"人文"与"化成天下",即以人伦秩序教化世人,使之自觉按规范行动。这种"以文教化"便是中国传统的"文化"一词的基本含义。汉代刘向在《说苑》中称"凡武之兴,谓不服也;文化不改,然后加诛"②。这里"文化"具有明显的文治教化之意。

在西方,文化(culture)一词的拉丁语词源指培育(cultivation),或耕耘、栽培。例如,农学(agriculture)、养蜂学(apiculture)就是由culture而来。后来,在英语中,则有社会塑造(social refinement)之意。只是到了19世纪,文化一词才被认为具有影响人的行为的属性。在近代对文化的诸多定义中,英国人类学家泰勒(E. B. Tylor)的定义比较流行。他在其1871年所出版的《原始文化》一书中指出:文化或文明,就其广泛的民族学意义来说,是包括全部的知识、信仰、艺术、道德、法律、风俗,以及作为社会成员的人所掌握和接受的任何其他才能和习惯的复合体(complex)(泰勒,2005:1)。文化的分类是文化特质(cultural trait)。如工具、民居、饮食、机构、知识、信仰、艺术、道德、法律、风俗等,它们上位和下位的分类也是文化特质,如艺术下面的文学艺术、绘画艺术等。每个文化特质都有其丰富的外延。

从泰勒对文化的定义来看,文化的内容十分广泛。人类的全部知识包含自然科学、社会科学(法律、俗约等)和人文方面的知识(如信仰、艺术、道德等)。在这些文化范畴中,存在着信仰、思维、社会、工作、娱乐等方面的习惯,这是一个文化群体具有的相对稳定的文化成分,被社会成员所掌握和接受,多数是后天获得的,只有生活在社会中的人才可能具有。

二、文化的结构

文化结构是一个认知世界的工具概念,它可以帮助人们将纷繁的区域文化,梳理为利于理解的文化。关于文化的结构,学术界有诸多争论。大多数人认为,文化的结构由三个层次所组成,即生产和生活文化、制度文化和精神文化。这三个层次,既相对独立,又彼此依存和制约,它们构成一个有机联系的文化整体。另外一种分类是将有形的、以物理实体为主要载体的文化要素称为物质文化(tangible culture),将无形的、以人身体和大脑为载体的文化要素称为非物质文化(intangible culture)。因此,在前述三个基本的文化层次中,既有物质文化,也有非物质文化。以长城为例,其功能决定了它属于制度文化中的物质文化,而烧制长城砖的技艺属于非物质文化。按照后一种分类,联合国教育、科学及文化组织划分了物质文化遗产和非物质文化遗产。

---

① [三国]王弼注,[晋]韩康伯注,[唐]孔颖达疏《周易注疏》周易兼义上经随传卷第三,清嘉庆二十年南昌府学重刊宋十三经注疏本,爱如生中国基本古籍库。
② [汉]刘向撰《说苑》卷十五,四库丛刊景明钞本,爱如生中国基本古籍库。

（一）生产和生活文化

生产和生活文化即生计文化，它是满足人类生存和生活需要所创造的物质产品及其蕴含的人类创造。例如人类的衣、食、住、行体现的服装文化、饮食文化、居住文化、交通文化。这里不单包括其具体的器物，还包括这些器物的生产、工艺和技术，甚至还有这些器物体现的人们对生活和生产的认识和追求等。

生产和生活文化既指单个物品本身，也指由众多单一物品组合成的整体或者相关物品。例如，建筑既指一座座单体建筑，也指各种建筑群。生产和生活文化反映出一定时期的技术水平。例如，人类早期的代步工具是马或舟车，每日行程有限，长距离行程则耗时数月或数年。而现代交通工具有火车、汽车、飞机等，比过去的交通工具快捷且舒适。总之，生产和生活文化均为人类利用自然界的物质和能量创造出来的，它们反映了人类与自然的关系，人类对自然界认识、把握、运用、改造的程度，以及生产力的发展水平。它们是人类整体文化发展的基础。一般说来，生产和生活文化有下面三方面特性。

第一，物质性。这是生产和生活文化有别于其他文化存在的形态特征。它是真实的物质实体，虽然它反映出创造者的主体意识，但是要依托物质形态而存在。第二，基础性。生产和生活文化满足人类的衣、食、住、行等最基本生活需要。其他两层的文化都是以生产和生活文化为基础的。正是这个原因，人们往往把某一时期的生产技术作为该时期文化发展程度的标志，例如石器文化、青铜文化、铁器文化等。第三，时代性。生产和生活文化不但与人类生活的需求有紧密联系，而且与物质生产的技术水平有关，所以生产和生活文化有变化迅速的特征。

（二）制度文化

制度文化亦称社会文化。制度文化反映个人与他人、个体与群体之间的关系。这种关系表现为各种各样的制度，例如政治、经济、文化、教育、军事、法律、婚姻等制度，以及实施这些制度的组织、机构。人们在参与社会活动过程中，为了调节人与人之间的各种关系，逐渐形成规范有关行为的准则，它们也被称为制度。制度一旦形成便成为指导人们行为的依据。制度中有正规制度，具有强制性和权威性，也有非正规制度，是一个群体内部的俗约。

制度文化虽然没有生产和生活文化变化迅速，但是也在不断发展变化。例如人类在原始社会时，由于生产力水平低下，只能实现原始共产主义经济制度。而到出现剩余产品时，就实行奴隶社会经济制度。制度不仅随时间而变，而且还因地域不同而有差异，例如各地的市场经济类型不同，如美国的自由市场经济模式、德国的社会市场经济模式（莱茵模式）、日本的政府主导经济模式、北欧的福利市场经济模式等。

制度文化往往是历史发展的产物，特别是当某种制度已对人们的观念产生深刻影响进而发展出一套理论体系时，非但不能随生产和生活文化而变化，反而制约着生产和生活文化的发展，这种情况在各国实行制度改革的前夕表现得较为明显。

（三）精神文化

精神文化又称意识形态文化，它是人类在社会实践和意识活动中长期育化出来的价值观念、思维方式、道德情操、审美情趣、宗教感情、民族性格等。这是人类在改造和创造自然和社会过程中的思维活动和精神活动，是文化整体的核心部分。精神文化是人类的文化形态在观念形态上的反映，它包括人们的社会意识诸形态和文化心理。

社会意识形态可以按其与人们现实的社会存在关系的远近分为两类，即基础意识形态和上层意识形态。基础意识形态有政治思想、法律思想、道德伦理等，它们都与制度文化紧密联系。例如，政治思想是人们对社会政治制度、国家和其他政治组织在政治生活中的各种关系的看法的综合。上层意识形态指艺术、宗教和哲学。

各种社会意识形态总是一定的社会文化心理的反映，并具有时代特征。例如欧洲中世纪时，在宗教控制下，信奉上帝或相信天命是当时普遍的社会文化心理，因而那时的社会和国家制度是从神的意志引申而来的。所以"君权神授"便成为当时政治学说的核心。另外，精神文化具有鲜明的地域特色。例如在中国古代农耕社会，大家庭农业经济组织产生的血缘情感心理也反映在政治思想方面，从而使得政治思想与宗法伦理紧密联系，这种政治思想与西欧从宗教统治而来的"君权神授"政治思想完全不同。精神文化内涵广泛，因此也有人将其分为书面文化、广义文本文化和心理文化。

书面文化是以文字形式记载的精神文化，其借助各种书写符号，可跨越时空界限，将文化传递给他人。书面文化历经时代演变，逐渐形成了比较确定的外在形态与内在含意，具有相对的稳定性。正是书面文化才使人类的文化得以跨越时空的传递、扩散，避免了经验重复，从而使文化获得较快的发展。

广义文本（text）文化是指语言、礼俗、仪容等，它们是心理文化的直接显示。广义文本文化与书面文化均属于精神文化。艺术文化是广义文本文化的一种，它是艺术活动方式和艺术产品的总和。艺术文化是思想内容与艺术形式的统一，艺术价值是思想价值与审美价值的统一。艺术文化具有强烈的民族性与时代性。古今中外，由于各地自然和人文的差异，艺术形式往往差异很大，甚至难以相互理解和欣赏。例如汉字书法艺术是一个文化综合体，它是以汉字为基础发展起来的，在使用汉字的地方十分流行，且与中国的诗、词、绘画、园林等艺术有机结合，形成了独特的美学风格。

心理文化是人类在社会实践中长期孕育而成的思维方式、价值标准、审美观念、价值观念等所组成的有机的总和。就其发展程度可分为社会心理和社会意识形态。社会心理是人们在日常生活中那些在风俗习俗、价值观念、道德情操、审美意识、宗教意识、感觉认识、民族性格方面感性的、直观的反映，是属于初级层次。社会意识形态是对初级层次进行的理性思考。

人类在生物性进化中，其基本生物特征具有一致性，这决定了人类心灵具有相通性的一面。但是在自然、社会、历史过程中所形成的不同民族，又有各自的心理文化特殊性。社会意识形态既来自民族心理，又反作用于民族心理。总之，精神文化包括多种层面，书面文化、广义文本文化属于显型，而心理文化则属于隐型。

文化结构虽然有上述之分，但实际上这三个层次的文化却相互联系，有时很难明确分开。以民居这种建筑为例，它是由多种材料建成的，属于生产和生活文化。但是，中国典型民居则多由四合院，甚至由多个四合院组成。这种建筑格局是与中国传统的大家庭制、几代同堂有关。它可以容纳几代多子女家庭聚居在一起，现在山西境内仍存的祁县乔家大院、灵石王家大院等就是这方面的典型。该种格局形态显然是中国家庭制度的反映，体现了制度文化。关于民居的建筑装饰、室内陈设，例如砖雕、木雕上的人物、花草、动物及张贴的字画等又属于艺术产品，体现了中国传统精神文化。此例说明建筑是生产和生活文化、制度文化和精神文化三者有机结合。

第二节　人文地理学研究的主题

人文地理学关注被人们赋予意义的空间（space），即地方（place），研究人类如何创造地方，如何组织空间，如何进行空间内部和空间之间的交流，如何在不同尺度的空间（如邻里、区域、国家和世界等）中理解"我者"和"他者"。简言之，从空间角度来研究人类社会的文化事象，考察它们的空间起源和分布、空间扩散、人与自然环境的关系、文化整合等。这些是传统人文地理学的研究主题。受当今经济全球化的影响，人文地理学研究的内容也随之扩展和深化。全球化表现为区域之间交流日益增强且相互依赖性不断强化。在这个过程中，强势文化体现出鲜明的同化能力，使世界文化趋同，而各地则更加深入挖掘其地方文化优势与之对抗，结果形成了全球化与地方化这一对新的人地关系矛盾，以至出现新型的文化景观或旧有文化景观的再创造。本节主要介绍本章开篇提及的人文地理学五个主题。

一、人类在地表的印记——文化景观

不同学科对景观的定义略有差异。地理学的"景观"是指相对固定在地球表层的事象，索尔认为景观是人类认识世界改造世界的结果，是人与自然的结合，因此也可称为文化景观。文化景观甚至包括人类随意制造的产物，如都市周边垃圾带、海上垃圾岛等。文化景观体现了主体性，即某文化集团为满足其需要，利用自然界所提供的材料，在自然景观的基础上，叠加上自己所创造的文化产品。乔丹-比奇科夫（T. G. Jordan-Bychkov）等人认为，由于文化景观反映了创造者的文化，因而景观是文化的一面镜子。同时，不同的文化集团拥有不同的文化产品、不同的文化景观。索尔主张，在所有人文地理学研究主题中，文化景观是核心。

正如前面所述，学者通过观察、研究某地的文化景观，可以获得关于该地人们的许多信息。文化景观之所以会成为人文地理学的一个研究主题，原因如下：第一，文化景观较形象地反映了人类最基本的需求，即衣、食、住、行和娱乐等。第二，文化景观反映了建造者对世界的态度，如世界观、人生观、价值观、审美观等。第三，文化景观还包括有关文化起源、文化传布和扩散、文化发展诸方面有价值的证据。因此，研究文化景观不仅要全面分析其演变过程，而且要对景观的形态、构成、特征及其反映的文化特征进行探讨，甚至还要探讨如何引导文化景观建设，使之向和谐的方向发展。由于文化景观是地球表面各种事象组成的统一体，因此它的构成非常复杂，既包括景观赖以存在的物质基础，也包括景观蕴含的制度和精神。景观的物质外貌，如聚落的形态与格局、土地利用划分的现状与配置、建筑物的式样风格、人类活动的形式等，是文化景观的外显特征。聚落、土地利用是重要的研究对象。

文化景观除具有空间差异外，还有时间上的变化。随着历史的进展，社会的变化，各民族过去的文化景观与今天的文化景观都有所不同。这样，从遗留的文化景观历史遗迹中可以追溯出过去的文化景观。例如，历史上的北京城墙已经不复存在，但人们可以从残存的遗址，乃至地名来了解历史时期的城墙格局。

对于景观如何反映一地在某一历史时期的文化，有学者作了如下假定，认为所有的人均以类似的方式体验环境，人类对环境的反应可由社会传布。这样，对于景观的解释可以遵循这些原则：① 景观是文化的线索，可以提供拥有景观的人群类型的证据；② 景观的所有特征都可反映文化，从这个意义上讲，所有要素同等重要；③ 与自然地理学研究自然景观不同，人文地理学研究文化景观不能只停留在形态学分析方法上，还需要新方法，如基于人文主义观点的话语分析方法、文本解读方法、符号学方法等；④ 考察景观的意义需要考察该景观的历史；⑤ 某一文化景观的各要素只有放在其地理背景中进行研究才有意义。因为绝大多数文化景观与自然环境关系密切，所以对景观的解释依赖于对该处自然环境的认识。

利用文化景观遗迹来探索某地文化景观的历史发展过程，成为人文地理学的一种特殊研究方法。美国地理学家惠特尔西（D. Whittlesey）将此称为相继占据（sequent occupance），学者们对之有不同的翻译，如相继占用、文化史层。其中暗含的认识逻辑是，前期的文化景观（含内化的自然）会影响后续的文化景观的形态，例如中国元代大都的城市格局，影响明代北京城的格局，清取代明之后，几乎不变地接受了明代都城的格局。

二、文化的时空现象——文化扩散

文化是人类的创造，人类的学习、仿效本能使得文化得以在群体内和群体间传播。这种传播有代际的，还有同代的。同代人间的传播使文化覆盖的区域扩大，这个过程就是文化扩散。文化扩散的结果使文化区的边界发生变化，文化区的性质也可部分发生变化。只有将文化的时间过程和空间现象结合起来进行研究，才能深入理解文化区的形成过程。了解文化扩散的类型，对商业广告设计、媒体的发展策略、城市的形象营销、政治团体和个人竞选方案制定等都有指导意义。瑞典著名地理学家哈格斯特朗（T. Hägerstrand）对文化的扩散过程进行过深入研究，并总结了文化扩散的特征。这为研究文化扩散的理论和分类打下了很好的基础。文化扩散可以分为两大类，即扩展扩散和迁移扩散。

（一）扩展扩散

扩展扩散（expansion diffusion）是指某种文化事象从一地分布到另一地，而传播该文化的人的居住地不发生变化的传播过程（Domosh等，2010）。这种扩散在空间上具有连续性，新的分布区由旧的分布区扩大而形成，旧的分布区较小，且位于新的分布区内。在扩展扩散中，各种文化事象的扩散速度是不同的。例如，东汉时期蔡伦在民间生产的麻纸基础上，生产出质量更好的植物纤维纸。时至唐代，造纸方法传到了阿拉伯。到12世纪时才由阿拉伯传到欧洲。也就是说，造纸术从中国传到欧洲花了约千年时间。相比之下，英国1830年出现的铁路，不到100年就传到中国。第二次世界大战后出现的电视，不到半个世纪已在中国城乡普及。现今在广播、电视、报纸、杂志、互联网等大众传播媒介中，纸媒体对于各种信息的传播速度相对较慢。扩展扩散可分为三种类型：传染扩散、等级扩散和刺激扩散。

1. 传染扩散

传染扩散（contagious diffusion），又译为接触扩散，是指某种文化事象传播给愿意，乃至渴望接受它的人的过程（Domosh等，2010）。接受者毫无阻拦地接受此文化事象，就如同对病菌没有抵抗力的人对疾病的接受一样。例如对某种品牌的商品有消费偏好的人群，热切地期待该品牌的新款商品问世，以购买新品。而商家则针对这类人群营销商品，从而提高营销效率。

2. 等级扩散

等级扩散（hierarchical diffusion）是指当社会等级呈现为空间的层次性，某种文化事象的传播可以从某种社会等级的下层向上层，或从上层向下层传播的过程（Domosh等，2010）。例如政府文件自上而下地传达到基层行政单元，官方语言自首都推广到边陲，乡村的民间艺人通过层层选拔，登上大都市的舞台。

3. 刺激扩散

刺激扩散（stimulating diffusion）是指某种文化事象扩散到新的地方后，受某些原因影响，无法保留该文化的原貌，不得不做某种程度的改变，使其得以在当地存在的传播过程（Domosh 等，2010）。之所以称之为刺激扩散，旨在强调接受者从原文化中获得了"刺激"，从而唤起了改造文化的灵感。例如居住于俄罗斯西伯利亚的土著人，因年活动积温低，无法经营种植业，采集到的植物类食物也有限，最初只能靠狩猎为生。后来看到南部草原的人们驯养牛、羊，从中获得灵感，开始驯化只能在当地生存的驯鹿，结果获得成功，当地土著人就由狩猎转向放牧驯鹿为生。许多当代体育活动的空间扩散都是经过改造后适应当地条件而来的，如室内的冰场、人工造雪的滑雪场、滚轴（旱冰）都是滑冰刺激扩散的例子。在本书第八章流行文化景观部分，也提供了刺激扩散的例子。

案例2-1 电视广告效果预测

有传播学的研究者设计了电视广告效果的预测模型。研究者以当时四川省经济贸易委员会经济信息中心的广告播放数据作为预测数据依据，从中选出了影响广告效果的数据类型，除了广告名称之外，还包括广告播放时间段、时长、广告播放次数、广告在一系列联播广告中的位序、广告前序节目类型、广告后序节目类型等，此外还加上研究者评定的广告制作质量。请专家对上述因子的重要性打分，获得每个因子的权重。最后综合估算出每条广告的播放效果排序。

若运用本节介绍的等级扩散原理，本研究课题的研究方案中还可以考虑增加四个电视台划分等级。因为等级高的电视台的观众数量相对大，观众分布相对广。

资料来源：李亚静等，2002。

（二）迁移扩散

迁移扩散（relocation diffusion）是指某种文化事象与拥有这种文化事象的人或集团迁移到新的地方，将他们的文化传播到该地的过程（Domosh 等，2010）。随着世界上人口的迁移，很多区域文化传播到世界各地，促进了世界文化的交流与发展。迁移扩散有两个特点。其一，如果迁移的人口比较多，那么被迁移的群体文化内容也会比较多。例如，中国饮食文化在世界各地传播，在华人集中的地方这种传播的效果最为明显。各类华人餐馆的分布密度与华人的分布密度高度相关。其二，迁移后的文化会因为所在的环境差异发生一些变化。例如中国菜为迎合当地非华人的消费偏好，做一些改变。

文化的扩散虽然有各种类型，但是文化在自然状态下大都是如同石子投入水中产生的涟漪一样向四周传递，范围虽逐渐扩大，但强度逐渐减弱，最后全部消失。在现实中，文化的扩散要比水波扩散复杂得多，除自然的原因外，更多还有社会的原因。例如，当初处在白人统治下的南非政府就曾禁止接收外来电视节目，以防止外来意识形态影响其种族主义统治。南非的国界就起着阻止外来电视节目的屏障作用。一般说来，很少有完全不能通过的屏障，比较多的是可部分通过的、可渗透的屏障。

文化事象的扩散除了有速度快慢的波动外，还存在周期现象。以追逐时尚的流行服饰为例，在开始时只有少数人接受，故开始扩散的速度较慢。到接受人群达到一定数量后，扩散速度开始加快，但是当多数人接受后，再接受该服饰的人群数量增长就变得缓慢或停滞不前，再经过一段时间之后，这种服饰就会衰落而被新出现的服饰所取代。

三、人文事象的空间表征——文化区

表征（representation）是指人类认识世界之后形成的、被清晰表达出来的事物。文化区就是一种空间表征，它是人们认识文化事象空间分布后，在地图上可以表达出来的一个区域范围。人文事象的空间分布在某一时点或短期时内在地表的存在相对稳定，相同或相似人文事象所连片分布的区域就成为文化区。文化区的划分有助于人们了解文化事象的空间分布和空间差异，把握空间行为的决策，例如文化之间的彼此欣赏、文化之间的彼此融合、文化之间的互补利用等。目前学术界将文化区大致分为三类：形式区、功能（或机能）区、乡土区。这三种文化区划分主要针对不同的认知目的。

（一）形式区

形式区（formal region）也称形式文化区（formal culture region），是指某种文化事象相对集中的分布区，它具有核心的区域，以及模糊的边界（Domosh等，2010：8-9），但没有自组织中心。确定形式区时，首先要选定作为研究对象的某一种或几种文化事象（通常是选择一种文化事象），然后通过调查研究，把所要研究的文化事象落实到一定比例尺的地图上。例如，选择某种语言作为研究对象，先根据语言学家的成果，确定能反映该语言特点的典型词汇的语音，然后进行样本调查。一般情况下，经过调查，把会说典型词汇语言的样本（人）所在地点标在地图上，就能发现该语言分布特征。大体上某语言的核心分布区就是操该种语言人口密集的地区。从这个核心区向四周延展，距离越远，其语言与核心区的差异越大。

形式区还可以从中心向外划分三个层次。一是核心区，这里是所分析的文化事象表现最为典型的地方。二是外围区，位于核心区周围，是所分析的文化事象典型性减弱的地区。三是边缘区，在外围区之外。这个区域会出现与所研究文化事象在同一个分类体系中的其他类型，形成文化相混现象。所以，精确划定形式文化区的边界十分困难。如果有的形式区与相邻形式区之间存在着具有明显阻隔文化交流作用的自然或人文边界时，就不存在边缘区。以语言为例，在挪威与瑞典之间有斯堪的纳维亚山脉，山地不利于两边人们的往来，结果造成山地两边的语言截然不同。若两个语言区之间存在国界，且因边界管控，长期没有频繁的、大量的人员往来，这样两种语言区之间也难以存在边缘带。

上述是以单独的文化要素为研究对象而划分的文化区。另外，也可以根据研究需要，依照彼此相关的若干文化要素划分文化区。民族文化区就是以确定民族身份的语言、宗教、风俗、心理等因素来划分的。

综上可看出形式区的特征是具有一个文化特征表现典型的核心区,但不是自组织中心,具有文化特征相对一致而又逐渐弱化的外围区和边界较为模糊的过渡带。

(二)功能区

功能区(functional region)也称功能文化区(functional culture region),不同于形式区,它具有明显的自组织中心(Domosh等,2010:9)。它是一种由政治、经济或社会组织起来的人群基本连片分布的地区。例如一个行政区、一座城市,甚至一个国家。欧佩克(OPEC)国家是按照共同的利益组成的石油输出国家组织,但是其成员国分散在亚非拉各洲,因此不算是功能区。

功能区的自组织中心是该区内对某种功能起着协调和指导作用的所在地。例如某国家的首都、某城市的市政府所在地分别为该国家、该城市的政治功能中心。一个农场的场部就是经济上经营和管理这个农场的中心。这种中心可能还有副中心,中心与副中心之间的联系,可以使该功能区朝着功能目标发展。例如国家之内不同级别行政区的行政中心与首都联系为一体,目的是实现国家的政治统一、经济繁荣、社会稳定。理论上功能区的边界没有一个交错的过渡带,而是有明确的边界线。因此,与形式区相比,功能区的中心位置及边界的界线是确切的。

但是,有一些文化事象虽有具体的

案例2-2 利用大数据分析工具和GIS划定文化区

美国南加州(加利福尼亚州南部)和北加州(加利福尼亚州北部)的概念就是乡土区,它们的地理范围是模糊的。然而在现实中有些乡土区会演变为形式区,即区内人们有了共同的理念主张。人们有时还想知道这样的乡土区的界线到底在哪里,譬如竞选机构需要知道到哪里去做竞选演讲的效果最佳。有学者从即时通信工具等媒体的大数据中,确定信息发布者的地理位置,并通过文本分析,确定该信息发布者认同自己是南加州人,还是北加州人。而后将两个群体的空间分布呈现出来(图2-1)。这种分析属于基于场所的地理信息系统(place-based GIS)方法,这类方法是GIS科学的前沿,其特点是依赖文字描述获得信息。而本案例从大数据的文本中获得了人们"社会感知"的信息。

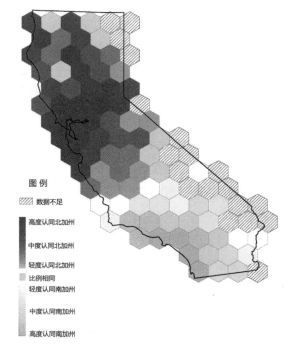

图例

▨ 数据不足

■ 高度认同北加州
中度认同北加州
轻度认同北加州
比例相同
轻度认同南加州
中度认同南加州
高度认同南加州

图2-1 北加州和南加州乡土文化区

资料来源:Gao,2017。

自组织中心，亦有一定的功能范围，但却不能完全控制其功能区。例如，与人们日常生活有紧密联系的报纸，特别是著名的大报，往往在各大城市，甚至全国范围内发行。该报在其自组织中心，也即报社所在地进行编辑，通过信息传递，分散在若干其他城市印刷，然后由各分发点递送到报刊销售网点或订户手中。但在该报的发行范围内，也有其他报纸发行，它们彼此重叠。这样，即使把该报的功能中心及其影响范围确定下来，也很难画出排他的功能区。

功能区与形式区在形成机制方面是不同的，因此二者是不同类型的文化区。但在有的情况下两者相互重叠，彼此有高度的一致性。例如，操日本语的人口主要在日本，在小比例尺的地图上，日语的形式区就与日本的国界一致，该形式区与作为国家的政治功能区几乎就是重叠的。

（三）乡土区

乡土区（vernacular region）也称乡土文化区（vernacular culture region）、感知文化区（perceptional cultural region）（Domosh 等，2010），是一个长期共处的群体在思想和感情上认同的一种区域（Zelinsky，1980）。乡土区首先是文化区主体对它的认同，其次也可能是他者对它的刻板印象或想象。在某个语境之下，人们理解某个乡土区的大致范围，以及文化特征。乡土区与功能区相比，既无自组织中心，又无明确的边界线；与形式区相比，缺乏文化景观上的一致性。这种存在于人们思想感情方面的文化区，往往会在某种情境中表现出来，有的则扎根于当地的民俗中。例如在中国，燕赵大地这样的区域就是一个乡土区，它既非与河北等行政区一致，也没有自组织中心，但是河北、内蒙古与河北交界地区、北京等地的许多人认同自己具有燕赵大地义士的侠肝义胆。

这种自我意识除在感情方面有所反映外，有些情况下还以某种符号作为标志。例如，美国东南部得克萨斯州以北、俄亥俄河以南的地区，是一个具有特殊历史与文化的地区。在该地区，电话号码簿（黄页）上的企业名称前面有"Dixie"的前缀，Dixie 还出现在当地的车牌上。这种现象的分布范围大体与当年美国南方联盟的范围一致。Dixie 被普遍译为"迪克西"，它还是一首南方流行歌曲的歌名。1861 年美南方联盟总统举行就职典礼时，以此歌曲为"国歌"，其后南方联盟军队作战时以此歌曲为进行曲。虽然南方联盟已成为 100 多年前的历史，但"迪克西"仍在人们脑海中留有深刻印象。这就是当地电话号码簿、企业标识和汽车牌照上出现很多"Dixie"符号的原因。有文化人类学者梳理了迪克西地区文化的各个方面，如流行歌曲、商品广告、广播节目、电影、文学等（Cox，2011）。

四、文化特质之间的协调——文化整合

在一个文化系统内，同层的各类文化特质、不同层的各类文化特质在功能上统一为一

体的现象就是该文化系统的文化整合（cultural integration）。如果在功能上不能协调，就没有实现文化整合。当一个国家、一个民族、一个社会，其文化系统实现整合，有利于发挥文化上的正向功能作用，提高其内部的凝聚力，增强该文化系统的扩散力。如果一个文化系统不能实现整合，既意味着社会（或国家）的文化系统中有不协调的部分，也意味着社会急需发展或变革。

文化整合是人类历史上客观存在的一种普遍现象。然而如果不同的文化没有接近和交流，文化的整合也就无从产生。因此，文化整合的前提条件是对对方文化意义和价值的肯定。而由于文化具备高度的地域性和民族性，再加上文化的时代性等，就产生了人类不同文化经常具有的强烈的排他性，这容易导致人类文化内部的冲突。因此在文化整合的道路上充满了重重障碍。

文化整合过程是在矛盾与斗争的反复交替中不断前进的。最先发生的是文化观念的冲突，如宗教观、价值观等，它们还经常处于政治和经济的特殊背景中。文化冲突的损失常常相当惨重，冲突的结果是无法预料的，有正反两种可能。冲突的背后是文化竞争，因而冲突是文化进步的重要动力。当两种文化发生冲突时，一种文化想要与另一种文化竞争，进而在社会中占有一席地位，它

案例2-3 欧洲外来移民的文化整合

第二次世界大战后，欧洲是接受移民最多的地区。移民的来源地复杂，文化多元，因此不同文化之间的整合成为欧洲许多国家面临的问题，尤其是在接受移民较多的德国、法国、英国等经济发展水平高的国家。欧洲的学者共同出版了一本书，探讨了分析文化整合的方法。传统的分析方法是从经济收入上评价，如果经济收入与当地人相差无几，就是整合了。但新的评价方法加入了文化视角，如语言是文化整合的重要基础。此外，还增加了异族婚姻、生育模式、劳动力市场的偏好等。有一个关于德国的案例研究表明，第一代和第二代移民与当地文化整合十分关键。尽管总体上有整合的趋势，但是不同族裔的移民之间的差异也十分明显。研究此问题的难度是，本地文化与移民文化彼此互动，会带来新的整合问题，所以整合过程不是一个时点的数据就可以说明问题的，需要地理学者的长期跟踪研究。

资料来源：Algan和Bisin，2012。

自身必须做一些调整，以适应当时的社会条件以及人类命运共同体的追求。调整给文化一个喘息的机会，使之得以重建自己的体系和力量，从而为再一次竞争创造了条件。文化在经历了冲突、调整和适应之后，就达到了整合的趋向，这个过程并不是一方消灭另一方。文化整合的结果往往促进新文化的产生，给社会进步提供巨大的动力。虽然文化整合研究关注文化内部各层次、各特质之间的相互关系及其协调情况，但是也关注变化与发展所在的地域。因为文化系统在一定程度上打上了地域条件的烙印。

五、人类活动与环境关系的地理格局——文化生态学

许多地理学界之外的学者关心文化生态学的思维方法，因为他们希望透过地理学的这个视角，看到他们不能发现的事物或"规律"。但是也有学者认为，相对于人类社会的瞬息万变，自然是相对稳定的，因此无法从自然来解释人文世界的风起云涌。文化生态学可以提供如下四个思维视角，它们虽然不能解释全部问题，但是可以解释部分问题。

（一）自然地理格局是理解人文空间格局的基础

人类作为生物，有宜居的自然环境指标，同时还要消耗自然界的物质和能量。因此大规模人口定居的地区是由自然条件决定的。陆卓明在讲授世界经济地理课程时提到"自然非障区"的概念，在这样的区域内，地形大致平坦、气候条件并不严苛，有充足的淡水资源，无长期存在的致命生物侵害。后他在《世界经济地理结构》一书中将之定义为经济重心区，在重心区之间是交通廊道区（陆卓明，2011）。用"重心区－廊道区"的概念，可以对沃勒斯坦（1974：15-18）（I. M. Wallerstein）、阿布－卢格霍特（Abu-Lughod, 1990）提出的世界体系的亚区域（realm）进行地理解释，廊道区是对两者世界体系理论的重要补充。在全球尺度上，本书第四章介绍了世界人口分布部分，展示了人口长期稳定分布的地区，这些地区就是"自然非障区"或"重心区"。在国家或国家内部，某些一级行政区也可以视为"重心区"，如中国东部沿海省份、越南的红河三角洲和湄公河三角洲。按照法国年鉴学派布罗代尔（F. Braudel）的观点，这种地理格局具有稳定性，对理解长时段（longue durée）的历史有帮助，他以法国地理格局为例，说明地中海沿岸地区为何一直在法国历史中很重要。用"重心区－廊道区"的概念，我们可以理解历史上许多战争的最终目标是占领"重心区"，而非占领重要的"廊道区"，军事上的围点打援等手段，都是为了最终占领"重心区"。

（二）自然地理格局仅为人类活动提供可能条件

自然界中的许多物质和能量逐渐成为人类可用的资源，自然界对人类生存的一些限制也逐渐被人类克服。随着人类对自然认识的加深，以及技术的发展，人类可以将自然要素转变为人类的资源，例如稀土可以作为冶金的矿产，因为它具有优良的光电磁等物理特性，能与其他材料组成性能各异、品种繁多的新型材料，其最显著的功能就是大幅度提高其他产品的质量和性能，被称为工业的"黄金"。伴随着人类对自然认识的加深，以及技术的发展，人类还可以突破自然的某些限制，改变"自然非障区"的范围，如通过注射疫苗，大大降低致死率很高的热带地区的黄热病发病率。而今人类还远没有发现自然界孕育的对人类有利和不利的全部可能。

在一定的历史时期内，自然地理条件优劣是有空间差异的。第一，在自然资源没有提供

条件的地区就没有依托该资源发展的先天优势。例如，在没有金属矿藏的地方，不可能成为最早出现冶炼技术的地区，因此也无法走出石器文化时代；在没有适合驯化的物种的地区，人们也不可能从渔猎采集时代走向农业。波利尼西亚群岛土著社会的发展就是典型的例证。波利尼西亚群岛多为珊瑚礁岛，其上没有金属矿藏。有考古记录表明那里的土著人借助于石器生活了几千年。第二，地理位置没有提供先天优势的地区，也没有某种发展优势。前面提到自然非障区的格局是相对稳定的，那么连接自然非障区的交通要道也相对稳定。例如新加坡位于海上交通要道的咽喉；巴拿马地峡开通前后都是跨越两大洋的交通要道，巴拿马运河的开通，增加了该地的交通重要性。

（三）人类应对自然的方式具有多样性

面对相同的自然条件，人类的应对方式是多样的，有些决策也是偶然。英国著名历史学家汤因比（1986：86-90）（A. J. Toynbee）在其所著《历史研究》一书中写道：在冰河时期结束以后，亚洲和非洲一些地区开始经历了一次深刻的自然环境变化，逐渐干旱的气候给居住在那里的人们带来五条出路：① 既不改变其居住地又不改变生活方式的人们，只有走上灭亡之路；② 那些没有从原居住地迁走，但改变了生活方式的人们，从狩猎民族变成了游牧民族；③ 那些迁出原居住地，但不愿意改变生活方式的人们，则向北部湿润气候区移动，由于遇到了严重的挑战，产生了新的适应能力；④ 那些为了躲避干旱向南迁移到信风地区的人们，在热带的单调气候下生活；⑤ 一些人既改变了居住地又改变了生活方式，从而出现了古埃及文明和苏美尔文明。

（四）自然地理已经被内化到文化景观之中

人类应对自然的行动会在地球表面留下难以抹去的痕迹，这就是索尔（C. O. Sauer）定义的文化景观。索尔在研究文化生态学时，更强调人的作用，以对抗环境决定论。他借鉴德国地理学者的文化景观（Kulturlandschaft）的研究，并拓展之。以往人们认为自然具有客观性，而索尔强调主体对自然的理解。某一地区的地形、土壤、水文、植物和动物等元素，只有在引起人类反应的范围内，才能被纳入文化景观研究中。因此不存在脱离人而存在的自然景观，任何自然景观都是一个文化团体对自然的定义，并可能加上了人们在自然地表留下的痕迹，如建筑、道路、农田、矿区、摩崖石刻等痕迹，而自然已经被内化到文化景观之中了。索尔还借鉴了戴维斯（W. M. Davis）的自然景观循环演进的理论，描述自然不断被内化到文化景观的过程。索尔抛弃了自然与文化的二分法，用"社会自然"（social nature）取代自然。新文化地理学的代表人物之一科斯格罗夫（D. Cosgrove）推进了文化景观的研究，更为强调自然内化到景观中的主体差异，以及内化过程。而今，任何研究人与自然关系的学者，都会注意到自然已经被社会化了。

第三节　作为核心的人地关系理论

人地关系理论是人文地理学的核心理论。人地关系也表述为人与自然的关系，它是一种普遍存在的客观关系，是人文地理学研究的中心主题。人地关系的产生，经历了一个漫长的历史过程，在这个过程中，曾出现许多不同的人地观，由最初的天命论到环境决定论、或然论，然后是生态论等，直到1960年代，面对人口剧增、资源匮乏、生态环境恶化等日益严重的全球性问题，人类才开始意识到人与自然环境之间应当保持和谐、协调的关系。因此谋求人与自然环境和谐共生的人地关系和谐论，逐步得到全世界认同，并成为人文地理学理论的一大创新。

一、人地关系的主要理论

（一）环境决定论

环境决定论（environmental determinism）源远流长。早期的环境决定论者认为，地理环境影响着人的体格、气质和精神。古希腊思想家强调气候和海洋对人类的影响，古代中国的思想家则重视水土的作用。本书第一章提到的历史学之父希罗多德（Herodotus）、医学之父希波克拉底（Hippocrates）、哲学家亚里士多德（Aristotle）是气候决定论的代表。例如亚里士多德认为，寒冷地区的民族勇敢无畏，但缺乏智慧和技术；亚洲人很聪明，但缺乏勇敢进取的精神；居住在两者之间的希腊民族兼具两者的优点，所以能自立，而且能够统治其他民族。柏拉图则有海洋决定论思想，他认为海洋使国民的思想中充满了商人的旗帜，以及不可靠的、虚伪的性格。

18世纪初，环境决定论思想更为系统化、理论化。法国社会学家孟德斯鸠（C. Montesquieu）是环境决定论的代表人物之一。他在《论法的精神》一书中，强调气候对制定法律的影响，他说：气候王国才是一切王国的第一位……异常炎热的气候有损于人的力量和勇气，居住在炎热天气下的民族秉性懦怯，必然引导他们落到奴隶地位……他认为国家制度、政体和民族道德面貌、宗教信仰、法律、风俗都是由气候、土壤和居民、领土规模决定的（孟德斯鸠，2007：3）。很显然，环境决定论总的来说是片面的错误的，但是作为法国革命的思想先驱，孟德斯鸠在考察人类社会时摒弃神的意志，从物质世界的自然界中寻找社会发展原因，在当时无疑是有进步意义的。

19世纪是环境决定论最盛行的时期。其积极作用是，通过增加因果分析，引发了传统的记录性、描述性地理学的变革。许多地理学者为探求人类思想文化的物质基础作了艰苦的努力。第一章提到的近代地理学创始人之一、德国地理学家李特尔就指出：缺少变化的大陆文化发展最慢，非洲就是个例子，而欧洲正相反，与面积相比海岸线特别长，具有无数港湾，适于文化广泛地接受和扩散；亚洲则居中，因为虽然总的看地势是均质的，但海岸线很不规则。1859年达尔文的《物种的起源》正式发表，进化论的思想几乎冲击了整个科学界。达尔文的思想极为兴盛，其对德、英、法地理学界的影响巨大。

正式把环境决定论系统应用到地理学中，创立一种学派的是李特尔的弟子、德国地理学家拉采尔。在他的代表作《人类地理学》（*Anthropogeographie*）一书中，他认为人是环境的产物，人类活动、发展和分布与其他生物一样都受环境的限制，环境以盲目的残酷性统治着人类的命运；而各地区的人类活动特征决定于各国地理环境的性质（舒瓦洛夫、严鉴，1982：55-58）。他提出了"生存空间"的思想，认为人类像其他生物体一样，在一定地理环境中进行生存竞争。把国家看作属于土地的有机体，当一个国家侵略别的国家时，正是生长力的反映。拉采尔的思想传至美国后，其女弟子森普尔（E. C. Semple）进一步深化了他的思想。她的第一部书是《美国历史的地理条件》（Semple，1903）。她在第二部著作《地理环境的影响》（Semple，1911：1-28）中写道：人是地表的产物，是地球的孩子，生于地球，还于地球。大地养育了人类，给人以工作机会，决定人的思想，让人类面对困难锻炼体魄、增强智慧，例如航海、灌溉等活动。大地不仅深入人的骨肉而且浸透到人的精神之中。虽然拉采尔及其弟子们把孟德斯鸠的环境决定论向前推进了一步，但是他们也只是推进到生存空间（lebensraum）、国家有机体（national organism）的思想为止，从来没有赞成过优劣民族的思想，而且拉采尔在系统说明文化景观等方面做过一些有益的学术贡献。

第二次世界大战期间，德国法西斯纳粹学者豪斯霍弗（K. Haushofer）[①]则由此向前跨出了一大步，他把地理学直接应用到政治上。1942年他发表了《太平洋地缘政治学》（豪斯霍弗，2020）一书，以后又利用"生存空间"的思想宣传民族优劣的邪说，为纳粹侵略政策服务。1945年他在纽伦堡国际法厅受审，1946年自杀。从此以后，"地缘政治学"这样极端的地理环境决定论在世界学术讲坛上就成为历史了。

环境决定论思想尽管流行时间较长，但是这个理论过分强调环境的决定作用，忽视各种因素之间的复杂关系，因此从1930年代开始遭到许多批判，影响大为削弱。

（二）或然论

或然论（possibilism）亦称可能论。法国地理学家维达尔-白兰士（P. Vidal de la Blache）是这一学派的重要代表。他认为自然既规定了人类居住的界限，也提供了可能性；但是人们对这些条件的反应和适应因他们各自的传统和生活方式而不同。人类生活方式不完全是环境统治的产物，而是各种因素（社会的、历史的和心理的）的复合体。同样的环境可以产生

---

① 也译为豪斯霍弗尔。

不同的生活方式，环境包含许多可能性，对它们的利用完全取决于人类的选择能力。因此，或然论者认为在人与环境的关系中，环境并不是唯一起作用的因素，人自身也是积极因素，具有选择能力。自然环境为人类活动提供了多种可能性，但人类自身的条件和选择方使可能性变为现实。

维达尔-白兰士的学生白吕纳（J. Brunhes）进一步发展了他的思想，指出自然是稳定的，人文是无定的，两者关系随时代而变化。或然论者认为环境的决定之所以不是绝对的、必然的，是由三种因素决定的：首先环境本身是在变化的，例如同样的地域在某些时期可以是风调雨顺给人类带来利益，有时也会出现旱涝灾害，给人们制造困难，个别时候甚至出现地震、火山等突发情况给人类带来灾难。人类必须学会利用自然变化的时机兴利避害。其次技术发展给人类创造出许多新的可能性，比如以前大海是交通的障碍，而今航海技术发展却为人们带来了很大利益。最后人类的要求本身也在改变，即使人们当下不喜欢的某些环境特性也会为将来满足人类某些新欲望而提供可能。或然论者还认为自然提供的可能和人类的选择是有限的，这种限度既来自自然本身提供可能的有限性，也来自人类社会经济的、社会的、政治的，乃至时间的限制。

或然论并未彻底解释人地关系，不过是以心理因素作为地理环境与人类社会之间的中介。白吕纳认为，心理因素是地理事实的源泉，是人类与自然的媒介和一切行为的指导者。"心理因素是随不同社会和时代而变迁的，人们可以按心理的动力在同一自然环境内不断创造出不同的人生事实"。但问题是心理因素又如何解释呢？如果心理因素是最终原因，必然走向唯意志论；如果心理因素仍要到地理环境中去寻觅，则又回到了唯心史观的地理环境决定论。因此，或然论仍旧未能摆脱把人地关系看成是因果链的思维循环。

（三）适应论和生态论

20世纪初正当地理学家苦心探求人与自然的关系的时候，一门新的科学产生了，那就是生态学（ecology），早期中文也翻译为生态论。生态学主要是在达尔文思想影响下产生的，它是研究有机体之间、有机体与物理环境之间关系的科学。因此地理学家开始借用生态学的观点来分析人地关系，得出了适应论和生态论等人地关系理论，它们均关注人类对于自然环境的反应。

适应论是前文提及的英国地理学家罗士培提出的。他发表了多篇中国地理的研究成果。这一理论承认自然环境对于人类的活动具有直接影响，同时也指出人类对于自然环境也有适应能力。达尔文和拉马克就曾通过对某些常见的、但往往被人忽视的生物现象的细心观察和研究，得出了自然环境对于人体有必然影响的结论。适应论者并不认为，自然环境必然地决定人类的文化发展，也不否认环境对人的影响作用。它与或然论的观点不同，认为人类对环境的适应是一种客观需要，而不是或然论者所说的"心理因素"。相应地，可能性强调的适应是主动的，而适应论的适应则是被动的。这种适应是通过文化的发展而对自然和环境变化的长期适应，既意味着自然环境对人类活动的限制，也意味着人类社会对环境的利用和利用的可能性。

生态论是美国地理学家巴罗斯（H. H. Barrows）提出的。他在1923年发表的一篇文章中提出，地理学是有关"人类生态学"的学科，其目的不在于考察环境本身的特征和客观存在的自然现象，而在于研究人类对自然环境的响应。历史学研究人类在时间上的关系，地理学侧重于分析人类在空间上的关系。

（四）环境感知论

环境感知论（environmental perception）是文化地理学者借用心理学的研究成果来分析人地关系的一种理论观点，其核心概念是环境感知。广义环境感知是指个体周围的环境在个体头脑中形成的映象（image），以及这种映象被不断修改的过程。狭义的环境感知仅指环境质量在个体头脑中形成的印象。环境感知论的核心观点是人与自然环境的关系有各种可能性，人在进行选择时不是任意的、随机的和毫无规律的，而是有一定的客观规律可循的。它是受一种思想意识的支配。人们通过研究人类的环境知觉和空间行为，可透彻地了解和检验人地关系。用人类的行为感知过程把人类与环境关联起来，此方法克服了传统人地关系研究中只把人类活动加以理性化、概括化，且只注重人类活动和环境后果的倾向。人们还可通过人与环境间的知觉、认知、激励及行为和行为方式、行为原动力、决策与反馈等方面的研究，并融入心理因素，将地理学对行为的人的思考推向深层次领域，从而为人地之间的协调或调控提供了新的支撑体系。另外人们可以采用行为视角与区域视角相结合的方法，进而把人文地理学与同源的社会科学各分支区别开来。这种新颖的分析方式拓展了地理学的研究领域，取得了不少研究成果。如人口移动的行为决策、环境对人类所施加的压力及其对人类行为决策的影响，企业、工业区位选择中的行为因素，景观、灾害、市场、宗教等环境感知和认知研究，国家行为在土地利用、区域规划、地缘关系、资源与环境保护等方面的应用。

环境感知研究中比较多的是自然灾害问题，如不同的文化集团对相同的灾害持不同的反应。很多宗教信徒认为，自然灾害是难以逃避的神的旨意，他们往往希望用抚慰神的办法来消除这些环境灾害。所以，在自然灾害比较频繁的地方，往往也是祭祀这类神灵活动最盛行和对这类环境感知维度最丰满的地方。

环境感知也反映在移民到达新地方以后，对当地环境的认识上。因为，他们往往看到新居住地环境与其原住地的表面相似性，而对其差异缺乏足够的认识。例如，原住美国东部大西洋沿岸的农民，在他们向中西部迁移，开发那里干旱的大平原时，往往以原来的环境感知来看待当地气候，总是过低估计干旱造成的灾害，结果吃了大亏。这是由于他们在湿润的西欧与美国东部从事农业活动已有许多世代，形成了习惯，不能正确地理解新的地区的干旱气候条件。于是经多次错误与失败之后，才会纠正他们久已形成的环境感知，他们才逐步认识大平原气候的真实情况。

不同的文化在对待环境与自然资源的认识上也是不同的。例如，基督徒根据其教义认为，地球是上帝为人的使用而创造的。许多原始部族宗教认为，许多自然物是圣物，所以将其视为崇拜和保护的对象。人对自然资源的认识深度和广度不断加大。例如，在狩猎时代，对猎人来说，重要的资源就是提供人类衣食的大型食草动物和当作武器的石块；在农业时代，对从事耕作的农民来说，重要的资源是地形平坦、土壤肥沃、有灌溉之利的田地；到工业时代，人们认为地壳中的各种矿藏则是最有价值的资源。人对环境的感知随着时代的发展而不断地发生变化，它一方面受到环境的影响，另一方面又影响着人对环境的认识和利用。

（五）文化决定论

文化决定论者认为，虽然自然环境对于早期阶段或文化发展进程缓慢的人类社会或社团具有较强的影响，但技术进步才是文化发展的主要因素，这种进步加强了人类对自然环境的控制。因此，有人认为环境影响是一种逐渐减小的力量，而文化的限制因素正在增长。文化可以积累，并能长期延续；不同文化以不同速度发展，分别创造了具有各自特殊机会和限制条件的文化环境。在工业时代，人类对自然的疯狂索取，就在很大程度上受到这种自然观的影响。

征服自然论是文化决定论走向极端的表现形式。人类能够战胜自然的思想可以在古代思想家那里找到渊源。例如荀子制天命而用之的观点。近代英国哲学家培根（F. Bacon）和洛克（J. Locke）进一步强化了这种思想。培根的名言"知识就是力量"鼓舞着人类向大自然开战。他认为人类为了统治自然需要认识自然，科学的真正目的就是认识自然奥秘，从而找到征服自然的途径。洛克指出："对自然的否定就是通往幸福之路。"整个科学技术的发展就是一部人类不断深入广泛地认识、利用和改造自然的历史，整个人类生产力的发展就是不断应用科技向大自然进攻的历史。到了20世纪，科学技术和生产力飞速发展，以致几乎没有什么自然条件可以阻挡人们为满足自己不断增长的需求而向地球索取。征服自然论盛极一时。

不言而喻，征服自然的思想及其实践对人类社会的发展曾经起到巨大的促进作用，而科学技术本身无论在过去、现在和将来都是协调人地关系的重要手段。但如果不用可持续、人与自然和谐共生的观念来指导科学技术的指向和应用，则会导致滥用自然并最终受到大自然的报复，每个发达国家在经济发展史上几乎都曾违反自然规律，掠夺式开发资源，污染环境，从而导致了严重环境问题，影响全人类的生存和发展。当代人类面临的资源枯竭、环境退化、全球变化等问题，应当说与这种人地观念不无关系。

（六）协调论

1960年代，工业的发展导致大量的废弃物产生，农业的发展导致一些地方出现荒漠化、水土流失、农业污染等问题，这些对人类的生存和发展形成极大的威胁。虽然环境问题在全球范围内已引起普遍关注，各国政府投入大量财力物力人力来解决这些问题，并在一定地域范围内收到明显效果，使环境问题有所缓和，但是全球性的环境问题由于形成过程复杂、波及范围广等原因仍无法在短期内得到解决。因此，一些地理学家提出人地关系和谐的思想，也称为"协调论"。

协调，也可以表述为和谐，是指客观事物诸方面的配合和协调，或指自然界多样性中的统一。自古以来，许多自然科学家和哲学家都认为自然界各种不同事物之间具有内在联系和相互制约性。在地理学中，谋求人地关系协调的思想也由来已久。协调论逐步摆脱了以往人地关系思想中把人和地简化为因果链的两端，不再纠缠于谁决定谁，而是认为人地关系是一个复杂的巨大系统，它与所有系统均服从以下规律：① 系统内部各因素相互作用；② 系统对立统一的双方中，任何一方不能摆脱另一方而孤立存在；③ 系统的任何一个成分不可无限制地发展，其生存与繁荣不能以过分损害另一方为代价，否则自己也就会失去生存条件。具体到人地关系中，则包括以下方面：① 认为协调的目标是一个由多元指标构成的综合性战略目标，应包括生态、社会、环境等多元指标；② 要保持经济系统与生态系统的和谐发展；③ 合理利用资源，维护资源的永续利用，寻求经济发展的同时也要对资源进行有效的保护，使社会生产力和自然生产力保持协调共生；④ 整治生态环境，实现生态系统良性循环。因此人与自然应该"互惠共生"，只有当人类行为促进人与自然的和谐、完整时才是正确的，保护生态环境也是保护人类自身的客观要求。

协调论思想的崛起虽然时间较短，但影响深远。著名的可持续发展思想就是在协调论指导下提出的。各国为实现人与自然的和谐共处，亦已结合具体实际，制定了许多政策和法规并运用到生产生活实践中。

二、其他学科对人地关系的探索

对于人地关系的研究吸引了不同学科学者的参与，他们从不同学科角度提出了自己的人地关系主张，为人们更深刻了解人地关系提供了不同的思考方向。随着技术的进步和人类认识自然能力的提高，人们对于人地关系的认识也越来越深入，并指导实践的变革。下面介绍20世纪有关学者关于人地关系的论述。

（一）汤因比的"挑战与应战"学说

由前面提及的汤因比提出。他批判地继承了斯宾格勒（O. A. G. Spengler）在其《西方的没落》一书中以文化为单位研究历史的创见，提出对"文明"的研究。他认为人类历史上出现过20多种自成体系的伟大文明。在他所写的生平最重要的著作《历史研究》中，他就文明的起源提出三个思维的原则："挑战和应战"、"逆境美德"和"中庸之道"（汤因比，1986：74-200）。

第一个原则是"挑战和应战"。以埃及的古文明为例，当冰河时期结束时，北非地区的气候发生变化，自然的挑战是原来的草原逐渐变成干旱的沙漠。原来在该地从事狩猎活动的居民在生活的自然条件发生变化后，选择三条"应战"出路。一条是追随习惯的气候环境，随着其猎物向北迁移或向南迁移。其次是靠他们所能猎获的耐旱生物勉强过活。再次是留在当地，通过驯化动物和从事农业把自己从面目全非的环境中解救出来。可是，当时的尼罗河河谷地区还是一片森林沼泽，人迹罕至。那里有蚊虫、蛇蟒、蜥蜴、鳄鱼等危害人类的生物，湿地有大片不利行走的淤泥沼泽，这种环境对于习惯狩猎的人来说是个难题。环境向他们提出挑战，这些人奋起应战，经过长期艰苦的劳动，终于使尼罗河谷成为农业粮仓，创造了古埃及文明。恰当的挑战强度激发的应战力造就了埃及古文明。

第二个原则是"逆境美德"。他认为文明的起源并不建立在生活环境特别好的基础上，而是正好相反，所以汤因比把此原则归纳为"逆境美德"。在《历史研究》中，他把环境挑战的逆境分为五类：困难地方的刺激、新地方的刺激、打击的刺激、压力的刺激和遭遇不幸的刺激。汤因比在这五种刺激中列举许多自然环境与人文环境上的逆境，促使人类在应战中取得成功。

第三个原则是"中庸之道"。从上述两个原则引申开来，既然挑战带来应战，而应战中，逆境是美德，那么是否能说，挑战越大，逆境越强，应战也就越大，其成果也就越多，文明也就越发展呢？事实上情况并不如此，人类能承受的挑战是有限度的，超过其限度，其效果反而走向负面。汤因比注意到这点，故提出第三个原则。他列举的例证之一是，在斯堪的纳维亚的文明向冰岛传播的过程中，当地人在应对海上远航和地理环境挑战时成绩斐然，但是在面对格陵兰严酷环境的挑战中却失败了。

汤因比所研究的文明兴衰，实际是人类文化的重要成就及其兴衰，这都是人类与地理环境相互作用的结果。其中不仅有人与自然环境的关系，也包括人与文化环境的关系。同时，他将外在的自然环境、人文环境与作为主体的人结合起来，并从二者相互关系的力度和类型来分析挑战，这为人地关系的研究提供了新思路。

（二）年鉴学派的地理观

年鉴学派（annales school）是现代西方史学界有影响的一派。该学派影响甚大，被称为20世纪唯一有意义的历史思想的变革，在史学理论与史学方法方面称得上是1920年代以来法国史学乃至整个西方史学发展的主流。法国年鉴学派由于受到法国人文地理学的传统影响，接受维达尔地理学派的主张，研究地理环境和人的生活的复杂联系，认为人的生活方式不只是地理环境主宰的产物，还是社会、历史、心理等许多复杂因素作用的结果。

该学派第一代的重要人物费弗尔（L. Febvre）从人文地理学角度，探索了地理环境对人类生活的影响。他在《大地与人类的演进：地理学视野下的史学引论》（费弗尔，2012：1-29）书中指出，应把对人类历史的研究与对人类生活的自然环境的研究紧密结合起来，历史学家不考虑地理环境就不能研究社会的发展，地理学家不考虑人类对地理环境的影响就不理解自然的变化。

前面提及的布罗代尔是该学派第二代的重要人物。他反对传统史学中的线性时间观。他以史实的时间延续长度与节奏把历史现象分为三种时段，即短时段、中时段和长时段。短时段的历史如政治事件、军事活动、外交往来等。他认为这些往往都是一种"喧嚣一时的新闻"，是短暂的、表层的行动，对历史发展影响甚微。中时段历史现象以节奏较慢、周期变化为特征。他认为中时段研究应放在影响人类生活的经济和人口循环和周期方面。年鉴学派史学者使用"情势"（conjuncture）一词来概括这些现象。长时段历史现象是指变化极其缓慢、时间跨度更大的地理环境变迁，它的特点是不因政治事件或社会制度而变化。布罗代尔认为长时段现象构成了历史的深层结构，它规定或制约着历史的发展。

在传统的学科中，地理与历史是分离的，正如康德（I. Kant）[①]所说，一个是空间科学，一个是时间科学。但是两个学科又都涉及人，人的发展离不开时空，所以又把两个学科联系起来。地理学研究环境中的人，人的地理环境。人与环境两者既相互影响，又都有不同时段尺度的变化。只有在时空中才能深刻认识两者的关系，年鉴学派已将地理环境作为基础来认识历史，地理学也努力在历史进程中研究人地关系。

三、地理学的人地关系地域系统

索尔提出的文化景观理论也可以看作是揭示人地关系的分析框架。斯宾塞（J. E. Spencer）是索尔的博士生，他继承了索尔的思想，并与托马斯（W. L. Thomas）合著了两本文化地理学专著。《文化地理学导论》（Spencer 和 Thomas，1978：109-111）是他们合作的第二部。在该书中他们提出了文化地理学的人地关系的图式，本章对该图做了修改，将其中的人口替换为意识形态（图2-2），并将原图式的菱形结构转绘为右侧的垂直结构，以表示人类活动各层与自然层的联系。本章将这种基于文化地理学视角的模式称为"四层一体"（周尚意，2017），图2-2左侧的"四层一体"是平等的六对关系，但是仔细分析会发现，只有五对关系可以用简单动词来展现功能关系：第一，人类生产生活从自然环境获取和向自然环境排放物质和能量，见图2-2中的①；第二，人类意识形态指引社会组织和生产生活，后面两层出现的问题会反馈到意识形态层，见图2-2中的②⑤；第三，社会组织层管理生产生活层，生产生活的问题反馈到社会组织层，见图2-2中的③；第四，人的部分意识活动与自然直接联系，如审美等，见图2-2中的④。而社会组织和意识形态与自然环境层的关系，多通过生产生活层。

[①] 康德虽然被认为是18世纪的著名哲学家，而非地理学家，但他的工作使得地理学在今日被视为一门正规的学科。他认为地理几乎在知识的各个方面都占有重要地位。1757年，他成为原东普鲁士的柯尼斯堡阿尔贝图斯大学（Albertus-Universität Königsberg）专门教授地理课的第一人。

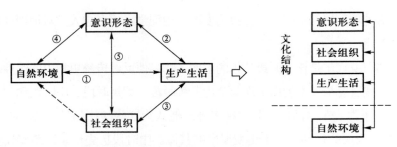

图2-2 文化地理学视角的人地关系图（四层一体）

这四层内的要素是理解人地关系的分类基础。汤因比"挑战与应战"学说、年鉴学派观点都不同程度地反映了人地关系中"地"的不同作用。韦伯的思想是从社会学出发，强调思想在社会发展中的作用，虽然其中没有谈到"地"，但是韦伯的见解会为人们了解人在人地关系中的作用提供新的思路。这个模式将人地系统中的人文要素做了进一步分解，但是与前面提到的所有人地关系理论一样，它没有地理学的基本视角。地理学研究人地关系的主要任务是划定人类活动的边界，例如各种空间规划的实行边界。表2-1展现了上述人地关系理论隐含的区域类型。

这里试以农业活动为例，分析各种人地关系理论解读区域的情况。① 按照环境决定论和年鉴学派的分析，农业区划的基础是自然地理空间格局，例如传统水稻种植区通常是在降水量丰沛的亚热带、热带地区。② 按照文化决定论分析，新品种的水稻可以一定程度上突破原品种生长环境的限制。③ 按照或然论分析，世界上利于水稻生长的地区，不都被用于种植水稻，还可以种植其他作物。④ 按照适应论分析，中国黄土高原地区原来种粟类作物，这是适应相对干旱环境的选择，后来从西亚引进耗水量较高的小麦，这迫使人们发展渠井灌溉设施，以支持小麦种植。随着地下水逐渐减少，人们又开始发展节水灌溉技术。⑤ 按照环境感知的分析，人们在各地的农事活动中才能真切了解自然与农事之间的关系。⑥ 按照文化景观分析，一个地方原来种植某种作物，随着农业文化的交流和扩散，这个地方还可能种新的作物。

上面的例子说明四个要点：第一，人地关系地域系统的边界不是以一成不

表2-1 主要人地关系理论与区域研究的关系

理论	与区域研究的关系	隐含的区域类型
环境决定论	自然区决定了其上的人类活动特点。	自然区
文化决定论	人类社会的活动分布可以突破自然区的限制。	自然区
或然论	某自然区为人类活动提供了多种可能性。	自然区
适应论	某地区的人类活动类型是不断顺应该区自然条件的结果。	自然区、人文区
环境感知	不同主体个人或群体只能理解感知范围内的人地关系。	感知区
和谐论	局部地区的人地关系与全球的人地关系密切相关。	自然区、人文区
文化景观	某区域内的人类景观是在各历史时期层累出来的。	自然区、人文区

变的自然边界为边界的；第二，人地关系地域系统边界的变化主要依赖人类活动的变化；第三，人地关系地域系统的边界具有尺度转化关系；第四，人地关系地域系统是人为划定的，这种划定未必在任何状态下均"合理"。区域划分的目的是实践，实践包括认知实践和非认知实践。实践的目的、空间精度、某时段的条件状态有所不同，所需要的区域知识的内容和精度也不同。然而上面的每种人地关系理论都不能解决人地关系地域系统的确定问题。需要将它们进行综合。

美国哲学家派普尔（S. Pepper）的代表性著作是《世界假说》（*World Hypotheses*）（Pepper，1942：1–364）。在该书中他指出了逻辑实证主义的错误在于，强调寻找一个纯粹客观的事物。他认为，世界是由人在经过感知和认知之后描述出来的。这个过程就是知识生产的过程。人们在认识世界、创造知识时，借助一个熟悉的隐喻来理解事物和说明事物的发展变化。对这些基本隐喻进行提炼就会产生不同的世界假设。根隐喻（root metaphor）是归纳这些假设的深层隐喻。这里所说的隐喻是一种具有基础性的认知范型和思维方式，内含一种特殊的概念化过程。人们描述世界时，常常要借助隐喻，著名哲学家利科（P. Ricoeur）甚至认为，不以隐喻的方式谈论隐喻是不可能的。换言之，他认为客观性只是一个神话，因为纯粹之物并不存在。因此，了解人们如何以隐喻理解"事实"极为必要。

派普尔将认识或理解世界的方式划分为四类，这便是四个世界假说。它们是形式主义假说（formism hypothesis）、机械主义假说（mechanism hypothesis）、情境主义假说（contextualism hypothesis）和有机体主义假说（organicism hypothesis），图2–3中每个假说之上是对应的根隐喻，如"舞台"。这四个假说各有长短，有时彼此对立，要想将这四个认识世界的模式综合在一起极为困难。20世纪初，是"科学隐喻"研究的滥觞时期，到1940年代派普尔提出四个假说，实际上是以前期许多成果为基础的。直到20世纪末和21世纪初，关于科学隐喻的讨论依然不断。过去都是自然科学中的物理学、化学、生命科学和心理学等使用科学隐喻，到21世纪，地理学者也开始使用隐喻来分析地理要素。

用四个假说建构起来的内容便是知识。人们在理解人与自然关系现象（如APEC蓝[①]）时，可以依靠各种感觉器官获得一般性常识（common sense）：天空的颜色、空气的味道、汽车出行控制等。人们回想这种感觉的途径不必再感觉一次；当人们向他人描述这种感觉时，也不是要让他人亲自感觉一次，因为彼时的状态在理论上很难再现。人们可以一种描述方式，告诉自己或他人。这种描述就是凝练的知识（refined knowledge）。一旦人们获得了凝练的知识，则要去发现构成"证据"的要素是什么，例如"APEC蓝"出现时的空气物质构成、出行汽车数量等。将证据分类和解释的规则就成为认识论的核心概念。如何建立分类和解释的规则，取决于人们选择何种根隐喻。派普尔提出四个假说的目的是反对逻辑实

[①] APEC蓝是指2014年11月在北京举办亚太经济与合作组织会议时，北京及周边地区限制交通和工业企业生产后出现的大气质量状况。

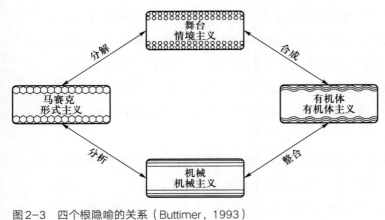

图2-3　四个根隐喻的关系（Buttimer，1993）

证主义的认识论教条。放在今日的认识论哲学进展基础上，人们应该不断丰富派普尔的世界假说（根隐喻），这也正是派普尔的认识论所追求的。下面用一个表格介绍四个根隐喻的定义及解释样例（表2-2）。这四个根隐喻及其认识论的相互关系见图2-3。

表2-2　四个根隐喻的定义及解释样例

假说	定义	要点及例子
形式主义	世界是由不同类型的事物组成的地图或马赛克。	● 内在的形式主义（immanent formism） 人们根据经验，将具有相似性的事物归为一类。 例如人们在现实世界中可以看到大小不同的区域单元，它们都具有行政中心、下属管辖区和边界。可将这些区域单元归纳并定义为行政区。 ● 先验的形式主义（transcendent formism） 人们根据标准（norm）寻找出的现实中的对应物。 例如人们接受了行政区的概念，即具有行政中心、下属管辖区和有效边界的地区称为行政区。那么在现实中可以找到与之相符的区域单元。
机械主义	世界是各个部分彼此相连的机械。	● 离散的机械主义（discrete mechanism） 世界各个部分彼此有因果联系。 例如国家某省级行政区的发展受其他行政区发展的制约。 ● 统一的机械主义（consolidated mechanism） 世界整体的运转，是所有小部件运转的结果。 例如国家和地方是同时运转的部件。
有机体主义	世界是具有生命的、内部矛盾且协调的有机体。	● 过程有机体主义（progressive organicism） 将世界看作一个各部分相互作用且不断变化的整体。 例如国家内部的发达地区将其他地区的资本和人力吸引走，因而出现发达与不发达地区的对立。而财政转移支付等多种手段又在改变着这种不平衡。 ● 理想有机体主义（ideal organicism） 世界向着整体和谐的目标发展，你中有我，我中有你。 例如中国发达地区对不发达地区的"对口支援"，使得国家每个地区都不完全是发达地区和不发达地区，从而解决了区域间的对立。此外还可以有其他的区域调整对策解决此问题。
情境主义	在不同的舞台上世界具有不同的意义。	● 随时间变化的性质（quality） 不同历史时期，世界所呈现内容是不一样的。 例如历史上国家赋予下属行政区的权利和义务一直在变化。 ● 结构（texture） 认知者（主体）、认知对象（客体）、认知中介（物质的和语言的）和认知背景（自然的、社会的、历史的、文化的）构成情境化结构。 例如官员、学者、企业家等对国家颁布的区域发展战略会有不同理解。

注：本表定义来自派普尔，例子来自作者。

形式主义-机械主义认识论的关系是"分析"。形式主义确定认识世界的不同标准（norm），机械主义则按照新的标准分析世界的因果关系。反之，机械主义发现新的因果关系，而形式主义按照这种因果关系确定新的认识世界的标准。应用在地理学的区域分析时，可以看到当机械主义认识论用贸易机制说明区域组织时，形式主义的划分区域的标准就是贸易单元所在的区（如国家）。若形式主义认识论用货币发行区作为划分标准时，则机械主义认识论就需要分析货币是如何组织区域的。

机械主义-有机体主义认识论的关系是"整合"。机械主义认识论将事物的因果关系看作是稳定的、单向的，而有机体主义认识论将因果关系看作是变化的、辩证的。结合表2-2的案例解释，机械主义认识论认为，国家内部某省级行政区的发展好坏，一定受其他行政区发展的制约。按照有机体主义认识论分析，这个省级行政区也一定影响着其他行政区，且影响的方式也是不断变化的，除此之外，省级行政区的发展还受更高一级的国家制约，国家还受世界制约。当机械主义认识论发展了多种区域之间相互作用解释理论后，区域之间的整合关系也就更为丰富了。

有机体主义-情境主义认识论的关系是"合成"。有机体主义认识论设定一个分析的时间起点状态，而情境主义认识论却要分析任何时间状态的有机体。只有考虑了任何状态的有机体，人们才能真正了解有机体中的辩证统一的整合过程。用区域分析的案例来解释，在欧盟成立前后，成员国之间的政治经济文化整合的机制有很大区别，理解了煤钢共同体成员国之间的合作，就可以理解欧洲共同体成员国的合作，进而理解欧盟成员国的合作基础和模式，理解作为欧盟核心国家的作用。而世界的整合也必须考虑到各个地区合作的历史过程。

情境主义-形式主义认识论之间的关系是"分解"。情境主义认识论认为历史和人的能动性所带来的多样性为机械主义认识论提供了认识世界的多样化标准。正是由于情境主义认识论的存在，才让形式主义认识论将原来简单化的分类标准分解得更为细致。用区域分析的例子解释，过去人们定义国家是具有领土、国民、疆域和主权的政治实体，后来人们发现有些国家并不具备上述条件中的某项，但是也应被视为国家，因此国家的定义就发生了变化，或出现了不同类型的国家。

地理学家在向他人表达人地关系地域系统时，偏爱用地图语言来展示。这里借用布蒂默（Buttimer，2013）报告中的图（图2-4），说明人地关系的空间表达形式。在图2-4中，人类的土地利用由社会制度和技术决定，前者决定图2-4中区域的边界，后者决定该区域的生计类型。不同年代的社会制度和技术，决定了区域之间的交换和区域关联的边界，例如林地和农地之间的转换。

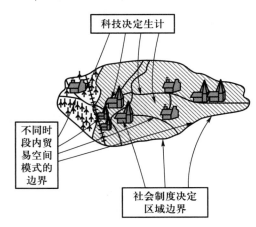

图2-4　布蒂默"科技与社会制度对人地关系地域系统的影响图示"（Buttimer，2013）

形式主义的根隐喻：可以将人地关系地域系统描绘为不同类型的区域，分类越多，系统越复杂。图2-5（a）既可以看作林地和耕地两类，也可以看作林地、耕地、村落和城镇四类。

机械主义的根隐喻：可以将人地关系地域系统描绘为彼此相关的空间部分，如图2-5（b）中城镇、村落、耕地、林地之间的关系。当乡镇扩大时，耕地需求压力大，就会出现林地逐渐转为林耕混合用地的情况。这个案例中的因果关系是单向的。

有机体主义的根隐喻：可以将人地关系地域系统描绘为各类区域之间的辩证协同关系。首先各个类型区之间的关系是双向的（为了简化图面，没有绘出全部双向箭头），图2-5（c）中1代表城镇之间的辩证关系；2代表城乡之间的辩证关系；3代表村落之间的辩证关系；4代表区内城镇与区外的辩证关系；5代表区内村落与区外的辩证关系；6代表人类活动与土地之间的辩证关系；7代表不同类型土地之间的辩证关系。各类区域之间功能关系复杂，如林地为农业和居民涵养水源，为耕地上的作物防风，提供野生动物栖息地以维持当地的生态系统，为居民提供美景。当森林面积减少后，当地会进入另一种人地关系状态。有机体主义最主要的是强调区域中的要素在辩证协同中角色的能动变化，以及要素尺度的不断升级和降级。在这样的过程中小区域便整合到大区域中了。

情境主义的根隐喻：可以将人地关系地域系统绘制为历史演变的不同情况，例如第一时期，这里没有人，是大片林地；第二时期，狩猎采集时期这旦有一户猎户人家；第三时期，殖民时期资本主义国家对木材的需要使第一批伐木工进入此区；第四时期，世界人口进入高速增长阶段，这里再进入一批农民，并以种植粮食为主；第五时期，随着本区域城镇化率的提高，位于城郊的耕地从种粮食转为种蔬菜和花卉（图2-5（d）对应这个时期）；第六时期，

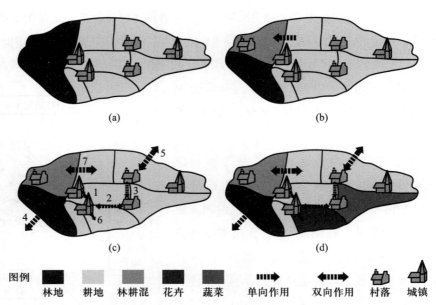

图2-5 人地关系地域系统的表达
（a）形式主义；（b）机械主义；（c）有机体主义；（d）情境主义。

在考虑更高层次区域目标的情境下，这里推行退耕还林政策，农地变为林地。每个时期有对应的人地关系特征和问题。

环境决定论、文化决定论都带有机械主义的认识论倾向。适应论、环境感知理论强调了人与环境的互动过程，是从机械主义向有机体主义迈进的过程。或然论和文化景观论具有情境主义的倾向。《里约环境与发展宣言》是将全球作为人地系统整体来考虑的，因此其认识论的立场是有机体主义的。

【本章主要概念】

文化景观；文化源地；文化扩散；文化区；文化生态学；人地关系；环境决定论；文化决定论；或然论；人地关系图（四层一体）；人地关系地域系统。

【思考题】

1. 找到一种文化区，思考人们划分该类文化区有何实践意义。
2. 思考自己迁移到新地方后会遇到什么困难。
3. 找到一个自己熟悉的地方，调查当地文化景观相继占据的论据。
4. 淘宝等电商网站推送商品广告属于何种文化传播？
5. 了解一个地区的人地关系，需要收集哪些专题地图？
6. 找到一篇分析人地关系问题的论文，分析它采用了四个根隐喻中的哪种。

第三章
认识论和分析技术

内容提要

人文地理学研究方法体系是多层次、多类型的。认识论位于人文地理学研究方法体系中的上层，本章介绍了人文地理学研究的基本认识论：经验主义、实证主义、人文主义、结构主义、后现代主义，以及时间地理学、行为地理学等，并介绍了这些认识论的代表人物和经典著作，以简要的研究案例辅助理解。介绍了人文地理学采用的实地调查方法和数据分析方法。

第一节　经验主义和实证主义

认识论（epistemology）即主体对知识结构、知识的本质、知识来源、对知识的判断所持有的信念。这些信念有多种模式，因此也就有了不同的认识论。一个人秉持的认识论，对其知识建构、知识获得过程有重要影响。无论是自然地理学研究，还是人文地理学研究，学者们都自觉或不自觉地采用某种认识论。了解每种认识论的短长，对开展人文地理学研究十分重要。因为认识论是指导人们从事科学实践的工具，因此也被视为方法论。认识论有很多种，本章只介绍《哲学与人文地理学》（约翰斯顿，2010）一书中重点介绍的四种，并将后现代主义融在人文主义地理学和结构主义地理学的部分。本节在介绍经验主义和实证主义时，之所以将二者合为一节，是因为二者也常被哲学家列为一组。

一、经验主义及其分析框架

经验主义是与理性主义相对立的一种认识论，其秉持的观点是：感性经验是知识的唯一来源，一切知识都通过经验而获得，并在经验中得到验证。其反对理性主义所主张的，人们的推理可以作为知识来源。大多数学科都起源于经验主义者的实践，人文地理学也不例外。人们相信眼见为实。有一种经验主义方法研究的结论符合例外论，即地理学研究的区域总是独特的。地域分异论的代表人物哈特向就认为，地理学要解决的是独特事件。还有一种经验主义方法研究的结论带有普遍性。而获得普遍性的方法是综合和归纳。人文地理学者常常从观察纷杂的人文地理现象入手，通过分析以求发现具有普遍意义的模式（图3-1）。

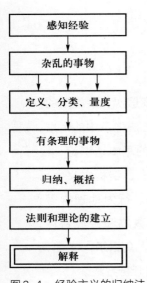

图3-1　经验主义的归纳法
（Harvey，1969：34）

归纳法是经验主义的方法论基础。人文地理学研究的基本途径是通过调查，收集各地区的基础资料，进行整理、归纳，采用地理学的研究思路进行表述，进而解释地区差异，揭示地理要素之间的相互关系。经验主义的归纳依赖于比较法，图3-1中的第三步"定义、分类、量度"都有赖于事物的比较。在第四步形成"有条理的事物"时，也需要比较。长期以来，地理学都一直应用它。人们发现，有些简单直观的比较方法能够开拓出许多其他方法无法揭示出的道理，成为寻找新知识生长点方面的有力工具。在总结人类文明发展、论述科学概念时，比较方法得出的结论依据是最具说服力的。许多科学新论的确立、旧论的否决，由比较方法完成者居多。比较分析法在近年来被广泛用于自然科学和社会科学研究领域中，通用性很强。许多学科，在比较方法的促进下，正在形成门类众多的比较研究专门化学科。

归纳法也可以在一定程度上缩小与区域例外论的对立。例如，通过归纳获得区域间的相似性和差异性，进而找到规律。虽然通过亲身经历和归纳可以找到现象的发生规律，但是不能解释这些规律。因此，地理学家逐渐将注意力转到决定地理现象发生、发展的因果关系分析和发生学解释上。归纳法一般是从事实到概念，从观察到总结，从局部到总体，换句话说，是根据全部事实确定规律性。这种方法被许多学科采用，并在发展科学思维中占有重要的地位。正是因为地理学性质与归纳法这种手段的结合，使近代地理学获得了发展。人文地理学长期以来处于以综合归纳为主要特征的科学发展阶段。归纳与推理是人文地理学最重要研究范式。

案例3-1　美国亚利桑那州凤凰城的建筑密度分布

美国地理学家用经验－实证主义方法论，调查了凤凰城郊区的发展。意在告诉人们以往对郊区的认识该改变了，郊区建筑密度增大后，有了人气，相应的配套设施也会跟上。下面是分解的研究步骤。

（1）真实世界的映像：城市和郊区建筑密度有差异，城郊的建筑密度开始比城中心高了。

（2）先验命题：城郊建筑密度增高是新郊区主义的论据。

（3）假设：缺。

（4）定义、分类、量度：定义城市和郊区用住房的独栋、联排和公寓楼的多少衡量建筑密度，将城市划分为四个象限。

（5）数据：获取了1990—2005年建在四个象限中的各类住宅的数量。

（6）检验和反馈：第一轮验证结果是先验命题并不成立，因此反馈到前面的步骤，本研究反馈到第四步，新加了建筑之间的距离，以辅助测量建筑密度。第二轮检验结果是先验命题成立，但是各个象限的表现有差异。

（7）法则和理论建立：缺。

（8）解释：缺。作者在文章结尾指出，本研究不能推导出郊区建筑密度大的机制。后续需要从精明增长政策、人口变化、住房偏好、环境偏好、土地经济学的角度来分析机制。

资料来源：Atkinson-Palombo，2010。

归纳法具有明显的缺点。如在归纳时由于不清楚全部连续的推理，在事实与假设之间就产生了逻辑上的"缺陷"，而推理是由观察走向判断的重要步骤；归纳的结论只适用于用以归纳的那些资料的范围，而不能扩充到这个范围以外的领域；在归纳过程中经常掺有归纳者的主观因素。由于归纳法是从个别推论一般，从已知推论未知，从过去推论未来，从科学发展的内在逻辑上看，它存在局限性和片面性，把一个个有关肯定的和否定的经验事实都收集起来，很难提出假设，发展理论。

二、实证主义及其分析框架

实证主义方法与经验主义方法同源，都强调凭借经验可观察、可验证的事实。实证主义试图运用科学原理和科学方法阐释社会现象。孔德（A. Comte）是公认的实证主义之父。他不喜欢思辨的、情绪化的和浪漫的学术研究，而是更为偏爱实在的、确定的、有效的、相关的学术研究。实证主义方法主张那些可重复观察到的现象就是一种规律，而可重复的观察是有严格的条件的。确切地说，实证主义既不研究意义、信念、情感，也不涉及规范性的话题，如伦理和道德。在这样的前提下研究人文现象，发掘人文现象的法则一定是有局限的。约翰斯顿（2010：42-44）在《哲学与人文地理学》中指出，若要用实证主义方法研究人文现象，须满足如下前提条件。第一，人类行为决策是可识别、可验证的；第二，决策是个人遵守的一系列法则的结果；第三，存在可以被主观行动改造的客观世界，而这种主观行动和客观结果都可以用原则记录和表达出来；第四，科学家们都是没有私心的、中立的观察者；第五，人类社会是按照可观测的规律或法则来变化的；第六，改变规律运行的环境，人类行为决策也会发生改变。

实证主义有许多不同的形式，人们最普遍讨论的有两种：一是基于证实的逻辑实证主义；二是基于证伪的批判理性主义。逻辑实证主义形成于1920—1930年代，而且至今仍是科学发展的重要方法论。逻辑实证主义认为，观察和逻辑（或理性）是科学的两大支柱，前者是研究的核心，后者是人类思维可接受的世界描述。该学派还发展出了用公式表达规律的特色。批判理性主义由波普尔（K. Popper）提出，顾名思义是对逻辑实证主义的批判。它主张法则的正确性不取决于被证实的次数，而取决于不被证伪。在发现例外之前，法则是正确的。但是在人文世界中，例外比比皆是（艾特肯、瓦伦丁，2016：278）。

1950年代末到1960年代，人文地理学研究大量采用实证主义方法论。最主要的体现是地理学的计量革命和理论革命。一方面，与地理学相近的一些学科逐渐渗透，如将产生于经济学界的区位论引入人文地理学。另一方面，一些地理工作者开始寻求可以应用到地理问题的定量方法，发展地理学的理论，以解决传统地理学的诸多弊端。因此，从1950年代后期起，谋求地理学的科学化与定量化的观点和行动在欧美地理学界扩展开来。前面提到的美国华盛顿大学加里森领导的小组首开数理研究之风，他们在交通地理学上做了很多研究。1960年代，计量地理研究的潮流传遍西方地理学界。由于使用数学方法来处理的问题，经常是具有空间分布的问题，这些问题的基本要素容易抽象建立数学模式，这就使计量与理论运动的倡导者们把大量精力投入空间分布的研究上，把研究重点从原先的区域方面转到空间分析和空间联系上，并寻求空间相互作用的规律。哈格特（P. Haggett）的《人文地理学的区位分析》为人文地理学的空间分析建立了一个比较完整的体系。该书核心的五章是用几何术语作为核心词：移动（movement）、网络（networks）、枢纽（nodes）、等级（hierarchies）、面（surface），他意在建立区位结构分析的一般程序（Haggett，1965）。

实证主义方法论的引入，使人文地理学较传统人文地理学有了许多革命性变化。首先，发展了人文地理学的理论。传统地理学关注地区特点，因而是独特的，理论发展受到抑制。空间科学的地理学则寻求用空间分布的普遍规律来解释各地区的独特事件。实证主义方法论的引入，使地理学作为空间科学重建了研究内容和理论主体。例如人文地理学就确立了中心地理论、农业区位论、工业区位论、空间相互作用理论等。建构人文地理学的科学理论，正切中了传统地理学的要害。人文地理学者把他们的注意力转移到空间行为和空间分布的规律上，这种对规律的实证主义关注，加强了目前绝大多数人文地理研究的基础。其次，在空间科学的理论框架内更多地采用了演绎逻辑，即从某些一般性规律出发，将其应用于特殊事件。提出理论的过程与归纳法有很大的不同（图3-2）。最后，加强了人文地理学的科学化。实证研究所采用的数量化技术，意味着空间分析上的精确性，取代了传统人文地理学的模糊化的推论。

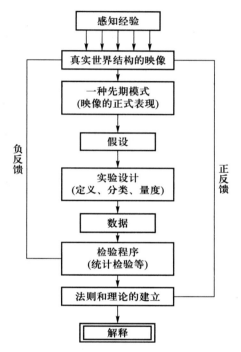

图3-2 实证主义的分析步骤
（Harvey，1969：34）

应当承认，实证主义方法论在人文地理学应用中也有其不足之处。表现在：第一，实证主义学派对人的看法类似于新古典经济学中"经济人"（economic man）的概念，然而，人的行为并非仅受经济单一因素的影响，或者不是完全服从空间的支配；第二，实证主义模型含有强烈的普遍性原理，在一个地方观察到的行为被设想为所有行为的规范；第三，地理系统是开放的多变量系统，难于模拟实验，无法受控重演，因而演绎模型的建立具有相对性。实证主义认为社会现象与自然现象之间具有内在一致性，它们都是一种"物"，遵从同样的科学法则。因此，实证主义方法目前只在区位理论、空间相互作用理论等方面表现出明显效果，而在文化地理学与历史地理学、政治地理学等方面则需求助于人文主义方法。

第二节 人文主义

　　人文主义在1970年代兴起，旨在抵抗科学主义至上的认识论，重新思考人在认识世界过程中的不可或缺的作用。采用人文主义方法论的研究旨在回答世界应该是什么样，而采用经验－实证主义方法论开展的研究只是回答世界是什么，而不回答世界应该是什么。作为人文地理学研究，只回答实然问题、不回答应然问题则不能完成对人类空间行动的判断和指引。在本体论上，经验－实证主义认为认识对象是独立于人而存在的，而人文主义地理学认为认识对象是心物一体的。有人将人文主义定义为唯心主义的，其实并不准确，人文主义认识世界的方法并不排斥外在，而是强调外在是通过人的感知获得的，因此有了主体性。

一、人文主义地理学的哲学基础

　　人文主义地理学的哲学基础是现象学。狭义的现象学指20世纪西方哲学中德国哲学家胡塞尔（E. E. Husserl）创立的哲学流派。其内容包括胡塞尔本人及其早期追随者的理论观点，如海德格尔（M. Heidegger）、萨特（J-P. Sartre）、梅洛－庞蒂（M. Merleau-Ponty）等人建立的存在现象学（existential-phenomenology）[1]；广义的现象学包括除胡塞尔哲学外的，受这种哲学思潮直接和间接影响的多种哲学理论，以及按照现象学基本观点建立起来的分析原则和方法体系。

　　胡塞尔倡导的早期现象学运动，主张在各人文学科内运用现象描述或本质还原法，获取较直接、较正确的知识。他提出这个哲学立场，目的之一是避免当时自然科学中"自然主义"的困惑，例如经验主义的科学实验总是找不到人们情感活动的本质规律。目的之二是避免德国精神科学中的历史相对主义带来的困惑，例如历史学家无法排除自己的主观性，也不能依据有限信息证实真实过去的存在。胡塞尔力图找到一个具有普遍确定性的认识基础，从而克服自然与人文二分、客观与主观二分的思维困惑。他提出现象学的悬置（epoché）原则，这个词汇来自希腊哲学，意思为首先将判断悬置起来，将一切有关客观与主观事物实在性的问题都存而不论。用现象学方法研究人文事象时，可以按照如下五个步骤开展：① 悬置一切理论及已有的经验。② 通过介入观察、访问等手段去获取行动者真实的意向性意识。③ 依靠研究者的"自由想象"，感悟第二步观察内容，并对观察对象进行再分类。

---

[1] 存在现象学也被译为存在主义现象学。以存在现象学作为方法论的研究，旨在描述主观的人类经验，因为它反映了人们的价值观、目的、理想、意图、情感和关系。存在现象学关注的是个人的经历和行为，而不是顺从或行为。个体被视为一个主动和创造性的主体，而不完全是自然界的被动的客体。存在现象学着眼于与他者的有机关系中的个人——一种"生活、行动、感觉、思考的现象"。

④ 不停地对"分类"结果与其他研究者现时研究的同类或相关课题进行比较,以便加以证实。⑤ 将研究所得与原先所悬置的内容对照分析,以便发现差异,去伪存真,形成最终结论。当然研究者还可以创造出其他的研究步骤组合。现象学主张研究被科学家普遍忽视的日常生活,关注"生活世界"(英文lifeworld,德文lebenswelt),而不仅仅满足于探究简化的、单一的、静态的、严整的法则,而是转向表达多样化的人类经验世界。这种转向使得地理学者认识到人与世界不再是认知与被认知的关系,而是相互渗透、相互影响,交织而不可分离(Relph,1970)。

二、人文主义地理学的产生和特点

1960年代在科学哲学领域出现了反对科学主义至上的人文主义。受此思潮影响,1970年代人文主义地理学也应运而生。代表人物有段义孚(Y-F. Tuan)、布蒂默(A. Buttimer)、赛明思(M. S. Samuels)、雷尔夫(E. Relph)、莱(D. Ley)、西蒙(D. Seamon)等。人文主义地理学批判了实证主义地理学对人之意识性的忽视。重视人类行为的丰富意义,而不仅仅是经济意义。这些代表人物先后提出了人文主义地理学的新概念,如地方感(sense of place)、地方芭蕾(place ballet)等(约翰斯顿,2004:511-514)。

人文主义地理学方法有三个特点:我向性、意象性、情感性(多样的、波动的)(艾特肯、瓦伦丁,2016:272)。因此其表达形式是主体反思式(感悟)的自述(我向),并以这种表达形式生成地理知识,或表达出叙述主体的地方感(见案例3-2)。在胡塞尔的思考中,生活世界是由语言使用者构成的社

案例3-2　加拿大多伦多的地方感

雷尔夫是人文主义地理学的代表人物之一。他在2014年出版的《多伦多》一书,是宾夕法尼亚大学出版社出版的"都市肖像"系列之一。该书展现了雷尔夫自己获得多伦多地方感的过程。半个世纪前,多伦多是一个内卷发展的、带有浓厚英国殖民色彩的、铁锈地带的城市,而今它已经转变为北美洲人口高密度的、文化多元的、经济全球化的、迅速发展的阳光城市之一。除了主体身体的行动,再没有什么可以超越主体的自述,来表达雷尔夫的地方感了。这里梳理出雷尔夫获得多伦多地方感的途径,以及这些途径体现出的人文主义地理学特点。

第一,我向性。

长期亲身经历——从雷尔夫1967年搬到多伦多,到该书出版的2014年,他亲身体验城市变化几十年。而该书所描述的是这段时期多伦多的变化。

居住不同地带——雷尔夫既住在老城区,又住在战后发展起来的郊区。这使得他可以比较两类地区。这种居住经历优于雅各布斯(J. Jacobs)。雅各布斯在《美国大城市的死与生》一书中,主要描写了她所居住的纽约曼哈顿下东区。

第二，情感性。

因熟悉而生情——雷尔夫指出郊区居民并不觉得市中心好，而市中心的人也不会觉得郊区好，其原因可能是对不熟悉的地区没有情感。

静动结合的体验所产生的好恶——雷尔夫日常生活的"行"和"止"，使他感受到何种城市形态可以让日常生活更美好。

第三，感悟性。

与其他人经历的对比——雷尔夫不但对比了雅各布斯的城市描述，还对比了麦克卢汉（M. McLuhan）在1960年代作品中对城市的想象，感叹他们透过景观想象到的东西。

既看且悟——雷尔夫写到，他在城市高速公路的卡车车流中开车，这种身体的体验让他捕捉到了一种地方感，即多伦多是一个"流动着的地区"。这正是城市的生命力。

凡是看到的、感受到的多伦多的人，很可能与雷尔夫在《多伦多》一书中写的不一样，而这恰恰证明了地方感的三个特性。《多伦多》能打动读者的原因是，其文字唤起了人们的共鸣，即我们人生中也会有某一时刻，为自己生活城市的活力而感动。而这种感动来自身体的经历。有书评人这样说：雷尔夫对城市的描述并不能揭示城市转型的原因，他在书中只是猜测了城市景观和格局变化的原因。这是中肯的意见，但是雷尔夫意在说出他对多伦多的"地方感"会让他关心这个城市，并可能付诸实践。地方感是研究城市变化机制的基础研究之一。

资料来源：Young和Douglas，2015。

会共享的意义，这些意义塑造了人们的"常识"世界——一个"涵盖人们直接经验的世界"。例如，"清明前后，种瓜点豆"是农民在生活世界中所获得的经验，用语言表达出来，以成为共享的意义。抱有现象学态度的科学家，在听到老百姓说"清明前后，种瓜点豆"时，会将之理解为农民在生活世界中总结出的、可以指导农事的常识性的地理知识，而不会苛求农民运用"地温""气温"等科学度量来表达（高慧慧、周尚意，2019）。在西蒙笔下，生活世界是一种"日常的、理所当然的模式和环境"。借助现象学，他力图达成一个目的，即揭开"神秘的、尚未主题化的生活世界"（Seamon，1979：20），进而或可找到同人类经验相关的地方的知识。

人文主义地理学的一个研究方向是道德地理学（moral geography）。这是从人文主义地理学的"感悟性"延展出来的。人性中有追求善和美的本能，因此就派生了对空间行为判断的道德。悬隔那些理所应当的"制度""道德"，审视人们的生产、生活等活动，看看哪些是我们需要的。说到道德，这就与文化地理学有密切联系了，因此人文主义地理学研究大多涉及文化地理学、社会地理学，甚至是历史地理学的研究领域。人文主义地理学既评判和思考所有的空间行为背后的道德，也描绘人们内心希望的美好家园。城市规划、聚落地理等与人们的综合需求密切相关，因此也常用到人文主义地理学。虽然人文主义地理学弥补了实证主义研究的不足，但它最大的弱点是只强调内心对善和美的向往，没有提供众人接受的、以善胜恶的有效行为途径。

三、人文主义与结构主义、后现代主义

本书将结构主义地理学放在人文主义地理学之后，是因为1990年代后期的结构主义开始反对萨特（J.-P. Sartre）的观点，以及1950—1960年代早期的人文主义传统。存在主义现象学从早期至今的发展历程表明，它是在结构主义学者的质疑中不断前行的。例如，萨特（1998：10-25）在《辩证理性批判》（*Critique of Dialectical Reason*）一书中，把自己的分析立场从存在主义现象学，转向存在主义的马克思主义。他认为，存在主义就要在不违背马克思主义原则的前提下，发现一种中介。这种中介可能是个人的心理结构、归属的群体，它们是通过个体具体的、特别的生活展现出来的。这样可以避免运用马克思主义分析过程中，把生产力简化为生产技术，或者把社会关系简化为生计决定的功能关系。

后现代主义地理学者索加（E. Soja）[1]发现了另一种形式的空间意识，他将之称为"第三空间"（third space）（Soja，1996）。"第三空间"独立于第一空间和第二空间。第一空间是真实的空间，也被定义为空间实践；第二空间是想象的、规划的空间，也被定义为空间的表征。第三空间是充满矛盾对立、充满无数可能性的表征的空间。城市日常生活就是第三空间，在这个空间里充满了各种矛盾和可能性，正是因为有了第三空间，人们才会不断审视自己的空间实践，以及想象的、规划的空间，看看二者彼此之间是否符合人性对善和美的追求。在这个反思的层面上，人文主义地理学和后现代主义地理学还有相通之处。例如：一个农民进城前从许多媒体了解城市生活很美好（第二空间），所以进城打工（第一空间），然而"朝五晚九"的生活节奏，远离妻儿的思念之苦，与每月发薪时的快乐混杂在一起，这种矛盾的状态（第三空间）才是真实的，这种状态促使这位农民思考，对他自己和他的家庭，何种空间移动、何种城市生活工作节奏更好。

第三节　结构主义

一、结构主义和结构主义地理学

结构主义（structuralism）是一个宽泛的领域，从语言学的索绪尔（F. de Saussure），到人类学的列维-斯特劳斯（C. Lévi-Strauss）、哲学的阿尔都塞（L. Althusser）、心理学的皮亚杰（J. Piaget）、传播学的卡斯特（M. Castells）等，这些大师都采用结构主义的方法论，他

---

[1] 索加有多种汉译形式，如苏贾、苏哈等。

们对结构主义的定义大同小异。总体而言，结构主义方法旨在探索表层的现象表达了哪些深层的关系（也就是结构）。例如索绪尔认为语言的所谓是表层结构，深层结构是语法；再如列维－斯特劳斯指出，决定亲属关系这种表层结构的主要因素并非血亲，而是人的意识活动定义的人之间的关系。结构的特点具有整体性和共时性。前者是所分析的对象是由其所在的更大的整体来决定的，后者是指整体内部的关系在一个时期内是稳定的，关系变化后就进入了另一个时期。结构主义方法论在不断地发展，还出现了以之为基础的结构化理论、后结构主义。这些都表明了结构主义方法论的基础性。

结构是关系，即多要素在它们构成的系统中的功能关系。结构体现了某一系统中各要素的相互关系功能和联系方式。例如语法是结构，它体现了词汇（元素）在句子（系统）的功能（主语、谓语、宾语等）和相互关系（例如位于最前面的名字通常是主语）。结构是由各个部分互相依存而构成的一个整体，而部分只能在整体上才有意义。因此结构主义是根据诸因素之间的关系，而不是根据事物和社会事实来解释现实。它的基本原理是，对于可观察的事物，只有当把它用一个深层的结构或秩序联系在一起时，才可以看到它的意义。所以，解释不可能单凭对现象的经验主义研究就能完成，这与注重经验、观察的实证主义有很大的区别。

结构主义地理学是指以结构主义作为认识论的地理学。结构主义地理学有两个特点：其一是整体性，即在认识事物时，将一个地理现象放在各个要素组成的系统整体中来分析。其二是共时性，即深层结构的存在具有时段性，超过了这个时段，不同的深层结构所决定的表层结构也不同了。在结构主义的模式和方法论中，人只是复杂关系网络中的一个元素，它本身没有独特性，只是由结构决定的，因而是被动的，这与从唯主体性出发的人文主义有着原则上的分歧。结构主义试图超越表面的地理现象，寻求以深层结构来解释之。千差万别的人文地理事象是表层结构，而要真正解释则需把握人地系统中的深层结构。例如不同城市有不同的土地利用空间结构，看上去这些表层结构不同，但是当代资本主义、社会主义的机制是决定土地利用空间结构的动力。

案例3-3　北京内城住房投资变化趋势分析

北京内城是指明清都城的内城，除历史上的紫禁城、其他皇家用地和商业用地之外，最大的用地面积是居住用地。在历史文化名城保护中最大的问题是居住区的房屋修缮资金投入不足，尤其是名人故居修缮资金投入严重不足。针对这个现象，有学者采用结构主义方法论，分析了这个修缮资金分布结构背后的深层结构。

从共时性的角度，北京内城房屋投资可以分为四个时期：明清时期、民国时期、1950年代初到1990年代末、1990年代末以来。之所以这样分期，是因为决定住房投资的机制发生了重要变化。

从整体性的角度，该研究分析了内城居住区与城市其他功能区之间的关系，尤其是阶层的关系，进而理解不同时期中，影响内城住房投资的深层动机。现居住在公房性质的名人故居中的居民，多是低收入人群，因此是不会投入修缮资金的。

资料来源：成志芬等，2017。

结构主义地理学在研究社会福利空间分配、收入空间分配、城市犯罪、居住分离等领域有很强的解释力。

结构主义地理学的步骤是：第一，找到研究对象，将之分解为不同的空间要素；第二，找到不同空间要素之间的关系（表层空间结构）；第三，找到决定表层空间结构的深层结构；第四，分析深层结构存在的时间段。

结构主义目前已经发展到后结构主义阶段，但是它们有共同的认识论立场，即它们都在意表层结构下的深层结构。以符号研究为例，符号由能指（signifer）和所指（signified）构成，譬如汉字"山"是能指，它所指的是地表隆起的庞大的地形单元。作为结构主义，更为关心的是所指，即汉字指代的是什么。索绪尔认为，人们的每一次表意活动，都要依赖一个巨大的语言网络（深层结构）。发展到后结构主义，学者们再分析符号时，就是探索一条没有尽头的能指链，即所指变为了新的能指的循环过程。法国哲学家德里达（J. Derrida）（2001）是解构主义的代表人物，他在《书写与差异》（*L'ecriture et la différence*）一书中就分析了书写意义的差异。有学者分析了中国五岳文化符号的能指链，泰山、华山、衡山、恒山、嵩山的组合（能指）所指五岳；五岳（新能指）所指五行；五行（新新能指）所指道家宇宙观（Zhou 和 Xu，2018）。

二、马克思主义地理学的理论基础

马克思主义地理学被归为结构主义地理学。因为其特征也是找到表层结构之下的深层结构。马克思一生致力于探究资本主义世界运行的机制，青年马克思主张人文主义（也译为人道主义），中年后的马克思从这个立场出发，从经济学、历史学、哲学等方面探讨资本主义的深层机制带来的社会不平等并展开批判，进而引导人类向着个人自由发展、社会人人平等的目标前行。这种超越经济学的社会批判被定义为政治经济学。

（一）唯物主义和辩证主义

马克思主义地理学主张唯物主义的人地观，即人对世界的认识不能脱离客观的、外在的事实。客观的、外在的"地"包括第一自然（first nature）和第二自然（second nature）。后者是指被人类社会改变了的自然，而当今的地理学研究更为关注第二自然，如被人类活动明显干扰的全球气候、海洋、极地。马克思说：在社会上从事生产的人，也同样遇到一个已经发生变化的自然界（特别是已经转化为他自己活动的工具的自然要素）（马克思、恩格斯，1956）。

马克思主义地理学主张的辩证主义人地观，即人与地之间的相互联系，彼此作用，不断循环演进。本书第二章建立的"四层一体"的关系就是这种相互联系、相互作用的框架。而作为人地关系中的人，我们能做的是调整人类行为，认识自然、适应自然。超人类地理学

（more than human geography）主张的人地观，就是更加关注自然的能动性，将人与自然看作一体。

马克思辩证唯物论历史观也是马克思主义地理学的特色。任何生产模式都会面临一系列矛盾，在不断解决这些矛盾的过程中，社会制度形态会不断地变化。

（二）劳动价值论

马克思主要用生产资料所有制来分析社会形态特征。他分析的重点是资本主义社会形态。他肯定了资本主义相对封建主义在解放生产力等方面的进步性，但更主要的是找出资本主义的问题。马克思指出，按照新古典经济学分析资本主义运行的逻辑，市场决定了商品价值，资本家和工人获得了他们各自应得的报酬，社会是公平的。但是实际上，无论在生产环节，还是在消费环节都存在不公平。马克思指出，市场决定的商品价值是商品的使用价值，由购买者和出售者共同决定；但是商品的劳动价值不是市场完全决定的，它由生产这些商品的社会必要劳动时间来决定（包括在生产过程中使用原料和机械的劳动力投入）。社会必要劳动时间是指现行普遍使用的生产方式下所需的劳动时间。当工人在生产中所创造的劳动价值远大于他们真正得到的工资时，资本家便获得了剩余价值。正是因为拥有资本的资本家可以剥削劳动价值，所以才能以资本来赚钱。

（三）商品拜物主义

商品拜物主义（或商品拜物教）包括两个部分。

其一是商品的性质。商品购买者表面上是购买了商品给自己带来的效用，如便利、舒适、独特性，但是却没有看到"物美价廉"隐含着"血汗工厂"的剥削性质。而新古典经济学分析并未揭示商品中蕴涵的社会条件和社会关系。此外，劳动力也变成商品，人的劳动目的就是为了在劳动力市场上交换获得工资，这时人就发生了异化，因为人的生命意义不只是劳动。例如，有学者分析了在线工作方式，改变了传统的就业空间，但使得许多员工将在家的生活时间也变为了工作时间（Villadsen，2017）。

其二是消费的拜物教性质。资本主义的商品生产改变了人类与非人类世界的关系，过度消费带来的浪费，引发了资源、环境等问题。因此有人文地理学者研究在消费领域如何减排，以及发达国家将垃圾运往发展中国家，从而进一步导致发展的不平衡。

（四）资本循环和资本积累

马克思指出，资本主义的动力机制就是不断扩大资本积累。在人文地理学中则可以转化为资本主义国家要不断将更多国家纳入资本主义体系中，从而实现资本积累的空间扩张。20世纪世界的发展，在很大程度上证明了他的预言。根据《资本论》第二卷关于资本循环的分析，可以把马克思的资本循环理论概括为三个循环过程（马克思，1975）：

$$\text{I 货币资本循环：} G—W\cdots P\cdots W'—G' \tag{3-1}$$

Ⅱ 生产资本循环：P…W'—G'…P （3-2）

Ⅲ 商品资本循环：W'—G'—W…P…W' （3-3）

式中，G 是 gold 的首字母，代表货币；W 是 ware 的首字母，代表商品；P 是德文 produktion 的首字母。G'表示 W'卖出以后变成的新货币值，右上角的一小撇是货币化了的剩余价值，也就是包含在产品中的剩余价值变成了货币。字母间的连线"—"表示流通及买卖[①]。

　　价值增殖是三种资本循环的动机或目的。在生产资本循环中，资本家通过多种途径保证生产资金高效、迅速地流通循环，从而加速积累。商品资本循环是维持资本循环的条件，资本家投资研制新商品，目的是挖掘商品消费力，但是因为工人工资低，无力消费新商品，因此也未必能达到维持资本循环的目的。可变资本循环具体指劳动力的再生产。生产的延续需要有充足的劳动力，保证劳动力供给的途径有提供可以维持劳动力生育的工资保障，另一途径是寻找低价优质的劳动力分布地区，因此可以看到制造业企业在全球寻找拥有这样劳动力的国家和地区。当这三类循环无法进行，就会出现经济危机，进而引起社会危机。

　　资本主义自产生以来，为了维持资本循环和积累，探索出了许多途径，以延缓危机。例如福特主义，它通过大规模、标准化、专业化垂直体系，寡头垄断市场结构来降低生产、控制市场供给。再如凯恩斯主义，它通过国家干预政策，不断增加财政支出，以延续循环。三如"灵活积累"，即从生产标准化、大批量的商品，转向生产小规模、小批量的产品，以满足快速变化的市场需要；关注和激发新的消费趣味，制造消费新需求；增强劳动体制和劳动契约的灵活性，增加非全日的、临时工、转包式就业的比例。但是，无论采用哪种途径，都不可能彻底消除资本主义带来的危机。

三、马克思主义地理学的研究

（一）关于流动性

　　所有促进信息、货物、资金、劳动力空间流动的技术，在为人们提供流动福利的同时，也有助于生产资本的循环。运输工具的变革、高速交通体系的建设、国际互联网的建设、快捷支付系统、海关的一站式通关，所有这些都缩短了资本循环积累的周期。哈维是马克思主义地理学的领军人物，他认为，地理学的空间定量分析可以用距离衰减、市场阈值等解释资本的空间运动，但是并不能完全解释，更不能揭示社会的不公正（Harvey，1973：124）。美国社会学家麦肯齐提出"时空压缩"（time-space compression）概念，即一个空间单元因为在其间的要素流动时间缩短，就好像被压缩小了一样。整个世界成为紧密联系、相互依赖的"地球村"。哈维用"时空压缩"解释了而今资本、劳动力和商品市场的扩大，延缓了发

[①] 1867年马克思出版《资本论》第一版时，用的是德语。后来有了英文版，G、W 分别替换为 M、C。

达国家和地区生产过剩造成的危机，实现他所定义的空间修复（spatial fix）（Harvey，1982：233）。在全球经济竞争中出现了地方企业家主义，即地方政府以企业经营的形式来管理辖区，财政投入、劳动力管理、内部组织架构等都是为了提升区域竞争力。地方企业家主义强化了时空压缩。以区域为单元的经济竞争，会使得从资本积累受益的发达国家的工人阶级与受损地区的工人阶级对立起来，前者常常不在意是否有空间剥削。因此从1990年代开始，有研究分析工人如何主动影响资本的地理分布，这个研究领域被称为"劳动力地理学"。

（二）关于空间生产

法国马克思主义学者列斐伏尔（H. Lefebvre）在《空间：社会产物与使用价值》一文中定义了空间生产（production of space），即在一定历史时期城市的急速扩张、社会的普遍都市化的现象。空间生产可以分为城市空间生产、区域空间生产、全球空间生产。他用历史唯物主义的方法解读空间，分析了资本主义空间生产和再生产的机制，空间生产的本质与其他商品生产的本质是一样的，即空间生产的目的也是资本的积累，实现途径也是加速资本循环。因此，土地利用规划、建筑和设施规划往往也是围绕着加速资本循环而定位，因此城市中"好"的地段会得到投资，这个空间会再生产出"更好"的空间，因此加大城市贫富空间差异。例如美国一些城市中心的老工业区越来越衰败，城市郊区富人区越来越好。当然郊区化发展越来越好的因素很多，但是资本主义空间生产的动力是最主要的。哈维的弟子史密斯（N. Smith）研究了一种空间生产的现象——城市中心地价低到一定程度，有资本看到有投资盈利空间后，就重新投入这个地区，从而出现城市中心某些区域人口中产阶级化（gentrification）[①]现象（Smith，1979）。

（三）关于文化景观

资本主义为了长期存在，以特定的、强大的文化-社会手段来调控。文化景观无论在实体层面和意义层面，都会体现出资本主义的内在需要。文化批判是马克思主义研究的一个主要方向，一些地理学者也尝试转向分析上层建筑的领域，如信仰、宗教、政治、法律、科学、文学和艺术等，意图发现资本主义经济基础需要上层建筑如何配合其运行。虽然哈维的马克思主义研究主要兴趣在"历史唯物主义地理学"上，但是他也关注文化、国家、法律、艺术等是如何与资本循环紧密联系的。他把空间关系及其伴生的景观，看作是特定社会关系的生产和再生产，以此作为审视当今文化现象的新视角。这种研究范式被称为空间本体论。他在《资本的局限》（*The Limits to Capital*）一书中指出，资本主义在不同的时间和地点存在差异，其根本原因在于各地的文化和社会不同，资本主义不需要消除生活方式和权力模式上的地理差异（Harvey，1982：413–446）。新文化地理学代表人物科斯克罗夫（D. Cosgrove）

---

① 也译为绅士化。

在其著作《社会形态与符号景观》（*Social Formation and Symbolic Landscape*）中提出，18世纪和19世纪西欧风景画的美学风格反映了西欧从封建主义向资本主义过渡期间土地逐渐被界定为私有财产及视觉享有权。他并没有坚称资本主义是风景画审美的唯一来源，而是发现经济基础对艺术的影响（Cosgrove，1998）。另一位秉持马克思主义地理学方法论的社会文化地理教授米歇尔（D. Mitchell），分析了资本主义制度下地方文化的商品化，以及在商品化过程中地方文化的争夺。他在《文化地理学：批判性导论》（*Cultural Geography：A Critical Introduction*）一书中指出：文化已开始为资本主义"打工"（Mitchell和Brown，2000：1–68）。这与葛兰西（A. Gramsci）的文化霸权理论的分析逻辑一致。

四、马克思主义地理学对后现代主义地理学的认识

马克思主义地理学坚持历史唯物主义立场，激烈批判后现代主义地理学的倾向。它认为后现代主义认可短暂与分裂、接受异化和隔离、偏爱美学而非伦理学、迷恋解构主义，对资本主义政治经济运行视而不见。表面看来，后现代主义的灵活性似乎颠覆了福特主义的现代性所主导的秩序，实际上这恰恰是资本主义用新的一种形式维持资本的循环。

1990年以来，西方地理学界对马克思主义地理学的关注明显下降。1990年代许多年轻的左翼学者看到，哈维等马克思主义地理学家的研究还停留在"元理论"（meta-theory）层面。他在面对不断变化的资本主义世界时，尚不能提出实践层面的有效路径，哈维自己也意识到这一点。然而有一点不容忽视，那就是许多人文地理学研究已经将马克思主义地理学的分析方法内化到自己的分析逻辑之中。而今，无论是选择哪个经济模式的国家，所实行的经

案例3–4 《加利福尼亚和资本的小说》

该书是明尼苏达大学地理系主任亨德森（George L. Henderson）的著作。亨德森是一位马克思主义地理学者。该书以几本描述加利福尼亚（加州）淘金热和大萧条历史时期的小说为素材，分析了1880年代至1920年代中期，城市资本投入加州乡村地区，带来农村崛起的过程。亨德森认为，这个时期出现了一种文学，其初衷是以文学作品的形式，揭露资本进入乡村的"阴谋"，但是最终还是承认了资本进入乡村的合法性。该书关注到灌溉设施等乡村新景观，展现了乡村生产形式的变化。作者分析了小说中的银行家、土地开发商、工程师、季节性工人、妇女、少数族裔等对乡村经济变革的态度。虽然小说不完全是真实历史，但是也部分展现出当时人们的观念与经济基础之间的关系。该书的地理学眼光是，分析了资本流向乡村的原因。首先，农业所依靠的第一自然具有空间的分散性或延展性，因此农业资本循环必须进入乡村；其次，农村拥有的休闲资源、历史文化资源也具有空间的分散性，因此也吸引开发这些资源的资本进入乡村。

资料来源：Henderson，1998。

济制度与马克思和恩格斯当年分析的不完全一样了，各国有一致的努力方向，即力图克服资本主义的内在矛盾，让经济体系持续运行。一些著名的学者开始将自己定位为后马克思主义者。后现代主义的领军人物福柯（M. Foucault）、德里达（J. Derrida）、德勒兹（G. L. R. Deleuze）、斯皮瓦克（G. C. Spivak）虽然不承认自己是马克思主义学者，但是他们的研究起点都离不开马克思主义。

索加被冠以后现代主义地理学派的代表人物。他既采纳了列斐伏尔的马克思主义观点，也采纳了福柯的后结构主义，从而发展出新的分析范式（Peet，1998）。他在《后现代地理学》等书中提出空间、社会和历史的三位一体，以及三元辩证法（trialectis）（苏贾，2004）。这种打破原来生产力/生产关系、上层建筑/经济基础二元辩证法的创新，可以视为一种后现代的研究范式尝试。他指出，要使西方马克思主义摆脱理论与实践危机，就必须实现社会批判的空间化转向。而今的工人阶级在空间上也已经分化了，在发达国家和发展中国家的工人阶级，要团结起来非常困难，这是新的资本主义社会的矛盾形式。

第四节　时间地理学和行为地理学

时间地理学和行为地理学是基于经验主义和实证主义发展起来的两种研究范式。旨在探究人的行为空间规律，以及形成过程。

一、时间地理学

时间地理学（time geography）是1960年代哈格斯特朗对计量革命时期区域科学研究范式的反思的结果。他将时间和空间在微观个体层面上相结合，通过时空路径（space-time path）、时空棱柱（space-time prism）、制约等概念和符号系统，构建了时间地理学的理论框架，从个体的、微观的角度出发，形成了自己独特的研究方法体系（Hägerstrand，1970）。时间地理学在交通出行、日常生活的地理学、城市活动系统等方面产生了深远的影响，并且应用于城市和区域规划实践。1990年代以后，时间地理学与GIS技术的结合，更进一步推动时间地理学的创新发展。

（一）时空路径和时空棱柱的可视化表达和分析

时空路径的可视化表达和分析是时间地理学最重要的方法之一。通过活动日志调查获取受访者"何时、何地、开展何种活动"以及相应的活动同伴、出行方式等信息，便可以在时空坐标系中绘制连续的时空路径。路径的时间轴展示了事件发生时间的先后关系。一般来说，个人路径不随时间发生移动时与时间轴平行，而发生移动时则表示为斜线，斜率表示个体在空间中的运动速度。个人在参与生产、消费和社会活动时需要停留在某些具有永久性的停留点上，由于这些停留点包含一定的设施并具备一定的职能因此可称之为驻点（station），如家、单位、邮局等都是驻点。这种路径的表示法在空间尺度（国家、地区、城市等）、时间尺度（一生、年、季节、周、日等）、对象尺度（个人、集体、组织等）上可以自由设定。并且，个人不能在同一时间内存在于两个空间中，所以路径总是形成不间断的轨迹。

时空棱柱刻画了个体在该时间范围内一定的时空预算下所有可能发生的路径的集合。它描述了以当下个体所处地点来看，个体有机会离开并在未来前往的其他地点。棱柱内所包含的区域是个体未来可能实现的路径机会全集。最终实现的那条路径，一定是棱柱中诸多可能路径中的一条。简言之，路径记录过去与现在的活动轨迹，棱柱是面向未来的、基于现实基础的诸多路径的可能性。

（二）时空行为的制约要素分析

时间地理学对于人的行为的基本态度是强调制约以及围绕人的外部客观条件，对于强调个人"选择"与"能动性"的行为主义理论是一个重要的补充。哈格斯特朗认为，人的行为常常是随意选择的，不能以过去的行为观察为基础来说明和预测将来的行为，而是应当认识那些围绕行为个体的制约条件，并尽可能阐明产生这些制约的主体（Hägerstrand，1970：11）。如果纯粹认为活动是价值选择的结果，过分强调行为的心理学机制，则难以对行为结果进行调控。因此，时间地理学选择了注重"制约"的分析，不仅关注那些可以观察到的外部行为，而且试图去分析那些没有发生的计划行为，以及行为发生以后企图改善的期望行为。

时间地理学将制约划分为三类：能力制约（capability constraints）、组合制约（coupling constraints）、权威制约（authority constraints）（Hägerstrand，1970：17）。能力制约是由于个人的生理构成及其所使用的工具而受到的个体行为的制约。例如人需要固定间隔、一定时间的睡眠，以及必需的用餐。组合制约规定了个体为了完成某项活动，如生产、消费及社会交往等，而其他人或某种工具、材料等在某时、某地同时存在并持续一段时间。例如，在工厂中，工人、机器及原材料等形成活动束以实现产品的加工和生产。权威制约则关注权力关系，强调需要遵守的规章制度的影响。例如"红灯停、绿灯行"的道路交通规则。

（三）分析尺度

在时间地理学理论体系中，社会被理解为由诸多个体路径所编制的网络，其中穿插了一系列时空间中的驻点、路径等（Hägerstrand，1970：10）。于是，时间地理学关于社会的模型便包含三个层面。在个体层面，路径是由个体在各种制约下由时空间中的运动轨迹和停留点所组成，

案例3-5   一位居民从家到商店购物的时空路径

图3-3表示这位居民在空间中的移动，图中家和商店是此人的行为驻点（station）。（a）一开始这位居民独自在家计划这次购物出行，由于没有空间位移，他的时空路径表现为与时间轴平行的一段垂直的线段。（b）之后他出门购物，从家走到商店，这一段的时空路径为斜线，说明他在时空两个维度都发生了移动。（c）他在商店购物的过程视为空间静止，只有时间中的推移移动。值得注意的是，在不同尺度下的时空路径可能存在差异，比如在这个路径中，商店内部的移动就被简化为一个驻点的停留。（d）当购物活动结束，他又一次发生了时间和空间中的移动，从商店回到家中，而由于购买了东西后负担加重，他的移动速度明显变慢，表现为路径斜率的差异。（e）最后，他回到家后，其时空路径又一次呈现为与时间轴平行的垂直线。

资料来源：Ellegård，2018。

对路径的描绘能够直观地揭示和比较不同群体的行为特征。在驻点层面，借助时空棱柱的形态可以分析活动的时间分配和空间分布，以了解城市节奏和活动系统。在社会结构层面，分析特定群体的时间供给和需求，可以了解如何通过将个体计划在时间和空间上进行分配来实现社会系统的能力。

（四）时间地理学对规划和管理的意义

居民时空行为规律与行为决策机制对城市规划和企业规划都有参考价值。当社会转型时，行为决策机制和行为规律都会变化，因此需要运用时间地理学的方法来刻画这些变化，从而使规划跟上变化。例如，按照不同群体的消费行为时空特征来布局相应的设施；按照不

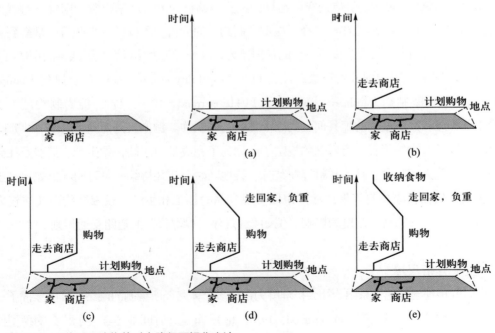

图3-3　一位居民购物的时空路径可视化表达

同群体的出行时空特征，为规划公交系统和交通管理系统提供支撑，解决城市交通拥堵等问题；按照不同群体的行为时空特征，设计人流管控、游客路线优化等方案。

二、行为地理学

行为地理学（behavior geography）是从主观认知的视角理解行为与空间关系的研究范式。1960年代，在计量革命的推动下，地理学试图利用概念模型来分析人文地理现象，如传统的区位论和中心地理论。但是，其过于绝对的公理化特征暴露出与真实世界不符、对世界的预测能力低等缺点，因此备受质疑（Hudson，1969）。在此背景下，在吸收心理学等其他学科的知识和深入探索人类空间行为决策的过程中，行为地理学开始逐步形成。行为地理学将心理学的概念引进地理学，重视个人态度、认知、偏好对其空间行为产生的影响，试图了解人们从空间认知到空间行为决策的过程和结果，并在购物、迁居、住房市场、产业区位、农业、旅游业、休闲、归属感、犯罪、社区发展等诸多领域都得到广泛应用（Walmsley和Lewis，1984：145-222）。

（一）空间认知分析

空间认知是对空间知识的存储与处理。空间知识一般包括空间结构、空间实体和空间相互关系，是对空间和思想的内部化反映和重构（Hart和Moore，1973：246-288）。空间认知涉及个人

案例3-6　林奇划分的空间认知元素类型

美国学者林奇（K. Lynch）所著的《城市意象》一书是空间认知研究的经典著作。在1960年代，他调查了美国居民对城市空间的认知，发现大多数人头脑中的城市意象可以分解为道路、边界、区域、节点和地标这五个要素。

（1）道路是人们在一个环境中经常或偶尔穿越的基本路径，例如街道、铁道。

（2）边界通常被认为是两个不同区域的分界线，例如河岸、行政界线。

（3）区域是包含在一组清晰边界内的可识别区域，例如行政区。

（4）节点是人们在城市内部活动的主要地点，例如餐厅、办公楼等。

（5）地标是景观中容易分辨的元素，如制高点、历史建筑、文化建筑等。

林奇采用这五个要素对不同城市进行了意象图解。道路、节点和地标几乎是所有城市都出现的意象要素，但各类要素的重要性因城市而异。城市意象要素的丰富程度与城市发展的历史及其规模相关，充分反映了城市的个性特征。例如洛杉矶拥有地标、节点、道路、边界和区域五个要素，泽西城和洛杉矶除道路以外其他要素并不显著，芝加哥地标、道路、区域认知表现突出。

资料来源：Lynch，1960。

活动与环境的关联，强调个体如何接受并利用外界信息以实现空间中的行为。个体间的空间

认知差异既来源于其性别、年龄、社会阶层等社会经济属性，也来源于个体与空间的交互过程，例如认知主体是否发生位移、使用何种交通出行方式等都会直接或间接影响其空间认知。认知模式的研究是行为地理学研究的重要内容，其研究方法集中体现在认知地图。

认知地图指的是在大脑里形成的关于一个地方的空间结构与空间功能的地图。认知地图的形成过程就是人们对来自物质环境、记忆环境、社会环境、经济环境、政治环境、文化环境和其他可能产生影响的环境的复杂信息进行构建、编码和复制的过程（Golledge，1993）。认知地图不仅代表了已知存在的环境信息，也代表了想象的但并不一定存在的信息；而且认知地图可能混合了不同时期所接受的信息，具有不完全性、简化、形变等显著的特征，但与个体的空间行为有直接的关联（Hart和Moore，1973：246-288）。地理学对于认知地图的研究包括了以下三个方面：用地图表示人们的空间认知；从手绘图中推测人们对空间与环境的认知；从地图学角度分析认知地图。

（二）行为决策与选择分析

行为决策与选择是指从多种备选活动方案中选择一种方案的过程。个体或者群体的决策建立在既有的知识基础之上，在个体层面这种知识表现为认知地图，而在群体层面一般表现为文化。除了知识基础之外，决策主体还受到一定的环境、社会、政治及文化背景的影响，通过个体功能变量、个体结构变量、社会/文化/政治变量和空间变量等表现出来。此外，感觉、情感、信仰及价值观等也会影响决策。个体或者群体会受到有意或者无意的刺激，可能表现为驱动或者暗示，推动其进入一个决策与选择的过程之中。

决策过程包括了两个刺激反应阶段。第一阶段的刺激反应是决策过程的启动。首先，决策主体可能会进行一个信息搜寻的过程，并将搜集所得的信息形成其行为空间感知。接下来，决策主体会调用其认知地图，将符合决策需要的内容在头脑中加以汇集、加工，并且运用挑选的决策准则修正原始的策略。当决策主体激活了自身认知地图中的相关部分后，就会进行详细的行动意象描述，从而形成出行计划。而这一过程中决策主体会对可能的阻碍因素、风险因素加以考虑，使得活动-出行计划与那些环境中自然、社会和文化的阻碍因素相协调。只要完成了上述这一系列过程，就可以实施目标导向的行为。第二阶段就是选择过程。选择行为是一个较长的内在过程，其最终结果是确定可以达到目标的特定位置。一般来说，一个决策新手可能会开展"尝试行为"。而在接下来的尝试中，通过不断地搜寻和学习，决策者会纠正这一过程，空间行为逐渐稳定，最后经过多次的试验，形成特定的重复性习得行为。而在每一次尝试之后，就会有相应的反应评价和反馈。

（三）行为地理学对规划和管理的意义

行为地理学重视个人态度、空间认知、偏好对其空间行为产生的影响，将这些主观因素纳入行为决策模型中，弥补了早期的决策模型基于理性或者有限理性假设的不足，提高了对居民交通出行、迁居、购物等行为预测的准确性，也为城市规划和管理提供更为可靠的依据。行为地理学方法中的认知地图应用领域很多，例如用于地震、洪水、疫情等公共突发事件的应急管理。认知地图可展现公众对空间风险感知的特征，合理干预公众的风险感知，可避免公众过度恐慌或者过度放松。再如，认知地图还被用于旅游规划和管理。用之调查不同游客对于旅游目的地的空间意象的关注重点，可以细分旅游目的地市场，确定市场定位。

第五节　实地调查和空间分析方法

一、实地调查方法

人文地理学工作者需要掌握实地调查的方法，具备实地调查的能力。

（一）调查目的
人文地理学野外调查可以是多目的的综合式调查，也可以是支撑研究阶段性目的的调查。后者分为如下三种。发现问题式调查——人文地理学研究的许多问题来源于社会；收集论据式调查——人文地理学研究的许多论据需要从社会中获得；验证假说式调查——人文地理学研究的许多结论需要回到社会来证实。

（二）调查方案与研究方案的对接
前面介绍了人文地理学的认识论，每种认识论有其基本步骤。在确定了研究目的之后，就需要思考以何种认识论作为分析的基本立场。而后再思考哪个步骤需要在实地调查。

（三）确定调查对象
按照本教材的定义，地理学调查的主要对象就是"景观"，在索尔的定义里，就是文化景观。文化景观调查可以分解为实体属性和主体性含义两个方面。实体要素的属性如土地利用现状、交通流量多少、聚落分布特征、商业网点等级、可进入性、公平性、可持续性、承载力等；主体性含义是指个人、群体、企业、事业单位、政府职能部门等主体对景观实体属性的判断，如价值判断、情感倾向、意义认同等。这些主体性含义既与人们的世界观、价值观和人生观有密切联系，也与人们的文化习惯中的空间偏好、行为倾向有关。

（四）确定调查方法

野外调查方法分为数据收集方法、数据记录方法和数据初处理方法三大类（周尚意等，2010）。在这三大类方法中，人文地理学研究既运用自己的实地调查方法（如调查样本空间分布设计），也采用其他学科的调查方法。数据收集方法如景观空间特征观察、测量，社会学、人类学的方法有访谈法、问卷调查法、民族志法、参与式观察、数据收集法等。每种方法都满足自己的调查步骤要求。例如问卷调查方法需要有抽样步骤、问卷设计、初调查、确定精度误差、修改问卷、再调查等步骤。再如，景观观察需要设计观察点的分布方案、设计观察线路、观察时间、观察记录表等。

二、空间分析方法

地理学中数学方法的运用主要有两个目的：① 运用数学语言描述地理问题，建立地理数学模型，从更高、更深层次上揭示地理问题的机理；② 运用有关数学方法，通过定量化的计算和分析，对地理数据进行处理，从而揭示有关地理现象的内在规律。

（一）主要数学模型

自1950年代以来，现代人文地理学中的数学方法不断完善。目前，人文地理学研究中的数学方法，已涉及数学及相关学科的各个领域。它不但继承了现代地理学发展史上计量运动的成果，而且还吸收了几十年来数学、系统科学、计算机科学、现代计算理论及计算方法等领域内的有关成果，其内容已经十分广泛和丰富。按照用途，人文地理学研究的数学模型主要有三个类型。

1. 统计分析模型

为了定量地揭示各种地理要素之间的相互关系，以及各种地理事物和地理现象所表现出来的地域分异规律，以概率论和数理统计知识为基础，主要有统计相关分析、回归分析、系统聚类分析、主成分分析、马尔可夫预测等统计分析方法。

2. 规划与管理模型

线性规划方法：用于工业、农业、商业、交通运输规划及管理诸问题的研究。

多目标规划方法：解决多个目标规划决策问题。

随机型决策方法和AHP决策分析法：主要用于区域规划与管理中人的行为决策研究。

网络分析方法：从数学的角度来研究客观存在的地理事物，及其相互联系所构成的地理网络，将区域具体的人文地理事象抽象为图论研究中的"图"与"网络"。

3. 系统分析模型

控制论：用于地理过程、地理系统的调控研究。

模糊数学方法：一种研究和处理模糊现象的新型数学方法，用于各种模糊地理现象、地理过程、地理决策和系统评价研究。

灰色系统方法：地理系统是一类典型的灰色系统。用于灰色地理系统的分析、建模、控制与决策研究。

系统动力学方法：用于地理系统的仿真、模拟和预测。

投入产出分析方法：通过编制投入产出表及建立相应的数学模型，反映经济系统各个部门之间（产业间）的关系。

（二）主要数学方法的应用

数学方法，不仅是现代人文地理学研究中的理论演绎与逻辑推理的工具，而且也是定量分析、模拟运算、预测、决策、规划及优化设计的手段。其应用主要包括如下几方面（徐建华，2002）。

1. 数据分布特征分析

这类研究主要是对地理要素的分布特征及规律进行定量分析。譬如，运用平均值、方差、标准差、变异系数、峰度、偏度等统计量描述地理要素的分布特征，运用概率函数研究地理要素的分布规律，等等。

2. 分类与分区研究

这类研究主要是对地理事物的类型和各种地理区域进行定量划分。譬如，运用模式识别方法、判别分析方法、聚类分析方法等定量地研究土地类型、地带及自然区和经济区的划分问题等。

3. 要素相互关系分析

这类研究主要是对地理要素、地理事物之间的相互关系进行定量分析。譬如，运用统计相关分析方法定量地揭示地理要素之间的相关程度，运用灰色关联分析方法揭示地理事物之间相互联系的密切程度，运用回归分析方法给出地理要素之间相关关系的定量表达式，运用投入产出分析方法定量分析区域经济系统中各个产业之间的相互联系，等等。

4. 要素网络分析

这类研究主要是对水系、交通网络、行政区域、经济区域等的空间结构进行定量分析。在地理网络分析中，几何学方法和图论方法是常用的主要方法。譬如，交通网络中节点之间的接近度、可达性、最短路径、最大流与最小运费流，以及行政或经济区域中的城镇体系及其等级－规模等问题的研究，均属于网络分析的范畴。此外还有复杂网络分析。

5. 空间发展趋势与推断分析

趋势面分析，就是运用适当的数学方法计算出一个空间曲面，并以这个空间曲面去拟合地理要素分布的空间形态，展示其空间分布规律。这种空间曲面就称为趋势面。趋势面分析所采用的数学方法通常是回归分析方法。其分析的步骤是：首先运用回归分析方法拟合出所要分析的地理要素的趋势面方程，然后以趋势面方程计算出每一个地理测点上的该地理要素的趋势值，并以一定的间隔画出趋势等值线图。这种趋势等值线图就展示了所要分析的地理要素的空间分布规律。

6. 空间聚集与扩散研究

这类研究旨在定量地揭示各种地理现象，包括自然现象、经济现象、社会现象、文化现象、技术现象等在地理空间上的扩散规律。譬如，坡面泥流运动、各种污染物在水体和大气中的扩散、各种经济现象的集聚与扩散、文化与技术的传播等问题，都属于空间聚集与扩散研究的范畴。这类研究，经常采用的方法有空间统计分析、微分建模方法、数学物理方法、蒙特卡罗模拟方法（Monte Carlo method）等。

案例3-7 选择分析涉老设施分布的空间单元

涉老设施是指与老年人日常生活密切相关的商业、服务业、公共服务等单位。在人口老龄化的社会中，其分布是否能够给老年人带来真正的便利？许多研究刻画和评价了分析地涉老设施的分布。在刻画和评价空间分布时，选择什么样的空间单元决定了结论的正确性和有用性。在行政区、自然区、经济普查空间单元、文化区、遥感图像栅格单元等类型的空间单元中，选择哪个类型的单元更为合适？在国家、省、市、县、乡镇、社区、邻里区等不同大小、不同层级的空间单元中，选择哪一级相对合理？这些都是人文地理学数据分析需要考虑的。

有学者研究了北京西城区四个毗邻街道的涉老设施的空间分布，如果将北京分为四个地带：老城、扩展区、新城、郊区，那么这四个街道位于前两个地带。该研究选择的最小空间单元是居委会，通过实地调查，获得了居委会尺度上多种涉老设施的分布数据，通过LISA分析方法找出涉老设施空间集聚的区域（图3-4），进而给城市管理者提出在商业性涉老设施不愿意进入的地区，事业性的服务应弥补其不足。该研究因为是给政府提建议，因此选择行政区单元；因为考虑到老人的步行距离，所以选择了居委会。

资料来源：Zhou等，2013。

7. 空间相互作用分析

主要是定量地分析各种"地理流"在不同区域之间"流动"的方向与强度。譬如，运用线性规划方法研究某个大区域中各个小区之间的货流问题，运用投入产出分析方法研究各个区域之间产品的流动及分配与消费问题，运用一些已经建立的理论模式研究不同区域之间的人口流动问题、商品购销问题，等等。

8. 规划管理与决策研究

主要是对人类活动的空间行为决策进行定量的研究。譬如，资源利用与环境保护问题、经济活动的空间组织问题、产业布局的区位问题、城乡区域规划问题等。这类研究经常采用的数学方法有数学规划方法，如线性规划、多目标规划、多维灰色规划方法等，还包括决策分析方法，如AHP决策分析方法、风险型决策方法、非确定型决策方法、模糊决策方法、灰色局势决策方法等。

9. 地理系统优化调控研究

主要是运用系统控制论的有关原理与方法，研究人−地相互作用的地理系统的优化调控问题，寻求人口、资源、环境与社会经济协调发展的方法、途径

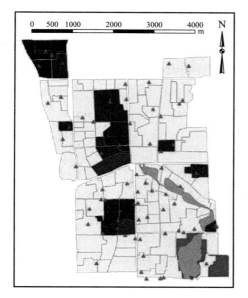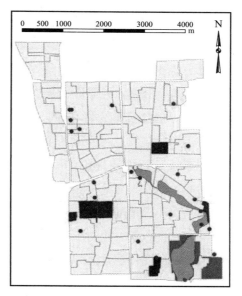

图例 ▲ 医疗设施 • 开敞空间 ▨ 不显著 ■ 高-高 ■ 低-低 ▨ 低-高 ■ 低-低

图3-4　医疗设施和开敞空间的集聚程度

与措施。这类研究经常采用的是现代控制论方法、大系统理论及灰色系统控制理论等。

10. 过程模拟与预测研究

任何地理事物、地理现象，都随着时间在不断地运动和变化着，即经历着特定的地理过程。过程模拟与预测研究旨在通过对地理过程的模拟与拟合，定量地揭示地理事物、地理现象随时间变化的规律，从而对其未来发展趋势作出预测。在地球表层系统中，主要的地理过程包括气候过程、水文过程、生物过程、地貌过程、生态-环境过程、经济过程、社会过程、文化过程等。对于这些过程的模拟与预测研究，经常采用的数学方法有回归分析法、马尔可夫方法、灰色建模方法、系统动力学方法等。

11. 系统仿真研究

这是针对复杂的地理问题，在对各种系统要素之间的相互关系与反馈机制分析的基础上，构造系统结构，建立描述系统的数学模型，并以适当的计算方法与算法语言将数学模型转化为计算机可以识别与运行的工作模型，通过模型的运行，对真实系统进行模拟与仿真，从而达到揭示系统的运行机制与规律的目的。实践证明，系统动力学方法是地理系统仿真研究中可供借鉴的一种有效方法，它为许多复杂地理问题的研究提供了一种可供尝试的途径。

三、人文地理学研究的系统分析方法

系统分析方法起源于1940年代系统科学的创立与发展，这一方法从系统的组成、结构、功能、界限、环境、状态和参量等出发，考虑系统诸要素之间的相互关系，建立各种模型，做出系统整体功能优化的目标决策，然后提出各种调整方案或者做出新的设计。这一思想是舍费尔最早于1953年提出的，它很快在地理学界引起反响，被称为科学的方法。这一方法的特点在于：侧重于指出问题的全局，强调人地关系中诸要素的整合；强调考虑所有因素，求出最优化方案；强调人与地诸要素之间的协同，以及人类社会与自然界之间的物质、能量和信息的交换，把它们放在系统的同一个层次进行研究。

（一）系统分析方法评价

系统分析方法在人文地理学研究中涉及范围很广，如各类规划、区划、地区发展战略研究等方面都程度不同地运用了这一方法体系，尤其是在各类区域发展规划中，系统分析方法发挥了不可替代的作用。我们在各类规划中强调经济效益、社会效益和生态效益的统一，但在实际工作中过去用传统方法对问题难以把握，现在把系统分析的多目标优化模型与层次模型有机地结合起来，就可以做出综合而定量的决策，避免了对各类政策和目标的表述只停留在定性阶段，其可操作性也增强了。

系统分析方法把因果分析方法向前推进了一步，使其从定性阶段走向定量，从对简单的因果关系分析走向对复杂的因果网络系统的分析，为研究人地关系这样复杂的因果系统提供了新的方法，为人文地理学研究的计量化和动态化开辟了新的前景。

（二）系统分析方法在区域规划中的应用

根据系统论的原理，区域就是一个复杂的系统。区域系统是由相互有联系的诸要素组成的完整综合体。区域组成要素，如土地、水域、植被、人口、工业、农业、城镇、村庄、各种基础设施、建筑物、构筑物、生态工程，等等，都是区域系统中的一个要素，一个子系统。区域诸系统要素组成一定的结构，区域结构就是区域诸要素之间相互联系的特定形式。当然，区域又是更高序列体系中的一个组成部分。

系统分析方法通常由三个基本环节构成，即确定系统、系统分析、系统评价。每一个环节都有一系列定性和定量的具体方法可供利用。

1. 确定系统

确定系统即确定被研究系统的组成、性质、边界，并将之综合。在区域规划中相当于确定规划的区域、规划的目的要求、发展总体目标和具体目标。

2. 系统分析

系统分析是对系统要素的性质、功能、相互关系进行分析，对系统的各种不确定因素、系统的组织、结构、状态和可能的变化，通过综合处理，建立模型，反复验证，以作出判断，并提出抉择方案。系统分析要回答为谁、为什么、何时、何地、做什么、怎么做等问题。在区域规划中大体是区域发展条件的评价、规划方案的设计。系统分析人和方案决策人之间的对话和配合是十分必要的，双方结合得好坏往往是整个规划项目成败的关键所在。

3. 系统评价

即分析设计方案（包括书面报告、图件等）提出后，或者分析设计方案实施过程中，根据效益、成本、影响等基本指标，对规划设计方案做出综合评价。评价时要注意方案的可靠性、安全性、先进性、科学性、可操作性、经济性、规范性、生态环境可相容性、社会性、可扩展性、灵活性等，进行总体评价。

首先，运用系统分析方法来进行区域规划，必须把区域规划的对象即规划区域看成一个整体。一方面，这个整体是由许多要素、许多部门、许多地块相互联系的整体，或叫完整的综合体；另一方面，这个规划区域又是与外界有密切关联的更高序列区域体系中可分解为序列较低的体系中的一个分子。

其次，规划区域的各个要素、各个部门、各个地块都有一定的相互联系。通过这些联系的性质、结构、次数、频率和稳定性就可以判定这个规划区域是复杂的还是简单的，是稳定的还是功能活跃的，是静态性的还是动态性的，是多核心的还是单一核心的。

最后，规划区域的面貌、状态是区域要素相互作用和受外界输入因素影响的结果。通过它们相互作用及与外界输入因素的关系的分析，就可以分析区域的特征，全面地认识区域布局的变化趋势，并确定未来发展的抉择方案。

用系统分析方法来解决区域规划，可以比较准确地形成关于研究对象的最基本的概念，可以确定其发展目标和方案，可以制定具体实施措施。

【本章主要概念】

经验主义；实证主义；人文主义；结构主义；后现代主义；行为主义；系统分析。

【思考题】

1. 找一篇人文地理学的学术论文，判断作者采用的是哪种认识论。
2. 找一个人文地理学研究的问题，尝试采用一种认识论，设计一个简单的研究步骤。
3. 在人文地理学研究中，获取和搜集地理信息和资料有哪些途径和方法？

第四章
人口和区域发展

内容提要

本章从人口的规模、结构、分布和迁移四个方面，介绍了地理学中关于人口的研究议题。首先，从人口的出生和死亡出发，总结了人口的自然增长和世界人口的增长过程，介绍了人口转变的主要理论及不同国家的人口转变模式，引用人口容量、适度人口的概念探讨了人口规模对经济社会发展的重要意义。其次，从人口的自然属性和社会属性出发，介绍了年龄结构、城乡结构、民族结构等各类人口结构的含义及其对经济社会发展的影响。然后，在归纳总结人口分布基本特征的基础上，分析了人口分布的影响因素。最后，在介绍人口迁移概念和分类的基础上，总结了人口迁移的空间特征和迁移人口的属性特征，分析了人口迁移的影响因素。

第一节　人口规模与区域发展

一、人口自然增长过程

从人类进化历史来看，世界人口发展已有数百万年的历史，经历了古猿—猿人—直立人—智人—现代人五个阶段。但稳定的人口增长得益于农业革命和工业革命的进程，也就是生产力的大发展。在大约1万年前，人类进入了新石器时代，原始人类成功地驯化了动物并有意识地种植农作物，产生了最初的农业。农业的出现是人类发展历史上具有决定意义的一次革命，人类开始由游牧、采集转向定居生活，世界人口增长逐渐加快。距今1万年前，世界人口大约400万，公元元年，世界人口达到大约1.70亿。开始于18世纪后期的工业革命，最早发源于西欧国家，从化石燃料中提取能量并用作机器的动力，极大地推动了生产力的发展，世界人口迅速增长。公元1800年，世界人口大约9亿。第二次世界大战后，世界进入相对和平的发展时期，科技、医疗水平持续改善，许多发展中国家的人口增长十分迅速，世界人口爆炸式增长。世界人口在1927年增长到20亿，1959年达到30亿，1974年达到40亿，1987年上升到50亿，1999年、2011年和2022年，世界人口分别达到60亿、70亿和80亿。

对于全球或一个封闭区域来说，人口规模的增长就是人口的出生和死亡带来的人口自然增长，而在全球联系日益密切的当今社会，自然增长和迁移变动共同决定了开放区域的人口规模增长。对于一个国家和地区来说，国际迁移的规模有限，人口自然增长是分析一个国家和地区人口状况的基本途径，它不断塑造着世界人口分布格局，使其处于永恒、剧烈的变动中。出生和死亡是人口自然增长的两个方面，也是理解人口自然增长变化过程和原因的重要组成部分。

（一）人口出生的变化

作为生命过程的起始，人口出生是人类世代更替的基础，亦是人类自我繁衍的前提，它同人口死亡一起构成了人口自然增长过程中最重要的两个基础性要素。相对于人口死亡，人口出生受到生育意愿的强烈影响，是一种更活跃、更复杂的人口现象，在时间与空间上均表现出明显的波动。由于当今社会的人口死亡水平趋于稳定，我们所说的控制人口增长，其实质为控制人口的自然增长，也就是人口的出生水平。

衡量一个国家或地区的人口出生状况除了出生人口的绝对数量，常用的统计指标还有人口（粗）出生率、育龄妇女生育率、总和生育率等（魏克斯，2016：211）。

1. 人口（粗）出生率

人口出生率又称人口粗出生率，指某一时期内（通常为一年，下同）一个地区的活产婴儿数同平均人口数之比，需要注意的是，人口（粗）出生率一般用千分比来表示，计算公式为：

$$CBR = \frac{B}{\overline{P}} \times 1000‰ \qquad (4-1)$$

式中，CBR 是指该地区特定时期的人口出生率；B 为同期活产婴儿数；$\overline{P}$ 为平均人口数，有时也用年中人口数来替代。一般认为，当 CBR 低于 15‰ 时，人口出生率处于较低水平；当 CBR 在 15‰~30‰ 之间时，人口出生率处于中等水平；当 CBR 高于 30‰ 时，人口出生率处于较高水平。

2. 育龄妇女生育率

为反映实际生育水平，人口统计学引入了育龄妇女的概念，即 15~49 岁的全体女性人口，是与生育直接相关的人群，避免在人口年龄和性别失衡的情况下，人口出生率无法反映出真实的生育水平。

（1）一般生育率

一般生育率又称育龄妇女生育率，指某一时期内一个地区活产婴儿数与同期育龄妇女平均人数之比，公式为：

$$GFR = \frac{B}{\overline{W}_{15\sim49}} \times 1000‰ \qquad (4-2)$$

式中，GFR 是指该地区特定时期的一般生育率；B 为同期活产婴儿数；$\overline{W}_{15\sim49}$ 为 15~49 岁的育龄妇女平均人数。

（2）年龄别生育率

为进一步反映生育率在不同年龄别妇女之间的差异，需要用到年龄别生育率或按龄生育率，其定义为某一时期某一年龄或年龄组育龄妇女生育的活产婴儿数与同期该年龄或年龄组的育龄妇女数之比，计算公式为：

$$F_a = \frac{B_a}{\overline{W}_a} \times 1000‰ \qquad (4-3)$$

式中，F_a 是指该地区 a 年龄组育龄妇女的生育率；B_a 为同期 a 年龄组育龄妇女的活产婴儿数；$\overline{W}_a$ 是指该年龄组育龄妇女的平均人数。

（3）总和生育率

总和生育率是某一时期各年龄别育龄妇女生育率之和，公式为：

$$TFR = \sum_{a=15}^{49} F_a \qquad (4-4)$$

式中，TFR 为总和生育率；F_a 为 a 年龄或年龄组育龄妇女生育率。

从世界人口出生率的变动趋势来看，产业革命以前保持在 40‰ 以上；19 世纪后半叶，欧美发达国家相继完成了产业革命，世界人口出生水平第一次出现下降趋势，且下降速度日趋加快，到了 1965 年跌落至 35‰。此后，中国等发展中国家的计划生育政策取得显著进展，与此同时，发达国家老龄化加剧，截至 1976 年，世界人口出生率降低至 30‰，这一次出生率 5‰ 的下降幅度只用了 10 余年，1993 年进一步降至 25‰。进入 21 世纪以来，世界人口出生率持续下降，2010 年首次达到 20‰ 以下，2017 年更是达到了 18.7‰。从国家间的比较来看，欧美、东亚等发达国家的人口出生率较低，如韩国、日本、意大利等在 2017 年的人口出生率仅为 7‰ 左右，而东南亚、南亚、北非等国家则保持了较高的出生水平（甚至超过 30‰），如老挝、埃及、巴基斯坦、尼日利亚等。

从中国人口出生率的变动趋势来看，除 1959—1961 年困难时期外，中华人民共和国成立初期的人口出生率保持在 30‰～40‰ 的高水平上，其中带有补偿性的 1963 年更是高达 43.4‰。随着 1970 年代计划生育工作展开，加之婚龄推迟，中国人口出生率大幅下降，1979 年已降至 17.8‰。进入 1980 年代，前一次生育高峰的惯性作用使育龄人口激增，出生率出现反弹，1987 年为 21.0‰，此后重新进入下降轨道，2002 年降至 12.9‰，2019 年低至 10.48‰，中国已然成为出生率最低的发展中国家之一（张果、李玉江，2017：27）。

（二）人口死亡的变化

死亡是指有机体生命活动和新陈代谢的终结。在人口自然变动过程中，死亡与出生起着同等重要的作用。

一个国家或地区的人口死亡状况，可以用死亡人口的绝对数量来表征，此外，常用的统计指标还有人口（粗）死亡率、年龄别死亡率、平均预期寿命、标准化死亡率等（魏克斯，2016：159）。

1. 人口（粗）死亡率

人口死亡率又称人口粗死亡率，指某一时期内（通常为一年）一个地区的死亡人口数同平均人口数之比，一般用千分比来表示，计算公式为：

$$CDR = \frac{D}{\overline{P}} \times 1000‰ \qquad (4-5)$$

式中，CDR 是指该地区特定时期的人口死亡率；D 为同期死亡人口数；$\overline{P}$ 为平均人口数。

2. 年龄别死亡率

为消除人口的年龄结构对死亡水平的影响，可以使用年龄别死亡率，其定义为某一时期内某一年龄组死亡人数与同期该年龄组平均人数之比，公式为：

$$MR_a = \frac{D_a}{\overline{P}_a} \times 1000‰ \qquad (4-6)$$

式中，MR_a 是指特定时期内 a 年龄组的死亡率；D_a 为同期 a 年龄组的死亡人数；$\overline{P}_a$ 为同期该年龄组的平均人口数。

3. 平均预期寿命

根据年龄别死亡率计算得出，是指某年出生的婴儿，按当年年龄别死亡率逐步淘汰，平均可以存活的年数。它所反映的不是该时期人口的平均寿命，而是死亡水平。值得注意的是，较高的平均预期寿命与长寿并非同一概念，前者的决定性因素为社会经济发展水平，而影响后者的因素众多，体质、遗传因素、生活环境等都会对其产生影响。

4. 标准化死亡率

当国家、地区之间的人口年龄结构存在较大差异时，（粗）死亡率难以反映两者之间的死亡水平差距，为增强不同国家和地区之间的可比性，可以选取标准化死亡率这一指标。它的计算方法是，确定一个参照区，将研究区的年龄别死亡率，按照参照区的人口年龄结构进行转化，得到各年龄组的死亡人数，最终计算出可比较的标准化死亡率。

从世界人口的死亡水平变化来看，产业革命前各地人口死亡率一直在30‰～50‰的较高水平上波动，改善颇为缓慢；产业革命后世界人口的死亡水平开始进入稳步下降阶段，平均死亡率由18世纪后半叶的36‰，降至1950年代的19.7‰。到了2005—2010年，人口死亡率为8.2‰，2017年则进一步下降为7.6‰。平均预期寿命由18世纪后期的30岁，变为1950年代的46岁，21世纪后逐渐提升至70岁以上。世界银行WDI数据显示，2017年，世界平均预期寿命为72.2岁。由于科技与医疗水平的飞速发展，现今死亡率较高的国家并非我们所认为的经济社会发展较为落后的国家，或者说他们只占其中很小的一部分，大部分则是老龄化问题严重的发达国家，如德国、日本、意大利等，人口死亡率均达到了10‰以上。死亡率最低的国家和地区包括：文莱（3.6‰）、中国澳门（3.9‰）、伊朗（4.5‰）和墨西哥（4.9‰），这一方面归功于较高的医疗卫生服务水平，另一方面与当地的人口年龄结构有关。

从中国人口的死亡水平变化来看，中华人民共和国成立前人口死亡率较高，可以达到20‰以上。1949年之后，除1959—1961年困难时期外，人口死亡率呈缓慢下降趋势。自1970年代末以来，一直维持在6.5‰左右。平均预期寿命则由20世纪的30岁提升至70岁以上。根据世界卫生组织（WHO）发布的《2022世界卫生统计报告》，2019年中国平均预期寿命为77.4岁，高于世界平均水平的73岁。

（三）人口的自然增长

人口的自然增长是人口出生与死亡变动的必然结果。人口自然增长率是指，某一时期内人口自然增长的数量，即出生人口数与死亡人口数之差与该时期内的平均人口数之比，其表达式为：

$$NPGR = \frac{B-D}{\bar{P}} \times 1000‰ \qquad (4-7)$$

式中，$NPGR$ 为某一时期内的人口自然增长率；B 为同期出生人数；D 为同期死亡人数；$\bar{P}$ 为该时期内的平均人口数，通常用年初总人口与年末总人口的均值来表示。

从世界人口增长图（图4-1）中，可一目了然地看出世界人口的增长过程和发展趋势。

1999年10月12日被联合国定为世界60亿人口日，2011年10月31日是世界70亿人口日，回顾人口发展的整个过程，不难发现世界人口每增长一个10亿所用时间在逐渐缩短。

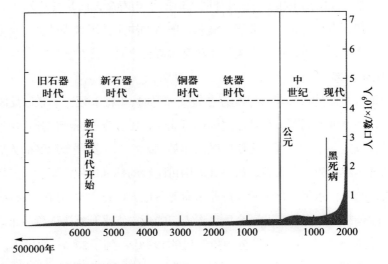

图4-1 世界人口增长图
1970年代前的数据参考了Clarke（1972：37）的文献。后面是根据世界银行统计数据绘制。

世界人口的第一个10亿用了近100万年的时间。从19世纪初至1927年的100余年时间里，世界人口实现了第二个10亿的增长过程。从此之后，世界人口开始了加速增长，到1959年已发展到30亿。这期间，尽管人类经受了二战的痛苦，但战后，世界民族解放运动、发达国家出生率的回升和发展中国家死亡率下降、出生率上升都使得世界人口在进入1950年代后加速增长。世界人口的第三个10亿过程用了32年。从1959年到1974年，世界人口由30亿发展到40亿。1950至1970年，世界人口出生率为32‰～34‰，1970年代以后则有所下降，这在一定程度上与一些发展中国家实行计划生育政策有关。世界人口的死亡率虽还存在一定的地区差异，但总体水平已较低。虽然发达国家的人口增长势头已经减缓，但由于占世界人口3/5的发展中国家人口增势不减，世界总人口仍处于增长的状态。世界人口的第四个10亿过程只用了15年。

进入1980年代以来，世界人口的出生率开始下降，在很大程度上归功于中国成功的计划生育工作。发展中国家的人口处于人口转变的早期扩张和晚期扩张阶段。世界人口增长率在逐渐降低，至1987年已降为1.73%。但世界人口数量仍处于高增长中，1980年代世界人口以每年8000多万的绝对数增长，至1987年突破了50亿，世界人口的第五个10亿过程缩短为13年。

从1987年至1999年，世界人口用了12年便突破了60亿大关，到下一个12年，也就是2011年，世界人口达到70亿。世界人口出生率1990年代下降到25‰的水平，而死亡率基本恒定；2001年世界人口出生率下降到21.2‰，平均死亡率为9.2‰，世界人口的增长率为1.2%。再从人口的增长率来看，从1991年至2001年，世界人口的年平均增长率变为1.4%，到了2017年，世界人口增长率变为1.1%。尽管人口增长率下降，由于世界人口的基数巨大，世界人口总量还将持续增长。

通过比较不同国家间的人口增长率可以看出，乌克兰、俄罗斯、捷克、德国、意大利等欧洲国家率先步入人口负增长行列，特别是乌克兰在2000年时人口增长率仅有−0.75%，为世界各国人口自然增长的最低水平。大部分发达国家的人口负增长与老龄化水平相关，而对于乌克兰等发展中国家，人口衰减如此剧烈则与当地的经济发展水平落后密不可分。2018年，乌克兰GDP仅为950亿美元，人均GDP为2500美元，如此经济形势之下，乌克兰的医疗卫生投入、教育投入等涉及国计民生的基础设施投入都大大萎缩，这直接导致乌克兰的人口死亡率远超世界平均水平，同时间接影响着当地人的生育意愿，使人口出生率锐减。相较之下，尼日利亚、巴基斯坦、埃及、柬埔寨、蒙古国等亚、非洲落后国家则始终保持着较高的人口增长水平。

案例4-1　世界各国人口数据查询

联合国人口基金会官方网站提供所有联合国成员国的人口基础信息。进入图4-2的网址链接，就可以看到图表化的信息。

图4-2　2021年4月4日进入网站的页面

选择任何一个国家或地区，每个国家都有如下信息：最新统计的人口总量、产妇和新生儿保健、计划生育、教育水平、总和生育率、人口预期寿命、有害的行为（如低龄少女生育率等）、人口性别比。

二、人口转变理论与模式

人口转变即人口再生产类型的转变，是指由传统人口再生产类型（即高出生率、高死亡率和低自然增长率）向现代人口再生产类型（即低出生率、低死亡率和低自然增长率）的转变过程。人口转变模式旨在揭示不同类型的国家或地区人口转变过程与经济再生产类型之间的相关规律。

（一）人口转变理论

1934年，法国人口学家兰德里（A. Landry）在《人口革命》（*La revolution demograp-higue*）一书中第一次提出人口再生产类型随生产力发展的历史阶段而转变的观点（Landry，1987）。他总结法国的人口发展过程经历了"三个序列"，第一序列即原始阶段，特点是极高的出生率、极高的死亡率和极低的自然增长率；第二序列即中间过渡阶段，高出生率、高死亡率（两者较原始阶段为低）和低自然增长率；第三序列即现代阶段，先是死亡率持续下降、出生率却维持不变、人口增长加速，后是出生率也开始下降、自然增长率由高又转入低。兰德里的"三个序列"理论奠定了人口转变理论研究的基础。

1944年，美国人口学家诺特斯坦（F. W. Notestein）发展了兰德里的理论，第一次提出了"人口转变"（demographic transition）的概念，他将兰德里的第三序列划分为三个阶段，即"高低高"阶段、过渡阶段和"低低低"阶段（Notestein等，1944：285）。诺特斯坦的学生寇尔（A. Coale）进一步深化了人口转变理论（Coale，1974），对五个阶段进行了重新命名并提出了各阶段的数量界限（表4-1）。

表4-1　寇尔人口转变模式的数量界限

阶段	原始静止时期	前现代时期	转变时期	现代时期	现代静止时期
出生率/%	5.00	4.37	4.57	2.04	1.29
死亡率/%	5.00	3.37	1.57	1.04	1.29
自然增长率/%	0.00	1.00	3.00	1.00	0.00

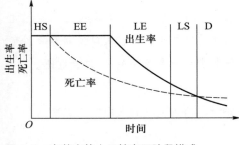

图4-3　布莱克的人口转变五阶段模式

英国人口学家布莱克（C. P. Blacker）提出的人口转变五阶段模式（Blacker，1947）融合了上述观点，在国际上影响很大。如图4-3所示，布莱克划分的五个阶段是：① 高位静止阶段，即HS（high stationary）阶段，出生率和死亡率都很高，并达到均衡，人口增长处于静止状态；② 早期扩张阶段，即EE（early expanding）阶段，死亡率先于出生率下降，人口增长逐渐加速；③ 后期扩张阶段，即LE（late expanding）阶段，死亡率继续下降并达到低水平，出生率也开始下降，人口增长扩张至最快而后减速；④ 低位静止阶段，即LS（low stationary）阶段，死亡率和出生率先后降至低水平并重新达到均衡，人口增长再次处于静止状态；⑤ 减退阶段，即D（diminishing）阶段，出生率继续下降并开始低于死亡率，人口呈现负增长状态。

（二）人口转变模式

上述人口转变理论虽然是从发达国家人口转变过程的经验中归纳出的共同性，但其基本观点是符合实际的，反映了人口发展的客观规律性。但由于不同国家人口发展背景的不同，虽然人口转变总的方向是一致的，演变的过程却各有特点。一般可以在世界范围内划分出以下几种具有代表性的人口转变模式。

1. 西北欧模式

西北欧模式代表了大部分发达国家。它们最早实行并完成了工业化，这一人口转变模式伴随社会经济发展的自发性过程，即经济增长促使生活方式的改变和生活质量的提高，社会经济结构及其功能也随之发生变化，出生率和死亡率自然、平稳、缓慢地下降。整个人口转变过程历时长达一个多世纪。

2. 日本模式

与西北欧国家相比，日本产业革命较晚。整个19世纪大体上均处于高位静止阶段。19世纪末至第二次世界大战前夕属于早期扩张阶段。第二次世界大战期间，日本人口增长放慢，但战后即进入生育高峰，1948、1949两年自然增长率高达2.16%和2.14%，使总人口急剧增长，造成社会的巨大压力。在此背景下，日本于1948年在世界上率先颁布了"优生法"，承认人工流产（当时控制生育最有效的方法）是合法的，不久又大规模推行计划生育，使得出生率急剧下降，1957年自然增长率仅为0.89%。1950—1970年代是日本人口的后期扩张阶段，进入1980年代已经进入低位静止阶段，1990年代中期自然增长率仅为0.3%，并于2011年开始进入绝对衰减阶段。

与西北欧模式相比，日本模式的特点是采取了强有力的人为干预生育行为的措施。因此，人口转变速度快，在几十年的时间内走完了西北欧国家一二百年的道路。

3. 中国的人口转变模式

旧中国的人口再生产类型是高位静止的原始型。中华人民共和国成立后，人口死亡率剧降，从1949年的2.0%降至1962年的1.0%，1979年降至0.62%。1950—1970年间中国人口年均自然增长率为2.34%，属于早期扩张阶段。1970年代初，中国开始实行大规模的计划生育政策，迅速而且大幅度地降低了出生率，死亡率则相对稳定在0.65%~0.68%之间，人口自然增长率持续下降，到1990年代降至1.0%左右，跨入了后期扩张阶段。2020年前后，中国进入低位静止阶段，预计2030年左右进入绝对衰减阶段。

与前两个模式相比，中国的特点是：经济发展水平较低，生育控制因素作用更强；另外，内部差异大，多种人口转变阶段同时并存。

4. 印度模式

直到20世纪第二个十年，印度的人口再生产类型属于高位静止阶段。此后进入了早期扩张阶段。1950—1960年代，印度的人口自然增长率高于2.0%，一直到1990年代仍未出现明显的下降趋势。印度的人口发展在发展中国家具有代表性，主要是生育控制较弱，虽然政府和有识之士早就认识到计划生育的重要性，但由于文化传统和特定的国情，导致实效不大。

可见，人口转变不仅取决于技术因素，更重要的是取决于经济、政治和文化的因素。西欧国家的人口转变是基于其经济起飞基础之上的。在日本，紧随人口转变之后的经济发展明显为其人口转变的彻底性提供了保障。对于广大的发展中国家来说，经济文化相对落后无疑给其人口转变设置了障碍。

三、人口增长与可持续发展

（一）人口容量

人口容量即人口承载量，是指地球及其各个部分在一定时期、一定条件下所可能容纳和抚养的最多人口数量。对于人口容量的研究最早可以追溯到18世纪末英国人口学家托马斯·马尔萨斯所著的《人口原理》，其中提及人口增长速度与可供应粮食的增长速度存在不一致性，因此需要通过不婚、节欲等方式减少人口数量，进而保持人口适度规模（马尔萨斯，2012：6）。

近几十年来，由于人口规模的迅速膨胀，人口、资源、环境、经济、社会等多方面彼此不适应的矛盾在诸多国家与地区日益表面化，也引发了人们对资源承载力和人口合理容量的担忧（张善余，2013：65）。如何诠释人口容量？我们需要考虑以下几个方面：① 时空界定，在某一时期或发展阶段下，特定的地域范围；② 自然环境界定，即可稳定供养最大人口数量的自然环境和生态系统，包括土地资源、气候资源、水资源等；③ 经济社会要素，也就是一个国家和地区的经济发展水平、基础设施建设、医疗卫生服务等一切为人口发展提供支持的全部要素；④ 承载的基本目标，在符合当地社会文化准则的条件下，居民生产、生活可以正常进行，且满足人们对生活质量的最基本要求；⑤ 容量上限，满足上述条件的人口数量需设定一个"天花板"，人口容量不能无限制膨胀。综上，合理的人口规模要求在特定时期内、特定的地域中，人口、资源、环境、经济、社会要素协调可持续发展。

（二）适度人口

适度人口的概念是建立在人口容量概念的基础上的，前者是后者的主要组成部分。适度人口的定义为一个国家或地区最适宜的人口数量，实际上是一种理想的人口数量。适度人口理论于19世纪中叶以后形成，并流行于西方世界，尤其在1920—1930年代尤为盛行，研究者们旨在寻求一种处于"人口过剩"和"人口不足"状态之间的理想人口状态。

适度人口有经济适度人口和实力适度人口之别，前者指在最有利的条件下达到最高生活水平（即按人口平均的最高产量和最高收入）的人口，也即获得最大经济福利的人口；后者指一个国家达到最大实力时的人口，即指除去考虑每人平均的最高生活水平外，还要考虑国家的政治和军事所需要的人口。因而，实力适度人口在数量上要高于经济适度人口。

探求适度人口数量和适度增长率无疑对社会经济发展战略有着重要的意义：① 适度人

口是一个理想的、难以确定精确数值的"虚数"，但它的确定对于解剖某个区域的人口过剩状况以及与之相关的人口现象有着重要参考价值，所以区域适度人口的确定对区域经济社会发展战略的制定、区域规划和城市规划的修编、区域未来人口预测以及各专项事业的评价等都有重要意义。② 就国家的人口战略和人口政策而言，适度人口的确定是制定国家人口战略的基础和出发点，它利于更好地执行人口政策，有助于认识人口政策的科学性、稳定性和连续性，避免对现行人口政策的误解。③ 对于发展中国家的人口转变来讲，适度人口的确定也有着重要意义。发达国家的人口转变基本上都是在经济发达的条件下顺其自然地自动实现的，而发展中国家则完全不同，它们不仅经济落后，实际上大多数国家的实际人口已远远超过其适度人口。所以，只有及早确定科学、合理的适度人口，才能采取政策手段，促使人口转变，并使人口增长与经济增长相适应，以持续增长的经济实力保障人口转变的完成，这才是行之有效的策略。

（三）人口收缩的可能影响

尽管在全球范围内，人口总量保持持续增长态势，但从人口增长率来看，已经从1960年代的2.20%下降至2018年的1.11%（United Nations，2020：12）。不少欧美国家和地区最早出现了人口缩减的趋势，现在大洋洲和亚洲部分国家也出现了人口下降状况，因此不少学者认为，当前全球人口发展面临最大的问题并非人口增长，而是人口收缩。

关于人口收缩的定义存在以下两种主要观点：一是由于经济衰退引发的人口数量减少，通常这一定义被用于城市人口收缩现象；二是将其定义为总人口、劳动力、家庭人口等在数量上的下降，通常这一定义应用最为广泛（刘振等，2019）。因此对于人口收缩的测度指标，除了总人口规模、劳动力数量和家庭数量之外，也会引入人口变化的相关指标来表征，如出生率、死亡率、总和生育率等。一般认为，当总和生育率低于2.1时，这一区域未来将不可避免出现人口收缩问题，而出生率的变化也能在某种程度上反映人口发展状况，另外，人口老龄化的加剧将在更长的时期内造成人口的收缩。

人口收缩的影响有如下几方面：① 人力资本积累、创新能力受限。人口收缩意味着人力资本下降，高素质的青年劳动力减少，老龄化程度提高，城市创新能力下降。② 生产效率提高受限。人口收缩的城市和地区资源要素配置低于其他地区，与此同时，就业密度的降低可能会抑制资源要素规模效应、集聚效应的发挥。③ 经济竞争力受限。人口收缩导致吸引资源要素能力弱，开展技术创新的难度增大，产业结构低度化，难以满足高质量经济发展的需要。人口收缩还意味着本地规模市场优势减弱、消费需求减少，因此对于收缩地区而言，抢占外部市场的难度较大。④ 可持续发展能力减弱。持续的人口衰减会给当地房地产市场带来较大的打击，地方财政收入也将受负面影响，政府在基础设施建设、公共服务水平、生态环境改善方面的支出压力增加，不利于区域的可持续发展（刘振等，2019）。

政府应给予人口收缩区域及其对经济社会的影响较高重视，同时采取积极的举措遏制人口衰减，如一方面增加就业、提升基础设施建设和公共服务水平，吸引人口流入，另一方面适当放宽收缩地区的人口政策，提高其生育水平，保证生育水平在更替水平之上，才有可能实现人口的可持续发展。

第二节　人口结构与区域发展

一、人口的自然结构

人口的自然结构，也称人口自然构成，是指按照人口的各种自然属性，将人口划分为各个组成部分，由此所形成的人口结构则为人口的自然结构，主要包括人口的性别结构、年龄结构等。

（一）性别结构

人口的性别结构是指一个国家或地区的两性人口数量之间的比例关系，常用性别比来度量。性别比为平均每100个女性对应的男性人口数量。若性别比大于100，则表明国家或地区的男性人口多于女性人口；若性别比小于100，则说明国家或地区的男性人口少于女性人口。除性别比外，两性人口分别占总人口的比重也可表示国家或地区的性别结构。

中国人口的性别比较世界其他国家较高，通常发达国家的性别比为100以下，发展中国家大都低于105。1949年中国人口的性别比为108.16，之后有缓慢波动下降趋势，但历次人口普查性别比都保持在较高水平。2020年第七次人口普查显示，中国人口性别比为105.07，男性比女性多5.07个百分点。

人口的性别结构受人口自然属性和社会属性双重影响，人口的自然属性决定其受胎和出生时的原始性别差异，而人口的社会属性对整个人口过程中的性别结构影响更为显著。具体而言，国家或地区的性别结构主要受出生婴儿性别比和性别偏好、两性死亡率或保存概率差异、人口年龄结构、人口迁移等因素影响。

1. 出生婴儿性别比和性别偏好对性别结构的影响

根据相关研究，受胎时性别比为120左右，由于死胎、流产的胎儿中男性概率较大，到出生时，性别比降至105左右。出生婴儿性别比基本恒定，且在一般情况下为男性多于女性。而近30年来，中国和印度等亚洲国家在人口控制背景下出现出生性别比过高的现象，这种现象是"性别选择技术的进步与对生育男性的偏好"综合作用下的结果。出生婴儿性别比过高问题已引起这些国家的高度重视，近年来稍有好转，但性别结构的进一步改善需要相关国家和地区更大的努力。

2. 两性死亡率差异对性别结构的影响

由于生理条件差异，一般情况下男性死亡率高于同年龄段女性，而随着年龄的增长这种差异愈发明显，因此，随着年龄增长性别比呈现下降趋势。这种规律在发达国家表现得更为典型，在发展中国家，重男轻女的思想和行为会在一定程度上干扰两性保存概率，从而进一步干扰性别结构。此外，战争也会通过影响两性人口保存概率来影响人口的性别结构，战争往往造成大量人口死亡，其中主要为男性，所以，战争过后，相关国家的性别结构会严重失调，尤其是青壮年的性别结构。

3. 人口年龄结构对性别结构的影响

由前文可知，随着年龄增长，年龄段性别比呈现下降趋势，因此国家或地区的年龄结构也会对国家和地区总人口的性别比产生影响。年轻型的年龄结构，少年儿童占比大，总人口性别比较高；与此相反，老年型年龄结构中，少年儿童比重小，人口平均寿命长，女性充分发挥年龄越大相对男性的保存概率越大的优势，人口性别比相对较低。这也在一定程度上解释了为何发达国家性别比普遍低于发展中国家。

4. 人口迁移对性别结构的影响

人口迁移通过迁移人口的性别结构对迁入地及迁出地的性别结构产生影响。若迁移人口中男性多于女性，人口迁移将使迁入地区的性别比上升，使迁出地的性别比下降；若迁移人口中男性少于女性，则人口迁移会使迁入地区性别比下降，使迁出地区性别比上升。简而言之，人口迁移使迁入地区和迁出地区的性别比呈现相反的变化趋势。

人口的性别结构影响着男女关系，对人口的婚姻、家庭以及生育状况有着重要影响。性别比过高或过低都可能会导致一系列社会问题。除了总人口的性别比外，不同地区（如城镇和农村）、不同人口类型（如不同受教育程度人口）、不同年龄段人口均有其对应性别比，在具体的研究中，这种部分人口的性别比往往更具直接意义。

（二）年龄结构

人口的年龄结构是指一个国家或地区的总人口中不同年龄组人口的数量比例关系。人口的年龄组可以逐年计算，如0岁（未满1岁），1岁，2岁……也可按5年计算，如0~4岁，5~9岁，10~14岁……国际上较为通用的为把总人口划分为三个年龄组，0~14岁人口为少年儿童，15~64岁人口为青壮年，65岁及以上人口为老年人口。此外，也可将年龄组划分与社会经济活动相结合，进行其他分组，如学龄儿童。人口的年龄结构常通过人口比重、老少比、抚养比、年龄中位数、人口性别年龄金字塔等指标和方法来度量和分析。

1. 人口比重（人口系数）

人口比重可分为少年儿童比重、老年人口比重等，为对应年龄组占总人口数的百分比，其中：

$$少年儿童比重 = \frac{0\sim14岁人口数}{总人口数} \times 100\% \qquad （4-8）$$

$$老年人口比重 = \frac{\geq 65岁人口数}{总人口数} \times 100\% \qquad （4-9）$$

2. 老少比

老少比为老年人口与少年儿童人口的比率：

$$老少比 = \frac{\geq 65岁人口数}{0\sim14岁人口数} \times 100\% \qquad （4-10）$$

3. 抚养比

抚养比为衡量劳动人口负担常用的指标，可分为少年儿童抚养比、老年抚养比和总抚养比，分别为：

$$少年儿童抚养比 = \frac{0\sim14岁人口数}{15\sim64岁人口数} \times 100\% \qquad （4-11）$$

$$老年抚养比 = \frac{\geq 65岁人口数}{15\sim64岁人口数} \times 100\% \qquad （4-12）$$

$$总抚养比 = 少年儿童抚养比 + 老年抚养比 \qquad （4-13）$$

4. 年龄中位数

年龄中位数为把人口总数分为中位数以上和中位数以下两等份的年龄值。

5. 人口性别年龄金字塔

人口金字塔是一种直观形象地用几何图形表示人口的性别结构和年龄结构的方法。金字塔由中轴两侧的许多横条组成，左侧为男性，右侧为女性，每一个横条代表一个等距年龄组，横条的长短与实际人口数成正比，横条从下往上年龄由小逐渐增长。根据不同分析需求，可用每一性别年龄组人口的绝对数或其占两性合计总人口比重来绘制人口金字塔。

人口的年龄结构是一段时期内人口的自然增长及人口迁移流动共同作用下的结果，也对未来人口再生产的发展趋势影响显著。国际上常将人口的年龄结构划分为三类，从静态角度分别称为年轻型、成年型、老年型，从动态角度分别称为增长型、稳定型、减少型（表4-2）。

表4-2　人口年龄结构划分

类型	0~14岁/%	大于等于60岁/%	大于等于65岁/%	老少比/%	年龄中位数/岁
年轻型 （增长型）	＞40	＜5	＜4	＜15	＜20
成年型 （稳定型）	30~40	5~10	4~7	15~30	20~30
老年型 （减少型）	＜30	＞10	＞7	＞30	＞30

在人口金字塔的图形表达中，年轻型（增长型）呈上尖下宽形状，呈现典型金字塔形；成年型（稳定型）金字塔形状较直，顶部收缩；老年型（减少型）金字塔形状上宽下窄，下半部分收缩明显（图4-4）。

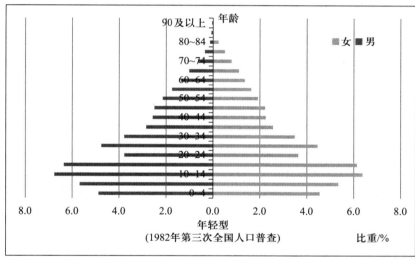

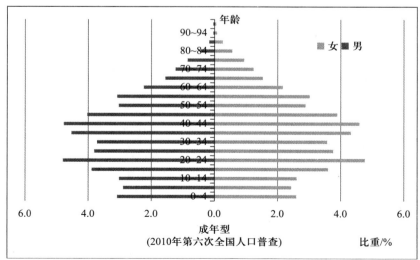

图4-4　中国三个时点人口金字塔

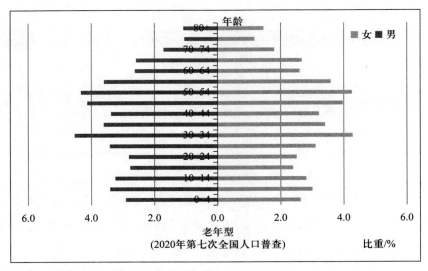

图4-4（续）

案例4-2　人口老龄化对经济发展影响的国别差异

人口老龄化会降低劳动参与率和储蓄率，从而导致经济增长放缓。哈佛大学学者的预测，人口老龄化对经济增长的负面效应将主要发生在经济合作与发展组织国家，其效应在发展中国家则不甚明显。人口老龄化可能导致经济合作与发展组织国家的经济增长率出现适度但不是灾难性的下降。但是，行为反应（如更多的女性劳动力参与经济活动）和政策改革（如提高法定退休年龄）可以减轻老年人口比例增加的经济后果。在大多数非经济合作与发展组织国家，生育率的下降将导致劳动力占总人口比重的上升，因为年轻人所占比例的下降将大大抵消成年人向老年人倾斜的影响。这些因素表明，人口老龄化不会严重阻碍发展中国家的经济增长步伐。

资料来源：Bloom，2010。

中国人口年龄结构经过年轻型、成年型，进入老年型（国际标准：老年人口比重为7%）。且近年来，人口老龄化趋势不断加剧。1982年来，中国老年人口（65岁及以上）比重逐年上升，从1982年的4.9%上升到1990年的5.6%，再上升至2000年的7%，中国人口年龄结构开始进入老年型。2000年后，中国老年人口比重持续增长，人口老龄化发展迅速。2010年，中国老年人口占比为8.9%；2014年，中国老年人口占比超过10%，达10.1%；2020年中国老年人口比重达13.5%。

人口的年龄结构直接受人口出生率与人口死亡率的影响。若人口出生率增加，人口总量增加，少年儿童比重增加，老年人口比重下降，人口的年龄结构趋向于年轻化。人口死亡率对人口年龄结构的影响较为复杂，其中，老年人口死亡率的下降会推动人口年龄结构向老年型演变。特别是在发达国家，儿童死亡率已降至很低水平，老年型疾病的防治使人口平均寿命延长，推动国家或地区的年龄结构向老年型进一步发展；而在部分发展中国家，儿童死亡率还有较大下降空间，在未来的一段时间内仍将是影响人口年龄结构的重要因素。此外，人口迁移也会对人口的年龄结构产生影响，迁移人口中青壮年占据很大一部分，这一部分迁移人口将增大迁入地区青壮年人口比重，减小迁出地区青壮年人口比重。

（三）人种结构

人类的种族，即人种，是指具有共同起源并在体质形态上具有某些共同遗传特征的人群。这些特征包括肤色、眼色、发色、发型、身高、面型、鼻型、血型等。可见，人种概念属于生物学和体质人类学范畴，它是人类自然属性的一种表现。

1. 划分人种的标志

人种的划分以保有共同的、遗传的自然特征为依据。划分人种的依据很多，包括肤色、眼色、发色、头型、鼻型、面部轮廓、身高等人体表面的一些性状，近年来又增加了血型、指纹等一些生理特征。

体质人类学认为在人种各种差异中最突出的是肤色，而皮肤中色素的多少则与环境相关，阳光强烈的地方有利于色素积累，反之高纬度地区太阳辐射弱，这里的住民肤色也较浅。一般认为黑色的肤色与日光暴晒相关，但也有人指出因纽特人与塔斯马尼亚人生活在太阳辐射不多的地区，但是他们的肤色也较深，此外在印度北部与巴西西部那样炎热的地区，那里的住民也有肤色很浅的现象。对于这些疑点，研究者指出任何一种肤色的形成，均系数千年或数万年的结果，一旦形成某种肤色再迁移后即使离开了最初的分布地，也很难改变，因此无论因纽特人还是印度北部居民的远祖均有可能来自其他地方。尽管现实中人的肤色存在与自然环境并不完全吻合之处，但肤色最深的人种是热带的住民。赤道地区，黑皮肤对人的生存有很大好处，具有大量色素（黑色素）的皮肤能阻止紫外线穿透皮肤，进而防止皮肤癌。然而，一定数量的紫外线辐射，对人体内部合成分泌钙化醇是必不可少的，这种物质可以防止由于缺乏维生素D而导致佝偻病。随着人群缓慢地向北移动，环境条件也发生变化，至西北欧太阳高度角比较低，冬季日照时间短，人们受到的太阳辐射少，若皮肤黑色素较多，会阻止该地原来就不多的太阳辐射被吸收，因而导致佝偻病的发生，因而皮肤中色素少的人就会取得优势，故在环境适应中形成浅色皮肤。蒙古人种（又称蒙古利亚人种、亚美人种、黄色人种）的肤色呈黄色，这可能与起源于中纬度地区的环境有关。

大多数人种的毛发是黑色的，此外还有暗褐色、赤褐色、淡褐色、金黄色、赤色等颜色，眼睛也有同种变化，一些研究者认为这些变化并不是最重要的标准，比较重要的却是毛发的构造，毛发可分为干胡椒型、羊毛型、卷曲型、涡卷型、大波型、中波型、小波型、直毛型。涡卷型为南非布须曼人、霍屯督人的特点，而直毛型则为蒙古人种的属性。

不同人种鼻型的变化比较大，鼻型一般用鼻梁指数表示，即鼻梁宽度与鼻梁长度之比（％），鼻梁指数通常采取以下分级法：狭鼻<69.9，中鼻70~84.9，宽鼻>85。狭鼻是欧洲、北非、西亚、中亚、印度北部以及因纽特人的特征，宽鼻是撒哈拉以南大部分非洲人、安达曼人、美拉尼西亚人、巴布亚人、澳大利亚人和南美洲印第安人某些部落的特征，中亚、东亚、北亚以及北美多数住民鼻梁指数居中。

人种鉴定中最重要的指标在于头盖指数（又称头颅指数，或头径指数），它是头颅最大横径占头颅最大前后径的百分比，如果头盖指数小于75，便是人们通常所说的长头型，76~80.9为中头型，大于81为短头型。长头型人主要为澳大利亚、美拉尼西亚、印度和非洲土著居民，此外地中海地区、斯堪的纳维亚、北极附近的因纽特人、南美亚马孙河印第安人、火地人也有长头型；短头型人多分布在中亚、东南亚、西亚、高加索、巴尔干半岛、阿尔卑斯山、伊比利亚半岛各国等地。

血型与人种也存在相关性，从全世界来说O型血型占优势，这类血型约占人口的50%~80%。蒙古人种中，特别是东南亚、南亚和西伯利亚地区，B型血型人口超过平均数，这些地区中有1/5的人是B型血型。如果认为蒙古人种与美洲印第安人具有起源上的联系，那么血型上的表现却并不完全相似。拉丁美洲印第安人以O型血占绝对优势，A型与B型比较少，但是在北美洲盎格鲁人A型的比重高于拉美。撒哈拉以南的非洲人以O型为主，但是B型血的人数与平均数相当。虽然欧洲O型人占75%，但A型的人则高于平均数。某些学者认为，早先人的血型都属于O型，而A型、B型以及AB型是以后多次出现突变而产生的。美洲印第安人是由亚洲蒙古人种的人口迁移去的观点认为，迁移后发生的演变造成亚洲人中B型血人数高于印第安人。除ABO血型外，又发现了MN血型、Rh血型与其他类型。尽管关于其起源方面的问题至今仍在研究中，但是关于血型方面的共同性则使一些学者认为，世界上各人种集团起源于共同祖先。

指纹具有终生不变的特点。据统计，指纹有三种基本形式，即：弓形纹、箕形纹和斗形纹。亚洲人的斗形纹最多，黑种人的弓形纹最多，欧洲人的箕形纹最多。

2. 人种的划分

根据人类体质特征差异，一般将世界人种分为三大类，即蒙古人种、欧罗巴人种、尼格罗人种。三分法之外还有四分法，即在三大人种基础上再分出澳大利亚人种（又称棕色人种）来。

蒙古人种（Mongoloid），亦称亚美人种，俗称黄色人种，起源于中亚和东亚的干旱草原和半荒漠地区，包括居住于中亚、东亚、北亚的大陆人种，以及太平洋人种、北极圈的因纽特人和美洲的印第安人，主要分布于中国、朝鲜、日本及西伯利亚、中南半岛、南北美洲。蒙古人种头发粗硬、直状，肤色略带黄色，头发和眼睛通常为黑色或深褐色，脸庞宽阔、扁平，鼻翼宽度中等，鼻梁指数多在80左右，鼻梁一般较低，鼻孔纵轴线倾斜，与鼻中隔呈有夹角，眼睛狭细，嘴唇厚度中等。

尼格罗人种（Negroid），亦称尼格罗－澳大利亚人种、赤道人种，俗称黑色人种，起源于非洲，包括西非的森林尼格罗人、中非班图人、南非布须曼人等。尼格罗人种主要分布于撒哈拉沙漠以南的非洲大陆，以及西印度群岛和美国等地。其特征是肤色很深，呈黑棕色，黑色卷发，毛发细短、卷曲，体毛特少，眼睛为棕色、深褐色、栗色，鼻翼很宽，有时几乎与鼻高相等，鼻梁指数多为100，鼻梁中等高度，鼻孔横断面中轴线顺鼻中隔通过，嘴唇很厚或隆起。

欧罗巴人种（Europeoid），亦称欧亚人种或高加索人种，俗称白色人种，起源于欧、亚、非相连接地区，包括北欧的波罗的海人、东北欧的北海－波罗的海人、南欧的印度－地中海人、西亚的巴尔干－高加索人以及中欧人种。该人种分布于全部欧洲、亚洲的西伯利亚、西南亚、北非、印度、澳大利亚，以及南、北美洲。欧罗巴人种肤色一般较浅，头发与眼睛颜色多样，浅色较多，第三期体毛十分发达，面庞较窄，鼻子高高隆起，鼻宽小于鼻高，鼻梁指数多在60~70，鼻孔轴线几乎与鼻中隔平行，眼睛较大，嘴唇较薄。

许多人类学家也把形态十分独特的美洲印第安人算作蒙古人种，而把澳大利亚土著以及东南亚、大洋洲维达人（因斯里兰卡的维达人而定名）的种群列为尼格罗人种。三大人种之间还有许多过渡型的人种群体，如介于尼格罗人种和欧罗巴人种之间的有埃塞俄比亚人种和南印度人种，介于欧罗巴人种和蒙古人种之间的有南西伯利亚人种和乌拉尔人种，介于蒙古人种和尼格罗人种之间的有波利尼西亚人种和千岛人种。古人类学的资料表明，现代人类的主要人种形成于旧石器时代晚期，距今已有1.6万~4万年，已发现年代确切的旧石器时代晚期的骨骼和颅骨化石，分别属于欧罗巴人种、尼格罗人种与蒙古人种。欧洲以及西亚、非洲东北部个别地区出土的许多旧石器时代猿人化石都属于欧罗巴人种。撒哈拉南部的阿塞拉尔、南非弗洛里斯贝和凯普弗莱萨出土的旧石器时代晚期尼格罗人种颅骨，爪哇岛瓦扎克、加里曼丹岛北部的尼阿、新几内亚岛的阿伊塔普，以及澳大利亚某些古代遗址中出土的澳大利亚人种的遗骨，都具有尼格罗人种的特征。旧石器时代晚期的山顶洞人（北京附近出土）则属于蒙古人种。

3. 人种结构及分布

蒙古人种分亚洲和美洲两大支系。亚洲支系包括北、东、南三个分支，以及各种过渡类型和混合类型，美洲支系包括因纽特人和印第安人各族。蒙古人种主要分布在东亚、东南亚、西伯利亚和美洲，约占世界人口的41%。

欧罗巴人种分南北两个支系，南支包括印度、地中海和巴尔干高加索分支类型，北支包括大西洋、波罗的海和北海－波罗的海分支类型以及各种过渡类型和中间类型。欧罗巴人种过去主要分布在欧洲、北非、西亚和南亚，包括印欧和闪含两大语系内的各个民族。16世纪以来，美洲、大洋洲、南非等地亦有分布，约占世界人口的43%。

尼格罗人种分为尼格罗和澳大利亚两个支系，以及各种过渡类型和中间类型。主要分布在北回归线以南，包括热带非洲、大洋洲、南亚和东南亚的许多民族。16世纪以后，美洲亦有分布，约占世界人口的16%。

二、人口的社会经济结构

（一）行业结构

在总人口中，某一年龄下限以上，有劳动能力，参加或要求参加社会经济活动的人口称为经济活动人口，包括从业人员和失业人员。在经济活动人口的相关统计中，多数国家将年龄下限定为15岁或16岁，但也有少数发展中国家把15岁以下的儿童也纳入统计。

经济活动人口的产业结构是指其在不同产业或行业部门间的分布及比例关系。对于经济活动的分类，三次产业划分是目前较为通用的分类方法，它依据社会生产活动的历史顺序进行分类，产品直接取自自然界的经济活动为第一产业，对初级产品进行再加工的经济活动为第二产业，为生产和消费提供各种服务的经济活动为第三产业。中国的三次产业划分为：第一产业为农、林、牧、渔业；第二产业包括采矿业，制造业，电力、燃气与水的生产和供应业及建筑业；第三产业是指除第一、第二产业外的其他行业。

随着社会生产力的不断提高，社会劳动分工不断优化，经济活动人口的产业结构会发生相应变化。在旧石器时代，社会生产力水平较低，几乎所有人类都依靠采集渔猎生存，原始农业和畜牧业的出现使经济活动人口有了农业人口与畜牧业人口之分。金属时代后，生产和生活的需要促使手工业从农业中分离，经济活动人口新增了手工业劳动者分类。随着社会生产力的进一步发展，商品交换日趋增多，商业的出现使经济活动人口分类更为丰富。但整体而言，在传统农业社会时期，受到社会生产力水平的制约，第一产业始终占据极大的比重。工业革命以来，工业化进程加快，社会生产力迅速提高，第一产业比重大幅下降，第二产业逐渐成为主导部门。在第二次世界大战后，生产力最为发达的国家和地区陆续进入工业化后期，经济活动重心逐渐向第三产业转移，第三产业比重越来越大。

中华人民共和国成立以来，中国经济活动人口的产业结构呈现第一产业从业人员比重不断下降，二、三产业从业人员比重不断上升的趋势（图4-5）。中华人民共和国成立初期，

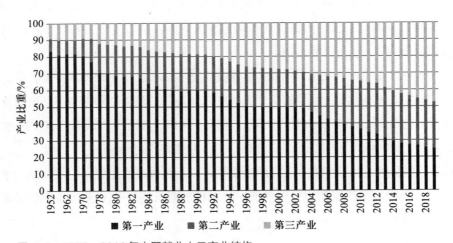

图4-5　1952—2019年中国就业人口产业结构

经济活动人口以第一产业从业人员为主，二、三产业从业人员较少；随着中国社会经济发展，二、三产业发展迅速，相关从业人员人数与占比也迅速上升。2019年，中国就业人员中，近半数为第三产业从业人员，比重为47.4%，此外，27.5%为第二产业从业人员，25.1%为第一产业从业人员。

（二）职业结构

职业是指从业人口所从事的工作种类，是根据运用特定的工作手段作用于特定的劳动对象的具体活动特征而划分，并不考虑该活动属于哪个产业或行业。随着社会经济的发展，分工日益复杂。常将各种职业划分为七大类：行政和管理人员、专业和技术人员、办事员和职员、商业和服务业人员、农林牧渔劳动者、生产工人和运输工人、其他从业人员。其中，前三种职业从业人员常被认为是脑力劳动者，其余则属于体力劳动者。

尽管属于同一职业的经济活动人口可属于不同的产业和行业，职业和产业仍然联系紧密。在农业社会时期，大部分人口为农业劳动者，产业革命后，随着社会生产力水平的提高，社会经济的发展，生产工人迅速增多。21世纪后，随着第三产业的迅速发展，人口的职业结构逐渐向脑力劳动和商业服务业发展。

在社会生产力发展水平不同的国家，人口的职业结构也差异巨大。社会生产力水平较低的发展中国家往往处在工业化的早期和中期，职业结构的演变以从农林牧渔劳动者向生产工人和商业服务业人员转变为主，有些职业在发达国家已经开始减少甚至减少迅速，然而在发展中国家其从业人员却仍在迅速增加。而在社会生产力水平较高的发达国家，人口的职业结构中，行政和管理人员、专业和技术人员、办事员和职员等脑力劳动者比重较大。

根据中国2010年第六次人口普查数据，中国就业人口的职业结构中，1.77%为国家机关、党群组织、企业、事业单位负责人，6.84%为专业技术人员，4.32%为办事人员和有关人员，16.17%为商业、服务业人员，48.31%为农、林、牧、渔、水利业生产人员，22.49%为生产、运输设备操作人员及有关人员，还有0.1%为不便分类的其他从业人员。

（三）城乡结构

人口的城乡结构是人口的一大社会属性结构，是指一个国家或地区城镇人口与乡村人口的数量比例关系，常用城镇人口在总人口中占据的比重，即城镇人口占比来进行度量和分析。

城乡人口虽然在定性角度上较为容易理解，但在其之间定量划出一条清晰的界限却并不容易。联合国统计处曾提出划分城乡人口的5条原则，即：行政区，人口规模，建制，城市特色，占优势的经济活动。根据这5条原则，世界各国提出了符合本国国情的具体的城乡人口统计口径，主要有以下几种：① 以聚落人口规模划分；② 规定某级行政中心所在地为城镇；③ 以具有城镇特征为城镇的标准；④ 以人口规模和人口（居住）密度相结合进行划分；⑤ 以人口规模和从业结构相结合进行划分；⑥ 只考虑建制因素；⑦ 其他。

中国的城镇人口统计口径自1955年来发生了4次重大变化。1955年，国务院制定《国务院关于城乡划分标准的规定》，指出符合以下标准之一的都是城镇：市、县级以上政府所在地；常住人口超过2000人且半数以上为非农业人口；工矿企业、铁路站、工商业中心、交通要道、中等以上学校、科研机关的所在地和职工住宅区等，常住人口虽不足2000人，但在1000人以上且非农业人口超过75%；具有疗养条件，且每年疗养人员超过当地常住人口50%的地区。以上4类地区中，常住人口超过2万的县以上政府所在地和工商业地区为城市，其余为城镇。城镇人口为市镇辖区内全部人口。

1963年，国务院颁发调整市镇建制指示，规定工商业和手工业相当集中，人口超过3000人，其中非农业人口占70%以上，或者是人口虽然不足3000人但超过2500人，其中非农业人口占85%以上的地区可以设镇。人口超过10万，且非农业人口占70%以上或是人口不足10万的重要工矿业基地、港口和较大的物资集散地可设市。市镇郊区范围的确定以总人口中农业人口比重不超过20%为宜。城镇人口仅指市镇辖区内的非农业人口。

1982年，第三次人口普查时，中国再次改变了城镇人口的统计口径，将市（不含下辖县）、镇范围内的农业人口也统计为城镇人口，使城镇人口比重从14.1%增到20.6%。将市镇范围内的农业人口计入城镇人口是合理的，一方面符合城镇人口概念在地理上的意义，提高了中国统计数据与国外数据的可比性，另一方面也可更好地适应接下来中国乡村人口的城镇化进程。

1990年第四次人口普查对城镇人口的统计口径为：市人口是指设区的市所辖的区人口和不设区的市所辖的街道人口。镇人口是指不设区的市所辖镇的居民委员会人口和县辖镇的居民委员会的人口。

对城镇人口统计口径的核心在于市镇的建制及市镇范围大小的界定。根据《统计上划分城乡的规定》（2008），城镇包括城区和镇区。城区是指在市辖区和不设区的市，区、市政府驻地的实际建设连接到的居民委员会和其他区域。镇区是指在城区以外的县人民政府驻地和其他镇，政府驻地的实际建设连接到的居民委员会和其他区域。与政府驻地的实际建设不连接，且常住人口在3000人以上的独立的工矿区、开发区、科研单位、大专院校等特殊区域及农场、林场的场部驻地视为镇区。乡村是指本规定划定的城镇以外的区域。第七次人口普查数据显示，2020年，中国城镇人口达9.02亿人，占总人口比重为63.89%；乡村人口为5.10亿人，占总人口比重为36.11%。

（四）民族结构

民族和人种不同，人种是在人类历史的早期由于长期生活在相对隔离的不同地理环境中形成的具有某些共同遗传特征的人群，它按人们自然的体形和遗传特征加以区分，属于生物学范畴；而民族是在历史上形成的一个有共同语言、共同地域、共同经济生活，以及表现在共同文化上的共同心理素质的稳定的共同体，是人类最主要的社会划分形式之一，属于历史学、社会学范畴。因此，民族划分基于文化，人种划分则更多基于生物学特征（杨武，1993：2）。由于民族与人种是划分依据完全不同的概念，同一人种中会包括很多民族，如汉族、满族、朝鲜族、蒙古族等多数属于蒙古人种，法兰西民族、德意志民族、英格兰民族等多属于欧罗巴人种。某些民族由混合人种构成，如哈萨克族有蒙古人种和欧罗巴人种的混合特征，非洲萨赫勒地带的富尔贝人（Fulbe 或 Fulani）、贝贾人（Beja）等具有欧罗巴人种和尼格罗人种的混合特征。一些民族形成中由于认同原因，可能包括不同人种，如犹太人既包括白种人，也包括原居埃塞俄比亚的认同犹太人的黑人群体。近现代形成的民族，如美利坚民族、墨西哥民族等跨越了人种的界限。

民族与国家不同，虽然民族是在原始社会末期伴随着国家和阶级的产生而一起出现的一个稳定的人群共同体，它们起源大致相同，但国家是阶级统治的工具，国家不一定必须有共同的语言，而民族必须有共同的语言。一个民族可以属于一个国家，也可以分属于几个国家，许多民族也可以组成一个国家，两者往往是不一致的。

1. 划分民族的标志

同一个民族一般具有共同的语言、共同的地域、共同的经济生活、共同的文化意识和共同的心理情感。

语言是最主要的交流媒介，也是构成文化共同体的基础，因此语言与民族的一致性很高。除一些例外，共同的语言，不仅成为同一个民族的基础，而且共同语言常常造成不同民族文化的一致性，如阿尔泰语系各民族历史上多数从事游牧业，印欧语系民族的神话体系近似等。

地域与空间是一个民族生活的基础，任何一个民族都有过自己的民族地域，如俄罗斯人大概于12—13世纪从古罗斯族脱颖而出，并不断向东移民，扩展分布地域。有的民族形成于一定地域，却因后来的迁移，使得同一个民族分居在不同地域。这样的事例如中国的锡伯族，分居于东北与新疆两地，起因于清乾隆年间朝廷指令将数千名锡伯官兵及其眷属迁往伊犁屯戍的那段历史。吉普赛人的语言、服装和一些习俗类似印度西北部的一些民族，学者推测他们来自那一地区。

经济和贸易往来是民族共同体的生存方式，而共同经济得以维持的基础是自然环境与社会发展进程。民族共同居住的地域，必然有着相似的自然环境、相似的物产乃至于相似的社会发展进程与技术手段，在这些共同性的基础上产生共同的经济生活。当然也有的民族迁出原有地域，离开了原有环境，会放弃原有的经济生活，如分布在云南的蒙古族最为典型，元朝初年随着蒙古大军进入云南，这些蒙古人留在这里执行屯戍任务，并长久居留下来，并以农耕为主。

共同文化意识是民族的标志，不同民族的意识不会完全相同，宗教信仰是共同文化的重要组成部分，对于构成民族共同体的作用很大。如1950年代初中国进行的民族识别中，被划为维吾尔族的有部分蒙古人后裔，这些随同成吉思汗西征的蒙古人定居在新疆，大约14

世纪中期随着蒙古东察合台汗国秃黑鲁帖木儿可汗信奉伊斯兰教，带动他的部众皈依到伊斯兰教之下，这部分信奉伊斯兰教的蒙古人主要划在维吾尔族与哈萨克族之中；而宗教对于回族的识别几乎成为主要的标识，中国的回族没有本民族的语言，居住分散，经济生活方式不一，共同性主要是宗教信仰。

共同民族心理主要体现在起源认同、血统认同。自从元朝覆灭，蒙古人退回草原，位于云南的蒙古人与蒙古草原上的蒙古人不仅在空间上被割裂成两部分，且经济生活、语言都与草原蒙古人不同，但对于血缘却保持着完全认同，这份认同即成为民族识别的重要依据。

2. 世界民族的分布

目前，世界上大大小小的民族有3000个左右。各民族的人数差异很大。汉族是世界上人数量多的民族，现人数超过13亿，约占世界总人口的1/5。人数少的民族，如中国的鄂伦春族（主要分布在内蒙古、黑龙江）、独龙族（主要分布在云南）、门巴族（主要分布在西藏）和珞巴族（主要分布在西藏），只有数千人。

据统计，世界上人口在1亿以上的民族有7个：汉人（13亿多），印度斯坦人（5.76亿），美利坚人（2.1亿），孟加拉人（1.9亿），俄罗斯人（1.6亿），巴西人（1.4亿），大和人（1.25亿）。人数在5000万至1亿的有德意志人、旁遮普人、比哈尔人、爪哇人、意大利人、墨西哥人、朝鲜人、泰卢固人、马拉蒂人等（Rubenstein，1996：298）。

民族的分布可分为形式分布区和机能分布区两种。对大多数民族来说，其民族形式分布区都是一个集中的、相连成片的地域。但是，由于各种原因，有些人离开本民族的集中地域，移居他处，有的以一定的数量聚居在一起，形成新的分散"点"。

有的民族主体所占的地域面积大，人口多，占该民族人口较大比重，而分散出去的人少，占总量比例不大。如汉族就是这样，其97.8%住在中国，散居世界的汉族人口数量虽有约3000万，但只占总数的2.2%。上述的另6个人口超过1亿的民族中，除孟加拉人只有58%的人住在孟加拉国，41%住在印度外，其余5个民族居住在本国的人数都占该民族总人口的98%以上。分散在其他民族分布区的少数民族分布区面积有大有小，面积大的可以称为民族省，小的则可称为民族岛。在城市里，少数民族聚居的地区，可以称为民族邻里或隔坨（ghetto）。

民族机能分布区是指按民族的聚居地域而建立的行政管理体制。例如，中国是一个多民族的国家，为实行民族区域自治，在少数民族聚居地区建立不同等级的自治机构，行使自治权。

世界主要民族的分布简述如下。

汉人：约98%分布于中国，其次分布于东南亚各国、美国等。

印度斯坦人：约99%分布于印度，其次分布在尼泊尔、巴基斯坦、新加坡等。

美利坚人：约99%分布于美国，其次分布在加拿大、墨西哥、英国等。

孟加拉人：约58%分布于孟加拉国，约41%分布在印度，其次在尼泊尔、英国等。

俄罗斯人：主要分布于俄罗斯，其余多分布于苏联各加盟共和国。

巴西人：约99.7%分布于巴西，少数分布于巴拉圭和阿根廷。

大和人：约98%分布于日本，其次分布在美国、秘鲁、加拿大、巴西。

德意志人：主要分布于德国，占90%，其次分布在美国、苏联各加盟共和国、加拿大、巴西。

比哈尔人：主要分布于印度，占94.8%，其次分布在尼泊尔、巴基斯坦、孟加拉国、瓦努阿图。

旁遮普人：约75%分布于巴基斯坦和印度。

墨西哥人：约86%分布于墨西哥，其次在美国（占13.7%）。

爪哇人：约99%分布于印度尼西亚，少数分布于马来西亚、新加坡、荷兰等。

意大利人：约82%分布在意大利，其次7.8%分布在美国，此外还分布在阿根廷、法国、加拿大等国。

朝鲜人：主要分布于朝鲜和韩国，两国合占94.5%，其次分布在中国、日本和俄罗斯。

中国自古以来就是一个多民族的统一国家，并在长期的历史发展过程中，由各民族共同创造了辉煌的东方文明，在长期繁衍过程中各民族逐渐融合为中华民族。中国现有56个民族，汉族人口最多，占总人口的92%，其余55个民族占总人口数的8%，习惯上称之为少数民族。中国民族的分布呈以汉族为主体的，各民族大杂居、小聚居、交错分布的主要特点。汉族人口分布遍及全国，但大部分分布在东部地区；少数民族人口虽少，但分布地区甚广，占全国国土面积的50%~60%，主要集中在西南、西北地区和东北地区。

3. 民族结构

民族结构指总人口中各个民族人口之间的比例关系。从国家来看，世界上有三种比较典型的民族结构。单一民族国家，如蒙古、日本、朝鲜等，少数民族所占比重极小。多民族国家，如中国、俄罗斯等，其数量最多，一般都有一个人数占优势的主体民族。两大民族并立的国家，如加拿大（英裔居民占42%，法裔居民约占26.7%），为数较少。

第三节　人口分布

人口分布是指一定时间内人口在一定地区范围的空间分布状况。它是人口过程在空间上的表现形式，是人口地理学的重要研究内容。伴随人口过程及其影响因素发生变化，人口分布也处在不断的演变之中，并呈现出差异化的特点。揭示这种空间差异及其演化过程，对于制定合理的人口政策，促进人口再分布以及实现区域人口、资源、环境、经济和社会可持续发展具有重要的作用。

一、人口分布的基本特征

（一）人口密度

人口密度一般被看作衡量人口分布的主要指标，它反映一定地区的人口密集程度，是指单位土地面积上居住的人口数。通常用每平方千米常住的平均居民数量来表示，称为人口算术密度。设人口密度为 D，则有：

$$D = P / S \qquad (4-14)$$

应当注意的是，人口密度提供的只是一个平均数，它掩盖了所计算范围的内部差异，考虑的范围越小，所计算出的人口密度就越能反映出人口分布的真实情况。

广狭度是人口密度的倒数，其定义为某一国家或地区人均占有土地面积的大小，常用的计量单位是 km^2/人。设广狭度为 F，则有：

$$F = \frac{1}{D} = S / P \qquad (4-15)$$

假设某一区域人口等距离分布，那么以面积计量的广狭度可以替换为以距离计算的接近度。设接近度为 H，计量单位为 km，在人口呈正方形分布的假定下：

$$H_1 = \sqrt{F} \qquad (4-16)$$

在人口呈正六边形分布的假定下：

$$H_1 = 1.07457\sqrt{F} \qquad (4-17)$$

使用上述指标，可以基于比较的视角初步判定不同国家和地区之间的人口分布差异。如表4-3所示，2019年世界人口密度为60人/km^2，广狭度为0.0167 km^2/人，接近度为0.139 km。而中国的人口密度高于世界平均水平，达到了148人/km^2，广狭度0.0068 km^2/人与接近度0.089 km则低于世界平均水平。

表4-3　2019年不同国家人口密度指标对比

区域	区域面积/ ×10^4 km^2	年中人口数/ ×10^4人	人口增长率 /%	人口密度/ （人·km^{-2}）	广狭度/ （km^2·人$^{-1}$）	接近度 /km
世界	13202.5	767353	1.08	50	0.0167	0.139
新加坡	0.1	570	1.14	7953	0.0002	0.012
孟加拉国	14.8	16305	1.04	1240	0.0008	0.031
中国	960	139772	0.36	148	0.0068	0.089
美国	983.2	32824	0.47	36	0.0278	0.180
蒙古	156.4	323	1.72	2	0.5	0.760

资料来源：世界银行数据库。

为了更准确地反映人口分布与自然条件、资源、经济分布的空间关系，又有农业人口密度、营养密度、比较密度等指标。其中农业人口密度是指一个地区单位土地面积上的农业人口数量。营养密度、比较密度分别是一个地区单位耕地面积上的人口数量和单位农用地上的人口数量，所谓农用地包括耕地、林地及草原牧场（后者按3：1折算成耕地）。这些指标可以更清楚地表示一个地区人口分布的实际状况和土地的承载能力。

（二）世界人口分布

世界人口分布极不平衡。地球总面积约为 5.1×10^8 km²，其中陆地面积 1.50×10^8 km²，占29%，水域面积占71%。世界上90%的人口居住在仅占陆地总面积10%的土地上，陆地上的大部分地区（如沙漠、高山、热带丛林等）至今仍无人居住。世界人口分布的不平衡除了表现在水陆之间外，还表现在南北半球、沿海与内地、高原与平原之间。世界人口的88.5%集中在北半球，并且主要集中在20°—60°N之间的区域。从海岸线向内地约200 km范围内集中了世界人口的一半（而其面积仅占陆地面积的30%）。海拔500 m以下的低地和平原地区，其面积仅占陆地面积的57%，却集中了世界人口的80%；而占陆地面积43%的高原地区（海拔500 m以上）仅居住着世界人口的20%。

从表4-4可以看出，世界人口在各大洲分布也极不平衡。2018年亚洲人口44.19亿人，占世界总人口的58.40%，而其面积仅占全球陆地面积的29.4%。亚欧两洲合计人口占69.33%，其面积占全球陆地面积的36.2%。面积广阔的南极大陆无定居居民。在各大洲（或地区）内部人口分布也不平衡。非洲的人口主要集中在北部和南部的沿海地区，澳大利亚的人口多集中于东南沿海一带，俄罗斯人口集中于欧洲部分。2018年人口超过1亿的国家有13个，其中中国人口最多，达13.98亿，其他12个依次是印度（13.66亿）、美国（3.28亿）、印度尼西亚（2.71亿）、巴基斯坦（2.17亿）、巴西（2.11亿）、尼日利亚（2.00亿）、孟加拉国（1.63亿）、俄罗斯（1.44亿）、墨西哥（1.28亿）、日本（1.26亿）、菲律宾（1.08亿）和埃及（1.00亿）。

表4-4　世界人口的洲际分布（2021）

区域	人口数量/ ×10⁴人	占世界总人口 的比重/%	陆地面积/ ×10⁴ km²	人口密度/ （人·km²）
世界	759693	100	14952	51
非洲	128596	16.92	3020	43
欧洲	74502	9.81	1010	74
北美洲	53794	7.08	2423	22
南美洲	43419	5.72	1797	24
亚洲	455282	59.93	4400	103
大洋洲	4126	0.54	897	5

资料来源：联合国粮食及农业组织数据库。
陆地面积世界合计中包含南极洲 1405×10^4 km²。

世界人口分布表现出明显的趋向性：即趋向暖湿地区（中低纬指向）、低平地区和岸边（海岸、河岸）。美国学者邦奇（W. Bunge）等曾用人类大陆和岛屿图（*The Continents and Island of Mankind*）（图4-6）揭示世界人口分布情况。在地图上取消陆地和海洋，仅画出人类密集的地区，人类密集区称人类大陆。从图4-6可以看出，世界上共存在4个人类大陆：第一个为东亚和东南亚；第二个是南亚；第三个是欧洲；第四个为北美洲东部（特别是美国东北部）。这4个人类大陆的面积仅占世界陆地面积的14%，但却集中了世界人口的2/3以上。人口最稀少的地区包括干旱（沙漠）地区、寒冷的两极地区、热带雨林地区和海拔5000 m以上的高山地区。这四类地区的面积占全球陆地面积的2/3以上，人口却不足世界总人口的2%。

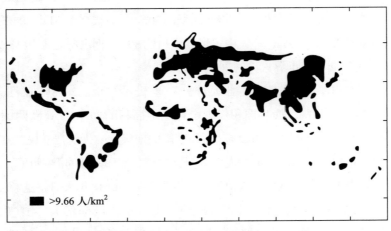

图4-6　人类大陆和岛屿图（Wheeler和Muller，1986：18）

（三）中国人口分布

根据第七次全国人口普查公报，2020年，中国人口达到14.12亿，是世界上人口最多的国家，人口密度达到148人/km²，是世界平均人口密度的2.89倍。从中国人口在不同省市区之间的分布来看，广东以12601万人居首位，山东次之，为10153万人，河南再次，为9937万人，四川、江苏也达到8000万人以上，上述省份均已超过世界90%以上国家的人口规模。中国人口最少的地区是西藏，2020年仅365万人，不足广东省人口的1/30。

从合理利用自然资源、充分发挥区位优势的角度看，中国人口分布存在不平衡现象，但在其基本物质前提上，又保持着相对平衡。在中华人民共和国成立以来，特别是改革开放后，各地区之间在人口规模与人口密度上呈现出了新的特征，这种变化除了源自人口的自然增长，也会受到人口迁移的影响。中华人民共和国成立后，为了改善生产布局状况，增强边疆和内地经济建设，推动人口由沿海地区大规模迁移至黑龙江、新疆、宁夏、内蒙古等西北、东北部省份，使全国范围内出现了颇具规模的人口大迁移。1953—1982年，黑龙江省人口增长了1.75倍，新疆、内蒙古、宁夏等增长了1.5倍以上，而沿海12省区占全国人口的比重却由1953年的42.8%下降至1978年的41.0%。此后，在改革开放的浪潮下，中国人口迁移开始由东部向西部、沿海向内陆，逆转为由西部向东部、内陆向沿海，使沿海省区占全国人口的比重出现了止跌回升的态势，最突出的是北京，其在1982—2000年的人口增幅排名中由第14位上升至第1位，而西部内陆省份的人口增长速度则出现了明显的下滑。

近年来，随着城市化进程加快，经济要素对中国人口分布的影响越发显著。自2005年起，广东省人口规模达1.1亿，超越河南位居全国第一，2000—2020年人口增长近3000万；与此同时，浙江、山东、北京、上海等东部沿海城市也出现了人口大规模上涨，20年增加了700万~1000万；中西部省份如贵州、甘肃、四川、重庆、湖北，以及东北地区的黑龙江、吉林等，受经济社会发展水平限制，就业机会少且工资低，生活水平难以满足人们的基本需求，导致人口大量流出，本地人口增长缓慢，甚至出现了负增长的情况。而在西藏、青海等西部地区，尽管人口增量在全国各省市中居末位，但由于其人口出生率较高，因此人口增长率始终维持在较高水平上。

在可预见的未来，中国人口极有可能持续向东部沿海地区集中，山区人口比重将减少而平原将增大，此外，各地区人口政策以及全国范围内的主体功能区规划或对中国人口分布格局产生更为深远的影响（张果、李玉江，2017：156）。鉴于人口分布的规律性，在研究其现有分布格局的基础上，探讨促进人口有序、合理分布的政策，使人口布局与自然资源禀赋和经济发展水平在一定条件下相互适应，这对于任何一个国家而言都是长期且复杂的过程。

二、人口分布的影响因素

人口分布是人口发展过程中自然、社会、经济、历史、文化等多种因素综合作用的产物。这些因素通过影响人口的自然增长和机械增长（即人口迁移，亦称社会增长），不断地塑造着人口分布的格局。

（一）自然因素

一般来说，生产力水平愈低，自然因素对人口分布的影响就愈重要、愈明显，有时甚至起着决定性的作用。随着生产力的发展和水平的提高，这种影响会逐渐变小。

气候对人口分布的影响主要是通过气温和雨量来实现的。一般说来，过于寒冷、干燥或湿热的地区均不适合于人类居住。地球的高纬度地带，特别是极地、副极地地区，由于严寒在相当大的程度上限制了人类的生产与生活，因而成为人口稀少的地区。干旱和半干旱的沙漠、戈壁地区，由于降水量极少，无法耕种，水源奇缺，使生存环境恶劣，往往成为无人或少人区。而在热带雨林地区，尽管水热资源丰富，植物生长快，吃、穿、住等要求易于解决，但气温过高、雨量过多，使土壤肥力难以保存，且细菌滋生迅速，疾病容易流行，同样不利于人类的生存和发展。因此，气候较为适宜的中低纬地区（如亚热带和温带）成为人类密集的地区。

人口分布多趋向于低平地区，其原因是气温和气压都随着海拔的上升而降低，直接制约着人们的生理机能。对某些人而言，1800 m的海拔即可引起高山反应，超过4000 m就有可能因气压过低而造成死亡。山地和高原与同一纬度的平原相比，具有寒冷、风大的特点，再加上土层瘠薄，交通困难，对发展生产不利。而平原地区地势平坦，土壤肥沃，交通便利，易于开发。因此，一般而言，平原地区人口稠密，山区和高原上人口分布较稀疏。但是，低纬度地区人口却可能集中分布在海拔较高的山地，如亚的斯亚贝巴、拉巴斯、基多、墨西哥城、圣菲波哥大、昆明等。

土壤是发展农业生产最基本的物质基础。各类土壤有不同的天然肥力和适耕性能，以至人们对其开发利用程度不同，进而影响到人口分布。

水体除了作为水源，为人们的日常生活和工农业生产所用外，还是一种重要的交通载体和通道，也是人类副食品的一个源地。在人口地图上，我们很容易发现：海岸地区比内陆腹地具有更高的人口密度。古文明的发祥地都出现在大河两岸，中世纪以来兴起的大小城市也大多是沿河、沿湖、沿海分布。目前，世界上的许多大城市是港口。在干旱、半干旱地区，水体往往成为人口分布的先决条件。

自产业革命以来，某些地区矿产资源的开发成为人口分布的决定性因素。石油、煤、天然气成为近现代人类的主要能源。早期交通运输还不发达，工厂云集于煤田区，成为人口稠密区。油田的发现使本来没有人烟的地方出现了城市。其他矿产资源对人口分布的影响虽然没有能源矿产那么明显，但许多城镇的发展是依赖于对其所在地矿产资源的开发，并以此为核心使服务性人口和农业人口大量聚集起来，有的甚至形成了新的人口稠密区。科学技术的进步，以及新资源、新材料的发现与利用，往往成为改变人口分布状况的重要原因。

以上论述把自然环境分解为各种要素，分别探讨它们对人口分布的不同影响和作用，但实际上，所有这些因素都以很复杂的方式影响着人口分布，并相互作用。其中最重要的因素往往决定人口分布的一般特征，例如极地和沙漠地区的气候、山区的地势起伏和全球的高原地区。如果没有一种自然因素起主导作用，那么不同因素的微妙平衡将能提供一个更多样化的解释框架。自然界为人类提供的环境极其多样，经常影响到政治边界和人口密度。

（二）经济因素

虽然自然因素对人口分布有巨大的影响，但它只是提供了人口分布的可能性。人口分布更是一种社会现象，社会经济因素特别是生产力水平及其分布是人口分布的决定性因素。具体指人们的物质生产方式，即工农业和交通运输业的发展水平及其生产布局的特征，这是影响人口分布格局的决定性因素（张善余，2013：219）。

在不同的历史发展时期，由于生产方式和生产力水平的不同，人口分布具有明显不同的特点。在史前时代，生产力水平很低，人类靠采集食物和渔猎为生，单位土地面积所能供养的人口少，因而人口分布的特点是极端分散、稀疏和流动性强。进入奴隶社会，生产力有所发展，人类活动领域扩大，人口密度也随之增大；由于城市的出现，人口分布有了城乡之别，但绝大多数人仍散布于农村。到封建社会，由于以农业为主的自然经济居主导地位，农业生产水平成为决定区域人口密度的基本因素，农业发达的地区人口较稠密，其他地区仍较稀疏，乡村人口在各国各地区占绝对优势。到资本主义社会，生产力水平得到空前的发展，工业逐渐占据主导地位，创造了比过去丰富得多的产品和财富，医疗卫生条件得到改善，人口数量和人口密度大大提高。随着资本的集中，大量工矿区的兴起，大工业、商业和金融业在城市的集中，大批农民源源不断地涌进城市，使城市人口大增，乡村人口大为减少，城乡人口比重发生逆转；与此同时，城市的数量和规模也不断扩大。

由于生产力的发展和科学技术的不断进步，全球人口向城市集中的步伐在加快。目前来看，发达国家的城市化浪潮已趋于平稳，具体表现为农业人口比重降至较低水平，特大城市与超大城市人口增长缓慢甚至停滞，而大城市周边的卫星城，或由其构成的城市群、大都市带的蔓延趋势仍在持续。由农村居民点发展而成的小城镇逐渐增多，其最终走向极有可能是实现农村地区的城镇化，形成由不同规模、不同等级的城镇居民点构成的城市系统。此外，人口沿交通线分布的趋势将进一步增强，最终，人口、城市的网络化（分布）格局将在全球范围内显现出来。此时，发展中国家的城市化进程方兴未艾，人口向大城市、特大城市集中，出现城市群、城市带等空间形态的雏形并不断扩展，乡村人口随之减少，城乡一体化进程不断加快。

（三）社会因素

当前的人口分布状况是过去历史时期长时间演化的结果。一方面，它随着生产力的发展与生产布局的变化不断地改变；另一方面，它的变化远不如后者剧烈，在发展过程中表现出一定的惰性。人们长期在一个地区居住生活，会养成对当地环境的适应与依赖，所以人们通常不愿意离开祖祖辈辈生活的地方，即所谓故土难离。人口分布所具有的惰性是由多方面因素促成的，人口本身的自然增殖、世代更迭等都与之相关。因此任何一个地域的人口分布都会被深深地打上历史的烙印。在全球范围内，居住时间长、开发较早的地区人口较稠密，如东亚、南亚、地中海地区；而开发较晚的地区人口较稀疏，如大洋洲。

人口分布既有其延续性，也有其突变性。战争，自然灾害，疾病，以及人口、经济政策的变化等突发事件，都可能在短时期内对人口分布与增长进程产生剧烈的干扰。中国历史上数次大规模的人口迁移，就造成了人口分布格局的显著变化。如西晋"永嘉之乱"，为躲避战乱和灾荒，90余万人由黄河流域迁至江苏、安徽、湖北、四川等地；唐代"安史之乱"使中原地区的人民被迫迁往长江、珠江流域，迁移人口达100余万人；北宋末年的"靖康之变"使黄河流域的人民再一次大规模迁至南方，迁移规模更是达到了500余万人。

政治因素主要指国家间的政治关系、有关本国的人口政策及疆域变动和战争等，对人口分布也产生了较大的影响。例如，两次世界大战使世界政治地图发生了明显的变化，每一次都伴随着人口的大规模移动。仅第二次世界大战期间从欧洲东部迁往德国的人就达600万。欧洲殖民者侵入拉丁美洲，印第安人不得不迁入内陆荒山区。

此外，文化因素对人口分布也有一定的影响，特别是在文化冲突（特别是宗教冲突）比较严重的地区，如印度等南亚国家。在1947年，"印巴分治"使上千万的穆斯林从印度迁往巴基斯坦，而印度教徒则由巴基斯坦迁往印度。

综上，人口分布在自然环境的基础上，受到社会经济因素的强烈影响，特别是生产力发展、布局等因素，一方面通过改善生产力水平、产业结构对人口分布产生直接影响，另一方面又通过改变人的机体、生活习惯、社会意识等间接塑造着人口分布格局。这些因素之间相互联系，又相互制约，以人口再生产与人口迁移的方式，不断塑造着世界人口分布的面貌。

第四节　人口迁移与流动

一、人口迁移与流动的区别

（一）人口迁移的概念与分类

广泛的人口移动包括所有人类个体在空间位置上的移动。这种移动现象是社会经济生活中非常普遍的一种现象，也是区域人口动态发展的最重要因素。随着社会经济的发展和科技的进步，交通运输日益方便，人类流动、迁移的机会大大增加，个人移动的动机、方式不尽相同。由于人口移动对区域人口构成、社会经济发展和社会治安影响甚大，人口移动研究成为诸多学科的研究课题。

人口移动在空间范围和停留时间上有很大的差异。从空间范围上可以划分为短距离流动和长距离流动，从停留时间上则有定居型的迁徙和过往型的临时停留。通常人们出于某种目的，移动到一定距离之外，改变其定居地的行为叫作人口迁移；而暂时离开居住地的人口位置变动叫作人口流动。迁移者称为移民，其原居住地称为迁出地，新居地为迁入地。人口迁移常用迁入率、迁出率和净迁移率等指标来衡量。

根据人口移动的持续时间长短，可对人口迁移与人口流动做出更为明确的划分：超过1年或半年的为人口迁移，将其看作一种永久的或长期性的行为；不足1年或半年的为人口流动，其为临时性或短期性的离家外出。迁移与流动的延续时间不同，其人口地理学意义也有所差异。迁移的定义中往往有"跨越某一地区界线"的限定，为了达到统计上的精确，往往确定为跨越某一有明确界线的行政区域，如国家或是国内的省、市、县、镇、乡。

人口迁移中关于位置的改变在具体的统计与分析中，常有三种界定：居住地与户口登记地的变动，现住地与出生地的变动，现住地与五年前常住地的变动。中国常用的为居住地与户口登记地的变动，此外以现住地和出生地的比较也可反映人口的迁移状况，但其时间跨度因人而异，可能很长也可能很短。而将现住地与五年前常住地进行比较来反映人口迁移，可以在一定程度上弥补"居住地与户口登记地"统计方法的不足，因为有些人口在迁移时会将户口携带同行，这些人在以"居住地与户口登记地不同"来统计人口迁移时未被统计在内。但"现住地与五年前常住地"的对比也只能反映一部分人口迁移，如五年内多次迁移者只会被计入一次，迁出又迁回者未被统计在内，5年前未出生或5年内去世者也未被统计在内，所以，以"现住地与五年前常住地"的变动统计的人口迁移可能会有偏低的倾向。

人口迁移按其涉及的范围是否跨越国界，可分为国际人口迁移和国内人口迁移；按迁移的时间，可分为永久性迁移、季节性迁移等；按人口迁移的社会组织形式，可分为个人迁移、集体迁移、自愿迁移、被迫迁移、自发移民和有组织移民等。

（二）中国的户籍制度与人口流动

中国特殊的户籍制度下，常以"居住地与户口登记地的变动"来统计流动人口。中国2000年第五次人口普查、2010年第六次人口普查和2020年第七次人口普查均对人口流动的地域限定为跨越乡、镇、街道，时间限定为半年以上（表4-5）。普查数据显示，2010年全国普查时点居住地与户口登记地所在乡镇街道不一致且离开户口登记地半年以上的人口为2.61亿人，扣除市辖区内人户分离人口0.40亿后为2.21亿人，与2000年第五次全国人口普查相比，流动人口增加1.00亿人，增幅为82.89%。2020年第七次全国人口普查数据显示，人户分离人口为4.93亿人，其中市辖区内人户分离人口为1.17亿人，流动人口为3.76亿人，与2010年第六次全国人口普查相比，人户分离人口增长88.52%，市辖区内人户分离人口增长192.66%，流动人口增长69.73%。

表4-5 历次人口普查流动人口界定标准

时间	户口状况	空间尺度	时间尺度	流动统计
1953年	家庭成员中不在本人口普查区	人口普查区	半年以上	外出超过6个月
1964年	办理常住户口迁移	户口管辖区	无	户口迁入、迁出
1982年	离开常住户口登记地，或在本地暂无户口	跨越本县、市、区	一年以上	人户分离，但不包括县（市）内的流动
1990年	离开常住户口登记地，或在本地暂无户口	跨越本县、市、区	一年以上	人户分离，但不包括县（市）内的流动
2000年、2010年、2020年	离开常住户口登记地，在本地暂无户口或户口待定	跨越本乡（镇、街道）	半年以上	人户分离，包括县（市）内的流动人口

资料来源：韦艳、张力，2013。

中国特有的户籍政策是城乡分割的重要标志，在此基础上建立的人口管理制度一定程度上阻碍了城乡间人口流动。户籍制度将中国社会划分为城乡二元结构，城市与乡村这两种不同的系统实施着不同的管理制度。拥有城市户籍与农村户籍的居民在社会经济待遇等方面存在明显差异，独特的户籍制度一定程度上造成了城乡间的分隔与城乡间差距扩大。与此同时，农村剩余劳动力流入城市的过程中，拥有农村户籍的流入人口在融入流入城市过程中会遇到重重困难，在子女教育、医疗服务等社会保障与社会福利方面难以满足需求，同时薪资待遇等方面也难以与城市本地居民享受同等待遇，流入人口难以完全融入流入地。现行的户籍制度在一定程度上限制了人口的自由流动，制约着中国经济的进一步发展，一定程度上阻碍了中国城市化进程。

二、人口迁移的基本特征

（一）人口迁移的空间特征

英国人口统计学家拉文斯坦被公认为人口迁移研究的先驱。他通过分析英国等欧洲国家19世纪后期的人口迁移趋势，提出了七条迁移法则（Ravenstein，1885），分别是：

① 大部分的移民只是短距离的迁移，长距离的移民一般倾向于迁移到大的工商业中心。大都市的人口增长主要是人口迁移（即人口机械增长）的结果，相对而言，人口的自然增长不大重要。

② 乡村人口向城市或其他地区的迁移具有阶段性。移民有从乡村到集镇，从集镇到小城市，从小城市向大城市的迁移倾向。即"工商业中心（城市）吸引周围乡镇的居民迁入，因此而留下的空缺则由更远处乡村居民所填补，如此反复逐步影响到遥远的村落"。

③ 两地间的净迁移量在总迁移量中所占比重不大。从源地向目的地的任何迁移都会有一个从目的地"返回"源地的补偿流。

④ 乡村居民比城镇居民更富迁移性。

⑤ 短距离的迁移以女性居多，在较富冒险性且距离遥远的迁移中男性居多。

⑥ 大部分移民是年轻人，由祖国携家带眷全家移出是很少见的。

⑦ 迁移的主要方向是从农业地区迁移至工商业中心，迁移的主要动机以经济为主。

拉文斯坦推论道：迁移发生率与源地、目的地之间的距离成反比。也就是说，迁移的距离越长，移民的人数就越少。

拉氏的迁移法则提出以后，众多学者，如地理学家、人口统计学家、社会学家以实证研究支持了这些法则。此后，许多学者进一步发展了拉氏的人口迁移法则，如斯托福（S. A. Stouffer）提出的"干预机会"理论（Stouffer，1960）。按照这一理论，迁移一定距离的移民数，与目的地的机会数量成正比，与沿途的"干预机会"成反比。其实际意义是当附近有机遇时，人们对一个遥远目的地各种长处的感知就会变化，即当近处有机会存在时，远处目标的吸引力就减弱。美国著名文化地理学家泽林斯基1971年在《地理评论》上发表了一篇文章，题为"流动性转变的假设"（Zelinsky，1971）。该论文既具有前瞻性，又提供了有关人类地理流动性的创新观点。该论文最有趣的一个方面是对"未来超先进社会"（future super-advanced society）中的流动性的一系列预测。他的许多预测现在已经应验，例如大规模的国际和国内移民会减少、国家对移民监管日益严格。

李于1966年指出，国内迁移与地理区域之间的差异及国内人们自身的差异有关（Lee，1966）。他探讨了不同条件下的迁移规模、迁移流和反迁移流的发展以及迁移者的特征。就迁移规模而言，他认为：① 特定地域内的迁移规模因包括该地域的区域的多样性程度而不同。② 迁移规模因人口密度而变化。③ 迁移规模与克服干预障碍的难度有关。④ 迁移规模因经济波动而变化。⑤ 除非严格阻止，否则随着时间的推移，迁移的规模和速度趋于上升。⑥ 迁移的规模和速度随一国或一地的经济发展程度而变化。

（二）迁移人口的属性特征

迁移人口的属性特征可从个人特征、家庭特征、就业特征三个方面进行阐述。

在个人特征方面，与人口整体相比，迁移人口中男性比重较高，以中青年为主，受教育水平较高。与女性相比，男性往往就业压力更大、身体素质更好，更容易发生迁移。关于年龄和迁移的关系，美国人口学家罗杰斯（A. Rogers）利用瑞典、苏联等国家的人口普查资料，提出了年龄-迁移率理论模型（Rogers，1984：95）。根据罗杰斯的理论，从年龄考察迁移概率，一般在幼儿阶段较高，到初等义务教育阶段下降较快，但该阶段结束又迅速上升，到20~30岁达到顶峰，之后缓慢下降。到退休年龄阶段，又形成一个小的迁移高峰。教育水平对迁移的影响表现为受教育水平更高的人群拥有更优的人力资本和更好的发展机会，迁移的可能性也更大。

根据2017年中国卫生健康委流动人口动态监测数据，2017年中国流动人口性别比为107.01，高于当年全国总人口性别比104.81，流动人口中男性更多；流动人口中，大部分为20~49岁中青年人口，其中20~29岁的比重为28.47%，30~39岁人口比重为33.41%，40~49岁人口比重为23.64%，此外50~59岁人口占比为8.73%，15~19岁、60~64岁及65岁以上人口占比均在2%左右，2017年中国流动人口平均年龄为36.66岁（图4-7）。流动人口的主要受教育程度为初中、高中/中专，平均受教育年限为10.11年，受教育程度在高中及以上的人口占

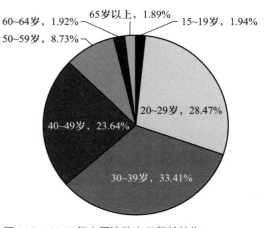

图4-7 2017年中国流动人口年龄结构

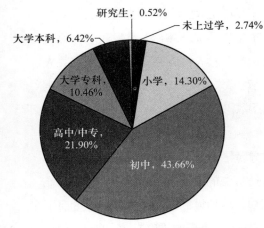

图4-8 2017年中国流动人口受教育程度

比为39.30%，受教育程度在大学专科及以上的人口占比为17.40%（图4-8）。

在家庭特征方面，由于迁移人群大部分为中青年，大部分迁移人口的婚姻状况为初婚。此外，也有部分未婚迁移人口。随着社会的发展，人口迁移的模式也逐渐由出于生计的个人迁移转为家庭迁移。

2017年中国流动人口中，79.13%的流动人口婚姻状况为初婚，此外，15.11%的流动人口未婚，2.10%的流动人口为再婚；家庭结构以核心家庭为主，36.70%的流动人口同住家庭成员数为3，有27.83%的流动人口同住家庭成员数为4人，此外单人居住或两人居住的占比也较多，分别为11.14%和14.61%，平均同住家庭成员数为3.14人。

在就业特征方面，大部分的迁移人口都处于已就业状态，也有部分迁移人口会出于料理家务及照顾孩子等原因未就业。已就业的迁移人口就业行业主要为批发零售业，住宿餐饮业，居民服务、修理和其他服务业，建筑业以及其他制造业等；主要职业为经商、其他商业服务业人员、生产人员、餐饮人员和专业技术人员等。关于迁移人口的就业特征，双重劳动力市场理论指出迁入的移民主要在城市的次要劳动力市场谋生，其特点为较低的工资待遇、不稳定的工作环境、缺乏良好的发展前景。

案例4-3 人口流动-经济增长收敛谜题

根据新古典经济增长理论，从贫困地区向富裕地区的迁移应该是经济增长趋同的一个重要来源，但以往的实证研究并没有发现这种效应。一些学者认为，这可能是因为移民比不迁移的人拥有更高的人力资本。日本学者Shioji通过研究移民如何影响地区的教育程度和人口结构，运用新古典经济增长理论，实证检验了日本1960—1990年39个地区劳动力流动对地区经济差距的影响。结果发现劳动力流动对各地区人力资本水平的影响确实减缓了经济收敛速度，但其幅度太小，不足以解释理论和经验之间的差异。因此，劳动力迁移究竟是扩大还是缩小地区经济增长差距没有明确的结论。他将这个理论和实证研究的不一致性称为"迁移谜题（migration puzzle）"。

资料来源：Shioji，2001。

2017年中国卫生健康委流动人口动态监测数据显示，中国82.26%流动人口已就业，17.74%流动人口未就业，其未就业原因大多为料理家务/带孩子、怀孕或哺乳，占全部未就业流动人口的52.67%；平均每周工作小时数为56.77小时，平均个人月收入为4328.49元，平均家庭月收入为7135.68元；主要就业行业为批发零售业，住宿餐饮业，居民服务、修理和其他服务业，建筑业以及其他制造业，比重分别为17.79%、10.34%、9.08%、6.51%和5.96%；主要职业为经商、其他商业服务业人员、生产人员、餐饮人员和专业技术人员，比重分别为19.88%、12.52%、8.59%、8.05%和7.54%。

三、人口迁移的影响因素

（一）自然因素

气候、淡水资源、土壤、矿产及自然灾害等自然因素都会影响人口的迁移。人口具有趋向暖湿气候的趋向性，气候条件一方面直接影响人的身体从而影响人口的迁移，另一方面也会影响着地区的土壤、植被、水文等条件，间接影响人类生产生活，从而影响人口的迁移。淡水资源是人类生产生活赖以生存的自然资源，淡水资源的分布及变化，很大程度上影响人类的生产生活空间格局，从而影响人口迁移的方向以及规模。土壤是农业生产过程中的重要条件，土壤的种类、规模及分布也会直接影响人口迁移的方向及规模。矿产资源是资源生产的重要基础，也是制造业的基础，步入工业社会时期后，矿产资源对人类生产生活的影响愈发显著，矿产资源的分布也在较大程度上影响着人口的迁移。此外，自然灾害也会对人口迁移产生影响，发生较大的自然灾害后，如饥荒或生态恶化等，自然环境的恶化会迫使人口向更适宜生活的地区迁移。

自然因素对人口迁移的影响在不同时期表现出不同特征。在采集和狩猎时期，人类的生存与发展受到自然因素和自然环境的直接影响，人类直接从自然环境中获取食物，自然因素主要通过影响植物果实和猎物的分布等来对人口迁移产生影响。在农业文明社会时期，人类主要依靠农业生产得以生存发展，农业生产的对象主要是土地，土地的不可移动性使农业人口相对稳定，当人口快速增长，土地出现相对不足时，为寻求新的土地资源，人口出现迁移。进入工业文明社会时期后，工业的发展改变了土地束缚劳动力的现象，工业生产条件不断进步，自然因素对人口迁移的影响也发生了变化，对矿产资源的大量需求使矿产资源成为影响人口迁移的一大重要因素，此外工业生产要求劳动资料、劳动对象和市场三者间形成良好配合，使人口迁移规模得到迅速增长。

（二）经济因素

经济因素是人口迁移主要的、常见的因素，且社会经济发展程度越高，人口在地区间的迁移愈发受经济条件的影响。从宏观上看，经济布局的改变会造成人口的大量迁移，如中国经济特区的设立，吸引了大量人口向特区迁移。从微观角度而言，大多数情况下，人口都是为追求更高的经济收入，追求更好的生活水平而迁移。

就中国目前发展现状而言，区域间经济发展差异直接影响着人口流动，促进人口从经济发展水平较低地区流向经济发展水平较高地区。从宏观统计角度，中国人口流动的主要地域指向与主要流入地的经济发展水平有着高度相关性，人口趋向于从社会经济发展水平低的区域流向社会经济发展水平高的区域。从个体调查角度，工资收入与就业机会等经济因素也是影响人口流动的主要原因，与人口的流动有着显著的相关性。随着农村劳动生产率的提高，农村剩余劳动力的出现，农村人口为寻求更多就业机会与更高的收入报酬向城市流动。换而言之，人口的流动是其受更好的就业机会、更高的工资收入的吸引而"用脚选择"的结果。

（三）社会因素

社会因素通过交通、文化教育、婚姻家庭等影响人口的迁移。随着社会的进步，交通与通信行业得到迅速发展，大大缩小了地区间的距离成本，减少了阻碍人口迁移的种种困难，很大程度上促进了人口的迁移。近几个世纪来，人口迁移规模增大、范围变广、跨度增大都离不开交通和通信的发展。与此同时，城市交通条件的发达程度差异也在较大程度上影响着人口的迁移方向，人们往往更想流向交通水平更为发达、城市生活更为便捷的地区。文化教育的发展改变了人们的生活态度和生活期待，人们开始追求更为高水平高质量的生活，同时文化教育的发展也改变了人们认识外部世界的态度，降低了迁移的心理成本，一定程度上促进了人口的迁移。婚姻和家庭也是影响人口迁移的主要因素，婚姻嫁娶一定程度上促进了青年人口的迁移，家庭因素在未成年人口和老年人口的迁移中发挥着重要作用，实现家庭团聚是未成年人及老年人迁移的重要原因之一。

此外，政治因素也会一定程度上影响人口的迁移，主要通过政策、战争及政治变革等方式产生影响。合理的人口迁移政策可促进并引导人口迁移合理有序地进行，不合理的人口迁移政策或不合理的实施措施则会起到反效果。战争对人类正常的生产生活环境以及社会秩序产生破坏，常常迫使人口出现迁移。如第二次世界大战期间，欧洲人口迁移规模达3000万人。20世纪末在非洲卢旺达、刚果地区发生的部族战争，以及欧洲巴尔干半岛地区的冲突，都引发了数百万计的人口迁移。国家的政治变革，如政治中心的改变往往也会影响人口的迁移。

随着经济发展，人们受教育程度的提高，城市舒适性对人才吸引力显著增强。这种舒适性来源很多，可能是某种自然条件，如怡人的气候，也可能是诸如教育、安全之类的公共服务，以及餐馆、剧院之类的消费性设施，甚至还可能是一种多元、开放的氛围（Yu等，2019）。一般来说，越是发达地区，教育、医疗、安保等公共资源越为丰富，各种消费娱乐设施也越为齐全，越容易满足高端人才的生活质量要求。发达地区往往还具有更高的社会开放度和文化包容性，这种洋溢着的多元氛围无疑能够招揽不同种族、不同国籍、不同性别、不同宗教的高端人才。硅谷就是一个很好的例子，1990年其1/3的科学家和工程师出生于国外，到1998年，其1/4的科技企业由中国和印度的工程师运营。

【本章主要概念】

总和生育率；平均预期寿命；人口转变；人口容量；适度人口；人口收缩；性别比；抚养比；人口金字塔；种族；民族；人类大陆图；人口迁移；人口流动；迁移法则

【思考题】

1. 以家乡所在的地级市为例，查找人口数据，分析其人口增长和人口转变过程的阶段划分。
2. 人口结构包括哪些方面，并思考人口结构的变化对区域发展有何影响。
3. 如何理解人种和民族的差异？
4. 说明人口分布稳定性的地理学成因。
5. 以某一中部省份省会城市为例，分析其人口流动的空间特征及其成因。

第五章
农业起源、发展和分布

内容提要

农业是人们将驯化的动植物的物质和能量转化为人类生活和生产所需物品的过程。本章首先介绍农业的起源、农业的传播；而后介绍农业发展的类型和阶段性特点，并以此为基础分析农业发展与社会发展的相互影响机制，以及农业对人类文明出现的重要意义；其次介绍世界粮食生产、主要经济作物生产与畜牧业生产的分布，以及影响这些分布的因素；最后按照农业景观的功能，将农业景观进行分类，并用杜能的农业区位论解释不同农业景观分布格局的形成机制。

第一节　农业的起源地

人文地理学研究农业，主要从"一纵一横"的视角关注不同农业的空间分布特点，而农业起源地分布是农业空间分布的内容之一。狭义的农业指耕作业，也称种植业；广义的农业包括种植业、栽培业、养殖业、牧业、渔业等。按照"一纵一横"的视角，认识这些农业的起源地有两个着眼点：第一，农业起源地出现的地理条件；第二，驯化物种的空间扩散潜力。

探讨农业起源问题，主要从两方面着手，一是依靠考古发掘的实物论据，分析推断古代农业发展；二是依靠民族志，研究现存的原始部族中留下来的先人农业活动痕迹。通过这两种方法，目前学者们推断出农业大约起源于12000年前。人类在旧石器时代以狩猎与采集为生，当第四纪最后一个冰期于距今12000~13000年前向北消退时，世界上原来的草原面积也随之有所扩大，这不但为人类提供了更大的活动空间，也促使草原动物大量繁衍，为人类驯化动植物提供了条件。

农业的产生在人类历史上具有划时代的意义。它使人类的经济生活完成了从攫取性经济到生产性经济的飞跃。同时，它也深刻影响到其他事物的发展。学术界对农业起源有许多研究成果，但还有许多问题尚未有完美的答案，如徐旺生提出农业起源研究要回答6大问题：① 农业产生的原因；② 农业产生的地点；③ 农业产生的时间；④ 农业最初由什么人产生；⑤ 农业产生的方式；⑥ 农业的对象（徐明生，1994）。

一、农业起源的理论

关于农业起源的原因目前有很多说法，但是没有确定的结论。目前中国学术界流行的关于农业起源的说法见于《中国农业百科全书·农业经济卷》"原始农业"条目（中国农业百科全书总编辑委员会农业经济卷编辑委员会，1990），该条目指出：原始农业产生于人类进入新石器时期以后，不是偶然的。冰河的消融，气候由冷变暖，为农作物的栽培提供了环境条件；人口迅速增长，食物缺乏，也促使人类开发新的生活资料来源。在旧石器时期，人类劳动使用的是经过打击而成的极为简陋的石器工具，后来在劳动中逐步学会了对石器进行精细的磨制加工，使其生产效率提高，用途更广。尤其是火的利用和弓箭的发明，使社会生产力大大提高了一步。这样，人类社会就逐步进入了新石器时期。在生产工具改进的同时，人类也在长期的采集和渔猎活动中熟悉了动植物的生活习性，学会了栽培植物和驯养动物的简单方法。原始农业就在这样的基础上产生了。这个说法中提到了农业起源的时间、起因和当时的自然条件和技术发展水平，但是仍然没有解决农业的演变机制。西方学者提出了许多理论，主要有瓦维洛夫（N. I. Vavilov）在1927年提出的"植物多样性地区说"[①]、柴尔德（V. G. Childe）的"绿洲说"（oasis hypothesis）、布莱德伍德（R. J. Braidwood）的"山翼说"（hilly flanks theory）、宾福德（L. Binford）的"边缘地带模型"（marginal zone model）和"生态均衡模型"（ecological equilibrium models）[②]（Binford，1968）、贝廷杰（R. L. Bettinger）的"最佳觅食模式"（optimal foraging theory）（Bettinger，1991）、海登（B. Hayden）的"新气候变化说"、博赛洛普（E. Boserup）的"人口压力说"（population growth theory）（Boserup，1965：55-63）等。在世界各地，特别在动植物驯化较早的西南亚和中美洲，考古学家展开了大规模的多学科综合研究，并运用多种理论从各个角度探讨农业起源的过程。

1960年代以前，农业起源的假说以"发现论"为代表。这种观点认为：与原始社会采集狩猎获取食物相比，农业是更有效率、更有优势的获取食物方式；由于原始人智力发展水平所限，在漫长的原始社会初期并未发现农业的这种优势；只要有人一旦发明或发现这种生产方法，农业的优越性马上就会体现出来，并会被其他群体所采纳而迅速传播开来。

1960年代，关于农业起源的理论以博赛洛普的人口压力说为代表。在冰后期，生态环境发生了巨大变化，人类的生存环境扩大了，人口的增长使人类的足迹除冰雪覆盖的极地外，已遍布五大洲的各个角落。与人口增长同时，采集与狩猎的强度亦随之上升，特别是狩猎技术的进步，例如弓箭的改善与广泛使用，对大型动物的捕杀过度，导致其数量下降，使人类的食物出现短缺。在这种情况下，人类就不得不转向其他食物来源，就不得不设法制作新的工具，发明新的方法，增加新的食物来源与数量以维持自身的生存。在新的食物来源中，植物的种子就占有重要地位。除去陆地与水中的动物和鱼类的肉，其营养价值比较高以外，在植物中，种子所含的热量明显高于植物其他部位（如根、茎、叶和果实）。因而在10000年前左右就出现了驯化植物的农业。

1990年代以来，"最佳觅食模式"作为主流理论，被用来解释更新世末到全新世初人类社会从狩猎采集的利用经济向农业的生产经济过渡的原因。最佳觅食模式原是动物学研究的一种理论，主要被用来分析动物觅食的习性和活动的规律。这种理论认为，动物觅食一般集中在一种或少数几种猎物上，即所谓的最佳觅食。这种最佳食谱是平均食物收获量与平均食物处理时间比值最大的那些种类，也就是说，花费最少力气或时间而能获得最高回报的那些食物。人类也如此，在自然环境的压力下，往往需要寻找最便捷的方式以获取食物维持自身生存。这与海登提出的宴享说（feast theory）相似（Hayden，2014）。他认为，在农

---

① 他主要指东南亚热带地区，1952年索尔撰文质疑了该学说。
② 其观点是一地的人口密度与当地环境是一个动态平衡的过程。

表5-1　人口压力说和宴享说的推断

标准	人口压力说	宴享说
人口压力	有	无
资源特点	紧张	丰富
文化层次	简单	复杂
驯化性质	主食	宴享食品
对驯化的进一步依赖	增加	稳定利用
传播相关性	有压力环境	富裕的环境
宴享证据	无	有

资料来源：Hayden，1992。

业出现的起始时期，其生产量不大，所以其在人类原来的食物结构中，所占的比重不可能很大。因此，海登考虑在这种条件下，农业所驯化的植物的种类，与其说是为了补充原来食物的短缺，不如说是为了扩大食物的品种结构、增加美食种类。比如，有些植物纯粹是香料和调味品，有的谷物适于酿酒，再如一些葫芦科植物可能是用作宴饮的器皿（表5-1）。

人口压力说和宴享说两种理论看起来好像相互对立，但是都有其合理性。例如，一些考古学家从研究中发现，在野生食物资源分散、数量不太丰富的地区，单位面积内不可能负担较多人群的食物供应，就使当地人群分成较小单位进行觅食，以适应流动性较大的活动。因为人群无法定居下来关注动、植物的习性，积累经验，进行驯化活动，农业与牧业也就无法出现。然而，在食物资源相对丰富的地方，也就缺乏动力去推动人群花费较多精力去开展动、植物的驯化活动。因此，农业可能首先出现在野生食物资源有基本保证，人群不需要进行长距离、强度大的劳动，在全年中食物的供应并不均匀、出现季节性短缺的地区。这种生存压力就迫使人群去尝试驯化动、植物，以获取新的食物来源，应付野生食物资源的季节波动所造成的短期饥馑。这种驯化作用的成果逐渐发展，使农业的食物供应超过了狩猎与采集所获得的食物时，人类社会的发展就进入了新的阶段。当然也有研究是以质疑上述研究为创新点的，例如有学者找到论据说明，在没有人类刻意选择和努力的情况下，动物与人的共生，就刻意产生出驯化的特质（Higgs和Jarman，1969），这种观点被称为共生说（co-dependency）。在1980年又有其他学者找到了新的论据支持他们的观点。

二、关于农业起源的地点

对于农业起源地的研究，是一个多世纪以来经久不衰的热门话题。从19世纪中叶达尔文的《物种起源》开始，西方就从栽培植物的遗传变异和地理分布来研究农业的起源。康德尔（A. de Candolle）认为中国、西南亚、亚洲热带地区是农业的发源地，他也主张农业起源多元论。20世纪初叶，苏联著名植物学家瓦维洛夫转引康德尔所著的《植物地理学》（*Géographie botànique ràisonnée*）中运用的达尔文物种变异概念，描述了栽培植物的多样性、变异幅度和区域性，并对各种栽培植物的原产地进行了研究。他发现世界有8处栽培植物的发源中心，进一步发展了农业起源多元论，其中第一个中心便是中国。美国植物学家哈兰（J. R. Harlan）是瓦维洛夫的崇拜者，他运用考古学、植物学、孢粉学、古生态学等新资料，并吸收其他领域的研究成果，调整了瓦维洛夫的观点，将起源地分为近东、华北、中美洲三个中心地，以及非洲、南亚、中国南方、非洲、美洲中部、中安第斯山和南美东部（Harlan，1965；1970）。主张农业起源一元论的代表人物是美国地理学者索尔（C. O. Sauer）和卡特（G. F. Carter），他们认为农耕是从东南亚向全世界扩展的，而中国、印度等都是其传播地区（Sauer，1940）。上述植物学家和地理学家是从植物分类学和植物地理学的研究来寻找结论的。但西方有一些考古学家和历史学家从西方文明中心论和各自成果得出结论。如布拉德伍德（R. J. Braidwood）在《农业革命》一文中曾说："食物生产的最初的成功实验，发生在亚洲西南部肥沃的新月形地带的山坡上，后来的农业实验也在中国（可能是独立的）和新大陆（当然是独立的）出现过（Braidwood，1960）。苏联的瓦西里耶夫（N. C. Vasiliev）则认为，直到公元前4000至前3000年间，伊朗农业向中亚强烈渗透，引起当地居民大举东迁，才使中国人接受并掌握了邻人的最重要成就——农业经验和定居生活方式，彼时中国人才开始栽培谷物、驯养动物、磨制石器、制造彩陶、建筑房屋和埋葬仪式等。美国历史学家费正清指出，中国人使用的铁器、战车、马匹、麦子、家畜和象形文字，全都是从近东经由中亚路线传入的。学者们一般认为农业起源于近东而逐步扩展到世界各地。然而考古发现证实，在公元前7000年左右，不知何种原因，世界许多地方同时出现了农业和定居生活。四个主要区域分别是中国、印度、中南美和近东（图5-1）。西亚的扎格罗斯山区，小亚细亚半岛南部，东地中海沿岸的约旦、巴勒斯坦、黎巴嫩等地，是世界上最早的农业发源地之一，这里也是大麦、小麦、小扁豆等栽培作物的原产地。伊朗西部的阿里·库什遗址、盖·达勒遗址，伊拉克的耶莫遗址，土耳其的恰约尼遗址和巴勒斯坦耶利哥遗址表明，早在公元前7000年这些地区便已开始栽培植物和驯化动物。在东亚，中国的黄河流域和长江中下游地区很早就栽培了水稻、粟等农作物，公元前4900年浙江河姆渡居民便已种植水稻，公元前5800年的河北磁山文化遗址中发现粟的堆积；古印度公元前4500年开始栽培水稻。中南美洲的墨西哥、秘鲁、玻利维亚分别是玉米、豆类、马铃薯的起源地。农耕所具有的优越性以及由此而来的农耕地区人口增长，使各农业中心不断向周围扩散。美索不达米亚最早培育的小麦和大麦，在3000年中先后沿东西两大方向扩散到欧洲和亚洲，偏南直到印度的广大地区。中国和东南亚培育的水稻，中南美洲培育的玉米，也逐步向各自的周围地带扩展。就亚欧大陆而言，中国由黄河至长江，印度由印度河到恒河，西亚、中亚由土耳其至伊朗、阿富汗，欧洲由地中海沿岸到波罗的海之南，由不列颠到乌克兰，乃至与亚欧大陆毗连的地中海南岸，都先后成为农耕和半农耕地带。由此构成一个绵亘于亚欧大陆东西两端之间的、偏南的长弧形的农耕世界。

索尔在《农业的起源和扩散》一书中推断了最先发生驯化的区域，以及最先从事驯化的人群。他认为东南亚可能是农业首先发展的地区，当地的自然植被、气候、土壤等条件都利于发展农业，农业知识和耕作技术可能就是从那里传入中国、印度，甚至非洲的（Sauer，

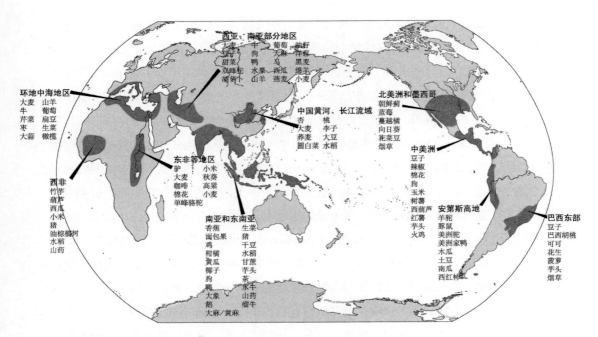

图5-1　世界早期驯化源地及其驯化物种分布地图（Diamond，1999：13-33）

1952：4-100）。其他学者研究了中美洲和南美洲最早的农业区，描述了那里很早就有根栽和复杂的插枝栽培技术。西亚、北非和东南亚是另一个植物栽培活动出现较早的地区，那里有著名的新月形地带。中国的黄河-渭河流域，可能也是一个独立的农业发祥地。学者们花了很长时间研究非洲，最后证明那里很久以前就有了植物栽培活动，西非和东非的大湖区是当时重要的农业区。除了植物栽培活动之外，动物驯化也经历了漫长的过程，不同地区驯养的动物种类也不同。目前考古学所掌握的材料对探索农业起源地点提供了重要的支撑。

（一）索尔的推论

通过逻辑反推历史时期的农业起源需要具备适当的自然植被、气候、土壤等条件，并且是在生产力发展到一定水平的情况下才会发生。当原始的狩猎采集活动无法为人类提供足够的食物时，原始人便考虑采取其他方式来弥补食物来源，以维持生命的延续。索尔认为最早发生驯化的区域和人群满足下列条件：

① 植物驯化不可能发生在食物不足的地区。受饥饿威胁的居民，没有闲暇去进行那种在遥远将来获得更多食物的实验。

② 驯化中心必然位于一个动、植物种类繁多的区域，那里有大量的遗传因子可供选择和杂交。这意味着要有多样化的地形和气候。

③ 驯化不可能首先出现在大河的河谷内，因为那里需要先进的水利工程。

④ 耕种不得不在林地中开始，因为原始的人类在那里"能够容易取得由于树木枯死而

用于栽培的空地"，他们没有能力去破碎草地的表层土壤。

⑤ 最早的农民必须已经掌握使之倾向于耕种的技能，狩猎者不可能是这些人；但居住在山林的斧头使用者必然是驯化者的祖先。

⑥ 最后，也是最重要的一点：原始的驯化者应该是定居的，因为人类的食物也是兽类喜欢吃的；如果人类不在那里经常照管成长中的作物，就不会有什么收获。

根据这些必要的条件，索尔在当时的考古发现基础上，推断植物驯化的最初中心在东南亚。他们是中石器时代居于河水沿岸以捕鱼为主的人。由于鱼类丰富，人类食物供应较为稳定，因此人类可以在这个地方定居下来。另外，热带地区生态环境多样化，具有食用价值的植物种类繁多，可以常年生长。这里的环境条件就为那些具有无性繁殖的食用植物提供了被人类选择进行驯化的机会。索尔推断，驯化植物在这里获得成功的技术，由旧大陆向北传播。至于新大陆驯化植物技术，是否来自旧大陆尚难确定。在旧大陆，这种技术在向北传播过程中，谷物栽培技术就发展起来。索尔的推论具有很强的科学逻辑，但是在考古学上，还有待深入研究的事实佐证。这也为后续研究提出了研究问题。

（二）考古学目前资料的证据

根据考古学的研究，当最后一次冰期消失时，北半球的冰川开始向北后退，在冰川以南的草原地带也随着向北扩展，而原来草原地区由于气候条件变得温暖，树木也因此而侵入草原生态系统，使草原面积减少。留在原草原地带的大型食草动物，一方面由于草原面积减少，另一方面由于人口增长和狩猎技术的进步而遭到严重灾难，食草动物数量急剧下降，这导致人类食物供应变得严峻。南半球的情形也与此类似。

西亚两河流域的新月地带也被认为是动、植物的一个驯化地，这点已为考古学所证明。在这里发现的考古证据，包括使用的工具、固定的居住地，以及最早时期驯化动、植物的一些物证。随着冰川向北消退，西亚环境发生了显著变化，由于气候过于干燥、野生食物短缺，原来的狩猎和采集的人群被迫离开平原河谷地区，向边缘山地的山麓地带转移。在那些山地上，平均气温下降，雨水较多，植物较丰富，可以寻找可食用的植物性食物，特别是草类的种子和木本植物的各种果实，其中一些具有草籽的植物后来被驯化成谷类植物，促进了农业的出现，使人类从狩猎、采集阶段进入农业社会，创造了世界文明。

在西亚其他地区，根据地形的特点形成不同的地带。不仅不同地带有不同的食物来源，而且植物的成熟期在不同地带亦不同。当时狩猎的动物中作为肉食的有熊、狐、野猪、狼。但最值得注意的则是那些有角的动物，比如鹿、小羚羊、野山羊、野绵羊，这些动物的骨骼在人类的遗址里最为普遍，其数量远远超过其他物种的骨骼。这些动物在当地有明显的季节迁移痕迹，冬季从山地转向平地的草原，夏季则又返回山地草场，每年都这样往来移动。人类就随着这些动物进行季节迁移，以便捕获动物解决食物需求。同时，人类在这种迁移过程中，沿路还利用其他食物来源。从低处开始，先是橡子、杏，再往上是阿月浑子（俗称开心果），在更高处则有苹果。野生谷类的成熟期随高度而推迟。林中动物则位于冬夏草场之间的森林中。总之，这里的食物是丰富多样的。

在土耳其安纳托利亚高原上，生长了成片的野生谷物群落，这对于原来以大型食草动物为食的狩猎者来说，在动物数量下降和人口增长的双重压力下，是一个新的食物来源。这些野生谷物有三周时间的成熟期，一个人用石质镰刀收割麦穗，每小时可获得1000多克种子。这说明，一个熟练的采集者的家庭利用三周成熟期收割的野生谷物数量是相当可观的，谷物是一年食物供应量的重要部分。这些谷物的保存、加工（包括制作成食品）需要各种工具，这些设施和工具制作不易，不能轻易丢弃，携带迁移又不方便，因而就需要建造永久性的营地。

在约旦河谷的一个有12000年历史的遗址中，发现当时依靠草种为生的人们建造的有石砌地基的圆形房屋，还有用胶泥涂抹的储藏坑。该处还发现有燧石制的镰刀，刀身留有因砍伐野生谷物茎秆而产生的明显的光泽。

在叙利亚、两河上游、伊朗西部山地，都发现在公元前10000年至前8000年之间农业出现以前，原始人进行割谷、烤谷物、储存谷物等村舍活动的类似证据。那里甚至还留有当时小麦和大麦的原始品种。在这里人们因依靠野生谷物生存而走向定居。定居意味着人们对植物性高产食物的注意。特别是在人类定居点附近形成的各种生活垃圾环境中，一些采集来的野生谷物获得了更高的产量，从而引起人们注意。由此，依靠自然环境下生长的野生谷物逐渐转向人为环境下生长的谷物，野生的谷物就变成驯化的谷物。

人工驯化的谷物，与野生的谷物相比，发生了一些生物特性上的差异。例如，麦类在野生状态下，花序轴脆弱，成熟时就自动断裂，使种子坠落在地上，这有利于种子的萌发，使二年生野生麦类群落继续延续下去，别的群落不易侵入。但坠落地上的种子要收获者一粒粒拣拾却是十分困难的。在麦类的驯化过程中，经过遗传突变、人工选择，出现了花序轴坚硬的麦类驯化种，成熟后花序轴不断裂，种子存在于植株上，这对收获大为有利。此外，驯化种还出现种子与其内稃和外稃的鳞片相脱离、种子籽粒变大等特点，这有利于麦类的加工食用，还能使该种作物产量提高。

考古资料证明，在西亚地区，植物的驯化大体与动物的驯化同时进行。植物驯化的地区也是驯化动物野生种的分布区，而所驯化的植物种类同时也是这些驯化野生种动物的天然食品。当时人类驯化这些植物时，为保证收获就必须予以保护，防止这些动物偷食和践踏。生长茁壮、茎叶茂盛、籽粒肥大的植物对那些食草动物来说，因营养价值高而更具有吸引力，这些动物便自动被吸引到这些人工保护下的野谷生长地，闯进人为建造的护栏中。或者，在野谷收获后，地上有残梗落叶及一些散落的籽粒，使一些食草动物久久不愿离去。这种情况使人类便于捕捉这些动物，并为圈养提供了可能性。特别是早期进行驯化的绵羊和山羊，很快适应了这种饲养条件，并且能够在养护条件下进行繁殖。同时，驯化动物使人类的肉食可以得到供应，同时还可得到皮毛以改善人的衣着条件。此外，驯化动物还给人类提供乳品来源。驯化活动不仅满足人类的需求，实际上也可使因捕杀而易于灭绝的动物种得到保护，以驯化种的形态留存下来。

（三）世界动、植物的驯化

山羊、绵羊的驯化大约在公元前7000年的中东地区。一般认为狗是最早被驯化的动物。今天的牛来源于野生的乌鲁斯牛。乌鲁斯牛分布很广，分布区从亚欧大陆的太平洋沿岸直到大西洋沿岸，还包括北非。这种牛的驯化首先出现于欧洲或俄罗斯草原。东南亚地区的水牛，则来自野生水牛。猪的驯化最早出现在中东，约在公元前7000年到6000年期间，然后由中东扩散到印度、中国和欧洲。

驴是一种效益很高的驮畜，又常用作役畜。驴最早于公元前3000年驯化于北非。在那里，驴有多种用途。但是，驴最重要的优点在于能负重，与牛相比，它既能适应干旱气候，又能生存在较湿润的地区。它对干旱地区的牧羊人来说特别重要，既用以驮载妇女和儿童，又可运载帐篷、食物和其他杂物。

双峰驼大约于公元前4000年或公元前5000年被驯化于中亚。它适宜在极其干旱缺水的沙地上行走，成为这些地区最重要的运输工具。单峰驼被驯化于北非和中东地区，在时间上晚于双峰驼。与双峰驼相比，它更能忍耐炎热与干旱。马是一种非常重要的驯化动物，它在公元前3000年被驯化于里海东岸的草原上。马虽然既能负重又能作为役畜，但是最重要的还是作为乘骑工具，它在短时间内的奔跑速度比驴、骆驼和牛快得多，特别是它易于接受骑手的控制，在军事历史上成为骑兵坐骑，发挥着重要作用。

在中东地区虽然出现了许多种类的动、植物早期驯化迹象，但是在世界其他地方也出现了其他物种驯化的最早痕迹（表5-2）。在中国发现有作物最早驯化的遗迹，如在甘肃秦安邵店村大地湾遗址中的窖穴里发现了黍，在河南新郑裴李岗遗址和河北武安磁山遗址中均发现粟的灰迹，并有石斧、石镰、石磨等工具。经测定这三处的年代分别为公元前5200—前4800年、前5500—前4900年、前5400—前5100年。在中国境内，这两种作物产地在世界上是最早出现驯化的地区。在长江下游的浙江余姚河姆渡遗址中发现了稻谷遗存堆积层，其年代为公元前5000年。河姆渡是目前发现的中国最早的人工栽培稻所在地，也是世界最古老的人工栽培稻所在地。因此，中国亦是世界上最重要的一个作物驯化中心。

美洲由于与欧、亚、非大陆之间隔着辽阔的太平洋和大西洋，在动、植物驯化方面非常独特。在作物方面，美洲重要的驯化物种是玉米、马铃薯、甜薯。在动物方面，美洲有美洲驼、羊驼和火鸡。美洲驼和羊驼虽然既可用于负重，又可为人类提供肉、乳和毛，但是由于它们体形小，负重量相对较小，肉量不多，加上在人工条件下繁殖不快，与旧大陆驯化的牛、羊和猪相比，其作用范围受到很大限制。人类对动物的驯化可能做过不少尝试，有的动物由于野性难改，或繁殖困难而未能驯化成功。

地理学分析农业起源的基本思路包括三方面。第一，了解被驯化的物种的原生地理环

表5-2　世界主要驯化植物和动物的可能起源地区

地区	作物、果品、蔬菜
新月地带	大麦、小麦、燕麦、椰枣、无花果、葡萄、橄榄、洋白菜、胡萝卜、洋葱、豌豆、萝卜
中亚	杏、苹果、樱桃、亚麻、大麻、小扁豆、甜瓜、豌豆、梨、萝卜、胡桃
中国东部	黍、粟、稻、高粱、大豆、杏、桃、李、桑、萝卜、茶、橘、竹
东南亚	稻、香蕉、黑胡椒、橘、茄、杧果、甘蔗、芋
埃塞俄比亚	咖啡、大麦、小麦
尼罗河谷	粟、高粱、棉花、甜瓜、芝麻、黄瓜、豌豆、小扁豆
西非	稻、粟、西瓜、油棕、可拉果
中美洲	南瓜、辣椒、西葫芦、向日葵、烟草、番茄
北安第斯	马铃薯、蚕豆、南瓜、西葫芦、草莓、番茄
南美东部	马铃薯、甘薯、蚕豆、花生、可可、木薯、凤梨、向日葵、西葫芦

地区	牲畜和家禽
西南亚与东非	猪、山羊、绵羊、马、驴、狗、猫、鸭、鹅、鸽、兔、单峰驼
南亚、东南亚与中国华南	水牛、瘤牛、猪、狗、猫、鸡、松鸡、孔雀、鸭、鹅
欧亚大陆中部	山羊、绵羊、马、双峰驼、牛、驯鹿
中美洲和北安第斯	美洲驼、羊驼、火鸡、豚鼠

境。这影响到基于该物种的农业（含牧业）的分布范围。第二，判断基于该物种的农业（含牧业）扩散到其他地区时，面临的主要自然挑战和人类应对的能力（技术、社会组织、自然观），例如小麦种植扩散到中国华北地区，要面对温带季风气候区年际降水规律与地中海地区不同的问题，如春季降水少，需要灌溉，夏季收获季节要赶在下雨前抢收。第三，确定可被驯化和利用的野生物种的分布范围，为农业育种专家提供支持。例如野生稻资源含有栽培稻在进化过程中丢失的许多优异基因，是栽培稻突破性育种与稻作理论研究的宝贵材料。中国野生稻分布于江西、湖南、广西、广东、云南、福建、海南、香港、台湾等地。了解它们的分布对而今水稻杂交育种的工作有帮助。

第二节　农业的发展与类型

自农业出现以后，经过了漫长的发展，世界许多地区从以石斧石镰工具为主的农业逐渐步入以铜制和铁制工具为主的农业，工业革命以后进入机械化、现代化阶段，农业生产率持续提高。在发展过程中世界上出现了很多农业生产类型，分布在不同地区，呈现出各具特色的专业化生产部门。

随着农业的不断进步，农业也从其驯化的起源地向其他地方扩散。在扩散过程中受到自然条件、社会发展水平等因素的限制，在各地区的扩散强度不同。农业在世界范围内较快的传播则是在新大陆与新航路发现以后。由于世界航运的快速发展促进了农业在世界更大范围内更快速的扩散。公元1500年以后，农业在整个旧世界与新世界的大片地区得到广泛传播。当时，欧、亚、非三洲，除北方的高寒地区、极其干旱的大陆中部地区外，其余地区都已出现谷物农业、园圃农业，甚至迁移农业。在新世界，在欧洲人到达之前，玉米、蚕豆和西葫芦已扩散到整个中美洲、北美东部及五大湖地区。在南美，则只有亚马孙河流域的一些地方、巴西东北高地和干热的南部还没有发展出农业。在欧洲农业技术传入、欧洲移民进入，以及种植园兴起等外界因素影响下，美洲的农业与农业景观发生了根本性的变化。

一、农业发展阶段

农业在漫长的历史演进过程中，共经历了三个发展阶段。从16世纪以来，世界各地的农业发展与传播给世界农业带来巨大变化，形成许多不同类型，这些都充分反映了人、地与技术三者的紧密联系。

（一）原始农业——迁移农业

原始农业是农业起始阶段的农业类型，即迁移农业。现在只在热带地区还保留这种农业类型，其主要地区包括：① 南美洲的亚马孙河流域；② 非洲中部的刚果河流域；③ 亚洲的新几内亚岛、东南亚一些热带雨林地区。

原始社会生产力水平极端低下，生产工具极其简陋，石头和木棍是人类最初的生产工具，人们几乎完全依赖于自然界，靠集体捕鱼、打猎、采集食物为生。由于生产工具和生活资料谋取方式的进一步改善，畜牧业和农业的发展，产生了社会分工。因而，其他生产活动也随之逐步发展起来。最后，随着手工业的发展和炼铁术的发明，人类创造了新的生产工具，如铁犁、铁斧等，人类开始种植作物，饲养牲畜。但是，在这个阶段，农业最大的特点是对土地进行轮种，在居住区附近用刀耕火种办法清理出一块土地后，就用工具在土地上挖出坑穴，放进根、种进行轮种，"刀耕火种"是最主要的生产方式。

原始人类播下茎或种子，掩上土，等雨水降落后植物即可生长。迁移农业的农作物的种子是多种多样的，可以说是杂乱无章。这有利于充分利用空间，并且还能获得不同的食物，可以保证经常有新鲜的食物供应。有的作物成熟后根茎可以在土壤中保留较长时期，随吃随取。不同作物的营养不同，对人体营养的平衡也有一定好处。种植两三年后，土壤养分因作物吸收、径流冲洗，很快消耗殆尽，作物产量急剧下降，杂草生长过快，难以清除，人们不得不转换到其他地块。留下的土地休闲，经过二三十年，植被恢复，则又可以进行新的一轮"刀耕火种"。如果人们的居住地周围可供"刀耕火种"的土地很多，其每个地块获得休闲的时间长于其植被恢复时间，则"刀耕火种"的农业生产方式就可以长期持续下去，不会引起环境问题。土地不断更换，但都在村落附近进行，所以，定居点不需要搬迁。可是，当可供利用的土地不多，人口压力持续增长，每次"刀耕火种"土地面积都要扩大。当其轮种速度加快，休闲时间缩短，不能满足植被恢复时间时，不仅引起环境恶化，而且使地力下降，形成恶性循环，结果会使这种农业生产方式无法维持，人们便会寻找其他的土地来耕作。当恶性循环出现时，定居点不得不迁往他处。

这种最原始的农业生产方式至今仍然保留在非洲、南美洲，以及东南亚地区的热带雨林中。现在人们已经意识到保护原始森林对地球整个环境的重要意义，所以"刀耕火种"的原始农业生产方式也有待改进。在环境可承载范围之内，"刀耕火种"对保护环境是有积极作用的。因为热带雨林特殊的生态环境使土壤中储存的养分太少，不足以维持作物生长，"刀耕火种"可以解决土壤养分问题，符合环境条件。但是，如果"刀耕火种"的强度太大，就会给热带雨林带来破坏性的后果。

（二）传统农业

1. 传统农业的基本特征

一般说来，从奴隶社会到资本主义社会初期（即产业革命前）称为传统农业阶段。在传统农业阶段，农产品除去赋税外主要为自己家庭成员所消费，若有剩余则用于交换生产和生活所需物品，如农具和衣服等。在传统农业阶段，农业工具改进速度慢，农民积累了更丰富的生产经验，使土地可以连续耕种下去。

传统农业生产阶段，农业劳动基本上靠体力，同时也用些畜力与简单的器械。农业生产多是依靠积累的经验，生产方式较为稳定。因此，农业生产水平低、剩余少、积累慢。其产量多受环境条件的影响，如土地天然肥力、适宜的气候，若遭遇水旱虫灾袭击就会减产，甚至颗粒无收。进而出现大量饥民，他们的外逃与死亡，给社会带来不稳定性。

传统农业社会农民占绝大部分，从事第二、第三产业的人数不多，因此城镇人口远远少于农村人口。土地基本上都掌握在地主阶级手中，而自耕农拥有的土地比例很少。因此，很多农民不得不向地主租种土地，支付高额地租。因此，绝大多数农民的生活非常贫困。正是这个原因，整个农业社会的发展也是缓慢的、曲折的。

由于各地自然环境不同，适宜耕种的作物亦不同，因此形成的生产模式亦各有特色，最终产生各不相同的农业类型，这不仅影响当地社会的发展方向，也反映各地独特的人地关系。下面介绍的几种东西方传统农业地域类型，它们都可以用"四层一体"的分析框架来分析。

2. 东西方传统农业的形成

（1）中国传统农业的形成

从自然层来看，由于热量和降水的差异，中国传统农业地区大致可分为南北方，这种格局具有一定的稳定性。从生计层来看，在春秋战国时期，中国人就通过深耕、细作、施肥等办法提高土壤利用的深度与广度，增强土地肥力。从制度上看，在可行的地区，都开始采用复种的制度，以提高单位土地的产量。北方有春播、秋播，南方甚至有一年三熟种植制度。这种制度提高了北方农业产量，为社会经济发展和人口增加提供了条件。从战国时期到东汉，生计层推行了农业水利灌溉工程，北方旱作农业进一步发展，渭河流域，以及黄河下游河南、山东、河北交界处都成为农业发达地区。北方人口也大大增加。西汉时，北方人口占全国人口的80%；东汉时，北方人口占全国人口的60%。当时南方水稻种植农业发展缓慢。其原因在于生计层的农耕技术还主要是"火耕水耨"。"火耕"即指用火烧去田中的杂草。"水耨"是指用水淹死杂草。在这种种植方式下，水稻的产量与北方旱作农业相比很低。到东汉时，南方水稻种植技术经撒播变成育种移栽办法，使水稻生产有了突破性进展。南方水稻农业发展除本身技术改进外，还受其他因素的影响。首先是劳动力的增加。从制度层看，历史上由于政治或战乱等原因，北方人口向南方迁移有三个高潮，南方人口大大增加，使南方农业获得充足的劳动力，促进了南方土地的开发。其次，优质稻种的推广，使南方看脸水稻生产出现一年两熟，甚至一年三熟，这也使得水稻产量迅速提高。在宋代，南方粮食产量已超过北方。在此以后，黄河、长江和珠江流域等农业耕作区可供开垦的土地所剩不多，各地传统农业的发展主要受新品种和农业经济制度的影响。

（2）欧洲中世纪的农业

在中世纪时，欧洲农业生产技术与生产制度结合，实行短期休耕，典型的是敞田制（open field system）。敞田制有两个特点：第一，庄园主拥有土地，并将土地块（通常是条带）租给佃农。第二，采用作物轮作和放牧结合。早期是二圃制，后期是三圃制。因为各个佃户在收获后要将自己耕作地段的篱笆拆除，作为牲畜放牧地，所以景观上是"敞田"，使用上是"开放"。佃户的地每年要重新分配，目的是防止好地被某户长期独占。在两圃制（two fields system）中，每年有一半土地休耕。在三圃制（three fields system）中，每年有1/3土地休耕。在休耕的地上放牧，牲畜粪肥就留在休闲地上以增强土地肥力。

在典型的三圃制中，第一块用于冬种小麦和黑麦，第二块用于春种大麦和燕麦，第三块休耕并开展畜牧。谷物种植用手撒播，不成行，产量也低。产量一般只等于种子的四倍。种子的品质属于低产的，与现代杂交良种相比质量很差。饲养的家畜类型有猪、绵羊和牛等，其中公牛用作役畜耕种。从数量来说羊最多，羊可以提供毛、皮、奶、奶酪和脂肪。猪则在村边与林中觅食，过冬饲料不足，因此在秋季就被宰杀，用盐腌制。由于干草不足，根茎作物缺乏，牛过冬也很困难。农民的定居点一般坐落在各耕作区的结合部，便于往来耕作。房屋多为土墙草顶，质量差，要定期翻修重建。各户相邻较近，中心有教堂、磨坊。无份地的人只能住在林地或沼泽边缘，以开垦小块地为生。

到16世纪时，由于人口增长的压力，人类对食物的需求大增，因此除需要扩大耕地面积外，还要提高农作物单产、改进农业生产技术。在17世纪，荷兰城镇获得发展，内外贸易的联系给农业市场发展提供了机会。沿海地区、内湖沿岸的农业迅速发展，农业技术有不少创新。如作物轮种、杂交牲畜选育、城市郊区园艺带的出现。作用显著的是苜蓿的广泛种植，这既提供大量饲草，促进养殖业发展，又增强了土地肥力，有利于提高产量。

欧洲历史上种植业产量难以大幅度提高的原因在于，土瘠需要施肥，肥料多来自人们养的牲畜，牲畜需要大量饲料，而冬季往往缺乏饲料，这是提高种植业产量的瓶颈。荷兰人找到了解决方法，即种植苜蓿（被称为牧草之王），以之作为牲畜的饲料，从而增加了牲畜饲养量。围栏饲养的出现节约了牧场面积，增加了厩肥。农业轮种使得土地分为粮食和牧草两类，饲养牲畜保证了奶品与肉的供应，形成了欧洲的种植业与饲养业相结合的混合农业。

荷兰对农业的创新做法开始向欧洲其他地区扩散，使欧洲农业发生革命性变化。例如英国，作物采用四年轮作制，第一年种小麦，第二年种萝卜，第三年种大麦，第四年种苜蓿。这样，英国养牛业得到发展，小麦产量也较中世纪翻了一倍多。后来，改进的犁、耙、收割机、条播机进一步提高农业效率。杂交牲畜品种选育，出现了羊、猪和牛的新品种。英国由于取消份地，将分散地块合并起来，形成围以栅栏的农场，这对发展饲养业与种植业新的混合专业化农业大为有利。

（3）美国的殖民农业

美国殖民农业的发展具有独特性。其特点在于：第一，美国殖民农业是欧洲和印第安传统作物与技术融合的产物。殖民农业的发展体现了美国独特风俗的文化接触过程。第二，殖民农业研究反映了农业技术、劳动力投入和可利用土地的利用强度相互影响的方式。

欧洲传统农业在初入北美时，"四层一体"有了新的变化，主要是在农业耕种制度层面。美国自然层中的气候、土壤与欧洲有所不同，但是土地辽阔。生计层中劳动力少，制度层中耕作粗放。从欧洲来的农民采用了美洲的灌丛休耕种植制（brush fallowing），即休耕的土地得不到牲畜粪便或人工施肥，而是让土地自己恢复地力，靠植物的落叶进入土壤，增加土壤的有机质来源，休耕田地的景观呈现为灌丛。这种制度在拥有大量未开垦土地的社区中是可行的，但在后来土地资源稀缺时，就难以采用。英国清教徒自1620年移民到北美后，学会了印第安人在耕地中刨坑放鲱鱼的做法，此法可提高地力。最初从欧洲带来的小麦和大麦不能立即适应当地环境，所以在17世纪，新英格兰地区的农业基本上是自给性的。欧洲移民到达这里后发展农业是先砍树，然后放火燎荒，他们学会种植玉米，玉米不仅产量高，而且适应初垦出的耕地。同时，混种的西葫芦和豆类既适合当地环境，又可攀缘在玉米秆上生长。

后来，欧洲移民也做过尝试，采用在欧洲实行的敞田制。他们在马萨诸塞州建立敞田制的乡村，目的是重建欧洲的生活方式。可是到17世纪后半期，这种农业方式走下坡路了。

其衰落的原因主要是，敞田制的农民拥有 12 hm² 土地，比集约式的耕种面积大许多，而且地块又很分散，因此这些耕地就要投入大量劳动力。这对总人口不多的移民来说是无法解决的。因此，这种耕种方式下的产量达不到在英国的效果。在劳动力短缺而土地多的美洲，如果采取灌木休耕制，反而可在较少劳动力投入的条件下获得相对高的人均劳动力产出。于是新英格兰的农民就陆续放弃敞田制农业，在大片土地上实行粗放耕作，把定居点建在远离村落的土地中部。这样就出现了占有大片土地的独家村式美国农村景观。其原因在于，当土地资源丰富而劳动力稀缺时，利用土壤的自然恢复特点，比投入大量劳动力恢复地力要经济。

类似的情况也在其他地方出现。例如，在 17 世纪中期，荷兰为了解决远洋航船的食物供应问题，向好望角地区移民，在那里进行农业生产。但是，这些移民既无充足资金又无劳动力去实行集约式农业生产。于是这些移民转向畜牧业生产，因为它所需劳动力少，回报高。荷兰人在当地实行欧洲农业生产方式遂以失败告终。此种情况也出现在澳大利亚和南美洲阿根廷的潘帕斯草原。

以上农业生产方式的演变，充分说明了人与自然之间关系的独特性与复杂性。在人口压力下，中国早期休耕农业很早就被放弃了，并进入了依靠劳动力集约发展的道路。西欧的休耕农业，是通过饲料与畜牧业的发展解决的，结果形成种植业与饲养业相结合的混合农业。北美殖民地农业，土地多，劳动力少，则使农业方式退回到灌丛休耕农业上。而今这三个地区的农业都在各自基础上继续发展，多数地区转向现代农业。传统农业内部也有不同的发展类型。

3. 传统农业地带与自然带的关系

在有人居住的地区，往往用与传统农业活动密切相关的自然指标来划分自然区的边界，如干旱与半干旱区的分界线是 200 mm 等降水量线。这个指标的选取依据是，在年均降水量低于 200 mm 的地区，没有灌溉就无法发展种植业，只能是游牧业。找到划分一个地区传统农业地带的自然指标是人文地理学工作者的基本能力。下面就介绍 4 种按照气候指标划分的全球尺度下的传统农业地带的基本信息。

（1）旱作水利农业地带

主要分布于温带大陆的东岸以及副热带干旱的山地和高原地区。它包括中国的东北、华北和西北地区，中南半岛的山地、丘陵地带，印度南部德干高原及西北地区，巴基斯坦、阿富汗和西亚的一些地区，非洲的埃塞俄比亚高原，俄罗斯泰加林南缘一些地区。在该类型农作物中，小麦占重要地位，其次是谷子、高粱、玉米、大麦、大豆、甜薯、马铃薯。小麦在寒温带是春小麦，在其他地区为冬小麦。经济作物有棉花、烟草、花生、大麻、亚麻、甜菜和杂豆等。家畜有牛、马、驴、骡，它们主要作为役畜。作为肉食的有猪和羊。家禽主要是鸡。作物灌溉主要靠自然降水，降水量与季节不稳定，不仅影响作物的产量，甚至造成严重的自然灾害，对人口和经济可能造成严重影响。该农业类型地区多是易受灾地区。为此，在本区往往利用地表水或地下水进行灌溉，解决降水不均衡的问题，对稳产和高产起到了重要作用。为了节约用水，除解决水在渠道转运过程中的渗漏问题外，还发明了喷灌和滴灌新技术。在山区，为防止水土流失，多采用梯田。不合理的灌溉，往往由于蒸发作用引起土地的盐渍化。

（2）传统水稻农业地带

主要分布在热带和副热带地区。水稻喜高温潮湿的自然环境。而今经过改良，它也可以扩大到暖温带和温带，只要有充足的水源就可以种植并获得高产。传统的水稻种植地区集中于中国的南方、东南亚、南亚的河流两岸平原与沿海平原地区。此外，还零星分布于地中海，非洲的埃及、尼日利亚，美洲的古巴、委内瑞拉和美国的密西西比河下游。水稻生长除需要充足水分和高温外，还需要平整的土地、方便的排灌设施。水稻种植与别的作物种植的不同之处是需要先育秧，等秧苗长到一定高度时进行移植。插秧前，土地要平整、灌水。为保证秧苗生长，还需除草、及时供水。加上除虫、施肥等工序，水稻种植需要大量劳动力。在谷物中除玉米外，水稻是目前单产最高的作物。尽管农业技术发展很快，但是水稻种植的劳动依然相对密集，传统水稻农业地区也是世界上人口密集的地区。水稻一年可种1~3次，视温度、水分、肥料、劳动力及经济效益而定。与旱作水利农业相比，经过上千年人们对稻田的整理，这里已形成蔚为壮观的水田景观。

（3）地中海农业地带

主要分布在地中海气候区。该气候区位于温带大陆西岸，其特点是夏季炎热干燥，冬季温暖多雨。这里与夏季高温多雨，冬季低温干旱的旱作水利农业区的气候明显不同。地中海气候主要集中在地中海周围地区。此外，还零星分布于美国的西海岸、智利中部、南非与澳大利亚南部沿海。地中海农业的作物主要是小麦、大麦。由于小麦和大麦是当地原生的物种，其生长过程的需水量与降雨季节分配量匹配，因此不太需要灌溉。此外，本区也种植玉米与水稻。在经济作物中，突出的是葡萄和油橄榄。葡萄在地中海沿岸，特别是地中海西北部地区大量种植，葡萄成为当地酿酒的重要原料。法国、意大利和西班牙是世界上葡萄酒主要生产国。油橄榄是食用植物油的主要原料，是地中海国家的特产。本区家畜中有山羊、绵羊和猪。猪饲养于农区。羊饲养在山区，夏季放牧于较高处牧场，冬季则到较温暖的低处。平原地区，低地为农田，坡地高处种植葡萄、橄榄和无花果。这里农业提供粮食，果业提供饮料、油、果品，牧业提供肉、毛、皮，形成三位一体农业，成为古希腊、古罗马文明发展的重要经济基础。本地带新发展起果业、花卉业。这里夏季阳光充足，是水果与花卉生长的好地方。例如美国加利福尼亚州的柑橘和花卉，新西兰的猕猴桃都是该地区的重要产品，智利利用南半球区位为北美洲生产冬季所需的果品。

（4）游牧地带

主要分布在干旱地区，这类地区分布于副热带和温带极其干旱的草原和荒漠地区，少数分布在降水量丰富的亚寒带。这些地区地面植被极其稀疏，多是些草本植物和矮灌木。其中镶嵌零散的绿洲，故有绿洲农业。生活在非洲和亚洲干旱地区的牧民，至今还有人以帐篷为住所，逐水草而放牧。在山地地区，牧民在夏季来临时，就把牲畜赶往山地高处的夏季牧场；当天气转冷，他们就将牲畜赶到山下的冬季牧场或称秋冬牧场。目前，全球完全从事游牧的人口已不多，不少牧民已定居或半定居，或在定居点周围区域放牧，或只有放牧人随牧畜而流动，其家人则定居下来。除流动或半定居的牧民还保留着帐篷以外，定居的牧民已采用农区居民的居住方式。游牧者放牧的牲畜有羊、牛、马、骆驼等。按对干旱地区适应性来说，骆驼体内可储存水，驼峰中储存养分，蹄大而软易于在沙地上行走，鼻孔和眼有防风沙功能，能食粗饲料，因此骆驼是最适应流沙地区的驯化动物。山羊优于绵羊，它可以长途行走，需水少，食粗饲料。马与牛对草场要求较高。因此，各地放牧的牲畜有所不同。东非以牛为主，西非、北非和阿拉伯半岛以羊和骆驼为主，亚洲中部则以羊和马为主。在青藏高原和北极圈内生长着低矮的灌木与贴地的地衣，两地的牧人分别放牦牛和驯鹿，它们是从当地物种驯化而来。

（三）现代农业

1. 现代农业的基本特征

自18世纪到19世纪，英、法等国先后进行了产业革命，其后动力机械在19世纪末和20世纪初被引入农业生产部门，这使农业生产出现了巨大的飞跃。特别是19世纪下半叶，德、美、日等资本主义国家相继出现工业化，大工业的发展使农业生产也采用机器，农业技术有了进一步提高，从而使农业生产效率大大提高。特别是第二次世界大战以后，在经济发达国家中，农业生产除机械化、专业化外，化肥药品、品种改良等也促进了农业现代化。现代农业与传统农业不同。它的产品不再以供给自己消费为主要目的，而是作为商品进入市场以获得利润。所以，现代农业亦称为商品农业。

现代农业的产品主要为居住在城镇中的非农业人口提供生活消费品，保证制造业、服务业等二、三产业的顺利进行。从事现代农业生产的农场多依靠机械和现代科技成果，所以从事现代农业的人口在该国或地区总人口中所占比例比传统农业区低得多，例如美国农业劳动力人口只占全国总人口的2%。由于生物技术和基因工程等在农业上的广泛应用，现代农业的单位面积产量大大超过传统农业。专业化生产使得现代农业的农场规模比传统农业生产规模大得多，从而获得规模经济效益。同时，现代农业也在向纵深发展，形成完整的农业生产体系。

2. 现代农业的类型

现代农业生产的模式有经济作物种植园、种植业、养殖业、市场园艺农业和大牧场5种。

（1）经济作物种植园

种植园主要是指在热带地区出现的新型的、大规模的、单一作物型的集约化农场，主要种植经济作物，如在饮料方面，有咖啡、可可和茶；在果品方面有香蕉、菠萝、杧果；在原料方面有橡胶、油棕、剑麻和烟草等。随着工业发展，世界各国对这些产品的需求量逐渐增加。种植园农业带有明显的地域特征，一般都是由这些热带作物生产所需的自然条件来决定的，另外也和欧洲的殖民历史有关。加勒比海诸岛、美国东南部、南美洲东北部、中美洲、非洲和亚洲的一些沿海地区都有大片的种植园分布。其中，茶主要分布于中国南方、印度和斯里兰卡，咖啡集中于南美，可可多分布在西非，橡胶则分布于东南亚，剑麻多产于东非，油棕集中于马来西亚与西非，香蕉主产于中美洲与厄瓜多尔，菠萝则以夏威夷为多。

热带种植园生产的产品主要销往欧美等地，且多建立在热带沿海地区，便于产品装船运输。特别是一些水果需要保鲜，使距离市场近的种植园占有优势。正是这种原因，中美洲的种植园是生产水果较集中的地区。市场的需求偏好对种植园作物有很大影响，例如咖啡原产于非洲，但咖啡的主要销售市场在北美，因此咖啡种植园多集中在南美洲的巴西和哥伦比亚，产量大大超过非洲。

早期种植园的经营者和管理阶层多为白种人。他们工资高，生活条件优越，住在种植园内的高级住宅区。而工人有当地劳工和外地劳工之分。他们工资低，生活条件差，多住在面积小、质量差的简易房中。因此，形成了两个明显不同的社会阶级。由于需要大量劳工，当本地劳动力短缺时，种植园则多吸收外地劳工。外地劳工多为来自不发达地区，美洲最早的黑人是被贩奴者掳运到那里的种植园。在东南亚种植园外地劳工多为华人和印度人。因此，早期种植园在世界各地的发展，也带来大规模的跨国移民。

（2）种植业

种植业在中国亦称"大田农业"，主要生产小麦、玉米、水稻等粮食作物以及大豆等油料作物。

由于面向市场，为了提高经济效益，农场尽量采用大型农业机械。为了提高机械使用效率，谷物农场的规模都比较大。谷物生产的季节性特别强，延误农时对生产损失很大，即中国官方和民间常说的"不违（误）农时"。虽然大型农业机械效率高，节省劳动力与时间，能及时完成农业所需的操作，但是，对一个地区的农场来说，对某种作物某阶段的农活来说，大型农业机械的使用时间是有限的。因此，对价格昂贵的大型农业机械来说，使用时间太短很不合算。为此，农业企业家就利用该地区内不同地点相同农活的时间差，在间隔一定距离内建立生产相同谷物的农场。这样，可以共同利用同一配套的农业机械和操作人员，按时间差，在完成一个农场的农活后，及时转移到下一个农场。这样可以连续完成几个农场的相同农活，大大提高大型农业机械的使用率。

在北美经营者及少量的季节劳工在干农活时才住在农场，在农活完成后，农场则几乎空无一人，只剩下储粮谷仓、存放机器及杂物的库房和短期住人的住房。农场主只要带个提包就可进行经营活动，人们称这种形式为皮包农场经营（suitcase farming）。大型的、高度机械化的商业农场往往称为农业企业（agribusiness）。在种植业企业中还有不少规模较小、以家庭为单位、农忙时雇用工人帮工的。它们因投资低、经营灵活、具有一定优势而持续存在。

生产小麦的农业企业，有种植冬小麦与春小麦之分。冬小麦多分布在温度较高的南方，春小麦则分布于冬季寒冷的北方。这些企业主要分布于美国、加拿大、阿根廷、澳大利亚、欧洲等国家和地区。

（3）养殖业

养殖业是种植业与饲养业相结合的农业。这种农业以种植的谷物为饲料，以饲养的牲畜、禽类、水产等为最终产品投放市场。主要分布在中国东部，北美五大湖以南的大片地区，欧洲的西班牙北部、地中海沿岸、大西洋和波罗的海沿岸地区，南美洲的巴西东南部地区。

在发达国家，由于收入高以及饮食偏好，肉食在食物结构中比例大，对牛肉和猪肉的需求量大。肉食品产量增加的同时也增加了对饲料的需求。饲料生产与肉类生产相结合，可以最大限度地提高农业经济效益率。

玉米的单产相对小麦高，其成分主要是淀粉，但缺乏蛋白质。大豆则富含蛋白质。以这两种作物作为饲料，就可以大大提高畜类的营养价值与产肉率。因此，养殖农场也种植玉米与大豆。另外，该类型农场还生产一些青饲料以满足牲畜育肥需要。

农场用来育肥的牲畜、禽类等多来自专门培育与繁殖优良品种的农场。这些优良品种出肉率高，生长快，出栏周期短。在饲养上，采用科学方法，注意饲料配方，使用围栏饲养以缩短育肥时间，加快再生产。

在欧洲，由于地理与历史条件不同，养殖农场的规模比美国的小，种植的饲料是适应欧洲温带气候类型的作物，如马铃薯、甜菜、燕麦等。

乳品业是养殖业的子部门，它专门生产奶及乳酪等乳类加工品。影响这类农场区位选择的有两个因素。一个是距离市场的远近。另一个则是适宜于青饲料种植的地理环境。在距离市场的远近方面也不是绝对的，它还受交通工具与道路状况的限制。生产新鲜乳品及时满足城市居民的需要，农场如果离城市近，车辆与道路条件好，就可以较短时间运达。早先挤奶靠人工，加上消毒、装瓶、运输、分送等一系列过程受时间与人力诸多限制。目前，采用机械吸奶、消毒、分装的技术，加上运输技术和道路系统的改善，可以使生产牛奶的农场建在离城市较远的地方。

多汁、新鲜的青饲料和富含蛋白质的精饲料能提高乳品产量。为保证新鲜青饲料的供应，农场需种植优良牧草与块根作物。若农场所在地环境条件差，少量的精饲料可以从远处购进，但新鲜青饲料则仍需就地供应，否则既影响奶的质量，又影响奶的产量。在离城市较远的乳品农场或对新鲜乳品需求量不大的地区，就需把牛奶加工成奶粉、黄油、奶酪等制品。这种情况在澳大利亚和新西兰的乳品农场中特别突出。瑞士就利用多余的牛奶生产巧克力糖果，以提高乳制品的附加值。

乳品业在北美主要分布于五大湖及圣劳伦斯河南岸地区，在欧洲则分布在瑞士与从法国往东的大西洋沿海与波罗的海南岸地区。其他地区除澳大利亚与新西兰外，多分布在大城市的郊区。

（4）市场园艺农业

市场园艺农业是为市场提供蔬菜、水果、花卉等产品的农业。蔬菜是人们不可缺少的食物，为人体提供必要的营养与维生素。但许多蔬菜需要保鲜，否则会降低质量，难以销售，甚至会腐烂变质。由于受气候条件影响，很多地方蔬菜生长受到限制，不得不依靠建造的温室在消费集中地种植。目前，在一些经济与交通发达的国家或地区，由于保鲜技术的应用，使远距离的蔬菜运输成为可能。这样，就大大促进蔬菜基地的建设和发展。例如中国的四川、山东、海南等地是中国的蔬菜基地。由于交通方便，利用大型具有保鲜设备的卡车可以在较短时间内，将新鲜蔬菜送到各大城市。目前，中国蔬菜市场已全部开放，现在北方，特别是冬季，蔬菜严重短缺情况已大有改善。

与蔬菜相比，水果的保鲜与储存大大易于蔬菜。另外，水果中亦含有维生素，可以部分替代蔬菜的营养价值。因此，水果已成为人们日常生活中不可缺少的食物，其产量日益增加。例如，人们在就餐时也会饮用果汁，水果甚至成为一道菜。目前，交通与保鲜技术的进步使人们可以享受到世界各地的著名水果。一些水果产地享誉世界。例如美国加利福尼亚州的柑橘产地、新西兰的猕猴桃产地。智利利用其在南半球气候与北半球的季节反差，为北半球冬季供应夏季水果。

花卉日益成为人们生活中的重要商品。它既可以美化环境，在礼仪交往中也起着重要作用。目前，荷兰已成为世界性花卉生产基地，花卉通过飞机运往世界各地。目前，中国云南已开始成为国内花卉生产的集中地区。

（5）大牧场

大牧场与一般游牧业有很大不同。首先，其规模大，放牧的牲畜达到成千上万头。其次，它不是以家庭为单位进行放牧的，而是企业化运营。最后，它不是自给自足的生产，而是将牲畜投向市场。

大牧场在美国、澳大利亚、新西兰、阿根廷、南非的干旱地区较为流行。那里有大面积的半草原与半荒漠地区，适合于经营大牧场。

美国的大牧场以放牛为主，雇佣的劳动者称为牛仔。这些牧场为提高效益，先是在牧场上对牛进行粗放式放牧，牛长到一定体型后，再用好的饲料细心饲养，进行育肥，达到一定标准时再送往屠宰厂。也有的大牧场，把后半期的育肥阶段转移到专门的养殖农场。

阿根廷大牧场也以放牛为主。在澳大利亚、南非的大牧场既有牛又有羊，牛主要是肉牛。在新西兰的牧场上主要是羊群。澳大利亚和新西兰是世界最大的羊毛生产基地。

随着生物技术和信息技术的突破性发展及其在农业领域的成功应用，世界农业正向持续农业、蓝色农业、基因农业、超级农业、太空农业、网上农业方向迈进，农业经营类型也会更丰富。

二、农业形成与发展对自然和社会的影响

农业的形成和发展首先使人类学会了新的利用和改造大自然的方式；同时为人类的生存提供了重要的保障，推动了人类社会的发展和进步。人类文明的出现和发展也是建立在农业发展的基础之上。从人类发展历史的几百万年来看，农业起源至今只不过占整个历史的几百分之一，但其发展速度是惊人的。

（一）农业的形成对自然的影响

农业之所以是第一产业，是因为它属于直接依赖自然发展的产业部门。农业的发展就是人类"改天换地"的历史。在大的空间尺度上，农业的分布受自然环境的限制，在小尺度空间中，人类可以改变局部地区的自然环境，促进农业的发展，例如干旱地区的灌溉设施促进了当地农业。农业对自然的影响好坏参半。

农业对地形的改造力度相对较小。尽管有梯田等田地形式，但是农业对于地形，多数情况下是适应和小规模改造。农业对植被的破坏主要体现为燎荒，尽管人们现在已经意识到烧毁热带雨林，开拓农田的形式不可取，但是历史上因"刀耕火种"破坏的森林已经无法完全恢复。农业活动还会对大气构成产生影响，一个典型的例子为水稻田对大气成分的改变。1989年美国环保局确认，在相同分子数量下，甲烷的温室效应是二氧化碳的30倍，因此，甲烷被看成仅次于二氧化碳的引起全球变暖的重要气体。据联合国政府间气候变化专门委员会资料，现在大气中甲烷含量为1.77 μL/L，并以每年1%~2%的速度增长，甲烷对温室效应的贡献达19%。估计全球稻田每年排放甲烷总量为0.6亿t，在各种甲烷排放源中，稻田排放量约占总排放量的20%，所以水稻的种植区被看成甲烷的重要排放源。如何做到既保证稻谷增产，又减少稻田的甲烷排放，是人们十分关注的问题。

（二）农业的形成对社会的影响

1. 农业的形成与发展对社会的影响

原始农业出现以后，人类从依靠天然食物资源为生，转向以驯化生物资源作为主要食物资源，即人工生产的粮食作物、家畜、家禽、水果、蔬菜、奶与油等，农业使人类的食物更为稳定，大大有利于人类的发展。在这个过程中，人类开始有意识地保护天然的动物和植物资源，使生态环境免遭无止境的破坏。人类为了发展农业以改善自身的生活，还需要一系列的创造和发明，这也促进了科学和技术的发展。

驯化的植物资源有棉、麻，驯化的动物资源有毛和皮。这些为人类发展衣着提供了条件。服装的发展，使人类可以借之避免烈日照射和寒冷的袭击，衣着的防寒作用使人类的居住范围有所扩大。

粮食生产不仅可以满足人们日常的食用，储存下来的粮食还可以减轻灾年的饥荒程度。

另外，农业生产的粮食需要加工、煮熟才能食用。这对于人的肠胃消化吸收，对于人的身体健康、寿命延长大有好处。因此，农业的出现使全球人口增长速度比过去大大加快。随着农业在世界范围内的扩散，人口的普遍增长也在世界范围内成为可能。

2. 农业发展给社会带来的变化

农业活动与原来人类长期进行的狩猎与采集活动有三大差异。第一是狩猎与采集活动要不断地迁移，而农业活动则需要定居。农业依赖土地，当其获得的产品能满足人们一年的基本需求时，人们自然会定居下来，改变其原来流动的生活方式。

第二是农业活动的基本群体人数少。原来为猎取食物而活动的基本群体一般在50人上下，多者可以百计。这里面有群体活动的效率问题。据知，美国中部，早期印第安人以捕杀野牛为生，当夏季草类资源丰富时，野牛群的头数多，则狩猎活动基本单位人数也多。到冬季草类资源减少，野牛群的头数也减少，狩猎活动单位人数亦减少。在农业活动中，一般不需集体活动，只要几个人就可以进行种植、收获等生产活动。

第三是农业活动人口倾向聚居于宜农地区。农业生产种植的是驯化的植物，经人工驯化的作物籽粒饱满，数量多，产量超过野生种。种植驯化作物和狩猎与采集活动相比，单位土地面积可供养的人口数量多。

因此，农业的发展对社会的影响首先使生产基本群体变小，进而促进了家庭的发展，农业要求的定居、聚居状态促成了村落的出现。在此基础上，农业进一步发展，就导致文明的出现，这是人类发展的根本性变化。

（三）人类文明的出现

随着农业技术水平的提高，农业产量大增，不仅可以满足生产者的需求，还有相当剩余。这可以使一部分人脱离农业生产，从事其他生产或其他工作，社会开始出现分工。有了剩余产品，就出现了财产私有；劳动分工的结果是出现了商品和服务的交换。这样，社会就出现了阶级、法律、宗教、文字、城市与国家等。这些代表人类发展到一个高级阶段——文明时代。

在历史上，最早的文明发源地在东半球有古埃及、古巴比伦、古印度和中国，在西半球有墨西哥、玛雅和印加帝国。这些早期文明源地不仅说明生产技术的新发展，也反映出人地关系的新特点。

1. 古埃及文明

古埃及文明出现的时间大约在公元前3000年。它位于尼罗河下游。尼罗河是非洲最长的河流，它起源于非洲中部的热带雨林地区，干流由南向北，注入地中海。尼罗河的水源主要来自上游热带雨林地区。那里不仅降水量大，各月降水量也较均匀。上游来水经过苏丹南部的沼泽地区后，水质变得清澈。尼罗河的次水源地是埃塞俄比亚高原，该地气候分旱季与雨季。雨季始于6月终于10月。那里是稀树草原地区，雨季降雨使大量腐殖质进入河流。这个水源不仅每年给埃及的尼罗河带来定期的洪水，还带来富有营养的淤泥，有利于小麦的种植。① 平水期满足小麦在 11 月播种，有充足水源供灌溉之用，5 月收获季节无洪水之灾。② 洪水期留下的富含营养的淤泥为小麦生长提供丰富肥料。③ 埃及虽终年无雨，但尼罗河两岸不缺灌溉之水，干燥的空气和丰富的地下水对小麦生长极为有利。小麦生产为古埃及文明发展提供了优越条件。另外，埃及东有西奈荒漠，西有利比亚沙漠，南有沙漠、瀑布，北有大片河口沼泽，形成良好对外防守环境。在尼罗河上航行，往北不用张帆，船可顺流而下，往南可扬帆，借北风逆流而上，极有利于运输与对外交往，加上农业的发达，这都对形成著名的古埃及文明提供了必要条件。

2. 古巴比伦文明

巴比伦位于中东幼发拉底河和底格里斯河之间，属于肥沃的新月地区。两河水源来自土耳其高原。这里气候带有冬季降雨的地中海型色彩，河水冬季来自雨水，春季来于高山冰雪的融化。河流两岸，秋种、初夏收获的小麦，在生长期内有雨水促其出苗，河水灌溉助其生长。但是，小麦生长后期，逢河流洪水期易于受灾；小麦收获季节以后，气候干旱、地面裸露、蒸发量大，土壤有盐渍化现象。另外，因该地区东、西、北三面易受草原游牧民族的侵袭，致使王朝更替较为频繁。该文明出现时间亦为公元前 3000 年，与古埃及文明大致同时。

3. 古印度文明

古印度文明起源于今巴基斯坦境内的印度河流域。该文明起始于公元前 2500 年，时间稍晚于古埃及文明与古巴比伦文明。印度河起源于青藏高原的西部群山中，向西南注入阿拉伯海。河水除高山冰雪融化补给外，还有夏季从海洋吹来的西南季风雨水补给。夏季过后，就是旱季。小麦生长期降雨少，只能靠灌溉保证其生长。夏季汛期洪水虽大，但小麦已收获，不受威胁，而洪水带给两岸的沉积物能给冬种小麦提供肥料。因此，该地的水文、气候条件的组合十分有利于小麦的种植与高产，这也是古印度成为文明发源地的重要原因。

4. 中国

中国① 的文明起源主要集中于黄河中、下游地区的支流上。从夏、商、周的经济、政治核心地区来看，中国文明早期主要集中在从今河南安阳，经郑州、洛阳到陕西渭河流域的西安这个马蹄形的地区。这个地区恰好是黄土高原的边缘地区，黄土质地疏松，含矿物质多，有利于土地的开垦和作物种植。这个马蹄形区年降水量为 600~650 mm。7 月平均温度为 26 ℃，2 月平均温度为 −2 ℃，雨热同期适于粟类作物生长，但有春旱。

据中国考古学家研究，中国早期农作物主要作物是黍、稷、粟、稻。黍是有黏性的黄米，稷是不黏的黄米，粟为小米，稻为水稻。黍、稷和粟生在北方，是旱地作物。黍与稷比

---

① 中国一词最早出现在"何尊"的铭文中。记载周成王亲政五年（前 695 年）建东都洛邑一事。因此这里说的中国指古代中国。

粟更耐旱。水稻生长在南方水田里，不过当时技术落后，单位面积产量低于北方旱作物。正是由于旱作产量相对高，遂使当时文明出现在北方。在北方小米虽更耐旱，但在产量上却高于黍、稷。而黄土高原边缘地区的气候与土壤条件更有利于粟的生长，这与夏、商、周三朝人口、经济、政治亦多集中于该地有密切联系。中国文明出现的时间以商代甲骨文为证，而夏尚未发现文字记录，故晚于古埃及、古巴比伦和古印度，约为公元前 2000 年。

5. 墨西哥文明、玛雅文明和印加文明

墨西哥文明出现在今墨西哥的首都周围地区，玛雅文明是在今墨西哥南部、危地马拉、伯利兹、洪都拉斯和萨尔瓦多西部一带，印加文明出现在南美的厄瓜多尔和秘鲁。

这三个地区的文明都与玉米生产有关。现在的玉米是植株高大、穗大、产量高的作物，在目前粮食作物中，无论是单株产量，还是单位面积产量都是最高的。玉米的习性是需高温、多雨和通气。高温可满足其生长和成熟；多雨是保证其水分供应（亦可用灌溉方式解决）；通气是指玉米根部生有通气组织，需要种植在排水良好的地形部位，如果根部受水淹时间过长，植株会因窒息而死亡。

墨西哥城附近地区，1 月平均温度为 12 ℃，5 月平均温度为 18 ℃，年降水量为 600 mm，多集中在 6—9 四个月，其他各月较为干燥。对玉米生长而言，这里温度合适，但雨水稍有不足，但通过灌溉也可以使玉米获得高产。

玛雅文明的遗址多集中在墨西哥南部与危地马拉境内，这里不论温度与降雨都比墨西哥城周边地区高，但是由于该地区属于石灰岩的喀斯特地貌，漏水严重，保水困难。古代遗址中的灌溉系统证明了当地农业灌溉的必要性。玉米生长需水量比较大，因此更需要灌溉。

印加文明处于北安第斯山地高原地区。原面上气候寒冷，不适合农业。但是亚马孙河上游水系形成的深切河谷则较温暖，加上印加人沿山坡建的灌溉系统保证了作物供水，使山坡下部与河谷盆地适宜种植玉米，山坡中部温度较低处，可种植适应低温的马铃薯。这里农业的发展孕育出了印加文明。

玛雅文明在西方殖民主义者进入以前已经衰落，墨西哥高原上的阿兹特克帝国与秘鲁高原上的印加帝国都在 16 世纪初为西班牙殖民主义者所灭。玛雅文明与墨西哥文明已有象形文字和图画文字，而印加文明则只有结绳记事，无文字考古证据，严格来说，只处于古文明初期，或还未达到文明阶段。

从以上情况来看，这些古文明的所在地都是农业出现以后，由于农业生产高度发展，使文明得以在该地出现。这体现了人类利用自然环境，不断地发明创造农业技术，形成各地独特的人地关系，进而将人类社会推进新阶段。

1861 年，英国的著名历史学家巴克尔（H. T. Buckle）在其《英国文明史》（*History of Civilization in England*）一书中提到，地理条件优越的地方，生产的粮食必然丰富，粮食丰富了，就可以使一部分人从体力劳动中脱离出来，从事智力活动。所以，在地理环境优越地方，它的文明也就发达。在其论述中，他还把文明的产生与农业生产情况联系起来，而农业

生产的发展又与地理环境的优越有关。在这里，对地理环境的评价就要联系具体作物适生环境。从当时人类所掌握的技术来看，在古埃及、古巴比伦、古印度三处，都是利用河水灌溉生产小麦，获得高产而使文明出现。在中国则是利用气候与土壤条件创造了旱作农业的高产。墨西哥、玛雅、印加帝国则在高原、石灰岩喀斯特地区及高原谷地创造了玉米高产而进入文明阶段。这也可以说，古埃及文明、古巴比伦文明与古印度文明是小麦文明，中国早期文明是黍粟文明，而墨西哥文明、玛雅文明与印加文明则是玉米文明。同时，也可以说明，北美密西西比河流域虽适合小麦生长，非洲的东部高原虽适合玉米生长却未能出现文明的原因是，那里没有野生的小麦与玉米，这个基本条件不存在，就没有出现早期文明。

第三节　世界农业生产分布

由于基本农产品关乎国计民生，因此许多国家都十分重视了解世界基本农产品的生产分布格局，尤其是那些基本农产品生产不能满足本国需要的国家。由于农业生产对自然地理环境有特殊的要求，因此即便是现代农业技术可以做到无土栽培，但是低成本的、大规模的生产还是依赖自然条件。通过了解世界主要农产品的生产分布，我们可了解到哪些国家是某种农产品的主要的、稳定的生产国，哪些是主要的、稳定的出口国。目前人们可以从许多网站获取世界主要农产品的生产和贸易数据。其中最为权威的是联合国粮食及农业组织（FAO）和国际贸易组织（WTO）。FAO网站有一套"FAO统计数据"（FAOSTAT），其中包括245个国家和地区的数据，数据统计起始年是1961年。国际贸易组织有一套统计数据为"产品贸易统计"（Statistics on merchandise trade），它提供了丰富的工农业产品贸易的统计数据。

一、世界粮食生产分布

粮食是人类生存最重要的生活必需品。粮食生产是农业生产的基本部门，在全世界近15亿hm²的耕地中，有近1/2的耕地被用作粮食生产，从事粮食生产的劳动力占世界总劳动力人数的1/3。粮食作物是世界农作物中种植最普遍的作物。从大洲看，粮食作物种植主要集中在北半球的亚洲、欧洲和美洲大陆上，一些土地辽阔、人口众多的国家同时也是粮食生产大国，如中国、美国、印度、俄罗斯等国家。经过漫长的农业发展，这些地区的粮食种植已基本上进入现代农业生产阶段，农业生产的机械化、专业化、商品化程度很高。这些地区粮食种植面积约占世界种植总面积的80%，产量约占世界总产量的90%左右。其中，美国的粮食生产在世界上占有极其重要的地位。作为食物的主要农作物有小麦、水稻和玉米等。这些作物对生长自然条件的要求不同，所以种植布局也不尽相同。下面以小麦和水稻为例，介绍影响它们生产分布的条件。

（一）影响粮食生产分布的自然条件

每种农作物都有其适宜的自然条件。前面介绍的主要驯化作物的源地的自然地理条件应该是最为适合的生长环境。随着农业技术，尤其是育种技术的发展，许多粮食作物的品种已经可以在一定程度上突破原生的自然环境，分布在更为广阔的地区，但是即便如此，自然条件还是重要的决定条件。关于每种农作物的适宜生长环境，可以在互联网和相关书籍中查阅到。

小麦在世界粮食作物中的重要性居首位，因为其需求量比例最大。小麦在全球粮食作物中的播种面积也最大，分布范围最广，除南极洲以外，遍及世界各洲。小麦是一种温带作物，在27°—57° N和25°—40° S之间分布最为集中。表5-3表明世界上小麦主要生产国，在近20年内这些主要生产国没有变化。这些国家有广袤的宜耕土地资源。小麦对水量有较高的要求，抽穗扬花时最不能缺水。由于目前灌溉技术比较普遍，因此在许多地区降水不再成为重要的自然约束因素。

表5-3　2021年世界主要小麦生产国家

位序	国家	产量 /t
1	中国	136952000
2	印度	109590000
3	俄罗斯	176057258
4	美国	44790360
5	法国	36559450
6	乌克兰	32183300
7	澳大利亚	31922554
8	巴基斯坦	27464081
9	加拿大	22296100
10	德国	21459200

资料来源：FAOSTAT。

水稻是主要生长在温度较高、水分充足的亚热带地区的作物。世界上水稻集中产区位于东亚，东南亚和南亚，特别是这些地区的大河三角洲、江河冲积平原，以及沿海平原，如中国的长江三角洲地区、印度的恒河流域及东南亚一些国家。其次是美国密西西比河下游地区、南美洲的巴西。另外，拉丁美洲部分地区、非洲和地中海地区亦有水稻种植。表5-4是世界上主要水稻生产国。相对于小麦的主要分布地区，水稻分布的纬度比较低，降水量也相对较大。

表5-4　2021年世界主要水稻生产国家

位序	国家	产量 /t
1	中国	214403870
2	印度	195425000
3	孟加拉国	56944534
4	印度尼西亚	54415294
5	越南	43852728
6	泰国	33582000
7	缅甸	2491000
8	菲律宾	19960170
9	巴基斯坦	13984000
10	巴西	11660603

资料来源：FAOSTAT。

（二）影响粮食生产分布的经济因素

影响粮食生产分布的第一个经济因素是市场需求。表5-5和表5-6是小麦和水稻的主要进出口国，将两个表与表5-3和表5-4相比，小麦和水稻的主要生产国并非一定是主要出口国。有些国家小麦产量并不在世界的前10位，但是却是主要的出口国，例如哈萨克斯坦。那些产量高，但是出口量并不高的

小麦生产大国多是人口数量大的国家，如中国、巴基斯坦。由此我们可以看出，粮食作物的国内和国际市场的双需求对一个国家小麦总产量有重要影响。在国际贸易中，关税、补贴等经济手段也可以折算到市场需求中。每年各国的产量数据可以在FAO的网站中查阅。尽管世界上有许多饥饿的人口，但是这些人因为无力购买粮食，因此也不能形成有效需求。

案例5-1　气候变化与粮食产量的关系

影响粮食产量的因素很多，以往认为自然因素相对于人文因素更为稳定，但是有学者分析了1978—2012年中国粮食实际产量与气候产量的关系，的确发现气候对产量有明显的影响（图5-2）。在全球气候变化导致的极端天气出现频率增加的背景下，了解自然因素变化对粮食生产分布的影响非常重要。

资料来源：尹朝静等，2016。

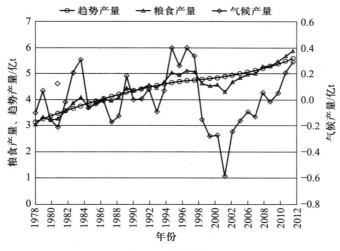

图5-2　1978—2012气候与全球粮食产量关系图

表5-5　2020年世界主要小麦进出口国家

位序	国家	进口额/万美元	国家	出口额/万美元
1	埃及	269385.1	俄罗斯	791829.4
2	印度尼西亚	261603.7	美国	631811.1
3	土耳其	233451.0	加拿大	630125.0
4	中国	226023.3	法国	453443.7
5	尼日利亚	205650.7	乌克兰	359547.2
6	意大利	204302.5	澳大利亚	271273.6

位序	国家	进口额/万美元	国家	出口额/万美元
7	阿尔及利亚	164060.8	阿根廷	211743.4
8	菲律宾	157320.8	德国	208738.0
9	日本	152503.5	哈萨克斯坦	113714.0
10	摩洛哥	142372.2	波兰	104594.4

资料来源：World's Top Exports网站。

影响粮食生产分布第二个经济因素是已经被人工长期改造的实体生产环境降低了生产成本。前面提到在许多小麦种植地区，由于人们长期修建了大量的灌溉设施、防洪排涝设施，因此保障了粮食生产的稳定性。在许多水稻主要生产国，并没有像小麦主要生产国那样广袤的平原，例如东南亚主要水稻生产国、东亚的日本。这些多山地的国家经过上千年的农业开发，开辟出了大量的山地梯田。这些地区有好几个水稻梯田被列为世界遗产。而今由于农业的收益低，山区不适合开展规模化和机械化的种植，因此这个经济条件的影响力开始下降。

影响粮食生产分布第三个经济因素是农业生产效率。生产效率是指单位投入的净产出。如果农业的生产效率远低于非农业部门的生产效率，那么农业的资本、劳动力就会流向非农业。即便是有市场需求、有第一自然和第二自然的良好条件，粮食生产也不会增加，甚至会减少。目前一些粮食种植地区复种指数降低，弃耕现象就是因为粮食种植不经济。发达国家是通过规模化经营、机械化生产等方式，保证粮食的生产效率不低于社会各个产业的平均水平。

表5-6　2020年世界主要水稻进出口国

位序	国家	进口额/万美元	国家	出口额/万美元
1	中国	145929.4	印度	798002.8
2	沙特阿拉伯	140423.7	泰国	368885.0
3	美国	128420.7	巴基斯坦	210126.8
4	伊朗	88102.9	美国	188878.3
5	菲律宾	86201.3	越南	182289.8
6	伊拉克	64078.1	中国	91664.3
7	贝宁	63589.8	缅甸	77317.5
8	英国	61990.9	意大利	71523.2
9	马来西亚	58951.9	巴西	50358.0
10	法国	58810.5	柬埔寨	47066.5

资料来源：World's Top Exports网站。

（三）影响粮食生产分布的社会文化条件

社会文化因素是通过影响粮食消费，影响粮食需求，进而影响前面提到的粮食市场。不同国家或地区的粮食消费结构和人均消费量有差异，社会文化是影响因素之一。

从饮食习惯来看，人类目前主要有两类食物消费模式：一类是以欧美发达国家为代表的肉、蛋、奶等动物蛋白食品为主，粮食等植物性食品为辅的食物消费模式。这种模式的国家，人均粮食直接需求看似不高，但是对作为饲料的粮食的间接需求高。另一类是以多数发展中国家为代表的粮食等植物性食品为主、动物蛋白食品为辅的食物消费模式。这种模式的国家人均粮食的直接消费偏高。有些国家偏爱粮食酿的酒，因此也增加了人均粮食的间接需求。此外还有些饮食文化偏爱深加工、精加工的粮食，因此粮食在加工过程中的损耗也会比较大。饮食习惯一般不会在短期内发生迅速改变，因此可以看作相对稳定的因素，只有在人们经济条件从很不好，转到较好时，会发生明显的变化。国民的节粮意识也是一种文化，与之相反的是宴请和餐桌浪费粮食的文化，与之相伴的可能还有请客吃饭的社会风气。一个区域的上述文化、社会因素很难定量分析，只能通过区域之间的比较，反推出文化和社会因素的影响程度。

二、主要经济作物生产分布

经济作物是指除粮食以外的重要农作物，它们有些作为广义的食物原料，有些作为工业原料。影响经济作物种植分布的原因与影响粮食作物分布的原因是一样的，也大致分为三个方面。相对于粮食作物而言，有些经济作物属于"奢侈"的商品，因此消费者的需求受收入的影响比较大，收入下降时，这类消费品的需求会明显减少，经济学将这种商品定义为收入需求弹性大的商品。有些经济作物的需求具有一定的刚性，例如油料作物，甘蔗、甜菜等制糖作物，茶、可可等饮料作物。自然条件对经济作物的产量的全球分布也有很大的影响，例如太阳辐射、降水量、温度对甘蔗产量有明显影响。中国是世界蔗糖生产大国，广西、云南分别是中国第一、第二大的甘蔗产区，因此科学家通过气象数据，推测两地的蔗糖产量，进而推测中国和世界蔗糖期货市场的走势。

（一）棉花的分布

棉花是亚热带作物，主要生长于20°—40° N之间的地区。随着灌溉技术的进步和对棉花质量要求的提高，棉花生产逐渐向具有灌溉条件的干旱地区集中。亚洲中部、东部和南部地区是世界棉花的主要产区，产量约占世界总产量的一半。中亚地区包括俄罗斯地区和中国的天山南北。东亚地区包括中国的华北平原、长江中下游平原和关中平原。南亚包括印度的德干高原和印度河平原。世界第二大棉花种植区是美国南部的棉花带。另外，非洲东北部地区和拉丁美洲地区也是棉花的主要产区。2020年位于世界前十位的棉花生产大国是：中国、印度、美国、巴西、巴基斯坦、澳大利亚、土耳其、乌兹别克斯坦、阿根廷、马里。

（二）糖类作物分布

世界上生产的糖来自农产品和工业品（甜味剂）。糖类主要农业原料是甘蔗、甜菜，还有蜂蜜、枫树等，FAO统计年鉴有蔗糖和甜菜糖产量的统计数据。2021年世界主要的产糖国家是巴西、印度、中国、泰国、美国、巴基斯坦、墨西哥、俄罗斯、法国、德国。排名的依据是粗加工糖（raw centrifugal sugar）的产量，这个位次顺序多年未变。甘蔗产于热带和亚热带地区，需要高温环境，生长期长。目前主要分布于南北纬35°之间，因此巴西、印度、中国、泰国、巴基斯坦、墨西哥都是蔗糖生产大国。

（三）饮料作物分布

目前，世界上三大饮料主要是茶、可可和咖啡。茶树是亚热带常绿植物，分布比较广泛，其范围在42° N以南至33° S以北广大地区，有40多个国家种植茶树。印度既是世界上生产茶叶最多的国家之一，也是茶叶出口额最大的国家之一。斯里兰卡茶叶的商品率也很高。中国是茶叶的原产地，种植茶树有着悠久的历史。中国茶叶在2000多年前就经由"丝绸之路"向中亚、西亚和世界其他国家传播。许多茶叶生产大国也是茶叶的重要消费国（表5-7）。

表5-7　世界主要茶叶生产、出口、进口国家

序号	国家	2021年产量/kt	国家	2020年出口额/万美元	国家和地区	2020年进口额/万美元
1	中国	2400	中国	203798.2	巴基斯坦	58975.6
2	印度	900	肯尼亚	110856.9	美国	47383.2
3	肯尼亚	305	斯里兰卡	71232.5	俄罗斯	41224.5
4	斯里兰卡	300	印度	69207.4	英国	34868.6
5	土耳其	175	波兰	26451.4	沙特阿拉伯	24355.7
6	印度尼西亚	157	德国	22285.7	伊朗	23630.8
7	越南	117	阿拉伯联合酋长国	17468.0	中国香港	22181.6
8	日本	89	日本	15430.8	摩洛哥	20230.4
9	伊朗	84	英国	13517.2	埃及	19721.5
10	阿根廷	70	越南	12954.8	德国	19501.5

资料来源：FAO、世界茶叶委员会。

可可和咖啡都是典型的热带经济作物，生长在高温多雨的热带地区，集中产于非洲西南沿海、拉丁美洲沿海地区、东南亚。其中，可可主要产于非洲，而咖啡主要产于拉丁美洲。2021年，可可豆产量在20万t以上的国家有科特迪瓦、加纳、印度尼西亚、尼日利亚、厄瓜多尔、喀麦隆、巴西。2022年咖啡豆产量排前十位的国家是巴西、越南、哥伦比亚、印度尼西亚、埃塞俄比亚、洪都拉斯、印度、墨西哥、秘鲁、乌干达。中国的咖啡产量在世界排第十三位。

借助遥感技术，可以开展种植业农产品的产量预测和估算。1970年代，美国开展了"大面积农作物估产实验"（LACIE计划），开始使用遥感进行作物估产。1980年代欧盟开展了"农业和资源的空间遥感调查计划"（AGRISTTARS计划），开展主要农作物的遥感估产研究。在同一时期，美国建立全球尺度的农情遥感监测系统对农作物估产。1988年欧盟开始实施"农业遥感监测计划"（MARS计划），对农作物种植面积和产量进行监测。随后日本、巴西等许多国家也逐渐开展农作物产量预测的研究。1980年代后期中国开展作物遥感估产方面的研究。基于遥感技术的农作物产量预测可以为粮食期货市场、国家和企业农产品储备，以及相关产业提供决策支撑。本部分介绍的主要农作物产区和国家的信息，可以为遥感预测和估算划定出主要地区。

三、畜牧业养殖业生产布局

畜牧业发展也有很悠久的历史。狭义的畜牧业就指牧业。第二次世界大战以后，随着世界粮食产量的增长，畜牧业产品的产量也相应得到增长。但是，发达国家由于粮食供应远远大于其对粮食直接消费的需求，因而有着充裕的土地用于发展畜牧业所需要的饲料粮及牧草的生产。所以，从世界主要畜牧业产品产量来看，除少数土地面积较大的发展中国家（如中国、印度、巴西、阿根廷）以外，畜牧业产品生产主要集中在北美、欧洲的国家（图5-3）。

养殖业包括的内容很多，如养猪、养禽、养水产等。相对于牧业，养殖业对自然条件的要求相对低，但是水产养殖一定是在临近淡水或海水的地区。市场需求对养殖业的分布有重要的影响。图5-4是世界主要猪肉生产大国。这些国家中许多是人口多、饮食肉类结构中猪肉比例大的国家。

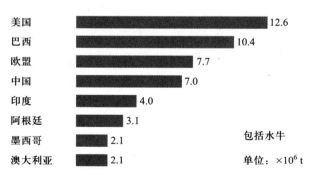

图5-3　2021世界牛肉主要生产国家和国际组织
资料来源：FAOSTAT。

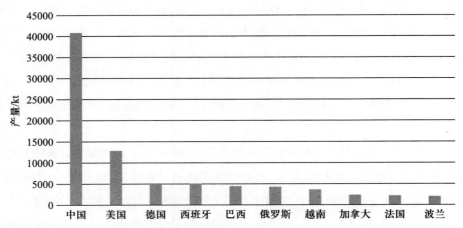

图5-4 2020年世界猪肉生产大国和组织
资料来源：FAOSTAT。

第四节 农业景观与农业区位论

一、农业景观及其功能

（一）农业景观的类型

在地理学中，景观是指地球表面各种地理现象的综合体，包括自然景观和人文景观两类。农业是人类在自然基础上所进行的生产活动，因此农业景观属于人文景观的类型，由于人类进行农业生产活动的方式不同，世界范围内农业景观也呈现不同的面貌，带有明显的地域特征。狭义的农业景观指农业生产景观，是农户以直接获取农业经济产出为核心目的的耕地、园地、水陆养殖地、牧场等，这些土地利用目的是向人们直接提供农产品和工业原料等，如粮食、水果、油料、肉类等。广义的农业景观包括三大类，第一，农业服务设施景观。指为农业生产提供服务设施和为城市居民提供旅游服务功能的乡村道路、水利设施、设施农业，以及观光园、采摘园、农家乐等。第二，农村聚落景观。指乡村地区人类各种形式的居住场所，如住宅及其附属建筑（如库房场院等）。第三，农业生态景观。指对乡村区域生态环境维护发挥较大的作用，具有土壤保持、涵养水源及生物多样性维护等功能的生态林地、河流水面、湖泊、未利用空地等。

（二）农业景观体现的价值观

农业景观也是农业地理学、国土空间规划研究的主要内容。不同类型用地的面积比例、彼此的空间关系、地块形状等指标，可以体现人们对当地农业土地利用的决策，以及指引这些决策的人地关系和人际关系理念。

1. 农业景观反映所在地区的人地关系

农业景观可以按照不同利用类型划分。不同的自然环境下土地有不同的利用形式，例如水热条件相对好的中国南方地区的农业景观多为水田（稻田），而北方地区多为旱地。在干旱、半干旱地区的土地农业利用形式则是以牧业为主。不同地形条件也影响着农田的形式，例如中国西南山区多水稻梯田。在澳大利亚西部，建有纵贯南北的防止兔子与牛羊争草的兔子篱笆。

2. 农业景观反映所在地区的社会人文环境

体现地域人与人关系的农业景观种类很多，界线标志是其一。为了明确土地财产权范围，农村常以田埂、浅沟、界石、栅栏或围篱等明确界线划分范围。这些界线景观有些是非渗透性的，如篱笆可以挡住人和牲畜；有些是可渗透性的，如田埂、界碑。前者建设成本高，界线管理效果较好，后者建造成本低，还依靠其他的途径来防止农田或牧场被其他农户侵占，如遇侵占需以诉讼途径解决，如果一地农户遵守规则，那么诉讼的成本也低。另一类标志是地块

案例5-2　消费偏好对农业景观格局的影响

当一个地区的耕地面积、农业人口、农业政策、农产品进口量等不变的时候，每块农地使用类型的调整，受土地净收益的影响，调整目的是提高土地净收益。单位土地净收益是产品销售额与成本之差。英国学者分析了本国四类地区人们食品消费增长趋势（图5-5），从而预估出由于需求增加带来的短期市场价格增高。这为预测哪类农业种植因产品价格提高而扩大面积提供了依据。

资料来源：Arnoult和Jones，2010。

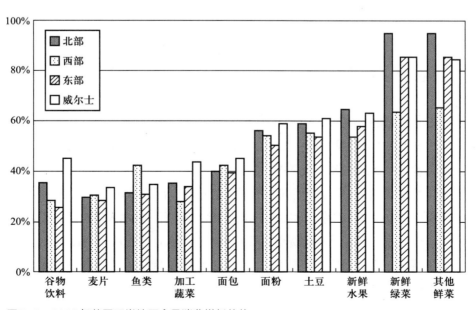

图5-5　2009年英国四类地区食品消费增长趋势

的大小，在地狭人稠的小农经济地区，地块相对偏小。在美国中西部和中国一些地方一些农场的田地是圆形的，这是因为灌溉设施是以水井为"圆心"的灌溉"臂"，是圆形的半径，这个灌溉"臂"像时针一样行走，灌溉农田，因此农田地块的形状是一个圆形。

（三）农业景观的复合功能

各类农业景观除具有上述功能外，还有复合功能。例如农田、牧场除了生产农产品之外，还具有固碳功能，也是许多生物的栖息地。所有类型的农业景观都具备开发为旅游资源的潜力，观光农业是1970年代以来发展的新型产业，是农业发展的新途径，也是旅游业发展的新领域。观光农业（或称休闲农业、旅游农业）是以农业活动为基础，农业和旅游业相结合的一种新型的交叉型产业；是以农业生产为依托，与现代旅游业相结合的一种高效农业。观光农业园区景观的形态十分丰富，可分为物理形态、生态形态和文化形态。观光农业园区的物理形态，是由无生命的各类元素构成，如温室、建筑、桥梁、沟渠等，表现为静态景观；生态形态，由动态的事件素材及有生命的元素所构成，如田园、绿地、牧场、垂钓乐园等活的有机物组成的景观，表现为动态景观；观光农业景观的文化形态，由农村人文历史、农业文化、农村生活方式、民族元素和地方风俗等构成，如江南水乡古镇、西南少数民族的干栏建筑、青藏高原地区的碉房。

在不同区位上，农业景观复合功能的种类多少不一。托布勒（W. Tobler）提出地理学第一定律，所有事物均相关，但邻近事物比较远的事物之间关联强。"关联强"可以分解为关联类型多、关联次数多等。按照此定律推断，越靠近人口稠密区，乡村农业景观的复合功能越多，功能效益越明显。因此在城市郊区的农业，被开发为观光农业的潜力大。影响农业景观变化的因素有许多，案例5-2就是分析消费文化变化对农业景观比例结构的影响。

二、农业区位论

无论是全球农业生产的空间分布，还是一个国家和一个地方的农业空间分布，都是由多种因素促成的，其中既包括气候、土壤、水分等自然条件，也包括耕作方法与技术、市场分布、运输技术、社会文化等人文条件。分析农业生产分布格局的代表性理论是前面提到的德国学者杜能在19世纪初提出的农业区位论。在杜能生活的时代，欧洲正经历着重大变化，人口空前增长，城镇不断扩张，食物的需求量大幅度提高。他本人是农民，在生产经营过程中，产生一个问题：距离及运输费用对农业生产布局有什么影响？经过若干年的实践，他在1826年出版了《孤立国对于农业及国民经济之关系》，简称《孤立国》（*The Isolated State*，原文为 *Der isolierte Staat*）（von Thünen，1842）。他推导理论的方法是实证主义的。

第一步，基于生产经验，提出一个待验证的命题（hypothesis）。

第二步，为了减少区位地租的影响因素，确定一些假设条件，以让这些因素在孤立国内都是一样的，只留下运输距离这个影响因素不能一样。杜能的假设条件如下：

① 孤立国中唯一的巨大城市位于沃野平原的中央，周围为其农业腹地，平原被未开垦的荒野所包围并与外界完全隔绝。

② 城市是腹地多余产品的唯一市场，并且不从其他区域获得产品供应。

③ 孤立国内的交通手段固定为马车（当时无火车，暂假定无通航河流）。

④ 腹地具有均质性，即认为各地的土壤肥力、气候等地理环境相同。

⑤ 腹地各地农业经营者的能力和技术条件相同。

⑥ 腹地经营者是追求最大利润，并且有能力按市场要求调整其农业经营类型的农民。

⑦ 运费与距离成正比，并且由产品生产者——农民来负担。

第三步，归纳总结出在单一市场的地域内（孤立国），不同经营类型的农业将围绕着这个市场（多为城镇）呈同心圆环状分布。按当时的农业生产条件，将形成以中心城市为中心、呈同心圆状、由内向外分布的6个农业带（也称圈或环）。

第一带：自由农作带。它最接近于城市市场，土地用于生产不易运输和易腐食品，以蔬菜、牛奶和花卉为主。该带也可以再分为两层。内层紧靠城市，主要发展鲜嫩易腐蔬菜，外层则主要生产比较便于保管和运输的土豆、洋白菜等。这一农作带在经营方式上的突出特点是集约化程度很高。

第二带：林业带。此带农民专门从事林业产品生产。在杜能所处的时代，城市主要燃料是木柴。此带的外限，根据城市对木柴的需求量而定。

第三带：作物轮作带。该带作物每6年轮回1次。6年中有2年种稞麦，余下4年种土豆、大麦、苜蓿和野豌豆各1年。这样，期间就不需要休耕地。

第四带：谷草农作带。此带所提供的商品农产品与第三带相似，主要为谷物与畜产品，经营比较粗放，在轮作中增加了牧草的比重，而且出现了休闲地。在农业产值中，畜产品的比重明显增大。本带地租比较低，农民倾向于多租种土地。一般7年轮作1次。

第五带：三圃农作带。此带在整个谷物种植区的最外围，经营粗放，实行三圃农作制。每年有1/3的土地休闲，另两个1/3块分种燕麦及稞麦，每3年1个轮回。

第六带：畜牧带。此带位于最外围的原因：一是家畜可赶往市场，无须付运费，二是加工的干酪不易腐坏而且便于运输，从而可以获利。该带实行粗放式经营，之外是荒野。

第四步，对这个空间规律做解释。之所以呈现同心圆模式，是因为不同地点到城市中心的运费差决定了农产品的收益大小。一个地带的农民所决定生产的农产品，应当是获得最高净收益的那种产品。随着与该中心城市距离的增加，运费增加，使该农产品收益下降，超过一定距离后，该农产品就让位于比它收益高的其他农产品。于是，农民就调整其生产方向，使土地利用类型发生变化。

杜能农业区位论的假设条件很严格，在现实世界中几乎找不出这样的地方。但是，杜能学说仍然具有重大意义，不仅在于它阐释了市场距离对于农业生产集约化程度和土地利用类型的影响，更重要的是它首次确立了对农业地理学和农业经济学都很重要的两个基本概念：土地利用方式（或农业类型）的区位存在客观规律性和优势区位的相对性。由于现代交通、罐头制造和冷藏技术等的迅速发展，运费大幅度下降，市场距离在决定土地利用方式中日益成为次要因素，而土壤、地形、气候等自然条件，以及技术经济条件的地区差别对农业的影响，往往比市场距离更为显著。尽管如此，杜能农业区位论的基本分析思路是没有改变的，即一个地点农业类型的选择是区位地租的计算公式决定的，简化的计算公式如下：

$$R（区位地租）=P（销售收入）-C（一般成本）-T（交通成本） \qquad （5-1）$$

而今，所有的农业区位理论的创新都是在此基础上发展出来的。

【本章主要概念】

驯化源地；农业区位；杜能农业区位论。

【思考题】

1. 结合农业发展的阶段，探讨农业与社会发展的相互影响，并分析四大文明源地出现的必要条件。
2. 结合某一农业景观，说出影响其形成的地理环境因素包括哪些，并结合资料，尝试说出这些地理环境因素的作用机制。
3. 在联合国粮食及农业组织和联合国的官网上，查找世界主要农产品的生产大国和进出口大国的数据，理解世界农业地理格局。
4. 对你所在城市进行实地考察，结合杜能的农业区位论，将城市周边的农业划分为若干地带。

第六章

工业的出现与工业区位

内容提要

工业社会是以工业生产方式为主导的社会。工业生产方式是生产方式的又一次更深刻变革，标志着人类改造自然能力的巨大进步。本章首先阐述了工业产生的环境、发展与扩散过程，并对工业产业类型的区域分布规律及影响因素进行探讨，然后分析工业景观的出现，以及工业生产给社会和环境带来的影响和变化等，接着分析工业社会的人地关系特点，旨在用正确的观点分析当今经济全球化形势下工业生产中出现的问题和部分国家面临的困境，并提出正确的解决途径，最后引用韦伯的工业区位论，为理解工业布局的区位差别提供理论依据。

第一节　工业的出现和发展

一、工业的出现和初期发展

（一）工业革命的前提和基础

1. 科学前提与基础

在农业社会的漫长历程中，一直没有形成正式的科学实验室、专门的自然科学理论和专职的技术研究人员。当时，人类对自然界进行的科学研究与探索仅停留在初级阶段，多是靠生产的实践经验与思维来分析、总结、探讨。另外，在各种专门技术领域，例如金属冶炼、建筑、工程，以及一些手工业生产中出现了一批经验丰富、技术熟练的工匠。他们勤于思考、善于总结，并且通过祖先与师长的言传身教掌握了前人所积累的经验。虽然他们具有相当高的技术水平，但是缺少科学理论的指导，无法摆脱狭隘经验的束缚。

在14世纪至16世纪欧洲经历了文艺复兴运动，这是新兴资产阶级的思想文化运动。文艺复兴是人类向未知精神世界的进军，是在精神世界中的探索。此番探索在文学、艺术、政治思想及自然科学领域内创造了丰硕的成果。文艺复兴使人类重新认识到古希腊人对科学理论和思维的贡献，激发起人们去探求科学。特别是伽利略用自制天文望远镜观察天体，用实验方法验证自由落体运动规律，使自然科学走上实验道路，大大促进了自然科学的发展。

过去，经院学者只是在自己的书斋中，通过思考来进行理论研究，很少关注生产实践，更不愿与身份低微的工匠为伍。而在工业革命前夕，工匠已具有市民身份，其生产上的娴熟技艺使其社会地位大大提高。加上经院学者开始走出书斋，观察实际，与工匠开始结合，使原来脑力劳动与体力劳动的偏见有所消除，为工业革命的出现创造了条件。

地理大发现、新航路的开辟、东西方贸易的发展，要求建造更大更快速的船只，海上航行要求有准确的定向定位仪器和适合航海需要的地图。贸易的发展、产品的交流，促进各种产品生产技术的改进，以提高产品的质量和数量，从而获得更大的经济利润。追逐经济利益的动机要求在生产技术上突破。这些前提和基础条件都促使工业革命的发生。

2. 在英国出现工业革命的条件

工业革命最早出现在18世纪后半期的英国，这不是偶然的。英国当时特定的社会政治经济背景促进了工业革命的发生。当时，在海外贸易方面，英国不但取代了老牌殖民主义强国西班牙、葡萄牙，而且压倒了曾在17世纪垄断当时欧洲海外航运业与商业的荷兰，走上了欧洲对外贸易的霸主地位。英国控制了主要海上航道，建立了世界上最庞大的舰队，在北美和南亚拥有广阔的殖民地，巨大的海外市场迫切需要更丰富的物质产品。在军事上，英国击败了西班牙的"无敌舰队"，把法国拿破仑的力量限制在欧洲，并最后击败拿破仑，成为世界的新霸主。

欧洲的航运业最初集中在意大利的威尼斯和热那亚，船只往来限于地中海。后来，西班牙、葡萄牙兴起，航运转向远洋。到18世纪后期，英国在海外的殖民地已超过其他国家，成为占有殖民地最多的国家。它在海上的军事力量、航行的船只吨位都占绝对优势。在海外的贸易上，英国由于国内生产的发展和对海运的垄断，成为世界贸易中心。其首都伦敦也成为当时世界的金融中心。

当时欧洲与海外的贸易已不是掠夺东方的香料和拉丁美洲的金银，而是大宗必需品的外销。英国的自然条件低温多雨，不利用于发展农业而有利于牧羊业。英国出产的羊毛质量高，纺织业比较发达，毛织品出口多，竞争力强。

经过"光荣革命"（1688年），英国在1689年颁布了《权利法案》，从此英国摆脱了专制王权统治，建立君主立宪制的政治体制，议会成为主权机构，逐步演变为由议会中多数党执政，组织责任内阁。这对英国政局稳定、经济发展，促进工业革命起着重要作用。与此同时，英国"圈地运动"的加速发展，改变了中世纪所实行的庄园制，推动了土地集中，实现了农场经营，提高了农产品产量，为工业发展提供原料及劳动力，对工业发展起着重要促进作用。

（二）工业革命的产生与初期发展

英国工业革命始于18世纪中期。从社会生产力的角度分析，生产技术的进步推动了生产工具和手段的巨大革新，机器生产代替了大量的手工劳动，大大提高了工业产品的产量与品质，改变了生产体系，从而进一步加剧了生产的专业化和社会分工。生产领域的变革给整个社会、政治、文化甚至思想意识带来根本性变化。工业革命不是在短时期内突然暴发的，而是有着其深层次的根源和成熟条件的，并能在整个生产领域蔓延，以至后来使整个国家生产水平都有了很大提高。其过程大体如下。

1. 首先出现的纺织业

工业革命最早是从纺织业开始的。此前，纺纱、织布都是由农村妇女和儿童手工劳作，生产效率低下，经济效益也不高。1733年，英格兰中部的钟表匠凯伊（J. Kay）发明了飞梭，使得织布效率提高，但是当时纺纱的技术还很落后，造成了纺与织之间的不平衡，引起严重的"纱荒"。1765年，织工哈格里夫斯（J. Hargreaves）发明了一种"珍妮纺纱机"，使纺车一次带动的纱锭数由1个升级成16～18个，大大提高了效率。1785年，英国的牧师卡特莱特（E. Cartwright）发明了水力织布机，使织布效率提高40倍。棉纺织业中纺和织两个环节连锁反应使棉纺织业率先普及了机器生产。"珍妮纺纱机"的出现揭开了工业革命的序幕，成为英国工业革命开始的标志。

水力织布机以水力为动力源，由于水力的产生受河流的水量与特殊地形条件限制，所以纺织厂的厂址选择就需找水流急、落差大、足以推动机器运转的河岸及易于建厂的地方。符合这些条件的地方不多，这是纺织业发展的限制因素。

蒸汽机的出现，使动力源不再受上述地理条件的限制。1702年前后，纽科门（T. Newcomen）制成了第一台原始的蒸汽机，并将其用于煤矿的抽水工作。由于其燃料消耗太多，经济效益不高，只限于煤矿使用。后来，在格拉斯哥大学当实验员的瓦特（J. Watt）对这种蒸汽机进行研究并做了改进，终于在1769年制造出单动式蒸汽机，用在矿井抽水，提高了效率。到1784年，他发明了联动式蒸汽机，给原来依靠水力的纺织机提供了新的动力。蒸汽机的发明，对工业革命的发展起了关键性的作用。

原来利用河水为动力的纺织厂，受水流季节变动的影响，生产布局很不均衡。凡水流湍急的河段，其两岸地形多是崎岖不平的，往往无法建厂。若地形条件不好，则既影响原料运进，又影响产品运往市场。另外，水流湍急的河段多离城镇较远，人口稀少，服务业配套设施不完善，给工人和管理人员的生活与交通带来极大困难。蒸汽机作为纺织厂的动力来源，其优点在于脱离了地理条件的严格限制。工厂不再只能建在河流附近，还可以建在市镇上。这样建厂条件、工人和管理人员的生活条件也容易满足，也可以降低建厂费用，降低人员管理费用，以及原料与产品的运输费用。其次，蒸汽机提供的动力易于控制，动力的大小、时间长短可以根据需要调整，并可以使纺织机持续运作，大大提高生产效率。

工业革命首先在纺织业中出现突破，使纺织生产的动力源改变，使工厂在城镇地区集中。工厂生产的出现，意味着自然经济的消灭，资本经济渗透到社会每个角落。工业从家庭中分离出来意义重大。工业革命使工农业生产比重发生根本变化——这是一个重大转折。它促使经济重心从农业转向工业的持续变化，所以也被人们称作"第二次浪潮"。

纺织工业的突破使英国的棉布不仅占据了英国市场，并且由于其质量好、价格低，很快占领了世界市场。纺织工业在英国迅速崛起，从业人数很快达到150万，成为英国的主导产业，其工人数量超过所有其他行业的工人数量。1776—1980年，英国每年出口棉纺织品产值达到670万英镑。兰开夏郡的棉布有1/4运往印度。英国棉纺织业的发展需要大量的原料，这在一定程度上刺激了美国的棉花生产，使美国南部棉花种植业需要的黑奴数量大增。纺织工业发展增加了对纺织机械的需求，进而刺激了英国钢铁工业的发展。

2. 冶金工业

传统的炼铁是在乡村以小规模作坊式生产进行的。冶铁的小熔炉设置在矿坑附近，矿石可以就地挖掘，燃料亦是采用当地木材烧成的木炭。在冶炼过程中，人们采用根据经验积累所形成的传统方式，有的地方甚至还带有一些迷信色彩的仪式，认为只有坚持传统方式才能保证炼出好铁。这种冶铁方式缺乏科学程序，质量不稳定，设备改进速度很慢，而且规模太小，因此钢铁产量的提高受到很大限制。而此时工业革命使钢铁的市场需求量大增。在技术革命思想的推动下，传统的炼铁方式终于被突破，迷信仪式被抛弃，取而代之的是科学的、大规模的新型钢铁工业。

传统冶炼的燃料主要是木炭，这造成对森林资源的大量消耗，成为冶炼持续生产的重大限制。1709年，达比（A. Darby）发现煤在高温下能变为焦炭，焦炭用于炼铁，成本比用木炭降低了很多。达比的儿子研制出由水车驱动的巨大风箱，从而制成第一台非人力动力的鼓风机，使炼铁效率大大提高，成本也大大下降。1760年，斯米顿（J. Smeaton）改进了达比用皮革和木材制作风箱的技术，用由活塞和阀门等部件构成的金属气缸组成的泵来代替。1784年，科特（H. Cort）发明了反射炉，通过搅动除去熔融体中的炭，使易碎的生铁变为更有韧性的熟铁。

技术上的进步使钢铁产量大幅度增加，钢铁业获得了巨大的经济效益。1770年，英国的铁产量为5×10^4 t，到1800年，英国的铁产量提高到1.3×10^5 t，增长了1.6倍。到1861年，产量达到3.8×10^6 t，是1800年的近30倍。钢铁产量有了很大提高，而成本却在降低，因此价格下降，这为工业化过程中各种机器的生产和铁路建设等提供了充足的原料，社会也开始进入钢铁时代。

3. 采煤业

钢铁业的发展带动了采煤业的兴起。原来使用木炭冶炼造成对木材的大量消耗，影响到造船、制造家具、建筑、做饭、取暖等对木材的需求。在采用焦炭代替木炭以后，煤既用于炼铁，又用于蒸汽机，因而需求量大增，促进了采煤业的发展。英国的煤产量在1770年已达到了6×10^6 t，1800年增加到1.2×10^7 t，1860年又达到5.7×10^7 t。不到100年的时间里，其产量几乎是以前的10倍。采煤业成为英国的一项重要产业，其产品不仅供本国需要，还出口到欧洲。煤是一种密度大、体积大的物质，不仅要从地下开采出来，还要把它输送到需要燃料的地方。这些又增加对机械与运输业的需求。

4. 运输业

纺织业、冶金业、采煤业的大发展对运输业产生很大的压力。为了运输大量的矿石和煤，1761年，布里奇沃特公爵（Fancis Egerton, 3rd Duke of Bridgewater）出资在曼彻斯特和沃斯利煤矿之间挖了一条运河。这条运河的确带来了明显的经济效益，大幅降低了运费，使煤价降低一半。这条运河不断延伸到利物浦，使运费进一步下降，水运成本仅及陆运的1/6。这种惊人的效益激起英国建设运河的高潮。到1830年，英国运河的长度就达到4000 km。

在陆路方面，起初只能以马代步。道路都是些泥泞的土路，马匹无法拉动运载货物的车辆在这种道路上前进。1750年，一批筑路工程师发现修筑硬质路面的办法，使道路全年可以通行。这样，四轮马车的速度可提高到10~16 km/h。以往从爱丁堡到伦敦要14天，彼时却只需44小时。

后来，英国出现了铁路。在18世纪中叶，煤从矿井运到水运码头要通过轨道运输，铁轨上的运煤车用一匹马拉，其效率等于两匹马在普通道路上所拉的重量。当时虽然有铁轨，但是使用蒸汽机的机车在铁轨上拉煤车，一般认为是不可能的，因为机车的铁轮很容易滑出轨道。到1812年，人们设计了为防止机车出轨的有轮边的车轮。1821年，史蒂芬孙（G. Stephenson）设计的第一条蒸汽机车铁路在英格兰北部建成。1829年，这种机车在利物浦与曼彻斯特的铁轨道上与马拉车比赛获胜，这对铁路建设起了极大的推动作用。那时的机车时速约为38.6 km/h。由于铁路速度超过船和马车，而且运费又便宜，所以英国国内掀起了建设铁路的高潮。到1838年，英国的铁路通车里程已有800 km，1850年为10000 km，1870年，则已达到24000 km。

第一艘商用蒸汽船是由美国富尔顿（Sir R. H. G. Fulton）主持建造的。他在英国认识了瓦特并向其学习工程技术。1807年，他建造的用蒸汽机推动明轮的船在纽约的哈得孙河上首航成功，这成为蒸汽船的先驱。英国后来在格拉斯哥发展了造船业。早期蒸汽船仅用于江河和沿海地区航行。1883年，横越大西洋的定期航运也开始使用蒸汽船，这标志着海上帆船时代的结束，"海洋铁路"时代开始。

5. 机械业

蒸汽机的出现，使瓦特名声大振。工业生产中对蒸汽机需求量不断增长，这使瓦特看到蒸汽机制造业的发展前途。他遂与制造商博尔登（M. Boulton）合作，博尔登提供资金支持，瓦特主持实验和制模，生产出大批蒸汽机。蒸汽机除用于抽水外，还用于纺织、炼铁、面粉制造等各种工业生产。蒸汽机制造是机械工业的先声。各种工业还需要更多的专门机械，用于各种不同生产，例如纺织机械、采煤机械、冶炼机械、运输机械等。这些机械制造出来后，又在实践中不断革新，出现了效率更高的机械。这样机械工业就成为一个重要的工业部门，其特殊性在于自身发展与其他工业的发展有着紧密的联系。

6. 化工业

化工业在英国起先是由纺织业的发展带动的。用棉花纺纱织布，需经漂白才能染色。服装工业的发展对棉布的色彩提出新的要求，于是漂白剂和各种染料就成为化学工业这个新兴工业出现的先声。传统的漂白方法是首先把纱和布浸泡在植物灰粉溶液中，然后放进酸奶中煮或漂洗，再经日晒变干。到1746年，有人开始用燃煤过程中获得的硫酸代替酸奶。1798年，又用氯气和石灰制成的漂白剂代替硫酸，这种漂白剂比硫酸安全得多。硫酸除用于漂白剂外，还可用于制作各种染料。硫酸与各种金属反应形成硫酸盐，颜色随金属种类而改变。硫酸与铜反应呈蓝色，与铁反应呈绿色，与锌反应呈白色。

纺织业的原料，除棉花外，还有羊毛、丝、麻等，其对染料的需要亦不同。到今天，纺织业原料除天然的纤维外，还大量使用化学纤维，如再生纤维、合成纤维。后者是以石油、煤、天然气等原料制成的。由于化学纤维在整个纺织业原料中占据了重要地位，所以，目前一些以化学纤维为原料的纺织厂选址往往接近化工厂。

7. 食品业

化工业的发展又带动食品工业的发展。工业发展使工人数量剧增，引起对食物商品的大量需求。工人工作时间很长，使他们既无充裕时间去采购，也无足够时间去做饭，因而需要大量加工好的各种食物。在过去，传统的食品加工方法不外风干、发酵、盐腌、酸渍等。但是，这些方法的共同缺点是使食物失鲜，造成某些养分流失。

1810年，法国一位糖果商用沸水灭菌法将食物装入玻璃瓶保存食物取得成功。1839年，人们又发明用马口铁罐来保存食物，这具有很大的优越性。因为马口铁比玻璃瓶轻，不易破碎，便于运输，更重要的是耐高温便于灭菌，从此便开始了罐头食品时代。当时，灭菌办法是把罐子放在沸水中煮5小时。后来，人们发现把氯化钙放入水中，可以使沸水温度提高到116 ℃，这样灭菌时间可由5小时降到40分钟。采用此种方法，到1861年罐头的产量就比1839年增加10倍。

二、工业化生产方式的扩散和继续发展

（一）工业化生产方式的扩散

工业革命在英国出现以后，工业化生产方式成为主要的生产方式。这给英国带来很大的经济利益。19世纪中期以前，英国的工业称雄了将近一个世纪。当时，英国的煤产量占世界总产量的2/3，棉布占1/2以上，铁产量占1/2。英国成为世界范围内的工业产品供应基地，获得"世界工厂"的称号，英国成为当时世界上最富强的国家。为了保持英国工业生产的垄断地位，英国曾制定法律禁止出口机械。直到1825年，这条法律才被废除。在此以后，工业技术与工业化生产方式才向世界各地扩散。开始时，其扩散主要方向是欧洲其他地区与北美。

1. 向欧洲其他地区的扩散

在欧洲大陆，首先接受英国工业化生产方式的国家是比利时。1830年，比利时由于采用新技术采煤，其产量已达到6×10^6 t。工业化生产方式使该国人口大量向城镇集中。到1870年，大多数比利时人已经居住在城市中，生活主要依靠工业和贸易。其次是法国。由于法国的煤铁资源在空间分布上不一致，加上普法战争失败使法国将铁矿资源丰富的阿尔萨斯和洛林地区割让给德国，这些因素造成了法国工业化进程相对落后，发展缓慢。法国的工业在北部和巴黎附近发展较快。从1870—1897年，法国的工业产值从50亿法郎增加到150亿法郎。

德国原来由于国家不统一，交通条件差，行会影响深，工业化进程缓慢。1871年以后国家统一使工业化步伐加快。到1914年第一次世界大战前夕，在不到半个世纪的时间里，其工业生产能力已经超过了英国。那时，德国的冶金业、化工业、电力工业规模和产值都居欧洲之首；采煤业、纺织业稍落后于英国，居欧洲第二位。19世纪中期以后，工业革命才在荷兰、意大利、俄国和瑞典等国家陆续开始。

2. 向北美的扩散

北美（主要是美国）的工业化进程稍晚于欧洲，但是其发展速度较欧洲快。美国在独

立初期还是一个以农业经济为主的社会，工业制品依赖从英国进口。美国第一家纺织厂于1791年建于罗得岛。由于本国棉花供应充足，纺织业发展迅速，到1811年纱锭数量已达8万枚。在冶金业方面，1913年，美国钢产量 3.18×10^7 t，而在欧洲产量最多的德国只有 1.76×10^7 t；在能源消耗方面，美国能源消耗总量相当于 5.41×10^8 t标煤，而欧洲能源消耗最多的德国则相当于 1.87×10^8 t标煤。

由此可见，工业革命的传播尽管受到了人为的阻止，但向外扩散还是十分明显的。英国不仅未能维持其垄断地位，反而在其他新兴工业大国竞争的冲击下，地位日趋下降。1880年英国将世界第一工业国的位子让给美国，之后被德国、法国、日本陆续超越。

3. 向其他地区的扩散

直到19世纪末20世纪初，工业化生产方式才扩散到东欧、日本、加拿大、新西兰等国家和地区。二战后，工业化生产方式又开始向亚、非、拉第三世界国家和地区扩散。迄今为止，在欧洲以外的国家中，工业化生产方式最发达的是日本。日本虽然国土面积狭小，资源贫乏，在二战中战败，但善于吸收他国优点，充分发挥自身长处，引进先进技术，改善管理方法，国民经济取得新的高速发展，工业产品不断更新，并以高质低耗的绝对优势打入国际市场。亚洲国家和地区中，除日本具有很高地位外，还有新加坡、中国的台湾和香港、韩国，这些国家和地区吸引外资，发展出口导向型工业，加强对外贸易，经济发展速度较快。另外，亚洲的东南亚诸国、中国、印度，拉丁美洲的巴西、墨西哥、阿根廷，非洲的南非、埃及等国工业都有较大发展。但是，从整个第三世界来看，其工业化进程仍然遇到很多困难与阻力。

工业化生产方式虽然可以增加产量，降低成本，提高人民生活水平，但是各国往往为了自身利益，总是想垄断先进技术，消除竞争对手，获取更大利润。印度的纺织业早先十分发达，其产品销售到很多地方。1815年印度出口到英国的棉制品等于英国出口到印度的50倍。可是，英国利用其高关税手段阻止印度棉制品出口，又让印度实行"自由贸易"，造成印度手工棉纺工厂破产，工人返回农村，棉花运到英国织成棉布再返销印度。在英国殖民统治下，印度的工业化进程被大大推迟。美国正是因为通过独立战争摆脱了英国统治，从而较顺利地走上工业化道路。

处于殖民地地位的国家，也陷入类似于印度这种境地，多是把原料运往宗主国加工，再把产品运回殖民地销售。宗主国一般不在殖民地设厂生产产品。这样，宗主国就从低价收购原料、高价销售产品过程中获得大量利润，而殖民地则长期处于贫困地位。第二次世界大战后，虽然第三世界国家都先后摆脱殖民地地位，但因资金、技术、市场等条件的限制，工业化进程步履维艰。

（二）工业化生产方式的继续发展

19世纪中叶到20世纪初期，工业化生产方式出现了第二次革命。这次革命不是发生在英国，而是发生在美国和德国。这次革命是技术上的重大变革。第一次工业革命的发明家大多是经验丰富的工人，他们靠长期实践所积累的经验进行创新。而第二次工业革命的发明家多是专家学者，他们将科学与技术相结合的成果应用到工业生产中去。在此期间，电学、力学、化学、电子学等学科的研究成果被广泛应用到工程技术中，出现了很多新的发明与创造。这些发明与创造有的是个人的智慧产物，有的是集体智慧的结晶。

第一次工业革命使人类进入"蒸汽时代"，第二次工业革命则使人类进入"电气时代"。电磁感应应用到发电机的制造。电机迅速代替了蒸汽机。电不仅被用作动力，还被用来照明，人们还利用电磁波传递信息。电力作为动力来源具有很大的优势：使用方便，可以远距离输送，备用电单位无须自己设厂发电。除火力发电外，还可以用水力发电，后者提供更廉价的电能。

这时期，动力机除电机外，还有内燃机。内燃机使用液体和气体燃料。它的体积较蒸汽机小，质量轻，启动方便，运转平衡，可以安置在其所推动的机械中，如火车、轮船、汽车、拖拉机，以及飞机中，它对运输业和生产起着重要作用。特别是汽车和飞机对运输业发展具有划时代的意义。当汽车变成了私人的交通工具，城市间、区域间的交通联系发生根本性变化。飞机的出现大大提高了运输效率，缩短了区域间的时间距离，加强了世界各地的联系。内燃机的出现使燃料用量大增，故促进了石油工业发展，使煤炭的地位大大降低。

电的生产也使通信产业获得了发展。电报、电话等被相继发明，信息传递更加快捷。特别是电话成了人们维持日常交流的重要媒介。加上广播、电影、电视等出现，人们的生活变得丰富多彩。

冶金业和化工业也获得新发展。这个时期，钢铁的用途更加多样化，需求量亦大增，进而促成了钢铁业的技术革命，出现转炉和平炉等新炼钢法，并研制出各种特殊用途的合金，进一步提高了金属材料的性能。化工业重要的发展一是石油的提炼，石油中各种化学有机物分离；二是人工合成各种化学制品，

案例6-1 专利数量与区域经济发展

每年注册专利数量表明一个国家的技术创新能力，以及对工业发展的支撑能力。2020年4月7日世界知识产权组织（WIPO）公布消息称，2019年中国申请了58990项专利，数量位居世界第一位，美国以57840项专利位居第二，日本第三，第四、第五、第六名分别是德国、韩国、法国。1990年代美国专利数远多于世界其他国家，第二名德国的专利数还不到美国的一半，进入21世纪，日本超越德国位居第二名。有学者采用中国一级行政区的统计数据，用回归分析方法（本质上是经验主义的方法）发现，区域经济发展（GDP）与区域的专利授权数、发明专利、实用新型专利、外观设计专利授权数呈现显著的正相关。根据这些学者的研究，是否还可以延伸出更多的研究问题？例如，不同时期的数据统计结果会不会不一样？区域单元扩大为国家后统计结果也可能不一样？关键性发明专利的授权数对区域经济发展的影响比专利授权总数量更为明显？

资料来源：张继红，2007。

特别是人造纤维和塑料。在此阶段，对人工合成的化学制品的应用还停留在初级阶段。

第二次产业革命中出现的上述新发明新技术，将工业生产推进到一个新的阶段。

第二节　产业类型及其分布

一、产业分类方法

在现实中，从事经济、管理等活动都需要了解产业划分。产业划分中最主要的是工业部门。例如银行贷款、企业投资都需要找到性质一样的，或最为相近的行业作为决策参照。在近年，中国政府鼓励小微企业，银行在判断哪些企业属于小微企业时，要根据不同行业来判断。政府行业管理，也要分门别类地进行管理。地理学主要分析与区域经济密切相关的行业布局，确定最为相近的竞争行业，分析多个同类生产者的空间竞争关系，或借鉴他们成败的经验。

联合国经常使用的是三大产业划分方法。第一产业包括农业、林业、牧业和渔业；第二产业包括制造业、采掘业、建筑业和公共工程、水电油气、医药制造；第三产业包括商业、金融、交通运输、通信、教育、服务业及其他非物质生产部门。此外，全世界最成熟、最有影响力、最流行的行业分类为联合国颁布的《国际标准产业分类体系》（ISIC）。1948年联合国经济及社会理事会第七次会议批准了该分类体系1.0版，如今已经更新到4.0版。联合国统计委员会构建ISIC的初衷不是为了取代各国原有的产业分类体系，只是提供一个产业分类的框架，各国可根据该框架制定出符合本国国情的新的产业分类体系，也可通过调整原有的产业分类体系使其和该框架保持一致，从而使各国的数据具有可比性。

中国的行业分类参照了ISIC。截止到2020年，中国实行的是国家发布的《国民经济行业分类（GB/T 4754—2017）》规定的国民经济行业分类。其中分为如下20个大的门类：A农、林、牧、渔业；B采矿业；C制造业；D电力、热力、燃气及水生产和供应业；E建筑业；F批发和零售业；G交通运输、仓储和邮政业；H住宿和餐饮业；I信息传输、软件和信息技术服务业；J金融业；K房地产业；L租赁和商务服务业；M科学研究和技术服务业；N水利、环境和公共设施管理业；O居民服务、修理和其他服务业；P教育；Q卫生和社会工作；R文化、体育和娱乐业；S公共管理、社会保障和社会组织；T国际组织。上述可继续分为97个大类、473个中类、1380个小类。国民经济行业分类代码有四级（表6-1）。每个行业的代码是唯一的，例如B0711就是陆地石油开采。B代表门类，07代表大类，第一个1代表中类，第二个1代表小类。

表6-1　国民经济行业分类与代码（部分）

代码				类别名称	说明
门类	大类	中类	小类		
B				采矿业	在矿址或矿址附近从事的旨在加工原材料的所有辅助性工作，例如碾磨、选矿和处理，均属本类活动；还包括使原料得以销售所需的准备工作；不包括水的蓄集、净化和分配，以及地质勘查、建筑工程活动。
	06			煤炭开采和洗选业	指对各种煤炭的开采、洗选、分级等生产活动；不包括煤制品的生产和煤炭勘探活动。
		061	0610	烟煤和无烟煤开采洗选	指对地下或露天烟煤、无烟煤的开采，以及对采出的烟煤、无烟煤及其他硬煤进行洗选、分级等提高质量的活动。
		062	0620	褐煤开采洗选	指对褐煤——煤化程度较低的一种燃料的地下或露天开采，以及对采出的褐煤进行洗选、分级等提高质量的活动。
		069	0690	其他煤炭采选	指对生长在古生代地层中的含碳量低、灰分高的煤炭资源（如石煤、泥炭）的开采。
	07			石油和天然气开采业	指在陆地或海洋，对天然原油、液态或气态天然气的开采，对煤矿瓦斯气（煤层气）的开采；为运输目的所进行的天然气液化和从天然气田气体中生产液化烃的活动，还包括对含沥青和页岩或油母页岩矿的开采，以及对焦油沙矿进行的同类作业。
		071		石油开采	
			0711	陆地石油开采	
			0712	海洋石油开采	
		072		天然气开采	
			0721	陆地天然气开采	
			0722	海洋天然气及可燃冰开采	
	08			黑色金属矿采选业	
		081	0810	铁矿采选	指对铁矿石的采矿、选矿活动。
		082	0820	锰矿、铬矿采选	
		089	0890	其他黑色金属矿采选	指对钒矿等钢铁工业黑色金属辅助原料矿的采矿、选矿活动。
	09			有色金属矿采选业	指对常用有色金属矿、贵金属矿，以及稀有稀土金属矿的开采、选矿活动，包括深海有色金属矿开采。
		091		常用有色金属矿采选	指对铜、铅锌、镍钴、锡、锑、铝、镁、汞、镉、铋等常用有色金属矿的采选。
			0911	铜矿采选	
			0912	铅锌矿采选	

为了对行业发展进一步精细管理，近年来中国陆续发布的《战略性新兴产业分类（2018）》（国家统计局令第23号）、《产业结构调整指导目录〔2019年本〕》（中华人民共和国国家发展和改革委员会令第29号）、《产业结构调整指导目录（2019年本）》中包括鼓励类、限制类和淘汰类。具体规定的行业类型主要是以工艺先进程度、环保程度来确定的。国家统计局也根据行业分类，统计其中的主要行业，如《农业及相关产业统计分类（2020）》（国家统计局令第32号）、《教育培训及相关产业统计分类（2020）》（国家统计局令第31号）、《养老产业统计分类（2020）》（国家统计局令第30号）。

二、第一产业及其分布

在第一产业中，属于工业领域的有伐木业和采矿业。前者以生物资源作为生产对象。由于生物资源是可以再生的，故称之为"可更新资源"。对此类资源，如果进行合理的开发和利用，不仅不会使资源遭到破坏，反而可以长期使用下去，成为"取之不尽，用之不竭"的资源。而采矿业情况有所不同，其资源是在地质历史过程中形成的，时间尺度以百万年、千万年，甚至亿年来计量，与人类历史的时间尺度对比，属于"不可更新资源"之列。如果对此类资源不顾一切大量开采，就会使某种矿产在该地，甚至在全球提前出现枯竭，给整个生产带来极大困难。

（一）伐木业

现在木材的采伐集中在寒温带与热带。寒温带的森林属泰加林，树种单一、开采较方便。开采地区主要在俄罗斯北部及远东地区、加拿大的北部；其次是北欧，例如瑞典、芬兰和挪威三国。热带森林主要在巴西的亚马孙河流域、非洲的赤道两侧地区、东南亚等地。这里森林茂密，树种混杂，质量不一，但有些树种质量较高，属硬木，是制造高级家具的材料。人类对于热带森林的开采引起了生态学家的关注。因为，热带森林是世界物种的集中地，既是生物基因宝库，也是地球上氧气的重要供应源。森林不单提供木材，而且具有防止水土流失、涵养水源、改善气候、防止沙漠化、保护大气环境等重要作用。目前，世界不少地区木材采伐量超过生长量，积极植树造林，减少采伐与破坏已被广泛认同。

（二）采矿业

矿产的种类很多，受地质条件的制约其分布在世界上并不均衡。根据目前地质研究和矿产勘探，发现某些矿产往往只集中在少数国家或地区。金属矿中铁矿最为重要，其分布集中在俄罗斯的库尔斯克、乌克兰的克里沃罗格、美国的苏必尔湖附近、澳大利亚的哈默斯利地区、加拿大的魁北克－拉布拉多地区、巴西的米纳斯吉拉斯州、印度的比哈尔邦和奥里萨邦，以及瑞典北部、法国东北部、委内瑞拉东南部等地。其他金属矿中，铬多产于俄罗斯和南非，镍多产于加拿大和新喀里多尼亚，铜多产于智利、美国、赞比亚等国。贵重矿产金与钻石以南非和俄罗斯为主要产区。

在燃料矿产中，石油产量较多的国家有俄罗斯、美国、沙特、科威特、伊朗、伊拉克、委内瑞拉、中国、墨西哥和尼日利亚等国。煤的生产集中于中国、俄罗斯、美国、德国、波兰等国。煤在燃料中的地位在下降，所以产量也在下降。

矿石一般体积大，质量大，长距离运输很不经济，故冶炼与加工工业多建在采矿地及其附近地区。也有些国家矿石产量很大，除供应本国使用之外，产量中相当部分运往国外。有些国家需要大量某种矿石，而本国缺少或产量有限，就需大量进口。在这种情况下矿石往往依靠大型船舶运输，在港口附近的沿海地区建厂冶炼与加工可以降低成本，增加利润。石油则相反，它处于液体状态，水运可用油船、陆运可用火车、管道等。因产品种类过多，分别运输困难、成本高，故炼油厂多设在产品的消费地或海岸港口。

三、第二产业及其分布

第一产业的产品基本上是直接从自然界取得的，而第二产业是通过对自然物质资料（农产品和采掘业产品）及工业原料进行加工而取得产品的，主要为制造业。它以第一产业提供的原料为加工对象，将其变成半成品或成品。

第二次世界大战后世界工业生产地域发生很大变化。大型化、系列化和综合化成为战后工业分布规模的主导方向。在经济全球化浪潮的推动下，世界上许多大型工业企业都重组和合并，以降低生产成本，实现技术创新，追求规模效益。几个世界性大工业带已经形成，如北美工业带、西欧工业带、俄罗斯与乌克兰工业带、日本工业带等。发展中国家的工业也获得长足的发展，其生产集中化程度不断提高，许多国家首都多发展成为最大的工业城。世界工业生产从高密度区向低密度区扩展是世界工业空间转移的趋势。

世界上主要工业带的分布情况如下（陈才、李文华，1993：13-28）：

（一）北美工业带

北美的制造业集中在美国东北部和加拿大东南部，该区称为北美工业带。这是世界上最发达的工业地区。美国是目前世界上最大的工业国。这里包含美国和加拿大南部的九个主要工业区。

1. 新英格兰南部工业区

这是北美工业带中一个最古老的工业区，其中心位于马萨诸塞州大波士顿地区。19世纪早期，该区是纺织和成衣中心。棉花来自美国南部，成衣多在当地销售，也出口到欧洲。

现今，这里虽然还生产高附加值的纺织品和成衣，但工业发展重点则转向电机、金属加工和电子产品。该区域附近有著名高校麻省理工学院和哈佛大学。波士顿现被称为美国东北部的硅谷。

2. 大西洋沿岸中部工业区

大西洋沿岸中部工业区的中心在纽约，包括马里兰州的巴尔的摩、宾夕法尼亚州的费城和华盛顿。五大湖地区交通的终点在纽约。纽约是许多大公司总部所在地，本身也是巨大的销售市场，也是金融、贸易、交通、旅游的中心。工业结构由服装、钢铁、化学、机械、金属加工、食品等行业构成。此外，这里也是出版业最集中的地方。

3. 匹兹堡－伊利湖南岸工业区

该工业区的中心在宾夕法尼亚州的西部和俄亥俄州的东部。这里是北美最古老的钢铁工业区，因为附近阿巴拉契亚山区出产煤，而苏必利尔湖附近蕴藏了高品位的铁矿石。除钢铁工业外，这里还有电气设备、橡胶、机械工业等。20世纪后半叶逐渐变为衰落的"铁锈地带"。

4. 密歇根湖工业区

该区包括芝加哥、底特律、托莱多、密尔沃基等城市。这里是美国的运输网络中心。在工业生产方面，运输装备、钢铁、汽车机械、金属加工、印刷、出版等行业比较发达。在底特律及其周围汽车制造业占特殊地位，芝加哥则以铁路车厢、拖拉机、农业机械、食品加工等产业而闻名。

5. 圣劳伦斯河谷－安大略工业区

这是加拿大最重要的工业区，从圣劳伦斯河谷向西延伸到五大湖东部的北岸地区。工业以钢铁、机械、化学、食品、造纸、炼铝等行业为主。多伦多是该区内最大的城市，以汽车装配闻名。

6. 阿巴拉契亚南部工业区

该区从北卡罗来纳的格林斯伯勒，经夏洛特、亚特兰大（佐治亚州）到伯明翰（亚拉巴马州），沿着阿巴拉契亚山脉南部延伸。这个区域的纺织、运输装备、家具、食品、炼铝、钢铁及针织工业比较发达。

7. 海湾工业区（东得克萨斯工业区）

该区位于墨西哥湾北岸，以新奥尔良和休斯敦为中心。工业有炼油、化学、炼铝、电机、电子等。

8. 太平洋沿海地区

该区位于加利福尼亚州的西南部，以洛杉矶和圣迭戈为中心，以宇航、飞机制造、电子、炼油、制药、服装等新兴工业为主。

9. 佛罗里达中部工业区

该区位于佛罗里达州中部。食品、电机和电子部件是该区主要工业产业。

（二）西欧工业带

欧洲工业带主要集中于西欧地区，从苏格兰向南，经英格兰南部，从莱茵河口进入欧洲大陆西部，从荷兰和法国、德国接壤处延伸到意大利北部。在该工业带内有四个主要工业区。

1. 英国工业区

该区位于英格兰的中部、北部以及苏格兰的南部。在19世纪，该工业区垄断了世界的钢铁、煤炭、纺织品的生产。目前，该工业区内的传统工业已衰落，迫使产业结构转型。英国的工业产品销售原来面向北美与世界其他国家，故生产场所集中在西海岸。现在英国工业与欧洲大陆联系加强，工业布局则向东南沿海地区转移。

2. 莱茵－鲁尔工业区

该区包括比利时、荷兰、德国西北部及法国东北部，是欧洲最重要的工业区。由于该工业区是跨国的，所以比较分散。莱茵河和鲁尔河汇合处的鲁尔区是该区工业企业最集中的地区。莱茵河纵贯本工业区南北，是重要的交通要道，下游港口荷兰的鹿特丹是世界最大的港口。该工业区由于煤铁资源丰富，有利于钢铁、机械、机车、军工等工业的发展。虽然区位条件和煤炭资源都还存在，但是随着欧盟产业布局结构的调整，这里也已经成为"铁锈地带"。由此可以看出"一横"的作用。

3. 莱茵中部工业区

该区位于德国的西南部和法国的东部，是欧洲第二个最重要的工业区。该地区的区位条件优越，人口较为集中。法兰克福是该区的地理中心，也是铁路、公路和航空的中心，还是金融和商业中心。斯图加特是世界名牌汽车（奔驰、奥迪）的产地。曼海姆以化学工业和制药工业而闻名。莱茵河西岸是法国钢铁工业的重要生产地区。

4. 意大利工业区

该区位于意大利北部波河流域，这里被称为"第一意大利"，它的主要范围在由米兰、都灵、热那亚三市组成的工业三角地区。新兴工业地区被称为"第三意大利"，包括威尼托、艾米利亚－罗马涅和托斯卡纳。这里工业的特点是以中小企业为主，以轻工业为主，生产高度专业化、资本集中程度低。

欧盟的成立使欧洲各国彼此间的经济联系加强，工业布局也发生转移。英国的工业区重点向东南转移，荷兰、比利时等国位于莱茵河下游的工业向法国、德国边界的莱茵河谷地区延伸，然后进入意大利北部的波河流域。从经济发展趋势来看，还有可能从波河流域转向法意接壤地区，再向西延伸到西班牙北部的巴塞罗那。有人把这个相连而弯曲的地带称为"热香蕉"地带。

（三）俄罗斯与乌克兰工业带

俄罗斯与乌克兰工业带，过去为苏联工业区，现在俄、乌各为独立国家。该工业区的发展晚于西欧，但是经过百年建设亦有相当雄厚的基础。

1. 中央工业区

位于俄罗斯首都莫斯科及其附近地区。这里虽然资源并不丰富，但是接近市场，有大量技术熟练劳力，其工业产值超过俄罗斯全国总产值的1/4。工业部门中纺织、化学、机械、精密仪器、运输车辆、电子工业居重要地位。

2. 圣彼得堡工业区

以圣彼得堡为中心，历史悠久，拥有海洋运输的优良区位，是俄罗斯与欧洲和世界海上经济联系的重要门户。主要工业部门为石油化工、造船、造纸、电子、纺织等。

3. 伏尔加工业区

位于伏尔加河和卡马河沿岸，是在第二次世界大战后迅速建立起来的工业区。由于那里是国防安全地带，在俄罗斯居重要地位。这里有廉价的水电供应，附近有储量丰富的油气田。工业以石油、化工、冶金为主，也是重要的汽车生产基地。

4. 乌拉尔工业区

位于乌拉尔山东麓。那里是世界上矿种最丰富、最集中的地区，冶金工业发达。

5. 库兹涅茨克工业区

位于西伯利亚，是铁矿和大煤田所在地，工业集中在新西伯利亚城。工业以机械、冶金、化工与轻工业为主。

6. 乌克兰工业区

位于乌克兰顿涅茨大煤田地区，它与第聂伯河下游克里沃罗格的铁矿组成大型的钢铁联合企业。那里劳动力丰富，农业发达，加上水运、铁路交通便利，有黑海的优良港口敖德萨便于原料和产品的运输，是一个以钢铁为主的综合性工业区。

（四）日本工业带

日本是世界第二大工业国。该国矿产资源贫乏，工业发展起步晚。第二次世界大战后，它注重通过技术培训提高工人水平，加上组织管理合理，并能积极吸收消化他国先进技术，发展高新技术产业，以出口为导向，因此工业取得显著成效。日本工业由于需要进口原料，输出产品，所以布局都面向太平洋一边。

1. 京滨工业带

位于日本的首都东京及围绕东京湾的附近地区。东京湾东面的鹿岛是工业最集中的地区，以钢铁、汽车、机械、仪器、电子为主。

2. 阪神工业带

以大阪和神户为中心，大阪和神户港口位居日本最大的贸易港之列。工业以造船、车辆、机械、钢铁为主。

3. 中京工业带

位于东京与京都之间的名古屋及其附近地区，以名古屋港口为依托，发展了纺织、陶瓷、汽车、机械、钢铁、炼油和化工等工业。

4. 其他工业地域

日本还将工业地带之外的一些工业集中地区划为工业地域,它们是北九州、濑户内、北陆、北关东、京叶、东海。

(五)其他地区的工业区

除上述发达国家工业地带外,第二次世界大战后其他国家经过几十年的努力亦取得很大进展,形成一些重要工业区。

1. 拉美工业区

拉美工业区主要集中在巴西东南沿海、阿根廷东部、委内瑞拉西北部和墨西哥中部。巴西东南部是里约热内卢和圣保罗等大城市与工业的集中区域,工业以钢铁、汽车、石油和纺织等为主。阿根廷工业布局集中于首都布宜诺斯艾利斯及其周围,工业除钢铁、炼油外,还有肉类加工、面粉、纺织等。委内瑞拉西北马拉开波湖及其周围是世界闻名的大油田,以采油和炼油工业闻名。墨西哥的首都及其周围是该国工业的集中地,钢铁、化工、石油及多种轻工业发达。由于墨西哥加入了北美自由贸易区,其靠近美国的北部轻工业与加工工业有较快发展。

2. 亚洲其他工业区

1970年代中国的台湾和香港、新加坡、韩国的工业发展迅速,在工业产品出口方面占重要地位,颇为世人瞩目,被称为"亚洲四小龙",成为新兴的工业发展区域。在东南亚,泰国、菲律宾、马来西亚和印度尼西亚的工业在近些年来亦有较快发展。

中国大陆的工业在1949年以前不发达,只有一些提供生活资料的轻工业,多集中在沿海地区。1949年以后,中国大陆的工业有较大发展,根据国家政策导向发展了东北的辽中南工业区、华北的京津唐工业区、东南沿海的沪宁杭工业区、华南的珠江三角洲工业区等。另外,往内陆也出现西安、兰州、重庆、武汉工业区。改革开放以来,由于国家对经济特区和经济开发地区实行优惠政策,深圳、珠海、厦门和上海浦东等地成为工业发展速度最快的地区。

印度自20世纪40年代末独立后,在加尔各答和孟买等大城市及一些新的城市(西部的阿默达巴德和南部的科因巴特尔)及其周围地区建成四个综合性工业区。原来印度工业部门只限于轻工业,现在钢铁、化工、机械、汽车、飞机、各种轻工业及高技术工业都发展良好。

西亚的沙特、科威特、伊朗、伊拉克石油资源极为丰富,过去只是单纯出口原油,获利甚少,国内经济发展缓慢。1973年石油提价以后,产油国经济收益大增。各产油国大量投资工业,除发展与石油有关的炼油与化工工业外,也发展一些其他工业。

3. 非洲工业区

非洲工业区多散在埃及、尼日利亚、阿尔及利亚、摩洛哥、科特迪瓦等国。肯尼亚等国独立后工业发展较快,也形成一些工业区。南非是非洲南部工业发达的国家,工业技术较先进。

4. 澳大利亚与新西兰工业区

澳大利亚和新西兰都是工业比较发达的国家。澳大利亚的采矿业在世界占有重要地位。

四、其他产业及其与工业的关系

第三产业在本质上是服务性产业，与工业密切相关。其大体范围包括：商业与贸易、金融与保险、旅游与娱乐、仓储与运输、文教与卫生、信息与通信、科研与咨询、旅馆与饮食、理发与美容等其他劳务性服务等行业。其中有的是为生产发展服务的，有的是为社会发展服务的，有的是为人们的生活服务的。随着科学技术的突飞猛进，人类获得了巨大的解放，又随着知识经济的到来，人类除了进行必要的物质生产活动以外，还进行精神生产活动以提高生活质量。原来的第三产业获得快速发展，行业分类越来越多，专业化程度加深，已经不再适应经济发展的要求，无法有效测算各国的产出水平及政府规划在产业经济发展中的作用。所以经济学家开始关注对第三产业进行重新划分。在国外，有人从第三产业中分出第四产业和第五产业，目前也在国内引起充分的重视。尽管对第三、第四、第五产业的划分说法不一，但是仍具有一定的共性。

案例6-2 国际贸易商品进出口大国分布直观图

某个工业制品国际贸易进出口水平，一定程度上反映了一个国家的该行业在世界上的水平。通过OEC World数据源，可以找到每年联合国贸易统计数据的空间分布直观图。选上一种贸易商品和年份，便可以看到图6-1显示的直观图。从该图中可以看到，2019年德国是世界上小汽车的进出口大国，日本是出口大国，美国是进口大国。

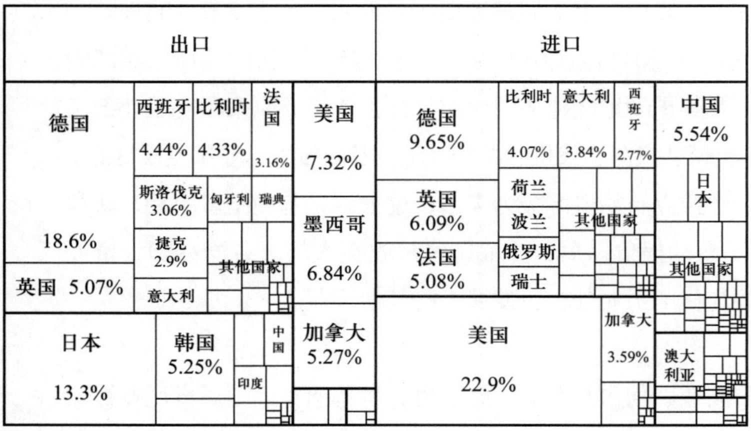

（一）第三产业

第三产业是随着第二产业的制造业而发展起来的，是为了满足生产活动的持续进行。第三产业的空间分布与第一产业和第二产业的空间格局有紧密联

图6-1　2019年世界小汽车主要进出口国及其所占份额

系。现代工业生产选址已超过传统地域范围，由于与外界的联系更加紧密，需要完善的交通系统支持，每个工业区都有相应的交通网络。各国由于地理条件的差异，其交通方式各有侧重。虽然工业发达国家和地区的铁路、公路、水运和航空都很发达，但是深入分析却仍有差异。在货运方面，现在海运和内河航运仍然是大宗物资输送的主要方式；铁路运输则处于衰落中，只限于部分货运；许多国家高速公路已四通八达，因此公路运输地位已大大超过铁路运输。在客运方面，近几十年来，航空客运发展较快，它具有航程远、速度快、运量大的优势，效果明显。特别是对远程旅客可以节省很多时间，洲际与长距离客运为航空所垄断，使过去海运全部转向货运，在中、短程客运方面，铁路、公路还有一定的竞争力。目前一些发展中国家交通运输仍然不甚发达，成为制约经济发展的"瓶颈"，迫切需要改善交通环境。

商业是商品交换发达的一种表现形式，通过商品的买与卖的经营活动沟联生产者与消费者，推动第二产业生产活动的顺利进行。虽然生产决定流通，但是流通也对生产起着巨大的能动作用，对再生产过程承担着先导者和完成者两种职能。其他第三产业部门也都是为了保证第二产业生产和再生产活动持续提供服务。

（二）第四产业

自20世纪中叶以来，在现代科学技术迅猛发展的推动下，出现了史无前例的以计算机技术、通信技术、卫星技术为核心的信息通信产业，即以计算机和通信设备行业为主体的IT业，它通常被称为信息产业。信息产业以信息为劳动对象，以信息的收集、生产、传播、处理、储存、流通和服务等为职能。信息产业成为发达国家新的就业领域和经济中心，以此触发的"新经济"浪潮风起云涌，成为新一轮经济增长的支柱。

第四产业技术新，知识、智力、科学技术密集，行业门类多，社会服务面广泛。与第三产业有着明显的区别，此产业的劳动工具、劳动对象、劳动产品形态、劳动形式均不同，主要反映人类的脑力劳动，生产无形的信息产品，具有很高的附加价值。将信息产业单独划分为产业部门有着重大的意义，因为它既是社会生产力发展的结果，反过来又推动社会生产力的发展。划分第四产业有利于促进信息产业的发展，满足人民群众的需要，优化产业结构，提高劳动者素质，扩大就业门路。发展第四产业，也是实现社会生产集约化的重要条件，使生产、运输、销售日益全球化，能充分发挥多功能中心城市的作用。同时，发展第四产业，还可以保护生态环境，有效地实现可持续发展。

（三）第五产业

人类在经历狩猎社会、农业社会、工业社会和信息社会之后，将进入一个以关注梦想、历险、精神及情感生活为特征的梦想社会，人们消费的注意力将主要转移到精神需要。在此基础上，文化经济一体化、文化产业化作为时代发展的潮流已为世人关注，而这种以精神文化生产方式满足人们精神文化需求的文化产业即第五产业之勃兴锐不可当。文化产业成为

21世纪新的经济增长点。联合国教科文组织官方网站上的术语（glossary）表中把文化产业定义为："生产和分配文化产品和服务的行业。"

文化产业的兴起是产业下游化的产物。随着经济的不断发展，产业中心在逐渐由有形财物的生产转向无形服务的生产过程中，人类也在逐渐关注精神文化生产。时至今日，尽管没有统一的定义，但以信息技术为核心的第四产业已经得到普遍的承认，第五产业的发展也已初步形成规模。文化产业基本上可以划分为三类：其一，是生产与销售以相对独立的物态形式呈现的文化产品的行业（如生产与销售图书、报刊、影视、音像制品等行业）；其二，是以劳务形式出现的文化服务行业（如戏剧舞蹈的演出、体育、娱乐、策划、经纪业等）；其三，是向其他商品和行业提供文化附加值的行业（如装潢、装饰、形象设计、文化旅游等）。文化产业成为全球GDP的强大增长源，刺激人们提高生活质量，从而创造出大量新的商机，满足人们丰富心理－精神生活的渴望。文化产业链条对相关企业和产业形成带动效应，把创意、技术、营销等环节紧紧联系在一起，使独特的文化价值逐步转变成为有广阔市场的商业价值。

第三节　影响工业分布的因素及其新变化

一、影响工业分布的因素

工业分布又称工业布局，它既是工业地理学的重要研究内容，也是客观存在的经济现象。工业分布的形成与发展总是遵循一定的客观规律，是一系列自然、生产、生活、社会、文化等多种客观条件综合影响的产物。这些条件的制约是相对的，随着情景变化，这些条件的重要性也会发生变化，使工业分布呈现新的面貌。影响工业分布的因素大体有七类。现分述如下。

（一）自然条件

影响工业分布的自然条件主要是地形、气候和水文。地形对工业的影响主要在于厂址的选择。工业生产活动多是集中进行的，因为集中可带来多种好处。为此，厂址多选在有较大面积平坦地形的地区，这样有利于安排生产活动。比较大型的工业，往往还需要在工厂附近安排相应的生活服务设施，甚至需要相应的城镇设施和服务。

在厂址选择上，还需考虑防御自然灾害，如地震、滑坡、泥石流及洪水发生的可能性。这些风险如果不太大，需采取一定的措施加以防范，如果情况严重，就需改换地点。有的地方，其他条件都很好，但地形条件不太理想，如果花费不太高的话，那么可以采取人工办法去"创造"合适的地形。例如，日本与中国的香港，土地很少，地形平坦的空间更少，往往采用劈山或填海造地的办法创造工业用地。

气候条件对工业的作用不像地形那样大，因为可以用人工办法创造适合工业生产需要的室内环境，以弥补自然气候的不足。例如棉纱厂，如果车间空气湿度低，纱就容易断，因而过去棉纱厂不建在干旱地区。现在可用人工办法控制湿度。现在的技术可以用暖气提高工作环境中的室内温度或用空调降低室内的高温。创造人工气候要付出一些费用，如果费用过高，影响企业经济效益，超过一定限度，就需另择厂址。

水文条件主要是供水与排水问题。多数工业生产需较多的供水，不但有数量上的要求，还有质量上的标准。因此，建厂时要考虑这一条件，了解地面水、地下水情况，或者修建水库蓄水，或者打井抽取地下水，甚至从他处引水解决工业用水。特定行业还要考虑排水问题，特别是排出的废水会引起严重的环境问题。洪水情况亦需注意。

（二）自然资源条件

自然资源是指自然环境中一切对人类社会物质生产有用的物质。根据资源的再生性能，可以把资源分为可再生资源和不可再生资源。工业企业所需的各种资源都受到一定的地域限制。各种原料的数量、质量等方面的差异对工业企业选择区位有很大影响。

1. 原料价格低廉且加工后体积与重量大大减少

使用这种原料的企业多选在原料产地，以减少原料运输费用，从而降低成本，利于产品获得价格上的竞争优势。例如，钢铁工业使用的原料主要是铁矿石与煤，所以钢铁企业多建在原料产地附近。有的地方或国家缺乏铁矿石和煤，只好从国外进口原料和燃料发展钢铁工业。例如日本，为了减少运费，多把企业建在沿海地区的港口附近，以利用廉价的海上运输进口原材料，运用先进技术加工成工业制品（如汽车）后出口海外或销售到沿海都市带，沿海就成为很好的工业区位。

2. 原料不便运输且加工后成品体积增大

利用这样原料生产的企业，多靠近销售市场。例如饮料厂，成品体积大于原料，特别是瓶装、罐装饮料质量很大，饮料的运输成本比原料运输成本要高。

3. 消耗能量多的企业

当从原料到成品的加工过程中需要大量的能源时，企业为降低成本，不得不选择能源供应低廉且稳定的地方。例如炼铝厂，由于炼铝要消耗大量电力，因此大多选在水电站附近。因为这里供电成本低，电力价格便宜。这类企业称为耗能企业。

4. 需要新鲜原料的企业

加工蔬菜和水果的企业，其成品质量与原料的新鲜程度关系较大。另外，这类原料易于腐烂。所以加工厂不但要求距原料生产地近，运输条件好，而且工厂还需要有保鲜设备。交通环境和技术条件的改善也会使区位条件变化。如前面提到冷藏技术的应用使得部分牛奶工厂趋向大城市周边布局。

5. 产品需要保鲜的企业

当最终产品比原料更容易腐坏变质时，企业就多选在市场地区。例如面包烘焙房、冰淇淋店等。

（三）能源条件

第二产业的生产过程需要消耗大量能源。在工业化早期，由于交通运输尚不发达，动力以水力为主，所以工业企业多布局在河流附近。蒸汽机的出现使工厂区位摆脱了水力所在地的限制。但是，蒸汽机要消耗燃料。这样，煤炭来源与运输条件又成为使用蒸汽机的限制，越靠近煤炭产地的企业提供动力的成本越低。铁路的出现和航运的发展使这种状况有了很大改观。电能可以代替热能作为工业的动力，而且电力输送方便，使能源生产与使用相分离，即使发电厂因使用燃料而受限制，但是用电单位却可以摆脱能源束缚自由选择区位。目前发电使用的能源有煤、石油、天然气、水能和核能等。在前三种常规燃料中，煤的质量大，运输不方便，受限制多，燃煤电厂区位选择就需仔细考虑；石油、天然气用管道或专门的油轮运输方便，受限制较少，缺乏石油的国家也可以在沿海地区利用进口石油建立发电厂。水能发电虽然成本低，不会造成大气污染，但是投资大，建设周期长，而且受地理条件的限制较大。核能发电所需燃料少，不受运输条件限制，从长远看成本低，但投资大，需靠近大水体以获得大量冷却水源，出于安全要求，要远离人口密集区。

（四）市场条件

商品的特点决定了商品生产是为了满足消费者的需要。如果说资源与自然条件是从生产的可能前提方面影响工业布局的话，那么市场、消费条件是从生产的目的方面影响生产布局。接近消费市场，可以方便直接地获取产品与需求信息，迅速灵活地调整发展战略，能更有针对性、更有效率地进行生产。因此，工业布局时必须高度重视市场研究。在工业布局方面，不仅是一般的接近消费区，而是在确定工业布局的产品方向、工业布局的结构、工业产品的品种、质量时，都要考虑是否适合市场需要。例如食品工业，从生产到销售的周期很短，必须接近消费市场以减少运输、仓储、批发、零售等各个环节的流通时间，防止腐烂变质。所以，这类工业在布局时就要接近消费人群比较集中的市场，趋向于大、中城市。

对于不生产最终产品而只生产中间产品（如配件），或使用其他企业的副产品做原料的工厂，则受最终产品厂与提供其副产品做原料的工厂所在地的限制。有些企业因彼此产品关联性强，往往形成大型的联合企业，例如炼铁、炼钢、钢材等厂家联合成为钢铁联合企业。这种联合企业很大程度上也是考虑了产品市场。有些企业为了占领他地或他国市场，直接在这些地区和国家投资建厂生产产品，以便就地销售，减少运输费用，降低交易成本。

（五）劳动力条件

劳动力既是生产过程中的重要投入，也是产品增值的本质因素，因此企业在选择区位时十分重视劳动力条件，包括劳动力供应数量、平均工资水平，以及劳动力的技术状况等条件。

根据工业生产过程对劳动力的数量、质量的不同要求，企业可以分成劳动密集型与技术密集型。前者需要的劳动力数量多，但技术要求大多不高。因此，这类产业的劳动者工资低，不会增加太多生产成本。所以，这类企业在选择区位时多考虑劳动力供应比较充足、生活费用低、劳动工资不高的地方，这样才能实现劳动力的地区比较优势。那些生产技术要求高，工人必须经过严格培训，具有一定水平、能熟练操作机器后才能上岗生产的企业，被称为技术密集型企业。这类企业在区位选择时往往在城市地区。由于现代企业生产的内部分工很细，专业化很强，并不是所有工序都需要技术水平较高的工人。因此企业为了降低生产成本，往往把某些部件生产或某道工序转移到劳动力便宜的地方去生产。这样发展中国家在一些交通便利、对外联系比较方便的地方就出现了一些外企投资的、生产出口中间产品的劳动密集型企业。

案例6-3　地方制度组织与企业发展

经济全球化已经是一个不可阻挡的潮流。经济地理学家尝试分析每个参与全球化的区域获得了哪些发展，如技术的创新或依赖、本地生产环节价值增值额的升降、地方劳动组织能力的升降、工人技能的升降等，基本研究的方法是依据企业间网络数据、全球商品链的数据进行分析。有学者用此方法分析了1990年代德国宝马（BMW）公司在东巴伐利亚的瓦科尔斯多夫建厂的案例。瓦科尔斯多夫原来建有核电废物处理设施，出于保护环境的考量，德国联邦政府决定关闭此设施，巴伐利亚州政府同意对关闭的私人企业进行赔偿。在当地工会和工人要求下，因关闭工厂而失业的工人可以获得较高的赔偿金。由于当地劳动力已经有了赔偿金的收入，这样使得后续来这里建厂的BMW零件厂可以不必支付很高的工资成本。

资料来源：Coe 等，2004。

（六）工业发展的环境条件

从工业革命开始一直到工业化生产方式扩散到全球，工业对经济发展、人民生活水平提高起着显著作用。但是同时，工业发展日益对环境产生不利影响。主要是工业生产过程中产生了大量废气、废液、废渣等，导致大气污染、水污染、土壤污染等，进而影响生态系统，影响人民身体健康，导致一些地方病、公害病和传染病的流行。目前工业污染不但已造成局部环境问题，而且也出现了世界性环境问题。

酸雨是目前最严重的环境问题之一。化石燃料在燃烧过程中产生二氧化硫等有毒气体，在空气中与水汽结合，形成具有较高酸度的酸雨，使土壤、水体变酸，并造成林木死亡、鱼类绝迹、土壤肥力下降、农业减产、建筑物被腐蚀。在某些地区酸雨已成为严重的环境灾害。另一个环境问题是全球变暖。化石燃料燃烧时释放出大量二氧化碳。空气中二氧化碳

案例6-4 预测各国制造业竞争力的方法

德勤有限公司（Deloitte Global）和美国竞争力委员会（U.S.Council on Competitiveness）设计了一个评价各国制造业竞争力的指数（global manufacturing competitiveness index），并于2010年、2013年、2016年向全世界发布了研究结果。

制造业竞争力指数计算方法：在全球找到一定数量的制造企业的高管，让他们评估40个国家/地区在当前与五年后的整体制造业竞争力。这40个国家/地区是参考部分高管的提名以及委员会、德勤有限公司与克莱姆森大学在这个领域的专家意见后，共同拟定出来的。此外，参与调查的高管也可以添加和评估不在此名单上的任何国家/地区。由于企业类型不同，不同的高管评分的权重也不一样。这些高管普遍认同，影响制造业竞争力的因素依次是：人才、成本竞争力、生产能力、供应商网络、公共政策。这些因素与传统的因素有很大的不同。2016年的报告排名见图6-2。

此外，联合国工业发展组织也推出了《竞争性工业绩效年度报告》（*The Competitive Industrial Performance Report*）。其中包含全世界的国家和地区的竞争性工业绩效指数和排序。主要考虑了产业的技术水平结构、工业增加值、出口量等因素。在2020年的报告中，前十位的是德国、中国、韩国、美国、日本、爱尔兰、瑞士、中国台湾、新加坡、荷兰。

资料来源：德勤有限公司、美国竞争力委员会，2017；UNIDO，2021。

等气体的浓度增加，吸收地球的红外辐射变多，造成地球增温，这种现象称为"温室效应"。地球增温会使两极冰雪融化，海平面升高，使沿海低地面临海水淹没的威胁，而这里是全球经济最发达，人口最集中的地方。一些低平的岛屿甚至会完全没入海平面以下。地球增温会改变地球的大气环流，有些地方的气候类型也会变化，导致某些区域水、旱灾害频繁出现。全球性环境恶化速度虽然不是太快，但是这种恶化一旦形成趋势，则非短期可以扭转。因此，各国开始关注减小工业发展、工业区位选择对不同范围的环境所带来的影响。

（七）区域协作和全球一体化

20世纪后半叶，区域协作尤其是跨国家的区域协作迅速发展，一些区域性的经济组织日益实体化，欧盟、东盟、欧佩克（OPEC，石油输出国组织）等是有较深层合作的跨国经济合作组织。一些主要工业国家间为了降低研发风险、扩大产品市场、方便融资，在工业产品的各个环节开展合作。典型的如欧洲的空中客车飞机。跨区域、跨国界的合作不但出现在发达国家之间，还发生在发达国家与发展中国家之间。发达国家的二业企业为了降低生产、销售成本，扩大海外市场份额，将一些工业产品的某些生产环节转移到发展中国家。例如将电子产品的研发和售后环节留在国内，将组装环节转移到发展中国家。随着越来越多的国家加入世界贸易组织中，这种区域间的产业协作也越来越普遍。工业生产的全球化使得一个国家的工业与世界工业格局息息相关。北欧国家加入世界贸易组织后，工业布局越来越向沿海地区转移了，尽管沿海地区的劳动力成本相对内地高，但是从综合的条件看，沿海是跨区域协作的理想区位。

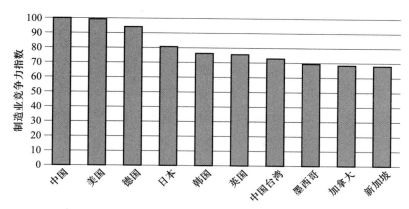

图6-2　2016制造业竞争力指数前十位国家和地区

二、工业区位论

近代区位论是由德国经济学家杜能创立的。虽然杜能环也可以解释不同类型的农业的空间选择，但是还不能充分揭示工业分布的规律。19世纪中期以后，西欧资本主义出现了空前繁荣，特别是第一次科技革命促进了钢铁、机械、纺织等一系列新兴工业部门的迅速发展，运输工具、手段也发生了巨大变化。这种情况迫切要求解决工业区位问题。同时，西欧还出现了资本和劳动力的大规模移动和经济发展的不平衡现象。对于这些现象，当时人们从不同角度进行了解释，而德国经济学家韦伯（A. Weber）认为这些不过是工业区位变动的结果，是由"基于经济力量的区位分布的一般规则"所支配的。若不了解这些规则，就不能解释这些现象，更无法预测未来。为解释这个问题，韦伯于1909年出版了《工业区位论》（韦伯，2011），他提出的工业区位为西方区位理论的研究起了奠基作用。

（一）韦伯工业区位理论

韦伯在研究工业区位时，采取了与杜能相类似的方法，即从简单假设开始，在假定若干条件无差异的前提下，如地形、气候、种族、技术、政治制度、政策、市场等都相同，分析生产布局过程以推导出纯区位规则。他认为影响生产布局的区位因素主要有原料、燃料费用，劳动力成本，运费以及集聚等。理想的工业区位或企业厂址，应当选择在生产费用最低的地点。运费起着决定性作用，工资影响可以引起运费决定的区位产生第一次"偏离"，集聚作用又可使由运费、工资决定的区位产生第二次"偏离"，即在运费、工资和集聚三者关系中寻求最佳区位，并以此为基础，增加分析其他因素对区位的影响。这就是韦伯工业区位论的基本思想。

韦伯工业区位论的出现是西方区位理论研究史上的第一个重大成就，但是它也具有明显的缺陷和局限性。韦伯只就生产过程本身来探讨，着眼于生产成本最低，未考虑其他区

案例6-5　加利福尼亚州南部工业发展分析框架

斯科特在1990年代分析了加利福尼亚州南部（南加州）工业发展的趋势。他认为这个区域的工业转型是一个典型的案例。他建立一个分析框架，来理解南加州高科技工业区的时空发展特征背后的机制。他认为，该地区工业的发展受不断增长的大都市体系中土地价格、工资、交易成本和集聚经济的影响，且这些影响因素之间有复杂的相互关系。他指出，整个南加州当时正处于工业发展的转折点。南加州与美国东北部的老牌制造业城市不同，后者处于产业结构调整危机中，是典型的"铁锈地带"。南加州老的军事工业综合体虽然也正衰落，但是不太可能成为另一个"铁锈地带"，因为这里开始出现高科技企业，加之富有活力的企业家精神，最终会使南加州部分地区摆脱产业转型面临的危机。制定有效的政策措施，准确把握世界市场动向，建立一系列包括企业、工人、社区团体和地方政府在内的新联盟和伙伴关系，这些都将提升南加州的竞争性工业的优势。他建立的这个分析框架，是经济地理学制度转向的代表作。

资料来源：Scott，1996。

位因子，如市场规模、价格水平、集聚效益、范围经济、知识溢出等。他假定许多条件是无空间差异的，但是在现实生产中几乎不存在这样的情形。但是在韦伯工业区位理论中只要将其他条件加入，就可以接近现实。

（二）其他工业区位理论

前面提到的德国地理学家克里斯塔勒于1933年出版了《德国南部的中心地原理》一书，提出了中心地理论。他以韦伯区位论的静态局部均衡理论为基础，将地理学的地域性与综合性特点同区位论学说相结合，形成比较完整的市场区位论（Christaller，1966）。随着生产技术的进步、能源供给的变化和工业布局的能源指向性逐渐削弱，市场指向性与日俱增。因此，克氏理论也有待改进。

德国经济学家廖什继承和发展了前人理论，他从利润原则出发，同工业产品销售范围联系在一起进行考察，提出需求圆锥体与市场区、市场的网状组织等构想，以垄断资本的竞争代替韦伯的自由竞争。廖什的学说开创了分析工业布局的一个重要流派即市场学派。

上述工业区位理论都限于微观经济分析方法，假定厂商以最低限度成本或最大利润率作为确定工业区位的条件和目标。随着生产规模的扩大和区域间经济联系日益紧密，学术界对工业区位理论的研究转向宏观经济分析，并且关注非经济因素的影响。

这一时期美国经济学家艾萨德（W. Isard）（2010：98-133）从宏观、综合角度提出了成本-市场学派，主张从空间经济论出发研究工业区位论，利用各种计量经济学的方法论证工业区位，引用比较成本分析与投入产出分析，把工业区位论作为"区域科学"的核心。

在1980年代中期，美国经济和地理学家斯科特（A. Scott）把交易成本理论引入城市和区域规划之后，把企业间的交易活动看成是一个生产系统，即"产业综合体"（industrial complex）的概念，形成了自己的"新工业区位论"。他的主要观点是：任一地点的区位优势与其说是先天给予的，不如说是资本主义企业内部的生产与组织机构的动态变化所产生的。

此外，一些经济学、地理学和社会学家主张从社会和行为方面研究工业区位，建立行为学派，如美国地理学家普雷德（A. Pred）。

三、工业分布的新变化

工业革命在18世纪中期从英国开始，然后向西欧、北美扩散，接着又向俄罗斯与日本及澳大利亚、新西兰等国家扩散。经过长期发展，这些国家现在大都积累了雄厚的经济实力，被称为发达的工业化国家，或发达国家（俄罗斯在苏联解体后，经济大幅度衰退），而世界其余国家与地区主要是在第二次世界大战后开始工业化进程，称之为发展中国家与地区。

1950—1960年代，世界开启了第三次工业革命浪潮。这次工业革命以电子计算机的产生与发展为标志，是人类历史上一次更加深刻的科学技术革命，它把人类历史上的工业生产推向自动化时代。这次革命还未完结，并日益广泛而深入地影响着社会生活的方方面面，尤其是在通信等领域。原来通信技术只有广播、电话和电报，1950年代以来，数字技术、软件技术、微电子技术、光子技术、微波技术的发展大大提高了信息传输效率。

旧式计算机使用的器件是数量多、体积大、效率低的真空管。后来计算机改用晶体管和集成电路，使它的体积缩小，功能增强，效率提高，在一定程度上代替人的思维活动。计算机对工业的设计、生产、管理等方面都起着极大作用，特别是计算机控制的机械投入工业生产后，生产效率明显提升。

上述技术的变化使工业分布出现了许多新的变化。

（一）钢铁工业的变化

钢铁工业是国民经济的基础工业部门，在国民经济中占有重要地位，世界上所有国家在工业化进程中都十分重视钢铁工业的发展。随着钢铁工业技术的进步，生产规模也越来越大，其工业布局也发生了显著变化。第三次工业革命以来，随着电子信息产业浪潮的兴起，以钢铁工业为代表的传统部门被新兴工业所取代。美国、西欧等传统工业大国的钢铁生产能力和钢产量都呈下降趋势，钢铁工业被称为"夕阳工业"；日本的钢铁工业处于停滞状态；俄罗斯、东欧及一些发展中国家钢铁生产能力持续增长。值得一提的是中国的钢铁工业。中国蕴含了丰富的矿藏，为发展钢铁工业提供了物质基础，1949年以后，中国在国家政策指引下建立起自身的钢铁工业体系。中国的钢铁工业经过若干年的发展已经奠定了坚实的基础。中国的钢产量在1996年首次跃居世界首位之后，一直保持世界第一的位置（图6-3）。

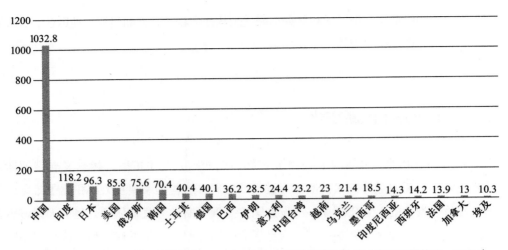

图6-3　2021年世界粗钢产量（单位：×10⁶ t）前20位的国家和地区（世界钢铁协会，2022）

　　尽管在一些传统工业化国家钢铁工业的地位下降，但是钢铁工业作为制造业的基础，其重要性不容忽视。从1970年代开始，主要西方工业国为实现钢铁工业现代化，纷纷投资，对本国钢铁工业进行改造，改进生产技术和产品结构。在竞争日趋激烈的世界经济背景下，钢铁企业运营模式也在发生变化。更多地追求规模效益，通过合并和重组，建立大型钢铁集团公司，成为钢铁工业发展的主流趋势。

（二）纺织业与成衣业的变化

　　纺织业既是英国工业革命的先驱产业，也是大多数工业化国家实现工业化的起始工业。纺织业基本上属于劳动密集型工业。1980年代以后，伴随着全球的技术进步，纺织工业设备也不断改进，自动化设备广泛采用，大大提高了纺织行业的劳动生产率。但是，纺织工人的劳动成本高低在某种程度上仍然决定了纺织业在国际市场上的竞争地位。广大发展中国家人口众多，劳动力成本低，所以，世界纺织工业不断向发展中国家转移，发达国家纺织业日趋衰落，而发展中国家纺织业则急速上升，生产地域专门化程度日益提高。纺织业从美国、西欧、日本等发达国家和地区向东南亚与东欧地区转移。从1970年代开始，东南亚、韩国和中国的纺织品出口大增。棉纺工业多分布在劳动力充足的地区或棉花产区，如中国、印度、巴西、墨西哥等国；毛纺工业多集中在欧洲发达国家；丝织品工业由于受生产工艺、原料和消费习惯的制约，目前世界上前十位的丝生产大国是中国、印度、乌兹别克斯坦、伊朗、泰国、巴西、越南、罗马尼亚、朝鲜、阿富汗；化纤工业与炼油工业紧密联系，所以多分布在石油工业发达的地区，以美国、日本、俄罗斯和德国等发达国家为主。

　　在成衣制造业中，时装业和标准化成衣制作是截然不同的概念。时装业成本昂贵，极具时尚含量，品牌优势明显，所以时装业多分布在一些著名的大城市，如米兰、纽约、巴黎、东京、伦敦等。而标准化成衣制作则属于低成本的加工工业，所以多分布在劳动力成本低的地区，如东南亚国家菲律宾、马来西亚、印度尼西亚，北非的摩洛哥，中美洲的洪都拉斯，东欧的保加利亚和罗马尼亚，南欧的葡萄牙，西亚的土耳其等国，产品运往西欧和北美。

（三）汽车工业的变化

在德国机械工程师本茨（K. F. Benz）于1886年发明了第一辆以燃烧汽油为动力的汽车之后，汽车工业逐渐成为重要的工业生产部门。汽车工业是一个综合众多行业的部门。据统计，它消耗了世界橡胶工业产量的75%，玻璃的25%，铝材和半导体的20%，钢材的15%。因全球汽车每年消耗数以10亿吨计的汽油，所以带动了世界炼油业的发展。汽车又与公路、桥梁等基础设施紧密相关，推动了高速公路和立交桥的建设。世界汽车工业在高技术化和智能化的新浪潮中，又与新材料、新能源、电子、信息等产业紧密相连，由此可见，汽车工业是一个融合众多先进技术，带动众多行业部门，代表一国工业发展水平的产业。不少发达国家或发展中国家，都将其作为国计民生的支柱产业，重点扶持，大力发展。汽车工业是一项技术水平要求比较高的机械工业，规模大效益才高，需要投入大量的资本。目前，汽车工业已成为发达国家国民经济的支柱之一，在很多发展中国家经济发展战略中也占有重要地位，被认为是全球最庞大的产业。

1950年代以前，世界汽车工业主要集中在美国和西欧。1960年代以后，日本的汽车工业飞速发展，后来居上，到1980年超过美国，1994年美国的汽车产量才重新夺回世界第一的位置。目前，世界汽车工业基本形成日本、美国、西欧三足鼎立的局面。一些发展中国家近些年来汽车工业的发展也十分引人注目，例如韩国、巴西、墨西哥和中国等。韩国在发展中国家中发展最快，国内市场广阔，出口量也逐年增加，自2005年已成为发达国家。巴西利用外国的资本与技术，在短短30多年里，从一个汽车进口国一跃成为世界汽车10大生产国之一，并且积极投入研发，注重技术创新。中国的汽车产量和销量已居世界第一，出口量也已居世界第二。图6-4为世界主要汽车生产国的汽车产量及排位。

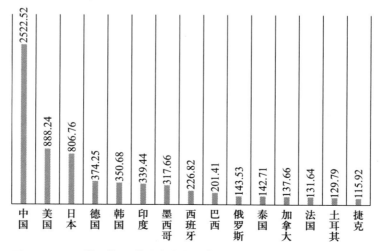

图6-4　2020世界前15位汽车生产国（单位：万辆/年）

汽车工业属于资本密集型产业，需要投入巨资进行研发推出新产品以更好地适应市场需求，加之1990年代后期世界经济不景气，许多汽车厂商纷纷合并和重组，成立跨国公司，所以汽车生产越来越集中到少数大型企业手中。随着全球经济的发展，亚洲的崛起，中东欧的转轨和拉美的复兴，世界汽车工业面临企业经营策略、管理方式和产品定位等选择。汽车生产大国的汽车产业按照比较优势做全球调整和布局，把零部件和相当部分生产装配流程扩散到发展中国家进行，而研发部门则留在国内继续保持技术领先优势。21世纪世界汽车工业仍将蓬勃发展，表现出厂商并购联合化、生产装配模块化、汽车产品环保化、汽车技术数字化、营销服务创新化等发展趋势。世界汽车市场将呈现市场竞争多极化、传统市场升级化、新兴市场扩大化等特点。21世纪前叶，世界汽车市场将随着世界汽车工业和世界经济的发展而呈现新的特点，市场竞争将形成新的格局。世界汽车市场的发展前景将呈现以下几大特征。首先，北美、西欧与日本三大传统市场相互渗透，需求层次升级。其次，以中国为中心的亚太地区、拉美地区和东欧地区等新兴汽车市场需求急剧增加。最后，国际汽车市场竞争表现出多极化格局，在欧、美、日等发达国家的汽车市场上，世界汽车工业列强既要力保自己在本国和本区域的市场占有率，又要挤占对方的市场份额，还要应付新兴工业国家（例如韩国、墨西哥）在中低价位汽车市场上的激烈竞争。

（四）电子信息工业

微电子技术是20世纪后期影响经济和社会各个方面最重要的技术。无线电是在1901年被发现的，它是电子工业的起始，但是现代电子工业第一个晶体管则是1948年在美国生产的。晶体管取代了真空管，成为无线电、电视和其他电子器械的重要元件。到1960年，集成电路的出现使微电子技术实现重大改进，使电子计算机功能大大增强，体形大大缩小。到1970年代，人类可以制造出指甲大小的计算机，进而又发明了微处理器。计算机的应用范围不断扩展，不但在工业、军事领域普遍使用，而且也进入服务业，满足个人与家庭需要。到1990年左右，电子信息工业的年销售额达到4000亿美元，成为世界上仅次于汽车、石油和化学工业的第四大工业部门。

电子信息产业可以分成电子硬件生产、软件生产、网络建设和信息服务等分支。经济越发达的国家，后三个分支所占电子信息产业的份额越大。就世界电子硬件产品的生产和市场而言可概括为：生产与市场集中在少数国家；生产与市场同步发展；电子数据处理设备的生产与市场占主导地位。这是今天世界电子产品生产与市场的发展特点。目前世界上拥有一定规模电子产品生产能力的有五十多个国家。具有较大生产能力的国家仅有三十多个。世界电子信息工业产品的生产与市场，主要集中在美国、日本、西欧和后起的东南亚国家。这些国家是美洲的美国、加拿大、巴西，欧洲的德国、英国、法国、意大利、荷兰、爱尔兰、奥地利、丹麦、比利时、芬兰、希腊、挪威、葡萄牙、西班牙、瑞典、瑞士，亚洲的日本、中国、韩国、新加坡、泰国、马来西亚、以色列、印度尼西亚、印度与菲律宾等。此外还有南非与澳大利亚。这30多个国家的电子产品生产与市场占世界电子产品生产与市场份额的95%左右，其中前十个国家产值占80%，由此可见集中是世界电子产品生产与市场的分布特点。

目前，美国仍然拥有全球最大规模的电子工业和电子产品市场。美国致力于电子信息工业的技术创新，注重投资类电子产品的研发和生产。而消费类电子产品的生产地位却逐渐下降。电子信息产业的迅速发展促进了美国产业结构的演化和升级，产业部门更新，计算机、通信设备、软件和半导体等产业成为美国的新兴支柱产业，特别是1990年代中期出现的互联网、信息高速公路更是技术发展上的一次重大突破，这刺激了美国新一轮的经济复苏，保持了GDP高增长率、低失业率、低通货膨胀率的良好经济运行态势。美国在电子信息产业方面一直保持着技术领先优势。

日本的电子信息工业居世界第二位。日本电子产品以小型轻量化和故障少为特点，成本又较低，在国际市场上具有明显的竞争优势，电子产品的生产及出口都保持了相对较高的增长速度。日本的电子产品中，投资类电子产品、电子元器件的生产在整个电子信息工业中的地位逐渐上升，而消费类电子产品所占的份额在逐渐下降，这说明生产技术已经成熟的消费类电子产品的生产正在从发达国家向发展中国家转移。日本的电子信息工业主要分布在京滨和北九州地区，这是两大生产基地，还有阪神和东北区的南部等。其中，北九州被称为日本的"硅谷"。到21世纪初期，日本在电子信息产品的生产和出口方面的优势仍在持续保持。

西欧各国的电子工业经过几年的衰退以后，从1994年出现转机。这主要得益于欧洲联盟和西欧各国的科技发展计划。德国、英国、法国和意大利是西欧电子产品的四大生产国。西欧各国信息产品市场稳定发展，波动较小，但近几年来都表现出下降趋势，尤其是法国，法国自2000年已跌至十大电子信息产品生产国和地区之末。

亚太地区信息产品市场发展十分迅速。近些年来东亚、东南亚、南亚等亚洲国家电子信息产业在世界上地位逐渐上升。韩国、中国台湾、新加坡等国家和地区成为以个人计算机和相关设备为核心的高档电子产品生产基地；泰国、马来西亚成为民用（消费类）电子产品生产基地；印度成为世界著名的软件工业生产基地。而中国的电子信息产业获得长足发展，目前已成为中国经济保持高速增长的支柱产业之一。韩国电子信息通信产业振兴院（KEA）于2019年7月30日发布的《全球电子产业主要国家生产动向分析报告》表明，在2018年全球电子产业产值的占比排名中，中国占37.2%，位居第一，美国为12.6%，位居第二，韩国8.8%，排在第三位。中国主要电子产品是计算机和相关产品，美国主要电子产品是无线通信设备，日本主要电子产品是电子元器件。

四、当前全球经济空间格局

工业是地区与国家经济实力的体现，随着一个地区的技术进步和社会的发展，其工业在国民经济中的比重也将发生变化。当经济发展、人均国民收入水平提高，以及技术水平提高后，国家和地区的产业结构将发生升级，其表现为劳动力在第一、第二、第三产业之间发生转移，即由第一产业向第二产业、再由第二产业向第三产业转移的趋势。三个产业的比重也发生变化，即由第一产业为主，转为第二产业为主，进而转为第三产业为主。因此可以看到，在发达国家，传统工业部门的地位降低，第三产业和新兴产业成为经济支柱；广大发展中国家，在其工业化进程中也把新兴产业作为发展趋势和重点。

当今世界各国经济发展的联系日益紧密，经济全球化趋势不断加强，各国经济相互渗透程度逐步加深，各国都成为全球经济网络中一个不可或缺的环节，相互影响不容忽视。发达国家和发展中国家在经济全球化浪潮的冲击下都面临着不同的发展问题，迫切要求加强相互联系，进一步深化国际分工体系，充分发挥比较优势，实现经济"双赢"甚至"多赢"的局面。当前发达国家工业发展面临的主要问题是需求不旺与生产能力过剩，发展中国家则迫切需要获得资金和技术的支持。

（一）工业产品需求不旺，工业生产能力过剩

从1970年代中期以来，世界工业发展的速度有所下降，主要原因是消费水平高的发达国家对工业产品的需求不旺。这些发达国家人口增长缓慢，有的甚至零增长或负增长，从而影响需求的增长。发展中国家的需求也不足。需求不旺无法刺激生产，从而影响工资总量的增长与消费水平的提高。

现在市场上的耐用消费品，例如家用电器与汽车等，由于采用了新的生产技术，产品质量比过去有所提高。家庭在这些产品已经普及的情况下，如果收入没有增加，就一般不会再轻易购入同类消费品，除非为了实现更新换代，这也大大缩小了工业耐用消费品的销售市场。

此外，技术的提高也会导致对工业产品的需求下降。例如，为减轻车身重量，节约燃料，汽车采用新技术，利用塑料和陶瓷等新材料代替钢材，使每辆小汽车的钢材使用量比过去减少1/4，大大减少了对钢材的需求。

现在工业化国家与地区越来越多，工业生产能力也越来越大，而且生产者都希望自己的产品占据更大市场份额，获取更多利润。竞争的结果，使生产能力过剩，产品销售困难，最终必然会导致部分企业停产、破产。

以钢铁工业为例，在1970年代，北美、西欧和日本的钢铁产量约占世界的1/3，而发展中国家的产量则不到10%；到1980年代，全世界的钢产量与1970年代相同，但发达国家的产量下降了1/4，而发展中国家产量却增加了一倍以上。广大发展中国家为了在短期内提高国民生产总值，纷纷加大投资力度，建立钢铁工业体系，结果也出现生产过剩。由于产品积

压，难以实现预期利润，企业甚至停产，有的国家政府怕工厂关闭工人失业，会带来严重社会问题，不得不给企业优惠贷款与补贴。钢铁企业走向了重组与合并之路，试图通过行业内部调整实现规模经济。

（二）发达国家遇到的问题

发达国家科学技术先进，资金充足，管理经验丰富，生产能力强大，可是市场有限，在产品销售中遭遇激烈的市场竞争。为了推销其产品，占领更大市场，往往一些国家组成一个经济集团，减少或取消相互之间的贸易障碍，增加彼此之间的供需联系，使商品、资金、劳动力在经济集团范围内自由流动。形成强大经济集团，不仅可以促进集团内各国自身的繁荣，而且可以加强自身的竞争力。如1950年代建立的、后来发展为"欧洲联盟"的欧共体与20世纪90年代建立的北美自由贸易区。这种集团的建立首先是使原来集团内国家间的竞争变成集团间的竞争，其次是彼此关系的新变化。例如在北美自由贸易区，美国一方面利用墨西哥价格低廉的劳动力，把劳动密集型产业转移到墨西哥，促进这类企业在墨西哥迅速发展，另一方面美国却加速这类企业的停业与转移，同时减少这类产品从东南亚的进口，以实现贸易"双赢"。

新的国际分工体制是以跨国公司为主体的生产活动代替旧的以国家为主体的商品贸易体制为标志的。发达国家也是跨国公司的基地。它们为获得更多利润，把企业建在他国，跨过关税壁垒，有利于利用当地的低工资、低地价等成本优势与广阔的新市场。他们往往还把产品运回国内，加剧了国内市场的竞争。由于跨国公司追逐最高利润，当寻找到更好的投资与生产区位时，它们就会很快将资金与生产转移他处。这就会给原来接受投资与进行生产的国家与地区带来严重问题。1997年东南亚出现的金融危机，就是由资金的急剧转移而引发的。在经济全球化过程中，发达国家利用自身技术、资本上的优势，将主要致力于附加价值高、利润大的技术商品生产，而发展中国家只能从事附加价值低、利润小的低技术商品的生产，发达国家与发展中国家之间的生产力发展水平差距拉大。

（三）发展中国家遇到的问题

亚、非、拉发展中国家在经济全球化过程中也会获得经济发展的机遇，同时也面临重大的挑战。例如，通过大规模引进外资、增加出口商品的生产能扩大海外市场，赚取外汇，获得发达国家的直接投资。但是，由于高新技术一般都被少数发达国家所掌控，因此，技术能力的极端不平衡导致财富更多地流向发达国家。

发展中国家往往利用资源与劳动力发展劳动密集型企业，生产低附加值产品或直接出口自然资源，以此在国际市场换取资金、机器、技术，进而扩大生产或发展新的企业。但是，出口资源则遇到代用品的竞争与需求不旺等问题，于是资源价格不高，获利甚微。产品运到发达国家市场，不仅里程远、运费高，加上质量、包装、营销等问题很难进入市场参与竞争。靠借贷国外资金发展本国工业，因管理不善、决策不当、失去机会，有的国家甚至为此背上沉重的负债包袱。

为了吸引外资在国内设厂，以低价土地、劳动力和国内市场换取工业化所需的资金和技术，发展中国家自身要先大量投资于基础设施建设，还要培养各种人才才能建立起自己的工业。然而，这既需要时间，又要冒外资企业向他国转移的风险。即使工业化取得初步的成功，又会遇到产业与产品的更新换代与新技术方面的竞争。总之，发展中国家虽然都取得一些工业化成就，但是发展顺利与成功的不多，大多数发展中国家都遇到各种问题，甚至延缓了工业化步伐。

【本章主要概念】

工业区位论；区位因子；韦伯工业区位论。

【思考题】

1. 简述世界上主要工业地带的分布情况。
2. 工业的发展对其他产业有什么意义？
3. 结合实例分析影响工业分布的因素。
4. 比较不同工业区位论的异同。
5. 查找分析工业布局的文献，思考作者的分析框架与经典工业区位论有何不同。

第七章
聚落与城市发展

内容提要

美国著名学者芒福德（L. Mumford）曾经说过，城市是地理的网织就的工艺品，是经济组织制度化的过程，是社会行为的剧场，是集中统一美的象征。人类为了自身的生存与发展而创造了城市，城市为人类文明的进步与发展做出了巨大的贡献。本章第一节介绍世界城市的起源、早期城市和现代城市发展的动力、西方和中国城市发展；第二节介绍城市区位和自然环境的关系；第三节介绍城市发展的一般过程；第四节介绍城市内部空间结构和城市地域结构，以及相关理论；第五节介绍城市群结构与形成过程；第六节介绍未来城市发展的若干趋势。

第一节　城市的起源与发展

城市是由于人类活动而产生的最为重要的人文景观之一。城市从其起源时代开始就以适应不断变化的人类需求和复杂的社会发展形式、以其独特的空间结构来贮存并传播人类文明的成果。

一、早期城市兴起的动力

城市是人类文明起源的重要标志之一。大约于5500～6000年前，美索不达米亚（底格里斯河和幼发拉底河之间的土地）出现了人类有史以来最早的城市。当时，美索不达米亚的苏美尔人把孤立的定居点聚拢在一体，受同一神灵、法律和统治者的约束，形成了人类最早的城市。之后，有五个地区诞生了最早期的城市文明，包括美索不达米亚、古埃及、古印度河流域、中国北方和中美洲（图7-1）。

1美索不达米亚 2古埃及 3古印度河峡谷 4中国北方 5中美洲
------ 城市起源区　■ 已知最早的农业社区

图7-1　城市起源地区示意图（诺克斯、麦克卡西，2009：26）

在今伊拉克东部的美索不达米亚发现的城市遗迹，是目前知道的最早城市，时间是公元前3500年。在这个区域的河流泛滥平原上，淤积了肥沃的土壤，适宜农业文明的发展，形成了苏美尔帝国的众多城邦。苏美尔人于公元前2100—公元前1900年建造的乌尔城由长达2000 m的城墙围护，在人类历史上第一次把紧密的建筑群与开敞的自然环境分隔开来，两条运河将城市与附近的幼发拉底河连接起来，为周围平原上纵横交错的灌溉系统提供了水源。苏美尔城邦拥有数以万计的居民，包括统治者、行政官员、祭司、武士等各种社会阶层。在这些城市中，神庙主导着城市景观，外围拥有精致的私人住宅、公共作坊、公共储藏设施和大型集市。

新月形沃地呈弧形向西一直延伸到埃及，尼罗河每年一次的泛滥冲积形成富饶的土地，丰盈的农作物滋养了埃及的早期城市文明，发展起了手工艺、众神崇拜和象形文字。在大约公元前3100年，埃及成为一个统一的国家，大型灌溉项目控制了尼罗河河水以用于农业和其他用途。最早的居民区被尼罗河每年泛滥的洪水冲走了，在孟菲斯和底比斯这样较晚形成的大城市中，也只有用石头建造的陵墓和庙宇才保留下来；而居民区和王宫则早已倒塌，被田地和现代建筑所覆盖。建于公元前1835年古埃及时代的卡洪城，方形城墙内中心是神庙，周围环绕整齐的街区，可能是现存人类按网格体系规划居住地最早的证据。城外建有巨大的金字塔、墓葬和神庙，暗示城内住民除了从事农业，更多的人是从事修建金字塔的工作。

在大约公元前2500年，现在巴基斯坦境内的印度河峡谷出现了相对较大的城市，肥沃的淤积土壤和广泛的流域灌溉系统为此提供了支撑，其贸易网一直延伸到美索不达米亚。印度河流域的人民使用同一规格的、具有标准质量和大小的烧砖，沿印度河建起了100座左右结构大致相同、颇具规模的城镇。其中的哈拉巴城最兴盛的时期是公元前2150—公元前1750年，它用高高的砖坯砌成近乎长方形的围墙，具有抵御洪水和军事突袭的双重功能。印度河流域城市的一个鲜明特征就是复杂的排水系统，地下排水管道由市政部门维修，上面铺着砖，并设有带一定间隔的检修孔以备检查维修。

大约公元前1800年时，中国商朝在黄河流域的肥沃平原上发展起来，早期的城市如阳城、亳都和安阳都因灌溉农业的发达而发展。这些城市存在社会分层和职业专门化，包括对农民拥有绝对控制权的世袭领袖和武士精英集团。城市成为政权的中心和标志，并以之为基础统治着整个国家。从商朝定国开始，虽然几度迁都，但每个都城的建设都有相似的结构：一道高高的防御墙，墙内的城市被分成规则的长方形功能区块（如宫殿区和宗教区等），普通百姓则住在城墙外。不同城区和建筑的多样性都源于世俗和宗教功能与严格规定的利益的综合，城市的对称轴与四个天象方位相符，并表达出它与无穷尽的宇宙间的联系。城市是正方形的、坐北朝南的，强调围合、城门、序列、有意义的方向以及左右对称，仪典与空间配合在一起，以创造与维持宗教和政治秩序为目标，形成天人合一的和谐感。

中美洲的早期城市只能追溯到约公元前500年，以墨西哥的阿尔班山为中心的萨波特克文明以小规模的灌溉农业为基础。中美洲的早期城市都是宗教中心或"圣地"，是体现人类的尊严、解放和敬畏的地方，城市精英们通过寺庙和神殿来巩固和提高自己的权力。随着文明的发展，城市的作用也比原来增加了很多，包括仓储、碉堡、作坊、市场以及宫殿等。这些城市由一圈城墙围绕着，城中有金字塔和寺庙。巅峰时期的特奥蒂瓦坎（今墨西哥城）拥有20万居民，整个城市沿着一条长约5 km的、笔直的、穿过谷地的纪念性大道布局，两侧一直到尽头是接连不断的庙宇和住宅，进而形成规整的长方形道路网络。

人类历史上早期城市形成的动力可以解释为3种：地区性的行政管理中心所在地、地区性贸易的重要地点、为保护公共财富而修建的带有城墙的聚落。

二、现代城市发展的动力

城市化的发展是多重机制互动的结果，在不同的城市发展阶段和政治经济体制下，其主导性的作用机制是不同的。但总体来讲，经济发展及其内部构成变迁是最具决定性的因素。

（一）经济发展是城市化的内生决定性力量

经济发展为城市化的实现提供了某种可能，从经济学角度看，城市化是在空间体系下的一种经济转换过程，人口和经济之所以向城市集中，是集聚经济和规模经济作用的结果。经济增长必然带来城市化水平的提高。根据1981年美国人口咨询局的资料，不同经济类型的国家，加权平均的人均国民生产总值与其相应的加权平均城市化之间呈现出明显的相关关系，人均国民生产总值高的国家一般城市化水平也高。美国经济学家兰帕德（E. Lampard）的研究表明，美国城市发展与经济增长呈现显著的正相关，经济发展程度与城市化阶段之间有很大的一致性。美国地理学家贝里（B. Berry）选用9个国家的43个变量进行主成分分析，以解释城市化水平与这些因素之间的关系，最后导出经济、技术、人口和教育等主因子，也证明了经济增长与城市化之间的关系。

（二）农业生产力的发展是城市化的初始动力

农业剩余产品是非常重要的因素，一旦早期的农业能够各自生产足够的食物，在养活已有家人之后还有剩余，就能支持定居人口的增长。

1. 农业生产力水平及剩余粮食的生产能力是城市形成的第一前提

城市作为非农产业和非农人口的聚集地，不能生产农产品，城市人口所需的粮食必须由城市外部的农业提供。就整个社会而言，农业生产创造农产品的能力，除农业从业者自己及其家属所需份额外，剩余的粮食生产能力就是城市存在的必要前提条件。基于这一原因，人类历史上的第一批城市都诞生于农业发达地区。

2. 农业剩余劳动力是城市形成的第二前提

农业地区的兴起，是因为剩余粮食刺激人口劳动结构发生分化。社会中出现了一批专门从事非农业活动的人口。显然。最初这批劳动人口全部是由农业部门提供的。第二、第三产业为农业提供了新工具、新技术，促进农村经济发展，农村又可以提供更多的剩余劳动人口进城从事非农业生产活动。因此，如果农业只提供粮食，不提供剩余劳动人口，非农业部门就不能兴起；非农业部门不能形成，城市也就不能产生。伴随农业生产力提高而出现的农业剩余劳动力是城市兴起和成长的第二前提。

（三）工业化是城市化的直接动力

近代城市化始于工业革命。19世纪，工业革命在欧洲迅速传播，大大推动了城市的发展。德国社会学家韦伯（M. Weber）在分析19世纪欧洲城市化时认为，人口向城市日益集中是经济增长和差异化发展的"自然结果"。农业机械等技术的使用大大提高了劳动生产率，促使被替换下来的农业劳动力为寻求就业而流向城市。他认为"经济发展，或孤立的社会彼此组成经济团体，需要一部分人口在商业城市中集中。同样，作为乡村经济向世界经济转变的工业社会成长过程中的一个方面，市场的扩大促使制造业集中"。按照这种观点，城市化是工业化所产生的劳动分工在空间上的反映。

1950年代以来，发达国家的工业朝着自动化、标准化方向发展，劳动密集型工业向发展中国家转移，其工业部门大量吸收劳动力的时代已经结束，城市发展对工业发展的依赖程度减轻。但是，从世界范围看，工业对于城市发展的主导地位依然存在，工业化仍然是城市化的直接动力。这是因为，世界上实现工业现代化的国家仍占少数。许多发展中国家工业化正处于起步阶段，在这些国家，工业仍是吸收农村剩余劳动力和推动经济增长的主要部门，工业化主导城市化的过程正处于上升阶段。即使在已经实现工业现代化的国家，工业仍是创造财富的基本途径之一。所以，现代化工业向城市集聚的倾向仍在延续。

（四）第三产业是城市化的后续动力

随着发达国家工业现代化的实现，工业化在城市化过程中的作用逐渐减弱，第三产业在城市化的作用日益突出，担当起城市产业发展的新兴支撑力量。第三产业的发展状况直接决定城市生产生活质量，决定城乡人口的流动方向，因而也就决定了区域的城市化水平。

二战以来新的国际劳动分工格局下，跨国公司的管理部门与生产过程分离，公司总部、产品研发部门仍然保留在发达国家，特别是在大城市中。伴随制造业国际扩散的是服务业的国际扩散，它们进一步刺激了城市中第三产业的发展。除了生产性服务业的发展外，城市居民由于生活水平的提高，对物质消费、精神消费和文化消费等服务业也提出了更高的要求，这些刺激城市迅速发展各种各样的服务性行业，如零售业、饮食业、社会保险、文化娱乐、体育卫生、文化教育等。

当前城市化进程的主导力量逐步由初期的工业部门转变为整个非农产业，工业和第三产业共同推动着城市化进程。因此，当工业发展到一定水平，第三产业的迅速崛起并成为支撑经济发展和推进城市化的主要动力是历史的必然。与工业不同，第三产业的"服务"特性决定了其劳动密集型特点，从而刺激了城市就业机会的剧增。据《世界发展报告》统计，1960—1980年，发达国家制造业就业人数一直徘徊在38%左右，但同期城市化水平反而由68%上升到78%，第三产业就业人数从44%上升到56%。第三产业在城市化劳动就业方面的贡献率已超过工业成为世界城市化的主要推动力量。

（五）科学技术是城市化的关键动力

从城市的发展历程看，科学技术发展与城市化是相互促进的。1760年代，蒸汽机改良使得工业革命在英国迅速开展，传统的城市生产生活方式被改变，城市中大量工厂出现，各种类型的工业城市逐渐出现，大量农村人口开始流入城市。火车、轮船的出现也改变了城市间的交通运输，工业原料与各类其他产品可以更加便捷地来往于地区之间，促进了地区之间的经济联系，使得一批处于交通要道的城市发展起来。

电力的出现与应用大大提升了城市的生产效率，电报机、电话等的发明将城市社会联系起来；汽车的发明与广泛应用增加了居民的出行范围，使得城市规模的横向扩张成为可能；电梯设备的出现为城市的垂直延伸提供了条件。以计算机为代表的科学技术革命使城市进入崭新的信息时代。科技、知识、技术、信息等逐渐成为城市化发展的关键要素，科学技术的发展使得城市中新的产业类型出现，城市的创新活力不断增强。2020年《世界发展报告》指出，新技术促进了贸易和全球价值链增长，一些先进制造业和服务业转向创新活动。另外，新一代智能技术的发展使得城市中的万事万物可以被感知与数字化，"城市大脑""数字孪生城市""场景营城"等一系列新的城市发展理念被提出，使得城市本身的"智慧"能力大大提升，城市的运营模式与服务效率正在经历着深刻的变革。

三、西方城市的发展

根据城市在其自身发展过程中所表现出来的形态、功能，西方城市的发展可以划分为古代和近现代两个阶段。

（一）古代西方城市的发展

城市文明从美索不达米亚向外扩张。美索不达米亚的人口数量随着食物供给率提升以及定居的生活方式的逐渐采用而持续增长，人们的迁移传播着他们对于农业和城市的知识。大约3500年前，城市文明从美索不达米亚传播到地中海沿岸地区。地中海地区的古典城市进入了城市生活的新时代，他们深刻地影响着直至今天的文明模式。城市已远远不只是建筑的集合，更成为一种理念，代表着新的治理模式和新的市民概念。

古希腊人根据从美索不达米亚传播来的建城观念建造城市，希腊成为当时世界上城市文明最发达的地区之一，建立了含雅典、斯巴达和科林斯等在内的500多个城镇的城市网络系统。公元前5世纪中叶，雅典人口达到顶点，其全部自由人口约达15万人，此外还有10万多奴隶。航海家们通过贸易联系将城市连接起来，在地中海地区传播城市生活的观念。从爱琴海到黑海，环绕整个亚得里亚海，以及沿地中海一直向西延伸到西班牙，殖民者及其家人建立了新的独立城邦，产生了全球性的影响，促进了东西方文化的交流。

公元前1世纪至公元2世纪，当罗马战胜希腊后，它不仅统治着地中海沿岸，还拓展到欧洲内陆和撒哈拉沙漠以北的北非地区。罗马通过发达的道路和庞大运输系统将这些地方连接起来。到公元2世纪，古罗马人在整个欧洲建设了数量众多的城市，很多当代欧洲城市都可以将其起源追溯到古罗马时代，如伦敦、巴黎、科隆、维也纳、布鲁塞尔和贝尔格莱德等。

公元500年到1300年，欧洲进入中世纪时代，城市文明随着罗马帝国的崩溃而显著衰退，部分城市甚至完全消失，直到中世纪转折时，才在这些地区创建了经济和文化城市，出现了新的繁荣。环地中海的罗马文化，由于伊斯兰文化的广泛影响而被打破，不稳定的政治局势使长途贸易不再可行，进而切断了城市发展的命脉。这一时期城市有所发展的地区位于沙漠绿洲以及沿着欧亚丝绸之路，比如中亚地区的布哈拉和撒马尔罕等城市，阿拉伯人改建和兴建的城市由大西洋沿岸一直延伸到印度洋。公元11世纪的君士坦丁堡成为中世纪最富有、最宏伟、最精致的城市，拥有10万人口和一个完美的自然港口，成为地中海经济的心脏和远东陆路贸易线的重要关口。在西非，贸易城市沿着撒哈拉的边缘发展，廷巴克图成为当时的政治、经济、文化和宗教中心。美洲的玛雅和阿兹特克帝国也获得发展，在中世纪，当欧洲很多城市变为废墟时，阿兹特克的首都特诺奇蒂特兰城拥有100万居民。

欧洲15世纪大航海时代开启之后，内陆城市的主导地位下降，沿海城市地位提升。在亚洲，沿海城市例如孟买、马德拉斯、马六甲和东京地位提升；在西非，廷巴克图（马里）、尼亚尼（几内亚）和扎里亚（尼日利亚）等沿海港口成为主要的市场和权力中心。此后的殖民时期，欧洲控制殖民和贸易网络（包括贩卖奴隶）的城市迅速发展起来，包括阿姆斯特丹、伦敦、里斯本、利物浦和塞维利亚（西班牙）等。欧洲成功的商人建造了华丽的宅邸，资助艺术事业，支持城市中心区重建，带动了一批新兴城市的发展，包括安特卫普、哥本哈根、里斯本和热那亚等。在16世纪和17世纪，欧洲商业城市成为国家、区域和全球商业网络的节点，欧洲商人在其他大洲扩张领土，达喀尔和西贡等城市带有了欧洲商业城市的外表。

总体上看来，古代西方城市的发展具有以下特点：在城市的空间分布上，具有很大的局限性，主要分布在农业灌溉条件良好的河流两岸，或者是交通运输便利的沿海地区。在城市职能上，主要是承担军事据点、政治中心和宗教中心职能，经济职能薄弱，主要是手工业和商业中心。在城市空间组织上，没有明显的功能分区，一般以宗教机构（如教堂）或市政机构（如市政厅）占据中心位置，道路呈放射状由中心向外辐射。

（二）近现代西方城市的发展

城市化主要是指人口向城市集中的过程。在18世纪资本主义基本形成以及19世纪工业革命来临之后，以交通技术为代表的科学技术的持续进步，使得西方城市人口迅速增长。在英国，1600年城市人口只占总人口的2%，1800年增加到20%，1890年增加到60%，1990年达到89%。在美国，1800年城市人口只有3%，1900年为40%，到1990年则增至75%，比英国发展更快。同时，随着城市人口增加和城市工业的发展、小汽车增加，西方城市产生了住房困难、交通拥挤和环境污染等问题，结果迫使部分居民向郊区转移以寻求舒适的环境。而20世纪中叶以来，欧美大多数发达国家进入了后工业时期，以微电子技术为主导的新技术革命，促进了全球范围的经济结构、产业结构和就业结构的巨大变化，城市发展进入了一个新的历史阶段。

总体上看来，近现代西方城市的发展具有以下特点：在城市的空间分布上，城市分布逐步摆脱了农业生产的影响，在一些资源分布地区出现了工矿城市；铁路运输促进了内陆地区的城市发展，改变了古代城市分布十分局限的空间格局。在城市职能上，第三产业的发展使城市功能更趋于多样化。除了工业、商业等经济功能日益增强外，金融、信息、科技、文化及交通等功能也得到了加强，城市不再仅仅是工业中心，同时也演变成为商业贸易、交通通信、金融保险以及科技文化等中心。在城市空间组织上，不同规模、性质的城市组成的城市地域结构日趋复杂，出现了较为明显的功能分区。而且，由于现代交通事业的发展、城市中心区用地紧张及环境污染等原因，人口和企业不断向城市周围地区扩散，出现了"郊区化"的新倾向。郊区化是指城市中心区人口、产业外迁，形成郊区卫星城镇的过程。这个过程使得原有的单一中心的城市，向多中心组合的城市发展，从而出现了巨型城市或城市带，如美国纽约就是一个巨型城市（mega city），波士顿到华盛顿之间就是一个连绵的城市带。

四、中国城市的发展

传说中的中国最早城市是鲧城和禹都，它们应是中国早期城市的萌芽。伴随着商朝中国人类社会的第三次社会大分工，商业从手工业中分离出来，早期城市逐渐形成。河南偃师二里头、湖北黄陂盘龙城、河南的亳都和殷都是这一时期主要的城市。

（一）古代中国城市的发展

周代商后，中央政府推行分封制，诸侯国的统治中心——首邑城市得到普遍发展，形成了中国历史上的第一次城市建设高潮。周王朝还制定了一套严格的城邑建设制度，塑造了全国以政治职能为主的三级城邑网络。春秋战国时期，诸侯割据，筑城防御十分重要，因此坚固的城墙、庞大的城池便因战争而产生。这类城市有秦都咸阳、赵都邯郸和魏都大梁等。

秦统一后的首都咸阳、汉长安城、唐长安城、宋开封城和杭州城都是当时世界上著名的大都市，城市内部功能已相当齐全。隋唐时期，长江流域获得开发，开始成为与黄河流域并驾齐驱的经济重心，黄河、淮河、长江和大运河沿岸形成了一批交通贸易型河港城市。同时，对外贸易促进了沿海城市的发展，广州、泉州、明州（宁波）等都成为世界著名贸易港口城市，中国的建筑和城市文化传播到日本和朝鲜半岛，大阪、滕原京和奈良都借鉴了长安的建设模式。唐宋是中国商品经济比较发达的时期，农村商品经济和城市经济加快发展，城市经济职能的重要性愈益突出，东南沿海海港城市获得更大发展。北宋都城开封面积约等于唐长安的一半，但人口却与唐长安差不多，城中的市场不再限定开设在特定地区而遍布于全城，《清明上河图》展现了十里长街、店铺相连的景象。南宋的临安城（杭州），人口达120万，是当时世界上最大的城市，其繁荣程度甚至超过北宋的开封。

元、明、清三代，中国封建社会经济相对停滞，因手工业、商业或交通运输等因素形成的中小城市（镇）繁荣，出现一些专业化城市，如生产瓷器的景德镇，生产丝织品的南京、苏州，棉纺织业的松江、福州，制糖业的东莞等。全国商业城市出现闻名的"四大名镇"：景德镇（瓷器）、佛山镇（手工业）、夏口镇（商业）、朱仙镇（木版年画），以及"天下四聚"：北则京师（北京），南则佛山，东则苏州，西则汉口。从分布地区来说，城市集中于沿京杭大运河（如扬州、苏州、杭州），沿长江（如南京、武汉、重庆）和沿海（如广州、福州、宁波）。

（二）近现代中国城市发展

鸦片战争后，清政府闭关自守的政策被打破，帝国主义侵入导致城市发展出现新的变化。首先是不平等条约迫使中国开放许多沿海、沿江与沿边的城市，并在这些城市建立租界。通商开埠的城市引进先进的技术、设备、科研成果和技术人才，从周围地域输入生产原料和生活资料，迅速催化其贸易和制造业发展，也刺激了交通运输业和金融业的发展。1915年中国10万以上人口的43个城市中有22个是开埠城市，这些开埠通商城市，包括上海、青岛、哈尔滨、大连、天津和汉口，它们成为中国新兴城市的主体以及区域性乃至全国性的经济社会中心。

其次是铁路的兴建使沿铁路线城市得到发展，如郑州、石家庄和徐州等。在宋朝以前，北方的陆路运输和南方的运河运输是中国区域经济联系和对外经济贸易的主要途径，京杭大运河沿岸如临清、淮阴等在明代和清中期曾是非常兴盛的城市。由于津浦铁路的通车，水陆交通枢纽或海陆联运枢纽城市成为新的区域经济增长点，京杭大运河的功能逐渐被替代，沿运河城市也逐渐衰落。铁路、轮船等新式交通工具改变了近代中国的交通运输体系，铁路的出现和延伸推动了沿线城市的资源开发和商品流通，加速了城市新经济结构的形成。

最后是现代工业与交通业的发展，使得一批工矿业城市，如唐山、萍乡、鞍山、抚顺等得到了发展。煤矿的开采使得大量农业人口转化为产业工人，外来务工人员的出现也使得这些城市的城市人口和城市建设用地快速增加，城市化水平迅速提高。矿务用地中商贾的出现与聚集也使得工矿业城市的城市功能进一步复合化，近代医疗事业、交通运输、新式学堂、近代邮政通信业等市政公共事业也开始起步。工矿业促使了许多小乡镇向近代工业城镇转变，在一定历史时期内成为中国的区域增长极。

（三）中华人民共和国成立以来城市的发展

1949年以来中国经济有较大发展，为城市发展提供了基础与推动力，但也走过一段曲折的道路。以1978年改革开放为界，1949—2019年的70年发展历程可以划分为前后两个阶段。

1. 改革开放以前的中国城市发展

中华人民共和国成立后，中国城市数量与城市人口比重不断上升。1949—1978年，中国城市增加了56座，城镇人口增加了1.15亿人，城市化水平从10.6%提高到17.9%，年均增长0.25%，低于同期世界城市化年均增长0.35%的速率，城市发展缓慢而曲折。

在实行计划经济体制的30年中，中国城市发展进程可进一步细分为三个时期：

其一，正常上升时期（1949—1957年），全国重点确保156个大工业项目上马，新建6座城市，扩建94座城市；城镇人口增长较快，平均每年增加523万；城市化水平由10.6%升至15.4%，年均提高0.6个百分点，快于同期世界城市化0.3%的增长水平。

其二，剧烈波动时期（1958—1965年）。这段时期国民经济大起大落，工业项目大上大下，城市人口大进大出。1958—1960年"大跃进时期"城镇人口净增2352万，城市化水平猛升至19.7%，年均提高1.7个百分点；1961—1963年停建、缓建了一批项目，动员了近2000万城镇人口回到农村去，城市化水平剧降2.5个百分点；1964—1965年国民经济形势有所好转，城市化水平恢复到18.0%。

其三，徘徊停滞时期（1966—1978年）。国民经济遭受到极大破坏，城市化水平从1966年的17.9%延续到1978年的17.9%，总体停滞不前，部分年份甚至回落到17.1%（1972年）。

2. 改革开放以来的中国城市发展

中国改革开放以来，随着计划经济体制逐步向社会主义市场经济体制转轨，工业化和城市化的发展不断提速。城市发展经历了控大抓小、大中小协调发展、城市群引领的探索历程。所谓城市群，是由几个城市所构成的一个庞大的城市化区域。如今，城市发展已逐步从单打独斗走向集群协同，从要素投入走向创新驱动，从物质生产走向人文关怀，从设施建设走向精准治理。

首先，中国城市数量快速增加，城市规模显著增大。从1979—2019年的40年中，城市数量从216座增加到679座，地级市和县级市分别增加了197座和272座（表7-1）。1999—2009年这段时期县级市数量减少的主要原因是，在发展规模经济过程中进行了"撤（县级）

市设（市辖）区"的行政区划调整。同时，全国城市建成区面积从1981年的7438 km²增长至2019年首次突破6万km²，年平均增长率超过18%。城区人口从1979年的8451.0万猛增到2019年的43503.7万，年均增长876.3万人。

表7-1 中国不同规模城市数量的发展状况

年份	全国城市总数	地级市数量	县级市数量	城区人口/万人	城市建成区面积/ km²
1979	216	104	109	8451.0	—
1989	450	185	262	31205.4	12462.2
1999	667	236	427	37590.0	21524.5
2009	654	283	367	34068.9	38107.3
2019	679	301	381	43503.7	60312.5

资料来源：中华人民共和国住房和城乡建设部，2019。

其次，城市化水平已超过世界平均水平，但不同地区之间差异较大。改革开放40余年来，中国城市化发展速度不断加快，城市化水平大幅度提高，常住人口城镇化率从1979年的20.0%上升到2019年的60.6%，年均增长1.02%，是同期世界平均增长速率0.39%的2.6倍。中国与世界城市化水平的差距从1979年的21个百分点缩短到2009年的3.1个百分点。2019年中国城市化水平为60.6%（表7-2），同期世界城市化水平为55.7%，中国城市化水平已全面超过世界城市化水平。但同时，中国不同地区城市化发展不均衡，东西部省份间城市化水平差距较大，2019年全国最高为上海市，常住人口城镇化率88.1%，而西部贵州、云南、甘肃、西藏等一级行政区的城市化水平仍在50%以下。

表7-2 中国城市化水平与世界城市化水平的比较   单位：%

统计年份	1979	1989	1999	2009	2019
中国常住人口城镇化率	20.0	26.2	30.9	46.6	60.6
世界常住人口城镇化率	40.0	45.0	47.0	51.1	55.7

资料来源：中国科学院现代化研究中心，2009 中国国家统计局，2020。

再次，城市经济实力不断提升。1978年，全部城市的公共财政收入只有584亿元。而2019年全国一般公共预算收入19.04万亿元，其中全国地级及以上城市一般公共预算收入总额达到8.62万亿元，占全国的45.3%。其中上海市、北京市、深圳市等前10强城市一般公共预算收入共计3.03万亿元，占全国的15.9%。1988年，全部城市地区生产总值只有7025亿元，占全国的一半左右。2017年，仅地级以上城市地区生产总值就达到52.1万亿元，占全国的63.0%。

最后，都市圈城市群发展格局初步形成。都市圈是指一个超大城市或大城市的辐射范围，这个范围内的所有城市与这个超大城市或大城市的组合为都市圈城市群。都市圈城市群不断成为高度一体化区域，推动着资源要素在城与城、城与乡之间加快双向自由流动。京津冀、长三角和粤港澳大湾区三大城市群建设从规划布局进入实质推进阶段，带动城市发展从规模扩张向同城化—都市圈—城市群进阶提升。2020年，三大城市群以不足8%的国土面积，创造了43.6万亿元的GDP，占全国GDP总量的44%。受技术变革等因素深刻影响，城市群内部大中小城市协同发展的空间形态更加明显，城市间经济社会联系更加紧密，都市圈城市群成为高质量发展的动力源和强支撑，并辐射带动更大区域范围共同发展。

第二节　聚落区位及其环境

聚落是人们居住的地方，是所在地的自然、经济、社会和文化构成的"四层一体"地域复杂系统。乡村聚落、城市聚落是主要的聚落类型，此外还有矿区聚落、军事聚落、科考聚落等。由于是人口相对集中分布的地区，因此在选址时要考虑的因素就会更多。

一、选址的防卫和交通考量

人类聚落所在的位置不论是历史自然发展，还是事先有意识的选择，实际上都与环境条件有一定的联系。一般来说，影响聚落选址的条件也是影响城市选址的条件，只是城市的功能的对外联系强度大于乡村聚落，因此对交通区位要求更高；加之城市（尤其是主要城市）是经济的中心，因此为保护经济中心需要考虑城市的防卫条件。

（一）从防卫出发而选择的区位

中国古代城市，就性质而言，始终不曾脱离政治堡垒的职能，城市的基本形态特征就是它周围有城墙包围，其目的在于防守。所以，很多城市在开始时把安全放在首要位置，考虑如何利用地理条件以增强其防卫能力。中外城址的选择要处于可凭借天然之险进行防御的地方。

1. 在利用河流方面

很多早期城市起源于通常依赖灌溉的农业地区。大型灌溉工程需要劳动分工和协作。这促进职业专门化、社会组织管理集中化和农业生产效率提升，进而促进人口增长和城市的发展。

为了增强城市的防卫能力，除建筑高大宽厚的城墙以外，还要在城墙外面挖一道又深又宽的沟，里面灌了水，这就是护城河。它可以使敌人难以接近城墙，即使接近也要花时间，使守卫者有充分的时间进行抵御。这充分说明了人为河道在防守上的重要作用，建于公元1040年的城市纽伦堡就以其深深的护城河、双层城墙和众多防御性塔楼而闻名。

在利用天然河道方面，对防守最有利的条件是河心岛、河流汇合处和曲流形成的三面环水的"半岛"型位置。在河心岛上筑城，地处河流中央，四面被水包围，这比城市用人工挖掘护城河更为有效。法国巴黎就是在罗马时期利用塞纳河上的小岛有利的防守位置建立的聚落，在战时这小岛是防御用的避难所，在平时就变身桥头堡，而后在此基础上逐渐扩展成现在的规模。坐落在阿勒格尼河、莫农加希拉河与俄亥俄河汇流处的美国城市匹兹堡，凭借其附近地区储量丰富的烟煤、石灰石和铁矿石，加上内河港口便利的运输条件，而发展成为拥有"世界钢铁之都"美称的美国钢铁工业中心。瑞士的伯尔尼和美国的新奥尔良，最早的城址都选择在河流的曲流处；中国的重庆市地处长江与嘉陵江汇合处，曲流回环而形成"半岛"，军事地位非常重要，古时即在此建城（图7-2）。

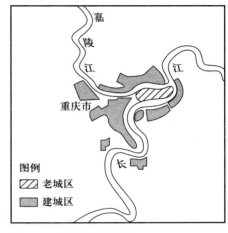

图7-2　重庆位置示意图

2. 在利用海洋方面

城市利用海洋作为防卫的有利条件，主要包括半岛、离岸岛与内港。半岛的防卫优点犹如曲流所形成的地势一样，由于三面环海、一面与陆地相连，半岛伸出海上的细长的陆地对附近的海岸、港口起着保卫作用，并通过与陆地的联系而获得支援。美国的波士顿、印度的孟买最初都是从半岛上的聚落发展起来的。

离岸岛的防御作用又胜于半岛，离岸岛由于四面环水，占据它可以作为控制与进攻附近陆地的前沿阵地。美国纽约的曼哈顿岛就是荷兰人为进行殖民活动而建立的据点，离岸岛优越的防守地位对历史上威尼斯共和国的发展也是一个极为有利的条件。

为了防范海上来的进攻危险，在有防御条件的海湾建立城市是各国通行的做法。日本的东京位于海湾里面，入口的横须贺就发展成为保卫它的军港。类似的港口城市还有美国的圣弗朗西斯科（旧金山）、巴西的里约热内卢、葡萄牙的里斯本和菲律宾的马尼拉等。比利时的安特卫普曾经是欧洲海运大港之一，但后来由于河道逐渐淤塞而让位于荷兰的鹿特丹。在中国，很多城市是海港，其河流入海处就成为军事要塞，例如上海的吴淞口、天津的大沽口和广州附近的虎门，都是过去的炮台基地。

3. 制高点和隘口

中国早期城市多作为政治中心而兴起，因此其防御功能对于城市尤为重要。"居高临下"和"一夫当关，万夫莫开"生动地描述了高地与隘口在防守上的重要意义。地势高，扼往来要冲，是城址的理想场所，局部高地则成为卫城之地。加拿大的魁北克城、奥地利的萨尔茨堡都坐落在高地上，伊斯坦布尔地跨欧亚两洲，位于居高俯瞰地中海和黑海之间的博斯普鲁斯海峡的山岬之上。希腊雅典的卫城就建在城中岩丘顶部，是天然的堡垒要塞，后来逐渐向外发展成今日的希腊首都。隘口往往是设关隘之地，如中国的潼关、娘子关为西进关中平原及东入山西太原的必经之路，也是历史上有名的关隘及战场。

因防守目的而建立的城市，在过去战争年代十分重要，但由于城市性质把防守放在主要地位、经济放在次要地位，这类城市面积不可能太大，是城墙坚固的军事和政治中心。但这些城市除了在军事上具有地势险要的优势以外，在地理条件上常常连人的基本生存条件都不具备。随着现代武器的发展和战争方式的变化，这些城市一旦在军事上失去防卫功能，也就丧失了它们的生命力。中国汉唐时期的边陲重镇阳关、玉门关、嘉峪关，以及上述的潼关和娘子关都出现了这种情况。

（二）城市区位与交通的关系

城市是人口高度集中的聚落，其居民的日常生活需要靠城市以外地区供应，而生产的产品及服务亦有相当一部分是为本市以外的人的需要而生产的。所以其吸引范围和服务范围就是决定其城市的规模、作用、地位及未来发展的关键因素，而吸引范围和服务范围又与交通条件和交通工具联系密切。

城市作为某一区域的政治、经济、文化和军事的中心，只有处于交通便利之地，才能充分发挥其辐射职能。因此，交通便利是城市兴起和发展的支柱与杠杆。一方面，中国早期的城市大都是政治统治的中心，便捷的交通对于城市向周边地区的辐射尤为重要。秦之咸阳、唐之长安都是历史上全国统治的中心，全国的交通网由此向四面八方辐射出去。另一方面，城市是商业中心，只有把城址选择在交通方便的地方，才能形成经济中心。而且，城市的存在必须要有广阔的腹地，才能够就近解决供养问题，而只有交通便利才能保证城市中众多人口的消费品的供应。中国历代古都名城，大都位于水陆交通便利之地，因而具有顽强的生命力，即使饱经战火之灾，也能起死回生，西安、扬州、洛阳、苏州、成都等都是如此。

近代中国随着资本主义工商业的发展，公路、铁路和海洋航运逐渐成为主要交通方式，从而进一步增强了交通节点城市的功能，扩大了城市规模。同时，拥有矿产资源和地处交通干线，特别是交通枢纽的城市和集镇也相继悄然兴起。中国大多沿海港口大城市在近代以来崛起的基础都在于其经济地理上的相对优势。

1. 城市与水运的关系

比陆运便宜是水运的一个优点，河流渡口和要津能够促进城市的形成和发展。特别是在古代，交通工具落后，水运显得更为重要。中国古代，不论是西安、洛阳、开封，还是杭州、北京，城市的发展都与水运息息相关。隋代开凿南北大运河之后，运河沿线发展起众多繁荣的商业都会，如汴州（开封）、泗州、淮阴、扬州、苏州、杭州等。元代建都北京后，南北大运河仍为国家经济命脉，天津、沧州、德州、临清、济宁等地也相继繁荣起来，与原来已有的一些商业城市形成沿运河的城市带，并与长江中下游一些商业城市（如汉口、九江、芜湖、安庆、南京、镇江等）联系起来，成为中国经济发达的地带。

在西方，农业时代的城市大多在河流附近，国家首都（如巴黎、伦敦、维也纳、布达佩斯等）也大多与河流有联系。在中国，历朝的都城大都把城址选择在河流沿岸，或距河流不远，其根本原因就是为了解决城市供水和水陆交通问题。在水运中，由于河口处上可以与整个流域相通，下可以连通海洋，所以不少河口处的港口城市成为全流域最大的城市，如长江口的上海、珠江口的广州、莱茵河口的鹿特丹、恒河口的加尔各答等都是如此。此外，在两条或多条河流汇合处、水陆交通的转运点以及水运起点处兴起的城市，比一般水运点的城市都要重要一些，比如武汉、重庆等。

河流的水运优势把城市吸引到河流两岸，但是，在干旱地区，河流水位受季节性影响而变动较大。当枯水时，宽阔的河床甚至干涸，但洪水时，河水四溢，波涛汹涌，对两岸威胁较大。为安全计，城市多离河流一定距离布局。这种情况在中国东北辽河下游及黄河下游表现十分明显。在河流上游，特别是在山区，由于交通多沿河延伸，城市也多沿河两岸排列。这种情况在中国西南高山峡谷地形地区特别突出。

2. 城市与陆运的关系

水运虽然便宜，但不论天然河道还是运河，都受地理限制较大，所以还必须要陆运交通维系。在古代，为了政治、军事以及经济的需要，政府或地方都注意道路的建设和桥梁的建造。例如中国秦始皇统一六国后，修建了从京城咸阳出发到重要城镇的驰道，有出高陵通上郡（陕北）的上郡道，过黄河通山西的临晋道，出函谷关通河南、河北、山东的东方道等。以后各朝代为公文传递、军用粮草物资转输和军令军情传达等需要而都铺设驿道并设置驿站。在西方，罗马帝国时修筑了全国道路系统，从罗马向四面八方延伸出去，对欧洲城市发展起到了重要作用。今天欧洲很多城市（如巴黎、伦敦等）的形成都与罗马陆路系统有关。

铁路的发展，不仅打破了水路的运输空间格局，而且在速度方面优于水路运输，在不少地方甚至取代水路运输，使沿铁路的城市大大发展起来，沿河城市有的则衰落下去。例如在中国，淮阴、临清原在运河上，都是规模较大、显赫一时的枢纽城市，但其地位却在津浦铁路通车后一落千丈，萎缩成中小城市；广西的梧州，原是广西水运通往广东的总枢纽，但湘桂铁路修通后，沿铁路线上的南宁、柳州、桂林的发展超过梧州，梧州就从广西第一大城市降到第四位。

第二次世界大战后，汽车工业飞速发展，高速公路的修建，使相对距离较近的城市彼此间的往来使用汽车比较迅速、方便，结果促进了大城市或城市群的发展。这点在美国从波士顿经纽约、费城、巴尔的摩到华盛顿的城市密集区表现得十分明显。另外，航空业的发展，使地面交通的限制因素消除，两地之间可以直线往来，速度快，也使中心城市吸引和服务范围更加扩大，成为世界性城市。与此同时，近距离的汽车运输和远距离的航空运输使铁路在一些国家失去了优势，只能发挥其远距离货运上的优越性能。

3. 海上交通与城市的关系

从新航路开辟起，海上交通就把世界联系起来。现在的船舶体积大，速度也比过去快，故成为世界上商品交换的重要运输工具。海运对数量多、质量大、体积大的商品的运输具有绝对优势。随着经济发展和各国间商品交换的日益扩大，不论大国还是小国都无法孤立于世界商贸之外，不论沿海国家还是内陆国家也都与海上交通发生直接或间接联系。

因为海上运输的货物往往通过入海的河流转运到内陆，所以政府、社区或企业机构往往会在靠近河口处建立码头，进而被选作城址。中世纪时期，欧洲一些海港城市发展成为商业都会，如意大利的威尼斯、那不勒斯，法国的马赛，德国的汉堡、莱比锡等。14—15世纪开辟印度和美洲新航路后，这些航路成为一些殖民国家称霸海上和掠夺殖民地的交通命脉，这些沿海港口城市成为他们所统治的商业中心。几百年来，由于泰晤士河的存在，伦敦成为英国进出口物资的转运枢纽和世界贸易中心。曼哈顿是哈得孙河口的一个沙洲，其特殊的滨河滨海地理位置使得纽约从航运商贸城市发展成为国际金融、贸易和航运中心。与西方海港城市发展形成巨大差异的是，中国虽有很长的海岸线，航海技术也较发达，但始终未把海外贸易作为发展经济的重要手段。沿海城市如泉州、广州、昍州（宁波）等虽然曾经一度繁荣，但由于明清时期海禁和闭关锁国政策的影响而未能作为发展的重点。

海港城市的选址，必然离不开优良的港口自然条件，这是海港城市生存发展的基本条件。世界上最大的城市主要集中在沿海地区，从2007年世界上前19位最大人口规模城市看，有17个位于沿海地区，只有2个城市位于内陆。优良的港湾为港口城市的兴起提供了条件，但并不是所有的港湾都能形成港口城市，这主要取决于广阔的腹地、丰富的物产和海陆交通路线。

二、选址的自然资源和环境考量

（一）地质环境安全考量

地质条件是城市建设与发展的自然地理基础，城市建筑结构等受地质条件的制约较大，尤其是在社会生产力水平低下的情况下。比如，日本的平安京左京因为地基由腐殖质黏土组成、水质恶化和排水困难等问题而很快荒废，而立基于花岗岩之上的平安京右京则发展成现在的京都。因此，地质基础好对城市建设有利，地质基础不好的地方，也可以根据需要建设超过地质承受力的建筑物，但需要投入大量打地基的费用。

地质环境还通过多种形式的地质灾害来影响城市布局和发展。其中，地震是对城市造成巨大破坏的一种灾害。例如欧洲文明起源地的希腊，其克里特岛上的克诺索斯在公元前2000年已发展到青铜时期，却在公元前1470年因附近岛屿火山喷发所引起的海啸而几乎荡然无存。在近代，美国圣弗朗西斯科（旧金山）在1906年、日本东京在1923年都曾因地震而遭受巨大损失。中国1976年发生的唐山大地震，使得整个城市被毁，不得不改在附近重建一个新唐山城。2008年的"5·12"汶川大地震是中华人民共和国成立以来破坏性最强、影响范围最大的一次地震，波及中国西部238个县（市、区），夺走了7万多人的生命，近2万人失踪，其所造成的直接损失达数千亿元。

地质环境对城市的影响还涉及沉积和侵蚀的作用，侵蚀对城市中的建筑物具有破坏作用，如果侵蚀发生在地势较高、坡度较大的地理环境中，还可能造成地面沉降、滑坡和泥石流等危害，威胁城市安全。比如，墨西哥城是在远古干涸的湖泊之上建造起来的，土层疏松、含水量多、居民大量汲取地下水导致现在的墨西哥城已经成为一座严重下陷的城市。中国34个一级行政单位中，有20个受泥石流危害与威胁的城镇。在这些城镇中，仅县级及以上政府驻地城镇就达150余个，兰州、西宁、太原和香港等均遭受过严重的泥石流灾害，2010年的甘肃省舟曲县泥石流地质灾害就是一个鲜活的例子。

（二）对平坦地形的考量

这里所说的地形指地表以上分布的固定性物体共同呈现出的高低起伏的各种状态，包括城市辖域的地形和城市中心的微地形。地形不仅影响城市的形态和内部结构，还影响城市的长久发展。按照地形的不同，城市可以划分为滨海城市、沿江城市、水乡城市、平原城市、丘陵城市、山地城市、盆地城市以及高原城市等多种类型。

世界上的城市大多建立在平原、山间盆地以及平缓丘陵，以位于平原地区的城市居多，比如美国的波士顿-华盛顿地区、芝加哥-匹兹堡地区和旧金山-圣迭戈地区的城市带，分别位于美国的大西洋沿岸平原、中部平原以及西部沿海平原上。平原地区地势平坦，交通方便，物产丰饶，为城市的兴起和发展提供必要的条件。中国最早的三大农业地区，关中平原、成都平原和黄河中下游平原也是城市最早兴起的地区。此外，高原和山区也有城市分布。低地平原地带的暑热迫使热带地区的一些大城市建造在地势较高处。这在拉丁美洲和非洲很普遍，比如墨西哥首都墨西哥城、巴西首都巴西利亚和埃塞俄比亚首都亚的斯亚贝巴。

微地形往往是城市选址的基本出发点。小规模的山间陷落盆地通常是此处地区最富庶的地带，加上盆地小环境造就的相对良好气候，适宜定居。智利首都圣地亚哥和中国的贵阳、昆明、太原等城市都属于这一类型。但由于盆地的特殊地形，导致这里的局部小气候容易在上空形成逆温层，阻碍空气流通，造成城市污染。山谷，特别是有河流穿越的谷地是城市较多选址的地方，欧洲的维也纳、慕尼黑、里昂等城市都建在比较狭窄的河谷里，中国的重庆、兰州、西宁等城市也建造在大河上游的河谷里。但是，这类城市受地形限制较多，城区多沿河流呈条状延伸，通常在河流交汇处形成几个相对独立的城市发展单元。

此外，两种地形的接合点也有利于城市的形成。日本的东京、大阪和名古屋都位于台地与平原的接合点上，中国河北的张家口市位于华北平原与内蒙古高原的交接点上，很早就形成货物集散中心。而山脉边缘的洪积扇，地表相对平缓，又是水源丰富的地方，有利于城市的发展。

（三）对宜居气候的考量

气候条件也是影响城址选择的重要原则。人们都愿意生活在气候条件优越的地区，即气候温和，冷热适宜，雨量充足，干湿适中。城址选择更应如此，因为城市是人口集中的所在，更需要优越的气候条件。当今世界上，大城市的分布明显集中在气温适中的中纬度地带。在中低纬度地带，沿海地区气候条件一般比内陆地区优越，使世界城市多数集中在临海的边缘地带。世界上100万人以上城市的平均纬度在1920年代是44°30′，在1950年代是36°20′，1970年代是34°50′，具有中纬度范围内向低纬度方向缓慢移动的趋势。气候条件恶劣的荒漠干旱地区、高纬度寒冷地区、湿热的热带雨林地区，则很少有城市分布。例如，中国的青藏高寒区和西北干旱区，城市密度和规模均小于具有湿润季风气候的东南部沿海地区。

全世界的绝大多数城市都分布在温带，气候条件成为影响城址选择的重要原则。当然，这也不是绝对的，因为只要具备选择城址的基本条件，当地又有人类生存，社会经济发展到一定阶段，也必然会出现城市。例如，西欧的城市多受西风影响，大城市扩展时多向西方发展，处于上风风向，不易受到工业烟尘和污染物影响。此外，城市的小气候对于城市发展也有重大影响。

城市选址既要求气温适度，也要求有适度的降水。美国10万以上人口的城市，绝大多数分布在年降水量760~1270 mm的地区。中国100万人口以上的大城市中，只有包头、兰州、乌鲁木齐等几个城市位于年降水量不足400 mm的干旱、半干旱地区。

案例7-1 《管子·度地》主张的都城选址规则

齐桓公问管仲都城选在哪里为好，管仲答：就我所知，能成王霸之业的，都是天下的圣人。圣人建设都城，一定选在平稳可靠且肥饶的地方，靠着山，左右有河流或湖泽，城内修砌完备的沟渠排水，随地流入大河。这样就可以利用自然资源和农业产品，既供养国人，又繁育六畜。（原文：夷吾之所闻：能为霸王者，盖天子圣人也。故圣人之处国者，必于不倾之地而择地形之肥饶者，乡山，左右经水若泽，内为落渠之写，因大川而注焉。乃以其天材、地之所生利，养其人以育六畜。）

这段文字虽然不长，但体现出古人建都选址思考的要素是"四层一体"的。自然层既作为生计层的资源元素，也是环境要素，在制度层上，国家的管理者要有一套"度地"的章法，这些章法折射的人地观念是"尊重自然"。

（四）对淡水资源的考量

充足的淡水资源是城市赖以生存的重要条件。城市的形成与发展和水的关系颇深，河畔湖滨、海岸带等都是利于城市形成的地区。江河湖海是水陆交互作用带，地理与生物种群结构复杂，易于人类聚居与城镇发展，世界上最早的城市出现在大河两岸及其与海相汇的河口湾区。河流既是重要的运输通道，又是工业用水和饮用水的最好源地，给城市形成和发展提供了重要的条件。城市是生产、消费和居民较为集中的地方，其生产和生活用水较多，这就需要提供数量充足、质量符合要求的水。在水资源充足地区，要注意水的质量，良好的水质，也是城市选址的重要条件之一；在缺水地区，既要考虑水的质量，又要考虑水的数量。从淡水的来源看，有地面水、地下水和跨区域的引水。

很多城市在地面水量和水质难以保证需要的情况下，往往抽取地下水代替地面水。但地下水的过量开采，不仅会造成地下水的枯竭，有时还会引起地面沉降。这种情况达到严重程度会使城市排水困难。特别是在沿海城市，在潮水影响下，会发生倒灌现象。另外，在温室效应影响下，海平面在上升。地面下沉、海面上升和潮水水位上升三重影响下的城市发展，面临着大自然越来越严峻的考验。

生态文明建设背景下，水资源作为城市开发建设的重要基础，需要将水资源承载力作为底线，明确水资源保护内容，科学预测地面水、地下水与可调水等各类水资源量，协调水资源、城市开发建设、居民生产生活三者之间的关系，确定城市人口规模、建设用地指标，为城市发展布局提供引导，从数量与空间上实现"以水定城"。

（五）对生态环境韧性的考量

城市选址要考虑所处生态环境是否可以承受人类活动干扰。城市是人类活动废弃物排放的集中地区，如果超出了生态环境自我恢复能力的阈限，就会带来生态环境恶化的问题。生态环境的恶化使得生态系统价值引起广泛注意，生态系统为城市建设与居民生产生活直接或间接提供的服务，这逐渐成为制定生态环境保护规划、核算生态补偿等的重要考量。20世纪早期，一些发达国家开始大规模地推进城市生态环境建设，随后，有越来越多的国家在城市生态环境建设方面取得了明显成效。如欧美国家开始修建城市中心与郊外森林连接的"绿色走廊"，将城市绿地与森林连为一体；建立国家森林保护区和国家公园，在国家公园内禁止砍伐树木，禁止一切建筑。大伦敦周围建有超过2000 km²的绿带；德国的"煤铁之都"鲁尔也从过去工业污染的重灾区，变成满眼苍翠的生态之城。

目前，人们已经认识到人与环境协调的重要性，把生物环境作为城市不可或缺的重要组成部分。为解决城市中自然生态成分过少的问题，人们最早是在城市中建设广场，广场上保留绿地。后来，在城市中兴建公园，并注意行道树、小块的花坛、草坪、水面的布局，这不仅可以减轻城市污染，缓和环境问题，又可增加美感，提供舒适、优美的生活与工作环境。

第三节　城市发展过程

总体来讲，城市空间结构可以分为地域空间结构和内部空间结构。前者指不同规模、性质的城市组成的空间结构形态；后者是指一个城市（包括乡村的市域范围）内部各个城市功能区的空间结构形态。

一、城市发展的宏观过程

城市的形成、发展和壮大经历了漫长的时空演化过程，微观的城市发展过程涉及城市内部各功能要素的集聚与扩散过程，宏观的城市发展过程则涉及城市化进程中的人口迁移和其他生产要素的区位调整，而这两个过程是辩证统一、并行不悖的。城市化的历史进程与社会生产力发展阶段紧密联系。发达国家的城市化实践表明：城市化过程除了表现为人口集中过程外，当它发展到一定程度后还可以体现为人口分散过程。立足于20世纪欧美城市人口和产业的迁移变化，西方学者将城市发展划分为向心城市化、郊区城市化、大都市区化和再城市化等四个连续演变的过程。

（一）向心城市化阶段

在此阶段，区域要素及人口向城市聚集，在社会生产力迅猛发展的促动下，城市数量急剧增加，城市规模不断扩大，城市人口比重不断上升。伴随工业化的发生，产业结构也在不断地发生变化，第一产业比重逐步下降，第二、第三产业逐渐上升，第二、第三产业成为城市的主导经济职能，大批劳动力从第一产业向第二和第三产业转移，大量人口从农村转向城市，城市核心区成为人口、建筑、经济高度密集地域，城市功能分区体系逐渐形成。向心城市化发展到后期阶段，往往带来城市核心区人口过于稠密、用地紧张、地价昂贵、交通堵塞、失业率上升、环境污染、投资环境恶化等一系列问题，使原有城市核心区的经济发展由规模经济转向规模不经济，城市核心区空间地域扩散成为客观必然。

（二）郊区城市化阶段

郊区城市化阶段发生在工业化后期向服务经济的结构转型中，是指城市中心的人们迁移到郊区去居住，并带动相关产业的空间转移。现代郊区化始于19世纪中叶的欧洲南部和英国大城市的近郊，随后郊区化浪潮席卷美国并成为美国城市文化的基本特征。近年来，第三世界国家的大城市（比如中国的北京和上海）也出现了郊区化现象。

美国郊区化大体经历了四个阶段：第一阶段是制造业的郊区化。1948年，美国64％的制造业就业人口位于中心城市，但到1990年，这一比例下降到39%。形成制造业郊区化的主要因素是汽车时代的来临。第二阶段是人口的郊区化。在美国，1950至1980年间大都市区人口增长的80%以上发生在郊区，1990年郊区人口占大都市区人口的60%。人口郊区化同样和汽车的广泛使用有关，而制造业、零售业、办公业等各个行业中企业向郊外的迁移进一步促使人口的郊区化。第三阶段是零售业的郊区化。零售业是为消费者服务的行业，人口向郊区迁移势必会带动相关的零售业向郊区的迁移。第四阶段是办公写字楼的郊区化，这些位于郊区的办公区的出现推动着美国传统的单中心城市向多中心大都市区转变。

1970年代早期至1980年代早期，美国城市人口迁移的方向发生了逆转，从1950年代和1960年代的向大城市区域迁移变为向非大城市区域迁移。大城市经历着人口的净迁出，而小城市以及部分农村地区的人口却迅速增长，同时产业也逐渐向新的地区和非大城市区域迁移。西方学者将这一现象称为"逆城市化"。逆城市化并不是城市化的倒退，而是西方经济衰退时期郊区城市化的变体。城市化向农村地域推进，并以中小城市的分散发展为主，形成城乡一体化的发展格局，其代价是城市核心区出现城市衰退的现象。

（三）大都市区化阶段

1980年代以后，发达国家的城市化已达到很高的水平，人口由农村向城市的大规模迁移已经基本停止，代之而起的是人口在城市内部以及不同规模城市之间的移动。从微观上看，城市化具有明显的分散化趋势，但从宏观上看，这种分散化又使更大地域范围内的城市集中，形成现实意义上的大都市区和大都市带。大都市区是一个大的城市人口核心以及与其有着密切社会经济联系的具有一体化倾向的邻接社区的组合，是城市化发展到较高阶段的产物。高新技术产业的发展，把更多的资本和技术带往郊区，加快了郊区城镇的发展步伐，并在郊区涌现出若干功能较为完备的新都市——边缘城市（edge city），标志着城市发展进入一个新的阶段，城市由单中心向多中心格局演变，形成大都市区。

（四）再城市化阶段

从1980年代起，西方国家城市针对旧城衰落采取许多振兴对策，通过现代服务业的发展或旧城的再开发，吸引中产阶级从郊区回迁中心城区，使中心城区经济重新焕发生机，这种现象被称为再城市化。再城市化现象主要表现为非大城市区域的人口增长速度再一次低于大城市区域，城市规模和迁移增长之间呈正相关关系，城市分散的速度放慢，人口重新向大城市集中。再城市化不是向心城市化的重复，而是城市化进程的一个更高级阶段。与向心城市化相比，再城市化的原因和模式不同，而且大城市区域人口增长的速度也要低得多。

相对于向心城市化、郊区城市化和大都市区化的自发演化特征，再城市化更多的是人们针对城市中心区衰退、漫无边际的郊区化趋势所引发的城市集聚效益下降、资源环境压力增大、社会阶层分异与冲突加剧等诸多问题，所采取的城市产业空间重组行为。再城市化过程的主要动力被称为"绅士化"，它意味着侵入－接替过程的一种逆转，有一部分的迁移方向为市中心以促使已衰败的部分市中心再开发。在再城市化的过程中，相对富裕者迁至中心城市衰败街区居住，以至街区居民的社会经济地位不断提升、街区物质景观和商业环境也得到了逐步改善。与此同时，房地产价格和各项生活费用的相应上涨造成了原有低收入群体的被迫迁居，实现了对城市中心衰败邻里区的社会阶层重构。但是，绅士化过程也导致城市社会空间分异与空间歧视的外显化，客观上催化和加剧了社会极化、社会隔离。

二、城市发展的微观过程

埃里克森（R. Erickson）曾经将美国城市空间结构的扩展划分为三个阶段（图7-3）。

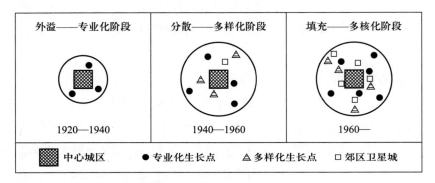

图7-3 埃里克森的城市空间扩展模型（Erickson，1983）

（一）外溢——专业化阶段

1940年代以前，城市的各种功能向周围地区溢出并形成各种专业化功能节点，如在广阔的农村环境中形成单一功能的工业区和住宅区。扩散作用主要发生在城市附近地区，以轴向扩散为主，与市中心联系密切，对市中心的依赖性很强。

（二）分散——多样化阶段

1940—1960年代末，城市边缘区的地域范围迅速膨胀，除人口与工业等的扩散外，由于私人小汽车的发展，商业及城市的各项基础设施向外延伸十分突出。城市地域结构在微观局部上轴向扩散的同时，不断实行宏观全局性的圈层漫溢式扩张。城市边缘区的功能结构日益多样化，独立性增强，并且以非农产业主导其发展。

（三）填充——多核化阶段

1960年代开始，城市各项要素与功能的扩散仍然迅猛，但反映在空间结构上则以内部填充为主，地域扩展进入稳定阶段。在伸展轴和环形通道之间存在着大片为快速增长时期所忽略的未开发土地。为了节约成本，多数企业充分利用公共交通系统，在各种放射环与环形交通网之间选址，从而使这些未开发的农业用地得到进一步的开发。在填充式再开发的过程中，一些具有特殊优势的区位点会吸引更多的人口与产业活动，从而形成城市边缘区的次级中心，使城市地域结构出现多核化发展趋向。

三、城乡融合发展

城乡关系是社会基本关系的一种，城乡融合发展战略是新时期马克思恩格斯城乡关系融合理论中国化的特色创新路径。按照马克思（K. H. Marx）与恩格斯（F. Engels）的理论观点，在人类历史长河中，伴随着社会生产力以及城市化、工业化与现代化的协调发展，城乡发展要经历从相互依存到分离、对立再到互动中逐步走向融合的过程（马克思、恩格斯，1960：57）。立足于国内外城乡融合理论嬗变路径与实践轨迹，可以将城乡融合发展划分为朴素的理想主义、城市偏向、乡村偏向与城乡互动联系等四个螺旋式上升的过程。

（一）朴素的理想主义阶段

在此阶段，经济地理学、社会学以及城市规划学领域的学者以理想主义者的口吻描绘了城乡融合的美好愿景。斯密（A. Smith）的巨著《国民财富的性质和原因的研究》和杜能（J. H. von Thünen）的著作《孤立国》从经济地理学角度奠定了城乡融合发展的理论基础（薛晴、霍有光，2010）。16世纪至19世纪空想社会主义者的思想和"乌托邦"实践则为城乡融合的社会学理论发展开了先河，其中的代表性作品主要有莫尔（T. More）的《乌托邦》、傅立叶（C. Fourier）"法郎吉公社"与欧文（R. Owen）的"理性新协和村"等。马克思与恩格斯在空想社会主义者的乌托邦蓝图上引入了历史唯物主义观点，对城乡间的内在联系进行了更为深刻切实的阐述。19世纪后期到20世纪初，城市规划学者开始关注城乡空间的布局模式，霍华德（E. Howard）的"田园城市"、赖特（F. L. Wright）的"广亩城市"、沙里宁（E. Saarinen）的"有机疏散"与芒福德（L. Mumford）的"新城市中心"等从不同角度倡导了优美布局形态的城乡融合空间与城乡一体的城镇体系。这些概念的定义可以从《人文地理学词典》（Gregory等，1993：215-216，249）中获得。

（二）城市偏向阶段

20世纪中期至21世纪，一种突出发展重点并偏向城市发展的价值观不断在城乡规划与政策制定中强化，尤其是对于众多发展中国家，既带来了经济的快速发展，也造成了难以为继的粗放发展与城乡二元分割，引发了一系列深层次的结构性问题。

1950年代刘易斯（W. A. Lewis）在其《劳动无限供给条件下的经济发展》一文中首次提出二元经济结构理论，他认为发展中国家通过农业边际生产率为零的剩余劳动力向城市工业部门转移可以达到消减二元经济结构的目的（陈广汉，2000：28-123）。此后拉尼斯（G. Ranis）和费景汉（J. C. H. Fei）进一步考虑了农业总剩余为零的情况，从而形成"刘易斯-拉尼斯-费景汉模型"。该模型的产生与当时发展中国家的经济发展诉求十分契合，因此一经产生便被广泛应用于城市化与工业化的指导方针，大量农业剩余劳动力转移到城市工业部门，城市对农村资源、资金和劳动力的剥削被视为理所当然。而以增长极理论与核心-边缘理论为代表的空间极化理论同样蕴含了城市偏向的发展理念。其中增长极理论最早由1950年代法国经济学家佩鲁（F. Perroux）所提出（阎小培等，1994：66-78），该理论强调了区域经济发展的不平衡性，认为增长会以不同的强度出现在一些增长极上，通过不断地向外扩散而对整体产生影响。1960年代中期弗里德曼（J. R. Friedman）提出核心-边缘理论，他认为工业化和经济发展的二元空间组织结构客观存在于不同尺度的空间范围内，城乡关系则是其中最低层次的二元结构关系（崔功豪等，1999：217-244）。空间极化理论在实践中倡导发展中国家通过加大对城市中心或是地区中心资本密集型工业投资，可以刺激经济社会发展，并对周边乡村地区发展起到辐射带动作用，即涓滴效应（trickle-down effect）。利普顿（M. Lipton）针对这种严重偏向城市发展的模式进行了批评与总结，提出城市偏向理论（urban-orientation theory），他认为城市集团利用自己的政治权力，通过"城市偏向"政策使社会的资源不合理地流入自己的利益所在地区，而资源的这种流向很不利于农村的发展（Lipton，1977：59-186）。

多年的实践经验表明，偏向城市地区发展而弱化甚至忽略乡村地区合理诉求的发展模式难以为继。在拉丁美洲和非洲的实践中，集中的"回流效应"远大于扩散的"涓滴效应"，城乡差距被进一步拉大，而直到1970年代，亚洲多数国家的城市化水平仍然非常低，农村地区的贫困问题愈发凸显（王华、陈烈，2006）。以中国为例，1950—1970年期间，由于重度偏重工业发展导致工业结构失衡、粮食统购统销政策、城乡二元户籍等一系列问题，城乡之间的良性商品联系受到破坏，城乡二元结构不断固化，呈现出积重难返的态势（张晖，2018）。但是，在1978年党的十一届三中全会之后，中国也适时地转变极端的城市偏向发展战略，实行改革开放的重大决策，并率先在农村地区进行改革促进农村农业的发展，起到了较好的效果。

（三）乡村偏向阶段

在此阶段，为突出乡村发展的重要性，自下而上的、有选择性的空间封闭发展模式和乡村城市发展战略被提出，但由于忽略了城市在社会经济发展中的领导作用，并且未能厘清城乡发展的关系，因而走向了乡村偏向的发展极端，导致乡村实际发展存在低效率与低水平等一系列问题。其中斯托尔（W. Stohr）和托德林（F. Todtling）的选择性空间封闭

（selective spatial closure）理论认为，可以通过有选择性地截断区际资源流动来削弱极化效应对外围乡村地区的不利影响，同时赋予乡村地区更高程度的自主权，增强扩散效应对双方的有利影响，形成自主的、具有自成长能力的、以乡村为中心的区域单位，有效缩小城乡差距，实现城乡公平发展（Stohr 和 Taylor，1981）。弗里德曼（J. R. Friedmann）与道格拉斯（M. Douglas）等人在总结中国 1960 年代和 1970 年代经验的基础上，提出了针对人口多、处于城市工业化初期的发展中国家的乡村城市发展战略（agropolitan development）（Friedmann 和 Douglas，1978：163-192）。这一战略主张：通过在地方层面上与城市发展相关联，乡村的发展才可能取得最好的效果；城镇应作为非农业和行政管理功能的主要场所而不是作为一个增长极；本地文化应该纳入地区规划的范畴，而行政区是适当的发展单元。

（四）城乡互动联系阶段

在此阶段，经历了多年城乡偏向发展的冲突和博弈，社会各界普遍认为单一的城市偏向发展抑或是乡村偏向发展，都只能带来短期的、局部的效率增速，无法实现长期的、整体的效益提升，注重城乡互动联系的融合发展观逐渐回归并不断丰富。

1980 年代期间，朗迪内里（D. A. Rondinelli）提出"次级城市发展战略"（Rondinelli，1983），代表了"城市偏向论"和"乡村中心论"的折衷主义，同时强调城乡联系作为平衡发展的推动力量。这种观点与中国费孝通的观点，即在中国，小城镇发展的滞后是农村变化最重要制约因素的观点相类似（崔功豪等，1999：217-244），而日本学者岸根卓郎（1985：8-153）在日本"第四次全综国土规划"的背景下总结出"自然－空间－人类"系统论，与西方城乡分割理论相对形成了东方城乡融合发展观的早期萌芽，也与国内学者吴传钧的"人地关系地域系统"相似，此时随着国内苏南城乡一体化发展模式的实践，城乡融合发展成为指导国内城乡规划中的基本原则，国内外城乡关系的判断已经逐步趋同。

进入 1990 年代以来，麦基（T. G. McGee）在亚洲城市的研究中发现位于城市边缘的一种城乡界限日渐模糊、农业活动与非农业活动紧密联系、城乡用地相互混杂的空间形态，他将这种特殊的城市化类型总结为城乡融合区（desakota）模式（McGee，1991：3-25），从而全面催生了以要素流动为视角的城乡发展观，并在道格拉斯的区域网络发展模型以及昂温的城乡相互作用模型得到强化。信息通信技术的快速发展进一步增强了城乡间的联系，城乡要素流动及其网络关系构建等方面的研究方兴未艾。在国内，新型城镇化与乡村振兴战略丰富了城乡融合的内涵，城乡发展不再是以往对立的关系，而是提倡城乡间良性互动与合作，乡村地区的均衡发展能够促进区域层面新型城镇化战略的有效落实，城市化的辐射带动则能够提供乡村振兴的持续动力。

第四节　城市内部空间结构

城市内部空间结构多用城市功能区之间的关系来表达。当然还有其他的表达形式，如地价的空间结构、容积率的空间结构等。下面主要介绍由功能区来表达的城市内部空间结构的几个模型。

一、城市内部空间结构模型

（一）经典的城市内部空间结构模型

本节主要介绍三种：同心圆模型、扇形模型和多核模型。其中包括三种不同收入的居住区、中央商务区、制造业区（工业区）、通勤带。现实中还有其他的功能区，如行政机构办公区、文化科技单位集中区、大型绿地和水体、大型交通场站等。

1. 同心圆模型

同心圆模型是1923年由芝加哥大学社会学家伯吉斯（E. W. Burgess）提出的（图7-4（a））。城市以不同功能的用地围绕着单一的核心，有规则地向外扩散形成同心圆结构。该模型分五个同心圆带。第一带是中心区（中央商务区），是城市的核心，包括商店、办公机构、银行、剧院、旅馆等，多为高层建筑，交通汇集量大。第二带是过渡区，以商业和住宅相混合为特点。居民多为低收入阶层，还出现贫民窟，街道与房屋破旧。第三带是工人住宅区，是产业工人集中的住宅区，接近他们的工作地点。第四带为（中产阶级）住宅区，也就是白领阶层住宅区。住房条件较好，多是单户住宅。第五带是通勤区，是高收入阶层居住的区域，也是城乡交错地区（Burgess，1925：47-62）。

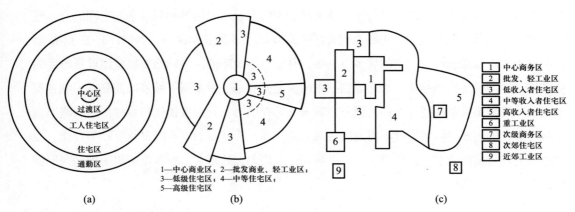

图7-4　三种城市内部空间结构模型
（a）同心圆模型；（b）扇形模型；（c）多核模型。

同心圆模型基本上反映了20世纪初期西方城市的带状结构，其核心观点在于城市人口迁入及其移动使城市地域分化，其最大贡献在于方法论的启示，比如动态地研究城市、实证研究方法和注重社会调查。

第二次世界大战后，城市发展迅猛，城市地域结构日趋复杂。以同心圆模型为基础，众多学者通过实证研究而进一步充实了该学说。1947年，迪肯森（R. E. Dickinson）提出三个地带学说，把历史发展因素融入同心圆模型，将城市地域结构划分为中央地带、中间地带和外缘地带。1963年，塔夫（E. J. Taaffe）等人提出了城市地域结构理想模式，包含中央商务区、中心边缘区、中间带、外缘带和近郊区等五个部分。1975年，洛斯乌姆（L. H. Russwurm）发现城市地区和乡村腹地之间过渡性统一体的存在，于是将城市地域结构划分为城市核心区、城市边缘区、城市影响区和乡村腹地等四个部分。上述改进模型都是在特定历史时期，对个体城市甚至城市局部地区抽象概括而来，依然很难全面反映现代城市结构的实际情况。

2. 扇形模型

扇形模型是美国土地经济学家霍伊特（H. Hoyt）于1939年基于对美国城市住房租金的研究提出的（图7-4（b））。他运用美国64个中小城市的房租资料（后又加上几个大城市的资料）研究了美国城市住宅区的发展趋向和城市地域结构的变化，认为美国城市中住房租金既不是按方块街区分布的，也不是按同心圆状分布的，而是从市中心向外沿主要交通干线或阻碍最小的路线延伸，呈现出被交通线支撑的扇形组合。他依据1900年、1915年和1936年各时期的房租分布情况，发现高房租区表现出沿便利交通线向外扩张，向风景秀丽的河湖海岸延展，趋向银行、事务所、高等级商业中心和社会名流住宅地集中和扩张的倾向。因此，城市地域结构突破了同心圆结构，而形成放射状扇形结构（Hoyt, 1939: 1-178）。

按照霍伊特的扇形理论，城市地域结构被描述成：中心商业区位居中心区，批发商业和轻工业沿交通线从市中心向外呈楔状延伸，居住区由低租金区向中租金区过渡，高房租区从市中心商业区开始，沿一条或几条城市交通干道向郊区呈楔状延伸，最后彼此相连成一个扇形。高租金住宅区形成后，便吸引中等租金住宅区在其周围发展，以便能分享高租金住宅区已形成的美好环境、便捷交通与社会声望。

霍伊特的扇形理论是从众多城市的比较研究中抽象出来的，较之同心圆模型有更大的现实性，考虑到了交通、工业等因素对城市地域结构的影响，在研究方法上比同心圆模型前进了一步。但该理论的最大缺陷是，只凭房租单一指标来概括城市地域的发展运动，忽视了城市同其他因素的关系，影响了模型的典型性。

3. 多核模型

多核模型是美国地理学家哈里斯（C. D. Harris）和乌尔曼（E. L. Ullman）于1945年提出的（图7-4（c））。这一理论模型认为，城市是由若干不连续的地域所组成，这些地域分别围绕着不同的核心而形成和发展。该模型认为，城市核心的分化和城市地域的分异是在诸如区位、集聚、离散、地价、房租等因素的综合作用下形成的，再加上历史遗留习惯的影响和局部地区的特殊性，使城市地域产生了多核心结构（Harris，1945：7-17）。

在多核模型中，除中心商务区外，商业街、大学、港口、工厂等都可以成为副中心，如果是办公或是零售中心，它们会吸引中等收入居民进入，但如果是工业中心，它们会吸引工人阶级居民发展。围绕这些中心，会各自建立完整的生活设施和城市服务系统，从而形成一个个相对独立的社区，一系列具有专业化特点的功能区和中心，形成了一种由不规则形态所拼贴而成的土地利用格局，这种土地利用拼贴中存在一种松散的功能秩序，最终形成多中心的地域结构。

多核模型较准确地反映了按功能区组织城市地域结构和城市向郊区发展的趋势，比同心圆模型和扇形模型更接近实际，但对各副中心间的职能联系及核心形成的规律阐述不多，对核心在城市整体发展中所起到的作用也缺少深入地分析。1981年，穆勒（P. O. Muller）观察到郊区次中心的存在，于是把多核模型进一步扩展，建立了大都市地域结构模型。穆勒的大都市地域结构模型由衰落的中心城市、内郊区、外郊区和城市边缘区等四部分组成。外郊区的次中心城市根据自然环境、区域交通网络和经济活动的区域化等因素，形成各自特定的城市地域，再由这些特定的城市地域组合成多中心大都市区（Muller，1981：60-120）。

（二）城市内部功能区识别

传统对城市功能区的划分，主要有通过实地调查统计，即统计某一个区域内部主要功能用地所占比例，具有较大的主观性，时间、人力和资金成本高，即时性差，随着大数据技术的快速发展，信息化赋能逐渐成为国土空间规划的新热点（甄峰等，2019：2060-2072），并形成了以兴趣点（points of interest，POI）、移动位置服务（location based service，LBS）以及多源数据为代表的三类数据使用及识别方法。

1. 兴趣点识别

作为一种易于获取的开源数据，兴趣点能够准确定位和即时反映城市不同地理位置上的业态功能，具有较高的可操作性、方法应用灵活性与识别精度。最为简单的识别方法以一定区域内部不同兴趣点数量的比例为基础，通过设定相应的标准进行主要功能的判定，结果受人为主观的干扰性较大，而通过语义识别等聚类方法可以显著提升识别的精度。此类研究仅利用兴趣点的分类类别、空间分布等基础地理信息，由于兴趣点缺乏规模属性和时间数据，很难判断兴趣点对区域主导功能的影响程度，往往会使功能区识别结果更倾向于兴趣点占比多数的类型，而不一定是功能区本身的主导社会经济功能，有可能使研究单元真正的主导功能被周边的噪声掩盖。

2. 移动位置服务识别

由于LBS技术具有可移动定位、定位精度高、交互性强等特点，因而被广泛应用于需要动态地理空间信息的应用与研究中，其中公交刷卡数据、出租车行驶数据与手机信令数据最为常见。行为地理学与时间地理学的大量研究表明居民行为与城市空间功能具有紧密的相关性，因此基于LBS技术的城市功能识别研究首先对居民在空间单元内的活动时序规律进行描述，进而构建空间单元间居民活动时间序列的相似度矩阵，最后综合利用K均值聚类算法（K-means）、K中心点算法（K-medoids）和最大期望算法（EM模型）对城市空间进行分类，其结果在一定程度上能够更为真实地反映人本视角下的城市功能分区。此类研究结果受限于数据质量以及方法本身的模糊性，其识别结果无法达到更高精度，对城市功能分区的实际解释力不足。

3. 多源数据识别

通过空间耦合关系与人工智能算法整合多源的新型地理数据，能够在一定程度上弥补数据的样本偏差，推动人们对城市的感知与认知，并促进对城市发展规律的挖掘与凝练。在传统统计数据（如人口普查、地类调查、遥感影像）的基础上，综合利用开放数据（如建筑信息、兴趣点、交通路况）和位置服务数据（如手机信令、出租车轨迹）可以在时空尺度上更精细地描绘城市的实时运营动态，尽可能全面地解读空间信息与刻画城市功能分区，并且能够在分析视角上提供认知城市功能分区与不同子系统（如经济、社会、环境）关联性的多元交叉维度（吴志强，2018：6-11）。开展不同数据源、不同数据精度和不同数据模型的地理数据融合理论与方法的研究，对于降低地理数据的生产成本，加快现有地理信息更新速度，提高地理数据质量有着重要的意义。

（三）城市内部结构理论演化

城市地理空间上的人为活动和自然环境叠合形成了特定的空间功能，吴良镛指出人类聚居是为了满足居住其内的人和其他人的需要，满足各种不同影响因素的需要而创建的，会选择最省力（包括能源）、最省时间、最省花费的方式来满足自己的需要，从这些原则出发，人们会希望所需的功能空间都集中在一处，因而城市空间会形成功能相对独立并具有一定边界的功能分区（吴良镛，2001：272）。国土空间规划是国家空间发展的指南、可持续发展的空间蓝图，是各类开发保护建设活动的基本依据。城市是国土空间规划的重要区域，根据自然资源部发布的《市县国土空间规划分区与用途分类指南》，城市功能区规划包括居住生活区、商业商务区、综合服务区、工业物流区、绿地休闲区、交通枢纽区、公用设施集中区、战略预留区、特色功能区等。自1900年代以来，现代城市规划思想经历了从功能理性到混沌交锋再到全新图景的演化历程（张京祥，2005：299），城市功能分区也受到规划的干预与强化，形成机械分割、多元复合与人本主义三个思想演化阶段。

1. 机械分割阶段

在人类聚居的早期阶段，传统的城市功能是混合的、缺乏规划干预的、人群自然选择的结果。19世纪快速发展的工业化带来城市爆炸式增长，混乱的城市功能难以适应城市空间的增长，因此需要规划干预促进城市功能有序增长。这一时期代表性的规划思想来自1933

案例7-2 城市用水的四层一体分析

2020年台湾岛降水明显偏少，2020到2021年之间暖冬又导致水体蒸发量、植物蒸腾量增加，因此当地水库淡水储备大大减少，许多水库淡水保有量不足20%。2021年梅雨季节迟来，城市面临缺水风险，这是自然层变化传递到生计层的表现。据法国《世界报》网站报道，在台湾地区城市用水中，工业用水量排在第一位，以台湾地区半导体产业为例，其制造流程中有一道是对薄片硅（组成芯片基础材料）抛光，此工序需要使用大量淡水。仅台积电一家公司每天就要消耗淡水15.6万t。因此，这家芯片企业采用新技术，循环使用86%的淡水。即便如此，每天依然要用3.7万t的淡水。在制度层，台湾当局于4月6日起规定将台中、苗栗、彰化等中部县市的工业用户供水量削减15%。这种优先保证生活用水的规定，来自意识形态层"以人为本"的观念。这些规定反馈到生计层，芯片企业则采用运水车从其他水源地拉水，但依然不能根本缓解风险。台湾芯片产能占世界总量的一半以上，由此世界许多芯片进口国都关注台湾2021年大旱何时结束，他们也是从四层一体的分析逻辑来估计芯片产业面临风险的。

年8月的《雅典宪章》，宪章从建筑、规划的角度围绕城市生活论述了现代城市"四大功能"，即居住功能、工作功能、游憩功能和交通功能。第二次世界大战后的西方，以《雅典宪章》为标志的现代建筑运动以及以"功能分区"为原则的现代城市规划得到了空前的繁荣。

2. 多元复合阶段

在此阶段，随着社会的不断发展，城市中的功能越来越复杂多样化，因此这种机械割裂的城市功能主义受到了越来越多的批判，1977年《马丘比丘宪章》就针对性地批判了《雅典宪章》的内容，并且强调城市不是机械的分区，而是一个综合多功能的环境，功能分区只是一种管理的手段，一旦将其视为城市空间发展的目标，就会破坏城市有机结构，带来空间隔离与城市生活丰富性的下降。雅各布斯（J. Jacobs）（2005：10）在《美国大城市的死与生》中也指出只有丰富性和多样性的环境才具有实际的魅力，产生源源不断的人流。目前各种相关功能用地的混合已经是世界上各个城市的普遍现象，既有利于城市的节能减排又是形成区域、街道、建筑多样性与魅力的决定性要素。

3. 人本主义阶段

城市的本质是人的聚集，是群体与个人的活动网络构成了城市的深层功能结构，也是城市具有活力的真正原因。随着城市规划中功能理论的不断演进，越来越多的规划实践和相关研究也把城市功能的研究重点放在了对人的思考上面，体现了规划思想从机械功能主义到以人为本的转变，愈发强调满足居民需求的功能导向，而一系列城市复兴、紧凑城市、新城市主义和精明增长等理论也反映了对城市功能利用新的思考。人类通过聚居去追求经济、社会、生态的机会具有空间维度，而以人为本的规划正是尊重人有自存与共存平衡的理性，并以此作为组织空间使用与分配的原则，以求达到最高平衡（梁鹤年，2019）。案例7-2中，积极应对缺水风险，以人为本地分配城市用水，都体现了这个阶段城市管理、自下而上解决城市问题的特色。

（四）中心地理论

中心地理论（central place theory）是由前面提到的德国地理学家克里斯塔勒和德国经济学家廖什（A. Lösch）分别于1933年和1940年提出来的。在理想地表和理性经济人的假设下，具有中心职能的节点被称为中心地。不同职能的中心地受其服务范围的影响，具有明显的等级规模结构。在市场竞争条件下，各级中心地最终会形成正六边形几何结构的分布体系。在这个体系中，城市可分为不同的层次，同级城市之间形成相互竞争又相互依赖的关系，每一个城市都维持其生存的门槛范围和最大服务范围，级别越高其所需门槛范围越大，从而形成由高到低的金字塔式的中心地等级系列。而廖什利用数学推导和经济学理论，得出了一个与克里斯塔勒学说完全相同的六边形区位模型，为中心地学说树立了更为牢固的理论基础。

克里斯塔勒发展中心地理论的主要目的在于探索和发现城镇分布的安排原则，他的方法一方面汲取了传统城市地理研究方法的精华以区分城镇的职能和观察城镇与腹地的关系，另一方面接受了杜能环和韦伯等费用线等概念以应用于城市空间格局分析。依照杜能的"孤立国"理论，城市的腹地是圆形的，如果各个中心地的腹地也是圆形的话，必有若干地方即三个圆接触的地方，接受不到中心地的服务。克里斯塔勒在德国南部的研究发现，各级中心地的腹地不是圆形的，而是六角形的。克里斯塔勒又计算出南德各级中心地的人口数和相互间的距离，发现腹地的人口数和面积随中心地等级的增高而增加（表7-3）。中心地的等级愈高，它所能提供的货物和服务的种类也愈多，所担负的中心地职能也就愈多。

表7-3　克里斯塔勒的中心地体系

一至七级的中心地	中心地和城市		腹地	
	距离/km	人口/人	面积/km²	人口/人
① 有少数商店和服务的小村	7	800	45	2700
② 有较多商店和服务的乡村	12	1500	135	8100
③ 乡镇	21	3500	400	24000
④ 市镇	36	7000	1200	75000
⑤ 县城	68	27000	3600	225000
⑥ 省区首邑	108	90000	10800	675000
⑦ 全区大城	186	300000	32400	2025000

资料来源：谢觉民，1991。

克里斯塔勒认为，有三个原则支配着中心地体系的形成，分别是市场原则、交通原则和行政原则，在不同的原则支配下，中心地体系呈现不同的结构。中心地理论既可以解释城市内部的具有服务功能的各类各等级中心地的结构，也可以解释城市地域空间结构。

中心地理论在第二次世界大战以后的城市建设布局、城市商业和服务网点布局等方面都有很多成功的应用实例。克里斯塔勒的中心地学说在1960年代传入美国后，开启了地理学计量革命的序幕，引起全世界的注意。1950—1960年代，荷兰曾按照中心地学说在围海陆地上规划了居民点和交通网。中心地学说在1960年代逆向传入德国，并且获得了较高声誉，迄今仍在德国的国家和州国土发展规划中获得应用。美国学者施坚雅（G. W. Skinner）曾应用中心地理论对中国四川盆地的集市布局进行了实证主义研究，初步验证了该理论的有效性。中国学者严重敏于1964年将中心地理论介绍到国内，为中国城市布局与合理的聚落体系的形成研究提供了理论基础。

中心地理论仍存在较多有待改进之处。第一，克里斯塔勒的假设条件是理想化的，均质平原和均匀分布的人口是现实生活中不存在的，许多自然因素（如地貌、资源、河流等）和经济发展水平都会影响城市大小、职能特征和空间分布。第二，消费者行为是复杂的，往往对服务质量和物品质量的关心超过距离的限制，不可能完全就近消费。第三，中心地学说主要考虑了城市的商业和服务业职能，而缺乏对整个经济活动的分析，实际上城市的职能及其对区域的作用是多方面的。第四，克里斯塔勒没有估计到运输手段的改革对中心地性质引起的本质变化。例如，运输革命使大中心地越来越发挥强大引力，在大中心地不仅可以购买高档商品，低档商品也比小中心地多。

二、城市地域结构

（一）城市地域结构扩展形式

城市地域的空间范围并非是固定的，而是随着城市规模的扩大也相应扩展；城市地域结构的空间扩展也并非仅限于特定的模式，而存在多种动态演进类型，概括起来主要有圈层漫溢式扩展、轴向带状扩展和多核跳跃式扩展等三种形式。

1. 圈层漫溢式扩展

圈层漫溢式扩展是由一个或多个城市中心不断向外扩张，城市形成圈层式连片发展，整个城市形态呈团块状。城市从乡村聚落或小集镇开始，以点状的城市中心全方位向外扩展（受人力或自然条件的变化会产生一定变异），具有明显的"年轮"现象。城市职能由内向外圈层状分化，其扩展形态取决于中心区的规模、功能以及与周围地区的连接方式等。在城市扩展过程中，一般大工厂、校园、特殊医院、集团住宅等单位起到先行者的作用，随后公共建筑和一般住宅区相继建设，由原来的城市郊区逐渐演化为城市建成区，这时又有一批工厂、学校和特殊医院等被挤到更远的郊区。城市空间圈层式扩展的典型代表是北京和上海。

2. 轴向带状扩展

随着城市的漫溢膨胀，城市边缘距市中心越来越远，城市开始受到对外交通干线的吸引，不再向四周均匀漫溢，而是沿着交通线向外蔓生。引起这种扩展的主因是城市对外交通的发展或者江、河、湖、海和其他自然地形约束。城市空间往往沿某一个或几个方向优先发展，表现出带状伸展特征。当带状体增长到一定程度，带状体之间的横向联系不断加强，扩展轴间的三角形或梯形空间逐渐被填充，并且在要素集聚效应的作用下形成新的生长点，在城市边缘区诞生相对独立的工业区、生活区和其他功能区，并进而形成城市次中心或卫星城镇。当城市为单中心结构时，城市地域空间倾向于形成星状演化结构；当城市具有两个或两个以上中心时，城市地域空间倾向于形成串珠放射状结构。

3. 多核跳跃式扩展

为满足城市功能调整及新的城市功能对空间的需求，城市在外围地区跳跃式地选择新的生长点，由此引起城市地域结构的空间扩展。城市空间的持续扩张使得部分第一、第二代的卫星城市被并入城市，在城市远郊形成拥有多种产业和综合功能区的大型卫星城、卧城以及为保护古城而建的新城区等，发挥了对中心城市的反磁力效果，起到缓解中心城市压力的目的。新的郊区增长极核除具有反磁力作用外，宏观上仍受中心城市的影响，飞地扩展达到成熟后，在中心城市影响的地域范围内，形成结构完整、功能齐备的城市体系。

由于受地理环境、历史文脉传统，以及社会经济、政治等诸多因素的影响，现实生活中，上述方式往往是交织、叠加在一起的，从而引起城市地域结构的异化。无论是哪种城市地域结构扩展方式，城市空间的扩展总是沿阻力最小的方向发展。在此过程中，轴向带状扩展由于交通可达性的拉动作用和地形条件的约束效应而表现得最为生动、多样，伸展轴的方向及功能决定了城市空间结构的形态。比如，当伸展轴为全封闭的快速干道时，空间发展以节点集聚为主，而伸展轴是一般性道路时，则马赛克式的填充比较常见。

（二）城市地域扩展的动力

如果把城址选择看作很大程度上自然环境的产物的话，城市地域结构演变则主要是城市在区域社会经济环境影响下，集聚力和离散力相互作用过程中形成的。

1. 集聚力

城市空间的本质特征是集聚，集聚是城市空间存在的基本特征与形式，表现为向心聚合的倾向和人口增加的趋势。人口在某一地域范围内的增加以及社会经济活动的聚合是城市地域结构演变中最为显著的过程。美国学者沙里宁（E. Saarinen）（1986：100-302）总结了城市集聚的四种动因。

（1）安全防卫的需要

在早期社会中，聚落、社区、城堡的集中反映了人们对安全防卫的需求。由于战争防御的需要，城墙作为城市空间的围合手段为市民提供了安全的保障；同时，落后的交通工具也限制了人们的出行，这是前工业社会城市典型的形态表现。

（2）丰富便利的服务设施

城市中心距离各个扩展方向都较近，方便交通出行，因此城市中心容易吸引各个方向的顾客。城市中心是商业最好的区位，供应各式各样的商品，对顾客的吸引力也大，顾客多了，也会把别的服务部门，如饮食、交通、旅行社、宾馆、娱乐场、邮电、通信、银行等吸引过来。多样而方便的设施，反过来会吸引更多的人，从而汇聚更多的服务。

（3）土地开发的投机性

市场经济体制下，为了追求超额利润而对城市土地的投机性开发，造成局部地区（效益高回报地区）的过度开发，形成经济活动在空间上的集中，人口密度和城市开发密度从城市中心区向城市边缘区呈下降趋势。改革开放前，计划经济体制下的中国城市由基本相似的邻里单位组成，每个邻里单位以一个工厂为中心，这种形式的住宅区从城市中心一直延伸到城市边缘，保持着相对较高却比较均匀的居住密度。而改革开放后，在社会主义市场经济体制下，多元化的投资主体改变了国家统一的计划经济体制，土地所有权和使用权的分离，推动了城市土地开发，形成了空间结构新的集中格局。

（4）社会文化资源的集中

文化需求不仅贯穿人类生活的全过程，而且成为人的精神世界的核心。作为人类社会行为的表现，交往活动与目标信仰的一致性使社区产生凝聚力。城市形成之初，宗祠、庙宇等宗教文化设施周围总是城市的核心或空间节点。现代社会，尽管生活节奏加快，文化多元化，但为了共同信仰和共同偶像，人们选择集聚在一起。同时，城市中心区传统的象征性激发了人们的认同感，欧洲城市中心的步行街区就是市民街区集聚活动场所的延续。

总体而言，促使城市空间集聚的因素有交往活动的需要、经济收入的限制、较高的可达性、产生经济规模效益的要求、城市中心传统的象征性和吸引力等。但是，城市的集聚力并不是无限的，当其作用发挥到一定程度时，也会造成很多城市问题，迫使人们离开中心地区向郊区转移。这时，城市就出现了与集聚力相反的力，即离散力。

2. 离散力

离散表现为一种离心的运动趋势，是城市化进程中复杂性和多样性增加的必然体现。美国学者芒福德（Mumford，1989：300–440）列举了城市空间由集中走向分散的三个方面的动因。

（1）新的社会团体和机构的扩展

城市空间的集中达到一定规模与密度后，在溢出效应的带动下，城市空间会向外扩展。一是原有的机构扩大，因在原地无法发展而必然向郊外迁移；二是新机构在城市空间密集地域未找到理想区位，也必然向郊外寻求落脚点；三是新机构的扩展因城市内部地价过高，而郊外地价便宜，出于迁移成本的考虑而分散出去。其中，重型工业企业、高等院校、科研机构以及一些大型公司是城市向外扩展的主力军。

（2）住宅扩散和社会阶层居住分异

在城市由核心向外围的空间扩展过程中，住宅扩散起着十分重要的作用。城市人口的增加和改善居住条件的需求是住宅不断向城市外围扩散的原因所在。社会各阶层由于收入水平的差异，对居住空间的要求呈现多元化特征，使原有的社会阶层混合居住的结构模式发生变异，并呈现出"物以类聚，人以群分"的空间格局。分散化过程中，市中心开始衰落，原来的富有阶级居住区被低收入人群所填补，导致城市中心区的声望下降；而郊区高级住宅区声望提高，吸引力增强，因此进一步加速了城市的分散化过程。住宅扩散还会带动城市其他职能部门的扩散，如商业服务、中小学校、医疗保健、文体娱乐设施，等等，进而在城市边缘地带出现了规模巨大的购物中心、汽车商场等，形成新的增长极核和进一步扩散的次中心。

（3）交通工具的进步

城市通达性的提高使空间的分散有了交通工具的技术支撑而成为可能。大尺度空间范围（如城市圈或城市群）的交通通达性的提高以及交通网络延伸，对空间的分散起到推动作用，延伸的节点往往是分散出去的新的集中点。20世纪早期的内燃机、电话、城市轻轨等交通通信工具的发明和发展对城市空间的分散起了很大的推动作用，这也使一些厂商能从市中心分散出去，从而使郊区低价的土地得以开发，而同时又能与城市中心及车站保持便捷的联系。

总之，影响城市空间扩展的主要因素有：城市发展空间的匮乏、信息和交通技术的进步、居民对生活质量的追求以及公共政策的诱导等。随着社会的发展、制度的演化、技术的创新、劳动的进一步分工，城市增长的集聚力和离散力相互作用，从而形成一定时期的地域结构。

第五节　城市群结构与演化过程

随着城市化的发展，城市增长迅速，使城市间的联系日益密切。因此，仅仅研究单一城市及其内部空间的差异，已不能揭示城市的本质和其发展的规律性，必须研究城市群体。只有研究城市系统，才能揭示城市的实质和作用。

一、城市体系发展与演化

城市体系（又称城镇体系），是指在一定地域范围内，以中心城市为核心，由一系列不同等级规模、不同职能分工、相互密切联系的城市组成的有机整体。一个城市体系中，通常拥有一至两个规模较大的城市，处在核心地位的大城市具有较强的吸引能力，能够使周围地区的人流、物流向大城市集中。同时，城市体系的核心城市也有较强的辐射功能，对周围地区的发展产生推动作用。克里斯塔勒的中心地学说第一次把区域内的城市系统化，提出了城市体系的组织结构模式，被后人公认为城市体系研究的基础理论。1939年的杰弗逊（G. W. Jefferson）及1942年的齐普夫（G. K. Zipf）等对城市体系的规模分布进行了理论研究，提出了影响深远的首位分布规律和位序－规模法则。1964年，贝里（B. Berry）提出城市人口分布与服务中心等级体系之间的关系，把城市地理研究与一般系统理论结合起来，开创了城市体系研究的新纪元。

（一）城市体系的类型

在当前全球经济大发展的时代，农业、制造业和服务业等各产业发展交互关联推动着城市间的联系也越来越密切，特定区域内的城市体系较少能够形成严格符合六边形几何形态、城市间等级森严、城际距离相等的理想化的城市体系。现实城市发展中的城市体系由于其发生机制不同，以及城市之间的组合特征不同，大致可以分为以下三种地域类型。

1. 以某一大城市或特大城市为核心的核心－边缘城市体系

这一类城市体系是城市空间扩散和功能分化的结果。由于中心城区集聚过度而导致居民生活环境质量下降，城市人口和社会经济活动不断向外扩散，在郊区和邻近地区兴建新城，逐步形成了以大城市为中心的城市体系。目前，世界上一些特大城市及其周围的城市群体即属于此类，比如中国的北京和上海、俄罗斯的莫斯科、英国的伦敦、法国的巴黎等。不同规模等级的城市与中心城之间以便捷的交通线路相联结，形成一个有机整体，外围地区的中小城市和卫星城镇在劳动就业、文化生活和休闲休憩等方面与中心城市保持着密切的联系。

2. 由若干规模相仿的大中城市及其周边城镇所组成的多中心城市体系

这类城市体系起初以大中城市为中心，在"集聚－扩散"机制作用下，形成多中心的城市群体。由于空间距离较接近，城市群体在相互作用力的影响下，经济联系日益加强，逐渐形成具有密切联系，又有分工协作的城市群。例如，中国江苏的苏锡常地区和辽宁中部地区城市群都属于此种类型。辽宁中部城市群包括沈阳、鞍山、抚顺、本溪、营口、辽阳、铁岭和阜新等八个城市，以当地丰富的煤铁资源为基础，多种运输方式相配合，各城市之间存在着密切的经济联系和分工协作关系，是环渤海经济圈的重要组成部分。

3. 以各级行政中心为依托，大中小各类城市相互联系所形成的城市体系

这类城市体系的形成中行政因素起了较大的作用。通常城市的规模与所在地行政机关的级别相对应，各城市间的联系首先也表现为不同等级城市间的行政联系，由于政府决策对经济的影响，客观上造成城市间较为密切的经济联系，从而使各级各类城市形成相互联系的城市体系。中国省（区）内的城市体系大多属于此类。根据所在地行政机关的级别不同，大体上可以分成省级城市、省内地区性的中心城市、地级与县级中心城市和乡镇等四个层级。

（二）城市体系的演变

由于社会经济和技术条件的不断发展，城市体系也在不断地演变，存在一个形成—发展—成熟的过程。

1. 低水平均衡发展阶段

区域经济以农业为主体，城市空间分布较为均衡，规模小，职能单一，多以行政、商业服务及地方工业为主。城市间的联系亦是以上下级间的行政、商业及其他服务性活动为主，同级城市之间缺乏密切的联系和职能分工，从而形成以若干分散孤立的小城市为中心，低水平、低速度、均衡发展的空间格局。这种类型的城市体系在中国经济落后的山区、少数民族地区和经济发展水平较低的农业区仍有大量的分布，以规模不等的城镇、集镇或墟场为节点。

2. 极核发展阶段

交通条件和经济基础较好的城市，往往会形成优势区位，因此得以形成集中式发展，成为区域发展的极核点或极核地带。其中较高等级的城市获得资源注入而发展尤其迅速，但经济结构单一、较低等级的城市则变化不大。城市间联系仍以不同等级的纵向联系为主，形成单中心空间格局。这种类型在中国的西部地区表现比较典型，在中部和东部地区亦广泛存在。

3. 集聚–扩散阶段

在更高层次经济活动向极核城市集聚的同时，受极核城市环境容量和经济效益限制，某些较低层次经济活动开始向下级城市扩散，极核城市周围的小城市较快地发展。由于极核城市的部分职能扩散，加强了极核城市与下级城市的横向联系，形成极核城市吸引和辐射共同起作用的星座式空间格局。中国经济较发达地区的城市体系，大部分处于这一阶段。

4. 高水平网络化发展阶段

多职能、综合性的核心城市职能进一步向外扩散，规模经济的趋势加大和区域交通通信设施的完善使核心城市的优势区位扩大到周围地区。同级城市和不同等级城市间的联系不断加强，从而形成以一个综合性中心城市或若干个职能分异、互补的中心城市为核心，高水平均衡、网络化的空间格局。目前，这一类型区在中国的沪宁杭地区、珠三角地区以及环渤海地区出现萌芽，发达国家的一些城市密集区已处于这一阶段。

二、城市群与都市圈发展

2008年是世界城市人口超过农村人口后的第一年，因此，联合国人居署在《和谐的城市——世界城市发展报告2008/2009》中将21世纪称为"城市的世纪"。城市化是世界性的潮流，是社会历史发展的必然趋势，而城市群体的发展则是当前世界城市化最鲜明的特征之一。

案例7-3 法国打造"大巴黎"

法国国土整治与区域吸引力部际委员会（Délégation interministérielle á L'Amanagement du territoure et a L'attractiveite régionale, DATAR）于1963年成立。在福特主义盛行时期，它在住房、基建和区域发展等领域的政策的制定与落实上，扮演着重要角色。21世纪初，它被国土整治与竞争力部际委员会（Délégation interministérielle à l'aménagement et à la compétitivité des territoires, DIACT）取代，后者肩负促进国土融合（territorial cohesion）的若干行政功能。DIACT开展的一个重点项目是在法国建立"竞争力极点"（competitiveness poles）。在萨科齐担任法国总统期间，DIACT启动了一个"大巴黎"巨型城市聚集带的项目（Les chantiers du Grand Paris）。该地带从英吉利海峡边的勒阿弗尔港，一直延伸到法国西部的鲁昂。国家通过一些宏观经济手段，促进资本和其他生产要素向竞争力极点聚集，从而提高生产效率。"大巴黎"还是巴黎都市圈的一部分，后者包括"大巴黎"、莱茵-鲁尔都市圈、荷兰-比利时都市圈，其中的重要城市有法国巴黎、荷兰阿姆斯特丹、鹿特丹、比利时安特卫普、布鲁塞尔和德国的科隆等大城市。这个都市圈包括了4个国家的40个10万人口以上的城市，总面积14.5万 km²，总人口4600万人。目前本圈内部的合作机制尚未得到深入研究。

资料来源：博任纳（2019）。

（一）世界城市化进程已进入城市群体空间发展时代

世界城市化进程的加速发展，人口和财富向大城市的进一步集中，不仅使得大城市数量急剧增加，而且不断出现巨型城市、都市圈（带）、大都市区和城市连绵区等新型城市地域组织形式。城市的基本形态已不再是被郊区和农村包围的枢纽性的中心地，而是依托城市所在的腹地区域，在城市间建立密切的分工协作、构成相互关联的地域性集聚网络。一方面，城市的地域扩张不断向郊区扩散和再集中，形成多中心的城市形态；另一方面，在区域范围内，城市群体化发展并形成由多个核心城市组成的连续城市化区域，即大都市区（带、圈），这标志着城市化进入更高级阶段。城市群体成为国内外把握城市与区域发展方向的认识工具和实践工具，成为推进城市化的抓手、发展区域经济的重要空间方式和参与全球竞争的前沿阵地。

（二）大都市带的成长，全球城市区域成为最具竞争力的空间经济体

大都市带的形成是20世纪世界城市化的一个重要特征。随着大都市区的不断扩展，城市与城市之间的农田分界带日渐模糊，城市地域首尾衔接，绵延数百千米，从而形成了世界上最壮观的一种城市群体发展现象——大都市带。其中的少数几个具有超大人口和经济规模并参与甚至主导全球竞争的大都市带被称为全球城市区域（global city region）。全球城市区域作为城市集团的最高组织形式，在内部集合众多城市，在外部连接全球网络，是国家在全球范围内实现资本集散和市场拓展的空间载体和管理中枢，也是全球、国家和地区经济增长的核心动力。全球城市区域是全球化时代国家或区域参与全球竞争的主要空间载体，深刻影响着所在国家的国际竞争力，成为全球经济增长的重要引擎、全球

竞争的主要力量和国家参与国际劳动分工的基本地域单元。通过加快城市群发展来带动本国或区域经济竞争力的提升，已经成为西方发达国家现代化过程中的一条重要经验。目前全球已经形成了美国东北部大西洋沿岸城市群、北美五大湖城市群、日本太平洋沿岸城市群、欧洲西北部城市群、英国以伦敦为中心的城市群和中国长江三角洲城市群等全球城市区域，它们具有强大的经济实力、众多的人口和发达的基础设施网络，成为全球产业链的重要环节和全球经济中心。

（三）城市群向多中心网络化城市区域演进

由于经济发展的不平等是客观存在的，大量发展中国家和地区的城市群还在向全球城市区域演进，城市群战略长期以来在各国的区域发展政策中占据一席之地。城市群一般是指在特定地域范围内，以一个以上特大城市为核心，由至少三个以上大城市、若干中小城市和专业城镇为构成单元，依托互通互联的基础设施网络，所形成的空间邻近且功能联系紧密的巨型城市化区域。农业经济时代和工业化初期，城市群内部的城镇等级规模分布是热点话题，据此探索城镇的最优规模和非叠加市场区域的最大化。随着近数十年城市间联系的增多，城镇群在城镇密集区的基础概念上，呈现出更为明显的多中心网络化特征。在技术网络的支撑下，城市群内部的人、企业、政府等多元主体产生了频繁而密切的互动，推动了区域功能中心的成长、分化及互促，因而"多中心"成为全球城市群提升区域整体竞争力的重要途径。测度功能多中心间的互补关系和协同关系逐渐成为评价城市群多中心性的通用标尺。从世界级城市群的演进历程来看，它们均以资源要素交换、知识技术共享等互惠关系的生成和增强为目标，在保证高价值全球联系的同时，也产生着丰富的地方联系。

（四）都市圈从通勤圈拓展为内涵丰富的同城化地区

前面提到了都市圈的概念，实际上学术概念在国内外还没有形成统一界定。2019年国家发改委发布的《国家发展改革委关于培育发展现代化都市圈的指导意见》中指出都市圈是城市群内部以超大特大城市或辐射带动功能强的大城市为中心、以一小时通勤圈为基本范围的城镇化空间形态。在国外规划实践中，日本将"都市圈"界定为一个由中心市和周边市町村组成，通勤及通学者（15岁以上）达到一定比例的空间相邻地区。一般而言，都市圈是城市群的组成部分，是城市群内部以一个特大城市或辐射带动能力强劲的大城市为中心、以紧密通勤圈（如一小时）为基本范围的城镇化空间形态。由于都市圈内部往往只有一个中心城市，所以向心联系十分频繁，圈层结构特征较为突出，而更小的空间范围也决定了都市圈内部的功能联系较城市群而言更加紧密。作为连接单个城市和城市群的中间环节，都市圈在规划实践中成为实施空间治理的重要单元，增强中心城市溢出效应并以同城化标准打造通勤圈、产业圈、生活圈、创新圈等是都市圈规划的重要内容。

（五）世界城市网络的扩张与现代化城市群、都市圈建设

20世纪末以来，以信息和通信技术的发展为基础，新技术的发明所引发的经济、制度、社会的共同变化塑造了城市，城市通过信息网络被吸纳进世界城市体系中，城市间各种要素流动的迅速增加使得全球城市间的联系更加紧密，城市间的经济网络开始主宰全球经济命脉，并涌现出若干在空间权力上超越国家范围、在全球经济中发挥指挥和控制作用的世界性城市。世界城市在全球生产过程中的作用与层级构成了具有一定经济控制能力和社会经济联系的世界城市网络体系。城市由此作为网络节点而存在，其地位由它与其他节点的相互作用所决定，城市占有物质资源禀赋的重要性逐渐被作为节点而产生的空间联系所取代，一个城市与其他节点之间的联系越多，其越有可能获得频繁流动的信息和知识，并通过生产、分配和消费方面的创新来抓住经济发展的机会。在此背景下，现代化城市群和现代化都市圈建设被赋予了新内涵，更加强调区域内部资源要素的流动和匹配，以及功能网络的优化与调控，通过生产效率的提升来增强城市在各层级城市网络中的节点作用。

三、当代中国城市群体发展的特征

（一）城市群已成为国家发展的先行阵地

伴随中国经济发展形式由行政区经济向区域经济的重大转变，城市群地区正在成为未来带动全国及省域经济发展和建设小康社会的战略阵地，在全国生产力布局中起着战略支撑点、增长极点和核心节点的作用，主宰着中国经济发展的命脉。国家"十一五"规划纲要就已经指出要把城市群作为推进城市化的主体形态，并加强城市群内各城市的分工协作和优势互补以增强城市群的整体竞争力。当今世界正经历百年未有之大变局，新一轮科技革命和产业变革深入发展，以国内大循环为主体、国内国际双循环相互促进的新发展格局正在形成。城市群、都市圈在当前和今后一个时期，将继续成为中国促进大中小城市协同发展的重要空间发展战略。据不完全统计，中国当前的主要城市群以全国10%的面积承载了全国1/3的人口和超过2/3的经济总量。城市群、都市圈是中国经济增长和经济社会发展的重要引擎。

《中华人民共和国国民经济和社会发展第十四个五年规划和2035年远景目标纲要》提出全面形成"两横三纵"城镇化战略格局（图7-5），促进京津冀、长三角、珠三角、成渝、长江中游等19个城市群发展，形成多中心、多层级、多节点的网络型城市群。在城市群内部，培育发展一批同城化水平高的现代化都市圈。

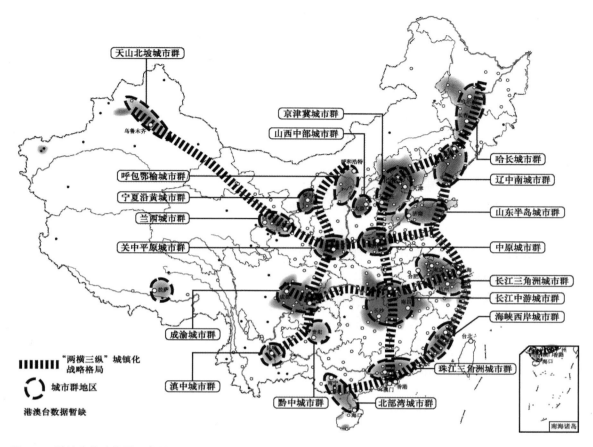

图7-5　城镇化战略格局示意图

图中标注文字：

天山北坡城市群
京津冀城市群
山西中部城市群
呼包鄂榆城市群
宁夏沿黄城市群
兰西城市群
关中平原城市群
成渝城市群
滇中城市群
黔中城市群
哈长城市群
辽中南城市群
山东半岛城市群
中原城市群
长江三角洲城市群
长江中游城市群
海峡西岸城市群
珠江三角洲城市群
北部湾城市群

图例：
"两横三纵"城镇化战略格局
城市群地区
港澳台数据暂缺

南海诸岛

（二）城市规模体系的动态变化加速，竞争有序的国家城市体系正在形成

中华人民共和国成立以来，中国大城市和中小城市数量增加的速度非常快。截至2019年，有30个城市城区人口超过300万人，其中超过1000万的超大城市有6个，而位于500万到1000万的特大城市增至10个。上海的城区人口超过2000万，北京和重庆超过1500万。目前，中国一方面已拥有一批大型城市和超大城市，如上海、北京、天津、广州、武汉、重庆、沈阳、南京、西安等；另一方面，众多的小城镇也如雨后春笋般成长起来，遍布全国各地，从而构成一个规模等级结构合理、布局集中分散有致、职能分工合作的国家城市体系。中国已经形成由56座特大城市、86座大城市、239座中等城市、273座小城市和1.93万个城镇组成的全国城市体系等级规模结构格局。

（三）城市化的空间布局偏重于东南沿海地区

中国城市空间布局在各省、市、区中的分布很不均衡。1990年前，中国城市在地区上的密度是北高南低，但1990年后，广东、海南、福建、浙江、江苏、黑龙江、吉林等省的城市化水平加快提高，而北京、天津、内蒙古等省（市、区）的城市人口增长率下降，中国地区城市化的趋势逐渐改变为2000年的东高西低。2017年底，从城市人口密度来看，黑龙江城市人口最密，排名首位，为5515人/km²。位于第二位的是河南省，密度为4871人/km²。排在前十的地区分别是黑龙江、河南、江西、陕西、甘肃、湖南、上海、山西、天津和广东。然而北京的城市人口密度排在最后一位。归纳起来，中国城市人口目前主要集中分布在东部沿海地区，而中、西部地区城市人口分布相当稀疏。

（四）中国城市群发展阶段的差异

中国城市群发展差异较大。就发展水平而言，长三角城市群已进入世界六大城市群之列，与欧美日城市群齐名。从发展阶段来看，长三角、珠三角和京津冀城市群的发展相对成熟，区域经济整体水平较高。就发展动力机制而言，长三角、珠三角和京津冀城市群都逐渐走上依靠自身力量发展的道路，虽然外部投入仍然是重要的外在动力。国内次一级的城市群，发展水平低，成熟度低，基本处于初期阶段，发展的内在动力尚未完全形成，城市间的联系还比较薄弱，中心城市带动能力不强，城市间的竞争大于合作，区域经济整合程度低。总之，城市群的形成与发展，极大地改变了中国传统的空间经济组织形式，以城市群支撑进行生产力布局将成为中国未来区域经济空间组织的基本模式，成为中国新时期区域发展的重要趋势。

第六节　未来城市发展

生态文明与高质量发展的要求，使得未来城市发展产生了绿色化、人本化与智慧化的新诉求。未来城市作为实现可持续发展的重要载体，城市社会经济的发展应体现生态文明要求，明确底线管控与约束原则，在资源可承载基础上谋发展。人本化的趋势要求将城市中不同主体的需求放在重要位置，重视各主体间的利益协调。依托于大数据、人工智能、物联网等新一代智能技术，未来城市智慧化规划建设成为全球性共识。因此智慧城市（smart city）的概念也流行起来，它是指利用各种资讯科技或创新概念，整合城市的组成系统和服务，以提升资源运用的效率，优化城市管理和服务，以及改善市民生活质量的城市状态。智慧城市建设也改变了人们认识城市经济、社会、文化、生态、安全等各类要素的途径，为认识城市与研究城市提供了新的数据、视角与方法。

一、绿色化趋势

从工业文明向生态文明的转变，要求我们更多地关注未来城市建设发展中的各类自然资源要素，要处理城市开发建设与自然资源要素保护修复之间的关系，明确各类要素的生态价值，构建高品质的未来城市空间开发保护格局。

（一）生态底线约束

过去以追求社会经济高速发展的城市开发建设模式带来了一系列城市问题，在生态文明理念下，未来城市发展应明确生态资源的底线管控与约束要求，合理评价不同生态资源的承载力，基于生态优先的价值导向，构建现代化的城市开发与治理模式，推动未来城市的生态文明建设，形成绿色化的生产与生活方式。

（二）重视生态价值

生态资源作为城市开发建设的重要资源，在"底线约束"的基础上，也需要重视生态资源价值，包括有形的城市自然景观资源与无形的环境和生态文化资源。生态资源本身作为一种重要的公共资源，具有调节价值、修复价值等多种价值内涵，未来城市中需要加强对生态补偿机制与生态价值核算的研究，发挥生态资产的富民效应，推动城市绿色化发展。

二、人本化趋势

未来的城市建设需要通过科学方法了解城市中所有人的需求，从问题导向与需求导向出发，提升城市多元主体的满意度与幸福感。

（一）多元人本需求

未来城市建设中的人不只有城市居民，还包括城市中的企业与政府组织，未来城市提供的服务应从这三类主体的需求出发，结合大数据与人工智能技术，不仅要满足居民日常生产生活衣、食、住、行等全生命周期内的发展需求，也要为企业的生产、运营、管理、销售等过程提供服务，实现企业生产效益的最大化。同时，也需要提升政府在经济发展、社会治理、城市应急、公共服务等各个领域的管理与服务能力，助力未来城市的智慧化运营与可持续发展，实现真正的以人为本的未来城市建设。

（二）复杂人地关系地域系统

智能技术的快速发展影响着人地关系，地理空间对居民时空约束作用减弱，居民工作、休闲、社交等生产生活方式的流动性与时空灵活性发生变化，城市中地理位置与距离的作用减弱，传统的人地关系正发生改变。未来城市依托于各种智能技术如物联网、5G等，可以实现实时的人对地、人对物、物对物的感知、信息采集与传输，在一定程度上改变了人地互动模式。智能技术在城市基础设施、产业经济、城市管理、民生服务等方面的应用，通过提供居民日常生产生活的智慧化空间基底，提升了居民在面对各类如交通拥堵、自然灾害和公共安全等问题时的应对能力，人地关系的不断优化也成为未来城市人本化发展的重要保障。

三、智慧化趋势

未来城市发展需要通过技术的融合提高居民生活质量，改善城市运营与服务效率，需要考虑如何将人、技术、空间整合在一起，保证未来城市建设满足经济、社会、环境及文化等不同方面的需求。

（一）未来城市是一个生命有机体

未来城市的建设应该形成智慧的生命有机体。依托于智慧管理中心、一体化数据平台和智慧功能区，通过智慧管理实现各类要素流的有机组织，保证整个城市系统的高效运转。智慧管理中心是未来城市的大脑，对整个城市的公共服务、社会管理等方面进行监督。一体化数据平台是未来城市建设心脏，整合城市中基础设施、社会经济运行、居民行为活动等各类数据，为未来城市大脑以及各类功能组织提供数据支撑服务。智慧功能区则是城市居住、工作、交通、休闲等功能空间的智慧化呈现。互联网、物联网以及智能交通、智慧电网等构成了未来城市的智能循环系统。

（二）强化数据赋能能力

未来城市作为一个生命有机体，不只是构建简单的数据库，而是要强化数据支撑下的城市决策分析和学习能力，以实现提升城市综合承载能力和可持续发展能力的目标，从多源数据的感知出发，借助于智能技术，深挖数据背后的信息，动态诊断城市问题，综合评估城市发展质量与可能存在的风险，科学模拟预测未来城市的发展趋势，为城市决策与部门管理提供精准指导，对未来城市建设起到动态优化与调整的作用。

（三）空间智能化发展

未来城市建设需要落实到城市实体空间中，实现空间的高度智能化。一方面，未来城市需要更加关注"人地"的动态耦合与时空协同关系，综合考虑智能技术作用下人地在不同时空维度的协调性，引导空间要素组织与运行，合理配置用地指标，实现设施供需的时空协同与动态匹配等，提升居民生产生活满意度。另一方面，也需要在一定程度上预见未来城市空间可能存在的变化，包括社会经济活动的区位选择变化、空间仿真模拟与数字孪生空间、未来技术场景的空间需求等内容。

（四）智慧协同治理

未来城市作为一个复杂巨系统，涉及政务管理、社会经济发展、资源环境以及各类城市问题等方面，因此，不仅需要内部各个系统之间的联系与互动，也需要将城市中各个主体、各个行业之间的智慧应用加以协同，实现未来城市空间的智慧化发展。另外，当前城市中存量空间的高效利用还有进一步提升的空间，在未来城市的智慧治理过程中，也要注意关注"人、财、物、地"的高效组合与协调发展，探索符合中国国情的、面向未来的、可持续发展的智慧城市治理模式。

【本章主要概念】

中心地理论、城市化、城市区位、城市体系、城市网络、城市地域结构、城市群、城市带、巨型城市、全球城市区域、都市圈、城市内部空间结构、城市功能区及其类型、通勤带、孤立国、乌托邦、田园城市、广亩城市、有机疏散、郊区化、新城市中心、通勤带、智慧城市、国土空间规划。

【思考题】

1. 城市发源地的地理分布及其扩散的路线是怎样的？

2. 城市选址所考虑的主要条件有哪些？与自然环境存在什么样的关系？

3. 塑造城市地域结构的动力有哪些？试分析所在城市的地域结构特征。

4. 改革开放40年来中国城市化的主要成就和问题有哪些？

5. 如何应用中心地学说解释特定空间范围内的城市布局与城市体系特征？

6. 如何理解未来城市发展？

第八章
民间文化和流行文化

内容提要

民间文化也称为民俗，是指一个民族或一个社会群体在长期的生产实践和社会生活中逐渐形成并世代相传、较为稳定的文化事象。流行文化是一种与之相对应的文化类型，它代表当下风行的、大众的、时尚的、会快速变化的文化。本章首先介绍民间文化和流行文化的概念与特征；然后选取典型的民间文化和流行文化事象，介绍它们在中国和美国的空间分布与扩散，并进一步阐述这些文化事象与地理环境的关系；最后重点介绍了民间文化景观中的民居和典型的流行文化景观。

第一节　概念与特点

一、民间文化的概念与特征

（一）概念

中国民俗学之父钟敬文说：人生活在民俗里，就好像鱼生活在水里，两者是须臾不可分离的东西。不管一种社会文化发展的程度高低，都有一套为其社会需要服务的民俗（钟敬文，1990：1-22；翁烈辉，2020：3-25）。民俗具体反映在各族群的服饰、饮食、居住、生产、婚姻、丧葬、节庆、礼仪、禁忌等方面。与民间文化相联系的是民间社会，是一个国家或地区、一个民族世世代代传袭的基层文化，具有独特性和相对稳定性，变化比较缓慢，往往保存在远离城市而且传统文化占据统治地位的农村地区。

（二）特征

① 族群性。民族是族群的一种，不同的族群因其历史、经济、文化、地理差异所形成的风俗习惯不同（巴兆祥，1999：3-13）。例如，傣族有泼水节的节日风俗，朝鲜族有打秋千和吃狗肉的娱乐和饮食风俗。随着民族文化的交流不断增强，某一民族的一些风俗往往会被另一民族所接纳并产生相互影响，如旗袍本为满族人的服饰，后为汉族人所接受，也成为汉族妇女的民族服饰。

② 地方性。由于地理环境对族群的经济和生活具有重要影响，因此族群具有明显的地方性，以族群为载体的民俗也就呈现出浓厚的地域性色彩。对同一风俗，不同的族群往往有着不同的解释。例如中国南方几个少数民族都有"火把节"的风俗，彝族将火把节作为征服虫害、保护庄稼的象征，阿细人将火把节作为反对奴隶主斗争取得胜利的纪念日，白族过火把节则是为了歌颂爱情。

二、流行文化的概念和特征

（一）概念

流行文化是与民间文化相对应的一种文化形态。践行流行文化的人群是个范围很大的非均质集团。在这样的社会中，人与人之间的联系类型比较多，劳动分工明显，形成了许多专业性的职业性行业。社会秩序的维持主要不靠宗教和家庭，而是法制。商品经济占统治地位。民间的手工产品已经让位于工厂中大规模机械生产的产品。在已实现工业化与城市化的地区与国家中，流行文化有生存土壤，因为人们已有能力消费新的产品和服务。流行文化的变化速度比民间文化快很多，它出现得快，也会很快地消失，有时人们因为思想和生活习惯赶不上流行文化变化的节奏而受到心理冲击（孙瑞祥，2009）。

对于个体来说，生活中可以同时包含着流行文化与民间文化的成分。生活在传统文化占统治地位的地区的人，文化上多属于民间文化；生活在城市的人，不一定都完全认同流行文化，他们身上可能保留着不同程度的民间文化。

（二）特征

流行文化除了具有现时性外，还具有如下特征。

① 时尚性。流行文化的风靡基于人们对创新的本质需求，因为创新为人们提供了新的物质和精神功能，为人们提供了多样性的选择，甚至带有前卫性，流行文化既弥补了人们以前不能满足的需求，也超前地想到了未来人们的需求。

② 愉悦性。人类文化在精神层面主要有：教化、审美、娱乐等功能。教化相对正统，审美层次复杂，而娱乐比较轻松。无论哪种精神功能，只要能让人愉悦，就能成为流行，譬如红色歌曲主要起教化作用，但是因为有愉悦性，就会流行起来。

③ 广泛性。正因为流行文化具有上面的两个特性，因此表现起来就是接受的人群很广，当然流行的速度也会很快。流行的广度与文化内核是否可以被更多的人认同，文化形式是否具有持久的吸引力有关。许多流行文化往往是内核不变，但是形式变化了。

第二节　分布与扩散

一、中国民间文化的分布

中国国土面积广阔，人口众多，民间文化分布地域性显著，在饮食、服装、民歌和戏曲等民间文化要素中表现尤为突出。

（一）饮食文化

饮食文化的地域性不是根据行政区划进行划分的，而是由历史形成的饮食特点差异所决定的。人类为维持生命而进食，在制作和进食的过程渗透进自然、社会、历史因素，进而升华形成了饮食文化，包括饮食惯制、饮食结构、饮食口味、饮食器具和烹调方式等。在习惯上中国有"南甜北咸，东辣西酸"的分区。比较公认的四大菜系为：鲁菜、川菜、苏菜和粤菜。目前有学者采用数据爬虫技术，从百度地图、大众点评网等网站，查找不同菜系餐厅的空间分布。总体规律有两个：第一，城市（尤其是超大城市和大城市）餐厅的菜系呈现多元化；第二，南方菜系和北方菜系的餐厅的分布重心相对偏南和偏北。下面重点介绍四大菜系的特征。

1. 鲁菜

鲁菜是中国历史渊源最早的一个菜系，是北方菜系的代表，在华北、东北和京津一带有较大影响。正宗鲁菜主要分布于山东。鲁菜传入北京，发展成为京味鲁菜，并进入了官府和宫廷，既构成了北京官府菜的主体，也是宫廷菜的重要组成部分。

2. 川菜

中国长江中上游和云贵川地区的人们崇尚辣味，其中以川菜最为典型，称为川菜系。川菜注重运用辣椒调味，继承巴蜀时就形成的"尚滋味，好辛香"的传统，逐步形成一个地方风味极其浓郁的菜系。四川自古就是"天府之国"，因而入烹的食材种类繁多，山珍野味多入菜，禽类制作尤为擅长。

3. 苏菜

苏菜主要分布于长江下游地区，以扬州菜最为典型，它又是淮阳菜、扬州菜的组合，因其分布范围包括淮河流域和长江南北，也称为江淮菜。淮扬菜的风味特色是清淡入味，淡而不薄，浓而不腻，清汤清澈见底，浓汤醇厚如乳，原汁原味。

4. 粤菜

粤菜泛指岭南风味。食材中兼有沿海地区海鲜、三角洲和河谷平原的禽畜和河鲜，以及山区的山珍。传统粤菜经过港澳居民的总结与整理，以及海外华人的推广，新粤菜已成为高档中国菜的主要代表之一，在全国各大城市及海外，均可见粤菜馆的踪迹。粤菜也分为广州菜、潮州菜和客家菜等分系。

（二）服饰

中国各个世居族群聚居在不同的地理区域，也就形成了不同的民间服饰文化，其中一些少数民族的民间服饰文化特色尤为显著。下面依据地理方位介绍中国部分少数民族的服饰文化（王臻，2008；钟茂兰，2006）。

1. 黑、吉、辽、藏、新、内蒙古地区

蒙古族服饰：分为靴子、首饰、长袍和腰带四个部分。蒙古族人基本上都穿大襟长袍，又称"蒙古袍"，蒙古袍下摆不开衩，镶有绲边，有领，腰间系彩色粗长腰带，带上挂有小刀、鼻烟壶等，右衽上喜挂香囊。

藏族服饰：居住在四个不同区域的藏族，其服饰各有特色，可以概括为，卫藏地区服饰

雍容华贵，康巴地区服饰粗犷英武，安多地区服饰富丽堂皇，嘉绒地区服饰古朴端庄。

维吾尔族服饰：青年男子上衣着白色合领衬衣，领口、前胸、袖口均绣花，下着长裤束腰带，外套袷袢，足穿皮靴，袷袢是一种具有代表性的宽松长袍。妇女的传统女袍为袷袢式的对襟长袍，袖口紧窄。

2. 川、滇、桂、黔等地区

壮族服饰：《天下郡国利病书》记载："壮人花衣短裙，男子着短衫，名曰黎桶，腰前后两幅掩不及膝，妇女也着黎桶，下围花幔。"壮族男装多为破胸对襟的唐装，以当地土布制作，不穿长裤，上衣短领对襟，缝一排（六至八对）布结纽扣，胸前缝小兜一对，腹部有两个大兜，下摆往里折成宽边，并于下沿左右两侧开对称裂口。穿宽大裤，短及膝下。有的缠绑腿，扎头巾。妇女一般的服饰是一身蓝黑，裤脚稍宽，头上包着彩色印花或提花毛巾，腰间系着精致的围裙。上衣着藏青或深蓝色短领右衽偏襟上衣（有的在颈口、袖口、襟底均绣有彩色花边），分为对襟和偏襟两种，有无领和有领之别。有一暗兜藏于腹前襟内，随襟边缝置数对布结纽扣。

彝族服饰：男子上身穿大襟式、彩色、宽饰的长袖衣，下身穿肥大裤子或宽幅多褶长裙。女子多穿彩条、窄袖长衫、外套宽缘镶边深绿色紧身小坎肩。下穿为几道横系布接成的百褶裙，裙子上半部贴身，下半部多褶，突出女性形体美。

苗族服饰：色彩斑斓，以黑为主，款式多，配件多，全身都是银器饰物。女子上衣短、中间掩襟、大襟，露出同色的绣花内衣，下裳为短裙、长裙。胸前有大项圈和银锁，银锁下垂有整整齐齐的银质珠穗，还有银质的大耳环和簪。

傣族服饰：中青年男子服饰多用白布、蓝布或水红布包头，盛装或婚礼时，以彩绸包头或戴毛呢礼帽。女子服饰秀美多姿，上衣为长袖或短袖的薄衣，花纹细腻秀丽，无领圆口，衣长及腰，对襟、侧襟均有，以白、浅红、青色为主，淡雅文静。下身为筒裙，平时不系腰带。整个装束显得体形修长，轻盈、优雅。

白族服饰：男子多包白布头帕，帕端绣花并饰小绒球，着白色对襟上衣，一般穿三件且外短内长，下穿宽松裤，裹有装饰边纹的裹腿。女子穿浅色窄袖上衣，外罩大襟坎肩，下穿深色长裤，腰系一个彩色围腰，腰带上绣有各种花卉。

哈尼族服饰：哈尼族女子服饰上下一色、基调沉稳，以得体合身著称，上穿右衽短衣，以银币、银珠或布带作纽扣，下身穿着各地不同，主要有长裤、短裤、褶裙等。

3. 闽、浙地区

主要是汉女服饰。在福建惠安县崇武、小山等东南沿海村镇的汉族妇女，以"封建头、民主肚、解放脚、经济衫与浪费裤"的打扮享誉海内外，其中包含当地女性服饰的个性。由于上衣短紧裤筒肥大，裤链扎紧腰部，走起路来，裤筒飘动，腰肢忽隐忽现，十分潇洒飘逸。

（三）民歌和戏曲

在民歌方面，有学者分为七个区域：以江南小调为代表的江南水乡风格区；以北方号子为代表的粗犷刚劲风格区；以"信天游""花儿"为代表的西北高原风格区；以云贵川山歌为代表的西南高原风格区；以长调为特色的"北方草原风格区"；风格接近的多民族融合的新疆民歌区；雪域高原民歌区（吴永生等，2005）。还有学者分为五个区，与上面七个分区相比，细化出了风格幽默的东北区以及船工号子为核心的川渝鄂区（谢丹，2017）。

戏曲是游艺民俗的重要内容。中国庞大的戏曲体系在世界上是独一无二的。疆域辽阔，民族众多，语言复杂，民俗丰富和长时间封闭的经济体系，是中国剧种斑斓多彩的原因。自古以来，中国戏曲便有地域差异。根据1984年调查，全国共有360个剧种，有曲艺400种左右，还有木偶戏和皮影戏等偶形表现的道具戏（胡兆量，2000）。其中影响全国的京剧、流行于北方的评剧、二人转、豫剧、晋剧、秦腔，以及流行于南方的越剧、粤剧和川剧并称为全国九大剧种。在省级范围内有重大影响力的剧种也有不少，如河北梆子、山东吕剧、安徽黄梅戏和湖南长沙花鼓戏等。

除了九大剧种外，中国剧种80%左右属于地域性很强的民间小戏。地域阻隔，语言和民俗分异，使得同一类民间小戏分化成许多地方剧种。在语言繁杂的东南各省，这种情况尤其普遍。以采茶戏为例，发源地在江西安远九龙山茶区，共有18个剧种分布在不同地区（表8-1）。以湖南为中心的花鼓戏也有18个剧种（表8-2）。花灯戏、秧歌戏、道情戏等民间小戏同样有众多分支剧种。

关于中国不同戏剧的空间分布，可以通过不同的资料源获得最新的资料。更新最快的就是网站资料。比如中国戏剧网，该网的版块包括京剧、评剧、晋剧、豫剧、曲剧、越剧、川剧、吕剧、沪剧、粤剧、汉剧、昆曲、秦腔、梆子、潮剧、评弹、话剧、黄梅戏、二人转、皮影戏、二人台、其他地方戏。以京剧艺术网为例，可以利用网络数据爬虫技术，从该网

表8-1　中国采茶戏分布

地区	戏种
江西南部	赣南采茶戏，宁都采茶戏
江西西部	赣西采茶戏，萍乡采茶戏，高安采茶戏，吉安采茶戏
江西东部	赣东采茶戏，景德镇采茶戏
江西中部	南昌采茶戏，抚州采茶戏
江西北部	九江采茶戏，武宁采茶戏
湖北	阳新采茶戏，黄梅采茶戏
广东	粤北采茶戏
福建	闽西采茶戏
广西	桂南采茶戏
陕西	紫阳采茶戏

资料来源：胡兆量，2000。

表8-2　中国花鼓戏分布

地区	戏种
湖南	长沙花鼓戏，岳阳花鼓戏，常德花鼓戏，湘西花鼓戏，衡阳花鼓戏，邵阳花鼓戏，零陵花鼓戏
湖北	东路花鼓戏，远安花鼓戏，襄阳花鼓戏，荆州花鼓戏，郧阳花鼓戏，随县花鼓戏
安徽	皖南花鼓戏，凤阳花鼓戏，淮北花鼓戏
河南	豫南花鼓戏
广东	乐昌花鼓戏

资料来源：胡兆量，2000。

站上的新闻版块中查看某个时间段重要的京剧演出在各个省级行政区的分布；还可以从京剧名家版块中统计列入名家的演员隶属的京剧演出单位分布在哪些省级行政区。

二、美国民间文化的分布

在美国现在已是流行文化占优势，其民间文化的地位虽在下降，但并未完全消失，因此，仍然可以看到民间的物质文化残余。美国文化地理学者根据这些正在消失的文化的地理分布，将美国的民间文化分为五个物质文化区及不同的非物质文化区。

1. 物质文化区

① 北部区。包括美国的东北部与五大湖的边缘地区。该区文化来自英国，它是由早期到美国定居东北部新英格兰地区的新教徒带来的。因此，在民间特质文化上反映着典型的英国特征。在村镇的中心保留着一块公共的绿地，在公墓的各坟前的墓碑上方有带翅膀的死者的头像。裹着蜜糖的豆子、咸猪肉、洋葱是该地的典型食物。在房屋上，该区全部是木结构的，其形式大多是围绕着一个中央烟囱建造成二层半高的大房子，称新英格兰型大房子。有的在房后加披，以增加室内空间，形成顶部一边长、一边短的不对称，这种房子被称为盐盒式房子。

② 大西洋沿岸中部区。其范围比较小，包括宾夕法尼亚州的大部、马里兰州的北部、新泽西州的南部及特拉华州的大部分。该区的移民来自英国与欧洲大陆，故在物质文化上也反映这一特征。中欧说德语的移民带来各式各样的文化特征，其中有原木建筑物、大型谷仓和一种作为装饰品的陶器（该陶器内用红色陶土制成，外浇一薄层黏土，用雕刻法雕去黏土、露出红色底层表现各种绘画）。

③ 南方低地区。从首都华盛顿开始，沿大西洋和加勒比海的低地属于此区。由于这里有大批黑人，该地区的文化特征反映出英国与非洲两者的混合。其物质文化特征有：黑人妇女头上戴的非洲式的头巾；带过道的民间住房，风可从中穿过，以消除炎热；有许多演奏该

区民间音乐的五弦琴；有把草全部拔去，形成裸露地面的公墓；房屋上的烟囱露在外面，以及典型的英国式的壁炉。

④ 南方高原区。包括宾夕法尼亚州以南的阿巴拉契亚山区与密西西比河以西的欧扎克（Ozark）山区。其文化主要来自大西洋沿岸中部区与南部低地区，由于受大西洋沿岸中部区文化影响较大，故英国与欧洲大陆的文化特征反映较多。如用原木建造的房子，围有篱笆的土地，制威士忌酒的蒸馏器，以及储藏烟草的库房都是留存下来的文化特征。另外，这里还有丰富的民间传说。该区是山地，保留的美国初期文化要比其他地区多，可称为"避难所"。

⑤ 中西部区。这是介于北部区、大西洋沿岸中部区和南方高原区中间，呈楔形向西逐渐变宽的一个区。该文化区是美国大西洋沿岸各区向外扩散混合而成的文化区。如果说以上各区仍然反映英国、欧洲大陆及美洲的文化来源的特征的话，则中西部区则代表地道的美国式文化，即表现出文化大熔炉的各种特点。该区地跨密西西比河两岸，是一片广阔的大平原，已开发成为美国先进的农业区。现在，该区不仅已成为农业现代化地区，也是城市与工业迅速发展的地区，原有民间文化让位于流行文化，但是，在各处仍然可以看到宾夕法尼亚州式的大型谷仓，美国南方高原区用原木建造的房屋，德国式的半木结构的房屋，以及典型的新英格兰式的市镇会议厅。

2. 非物质文化区

非物质文化的空间差异现象，也同样引起文化地理学者的兴趣，比较突出的是民间的口传故事和民间的音乐、民歌。

美国著名的民间音乐收藏家罗马克斯（A. Lomax）（Groce，2015）将美国民歌分为四个区。北部区，大体上仍保持英国的民谣原型，变化不大。南部区，在北部区以南，大体上与南方原民间物质文化区的范围相一致，这里的民歌是英格兰、苏格兰与爱尔兰的民谣相混合的产物。西部区，即俄克拉何马州与得克萨斯州以西地区，该区是前两区传统的混合物。从北卡罗来纳州开始到路易斯安那州沿大西洋和墨西哥湾的各州称为黑人民歌区，在民歌中也还有些英国成分。黑人民歌的特点是多节奏，起伏强烈，集体演唱时一面拍手，一面摆动身体。除上述四个区外，还有东北部与加拿大接壤处的法裔加拿大民歌区，西南部与墨西哥相邻地带的西班牙民歌区。

三、流行文化的分布

流行文化区多为形式文化区，尽管有些流行文化有产业性质，但是其文化群体与军队、企业员工、家族这样的群体相比，其组织联系还是相对松散的。分析流行文化区和其他地理区之间的关系，可以理解和推测流行文化的稳定性和变化性。

体育运动属于流行文化，它由运动员和"粉丝"构成其文化载体。流行的体育赛事在电视新闻节目中所受到的欢迎程度往往要超过政治新闻。各种体育项目都有明显的地域分布现象，以当下中国篮球运动员为例，中国34个省级行政区域中，有26个为CBA输出了球员。其中，输出人数10人以上的从高到低依次为：辽宁（52人）、山东（40人）、吉林（29人）、黑龙江（28人）、江苏（25人）、河北（23人）、河南（18人）、山西（12人）、新疆（12人）。除了江苏，其余区域全部来自北方。值得一提的是，拥有3支征战CBA队伍的广东地区，只有9人来自本地。而在广州队中，绝大多数球员都来自北方。同时，云南、山西、重庆、江西、上海各有1人。而海南、贵州、宁夏、青海、西藏、香港、澳门、甘肃则没有1人入围。形成这种现象主要有两方面的原因：其一是北方人多显现出来高身材的基因；其二是当地的篮球文化比较普及，使得具有身高优势的孩童有成长为篮球运动员的条件。了解体育文化区的地理知识，有利于体育人才选择"流动"的目的地，譬如有退役的篮球队员创业开设篮球俱乐部、培训班，就可以选择篮球运动比较流行的地区，当然该地区的人们还应有经济消费能力参加俱乐部或培训班。

案例8-1　美国大学橄榄球队"粉丝"分布图绘制

流行体育文化与"粉丝"的分布密不可分，体育赛事经纪公司要依靠"粉丝"分布图来决定组织赛事的地点。因此有人制作了美国大学橄榄球队"粉丝"分布图。数据来源不同，绘制的地图形式也不同。数据来源之一是根据脸书（Facebook）上的留言信息，判断个体是哪个大学的橄榄球队的"粉丝"。数据来源之二是利用公共平台（commoncensus）开展的问卷调查，一共获得28419个调查样本，调查内容是被调查者是美国大学体育协会橄榄球分会哪个队的"粉丝"。制图单元是协会分会的区片，调查区片中标有位于前四位的球队名字和"粉丝"数量。由于这些样本分布不均匀，所以地图上将样本不够的县份标为灰色。数据来源之三来自IrCFB的人口调查，样本为3462个，制图单元是县，每个县内标上"粉丝"最多的队名。对样本不足的县，用类似人口结构的县的数据模拟其"粉丝"选择结果。地图可在美国最大的独立体育媒体SBnation网站查看。

关于流行文化区的确定有简单的方法和复杂的方法。以美国的橄榄球流行文化为例，有学者根据"乡土文化区"的概念，确定各州橄榄球迷的热情等级。最高级别的比赛由美国国家橄榄球联盟（NFL）组织。它组织的赛事主要在南部地区（得克萨斯州、佛罗里达州）和西部地区（加利福尼亚州）受到欢迎。美国篮球的优势集中在肯塔基州、伊利诺伊州和印第安纳州，此外还有北达科他州和犹他州。棒球方面五个重要的州分别集中在两处，一处是加利福尼亚与其东边的内华达，另一处是密苏里、俄克拉何马与亚拉巴马等彼此相距不远的三个州。在女运动员方面，垒球和排球占领先地位的是西部地区，篮球是中西部地区，室内冰球是东北部地区，乒乓球是南部地区（Jordan等，1999：297）。

四、民间文化和流行文化的扩散

文化除了具备一定的空间地域性之外，还具有流动性。不论是民间文化与流行文化，还是物质文化与非物质文化都具有其发展与扩散的过程。只不过民间文化扩散的速度慢，而流行文化则扩散较快。民间文化多随着具有这种文化特征的文化集团的迁移而扩散，而流行文化多借助现代的通信、联络与交通等媒介而迅速传向广大地区。

（一）民间文化的扩散

1. 美国民歌的扩散

美国的民歌最初是由18世纪英国移民带到美国东北部的新英格兰。随着英国移民不断聚集，这里也就成了民歌的核心区。当时移民多是新教徒，故当时民歌内容多与宗教有关。随着移民的发展，这类民歌向西南发展进入阿巴拉契亚山脉，甚至达到欧扎克地区。虽然其分布区由于扩散而扩大，可是这种民歌起始的核心区后来却逐渐消失，反而在阿巴拉契亚山区和欧扎克两地保留原来的民歌区。民歌核心区消失的原因有许多，例如经陆路从北方来的法裔居民和经海路从爱尔兰与欧洲大陆来的非新教徒的影响，随着城市化的发展，流行文化的音乐取代了原来的民间音乐（王恩涌，1989：249-273）。

2. 美国农业庙会的扩散

美国的农业庙会首先于1810年出现在马萨诸塞州的皮茨菲尔德。当时农业庙会的目的在于展示农业生产的新成果与新方法，使农民受到启发，学习新的方法，接受新的品种，推动当地农业的发展。在庙会上，最优秀的农产品的生产者将会获得庙会颁发的奖项，同时庙会上也开展一些娱乐性活动使参加者得到消遣和享受。这种庙会很受农民的欢迎，1820年农业庙会就传遍了新英格兰地区。然后，又向大湖南岸与密西西比河以东地区传播。到20世纪初，农业庙会已基本传播到美国的所有农业地区。为了迎应人们的需要，庙会中的商业性活动越来越多，娱乐性节目（如赛马等）也日益丰富多彩，吸引了大批参加者。

3. 中国京剧的形成与传播

戏剧在中国有悠久的历史发展过程。在早期，人们在祭祀活动中用于祝颂祖先或神灵的舞蹈、音乐等，就包含了萌芽状态的戏剧。经过长期发展，到元代，在先期各种表演艺术的基础上，正式形成了中国完整的、成熟的戏剧形式——元杂剧。据研究，姓名可考证的剧作家当时就有80余人，有书面记载的作品有500余种，但多为地方性的剧种，缺乏全国性的剧种。

在清乾隆时期，1790年为庆祝皇帝寿辰，征集全国各地著名戏曲班子赴京祝贺演出。庆贺完成以后，三庆、四喜、春台、和春四大徽班留京继续献艺。1830年，湖北的楚调（亦称汉剧）也进入北京。汉剧与徽剧同源，时常合班演出。两种腔调在同台演出中取长补短，加上吸取当时宫廷和民间的秦腔、弋腔、昆曲等戏曲的精华，根据北京观众的习惯和北京语言特点，创造出南北观众都可以接受的戏曲语言——韵白。这样，京剧便逐渐形成自己的风格。最初亦称皮黄，又称"京调"。1840年以后，京剧便成为继昆曲之后，风行全国的主要剧种。从上可见，京剧是中国传统戏曲发展的重要成就。它是在民间的地方性戏剧基础上，吸取了各家所长，依靠皇家的偏爱并凭借京城的政治集中的条件发展起来的。当其形成以后，又借北京这个中心地位向全国各地传播，最终形成了最有代表性的全国性戏曲形式。其扩散基本符合等级扩散，逐步由大城市、中等城市向小城镇扩散。

目前，在多种音乐形式竞争的背景下，京剧在音乐、服饰、内容、唱腔、表演等方面亦可推陈出新。

（二）流行文化的扩散

饮食、服装、体育、音乐与人们的生活密切相关。人类文化的一个特点是追求生活的多样化，新鲜感。这就使得服装、饮食、音乐会不断出现新的形式和内容。每种新的形式和内容会在一定时间段成为流行。所谓流行，就是文化扩散。有些饮食、服装、体育、音乐的扩散速度快、面积广，有些则相反。分析流行文化的扩散类型，就可以理解和预估流行的状况了。

1. 流行饮食的扩散

快餐店文化的扩散主要是等级扩散，即从工业化的核心地区，逐渐向边缘地区扩散。在工业社会中，生活节奏比较快，午休用餐时间短，为节约时间，快餐和快餐店应运而生。快餐店文化的扩散还兼有刺激扩散，在美国快餐店的主要食物有汉堡包、炸鸡、炸薯条等，这些快餐连锁店进入其他国家，就要适应当地人的饮食习惯和口味，譬如肯德基在北京增加了豆浆、油条等老北京人习惯的早餐食物。中国餐饮业也出现了自己的快餐连锁店，保留了快餐店的本质——标准化、快速、经济，摒弃了西式快餐的具体食物品种。了解一种文化之所以流行的原因，以及阻碍其流行的原因，就可以把握其扩散的趋势。

2. 流行服装的扩散

牛仔类服装（jeans）是以传染扩散的形式流传到世界各地的。1960年代末，美国青年开始把体力劳动者穿的牛仔裤当作思想独立的标志。从此以后，牛仔裤就由美国向世界其他国家传播。1980年代以来，牛仔类服装也在中国青年中传开。根据P&S Intelligence咨询公司统计，2020年中国是世界第二大牛仔类服装消费市场，但是按照人均消费量而言，美国还是牛仔类服装文化的核心区。文化地理学者研究不同国家服装消费的文化动态，可以帮助预估流行服装的市场份额变化。

3. 流行音乐的扩散

流行音乐有很多种类，其扩散主要是传染扩散，兼有等级扩散。以美国的摇滚乐（rock and roll）为例，它是1950年代在美国兴起的，源地是以孟菲斯为中心的密西西比河沿岸地区，这里是黑人的布鲁斯与白人的乡村音乐的所在地。摇滚乐就是以黑人布鲁斯音乐为基础，结合美国白人乡村音乐等其他音乐成分发展起来的。1951年，弗里德（A. Freed）首次使用"摇滚"一词并将其在克利夫兰电台广播后，摇滚乐受到听众的欢迎，很快风靡美国。

电台是摇滚乐流行的主要推手，那些喜欢追逐音乐时尚的人群，则成为被"传染"的人群。摇滚乐向美国之外最早扩散的是英国，因为两国语言差异小，而后才流行到其他国家和地区，摇滚乐扩散等级与被扩散到的地区和美国文化的联系程度有关。

4. 流行体育的扩散

流行体育包括的内容很多，大到全世界家喻户晓的足球（英式足球），小到某地的拳法，甚至是儿童的体育游戏活动。流行体育在最初扩散期有小规模的迁移扩散，到扩散高峰期都是扩展扩散了。

以足球为例，它是在19世纪末开始从英国向外传播。首先是通过荷兰在英国的留学生带到荷兰，同时由英国在西班牙工作的工程技术人员将足球运动带到西班牙。后来，又由这两个地方向欧洲大陆其他国家传播。在俄罗斯，最早记录的足球活动是一位在莫斯科办纺织厂的英国老板组织工人足球队。有研究总结了不同学者提出的足球扩散到全球的主要原因。其一，在一个生活节奏日益加快的世界中，体育已成为缓解压力的安全阀；其二，在以两次世界大战和无数民族冲突为特征的 20 世纪，体育已成为全球竞争的制度化、符号化的手段；其三，体育已成为世界各国交流的主要手段。足球因为规则简单易懂、是团队性竞赛且可容纳的观看者多，因此在多种流行体育中地位最高。该研究还绘制了足球在各大洲扩散的路径（Hill 等，2014）。中国古时也有一种足球活动。据《史记·苏秦列传》记载，战国时苏秦到齐国游说合纵抗秦时，到齐都临淄街头看到人们踢球（原文：蹋鞠）。鞠就是以毛发或米糠充塞的球。到唐代改为充气皮球，内以动物膀胱为球胆，外用八片厚皮缝合，充满气即可踢[1]。但是这项古代流行的体育活动在近代就不流行了。

第三节　民间文化、流行文化与地理环境

一、民间文化与地理环境

民间文化包含的内容庞杂，涉及民间社会生活中的方方面面。中国的民间文化是长期生活在各个地区的人民对自然环境的选择与适应的过程，独特的文化特征与独特的地理环境特征高度统一。下面以中国的民间饮食文化、服饰文化和戏曲文化为例，阐述民间文化与地理环境的关系。

---

① 也有说是宋代改为充气的球。

（一）饮食文化与环境

中国有句俗语：民以食为天。大到一个国家、一个民族，小到一个家庭、一个人，总是要把解决吃饭问题放在第一位。因为各地的自然条件不同，各地种植的作物，饲养的牲畜、家禽，捕获的鱼类、野生动物，采集的植物各不相同，加上历史的传统各地有异，因此各地的食材组成、制作方法、保鲜方法等也各不相同。这充分反映了饮食民俗与地理环境有一定的关系。

首先表现在谷类食物与环境上。在中国通常说，南方人爱吃米，北方人爱吃面。这种饮食习惯当然是与南方气候适合于种植稻米，北方气候较宜于种麦有关。在世界其他地方，拉丁美洲人爱种玉米，东欧人大多爱种黑麦；西欧、北美虽然吃面食，但是多将面粉烘烤成面包，而不是蒸成馒头。这些情况主要是与各地的农作物生长条件及历史传统有关系。

其次，在肉类食物与环境这方面的例子举不胜举。其中最突出的是以中国为代表的东方以猪肉作为主要肉食，而以西亚、中亚为代表的地区则以牛羊肉作为主要肉食。这种差异并不是偶然的，它与环境条件有紧密联系。亚洲大陆东岸地区属季风气候区，夏季雨热同期有利于作物生长，但冬、春干旱而低温，草料匮乏，不利于喂养食草动物比如牛羊，东方人选择了农业生产与养猪相结合，猪主要是以淀粉质物质作食物，它在提供人们肉食来源的同时，还可以为农业提供大量肥料。西亚、中亚气候普遍干旱，不宜大面积耕种，牛羊是主要牧养畜种，因此牛羊为当地人的主要肉类食物。

酒在饮食习俗中占有重要地位。酒的酿造材料和方法具有明显的空间差

案例8-2　中国饮食文化特色

中国疆域辽阔，气候多样，地形复杂，为饮食与烹调提供了不同种类、不同品质的原料。中国饮食文化经历了生食、熟食、自然烹饪到科学烹饪的发展阶段，形成了以下特点：

（1）风味多样

长期以来，各地气候、物产、风俗习惯的差异，使饮食形成了多种风味。中国一直就有"南米北面"的说法，口味上有"南甜北咸东酸西辣"之分，主要有巴蜀、齐鲁、淮扬、粤闽四大风味。

（2）四季有别

一年四季，按季节而吃，是中国烹饪的又一大特征。自古以来，就有按季节变化来调味、配菜的传统。冬天味醇浓厚，夏天清淡凉爽；冬天多炖焖煨，夏天多凉拌。

（3）讲究美感

中国的烹饪，不仅技术精湛，而且有讲究菜肴美感的传统，追求食物的色、香、味、形、器协调一致。中国人对菜肴美感的表现是多方面的，即使是对一根萝卜，都可以雕出各种造型，给人以精神和物质高度统一的特殊享受。

（4）注重情趣

中国烹饪很早就注重品味情趣，不仅对饭菜点心的色、香、味有严格的要求，而且对其命名、品味的方式、进餐的节奏、娱乐的穿插等都有一定的要求。菜肴的名称可以说出神入化、雅俗共赏，如"全家福""狮子头""叫花鸡""龙凤呈祥""东坡肉"等。

（5）食医结合

中国的烹饪技术，与医疗保健有密切的联系，在几千年前有"医食同源"和"药膳同功"的说法，利用食物原料的药用价值，做成各种美味佳肴，达到防治某些疾病的目的。

现如今，外卖成了都市年轻人主流的饮食方式，将做饭交给专业人士，缓解了职场人的压力，创造了充分的就业机会。当然，外卖有利有弊，中国饮食文化中有"聚食制"的长期流传，是我们重视血亲关系和家庭观念在饮食方式上的反映，而传统烹饪中食材、餐具、工序的审美与礼节也无法在一份外卖中得到体现。但不论如何，外卖都已成为一种在追求效率的现代生活中必不可少的饮食方式。

资料来源：赵荣光，2003：18；庞广昌，2009；余世谦，2002；金炳镐，1999；瞿明安，1995。

异，这是因为不同特性的酒多与独特的环境密切相关。中国的名酒（如贵州的茅台、四川的泸州大曲等）与当地的地形气候条件有关。生产这些酒的厂址均设置在谷地，这里空气稳定，气候湿热，有利于微生物繁殖发酵，对酒的制作非常有利。在地域分布上，中国北方寒冷地区的人多喜欢烈性白酒，而在气候较暖的南方则偏好低度的果酒和米酒。再如葡萄酒，它是世界上品类最多的一种酒，有些著名的葡萄酒在瓶的标签上标出其葡萄产地的独特气候与土壤等环境因素，因为酿制葡萄酒的葡萄最好是种植在冬季湿润温暖、夏季干燥炎热的地中海气候区。光热充足的夏季对果实成熟有利，而湿热气候则使葡萄树

易于发生病害，招致果实霉烂变质。土壤最好是土质疏松易于葡萄树根系发育的土壤。法国波尔多因其独特的气候与土壤成为著名葡萄产地，这些地方所产葡萄酿造出的葡萄酒具有特殊的味道，享誉全球（王恩涌，1989：249-273）。

（二）服饰文化与环境

传统服饰文化也深受各地地理环境的影响。自然地理环境差异除了决定社会劳动地域分工，进而影响服装功能设计外，还体现在如下方面。

第一，地域生物资源为服饰生产与制作提供了原料。如在中国东北、内蒙古地区的民族，由于自然条件、经济条件的制约和特有的生活习俗等原因，服饰方面都有一个显著的特点，即喜欢头戴皮帽、身穿棉衣或兽皮制作的长袍、长裙和足蹬皮靴。如赫哲族男子，冬天多穿鱼皮、鹿皮大衣，夏天爱穿大襟式的去皮的光皮板，袍襟上缀以鱼骨作为扣子，显得美观大方；赫哲族女子，多穿鱼皮和鹿皮长衫，因受满族影响，鱼皮长衫与旗袍相似，有领窝，但没有衣领，常于领边、袖口、衣边绣以鹿皮剪成的各和颜色的云纹和动物花样，或于衣边上饰以贝壳。可见，民间服饰的材质源于当地的动植物。

第二，气候条件影响服装特性设计。服装设计有抵御寒暑、日晒、风雨等特性，因此在不同自然条件下，人们的服装设计要适应当地的自然环境。如东北冬季气候严寒，人们在室外必须头戴皮帽，身穿皮衣或棉衣，戴皮手套，脚蹬皮靴，喜欢穿吸热的深色衣服。而终年较热的云南、广东、广西、海南，人们则无须准备冬装，绝大多数时间穿轻薄的夏装，爱穿

浅色衣服，出门戴各式凉帽。多雨的东部地区，人们需备雨衣、水鞋（许桂香、司徒尚纪，2007）。气候湿热的西南和岭南地区的少数民族服饰的共同特点是：男子大多喜欢穿对襟短上衣，着裤腿宽大的长裤，妇女多穿筒裙或长裙、百褶裙，男女均以布缠头和包头。在青藏高原地区，藏族、门巴族、珞巴族和拉祜族的服饰则明显具有青藏高原地域风格。青藏高原地势高而气温低，藏族穿的藏袍有长袖、肥腰、大襟、无兜等特点，夏季只穿左袖，或左右袖都不穿，两袖束在腰间，冬季两袖都穿上，这种服饰也适应了青藏高原"长冬无夏、春去秋来"的高原气候特点（吴国琴，2003；陈涓，2003）。

（三）戏曲文化与环境

戏曲与社会文化环境联系密切，在人口地域流动性不强的时代，戏曲的地域性非常明显，当然这也与语言环境密切相关。中国南北地域的巨大差异使戏曲的唱腔和表演南北特色分明（李玲珑，2007：210-225）。中国北方多草原山林，气候寒冷，生活条件艰苦，加上"数被水旱之灾"（《史记·货殖列传》），故为了生存，人类不得不同严酷的大自然做艰苦斗争，这种艰难造就了勤劳节俭质朴豪爽的气质，反映在戏曲风格上是一种整齐划一、雄健磊落、慷慨激昂而又悲壮的格调。例如作为北剧艺术代表的京剧，经常是男人扮演女人的角色，而北方女人唱京韵大鼓，也能唱出一股英雄豪气。在中原地区盛行的豫剧，也叫"河南高调"，多以清唱为主，唱腔中带有乡土味儿、侉味儿、梆子味儿和极有特色的用"讴吼"唱出的拖腔、花腔，用假声、高八度或吸住气唱的"拉魂腔"。半干旱、半湿润的西北黄土高原则深居内地、山广人稀、交通不便，压抑的生活里时常爆发出呀、哟类自由的吆喝，体现出秦腔唱腔中高、板、稳，曲调粗犷有力、音域较宽的风格与黄土高原宏大、雄浑、质朴的自然风貌相适应（胡兆量等，2017：102-117）。

与其相对应的，中国南方戏曲风格是一唱三叹。许多剧种近似于民间小调，如黄梅戏、花鼓戏。轻快、玲珑、婉转、亲切、凄恻的唱法与北剧截然不同。例如南方的昆曲、越剧行腔优美动人、缠绵婉转、柔曼悠远。南方河湖众多，平原广布，人们过着"饭稻羹鱼，或火耕而水耨……无饥馑之患"（《史记·货殖列传》）的生活。这种相对安稳的生活逐渐造就了南方人温情而知性的气质并溶在其戏曲风格中。

二、流行文化与环境

流行文化既是工业化和技术发达的产物，也受到其他社会因素的影响。虽然它与自然环境的联系没有民间文化与自然环境的关系那样密切，但是某些流行文化的区域差异明显地是由自然环境引起的。现代的体育运动与旅游活动是流行文化的典型代表，下文通过分析二者与自然环境、其他人文环境的关系，以说明流行文化的发展变化受到环境的影响。

（一）体育运动

1. 体育运动与自然环境

球类运动是重要的体育活动。不同地区盛行不同的球类运动，背后也有自然环境影响。例如，在美国北方篮球比较普及，这可能是因美国北部冬天气候寒冷，导致室内外的篮球场地均很多。再如，羽毛球在印度尼西亚、丹麦、英国等比较流行，这与那里静风天数多有关。在寒冷湿润的气候带，多雪的环境为发展滑雪、滑冰，以及冰球运动创造了条件。在中国南方跳水运动较流行，著名的跳水运动员也较多。这是由于南方多宜跳水的水域，天气又炎热，为这种运动的流行提供了条件。

体育运动与环境的联系随着经济和技术的发展正在削弱。例如，冲浪运动过去必须在海岸带进行，尤其是在能掀起海浪的环境中。但在美国的亚利桑那州，那里是缺水的沙漠环境，目前已建造了巨大的水池，用人工制浪机形成练习冲浪运动的场地。在寒冷的北方修建室内游泳池，在炎热的南方修建室内冰场等都促进了体育运动的流行。

2. 体育运动与社会文化环境

虽然流行文化受自然环境因素的影响，但影响流行文化的最有力的因素是社会文化环境。美国橄榄球表现得最为明显。美国橄榄球主要分布在四个地区：① 宾夕法尼亚州西部、俄亥俄州东部，以及弗吉尼亚州的西北部；② 得克萨斯州及俄克拉何马州西部；③ 犹他州及附近地区；④ 密西西比州南部。在这四个地区中，第一个地区的形成与美国重工业（特别是钢铁工业）有密切关系，大型工业企业中的工人群体成为自己球队庞大的支持者。得克萨斯州橄榄球的兴起原因也类似。伴随石油工业的发展，石油工人规模增加，他们也是该球类活动的热情支持者。这些工人不少来自原宾夕法尼亚州的油田，所以橄榄球热与这些工人的迁移也有联系。可见，前两个地区橄榄球的发展与对此球类感兴趣的工人群体规模有着一定的联系。在犹他州及附近出现橄榄球热与前两个地区的原因不同。在该地人们爱好这种运动是由于该地区摩门教占统治地位，该教注重体育锻炼，为健身与培养集体合作精神促进了该运动的兴起。密西西比州南部区橄榄球的盛行与很多著名球员的出现有关，其原因尚有待进一步研究（Jordan，1999：297）。

（二）旅游活动与环境

旅游活动特点是内容不断翻新，因此也属于流行文化。旅游活动的兴盛说明社会经济发展水平较高，人们有能力支付旅游活动的费用与时间，社会也可不断提供新颖的旅游产品；当然独特的自然风光、优美的自然景观、异域的文化也能够吸引旅游者。目前，旅游业是许多国家的重要经济收入来源，尤其是对于那些旅游资源丰富、吸引游客多的国家而言，甚至是重要的经济支柱。高山、峡谷、奇峰、巨石、海岸、森林等都是自然环境的一部分，古代的城市、神庙、陵墓等古迹和遗迹也间接地与地理环境有关。这些景观有的盛名国内外，每年吸引了大量海内外游客，为当地经济带来了巨大的利益。人们称这种旅游业为"无烟工业"，其含义是与带来污染的工业相比而言的。但是这种自然或人文的景观通常具有"唯一性"，如果不加以保护，就会对这些景观造成损失。因为在旅游开发的同时，人类逐渐意识到了地理景观的文化价值。

三、民间文化向流行文化转换中的环境与困境

民间文化与流行文化是两种不同性质的文化。前者虽然是自给自足性的社会集团的文化，一般是处于相对孤立的环境中，但在广播、电视等通信技术发达的条件下，完全处于与流行文化相隔绝状态的民间文化是很少有的。因此，民间文化与流行文化并不再是彼此互不联系的两种文化，而是每天都处于相互接触，并进行相互交流的状态中（金民卿，2011）。民间文化和流行文化相互吸引，部分文化成分相互渗透，不断丰富彼此的内容，在相互的影响中共同发展，下面通过具体事例说明两种文化的相互影响和相互交流。

（一）威士忌酒与赛车

苏格兰人的民间传统是用大麦酿造威士忌酒（whiskey）。威士忌一词可能起源于凯尔特语（Celtic）的一支盖尔语（Gaelic），它的词源意思是"生命之水"。这种饮料传播到美国的阿巴拉契亚山区很可能是通过来自苏格兰的移民。美国家庭制作威士忌酒已有200年的历史，但是，他们采用玉米代替原来的大麦作为酿酒的原料。起初自酿的酒是为自己饮用的，并不拿到市场上出售。后来为了获得现金，当地居民就开始把家庭自制的威士忌酒拿到市场出售。另外，大量酿酒也为低价谷物找到一种增值的方法，既可为剩余谷物找到销路，又可更多赢利。按照美国联邦政府规定，造酒者销售酒应缴税。山区人为逃避税收就设法把制酒的蒸馏器设置于山上，以逃避税务人员检查。尽管不时被发现后，制酒设备被税务人员捣毁，但有流行文化市场的吸引力，使当地非法酿酒继续存在。

税务人员除去查找非法的蒸馏器外，还到市场周围拦截私酒。可是私酒销售人却设法以速度和车技摆脱税务人员的追查和阻拦。这种追与逃的事件的发展，使美国赛车运动这一流行文化兴起。由此可见从威士忌酒到赛车，就是民间文化与流行文化相互作用的一种产物。

（二）民间文化与流行文化关系的困境

民间文化是与传统社会相联系的，而流行文化与工业化的现代社会相联系，随着经济与社会的发展，在很多国家和地区的城市里，民间文化逐步让位于流行文化，而且这种情况也开始蔓延到农村，因而民间文化处于受威胁与面临消失的境地。民间文化如何争取自己的生存空间、如何传承成为各个地区面临的文化挑战。下面就以民间服饰文化与流行服饰文化的交融具体说明。

在一些亚非国家，服装上的变化明显地反映了民间文化与流行文化关系的困境。在这些国家中，城乡居民及城市中不同社会阶层的人，在服装上有明显的差别。城市的人，许多采用西式服装。这种服装在社会中能够反映着装人的社会境遇较好，故着传统民族服装的人群逐渐缩小。由于这种现象反映了两种文化的关系，因此，往往在一些国家与反映这两种文化的政治及社会相联系。例如，在伊朗，霍梅尼当政后，穆斯林原教旨主义意识占主导地位，要求妇女放弃西式服装，换上原来的长袍，甚至带上面纱。实际上，在流行文化发展形势下如何处理好这种关系，值得社会各界，特别是民间文化曾占主导地位的地方反思。

四、全球化背景下的民间文化与流行文化

当今全球化已经成为一种不可逆转的潮流，并且快速席卷世界每一个角落。全球化不仅仅是经济全球化，还具有文化、政治全球化等多重意义。文化形态随着时间、空间的变化而转化，是地理学视域中文化所具有的最重要的特征之一。所以在全球化这样一个时空压缩、多元文化相互碰撞的背景中，不管是民间文化，还是流行文化，都不可避免地受到了不同程度的影响。而且随着社会的开放，这种影响将会越来越大。中国作为一个历史悠久的文明国度，也不可避免地受到影响，下文列举一些具体事例说明全球化背景下，中国民间文化的变迁和流行文化的蔓延。

（一）民间文化

民间文化作为一种地方的、本土的文化，随着经济全球化进程的推进和信息传播技术的进步，与外来文化不断地相互碰撞、相互融合。

在饮食文化方面，如兰州拉面本是中国具地域性特色的民间小吃，随着区域经济联系的加强，如今兰州拉面馆遍及国内各个城市，具有了肯德基和麦当劳这样的连锁店性质。再如粤菜作为中国四大菜系之一，近几十年以来随着中国对外经济贸易往来，粤菜传播至东南亚地区，受东南亚国家人民的喜爱，在欧美国家（如美国、法国、西班牙、巴西等）也有很多档次不同的粤菜馆，它们为宣扬优秀的中国饮食文化做出了重要贡献。

在全球化背景下，中国的服饰文化也发生了显著变化。中华人民共和国成立以后，占服饰主导地位的一直是中山装。但改革开放以来，随着思想解放和经济腾飞，以西装为代表的西方服饰涌入中国，穿西装打领带渐渐成为一种日常。值得一提的是，在文化全球化与地方化的碰撞过程中，很多服装设计者也逐步将中国传统文化的元素融入服装设计中。1990年代以来，旗袍成为许多国外服装设计大师的灵感，推出有国际风味的旗袍，甚至是中国旗袍与欧洲晚礼服的结合产物。在市场经济和时尚潮流变迁的共同作用下，旗袍、汉服等发展成为一种广为流传的服装，甚至还有"汉服节"。国内外很多文化与经济交流活动选用旗袍作

为中国女性礼服，很多佳丽名媛、电视节目主持人、影视明星甚至酒店宾馆的司仪等均以旗袍作为礼服。

在戏曲文化方面，全球化的影响也极为深远。全球化时代的显著特征之一是时空压缩明显，现代通信与信息传递技术十分发达，这为文化传播与扩散提供了快速有效的途径。例如，戏曲是中国民族文化的典型代表，其中作为北剧代表的京剧，它被视为中国的国粹，在全球化背景下，逐渐走上了国际舞台，对弘扬和传播中国传统文化具有重要意义。再如，二人转本是中国东北地区的地方戏，具有诙谐幽默的风格和浓厚的生活气息，随着电视媒体的发展，逐渐成为全国人民所喜爱的节目。

（二）流行文化

当今世界步入全球化的过程，也正是流行文化兴盛的过程。西方国家进行的工业革命，在推进了经济全球化的进程同时，也将其文化推向了世界。尤其近一个世纪以来，随着经济活动市场的全球化扩展和新信息技术的发展，极大地加快了流行文化的扩散速度，如今流行文化已经无处不在。特别是音乐、电视和电影等现代媒体，在经济全球化的背景下由英国和美国向世界各地扩散。

总的来看，全球化时代日益频繁的经济往来和文化交流，以及日新月异的信息技术，为民间文化的传承与创新带来机遇，但流行文化的迅速扩散也不可避免地对民间文化造成了冲击，伤害了全球文化的多样性。近年来通过西方的各种商品广告、时尚报告、好莱坞影视片展现的各种新奇刺激的生活方式和消费娱乐方式，以及跨国公司高级职员们生活方式和消费方式的示范与炒作，消费主义文化已对中国艰苦奋斗的文化传统冲击猛烈。

第四节　民间文化与流行文化的景观

在民间文化景观中，最具代表性与吸引力的是各类民间建筑。它不仅反映民间社会经济特征，而且也反映当地人与当地自然环境的关系。这类建筑物并不是受过专业教育的工程技术人员设计的，而是依靠经验一代代继承下来的。建造者凭经验与记忆建造不同用途的建筑，如住房、谷仓、梯田、磨坊等各种文化景观。下文以民间文化中景观特征较为鲜明的民间建筑为例来展开陈述。

流行文化作为一种文化形态，是对一定的群体生产、生活等人类行为的反映，其产生、分布与传播也必然要求有一定的空间和要素载体，这也意味着流行文化景观的形成，其中西方工业发达国家的流行文化景观有其特色。

一、传统民居景观

传统民居建筑与文物的保护、聚落更新、旅游资源开发等是实践部门关注的文化景观。它的建筑选材、建筑布局和实体外形、内部等特征与地理环境有密切的联系。

（一）建材文化

人类建造住所的自然材料是多种多样的，不同地域不同质地的自然建材为当地民居风格奠定了地理基础。

在岩石裸露的地区，石质建筑成为人们定居时最优先的选择。如印度南部、地中海沿岸、西欧、南美的厄瓜多尔和秘鲁东部的山区，石制房屋成为当地最引人注目的文化景观之一。在中国西南诸省区，由于缺少木材而盛产石料，亦存在大量石质建筑，整栋建筑除了梁架之外，全为石头砌筑，就连屋面也为薄层板岩铺盖（图8-1）。如贵州安顺一带布依族的"石头寨"，整村整寨不见人造的一砖一瓦，房屋四周用石块砌墙，房顶以片石为瓦，室内间隔也以石砌成。在石材的应用上，除了用作房屋的主要建材以外，还用于民居的装饰，浙江是多山的丘陵地区，有丰富的石材，其开采和雕刻都有着悠久的历史。

图8-1　四川汶川龙溪羌人谷建筑

泥质建筑主要分布在干旱少石的地区，如拉丁美洲（除热带外），撒哈拉沙漠四周，西亚与中国北方干旱、半干旱地区等。这些地方缺石少木，烧制土坯与砖瓦是人们在营造家园过程中，逐渐练就的杰出本领。如尼罗河口地区的埃及人民就居住在四角形的土坯房里；美洲印第安人的土坯房依山坡而建。在中国黄河中下游地区，地形主要为冲积平原，伴有丘陵与山地，所以传统民居多以土作墙，草作顶，兼采用木质梁架，有"墙倒屋不塌"之效，后来发展成以土做成的砖为墙，土烧的瓦为顶，以防降水破坏土墙，房屋加上木结构，仍是以土与木为建筑材料，如皖南徽派民居（图8-2）。

此外，也有人直接在泥土山挖洞而

图8-2　徽派建筑——安徽宏村

居，最典型的是中国黄土高原居民（图8-3）。黄土高原因黄土特殊的垂直节理，及当地其他建筑材料的匮乏，而使人类较为远古的洞居形态保留至今，成为当地的很重要的建筑景观。这种窑洞式住宅也出现在西班牙南部谢拉莫雷纳（Sierra Morena）山麓地区、意大利部分地区和美国西部山间盆地赫勒纳的印第安人分布区。

图8-3　黄土高原窑洞式民居

木质建筑广泛分布在森林地区。例如，美国、加拿大及东欧以东的大片林区的传统房屋基本是木板结构的。而中欧地区，则采用石材与木材相结合的半木结构。在中国东北地区，受俄罗斯和日本影响，木板房比例较大，甚至室内装饰也全是木质的。在山区木材极为丰富的地区直接将去皮原木垒搭成屋，被称作井干式（图8-4）。杉木通水性好，耐腐，能够经受数百年的风雨侵蚀，因此是这类房屋建造者偏爱的建材。草皮建筑是典型的草原景观，在许多草原地带，人们把生草层的土直接切成方块即可建屋，房屋美观、别致。

图8-4　井干式建筑

南方气候温热，雨量充沛，竹木繁盛，很多地区选择了以竹为主的民居。例如，云南地区傣族住区的吊脚式竹楼（图8-5），竹楼为干栏式建筑，以粗竹或木头为柱椿，分上下两层。下部架空，以利通风隔潮。上层由竖柱支撑，与地面距离约5 m。有的铺设竹板，极富弹性。屋顶为歇山式，出檐深远，可遮阳挡雨。

图8-5　干栏式建筑——吊脚楼

除石质、泥质、木质和竹质建筑之外，在自然条件特殊的地区，还有其他传统建筑景观。

在广大草原地区，其特殊的地理环境与生产、生活方式造就了其特殊的住房景观。如中国西部草原地区，游牧民族逐水草而居，每年要大迁徙四次，小迁徙十余次乃至数十次。因而他们的传统住所是方便拆卸转场的以白色羊毛毡为外墙和屋面的毡房，蒙古族称之为蒙古包。

在北极圈附近，因长年冰雪皑皑，这里的因纽特人在外出狩猎时，便用冰雪砌成圆顶冰屋。因纽特人喜欢在屋内墙上挂满防寒的兽皮，屋顶铺一层厚厚的海豹皮。在短暂的夏季里，因纽特人则居住在用海豹、驯鹿之筋骨为骨架的帐篷里。

（二）建筑布局

建筑布局分两种。一种是只有一栋房舍的单元结构，另一种是由不同用途房屋集合在一起形成的组合式或院落式的结构。建筑布局与型制既是人类对自然地理环境的适应结果，也体现了人际关系的空间安排。

单元结构房就是一栋房舍中，除住人以外，还圈养家畜、存放农具与谷物。一般这种房舍是长条形，房的一端住人，另一端安置牲畜，中间有的予以分隔，亦有不隔的。如中国四川西南部的彝族的住房就是这样，中间是以火塘作为分隔，人与畜各住一端。另外，中国藏族民间住房的功能多以分层形式解决，一般住房的底层放置饲养牲畜，二层住人，三层储藏杂物与谷物。美国印第安人的普韦布洛人住房也是二层，上层住人，下层储存谷物。单元结构房大多是一家一户居住，但也有的单元结构房相当大，内部分隔供好多家庭共同住在一起。中国福建省西南部永定的客家人建造了许多大型方形与圆形土楼（图8-6），它们尺度适当，功能齐全实用，与青山、绿水、田园风光相得益彰，构成了人与自然和谐统一的人居环境。土楼一般有三至四层，每层房间少的有三四十间，多的有七八十或上百间。它们多以底层为厨房，二层作储藏用，三层、四层作卧室，每家自下至上为一小单元。住同一土楼的人多属同姓或同一家族，土楼的子孙往往无须族谱便能道出家族的源流。这种住房是历史上客家人集体从北方移居来此建造的，他们在这里为了生活与防卫，需要采用这种形式住房。因而这种住房也增强了客家人的凝聚力与尚武精神，反映客家人聚族而居、和睦相处的家族传统。

组合式的民间建筑就是住房、仓库、畜圈、工具棚等分开，但彼此相距不远，有的甚至彼此相连；院落式的房屋，是周围用墙把一家一户的各种用房

图8-6　福建客家人圆形土楼

有规律地组合在一起。中国的四合院就是这类住房中的典型（图8-7）。在北方农村地区，一般是正房坐北，有3～5间正中开门，东、西二边为厢房，门向院内开，南面是墙垣，构成四周是房和墙，中间成方形的庭院。在中欧和南美洲也有这种四合院式的民间建筑，与中国的四合院大体相同。德国人的这种四合院，曾随着移民扩散到北美洲、大洋洲，所以四合院并不是中国特有的建筑，在世界上较为广泛。

图8-7　北京的四合院

（三）房屋的外形与结构

以房屋的外形与内部特征来划分，由于各民族与各地区环境的差异，形成不同的住房文化区。外形特征一般反映在房顶的式样、烟囱的位置、门窗的位置与数目、建筑间距等，下文选取几个典型地区展开介绍。

1. 中国民居

在中国地域辽阔的土地上，民间建筑各有特色，突出表现在建筑的屋顶坡度、外墙颜色、民居式样以及建筑间距上。

① 屋顶坡度。中国从北到南传统民居屋顶逐渐变陡，房檐逐渐加宽，房屋的进深和高度逐渐加大。南方传统民居屋顶坡度较大，可防雨水渗漏，隔太阳暴晒。南方房檐较宽，在房檐下劳作、休憩、就餐、会客，防晒防雨。北方传统民居屋顶坡度小，防渗隔热功能弱，但可节省建筑材料，同时屋顶还可以兼作晾晒作物场地。中国降水自东南向西北减少，传统民居建筑形式东西差异非常明显。以东北东南部到新疆伊犁

案例 8-3　徽派建筑

徽派建筑又称徽州建筑，受徽州独特的地理环境和文化观念的影响而产生，在徽州文化中具有不可或缺的地位。它主要是指浙西、江西、皖南等"钱塘江—新安江"流域一带具有马头墙等鲜明特征的古镇和古村落建筑，尤其是古徽州一府六县的建筑，以悠久的历史和强烈鲜明的建筑特色闻名于世界。

不同于其他类型的建筑，徽派建筑的造型独特，色彩结构丰富，设计意境悠远，建筑风格符合中华民族的传统审美。无论是建筑群体的规划，还是独栋建筑的平面立面处理，都充分体现了鲜明的地域特色。徽派建筑的典型元素是马头墙。马头墙平面感强，外墙几乎没有窗户，粉墙拼凑在一起，更容易形成点、线、面的形状几何，增加了建筑的体积感和整体感。其次，墙顶的青瓦就像是在封闭的白色空间上设置了一个边界。与墙面平面相比，边框形成了线条的运动，自由适度，明快而不轻佻。

徽派建筑的色彩特点是粉墙黛瓦，外观上主色是由黑白组成，二者相互辉映，体现出徽派建筑的艺术审美，高雅悠远、别具一格。徽派建筑所使用的材料大多是乡土材料，实现了建筑材料的自然色彩和肌理，与周围自然环境融为一体。建筑材料主要是当地

的砖、木、竹、石等。原材料的色彩与建筑环境水乳交融，交相辉映，达到了完美的艺术效果。通过对材料的合理利用与安排，将之与环境巧妙结合，也可见徽州居民热爱自然与生活、崇尚人与自然和谐共处的美好世界。这种建筑基调的形成与其所处的地理环境、建筑材料、政治因素和人文精神密不可分。典型的高低错落的马头墙、合院采光天井、砖木石三雕的精美装饰、厚重宏伟的门楼、粉墙黛瓦、采用镂空技艺的传统纹样、传统砖木构架的各式厅厢房间和美人靠等，无不显示着中国古代徽派建筑厚重的历史内涵和独特的地域特征，其中以呈坎、宏村、西递等古镇建筑最具特色和代表性。尽管历经数千年的历史和多次的文化融合与迁徙，徽派建筑仍有其独特的魅力。纵观徽派建筑，我们可以看到其独特的色彩和建筑风格，让人沉浸其中，仿佛置身于美丽的水墨画之中。

资料来源：张琦，2020。

谷地一线为例。在降雪量大的地区，为了防止厚雪压垮屋顶，许多房顶坡度较陡；向西到辽河流域和辽西走廊，年降水不足600 mm，出现了略呈弧形的屋顶；向西到内蒙古河套平原，民居建筑演变为垆土砖砌制的平顶住宅；再向西到伊犁谷地，因受西风气流和地形的影响，年降水量增至400 mm以上，房屋又出现了两面坡的尖顶。

② 外墙颜色。南方光照强，气温较高，出于反射阳光的需要，以减少墙体对太阳辐射的吸收量，达到降温的目的，外墙多为白色。北方光照弱，气温较低，出于吸收阳光的需要，以增加墙体对太阳辐射的吸收量，以达到增温的目的，外墙多为灰色。

③ 民居式样。北方民居不仅墙体、屋顶厚实，设有火炕火墙，而且低矮封闭，进深较小，高度不大，以紧缩空间起到保温作用。在室内以炕为床，炕与灶相连，炉灶多建在正房中间，利用做饭的余热暖炕。为了利用阳光，住房多建成坐北朝南，华北、东北的农村住房的典型式样与结构就是这样。由于取水大多靠井水，加上安全等原因，大多形成四合院式的聚居，村落较大。在黄土高原地区，人们往往利用黄土层厚、土质疏松、直立性强的特性建造窑洞式住房。而南方的民居则尽可能缩小建筑间距，借助建筑物的遮挡获得较大的阴影区；房屋高度一般高于北方，出檐深、窗户大，力求遮阴和空气通畅，加上地势起伏、虫蛇较多，多建挑楼、吊脚楼等干栏式建筑（图8-5）；住宅结构较为开敞外漏，外形显得轻盈多姿。屋前多设前廊，屋内空间大。由于冬季气温低，房屋门窗亦面南。用床而不用炕，厨房与正房分开。另外由于南方平地少，稻田灌溉需要大量的水，多数村落小而分散。

云南有一种房屋形式被称为"一颗印"，其形状整体像一枚印章，窗户很小。云南地处低纬高原地区，夏无高温、冬无严寒，但潮湿多风，故需要注意保温，为了具有挡风的效果，民居墙体较厚，由正房、厢房、倒座组成四合院，瓦顶、土墙，平面和外观呈方形，方方正正好似一颗印章（图8-8）。"一颗印"民居为一楼一底楼房，正房三间，左右各有两间耳房（厢房），称为"三正两耳"。正房与耳房相连，雨天穿行方便，晴天时可遮挡强光直射，与云南低纬度、高海拔的气候相适应。

④ 建筑间距。通常传统民居的建筑间距由南向北逐渐扩大。中国传统民居的院落由南向北逐渐扩大。北方冬季漫长，阳光入射角度小，为了获取阳光，建筑间距大以避免互相遮挡，朝南的窗户大，尽量争取更长的日照时间。南方夏季炎热，建筑间距小，以增加院落的阴影面积比例。北方四合院中央空间可晾谷晒物，到了南方也逐渐演变成狭小的天井。

图 8-8　云南"一颗印"院落

2. 美国民居

由于流行文化的建筑物的迅速发展，美国传统民间住房的文化景观大多已成一种历史遗留现象。从美国留存的民间传统建筑可让人感受到它们过去的风貌和地域差异。

在北部新英格兰地区，典型的传统民间建筑是一种屋顶为两面坡的住房。住房较大，一般为两层，有五个房间的宽度，两个房间深，房顶下有阁楼，屋顶两面坡长相等，由于天气寒冷，烟囱和壁炉设在房屋的中央。整个结构全是木质的，源于当地丰富的森林资源。这种外形的住房称为新英格兰大房（New England large）。其他几种外形都与此有某种联系。如在层次上把两层改为一层的称为矮房（capecod）；在住房后面房顶加坡，以加大宽度，增加一间房，由于屋顶长度不对称，形如装盐的盒子，称为盐盒式住房（salt box house）；有的在大房子外加一间一层的小屋，并与大房相连，称为带边房的大房（upright and wing）。

在南部，由于气候炎热多雨，所以房屋建筑需要考虑通风、遮阳、防湿等问题。那里典型的住房称为潮水上升式住房（tide water raised cottage）。这种房子通常只有一层，屋顶前坡短，后坡长，坡面有波折，一般有五间宽，三间深。前坡下带有遮阳的廊檐，下有门廊；为防潮，房屋建在高于地面的石基上；烟囱在一端，贴在墙外，以利于散热。有的把这类房子中间的房间辟为过道，以利通风，称为带通道的住房（dogtrot house）。

路易斯安那州的克利奥尔式住房（Creole house），其长和宽都短于潮水上升式住房，屋顶对称，门廊不突出，而在屋檐以内。在该区内还有一种随黑人引进的舒特冈式住房（shotgun house），其门开在房子一端的山墙处，并有一个小门廊，内部有两个或多个房间，房间前有一共用而狭窄的长过道。其名称按民间传说是指沿长过道开一枪，什么都打不着，喻指过道旁的房间呈一字排列。这样的设计可以防止猎枪子弹进入房间，既可以防止伤人，又不易损坏房内物品。舒特冈式住房先由黑人传播到西印度群岛的海地，而后进入美国南部（Jordan等，1999：282）。

3. 爱尔兰岛民居

爱尔兰岛尽管面积不大，但是民间的住房却有地域的特点。专门研究爱尔兰民俗地理的文化地理学家伊万斯（E. E. Evans），将爱尔兰岛的民间住房分为三个不同类型的分布区。在岛的西部，不论房屋的山墙上部是半圆弧形、阶梯形还是直线形的，也不管墙是块石砌成的还是砾石垒成的，不管外表是否用泥灰抹过，门在正中或偏向一方，窗户有无等，但其烟囱都设在屋脊的两头。这可以说是西部大部分住房的共同特点。但在岛的东部的北区与南区则不同，每座住房只有一个烟囱，而位置大多位于房脊的中央。岛东部的南区与北区的差异在于房顶的式样，北区的房顶主要是人字形的，两面坡对称，而南区的屋顶主要是四面坡（Evans，1942：50）。

二、流行建筑景观

流行建筑景观是指在一定时期内被人们追崇的建筑景观，当这种流行建筑文化消失后，如果其价值还被后人认可，就可以成为历史文化景观遗产。

人文地理学者分析流行建筑景观，有如下三个角度。其一是刻画其流行的范围；其二是分析影响流行建筑景观扩散的地理因素，以及在空间扩散的过程中，哪些地理界线会导致流行建筑景观的刺激扩散，即抛弃了原来的形式，保留了本质；其三是理解地理因素与其他因素综合作用的结果，在其他因素中最主要是不同的人对景观的价值判断。在下面列举的流行文化景观例子中，可以看到流行文化景观的变化，可以用情境主义或有机体主义的分析框架来理解（见本书第二章）。人文地理学对流行景观的分析结果，可以为企业在不同区域推广或设计景观提供参考。

（一）前院草坪文化景观

在19世纪到20世纪初的美国，有一种流行文化景观——前院草坪。它体现的文化本质是居住美学习惯。前院草坪由英国移民带到美国，自19世纪以来，随着移民的西进，这个景观已遍及美国各地，成为美国住宅前面必不可少的一种"流行"[1]人造景观。这个流行文化景观的扩散，体现为刺激扩散，即草坪的细节形式变化了，但是位于前院的、绿色的、有美学品位的特色没有改变。在这个扩散过程中，两个自然地理界线发挥了作用。第一，海洋气候与半干旱区的界线。在大西洋沿岸，因气候湿润，草类容易生长。但是当移民进入美国西部后，要面对新的、相对干旱的气候环境。以欧式草种为基础的前院草坪生长困难。第二，半干旱与干旱区的界线。在西部沙漠地区，那里极难长草，因此在房前无法营造欧式草坪。但是移民的文化习惯，促使居民采用新的形式，如在前院卵石、碎石铺的地面上，种植一些沙漠耐旱植物。到1970年代，住在沙漠地区，而又爱好草坪的人们为模拟草坪，还把

---

[1] 相对于美国印第安人传统的建筑景观而言的流行景观。

覆盖在地面上的卵石等漆成绿色。这种模拟草坪出现后受到人们广泛的关注，其分布开始从沙漠地区扩散到了东部湿润地区。有趣的是第三条地理界线，它是人文地理界线，即一群偏好前院模拟草坪的人群分布的形式区界线，界线的范围大致是佛罗里达州范围，那里并不缺水，但是当地一些人为建立前院模拟草坪，竟在卵石下铺上塑料薄膜，以防草类生长，这些人对草坪景观的改造，体现了人的能动性（Jordan等，1999：322-323）。

（二）摩天大楼

摩天大楼是现代大都市的流行景观。世界上最早的摩天大楼是1885年在芝加哥建的"家庭保险大楼"，最初建设10层，42 m；1890年在上面又加两层，达到55 m。在当时的技术条件下，这已经是非常高的大楼了。后来美国定义在152 m（约500英尺）以上的楼房才能算是摩天大楼。1931年在纽约建设的帝国大厦是当时全世界最高的摩天大楼，建造此楼所需的资本体现了资本主义制度下的再生产的投入规模，建造此建筑的高端建造技术体现了当时世界建材、机械、电力等领域的最先进水平。因此帝国大厦是现代大都市的象征物。摩天大楼也体现了大都市土地利用集约且多元的特征。按照诺贝尔经济学奖获得者克鲁格曼（P. R. Krugman）的解释，城市之所以具有吸引力或聚集力，是因为这里的多样性有利于生产和生活。本书第二章的机械主义可以解释这个景观的形成机制。21世纪以来摩天大楼全面进入中国，许多城市均以高楼大厦作为城市的标志和地标。2021年，世界排名前十位的摩天大楼（不含烂尾楼）分别是：哈利法塔（Burj Khalifa）、上海中心（Shanghai Tower）、麦加皇家钟塔（Makkah Royal Clock Tower）、平安金融中心（Ping An Finance Tower）、乐天世界大厦（Lotte World Tower）、世贸中心一号楼（One World Trade Centre）、广州周大福金融中心（Guangzhou Chow Tai Fook Finance Centre）、天津周大福金融中心（Tianjin Chow Tai Fook Finance Centre）、中国尊大厦（China Zun）、台北101大厦（Taipei 101）。如果人们的分析只停留在大城市是造成摩天大厦众多的原因，那么就是机械主义的地理因果分析。还应该走入有机体主义的分析阶段，推测是否有新的流行文化，会削弱人们对城市中心的向往？那时的摩天大楼就可能不再是流行了。甚至预测到在某种情景下，摩天大楼的建设还会受到抑制。这就像《下城》（*Downtown*）一书展现的，美国大城市未必都有相同的流行建筑景观。通常人们会认为所有大城市中心（下城）一定会在空间集聚力的作用下，不断建立高楼大厦，提高建筑容积率。但是事实却是会有其他原因抑制下城摩天大厦的出现或增多（福格尔森，2010：28-32）。对于不同的人而言，摩天大楼的意义是不一样的，这就像哈维在《巴黎城记》中援引《巴黎指南》中所说的，城市虽然是一个城市，但是它对于工人阶级和资产阶级却像是两座城市（哈维，2010：296）。

（三）其他流行文化景观

流行文化景观中还包括许多大型公共空间，如大型公园、大型体育场、大型交通用地等。大型公共空间的出现，一方面体现了城市空间公平使用的理念，另一方面体现出流行景观出现的本质动力。只要把握了这些动力，人们就可以推断出下一批流行景观是什么了。

第一，回归自然的大型公园。它多具有大片自然风光，如草地、林地、湖泊、河流，且允许人们自由进入（或低付费进入）。享受优美的自然风光不再是贵族的权利，而是所有人共有的权利。从19世纪后期，世界上很多国家都建立了大型国家公园，国家公园的管理目标在保护自然和人文景观的同时，让人们享受自然和人文景观之美。由于工业化发展，城市人口增多，人造建筑已占统治地位，而自然空间越来越少，为了增加城市居民与自然环境的联系，在城市中心和近郊修建大型公园也成为一种流行，比如美国纽约中央公园，以及波士顿的翡翠项链（emerald necklace）公园系统。后者是从波士顿公园到富兰克林公园，延绵约16 km，由相互连接的9个部分组成。

第二，增强流动性的高速交通设施。在现代社会，生产要素（人、物）流动性的增加，可以提高资本循环速度。因此提高流动性的技术不断出现，除了飞机、火车、汽车等交通工具外，还有附属于这些交通工具的交通实体要素，如高速公路、大型立交桥、大型交通枢纽、大型停车场等，这些相对固定在地表的实体要素是人文景观，它们是现代社会的流行交通景观。一旦某种新的高速交通景观出现，许多地方就开始方效建设，许多地方以是否建设了地铁、高铁站作为城市等级的标准。

第三，强身健体的体育场馆和设施。强身健体是体育的本质，因此日常性、群众性、多样性是体育发展的趋势。体育场馆和设施的流行变化趋势一定与这"三性"有关。例如遍布城市各处的健身房，内有多种健身器械，既面向城市各处的居民，也满足锻炼者多样性需求；再如，城市规划者在每个社区内设置老年露天健身器械、儿童类体育设施（沙坑、秋千）等，可以让老人们一起边聊天、边锻炼，孩子们边玩耍、边锻炼。这实际上就是日常性、群众性的体现。不同国家还有自己特色的街头流行体育设施，如台球台、乒乓球台、足球场、棒球场、冰场等。

第四，商业标准化的连锁商店。明确商品或服务的性质和质量等级标准，可以减少消费者在购物后认为物非所值的负面感受。连锁店通过统一商品及服务的种类和质量等级，让消费者在此店有了第一次消费体验后，就知道自己进入另一家本名称的连锁店，可以享受到何种商品或服务的质量标准了。受这种道理的推动，人们看到各类连锁店不断出现，成为一段时期内的流行商业景观。例如在中国，快餐业中出现麦当劳、肯德基、真功夫等；咖啡店出现了瑞幸咖啡、星巴克、猫屎咖啡等；便利店先后出现711（7-Eleven）、快客便利、美宜佳、全家（FamilyMart）、上好、好德便利、可的（kedi）等连锁店。地理学者还通过多年数据，预测这种连锁店的空间扩散，如肯德基店在北京中心城区的空间扩散模型（周尚意等，2008）。

【本章主要概念】

民间文化；流行文化；文化扩散的地理界线

【思考题】

1. 结合你所熟悉的某种民间文化，试分析其功能。
2. 以你所熟悉的地区为例，试分析该地区某一民俗与地理环境的关系。
3. 分析你所在地的民间文化景观，试对其特点进行总结。
4. 民俗对地理景观、地域文化分别有什么影响？
5. 找到一种外国流行文化，思考你接受这种流行文化有哪些困难，它进入中国后是否被改造了。
6. 选择一种流行文化景观，思考流行的动力，以及未来的流行趋势。

第九章
语言的类型、分布和景观

内容提要

语言是指用习惯的记号、姿势、符号，特别是音节分明的口头声音交流思想和感情的工具，是人类思维的物质外壳。本章介绍语言的产生有一源论与多源论的对立，并阐述语言的社会性、交际性与工具性等本质属性，总结英语的形成、统一、扩散和发展的过程；汉语"七大方言"的形成、发展和主要分布区；在世界语言谱系的理论基础上，概括世界语言的分布规律；分析自然环境和社会人文因素对语言传播的影响；引用实例分析语言扩散的影响；最后对语言景观，即文字与地名景观，做较为详细的论述。

第一节　语言的起源与发展

一、语言的产生

人类学家研究发现，在36亿年的生物史中，猿类出现后经过1800万年的进化，才产生了人类的语言。人类的语言经过近200万年的进化后，才出现了记录它的文字。赫尔德（J. G. Herder）在其著作《论语言的起源》（*Abhandlung Über Den Ursprung Der Sprache*）一书中指出："当人还是动物的时候，就已经有了语言，语言的根源在于人的动物本性，是从表达情感的自然发声演变而来的（赫尔德，2014：5）。"一般认为，劳动是人类语言产生的唯一源泉，没有劳动就没有语言。劳动使类人猿的前肢和后肢逐渐分工，后肢直立行走使人的肺部和声带得到了发育，能够连续发出许多高低不同的声音。声音的产生，奠定了语言产生的基础。人的直立行走，使之可以自由地观察周围的一切事物，扩大了视野。由于劳动，人类才能获得各种各样的食物，增加了大脑的营养，促进了大脑皮层的形成，为人类意识的产生准备了物质条件。手在劳动中的各种活动及与外界各种事物的接触中，促进了神经系统的反应机能，锻炼了区别和认识这些事物的能力。总之，由于人类的劳动，促进了神经系统的发达，促进了思维的产生。思维的产生和发展过程就是语意的形成和完善过程（杨彦，2010）。有了语意，借助于声音对其进行表达和传播，便产生了语言。

二、语言的本质属性与社会功能

（一）语言的本质属性

语言的本质属性就是"人类社会最重要的信息交际工具"，可以概括为以下三点（赫德森，1989：44）。

1. 社会性

语言是社会约定俗成的，是所有成员以不同形式参与、约定和服从这种约定的结果。语言依赖于社会，社会也同样需要语言。失去了语言，社会的发展就会受到极大的限制，人们的思维活动也难以完整地表达，人们的生产和生活活动也就难以协调。此外，语言的社会性还表现在语言中语音和语意间的结合是由社会所决定的，是约定俗成的东西，两者间并没有内在的联系。

2. 交际性

语言存在的价值就在于交际。语言首先是适应人们的交际需要而产生的，离开了这种交际需要，语言也就没有存在的必要。语言不是唯一的交际工具，却是最主要的交际工具，手势、烽火、鼓声、数学公式、化学符号、红绿灯等，都可以成为交际工具，但这些只是建立在一定基础上的语言，或是语言成分的代用品。它们无法取代服务面极广的语言，相反，语言则完全有能力取代它们。

3. 工具性

语言是人类重要的信息载体。在所有的载体中，声音是最方便、最灵活、成本最低的载体。有声语言是人类最重要的信息载体符号系统。大脑思维活动是极其复杂的高级神经活动。它所处理的信息来源于视觉、听觉、触觉、嗅觉、味觉等各种"信息接收器官"。其中来自听觉系统的语言信息对于正常的社会人来说是最易于接收的信息。

语言是人类的一种思维工具。语言不仅是一种现实的意思，同时也是一种思想的直接实现。人们不但在交际时需要语言，而且在进行思维活动时同样需要语言。人的思维活动成果也必须用语言表达出来，使交流思想成为可能，使听者或读者产生与思维者同样的思想，人在沉思默想的时候也不能脱离语言，只不过这是别人不易察觉的无声的"语言"罢了。

（二）语言的社会功能

通过语言，人们可以交换意见，把自己的经验教给别人；或者使彼此的经验在交流中逐渐完善，成为社会成员可以共享的知识财富。通过语言，人类在实践中获得的经验就可以被继承下来，扩散出去，得以延续和发展。可以说，没有语言就不可能有文化的继承和扩散。

一般地说，语言有以下几种基本功能：从人与文化的关系看，语言是文化信息的载体，是人类保存、传递、领会人类社会历史经验和科学、文化、艺术成就的手段；从人与世界的关系看，语言是人认识世界的工具，人们既用语言进行思维，又用语言调节行为；从人与人的关系看，语言是交际方式和交流思想的手段。心理学家哈利迪（M. Halliday）认为，可把儿童习得语言的过程视为逐步掌握语言的各种功能的过程。他相应地提出了七种语言功能：工具功能、调节功能、相互作用（交往）功能、个人表现功能、启发功能、想象功能和信息功能。

此外，语言是一个民族的心理寄托，共同的语言被视为辨别一个民族的基本特征之一，是构成民族特征的重要部分。语言在长期使用的过程中，被赋予了丰富而深厚的民族文化内涵。

三、英语的形成与发展

目前，英语是最重要的国际语言。虽然在英国说英语的人口约有5500万人，但在英国以外，说英语的却有3.7亿人左右，再加上将英语作为第二语言与官方语言的人数，则超过10亿。

（一）英语的形成与统一

在大不列颠岛上，有史料可查的最早语言是前面提到的凯尔特语。公元前55年，罗马人入侵大不列颠，并一直占领了500多年，因而使拉丁语进入了该地区，并成为官方语言，凯尔特语的地位下降。大约公元449年，居住于丹麦与今德国北部的3个日耳曼人部族趁罗马帝国衰落入侵到大不列颠岛。他们分别是盎格鲁人（Angles，来自日德兰半岛中部）、撒克逊人（Saxons，来自日德兰半岛南部）和朱特人（Jutes，来自日德兰半岛北部）。他们分别到达大不列颠的中部、西南部和东南部。在语言上，他们取代了当时该地所使用的凯尔特语。

这3个日耳曼部族方言随着社会发展，逐渐融合为一种新的语言，即盎格鲁-撒克逊语（Anglo-Saxon），这就是后来形成的英语的基础。到公元700年，人们把大不列颠岛上三部族混合形成的语言称为Englisc。到公元1000年，岛上整个国家被称作Englaland。这两个词后来就演变成English（英语），England（英格兰）。

从8世纪末，丹麦人大批入侵英国，在其东北部建立丹麦区，这种活动延续了近300年，当时所带来的斯堪的那维亚语对英语的发展有很大影响。

1066年，诺曼底公爵威廉趁机率兵入侵英国，并加冕为英国国王，建立了诺曼底王朝，一直延续到1154年。在诺曼底王朝统治期间，英国实际上存在着三种语言，法语是官方语言；拉丁语是宗教语言，人们用之阅读圣经、举办教堂宗教活动；英语则是下层社会劳动者用的世俗语言，这也造成了英语中一个非常有趣的现象，即大多来自法语的词汇大都表示高雅的、文明的事物，而来自古英语的词汇却多表示低贱的、平凡的东西。法语在英国的特殊地位一直延续到14世纪，英法间的百年战争使英国得以摆脱法国人和法国文化的压迫，英语逐渐恢复为官方通用语言的地位，法院、学校、宫廷分别于1362年、1385年、1399年停止使用法语。1382年用英语书写的圣经出现，结束了拉丁语的宗教语言地位，而这时英语才成为英国的全民语言。因此英语中保留着大量的法语词汇（如age，air，brush，cry，bourgeoisie）和拉丁语词汇（angel，candle，moke，pope）。

在"文艺复兴"时期，由于人们对古代希腊、罗马文化表现出浓厚的研究兴趣，英语又吸收了大量古代社会及当时欧洲大陆文化精华，词汇量大增。例如来自希腊语的geometry，astronomy，botany；来自法语的comrade，alloy，surpass；来自西班牙语的banana，cocoa，mosquito；来自意大利语的violin，piazza。

18世纪后，英国的工业革命兴起，对殖民地的争夺使英语随着帝国的发展走向世界。因此，在与各地交往中吸收大量新词汇。如来自非洲的zebra，chim-pazee；来自印度的cashmere，shampoo；来自中国的tea，litchi；来自澳大利亚的kangaroo，boomerang；来自西印度群岛的cannibal，canoe。

由于英国殖民地的发展与向海外的大量移民，英语亦从其本土向国外传播。目前在英国以外，绝大多数人口的母语为英语的国家有爱尔兰、美国、澳大利亚、新西兰、圭亚那，在加拿大大部分人说英语；把英语作为官方语言的国家有尼日利亚、加纳、肯尼亚、乌干达、坦桑尼亚、赞比亚、津巴布韦、南非、新加坡、印度、菲律宾等国；作为第二语言的有丹麦、芬兰、瑞典、挪威、冰岛等国。英语逐渐发展成为一种世界语言，在外交上的地位也取代了法语，成为今天世界政治、经济、科技、文化交流最重要的语言。

英语也像其他语言一样，由于历史与地域的差异而出现差异。在英国本土，原来由日德兰半岛来到大不列颠岛的盎格鲁人、撒克逊人、朱特人分别定居于不同地点，这就使英语的发展在起始时期就出现地域差别。

随着工业与城市的发展，首都伦敦不仅成为英国最大的城市，而且也吸收了国内各方言区来的居民，各种方言相互融合，伦敦地区作为全国文化中心，牛津和剑桥所用的语言成为英国的标准语。那里的英语通过广播和电视向全国及国外传播，使国内语言及海外英语逐渐统一。

案例9-1　第一个英文句子与当今英语的变化

1892年，一块相当于50美分硬币大小的金色徽章在萨福克的田间被人发现。徽章出自公元450—480年，主人可能是最早来到不列颠的移民。徽章上写着（或者我们认为是这样写的）：This she-wolf is a reward to my kinsman（这只母狼是对我的同族的奖赏）。这句话听起来似乎很普通，但却是英国现存最早的铸有盎格鲁-撒克逊文字的文物。也就是说，这是英语的第一句话。

《牛津英语词典》被认为是当代最全面和最权威的英语词典，被称为英语世界的金科玉律。1989年，《牛津英语词典》发行了第二版，并对以往的内容做一些修正，除了原来就有的12册，1972—1989年间又出版了四大册增订本。截至1990年代，《牛津英语词典》已经增加到20多册，仅解释部分用词就近6000万字。由于《牛津英语词典》的问世，英语这门语言的历史也变得格外清晰，这是其他语言很难比拟的。

《牛津英语词典》收录了出版时已知的所有进入英文中的词汇，以及该词的来源和流变。2000年，网络版《牛津英语词典》正式上线。此后，编辑对词条的增补和修订都可以通过网络来进行，人们可以通过订阅的方式来获得《牛津英语词典》最新的词条收录。截至2018年，《牛津英语词典》收录了大约500个中文词汇，例如，tuhao（土豪），dama（大妈），guanxi（关系），add oil（加油）等。以中文词汇为来源的英语词语是汉英两种语言接触的产物，也是中西方文化交流交往频繁的结果。

资料来源：布莱森，2013。

（二）英语的扩散与发展

在英国本土以外，通过移民与英国的政治影响，英语的分布范围逐渐扩大。同时，由于空间上与本土距离较远以及接受地的客观原因出现了英语的国外方言，主要有美国英语、澳大利亚英语、南非英语和印度英语等。其中，美国英语是英语在英国本土外使用最广，也最重要的英语方言。

美国英语方言主要分新英格兰、大西洋沿岸中部和南方三种。

后来，随着美国在越过阿巴拉契亚山脉向西发展过程中，三个方言区的进展各有不同。新英格兰方言除围绕五大湖南岸外，还出现以西雅图、圣弗朗西斯科（旧金山）和盐湖城为中心的三个语言岛。大西洋沿岸中部方言向西进入俄亥俄州等地，直达南、北国境线，成为美国最大方言区。

四、汉语的形成与发展

汉语既是中国汉族使用的语言，也是一些少数民族使用的语言。汉语历史悠久，使用人数最多，世界上使用汉语的人数至少15亿。汉语是中国、新加坡的官方语言，亦是联合国六种工作语言之一，在中国和新加坡、马来西亚、缅甸、泰国等东南亚国家，以及美国、加拿大、澳大利亚、新西兰、日本等国的汉族华人社区通用。汉语内容丰富，而且与西方语言有很大的不同，它不是拼音文字，而是方块字。

（一）汉语方言的形成与发展

由于历史与地理条件的影响，汉语方言间存在不同的特点，根据语言特点可分成不同的方言类型和方言区。1950—1960年代，有中国汉语方言分七区的说法。七区是：北方方言（官话方言）、吴方言、湘方言、赣方言、客家方言、粤方言、闽方言。1980年代后期，李荣教授在主编《中国语言地图集》时提出了十区的说法。十区是在七区的基础上增加了晋语、徽语和平话三个方言区，即：官话区、晋语区、吴语区、徽语区、赣语区、客家话区、湘语区、闽语区、粤语区、平话区。尽管对于方言分区到目前仍没有统一的观点，但"七大方言说"已成为语言学界的主流观点。

1. 北方方言的形成与发展

北方方言，可以看作古汉语在广大北方地区经过数千年发展起来的。北方方言最早起源于黄河中下游地区，这里是中国最早的文化中心和政治中心，在语言上汇集、吸收、融合周围地区的语言，随着政治中心管辖范围的扩大，影响也逐渐扩大，因此北方方言又被称为官话方言或北方官话。加上华北地区平原广阔，交通便利，为人员往来、语言交流提供了条件，结果在华北地区出现了共同语。经过古代夏、商、周的发展打下基础，到秦始皇统一中国后，利用政治力量实行"书同文"政策，使共同语在文字的统一下得到加强与巩固。经过两汉的发展，虽然在以后的南北朝时期，北方处于少数民族政权控制下，但在民族大融合的过程中，由于汉语当时具有深厚的基础，不仅使汉语继续保持和使用下去，而且也为进入该语言地区内的少数民族所接受。在元、清两朝，少数民族大量入居中原，政治上少数民族占主导地位，但语言文化却是汉语占主导地位，直到后来被少数民族全部接受。所以北方方言的形成过程一方面是随着政权中心的不断扩大、巩固、深入而扩大其范围，另一方面也是在与周围少数民族不断交流、融合中发展的。

目前北方方言区的范围包括长江以北地区，湖北（东南角除外）、四川、云南、贵州省大部分地区，以及广西西北部、湖南的西南角。其面积占汉语方言区的3/4，使用人口占中国人口的70％以上，即总人数达10亿以上，远远超过世界上任何一种作为主体语言使用的人数。

在中国西南地区，尤其是在云南和贵州两省，由于明代时中央政权管辖范围的扩大，加上移民，使北方方言在此地区流行。在东北，主要在清代后期，东北地区向汉人开禁，山东、河北等省农民大量移往该地，使北方方言扩大到整个东北。

由于北方方言区面积较大，各地语音亦有差异，一般又分出北方、西北、西南、江淮四个次方言区。

2. 吴方言的形成与发展

吴方言又称吴语，在南方各方言中发展历史最悠久。大约在周朝甚至周朝以前，即有北方的移民南下吴、越，带来了中原语言，其后的春秋、战国时期，吴、越接受中原文化，加上秦始皇统一全国与"书同文"的政策，对吴方言的形成发展起到重要作用。后来，北方移民在战乱与少数民族控制中原时期大批南迁，使吴语与中原的语言更加接近。

吴语的分布区包括长江三角洲地区及浙江的大部分。北面以长江南岸的丹阳和北岸的靖江为界，南面以温州、金华、衢州三地为界。过去吴语以苏州话为代表。不过，20世纪以来上海成了重要的经济、文化中心城市，所以上海话在吴语中的地位得到提升。

3. 湘方言的形成与发展

湘方言又称湘语，或湖南话，形成稍晚于吴语，来源于古楚语，楚人原居住在中原，殷末大乱，始南迁于湖北境内，由其带来的语言发展成为楚语。在春秋、战国时，楚国已发展为包括整个湖南在内的大片地区。

秦的统一加强了中原汉语对楚语的影响。后来，中原战乱，北方移民大量南迁，多居住于湖北，亦有少数进入湖南。这不仅使原楚语进一步受中原汉语的影响，而且楚语的北界南移，主要分布于湖南，并成为湘语。

目前湘方言分布于湖南大部分地区及广西的东北部。由于此方言区东部的人与北方方言接触多，所以湘方言受北方方言影响称为新湘语，以长沙话为代表；西边则被称为老湘语。

4. 粤方言的形成与发展

粤方言的地域分布与广东省行政界线并不一致。它分布于广东中部、西南部，广西的东南部，香港与澳门。而广东省的东部、北部山区则不属于粤方言区。另外，散居海外的华人不少来自该方言区，而今仍操粤方言。广州话可以作为粤方言的代表。

今粤方言区是古百越人杂居的地区。据传说，该地很早就和中原发生接触。秦始皇收南越后，置三郡，并入中国版图，为巩固南疆，留50万人驻守该地，形成汉人与少数民族杂居的状况。带来的语言亦成为日后粤语发展的基础。

北方后来几次大规模移民，使粤语受中原汉语影响的痕迹逐步加深。但是，该地区由于与中原地区距离较远，慢慢地形成了与中原不同的方言。

5. 闽方言的形成与发展

闽方言的分布范围除福建本省以外，海南、广东的潮汕地区与台湾地区的绝大部分地区亦都属闽语区。海外华人中也有相当多的人口操闽语。从历史发展看，有北方汉人来闽之说，具体时间则始于东汉末、三国及晋时的北方移民。当时，移民路线有海陆之分。海路沿浙江进入，通过闽江进入福州，多居住于沿海一带。陆路则从闽北浦城进入，并散居于闽西北地区。唐、宋时期，移民又开始进入闽南与闽西南，甚至进入粤东。

由于北方移民进入福建时有海陆之分，时间上从汉末直到宋、元，加上福建省内地理条件复杂，而且不在中国南北主要交通线上，因此福建不但形成汉语中较独特的方言区，而且内部亦有较大差异。

从时间上看，闽语形成晚于吴语、湘语和粤语。在闽语区内部，南与北、沿海与内陆差异较大，难以互通。在闽方言中又分不同的次方言。

6. 赣方言的形成与发展

赣方言又称赣语，或江西话、江右语等。今江西省在春秋时代是吴、越、楚三国交界地区，在汉代则又介于荆、扬二州之间。按此情况，该地居民当时的语言可能属于吴语和楚语，或者至少与其有密切关系。在东晋末年，中原汉族受北方少数民族侵扰，大举南迁，部分进入江西中部。唐、宋时期，江西则成为接受北方移民的重要地区，这对该方言的形成产生重要影响。

赣方言区分布在江西的北部与中部。由于受周围方言影响，分布界线并不很明确。湖北的东南部与湖南的东部与江西相邻处，语言与赣语接近，有人将其划入赣语区，但实际界线划分不是固定的，亦可称湘鄂赣方言。江西的南部与客家方言相混，也可称客赣方言。其东北、九江以东的长江南岸则属江淮方言。在赣方言中，南昌话可以作该方言的代表。赣方言与汉语中的其他方言相比，缺乏突出特征，这正说明赣方言形成的特殊历史以及介于其他方言区之间的特殊地理位置的影响。

7. 客家方言的形成与发展

客家方言在汉语方言中出现较晚，而且有其特殊原因。客家的先民也是北方的汉族居民，虽然汉民南迁亦始于东晋，但形成特殊的客家方言还是宋代以后的事。因为这时南方各地，特别是条件较好的地方，多已为早先来的移民所占据，后来的移民或居于边缘山地，或与早先来的移民杂居。当时户口上称后来移民为"客"，早来定居者为"主"，因而出现了"客"或"客家"之称。由于山区内部空间单元闭塞，主客社会分居不同空间单元，形成了主客语言上的不同。加上后来一些主客之间矛盾，有的地方客家人的重新迁移，形成了客家方言的特殊分布区，既有相连成片的地区，又有较多的语言岛。集中分布区位于粤东、粤北、闽西、赣南。此外，在广东、海南、福建、江西、湖南、四川、广西、台湾还有分散的客家语言"岛状"分布区。

从以上情况可看出汉语的发展有南北的差异。北方方言相对统一，南方方言相对分散。南北语言虽有差异，但南北地区在政治上是统一的国家，经济、文化上联系紧密，所以语言上没有分化成独立语种。北方尽管受到少数民族的入侵，但由于汉族人数众多，文化基础深厚，汉语并未发生根本变化。并且随着民族的杂居、混合，北方方言分布区不断扩大，提高其在各民族中及汉语各方言人群中的共同语的地位。分布地域的辽阔使北方方言分化为多种次方言，但相互之间差别较小，维持了较高的互通性。

汉语方言更具体的分布和分区见图9-1。

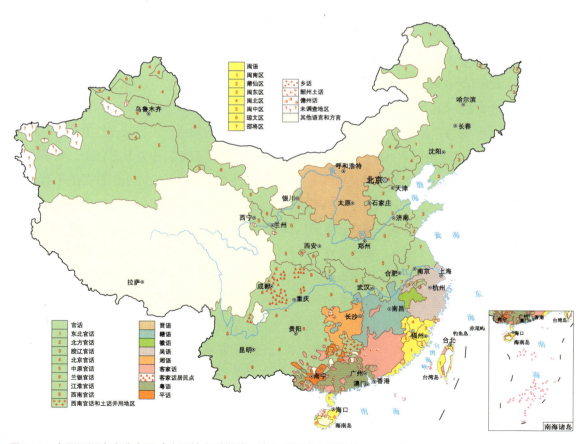

图9-1　中国汉语方言分布图（中国社会科学院，澳大利亚人文科学院，1999）

案例9-2　新时代的"网络方言"

随着信息网络的飞速发展，一种新的"方言"——网络语言已经形成，并逐步融入中国人民的日常生活中。网络语言是一种流行于网络上的语言，是随着计算机网络技术的发展而兴起的社会方言。但它的使用并不局限于网络，一些网络语言甚至已经深入人们的日常生活中，成为当下人们传情达意、表达思想使用频率较高的一种社会方言。网络语言起源于生活，流行于网络，同传统汉语一样，可承载着一定的情感色彩。如"锦鲤"源于支付宝在微博上推出的一个抽奖活动，转发微博抽奖，抽中的人为"中国锦鲤"，获得"中国锦鲤全球免单大礼包"，由此"锦鲤"一词成为"好运""幸运儿"的象征，象征着人们对美好生活的向往。

网络语言作为一种在网络上使用的语言，有着产生和消亡时间相对较短的特性。由于网络语言自身产生的娱乐性、错误的语法使用，以及特定事件的指向性等与生俱来的缺陷，很多网络语言产生后不久就消失在了时间的长河里。例如，在电竞中产生的"奥利给"（加油）等网络流行语，这些艰涩难懂或有着特定事件背景的网络语言，随着时间的推移或特定事件不再热门而渐渐不再流行。

此外，网络语言的产生有很大一部分跟热门事件有关，可以说热门事件特别是娱乐热门事件是网络语言产生的一个重要来源。例如"官宣"一词源于影视明星在微博上发布"官宣"宣布结婚这一娱乐事件。再如"我太难了"出自网络的一个土味视频，表达了成人世界的不容易，它逐步在生活中流行开来。网络语言作为一种在网络上使用的社会语言，其语言形象传神，使用人群庞大，对现代汉语的发展有着不可低估的作用。在互联网快速发展的今天，汉语言文学的发展和传播在迎来了新的机遇的同时也面临着颇多的挑战，因此为了使汉语得到更好的发展与传播人们需要做的就是理性分析，趋利避害，为汉语的辉煌贡献自己的力量。

资料来源：白彩艳，2020。

（二）汉语扩散与各地方言地理分布的关系

在中国现代汉语七大方言中，北方方言可以看成是古汉语经过数千年在广大北方地区发展起来的。而其余六大方言却是北方居民在历史上不断南迁，逐步形成的（桥本万太郎，1985）。在早期的广大江南地区，主要是古越族的居住地，他们使用的古越语与古汉语相差很大，不能通话。后来，北方的汉人曾有几次大规模的南移，带来不同时期的北方古汉语，分散到江南各地区，于是逐渐形成现在彼此明显不同的六大方言。现在各方言之间的差异究其原因有三：一是北方汉语与南方古越语在彼此接触之前，其内部就有各自的地区性方言；二是北方汉语南下的时间不同，自然汉语本身就不同；三是南方方言分别在一定独特环境中发展。

从上述情况看，北方方言范围最大，其内部由于人员来往交流频繁，内部差异比较小，南方各方言中，湘语内的西南官话与吴语内下江官话由于和北方官话地域相连，来往交流多，因此保持同步发展，彼此差异不大；而粤语和闽语区与北方方言地域差距较远，来往困难，故与北方方言差异较大；粤语与闽语相比，闽语的形成比较晚，其封闭性也较大。粤语由于交通关系，与北方汉语联系较多，因此，粤语在形态上不如闽语古老。

第二节　世界语言分类与分布

一、世界语言谱系

据德国出版的《语言学及语言交际工具问题手册》，现在世界上查明的语言有5651种。在这些语言中，有1400多种还没有被人们承认是独立的语言，或者是正在衰亡的语言。使用人数超过5000万的语言有17种。世界上虽然有这么多的语言，但是某些语言之间具有亲缘关系，虽然经过漫长的进化过程各自形成独立的语言系统，但是仍可以从其语法特点辨别其产生的轨迹。语言可以按照彼此的亲属关系进行分类，也即进行谱系分类。语言谱系分类的依据是语言在发生学上的关系，即哪些语言最初是从一个单一的语言分化出来的。从同一语言分化出来的所有后代语在谱系分类中都归为一类，叫作"语系"。确定不同语言是否属于同一语系（即有同源关系）的根据，主要是语言的基本词根有语音对应关系；如果是有形态变化的语言，形态变化成分的语音对应也是很好的证据。同语系的语言相互间有亲属关系，因而成为亲属语言。语系之下还要根据语言的分化层次（也即亲属关系的远近）再分为语族、语支、语种、方言、次方言等级类。

谱系分类法是语言分类中应用最广的方法，基本意义如下。

（一）语系

语系是语言谱系分类的最大单位，它由一个共同的原始母语分化的若干具有亲属关系的语言组成。属于同一语系的不同语言，一般在语音、词汇和语法等方面，都在不同程度上具有共同特征，这些共同特征既把同语系的各种语言联系在一起，又与其他语系及其所含语言区别开来。由于世界语言十分复杂，人们对它们的研究程度不同，故在语系的具体划分上还存在一定的分歧，不过对主要的语系，无论划分还是命名，都比较一致。

（二）语族

语族是语言分类的二级单位，同一语族的语言尽管可能出于一个共同的原始母语，但各种语言在演化上又有亲疏远近之分，从而形成次一级的语言群，就是语族。语族的划分因标准不同有粗细之别。语族一般又可进一步分为语支，有的语族所含语言较少，则不再划分语支。

（三）语支

语支是在语族单位划分的基础上进一步细分的单位。由本语族内若干更具有亲属关系的语言组成，通常是同一语系中最小的语言群。当然，也有的学者进一步划分为语种，不过这种情况并不具有普遍性。

（四）语种

语言分类中的最小单位。但一种语言往往包含有若干方言。前述英语和汉语即为语种。

虽然学者们根据语言谱系将世界上的语言进行分类，但是目前还是存在许多不同分类结果。本书采用其中之一，即将世界语言大约划分为六个主要语系，即印欧语系、汉藏语系、乌拉尔–阿尔泰语系、闪–含语系、南岛语系（马来–波利尼西亚语系）、非洲大语系。

二、世界主要语系及其分布

人文地理学研究语言的空间分布，以及语言分布区域的发展变化。任何一种语言都是在特定的环境中，为了生活的需要而产生的，所以各种语言所在的环境必然会在语言上打上烙印。语言是思想交流的媒介，必然会对政治、经济、社会和科技乃至文化本身产生影响，反之亦然。语言空间分布是不断变化的，其现今的空间分布也是过去扩散、变化的结果。一种语言的空间分布是衡量使用它的文化集团命运的尺子。如果该文化集团兴旺发达，则其使用的语言就会在地理范围上不断扩大，反之则会缩小，甚至灭绝。

语言区是根据语言上的差异而划分的空间分布范围，根据地理环境、政治边界、人群特征等影响因素的不同，语言区有的属于形式文化区，有的则属于机能文化区。根据语言中相同的词汇和发音，划出它们分布地域的外围连线，称为等语线。多数情况下，应用相同的词汇的等语线与发音相同的等语线不可能完全重叠。但是，这些等语线往往聚集在一起，多条等语线聚集的地带，也就是语言发生急剧变化的地方，也就是划分语言种类的边界，这条边界往往是一条模糊的、多语言混合使用的语言带。语言分布大多是在地域上相连成片的分布区（图9–2、图9–3）。

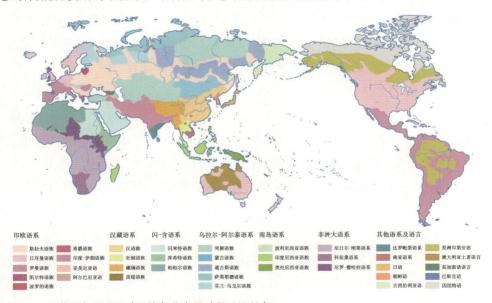

图9-2 世界主要语系（语族）分布图（段明远绘）

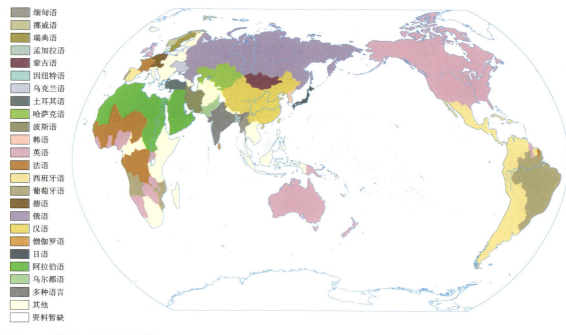

图例（自上而下）：
缅甸语
挪威语
瑞典语
孟加拉语
蒙古语
因纽特语
乌克兰语
土耳其语
哈萨克语
波斯语
韩语
英语
法语
西班牙语
葡萄牙语
德语
俄语
汉语
僧伽罗语
日语
阿拉伯语
乌尔都语
多种语言
其他
资料暂缺

图9-3　世界部分语种分布范围

（一）印欧语系

印欧语系是世界上最大的语系，它包括了欧洲、美洲的大部分语言和亚洲的许多语言。它有两大最古典的语言，拉丁语和希腊语。根据亲缘关系与分布特点，印欧语系分为多个语族（表9-1），其中最重要的有四个：日耳曼语族、罗曼语族、斯拉夫语族和印度－伊朗语族。

表9-1　印欧语系诸语种列表

语族	语支	大语种	小语种
日耳曼	西	英语、德语、依地语、荷兰语、弗拉芒语、阿非利堪斯语	弗里西亚语、卢森堡语
	北（斯堪的那维亚）	瑞典语、丹麦语、挪威语、冰岛语	法罗斯语
罗曼		意大利语、法语、西班牙语、葡萄牙语、罗马尼亚语	加泰隆语、普罗旺斯语、利托－罗曼诸方言、撒丁语、摩尔达维亚语
凯尔特	布列索尼	威尔士语、布列塔尼语	
	戈依迪利	爱尔兰语（盖尔语）、苏格兰语（盖尔语）	
希腊		希腊语	
		阿尔巴尼亚语	
斯拉夫	东	俄语、乌克兰语、白俄罗斯语	索布语（卢萨语）
	西	波兰语、捷克语、斯洛伐克语	
	南	保加利亚语、塞尔维亚－克罗地亚语、斯洛文尼亚语、马其顿语	

语族	语支	大语种	小语种
波罗的		立陶宛语、拉脱维亚语（莱蒂语）、亚美尼亚语	
印度－伊朗	伊朗	波斯语、普什图语、库尔德语、卑路支语、塔吉克语、奥塞梯语	比利语、吉普赛语、马尔代夫语
	印度	梵语、印地语、乌尔都语、孟加拉语、旁遮普语、马拉蒂语、古吉拉特语、比哈尔语、拉贾斯坦语、奥里亚语、阿萨姆语、克什米尔语、尼泊尔语、信德语、僧伽罗语	

1. 日耳曼语族

① 西日耳曼语：英语是日耳曼语族中使用人数最多的语种。它最初分布在大不列颠岛。该语种是公元5世纪时由日德兰半岛迁移来的盎格鲁人、撒克逊人和朱特人的语言发展形成的。所以，英语（English）这个词就是由盎格鲁语（Englishe）演变而来的。

由于工业革命在英国发生，所以随着英国在全世界殖民地体系的建立，英语的影响也遍及世界。尽管在英国说英语的人才5000多万，但是以英语为母语的人口却有3.7亿以上，再加上把英语作为第二语言的人数，总人数可能超过10亿。特别是随着互联网技术在全球的普及，英语作为网络信息的载体越来越得到更多人的重视。

西日耳曼语还有两个分支，即高地日耳曼语和低地日耳曼语。高地指德国南部山地，低地指北部的低地。高地日耳曼语为现在标准德语的基础。低地日耳曼语主要分布在德国北部、比利时北部和荷兰，其中的低地旧撒克逊语是现代德国北部人说的一种方言，旧低地弗兰科语是现代荷兰语和比利时北部弗拉芒语的基础。弗里西亚语只是荷兰东北部少数人所说的语言。

② 北日耳曼语：即斯堪的纳维亚人所说的语言，它包括瑞典语、挪威语、丹麦语、冰岛语。这些语言都源于古代斯堪的纳维亚语，10世纪后由于人口的迁移和政治形成了不同国家才分化成现在的四种语言。

2. 罗曼语族

罗曼语族也称为拉丁语族。这种语言是由过去罗马人使用的拉丁语发展而来的。当时，罗马帝国的疆域西达西班牙，北到不列颠岛，南抵非洲北部，东至中东。由于罗马的政治、军事力量向外扩展，其语言也被传播到帝国各个角落。

罗马帝国垮台以后，拉丁语的优越地位消失了。除去宗教活动中使用以外，拉丁语还与当地语言结合独立发展，随着民族国家的出现，最终形成今天的法语、西班牙语、葡萄牙语、意大利语和罗马尼亚语。

① 法语。是法国的官方语言，有南北两种方言。北部以巴黎法语为标准法语，南部称普罗旺斯语。在法国以外，比利时南部法语也通用。法语在非洲有相当大影响，由于过去许

多地方是法国殖民地，在独立后，不少国家仍用法语作为官方语言。

② 西班牙语和葡萄牙语。这两种语言在欧洲只限于西班牙和葡萄牙两个国家，使用的人不多，但在世界上却有较大影响。

过去西班牙的殖民地主要在拉丁美洲。在拉丁美洲国家中，除巴西与一些岛国外，大多使用西班牙语，使用葡萄牙语的只有巴西。在非洲，安哥拉与莫桑比克则以葡萄牙语作为官方语言。

③ 意大利语。是意大利人所使用的语言。在瑞士与意大利相邻的地方人们也说意大利语。尽管在瑞士说意大利语的人只占总人数的10%，但是瑞士仍把意大利语作为一种官方语言。

④ 其他语言。在罗曼语族中，还有罗马尼亚语、罗曼什语、加泰隆语和撒丁语等。罗马尼亚语是罗马尼亚用的语言。罗曼什语是利托－罗曼诸方言之一，分布于瑞士东部，操此语言的只有2万多人。加泰隆语是西班牙语中的一种方言，分布区以巴塞罗那为中心，大约有600万人使用。撒丁语分布于意大利的撒丁岛上，是意大利语、西班牙语与阿拉伯语的混合产物。

3. 斯拉夫语族

斯拉夫语形成较晚，分东、西、南三个语支。

① 东斯拉夫语。东斯拉夫语包括俄语、乌克兰语和白俄罗斯语。俄语是俄罗斯的主要语言，是斯拉夫语言中使用人数最多的语言。在苏联，俄语不仅是其共同的语言，在东欧各国亦有相当影响。乌克兰语和白俄罗斯语，分别是乌克兰人和白俄罗斯人使用的语言。

② 西斯拉夫语。西斯拉夫语包括波兰语、捷克语、斯洛伐克语。它们分别是波兰、捷克和斯洛伐克三国使用的语言。

③ 南斯拉夫语。南斯拉夫语包括塞尔维亚－克罗地亚语、斯洛文尼亚语、马其顿语和保加利亚语。这些语言现分别为巴尔干半岛上相应国家使用的语言。

4. 印度－伊朗语族

印度－伊朗语族是印欧语系中比较复杂的语族，它包括的语种繁多，在印欧语系中使用人数最多，分布区相互交错。

印度语支主要语言有印地语、乌尔都语、孟加拉语。印地语在印度是使用人数最多的语种。乌尔都语是巴基斯坦人使用的语言。孟加拉语是孟加拉国与印度东部地区居民使用的语言。在印度，除印地语外，属于印度－伊朗语族的语言还有旁遮普语、马拉蒂语、古吉拉特语等。印度南部的达罗毗荼语是印欧语系进入印度以前当地的土著语言。属于南亚语系的有坎纳拉语、马拉雅兰语、泰卢固语、泰米尔语。在斯里兰卡，南部居民操僧伽罗语，北部居民操泰米尔语。

伊朗语支主要语言有波斯语、普什图语、库尔德语。波斯语是伊朗人使用的语言。普什图语是分布于阿富汗和巴基斯坦北部边境上普什图人讲的语言。库尔德语是居住于土耳其、伊拉克和伊朗相邻地区的库尔德人使用的语言。

据研究，最早说印欧语的库尔干人是从事牧业的。开始时，他们居住于里海北面，大约于公元前4000年到公元前3000年时，向西迁移进入黑海的西北部。到公元前2500年，库尔干人又从这里分散到欧洲其他地方。另一部分则沿里海进入伊朗、阿富汗和印度。由于库尔干人占据的领土范围扩大，但并没有统一的政权，各地的部落又相互独立，经过世代的孤立，语言分异日益增大，最终形成具有多种语种的印欧语系。在印欧语系中，还有希腊语、阿尔巴尼亚语、亚美尼亚语和巴斯克语，它们与其他语言的亲缘关系还未确定。

（二）汉藏语系

汉藏语系分布于中国及其附近地区，在使用人数上，属世界第一。汉藏语系使用人数在15亿人以上，占世界人口的20%以上。

1. 汉语

汉语是中国汉族使用的语言，同时也是中国一些少数民族使用的语言，其中大部分位于中国境内。

汉语历史悠久，分布地域广，由于自然地理条件差异明显，加上政治、军事活动导致的移民等原因，汉语分化程度很深，内部方言较多。一般认为，汉语包括有七大方言、四大官话（即次方言）。

2. 汉藏语系的其他语言

① 藏缅语族：在该语族中有藏语支、缅语支、彝语支和景颇语支。

藏语支中有藏语、嘉戎语和门巴语。藏语分布于中国西南部的青藏高原以及相邻四川、甘肃、青海的部分地区，还有国外与青藏高原相连接的地区；嘉戎语分布于阿坝藏族羌族自治州和甘孜藏族自治州等地区；门巴语分布于西藏的墨脱、林芝、错那等地。

缅语支主要分布于缅甸境内，有缅语、克伦语、若开语、钦语、克耶语。中国云南省境内西南部的载瓦语和阿昌语也属于缅语支。

彝语支在中国境内包括彝语、哈尼语、傈僳语、拉祜语、纳西语和基诺语，主要分布于云南、四川、贵州、广西四省区的部分地区。

② 苗瑶语族：苗瑶语族中有苗语与瑶语两个分支。苗语分支在中国有苗语和布努语，分布于云南、贵州、四川、湖南和广西。瑶语分支有瑶语、勉语，在中国集中分布于广西、海南、湖南、云南、江西的部分山区。在国外，苗瑶语族还分布于越南、老挝、泰国和缅甸。

③ 壮侗语族：壮侗语族包括壮语、傣语、侗语和黎语。壮语主要分布于广西，是中国除汉语外使用人数最多的语种。傣语分布于云南西南部，在泰国为中部泰语（即曼谷语）。侗语分布于贵州、广西、湖南三省交界处。黎语主要分布于海南岛南部。

3. 其他从属未定的语言

在汉藏语系分布区边缘，还分布有一些虽与该语系有些关系，但其从属关系又未确定的语言，它们是日语、朝鲜语和越南语。

① 日语：主要分布在日本境内，其分布范围基本上与国界重合。虽然日语在文字上应用汉字及其偏旁创造假名，但语音上仍与汉语差别较大。该语言的语系归属未定，多数学者认为属阿尔泰语系。

② 朝鲜语：朝鲜过去虽然使用过汉字，但其语言、文字与汉语、汉字均不同。多数学者亦认为其应属阿尔泰语系。

③ 越南语：越南在过去也用过汉字，并改造为"喃字"。20世纪以来，越南文字采用拉丁化拼音。也有学者认为越南语与柬埔寨的高棉语以及马来西亚和印度的一些语言共属南岛语系。

（三）闪－含语系

闪－含语系包括阿拉伯语、希伯来语及北非、西亚等地使用的一些语言。

1. 阿拉伯语

阿拉伯语是阿拉伯国家的官方语言，使用的人超过2亿。其内部虽然有方言差异，但是由于《古兰经》的影响及报纸、广播的示范作用，阿拉伯语已成为北非、西亚地区的标准用语。

2. 希伯来语

希伯来语原是居住在巴勒斯坦地区的犹太人使用的语言。后来，犹太人被罗马人驱赶出该地流落四方。犹太人于1948年在巴勒斯坦建立以色列国家时，希伯来语被选作该国通行的语言。从一种保留下来的宗教语言变成现代的世俗语言，在语言学上可以说是一件非常特殊的事。

3. 其他语言

属于该语系的其他语言有安哈拉语（埃塞俄比亚北部）、柏柏尔语（非洲西北的摩洛哥、阿尔及利亚）、图阿雷格语（阿尔及利亚、马里、尼日尔交界处）、库希语（东非）、加拉语（埃塞俄比亚南部）、索马里语（索马里）。

（四）乌拉尔－阿尔泰语系

乌拉尔语最早出现于现今俄罗斯的乌拉尔山西边，南部与库尔干人住地相邻。后来分成北、西、东三支向外扩散。向北一支沿伏尔加河上游进入芬兰，后来成为今天的芬兰语；向西最后扩散到匈牙利，成为今天的匈牙利语；向东进入西伯利亚，成为今天的位于乌拉尔山北端与鄂毕河下游的科米语和汉蒂语。斯堪的纳维亚半岛北端的拉普语亦属乌拉尔语。

阿尔泰语虽起源于阿尔泰山与中国青海之间的广大草原地区，但语言上与乌拉尔语有共同之处，故合为一个语系。其包括的语言有土耳其语、阿塞拜疆语、土库曼语、乌兹别克语、吉尔吉斯语、哈萨克语、维吾尔语、满语、蒙古语、雅库特语等。

（五）非洲大语系

非洲语言约近千种，方言则更多，而且大多数语言还没有文字，西方传教士和殖民地官员用拉丁字母或阿拉伯字母记录了这些口语。这也反映了非洲语言的孤立性，它在发展过程中尚停留在初级阶段。

从撒哈拉沙漠以南到南非之间，可以分三个语系，即尼日尔–刚果语系、科依桑语系和尼罗–撒哈拉语系。不论从面积，还是从使用人数来说，尼日尔–刚果语系都占90%以上。

1. 尼日尔–刚果语系

该语系又可分为五个亚语族。

① 大西洋亚语族：它包括塞内加尔的沃洛夫语，几内亚、塞内加尔和马里的富拉尼语，马里、几内亚的曼丁戈语，马里、尼日尔的桑海语。

② 沃尔特亚语族：主要是布基纳法索的莫西语。

③ 几内亚亚语族：包括范围西起利比里亚东到尼日利亚的几内亚湾一带。西部以阿肯语为主，东部以约鲁巴语为主。

④ 豪萨亚语族：主要是豪萨语，分布于尼日利亚北部及其附近地区。

⑤ 班图亚语族：其所包括的语言有尼日利亚东部的蒂夫语，喀麦隆和加蓬的芳语，刚果的刚果语、林加拉语、卢巴语，安哥拉的姆本杜语，坦桑尼亚和肯尼亚的斯瓦希里语，赞比亚的本巴语，津巴布韦的绍纳语，莫桑比克的马库阿语，南非的祖鲁语。

2. 科依桑语系

该语系分布于非洲西南部。它包括布须曼语（分布于纳米比亚、博茨瓦纳与南非交界处的卡拉哈里沙漠地带）和霍屯督语（分布于纳米比亚沿海的纳米布沙漠地带）。它是非洲最古老的语言，原来分布范围较广，后逐渐收缩。

3. 尼罗–撒哈拉语系

它位于闪–含语系和非洲语言之间。该语系包括的语言有苏丹南部、乌干达北部、肯尼亚西部的努比亚语和了卡语，肯尼亚南部的马赛语，中非北部的桑戈语，尼日利亚东北的卡努里语。

（六）南岛语系

该语系分布最为广泛，但使用人口少，它西起印度洋西边的马达加斯加岛，东到太平洋东边的复活节岛，中间包括印度洋和太平洋上的岛屿及有关地区。该语系又称马来–波利尼西亚语系。

它包括的主要语言有马尔加什语、印度尼西亚语、马来语、他加禄语（菲律宾）、高山族语（中国台湾）、夏威夷语、毛利语（新西兰）和太平洋岛上的密克罗尼西亚语、美拉尼西亚语、波利尼西亚语等。

（七）其他语言

除上述各语系外，还有一些语系或语言集团比较复杂，在语言分类中地位难以确定，主要包括美洲印第安人语言、巴布亚语、因纽特语、澳大利亚土著人语言等。

第三节 语言的传播与影响

一、语言的传播与环境

从空间上来看，语言的传播是由迁移扩散和扩展扩散造成的。语言的迁移扩散是指使用某种语言的人群迁移到新的地方，遂将该语言传播到该地。语言的扩展扩散是指使用某种语言的人口不迁移，但该语言却从该地向四周不断地传递，其所占据的空间也就越来越大。总的说来，语言传播的最直接的影响因素为人口的迁移和流动。在其他媒体发明以前，人是语言交流的唯一载体。而当出现其他媒体以后，人和媒体均成为语言传播的载体。在前一种扩散中，语言是借助人员的流动从一地扩散到其他地区；在后一种扩散中，人员虽然没有发生可见位移，但是语言借助其他媒体，如广播、电视等传播到其他地区。影响人员空间流动以及媒体传播语言信息的因素，都是影响语言传播的因素，各种因素概括起来无外乎两类——自然因素和人文社会因素。

（一）自然因素的影响

自然因素对语言扩散的影响主要通过影响人口的迁移流动来进行，表现为在自然地理条件良好、通达性强的地理区域语言扩散传播状况好，而在自然地理条件差、通达性弱的区域语言扩散传播状况差。语言的发展扩散在古代是通过人的流动来完成的，可以想象，位于一个与世隔绝的区域是难以与外界进行语言交流的。一方面，区域外的语言难以进入；另一方面，区域内的语言也难以对区域外的语言产生大的影响。

高山、沙漠、森林、湖泊、沼泽、大江、海洋等天然屏障，在语言地图上的走向常常与语言的分界线一致。这些天然屏障通过长期阻碍两边人员往来，使其两边形成两种文化（包括语言文化（邓辉，2012：156-162）。例如：喜马拉雅山脉成为印欧语系的印地语与汉藏语系的藏语的分界线。在欧洲，阿尔卑斯山脉是日耳曼语与拉丁语的分界线。北欧的挪威与瑞典早先都属于北日耳曼语，两地语言差别并不大，后来逐渐发展成为两种语言，主要是由于两国之间作为国界的斯堪的纳维亚山脉的分隔作用。

再如：远离大陆的孤岛、被高山封闭的峡谷区、人烟稀少的沙漠区、广阔密集的森林区、环境恶劣的高原区等同外部交往甚少，大大阻碍了语言的交流，至今保留着各自的方言或民族用语。高加索地区地形崎岖，山岭纵横，山高谷深，人员往来交流十分不便，居住在那里的居民语言特别复杂。其中，印欧语系的有4种、高加索语系的有6种、乌拉尔-阿尔泰语系的有7种，因此有人把该地称作语言博物馆。类似的情形在中国云贵高原地区也存在。在面积不大的云贵高原上确认语种有30多种，这就是因为高原山区地形破碎，还有山林隔离。中国客家方言，它本是中原先民经过长途迁移至南方各地逐渐形成的，因迁入地与外界相对独立等原因，至今仍保留着大量的中原词汇。以常用的四五千字做比较，客家方言读音与普通话没有区别的仍占30%~40%。虽然客家人自南迁后，不断地吸收了吴、楚、闽、粤等方言的要素，但由于客家方言所处环境为粤东、闽东南等山区，相对少受外来语言的渗透，故有利于客家人保持其固有的语言风貌。以上的这些实例都能够说明，封闭的地理环境往往会阻碍外来语言的传播，对当地语言的保持起到屏障作用。

与之相反，平原及港口地区、交通要道、铁路、公路及河流附近等地区由于位置优越，同外界交往频繁，有利于语言的传播扩散。例如，广东省的英德以北地区本来是客家话的地盘，由于粤汉铁路的开通，铁路沿线的一些城镇和广州的交往日益加强，所以广州话也就扩散到这些城镇，如韶关已通行广州话。上海郊县一些城镇或乡村，其方言日益接近上海市区语言，则是现代公路发展、经济交往日益密切的结果。

从地理条件来看，平原与草原给交通提供了方便。这点在闪-含语系与乌拉尔-阿尔泰语系中表现得十分明显。显然，西亚、北非地理相连的草原环境有利于阿拉伯语形成及保持其语言内部的一致。乌拉尔-阿尔泰语系分布区东西相距十分遥远，如果不是草原使中亚与西亚和欧洲东部连接，形成方便交通的地理环境，则这个语言区是不可能相连的。

中国的华北平原地形开阔平坦，与东北、西北联系方便，这样的地理环境为北方方言的形成及内部一致性提供了重要条件。与北方相比，南方在地形上多为丘陵，其崎岖的地形为方言和次方言发展提供条件，各方言和次方言彼此的差异远大于北方。

马来-波利尼西亚语系横跨印度洋与太平洋的辽阔海域，而且各岛也相距甚远，如果不考虑海洋提供了较为便利的交通条件促进彼此交流，很难想象在起源上比较接近的语言为何彼此分布又这么遥远。

（二）人文社会因素影响

语言的扩散与传播在受到自然因素的影响前提下，更重要的是受到人文社会因素的影响，主要包括以下几个方面。

1. 行政区划的影响

行政区域的划分往往给语言的扩散带来决定性影响。国家是典型的行政区，在其内部不仅要求经济管理等方面的一致，而且往往要求正式场合使用语言上的统一，每一个国家或地区都有自己所使用的官方语言或通用语言。语言分布区界线与国界有着极大的一致性。

行政区域的分化和统一常常引起语言的分化和统一。一个原本完整统一的地区由于政治、经济和战争等原因分化成几个独立或半独立区域，各区域间交往减少或完全断绝，这种环境的变化使本来使用的相同语言，其共同点逐渐减少，差别越来越大，进而形成各有特点的语言分支——方言。若地区之间长期完全隔绝，那么各方言就可能失去约束，使自身特点不断发展，进一步形成独立的语言。例如，蒙古语在13世纪蒙古帝国时期曾是蒙古族统一使用的语言，后来远征各地使蒙古人分散到欧亚大陆的广大地区，由于各地相距较远，交通不便，尤其是蒙古帝国的衰退，减少了区域之间的交往和联系，使各地的蒙古语独立发展分化成现在的蒙古语、莫戈勒语、布里亚特蒙古语等。又如，在苏联时期，俄罗斯地区与乌克兰地区都采用俄语，而现在，随着苏联的解体，乌克兰和俄罗斯成为两个不同的国家，乌克兰语很快成为乌克兰境内使用人口最多的语言。

同时，语言也随着地区的统一而统一，由于某种原因原来使用不同语言或方言的几个区域形成一个完整统一的行政区后，不同的语言妨碍了人们的交往，于是语言就会自主或被迫走向统一，形成一种在新的区域内通用的语言。例如，在早期的意大利半岛，拉丁语仅是拉提乌姆地区的方言，即罗马城的方言，意大利其他城市和地区则讲不同的语言。当罗马帝国统治了整个意大利后，首先强迫意大利全境使用拉丁语，最后强迫罗马帝国的整个统治区域都使用拉丁语。

行政区划的中心往往也是该区经济、文化、时尚的中心，一般人们的语言心理总是尽量接近行政中心，这样促使行政中心的语言很快传播到周围地区。例如，在中国广东省，原来三大民系分别使用广州话（即白话）、潮汕话与客家话三大方言，三者间沟通困难。但随着广州在省域内行政中心与经济中心地位的确立与发展，现在一般的客家人和潮汕人都会讲或听白话。再如，在英国，现在每一个受过教育的英国人都会说伦敦话，这同伦敦是英国的政治中心有关。

2. 经济条件的影响

不同地区在政治经济上的联系越来越小，语言的差别就会越来越大，往往造成地域方言的形成，比如德语是方言最多的语言之一。这是由于德意志民族在历史上曾经是许多封建公国，各公国之间由于缺少政治经济的联系，语言独立演化，形成方言，这是语言扩散传播的一个反过程。反之，经济越发达的国家和地区，同其他国家或地区在经济、文化等方面的交流就越频繁，其语言对外的影响也越大。英语之所以成为当今世界上最为通用的语言，重要原因是英国曾经是世界上经济最发达、最强大的国家，并在世界各地侵略扩张。此外当今世界以英语为母语的几个主要国家如英国、美国、加拿大、澳大利亚等国在世界上有重要的经济地位。经济发达地区，一般科学技术也比较先进，其所发明创造的技术和产品比较多。因此，对应这些新发明创造的词汇一旦出现，常常被其他国家所吸收利用。如英国人发明的sonar，引入中文译为声呐，引入日文为ソナー。

3. 人口迁移的影响

人是语言的载体，没有人口流动，在通信条件比较落后的时代，语言的传播扩散几乎无法实现。移民作为人口迁移的一种方式，促进了语言的传播发展。如果外地的移民较当地的土著居民有较优越的政治、经济、文化地位，同时迁移来时间又较集中，那么移民所带来的语言就有可能取代当地的土著居民的语言。例如，北美原是印第安人的故乡，印第安人在北美占绝对优势，印第安语是北美的主要语言。但自从15世纪哥伦布发现新大陆后，欧洲移民陆续移居北美。17世纪初大批英国移民来到北美，占据了北美大部分地区，使英语很快成为北美最为通用的语言。再如辽东半岛和山东半岛两地的方言极为相似，主要原因是迁入辽东半岛的人大都来自旧青州府、登州府和莱州府等胶东地区，他们在辽南地区占据了人口优势，所以今天的胶东话和辽南话接近是理所当然的。

即便在当代，通信条件已经相当的发达，但语言的传播扩散仍然受到移民的影响。如新中国成立初期成千上万的建设兵团战士进驻新疆，能使多种汉语方言彼此沟通的普通话在新疆推广开来。而上海知青的大量进入，也使云南、新疆等地的一些村寨与农场，日常语中多了许多"上海腔"。

4. 政治权力的影响

语言的传播与帝国的兴衰、殖民地的发展关系十分密切。在一种多方言的语言中，使用某种方言的族群占据社会优势或统治这个社会时，往往将自己的方言当作官方语言（主流语言）。阿拉伯各王朝的建立，使阿拉伯语得以传遍西亚和北非，成为今天阿拉伯国家通用的语言。西班牙语在拉丁美洲，葡萄牙语在巴西与非洲一些国家，法语在中非与西非一些国家，英语在美国与加拿大、澳大利亚、新西兰等国的传播，都是由于在这些国家实行殖民统治而把语言传播到那里的。

此外，国家的方针政策往往会通过影响移民的方式，进而引起语言的扩散传播（宁继鸣，2013：80-83）。

二、语言的扩散及其结果

（一）外来语言取代当地的语言

这种情况可以从英语的发展中得到例证。大不列颠岛最早通行由伊比利亚人带去的伊比利亚语，到公元前5世纪，凯尔特人进入该岛，凯尔特语取代了伊比利亚语。到公元5世纪，日德兰半岛来的盎格鲁、撒克逊和朱特人所操的英语取代了凯尔特语。到近代，随着大英帝国的发展，英国人向其殖民地大量移民。如英国人在美洲殖民，开始在大西洋的沿海地区，随着移民人数的增加，便对印第安人采取驱赶、屠杀的办法，缩小印第安人的居住地区与语言区，扩大英国人殖民地范围与英语区。同样情况，英语还扩散到加拿大、澳大利亚、新西兰和南非等地，成为语言扩散取代当地语言最突出的例子。

西班牙语和葡萄牙语在拉丁美洲的扩散也与英语一样，两国殖民当局也通过殖民、屠杀、驱赶等办法减少印第安人，缩小其居住范围，扩大殖民者人数和活动范围，从而扩大其语言分布区。由于拉丁美洲不少地区文化根基深厚，且该地的人口数量多，密度高，而西班牙人和葡萄牙人不得不采取通婚及同化等办法扩大其使用西方语言的人数，减少当地语言的影响。

（二）新来移民接受当地的语言

新来的移民并不都会取代当地的语言，亦有放弃自身语言而接受当地语言的情形。也就是说，在语言上，外来者被当地居民同化了。如中国南北朝时，鲜卑族在北方建立了北魏政权。为了有利于其统治，北魏孝文帝采取汉化政策，公开下诏，要求鲜卑人改习汉语。结果，鲜卑语就统一到汉语中去了。清代时，满族人入关，建立政权并统治了几百年，虽然竭力保持其语言，但是最后，满族人由于与汉族杂居逐渐放弃其语言而接受汉语。

（三）新来移民所带来语言先存在，后影响下降或消失

这种情况与政治力量的发展有关系。例如，在北欧，1323—1809年瑞典的政治与军事势力比较强，芬兰属于瑞典王国，瑞典的士兵与移民多居住于芬兰沿海，瑞典语就被带到该地区，较为流行。后来，芬兰脱离瑞典，瑞典士兵撤走，移民也多陆续返回，瑞典语影响大大减少，最后则消失掉，仅在少数地区留下些岛状分布。

亚洲的日本，在军事势力强大时，于1895年强占了中国的台湾，1910年吞并了朝鲜。在日本人统治时期，日本人向这两个地方不但进行移民，而且推行强化日语活动，尽管进行了几十年，但到第二次世界大战结束后，朝鲜独立，台湾亦回归祖国，原来移民这里的日本人亦被遣返回国，当地人虽受多年的日语教育，可日语也随着日本的失败而消失。

（四）新来移民仍维持自身语言成为特殊的语言岛

这种情况是由于新来的移民进入新的语言区定居下来后，既未扩大其语言的影响，使当地人接受其语言，也未放弃自己的语言，接受当地的语言，仍然继续保持自己的语言。这样就在某一广大的语言区中，出现一种与当地语言截然不同的外语语言，呈特殊的岛状分布。

在中国，锡伯语原分布在东北的嫩江，与满语很接近。现在东北这种语言却消失了，可在新疆西部却呈岛状分布。这是因为原来操锡伯语的部族，在清乾隆29年（1764年）将该部官兵包括家属等共约5000多人，派往新疆伊犁地区驻防，在那里进行屯田，经过200多年发展形成现在新疆的锡伯族。由于他们在该地是聚族而居，地点集中，而且在社会方面有自己的特殊功能，在内部与外部的竞争中形成较强的内聚力，所以他们的语言被留下

来。可是，在其起源地东北的锡伯族，后来与汉族杂居，生活与交往比较密切，其语言反而消失了。

（五）新来的移民到新地后最终随着环境条件变化形成新的语言

在欧洲罗马帝国时期，罗马人随着罗马帝国的向外扩展而迁到新的国土上。在那里，他们从事行政管理，担任驻防，进行商业活动。因此，他们也把罗马人的拉丁语带往各地，在当地的中、上层社会中具有重要作用。但是，罗马帝国垮台后，其原来所具有的优越地位已不存在，这些地方遂在罗马人的拉丁语影响下，将其与当地语言结合发展成新的语言。这就是目前欧洲南部属于拉丁语族（或罗曼语族）中的法语、西班牙语、葡萄牙语和意大利语的形成过程。正是由于受共同的拉丁语影响，这些语言存在着亲缘关系。

再如前面提到的客家方言。客家人原是北方中原人，在宋前后迁移到南方，由于这时南方大片土地多被早先移民占据，他们只能向边远地方发展。虽然在新地方，但由于与周围语言比较隔离而保留自己的特点，而且又与原居地相距过远，彼此缺乏联系，各自独立发展，久而久之，差异越来越大，就形成新的方言。

（六）多语言国家出现

由于政治、历史、地理等多种原因，语言扩散的结果是出现了多语言国家。例如，在比利时，其南部瓦隆人讲法语，北部弗拉芒人讲弗拉芒语，这两种语言比较对立，在各自语言区排斥另一语言，这种情况给国家管理带来一些消极影响。在加拿大，除魁北克省由法国人后裔占绝大多数而说法语外，其余多是说英语。因此，加拿大政府把两种语言都作为官方语言，加拿大成为双语国家。但是，说法语的魁北克却成为加拿大内部分离倾向的重要原因。在非洲，多语言的国家，特别是那些缺乏主体民族、主要语言的国家，他们很难确定某一种语言作为官方语言，即使确定，往往也会引起民族或部族之间的矛盾。在这种情况下，不少非洲国家继续使用原宗主国的语言作为一种"官方语言"，将之作为对外交往及国内各语言部族之间共同交往的工具。

第四节　语言与环境

语言与环境之间的关系十分密切，本节从语言的词汇、语言的保存、语言的传播和在环境中的新变化这几方面分别加以叙述。

一、环境对词汇的影响

在语言词汇中，不少是反映创造和使用这种语言的社会集团所生活的环境的。以因纽特人所创造的词汇为例，因纽特人居住在亚洲的东北部与北美洲的极北部地区，部分地区已位于北极圈内，一年中大部分时间处于风雪弥漫、太阳高度角很低的特殊环境。因纽特人生活的世界，雪把地面上的一切都掩埋起来，在风的吹扬下，地面的雪堆的形态不断变化。生活在这种环境下，缺乏通常的参照物来确定自己所在的位置与前进的方向，这样，他们的行动只有依靠雪堆的外貌、飘动的雪粒、呼啸的风、空气中的咸味、冰上的裂纹来识别方向，作为行动的参考。可以说，因纽特人生活在没有天际的、靠听觉和嗅觉的环境中，培养出他们对各类风雪、各种情况和各类海豹的感知，因而相应地创造出许多词汇来表达这种感知。

再如西班牙的例子，西班牙中部地形比较复杂，这里既有低地，也有高山，形态各式各样。于是生活在这种环境的卡斯蒂尔人为各种地形创造出许多在其他语言中没有的专门术语，例如，pelado 意思是裸露的没有树木的高地，peloncilla 意思是裸露的圆锥高地，pena 意思是有尖峰突起的高地，picacho 意思是有山峰的高地。此外，值得一提的是 mesa，指平顶山，该词已作为地貌上的专门术语。由此可见，环境对词汇的影响是比较明显的，有什么样的环境，就会产生与之对应的词汇。

除自然环境外，社会经济环境对语言的影响也是强有力的，主要表现在语言词汇结构特点的形成上。一个语言集团的传统产业对其语言词汇结构影响最大。如汉族是农耕民族，汉语中有关农业生产的词汇极为详细和精确。而作为游牧民族语言之一的蒙古语关于畜牧业生产的词汇极为丰富和详细。以牲畜的名称为例，蒙古族传统经营的牲畜是牛、马、骆驼、绵羊和山羊等五种牲畜，前三者合称为"宝德"（专指大畜的专有名词），后两者合称为"宝格"（专指小畜的专有名词）。每个年龄的每种牲畜都有各自的专有名称，进入繁殖年龄后不同性别的牲畜又都有各自的专有名称，与汉语的"二岁的""三岁的""四岁的""公的""母的"等牲畜形容词形成鲜明对比。

二、环境对语言的保护作用

环境对语言起着明显的保护作用，一种语言如果在受到强大的语言集团的压力下，面临着被同化或被消灭的危险时，找到某种特殊的环境，避开了语言同化的压力而保存下来，这种环境就起着避难所的作用（海山、高娃，1998）。这种环境有的是崎岖的山地，有的是特别寒冷或者特别干旱的气候，有的是无法穿越的森林或大片沼泽。条件恶劣，加上交通不便，不仅对征服者没有吸引力，而且与周围很少联系，以至强大集团的语言无法渗透进入。

山地的语言避难作用非常明显，瑞士的阿尔卑斯山有四种语言。中国的云南、贵州也是语言非常复杂的地区，苗、瑶、彝等族的语言就是在山林的保护下形成的，在南美洲的安第斯山地克丘亚语也是靠山地的保护而被保存下来的。

在气候方面，干旱的沙漠为南非的布须曼语和霍屯督语在班图语系的扩张影响下提供了保护。北极的寒冷为因纽特语与拉普语提供了隔离条件，热带雨林使巴西亚马孙河流域还保存着一些过着石器时代生活的人的语言。

不过，这些环境条件提供给语言的保护所或避难所，在现代交通条件的影响下正发生着变化，与外界往来增多，以及在外界物质与文化的影响下，不仅使社会发生变化，而且由于外来语言的影响，本身语言地位下降，甚至有被取代的危险。

三、语言与国家

在单一语言的国家不会出现语言冲突问题，但是在多语言的国家情况则不同。全世界很少能见到一个国家有多种官方语言却能和平共处的，在那里，人们对语言的地位和使用权利等问题十分敏感，对于实行某一种语言作为通用或官方语言往往采取抵制态度，他们怕人口少的语言最后消失。印度政府想使印地语成为全国官方语言，而实现语言统一的工作遭到抵制，现印度宪法规定另有21种地方方言在各邦也有其官方语言地位。在非洲，多种语言混合的国家行政管理具有困难，特别是在具有多种语言而缺少优势语言的情况下，选定一种语言作为官方语言，很容易引起纠纷，而且有的民族学习另一种民族语言也有困难。摆脱原宗主国的语言，就会削弱与这些发达国家的经济、文化联系，甚至影响与世界其他国家的联系。可是，保留原宗主国的语言，会遇到众多的群众学习一种相距甚远的语言的困难，同时也影响本民族文化发展，甚至使人民在心理上认为过去遭受殖民主义统治的痛苦历史还要继续下去，而这种困境往往与很多问题纠缠在一起，加重决策困难。

单一语言国家，在欧洲有瑞典、丹麦、波兰等，亚洲有朝鲜、科威特、日本等，非洲有埃及等，拉丁美洲有古巴、乌拉圭等。其实，很难达到在一个国家纯粹使用单一语言，像瑞典有少量拉普语，日本有极少量的虾夷人用阿伊努语，丹麦有极少数人说德语。这类国家由于语言统一，不仅不会发生多语言国家中的语言使用权的纠纷，同时，由于语言这一重要的文化特征的一致而带来的思想上的向心力，对国家统一与发展是一种潜在的力量（苏金智、夏中华，2013：159-170）。

四、语言与文字

语言是通过声音来表达人们的思想、情感与意见等。在过去没有录音设备，语言除当场传给听到声音的人，或由听到声音的人向未听到声音的人转述以外，是无法传给远处或其后的人。这就是说声音表达的语言无法保存下来传给远地的人。为了解决这个问题，古人发明了文字，利用文字把语音信息传给他人。因此，有人称文字是语言的符号，是凝固的语言。

在西方罗马帝国时代，罗马人用的是拉丁语，其文字是拉丁文。拉丁文是用拉丁字母拼写的。在罗马帝国垮台后，原罗马帝国的其他民族长期仍用拉丁文字。中世纪时，当时早期大学在欧洲亦用拉丁语教学。但是，当时的下层社会，却是通行该民族的语言。按各地使用语言的人数来说则是使用当地民族语言的人占多数。

大约在13—14世纪以后，国家的民族意识开始加强，许多国家在法律和上层社会的交往中开始使用本民族的语言。这种转变十分顺利的原因是拉丁文是拉丁字母按拉丁语的声音拼的。改为使用本民族语言后，仍然用拉丁字母，只是按当地民族语言发声来拼写，这过程并不困难就完成了。由于当地民族语言用拉丁文拼写并将其规则加以统一以后，就使当地民族语言也更加统一，对文化传播、民族的凝聚起了重要作用。这时，原来流行的拉丁语便成为死亡的语言，已被其他语言所取代。

上述变化充分体现拼音文字在民族兴起中的作用。可是情况亦有例外。例如南迁的斯拉夫人到达巴尔干半岛以后，只有本民族的语言，而没有文字。其后，巴尔干半岛上的南斯拉夫人，一半为奥地利所统治，一半为奥斯曼所统治。在奥地利统治下的南斯拉夫人用拉丁字母拼写语言，称之为克罗地亚语。在奥斯曼统治下的南斯拉夫人用俄语字母拼写其语言，称之为塞尔维亚语。其实，这两种语言为一种语言，分离后稍有区别。两边的人语言发音很大部分是一致的，是互通的，但文字上却是两种文字，反而因文字不同加大了二者的差异，进而形成两个民族。正是这种情况，使第一次世界大战后因民族而独立形成的新国家——南斯拉夫却在20世纪末，以新的民族而分离。

中国的汉语是世界上使用人数最多的民族语言，也是语言内部差别最大，出现方言、次方言最多的一个语种。其内部的互通性很差，例如北京人与上海人、广东人彼此的语言很难互通。但是，中国的文字是象形文字，不是拼音文字，与发音没有联系。这种文字形象、笔画结构形成的字形表示的含义是不变的。经过学习、掌握以后，遂成共同的交流工具。其特点是它可以包含各种不同的发音，因此，它可以打破地域各方言、次方言的差异形成一种民族凝聚力。这种文字在文化上还有其重要特点，例如其书写的字形有楷书、草书、小篆、隶书，其书法成为一种艺术。汉字一字多音（各地方言发音不同），一音多字（如qīng，青（青）、轻（輕）、氢（氫）、郬、卿、倾（傾）、菁、清（清）、靖、圊、蜻、軽、錆、鲭（鯖）、鑋等简繁体汉字），一字多义（如清，可以指清浊、清楚、清理、清除、清静、清廉、清朝……）；在字形上，如以"氵"作偏旁的汉字既与水体有关（如江、河、湖、沼、泽、海、池、渊……），也与液体有关（如泪、汗、涕、油、汁等），"木"作偏旁，往往与树有关（如松、柏、栎、槐、柳、桃）。正是这些特点，在诗、词、赋，在戏曲唱词，甚至在相声等艺术上，表现出拼音文字难以表现的特点。

另外，中国语言的词汇常以字为单位，字数很少变化，它可以组成不同的词以适应新的要求。如电的出现，需要新的词，如电灯、电车、电极、电话、电视……这些新词的单字是已有的，只是已有字的组合。中国文字写成文章，用的字与的篇幅经过比较比拼音文字短而小。

　　总之，中国的文字正是因为能包容各地方发音的多样性，所以促进了国家的统一，其文化上的诸多特点加强了中华民族的凝聚力。

第五节　语言景观

　　典型的语言景观是地名。每个人类感知到的地方不论空间的大小，都有自己的地名。有的地名是稳定的，从命名后就没有变动；有的地名则是不稳定的，或取消、或改变、或复用。不论变与不变，每个地名都有其独特的含义，且多含有其历史与地理等方面的成分。研究一地地名的含义与变化，往往会对该地社会文化特点有深入的了解。地名学是一个交叉研究领域，地理学更关注地名与当地的自然和人文环境的相互关系，例如地名是否可以很好地体现自然环境的特征，地名是否体现了当地文化的发展趋势。

一、地名景观的作用

　　地名是人们赋予某一特定空间位置上自然或人文地理实体的专有名称，是代表某一地方或地形的符号，其来源和演变除受自然环境的影响外，也常为文化的接触所左右。由于地名的形成发展与地理、历史、政治、经济、军事、交通、民族、文化、风俗、语言文字等因素都有密切关系，它具有内涵丰富的文化性（周尚意等，2010：71）。今日的地名，作为文化遗产的一部分，往往可体现古代的民族迁移和征战的痕迹。故人文地理学研究地名，有如地质学或古生物学研究化石。地名景观的时代性、空间性，决定了它们可以反映出其所分布地区的文化空间过程，可以推断文化事物或现象的扩散过程。地名既能够反映当地的地理环境，也可以作为文化层的指标，人类文化的方方面面都可以在地名中得到直接或间接的反映（牛汝辰，1993：90−190）。

　　由于许多学者意识到地名研究应"着眼于用，立足于实"，因此利用地名景观分析文化空间扩散过程的例子很多，例如王法辉等（2013）利用GIS手段将壮语地名变化表达出来，再如孙冬虎（1990）利用地名景观分析了历史上华北平原地区城镇发展的地理规律。

地名景观具有很强的社会功能。地名是语言符号的一种，同其他语言符号意义都具有任意性和规定性的特点。语言符号的任意性是指符号的表示者和被表示者之间的关系是任意的，而不是必然的，是由社会约定俗成的，而这种约定俗成一旦为社会所公认，就不能随便更改。因此，人们在从事历史文化区的保护工作时，常常将在漫长历史时期中形成的地名作为一种社会文化遗产加以保护，对这些地名的保护对于区域文化的延续和继承起着重要的作用，同时也为加强区域公众文化认同起到一定的作用。

二、中外地名景观

（一）中国的地名景观

中国地名命名有三个地理特点。第一，空间上成组命名，且与中国传统文化的空间格局有关。例如与四方空间格局相关的成组地名：东安（牡丹江市东安区、永州市东安县）、西安（陕西省西安市）、南安（泉州市南安市）、北安（黑河市北安市）；与五方（五行）空间格局相关的成组地名：五岳。国外也有成组的地名命名，如城市内按照序号排列的街名，但是文化上与中国截然不同。第二，意象景观命名，如潇湘八景、长安八景、燕京八景、西湖十景等。这些例子虽然也可以视为成组命名，但是这类地名命名更为强调的是用考究的四个汉字，唤起人们对一个地方的意境美感。第三，形成了众所周知的地名命名山水坐标，如以山之南侧、水之北岸的位置作为阳，反之为阴。例如洛阳位于洛水之北，华阴位于华山北麓（周尚意，2020）。

中国地名景观从其意义上讲，可分为历史地名、变迁地名和意愿地名等不同类别。

1. 反映自然环境

地名主要是反映地点的相对位置。中国古代就有"山北为阴，山南为阳""水南为阴，水北为阳"的说法。与此有关的地名有华阴、蒙阴、衡阳、凤阳、淮阴、沈阳、洛阳等。

以自然地理实体为中心，取东南西北方位的地名有河北、河南、山东、山西、湖南、湖北、淮南、淮北、鸡东、鸡西等。

也有表示相邻位置关系的，如以河流的不同河段为参考系。如河之源：漫源、婺源、凌源；河之中：扬中、辽中；河之口：丹江口、裕溪口、汉口；河之岸：临汾、临沂、临淮关；等等。

与地形有关的地名有：鞍山、巫山、平顶山、赤峰、黄冈、虎丘、茨坪等。

与水体有关的地名有：黑龙江、浙江、松江，漠河、沙河、白河，沂水、赤水、吉水，洛川、经川、合川，慈溪、兰溪、屯溪，岳池、贵池、神池，酒泉、甘泉、阳泉等。

2. 反映经济活动

反映商业、集市贸易特点的地名有：茶店、酒店、牛市屯、牛街、马市、马场、马街、柴树店，等等。这种命名反映了该地商业活动的特点。还有一种利用十二生肖来命名的地点如鼠街、牛场、虎街、兔场、龙场、蛇场、马街、羊街、猴场、鸡街、狗街、猪场（以上地名都在云、贵、桂）等。这些地名表示该地经济不发达，交通条件差，每12天只有一个集市，与其他地区相比，次数少。另外也反映了过去用生肖表示日期，便于记忆集市日期。

还有很多地名反映了某些地区矿产资源的地位，如金沙江、铜官山、锡矿山、铁岭等。在交通方面，反映水运的有天津、孟津、江津、风陵渡、通辽、通渭等。以店、铺、驿站为名的有驻马店、三十里铺、二站、三站等。

3. 反映历史

有许多地名反映了历史上的重要事件。例如明朝永乐皇帝迁都于北京，为改善当地农业经济，增加粮食供应，从人口较多的山西移民到此进行开垦种田。当时，来北京开垦的移民都以原来居住地的地名命名新的开垦地点，故村名就以山西的故乡县名命名。如大兴东南凤河两岸的霍州营、长子营、河津营、潞城营、屯留营等。在延庆的官厅水库也有村以营为名，而且相当集中，这些则是明代为守卫边防设置的军屯。这两地虽都以营为名，但历史背景不同，其含义亦不同。

4. 反映少数民族语言文化

如在壮族地区称田为"那"。以"那"作地名，不仅限于广西（那陈、那琴、那岭），而且也出现于广东（那条、那霍）、云南（那洒、那街）。在傣语中"勐"代表村，故傣族聚居地区有大量带"勐"字的地名出现。在蒙语中，"浩特"是指城，故有呼和浩特（青色的城）、乌兰浩特（红色的城）等地名。西藏自治区首府拉萨，藏语是"圣地"。新疆的"塔里木"在维吾尔语中意为"脱缰之马"。

5. 反映祥瑞或祈福意愿

表示祥瑞或祈福意愿的地名很多，仅以陕西为例，就有西安、凤翔、宝鸡、扶风、绥德、安康、宁陕、镇安、定边、靖边等。

（二）外国地名景观

地名因为具有不可移动性，因此也被视为景观。国外有许多研究地名景观的案例（Domosh等，2009）。

1. 美国

在美国，由于过去是印第安人居住的土地，所以很多地名仍保留着原地名。如在美国的州名中，Idaho（爱达荷）在印第安语意为"高山上的亮光"；Massachusetts（马萨诸塞）意为"大山冈"；Michigan（密歇根）意为"广阔的水面"，也是指"大湖"。从印第安语含义中可以了解土著印第安人对地理实体的认识。

在美国汽车多，高速公路也多，路上往往有大型路标，如果上面写着："Huntsville City Limits, Harrisburg 25"（译文：这里是"亨特斯维尔市区界"，距离"哈里斯堡25英里"），"Ohio River"（译文：俄亥俄河），"Entering Cape Hatteras National Seashore"（译文：由此可以"进入哈特勒斯角国家海滨公园"），人们可以从路标上获得很多地理信息。地名可分为两部分：像上面例子中的"Hunts""Harris""Ohio""Hatteras"是地名的专名部；"ville""burg""river""cape"是通名部，描述地名指代的地理实体性质，分别是村、堡、河、海角。两部分结合起来的地名综合反映出地理实体的特征（Domosh，2010：131）。

2. 其他国家

同样，在欧洲了解古时的地名对了解历史文化有很大价值。在易

案例 9-3 探究地名变化的地理原因

语言学家认为，一个地方地名语种的变化原因主要是当地人使用的语言发生了变化。有学者用实证主义方法验证了这个先验命题。案例地是澳大利亚的两个地方：诺福克岛和达德利半岛。两个岛原来的地名都是土著语言，后来有些地名变为英语地名。研究者以两个岛的土著地名保留程度作为被解释变量，用两个岛与外界的地理隔离程度作为解释变量。作者发现，地理隔离程度低的地方，英语使用频率高，但是因为早期人们记录了土著地名，且后期土地利用强度高、种类多，需要使用很多类地名，但是尚无英语地名替代，所以土著人的地名反而保留下来了。这说明先验命题不成立。经过负反馈，研究者增加了解释变量：外来人对土著地名的使用程度影响着土著地名的变化。遗憾的是，这个研究还没有很好地分析新解释变量与地理隔离之间的关系。

资料来源：Nash，2017。

北河（Elbe）和萨勒河（Saale）以东，在今天德国的村庄、城镇和城市的地名中有后缀"ow""in""zig"是很普遍的，如Teterow，Berlin，Leipzig。这些后缀来源于斯拉夫语而不是德语，它们间接反映了公元8世纪时斯拉夫人的分布情况。在此以后，斯拉夫人才南迁离开这片土地。在莱茵河以西和多瑙河以南是罗马人曾经统治的地方。那里后缀有"weiler"的地名很普遍，如Eschweiler。该后缀来自拉丁语，意为小村，由拉丁文villare转化而来。

过去欧洲森林面积很大，经砍伐后，有不少已消失。这种历史环境特征在地名上亦有反映。如德国后缀有"roth""reuth""brunn"的Neuroth、Bayreuth、Grasbrunn，表示这里过去是森林。这几个字根是表示"根除""掘出""火烧后开垦"，反映出当时破坏森林的方式和目的。

在新西兰，也有不少引起人们注意的地名。那里原住居民是毛利人，今天他们只居住在少数地区。毛利人的地名在聚落上呈有规律变化。新西兰四个最大的城市全不是土著人的地名，可是在人口1万到10万的城镇中，毛利人命名的地名占40%，低于1万人的小镇，则占60%。这一定程度说明毛利人的居住地在欧洲人进来后的变化。

【本章主要概念】

语言谱系、语系、语支、语族、语种、方言、语言景观、语言区

【思考题】

1. 根据语言谱系分类，找到若干与自己使用的语种相近的语言。
2. 结合自己使用的方言，设计调查方言分布区的方法。
3. 思考哪些语种区、方言区的地理边界是相对稳定的，为什么？
4. 结合生活经验，思考语言扩散和消失的原因。
5. 分析中国地名景观的类别，试分析总结你所在地的地名语言特点。

第十章
宗教地理与宗教景观

内容提要

宗教是文化地理研究的重要内容之一，世界上许多地方的人们不但信奉宗教，而且创造了灿烂的宗教文化。本章第一节介绍宗教的产生与世界主要宗教的产生、源地、宗教区；第二节介绍主要宗教的空间传播途径和不同的传播类型；第三节主要介绍宗教仪俗与宗教景观。借助宗教景观，可以既分析宗教文化的多个维度，还可以研究宗教地理的其他主题：文化生态、文化扩散、文化融合、文化区等。了解宗教景观区域性发展特点，以及宗教体系的空间变化过程是本章重点。

第一节　宗教的产生与世界主要宗教

一、宗教的概念以及宗教在文化中的作用

考古学家在北京山顶洞人的墓葬中发现，死者周围撒满了赤铁矿粉末，这些红色的铁粉为什么撒在这里？它的作用是什么？研究结果告诉我们，红色的赤铁矿粉末是血的象征，人死血枯，若在死者身边撒上红色的铁粉，则代表希望使他们获得再生的机会。此生与再生，这是什么理念？各方研究均认为，这是一种原始宗教意识。若将史前人类的信仰与后世高大辉煌的宗教建筑并列在同一个宗教概念之下，则不禁会让人产生这样的问题，宗教究竟是什么？它又是如何产生的？为什么看起来相差如此悬殊的现象会同归于宗教概念之下？这样的问题涉及宗教的概念、宗教起源及宗教分类。

宗教属于社会意识形态之一，它最大的特点是相信现实世界之外还存在一个超自然、超人间的神秘境界和力量，这个力量主宰着自然和社会。宗教是神秘的，人们对于宗教的认识也是各种各样的。弗雷泽（J. G. Frazer）认为宗教是人们向一种高于人的权力的妥协。斯宾塞（H. Spencer）认为宗教是人们对超人类力量的信仰。面对各种有关宗教的认识，恩格斯提出了自己的看法，他认为一切宗教不过是支配着人们日常生活的外部力量，在人们头脑中虚幻的反映。透过这些对于宗教概念具有权威性的解释，我们不难看出，史前人类的信仰与后世的崇拜，虽然表现形式不同，但是具有共同的特征，它们符合人们对宗教的基本认识。

二、宗教起源与原始宗教

像一切事物一样，宗教同样存在起源与发展阶段。宗教是原始社会发展到一定阶段的产物，人们生活在世界上，除了面对已经认识了的真实事物如四季、寒暑、播种、收获之外，还要承受超自然力量的压力与对虚幻现象的恐慌，雷电、风雨、地震、山崩等突如其来的自然现象，都会造成人们巨大的恐慌，甚至幻觉、梦境也往往被认为是真实的存在。原始人对周围事物和现象的知识很贫乏，几乎无法解释那些真实而又令人恐惧、虚幻而又仿佛存在的现象，他们相信有一种超自然的力量主宰着世界上的一切，对于这些，人们必须用自己的行动去影响它们，以便得到它们的保佑。顶礼膜拜、歌舞祈祷都是人类对各种超自然力量——诸神的友好表示，最初人们崇拜的对象几乎包括自然中的一切，山川河流、大地海洋、日月

星辰、动物植物，以及死去的祖先、圣人、贤者，甚至个人身体的五官，原始人将这一切都赋予了神灵。伴随这些崇拜对象，还出现各类巫术、仪式，以及执掌仪式的神职人员，如中国早期历史中的巫、祝等神职人员对建立与巩固宗教起着很大的组织作用。

由普通信仰发展到宗教是有一定标志的。苏联学者克雷维列夫（I. A. Kryvelev）认为成熟的宗教应包括以下五个要素，即教会、仪式、信仰和观念、特殊的情感体验、道德规范；美国学者索弗尔（D. E. Sopher）认为宗教是一种信仰和崇拜系统，它是信仰与社会实践的集合体；中国的佛教更是简单地将宗教的核心环节概括为佛、法、僧三宝。从这些概念出发，人类社会早期的拜物行为已经具有宗教特征，因此有人将这一时期或特征的宗教称为原始宗教（Sopher，1967：1–3）。

原始宗教一般都是多神制，从拜物发展到灵魂、鬼怪崇拜。法术与特定的宗教仪式在原始宗教中起的作用很大，介于人和神之间执行法术的就是神职人员，如萨满教中的萨满就属于这类代表鬼神说话、操纵巫术的人物。与后来的宗教相比，原始宗教通过法术与仪式祈祝得到的好处要简单得多，既没有拯救灵魂，也没有修福来世的愿望，与人类早期社会状况吻合，这时人们更多地希望：免受野兽、敌人与自然界的侵害；丰衣足食，身体健康。萨满主持祭祀时就有这样的祷词：

> 我们献上圣洁的祭品，
> 请神明的吉雅其品尝，
> 保佑我们的牛羊繁殖，
> 保佑我们的五畜兴旺。

谈到原始宗教有两点需要强调：第一，原始宗教的存在并没有特定的时段，具有这一类型特征的宗教可以出现在数千年以前，也可以存在于今天世界上的某些部落中，如非洲、大洋洲的一些土著居民，以及其他地区的一些民族的信仰形式中也具有原始宗教特征。第二，原始宗教无须探讨"摇篮"或源地问题，一般认为各地原始宗教信仰和宗教崇拜大多都是自生的，基本不存在一种信仰最初在一群人中产生，然后通过思想输出传播到其他人群中的现象，但也不能否认毗邻部落间在宗教仪式上的袭取（克雷维列夫，1981：18）。

三、宗教分类与宗教发展

研究者从不同角度对宗教给予分类。根据宗教的发展阶段，可以分为原始宗教、古代宗教、近代宗教和现代宗教；依据流传范围可以分为部族宗教、民族宗教、国家宗教和世界宗教；按照崇拜神明的位数，可以分为一神教、二神教和多神教。

宗教发展与人类社会具有同步进程，当原始部落向部落联盟、国家形式发展时，部落联盟首领的地位越来越高，既成为人们仰之而不能及的权力代表，也逐渐戴上了神明的光环。在部落首领率领部众征战敌对部落、抗御自然灾害的搏斗中，部落首领融人力与自然力于一体，自然而然使部众对自然的崇拜转移到部落首领身上，随之部落中不但出现了主神、次神的区别，而且诸神的神威逐渐转移到某一主神身上，使之成为至高无上的神明，这时的宗教也从原始宗教形式转向古代宗教，从部族宗教转向民族乃至于国家宗教。

公元前4000—前2000年期间，中国黄河、南亚印度河、西亚底格里斯河与幼发拉底河、北非尼罗河流域，以及小亚细亚、叙利亚、巴勒斯坦、伊朗相继建立了国家。在国家制度下，宗教形式也发生了变化，逐渐从原始宗教阶段进入古代宗教阶段。古代宗教与原始宗教明显的差异在于各种宗教中信奉的神明有了变化，原始宗教中众多的自然崇拜，逐渐转向与人间职事对应的神灵，如战神、农神、医神等。诸神之中又共同簇拥着本城邦、民族或国家的保护神为主神，如古埃及第一、第二王朝时期的霍鲁斯，第三王朝时期的普塔，第五王朝时期的阿图姆，以及新王国时代的阿蒙神就是由地方保护神上升为全国信奉的主神。此外宗教礼仪和组织形式更加完备，一些宗教形成了经典，有了比较系统的神学和哲学体系。

世界上的古文明发源地几乎都是古代宗教的发源地，如公元前4000—前2000年期间古埃及宗教、古巴比伦宗教，以及公元前1000—公元1000年的印度婆罗门教、耆那教、佛教，波斯的琐罗亚斯德教，巴勒斯坦的犹太教，美洲的阿兹特克宗教、玛雅宗教、印加宗教等，以后又有基督教、印度教、道教、神道教、摩尼教、伊斯兰教。这些宗教创造的衮衮众神在漫长的历史时期，不但左右着人们的精神世界和物质世界，也渗入国家政治与军事中（黄心川，1988：1）。

四、主要民族宗教

民族宗教为民族成员共同信奉的宗教，其信仰对象常为本民族甚至是国家的始祖或守护神。民族宗教主要有犹太教、印度教、道教、神道教、耆那教、锡克教等，这些宗教对于一个地区或民族文化的发展有过深刻影响。

（一）犹太教

犹太人的远祖生活在阿拉伯半岛上靠游牧为生，约在公元前20—前17世纪期间，他们从两河流域移至巴勒斯坦及约旦东部，转向农业生活方式。此后生活在这里的犹太人迫于自然灾害而流入埃及，公元前13世纪犹太首领摩西以神的意志为号召，率领本族人离开埃及，返回巴勒斯坦即伽南地区，由于这样一番经历，摩西被认为是犹太教的创始人，这段历史被《旧约圣经·出埃及记》所记述，摩西面对埃及人的阻碍留下了"让我的人民走"这声呐喊，被犹太人传颂数千年。

犹太人的历史充满磨难，公元前1025年犹太人在巴勒斯坦地区建立了希伯来王国，400~500年后巴比伦王不但灭了犹太人的国家，而且占领了耶路撒冷，烧毁了犹太教的圣殿，被俘虏的犹太人近半个世纪后才返回家园。经历这次劫难，犹太人思想境界发生变化，犹太教的基本教义开始形成，部落族神雅赫维（Yahveh）演化为唯一的神，即创世主与万物之王。公元前1世纪前后犹太人再次沦落，被罗马帝国统治，其间举行过多次起义，失败后很多人被驱赶流落他乡，沿地中海北部迁移的犹太人散居在欧洲各地。十一二世纪十字军东征时，被迫害的犹太人从西欧流向东欧，这样的局面直到法国大革命。欧洲社会受到民主与人权思想影响，犹太人在欧洲的处境才得到改善，但受迫害的历史并没有终结。19世纪由于沙皇的迫害，大量犹太人迁往美国。第二次世界大战期间，希特勒屠杀犹太人的政策，再次迫使他们流向世界各地。历史上犹太人虽然不断迁移，却始终保持着犹太教的信仰，这份信仰既成为民族存在与联系的核心，也是这个民族的象征。

犹太教分离成了不同派系，原因在于散落各地。中东欧的犹太人自德国、法国一带迁出前被称为阿什肯纳齐人，始终留在北非和中东的成为米兹腊希人，西班牙和葡萄牙的犹太人被称为塞法尔迪人。19世纪晚期和20世纪初期，阿什肯纳齐犹太人大规模从欧洲迁移到了美洲。纳粹时代对犹太人进行的系统性屠杀，导致大约占全世界1/3的犹太人被害，主要是阿什肯纳齐人。欧洲从此不再是犹太人最重要的家乡，许多幸存者也离开了欧洲，迁移到美洲和后来建立的以色列。今天，犹太教在全世界约有1500万信徒，大约有接近一半居住在北美，500余万人居住在以色列。

犹太教信奉雅赫维为唯一的真神，视犹太人为雅赫维的特选子民，其经典《旧约圣经》包括《律法书》《先知书》《圣录》三部分。

犹太教虽属于民族宗教，但也是基督教的根基，并与伊斯兰教关系密切（王恩涌等，1995：140-150）。

（二）道教

在全球的民族宗教中，道教起源于中国。这是一个以中国古代社会的鬼神崇拜为基础，以神仙可求论唤使人们用方术修持、追求长生不死为主体内容，以道家、阴阳五行家、儒家谶纬学说为神学理论，带有浓厚万物有灵论和泛神论性质的宗教。

道教大约起源于东汉末年，最初以黄巾军起义与五斗米道的形式在北方各地以及巴蜀一带出现。这时的道教还处于初创时期，所信奉的经典除老子《道德经》外，还有《太平经》。早期的道教即为多神崇拜，各地崇道者均各有所宗。魏晋南北朝时期道教有了进一步的发展，以葛洪为代表的道士将玄学与道教、方术与神学、炼丹与符水纳为一体，并确立了道教的神仙系统。北魏时著名道士寇谦之主张道士也应诵习道经；南朝陆修静提倡并完备了道教的醮仪形式；此后陶弘景进一步援佛入道，主张佛道双修。经过这样一番演进，道教不但确立了以三清为核心的神仙体系，而且也具备了成熟的宗教所应有的经典、醮仪、教规。隋唐时期在皇权的支持下，道教的地位骤然上升，李唐皇族尊老子李耳为族祖，各地所立玄元皇帝庙中唐各帝王陪祀两旁。唐代道教的醮仪更加正规化，开始出现援儒入道的趋势。宋代三教平等、三教合一的趋势越来越明显，与此同时忠君孝亲的思想也为道家所提倡。金元时期河北一带出现了太一道、全真道等新道教宗派，同时南北道教宗派之间在修持方式上也出现了分异。以全真道龙门派为代表的北方宗派主张清修，不娶妻室，不近荤腥，为出家道士；南方正一道则不设定这些戒律。明代除武当派外，道教的发展普遍受到朝廷的抑制，清代以信奉佛教为主，道教的发展进一步受到影响。

道教的宗教义理与哲学思想深受中国传统文化影响。尽管在道教发展中最终出现了儒、释、道三教合一的趋势，但道教还有着与其他宗教完全不同的宗教思想，其中"生道合一，长生久视"是道教的重要思想。道教是一种以生为乐，重生恶死，追求长生不死的宗教，这正如道家经典所讲的"道不可见，因生以明之，生不可常，用道以守之，若生亡则道废，道废则生亡，生道合一则长生不死"。道家的另一个思想可归为"天道相承，因果报应"。这一思想在中国古代也构成了民众信仰的基础。流传在民间的俗语"前人有失，后人受责，祸福无门，惟人自召"就是这一思想的体现。

道教作为中国本土宗教，不但构成了中国大部分人口的信仰，而且也在不同程度上影响东南亚一些国家的民众。

（三）印度教

印度教是印度最重要的宗教。印度教的信徒占印度人口30％以上。印度教是民族宗教中信徒最多的宗教。

印度教可追溯到公元前2000年左右产生的吠陀教。吠陀教是古代印度河流域土著居民与由中亚迁移至此的雅利安游牧部落信仰的混合体。信仰多神，崇拜种种神话了的自然力与祖先是这一宗教的基本特征。凡日月星辰、雷雨闪电、山河草木及动物都被幻化为神。印度教属于多神教，尽管它以大梵天为至高神，但是他的多种化身都被信徒直接崇拜，印度教的主要神祇还包括毗湿奴、湿婆等。印度教的目的是找到和谐和永恒的真理，但一个人要追求并实现自己的利欲和享受，必须遵循和服从"法"或"达摩"。"达摩"一词有许多含义，除了法则以外，还有正义、任务、人伦、秩序等意义。"达摩"的核心思想反映印度社会的种姓制度，因此按"达摩"立身处世，就是严格遵守种姓制度的行为规范以及可享有的权利。只有这样，才合于法则，合于人伦秩序，合于道德律的要求，从而也就为自己最终解脱作出道德上的准备。

印度教分为不同教派，有的因为过于独特而可以视为独立的宗教。例如绝大多数分布在印度的耆那教，原本就是2500年前自印度教分化出来的。尽管耆那教徒排斥印度教经典、仪式和祭司制度，但耆那教同印度教一样信奉不杀生和再生的教义。耆那教徒坚持严格的苦行制度，坚持自我克制和节俭。锡克教从印度教中的分化则晚很多，大约16世纪锡克教发端于印度教与伊斯兰教的结合，主要以印度西北部的旁遮普邦为中心，以阿姆利则的金庙为圣地。锡克教徒大约有2300余人。耆那教的主要经典为《十二支》等，锡克教的主要经典为《古鲁·格兰特·萨希卜》。这两种宗教均突破了印度教的局限并加以发展。

印度教没有占支配地位的信条，其信仰有很多地方形式。印度教徒包括很多不同的民族，这在一定程度上是其曾经作为普世宗教的结果。今天，大多数印度教徒认为自己的宗教是民族宗教，个人因出生而进入印度教社会，但是他人改信印度教也是允许的。

（四）神道教

神道教为日本传统民族宗教，信仰多神，认为山川万物、故者灵魂都有神性，具有典型的自然崇拜与祖先崇拜特征。在5—6世纪之际神道教吸收了中国儒家的伦理道德和佛教、道教的某些教义或思想，逐渐形成比较完整的宗教体系。大体分为神社神道、教派神道和民俗神道三大系统。神道教信奉的神极多，号称数百万。神道教特别崇拜作为太阳神的皇祖神——天照大神，称日本民族是"天孙民族"，天皇是天照大神的后裔，并且是其在人间的代表，皇统就是神统。明治维新后，日本为了巩固皇权，弱化佛教影响，实行神佛分离，以神社神道作为国家神道。在第二次世界大战后，日本颁布新的宗教法令规定其为民间宗教。

神社与神宫是神道教的基本宗教建筑，这是神道教信奉者祭祀之处。神社可分为六类，包括祭祀古代诸神、历代诸天皇亡灵、有功勋皇亲、国家功臣、诸氏族祖先，以及为国捐躯者。日本众神社中著名的有镰仓八幡宫、伊势皇天大宫、东京明治神宫与靖国神社。靖国神社由于供奉了日本明治维新后侵略扩张中的战死者和第二次世界大战中毙命的法西斯战犯，而引起东亚乃至于世界人民的强烈不满。

因为民族宗教植根于特定区域、特定的文化背景，因此一些宗教很难传播给其他民族，如中国道教，植根于中国文化背景之下，只有谙熟中国文化才能引起共鸣，神道教也是民族宗教中本土性最强的类型。

五、世界三大宗教及其地理分布

地理学家通过空间分布和传播模式来认定世界宗教和民族宗教，民族宗教的信条往往基于特定地区，世界宗教试图召唤所有民族，并不单针对单一地区或文化背景的人们。正是这样的原因，世界宗教不但传播范围广，而且直接影响世界政治与文化，对此恩格斯指出："重大的历史转折点有宗教变迁相伴随，只是就迄今存在的三种世界宗教——佛教、基督教和伊斯兰教而言[1]。"世界宗教对世界历史的影响非其他宗教所能相比，在宗教地理中也

①《马克思恩格斯选集》，4卷，人民出版社，2012。

占有重要地位（于可等，1988：1—20）。

（一）佛教

公元前6—前5世纪，位于喜马拉雅山南麓的古印度迦毗罗卫国王子悉达多·乔答摩创立了佛教。佛教的基本教义把人生断定为"无常""无我""苦"。"苦"的原因不在外部世界，而由个人的"惑""业"所致。"惑"指贪、嗔、痴等烦恼；"业"指身、口、意等行动。"惑""业"以善恶行为为因，造成生死不息的轮回报应之果。摆脱痛苦之路只有依经、律、论三藏，修持戒、定、慧三学，彻底放弃自己世俗欲望和认识，超出生死轮回范围，达到修行的最高境界——涅槃。这些佛教理论包括在"五蕴""十二因缘""四谛"等基本教理中。佛教的因果报应及修行解脱的主张与当时印度盛行的种姓制度相对立，因受到底层民众的支持而不断向四处传播。

佛教在南亚发展大体分为四个阶段：

① 前6世纪中叶至前4世纪中叶为佛教的初创时期，这一时期释迦牟尼（为佛教徒对悉达多·乔答摩的尊称）创教并向弟子传承教说。

② 大约前4世纪中叶由于佛教内部对教义与戒律的认识产生分歧，分为许多教团，进入部派佛教时期。

③ 公元1世纪前后大乘佛教盛行，并分为中观学派与瑜伽行派。7世纪以后一部分教派与婆罗门教结合形成密教。

④ 13世纪初佛教在印度本土基本消失，直至19世纪才稍有复兴。

佛教经典由口头传诵到书写成文，在长时间内逐渐形成不同宗派学说，经典繁多，总体可归为经、律、论三藏。以佛教的基本教义为内容，佛教的传播大约从公元前3世纪摩揭陀国孔雀王朝阿育王开始，中间经贵霜王朝迦腻色迦王，不断向印度境外传播，逐渐发展成世界性的宗教，同时也在各国形成新的教派。中国大部分地区，以及朝鲜、韩国、日本、越南等国，以大乘佛教为主，其经典主要为汉文系统，称为北传佛教；而传入中国西藏、青海、内蒙古和蒙古国、俄罗斯西伯利亚地区的属北传佛教中的分支，称为藏传佛教，其经典为藏文系统。传入今斯里兰卡、缅甸、泰国、柬埔寨、老挝，以及中国云南西双版纳地区的分支，以小乘佛教为主，称为南传佛教，其经典属巴利文系统。除东南亚之外，近代欧美各国也有佛教流传。

北传佛教中，中国占有重要地位，因此也有人将传播在中国境内的佛教称为汉传佛教。大约两汉之际佛教传入中国，传说中的白马驮经讲的就是佛教经典传入中原地区的初始情况。魏晋南北朝时期是佛教在中国的发展时期，这一时期印度佛教的小乘、大乘派别相继介绍到中国，随着佛教的传播，也涌现了一批以传经、译经著名的高僧，如安世高、支娄迦谶、佛图登、鸠摩罗什、菩提达摩、真谛、法显、玄奘等。经过这些高僧的努力，佛教不但为社会上层接受，而且也成为世俗民众的信仰。这时的中国，虽然地分南北，但是宗教信仰却是共同的，据史料记载南朝各代寺院均超过1000所，其中萧梁时最盛，达2800余所；与南朝相对的北朝，也修建了大量的佛寺，仅以洛阳而论，北魏末就有佛寺1300多所，此外还兴凿了雄伟的佛教造像，其中著名的大同云冈石窟就是从这一时期开始兴凿的。

总的来看，南北朝时期南北方虽然都信奉佛教，但是修持方式还是有所区别。哲学家汤用彤认为，这时南方偏重义理的辨析，北方注重禅定的修持。由于政治上的分裂，南北不易相谋，故未形成明显的宗派。隋唐时期天下归为一统，佛教传播有了更加便利的条件，也为宗派的形成创造了机会。隋唐时期先后创立的佛教宗派有天台宗、华严宗、三论宗、律宗、唯识宗、禅宗、密宗、净土宗，佛教繁兴达到高峰。

宋代以后佛教由兴至衰，理论上无新的建树，宗派上也无新的发展，三教合一成为这一阶段的重要发展趋势。随着汉传佛教的停滞，代之而起的是藏传佛教的兴起。大约公元7世纪佛教传入西藏地区，中间几经起伏，10世纪时在西藏各地普遍传播。从整体看西藏佛教融印度、中原佛教于一体，并吸收了佛教传入前当地盛行的本教内容，大小乘兼蓄，以大乘为主；大乘中显、密具备，尤重密宗；组织上教派林立，政教合一。11—14世纪藏传佛教主要教派有宁玛派、噶丹派、萨迦派、噶举派，15世纪格鲁派兴起。格鲁派制定了严格的修行戒律，且调和了各派教义的分歧，经过这样的改革促使其迅速发展，成为西藏各地最大的教派。格鲁派在发展中建立了庞大的寺庙集团，并在前藏、后藏分别形成达赖、班禅两大首领。元、明两代均有中央政权将藏传佛教高僧封为国师或帝师的事例。

估计全世界佛教徒人数在3.5亿~5亿之间。

（二）基督教

基督教为奉耶稣基督为救世主的各教派的统称，于公元1世纪起源于巴勒斯坦地区，其中包括天主教、东正教、新教和其他一些较小教派。公元3年居住在巴勒斯坦地区的犹太人被罗马帝国征服，在罗马人的残酷压迫下，犹太人曾于公元66—132年多次发动起义，失败后遭到更残酷的镇压，被俘的起义者几乎全部被钉死在十字架上，剩下的被卖为奴，有的被迫背井离乡，散居地中海沿岸各地。由于起义的失败，被压迫的犹太群众感到无能为力，他们把希望寄托于宗教，期待出现一个救世主，使天国降临地上，来拯救人们的苦难。这时在小亚细亚各地的犹太下层居民中流传"救世主"将要来临的秘密教派，基督教就是从这种教派演变来的。

基督教信仰上帝创造并主宰世界，认为人类从始祖起就犯有罪，并在罪中受苦，只有信仰上帝及其儿子耶稣基督才能获救。初期基督教徒大多是贫民和奴隶，对统治者极端仇恨，受到罗马帝国的残酷迫害，但又无力改变现状，只有将希望寄托在基督现世，伸张正义，拯救自己。后来社会中上层人士不断取得宗教的领导权，宗教主张逐渐由原来的反抗转变为对执政者的效忠顺服。由于宗教主张的改变，罗马帝国当局放弃了对基督教的迫害，转向利用接受，并在大约公元4世纪将基督教定为国教。欧洲中世纪时期，基督教正统教会成为封建统治的支柱，哲学、政治、法学等都被置于神学控制之下。

　　基督教成为罗马帝国国教后，教会基本是统一的，公元330年罗马皇帝君士坦丁迁都拜占庭，并将拜占庭改名为君士坦丁堡（今土耳其伊斯坦布尔），从此罗马帝国分为东、西两部分。4世纪末东、西罗马帝国正式分立，东、西两地也分别在拜占庭和罗马形成两个宗教中心。西罗马帝国由于受到蛮族的攻击，摇摇欲坠，皇帝瓦兰尼安奴斯三世，企图利用基督教来挽救帝国灭亡，于455年应罗马主教利奥一世请求，授予其统治西罗马教会权力，强迫西部主教服从。罗马教会主教则成为罗马教皇。在此后的历史中，西罗马帝国日益拉丁化，东罗马帝国却趋于希腊化，民族、语言、风俗习惯都有了明显的差异，这一切直接影响到宗教问题。9世纪中后期东西教会之间冲突开始尖锐，冲突双方涉及的问题主要包括对教义的理解，以及某些教会的归属等。冲突持续到11世纪，1054年基督教东西教会分裂，东部自称正教（即东正教），西部自称公教（即天主教）。东正教与天主教教义有共同的基础，即以《圣经》作为教义的基本来源，并承认圣传的地位。东西相比，东正教更强调圣传的意义。

　　东正教最初形成了君士坦丁堡、亚历山大里亚、安提阿、耶路撒冷四个牧首区。在10世纪后，东正教在俄罗斯等地区有较大发展。1453年东罗马帝国遭到奥斯曼土耳其人进攻而覆灭，西亚、北非和巴尔干半岛等地都成为奥斯曼帝国的版图。由于奥斯曼帝国信奉伊斯兰教，该地区内东正教受到很大削弱，莫斯科大公乘机使俄罗斯正教会脱离君士坦丁堡大主教控制，形成独立教会——俄罗斯正教会，并自命为东正教会首脑。沙皇彼得一世对教会改革，使教会在世俗官吏领导下成为国家一部分。俄罗斯正教会自1917年十月革命后，由于国家颁布教会与国家分离的法令，国教体制告终。全球现在信奉东正教的信徒约有1亿人，其地理分布除俄罗斯等原苏联加盟共和国外，主要在罗马尼亚、保加利亚、希腊、塞尔维亚、黑山和芬兰等国。

　　16世纪西部教会内部又发生反对教皇封建统治的宗教改革运动，并脱离天主教形成被称为"新教"的教派。新教形成后又不断分化为繁多的派系，16世纪产生的主要有3个宗派，即路德宗、加尔文宗、安立甘宗；17世纪产生了英国长老会、公理宗、浸礼宗和贵格宗等宗派；19世纪至20世纪又出现了基督复临派、基督复临安息日派、后期圣徒派（摩门教）。至于处于新大陆的北美，除了从欧洲带入的不同教派，北美本土又滋生了许多教派。美国边疆是新教派产生的温床，新教教派的进一步分裂是开拓者个人意识的表现。今天，美国许多地方，甚至一个小型社区里，都可能同时存在六个教派的教会。研究者发现美国竟有2000多个教派。在南方宽广的"圣经地带"上，浸礼派占据统治地位，犹他州则是摩门教的核心，路德宗分布自威斯康星州向西穿越明尼苏达，直到达科他，罗马天主教则掌握了路易斯安那州南部、西南部边境和东北部的工业城市，中西部地区则是混合区域。基督教新教虽然宗派林立，但是在教义、组织、礼仪等方面仍具有共同的特征：其一，不承认罗马教皇的权威，各宗派独立，无统一的组织和领导。废除教阶制，信徒与教士一律平等，牧师可以结婚。其二，简化圣礼与节日。其三，不承认天主教的圣传。新教传入中国后其名称曾被译为基督教或耶稣教。

三大世界宗教中，基督教的信徒最多，遍及各大洲，中国也是其传播范围之一。据确切的史料记载，基督教传入中国大约在盛唐时期，当时以"大秦景教"相称。元代蒙古人、中亚人都有信奉基督教者，随着蒙古人进入中原，基督教被更多的人接受，元代除大都外，镇江、杭州、泉州、扬州、温州等地都设有基督教教堂。明清时期基督教各派的教士相继深入中国，基督教得到广泛的传播，这一时期虽然也因为各种教案以及清初的"礼仪之争"而使传教活动受到影响，但是最终以西学为前锋的传教活动还是获得了成功，清末几乎全国各地都有基督教教堂与基督教信奉者。

基督教以《圣经》为基本经典，《圣经》又分为《旧约全书》《新约全书》。基督教教义主要为：其一，创世说。宇宙间有一个主宰天地、创造万物，并"无所不在、无所不能、全善、全智、全爱"的神——上帝。其二，原罪与救赎说。因人类始祖亚当、夏娃偷吃伊甸园中的果子，后世的人一出生就有原罪。人们只有信奉救世主耶稣为人赎罪，才能求得死后永生。其三，天堂地狱说。人只有相信神，并一切顺从其安排，死后其灵魂才能升入天堂，否则就要受到末日审判，并被抛入地狱。

（三）伊斯兰教

伊斯兰教为公元7世纪初穆罕默德于阿拉伯半岛创建的一神教。伊斯兰教创教前东罗马帝国与波斯帝国为争夺商道在阿拉伯半岛进行长期战争，使当地经济遭到严重破坏，土地荒废，商道梗塞，人口锐减，城市萧条，社会矛盾十分尖锐，各阶层都需要寻找新的出路，以摆脱当时的困境。伊斯兰教的创始人穆罕默德对西亚一带的宗教和社会情况有较多了解，他综合犹太教、基督教及阿拉伯半岛上原始宗教等教义，声称得到"安拉"（真主）启示，让他在人间作为"安拉使者""传警告"、"报喜信"和"慈惠众生"，开始传教活动。伊斯兰教诞生前阿拉伯半岛主要盛行多神教，伊斯兰教创教之初多神教的势力仍然很大。由于其宣传伊斯兰教教义，违犯当地多神崇拜活动而遭到反对，穆罕默德被迫由麦加迁往麦地那，在那里得到群众拥护，积聚力量建立第一个伊斯兰教的国家，并于630年，率军进入麦加，其后向半岛迅速展开，各地部落纷纷接受伊斯兰教。到632年，穆罕默德逝世时，他和他的部属已统一全半岛，并基本形成一个政教合一的国家，才从组织上、制度上、军事上保证了对多神崇拜的胜利。7世纪30年代伊斯兰教发展为盛行于整个阿拉伯半岛的宗教，同时开始对外的征服战争，8世纪初成为跨亚、欧、非三大洲的世界宗教。

穆罕默德去世后，由于政治、宗教以及社会主张的分歧，伊斯兰教内发生分裂，形成各种教派，主要有逊尼与什叶两大教派。什叶派相信穆罕默德的女婿阿里是他的合法继承人，逊尼派则主张哈里发人选产生于推举。此外两派的主要区别在于：逊尼派注重实用性和世俗知识，什叶派强调理想主义和超自然的力量；逊尼派信奉家庭和社会群体的力量，什叶派则坚信永无谬误的伊玛目；逊尼派较保守，什叶派则激进、冲动。伊斯兰教的信徒称为穆斯林，字面含义是"顺从真主的人"（黄心川，1988：349-402）。什叶派穆斯林主要分布在伊朗、伊拉克，逊尼派穆斯林的分布则遍布欧亚非各大洲。

大约7世纪中晚期伊斯兰教传入中国。在伊斯兰教向中国传播的过程中，阿拉伯商人做出了很大贡献，这些商人基本循两条道路进入中国，一条为陆路，由中亚越过帕米尔高原，经新疆进入中原；另一条为海路，阿拉伯商人由波斯湾出发，经马六甲海峡，至广州、泉州、扬州。最初来华的穆斯林主要集中居住在城市中的"蕃坊"，从事商业贸易，元以后随着来华的穆斯林逐渐增多，他们纷纷深入内地，在陕西、河南、山东、云南等地选择适宜的地方定居，从事农业生产。

伊斯兰教传入中国后，在中国文化背景下，形成了许多新的特征，主要有教坊制以及后来的门宦制。教坊制始于元代，所谓教坊就是以清真寺为中心的穆斯林居住区，这是一个独立的、地域性的组织单位。清初在教坊制的基础上出现了门宦制，门宦与教坊不同，它是伊斯兰教神秘主义派别和中国封建主义的结合，各门宦创始人被尊为教主，教主以世袭为多，普通穆斯林对于教主的命令，服从唯谨，虽令之死，亦所甘心。门宦最初产生于临夏，后来发展到甘、宁、青各地，其中格底林耶、虎非耶、哲合林耶、库不林耶势力最大，被称为"四大门宦"。中国的穆斯林除回族在分布上具有"大分散，小集中"的特点，其他民族的信徒以分布在西北、西南为多。

伊斯兰教在教义形成过程中，一方面反对犹太教、基督教和多神崇拜，另一方面又受阿拉伯民族古老传说的影响，同时还保留了原始宗教的某些痕迹。伊斯兰教教义中明确表明，除安拉外，再无神灵，穆罕默德是安拉的使者，并信死后复活与末日审判，信一切都由安拉前定。教义规定穆斯林必须严格遵循礼拜与斋戒制度，行善并为"安拉之道"征战。伊斯兰教以《古兰经》为根本经典，其同时也是立法、道德规范、思想学说的基础。

第二节　宗教传播与空间扩展

世界上几大宗教人口占人口总数的3/4还多，每一个主要的宗教都联洲跨国覆盖了很大地区，远远超过了最初宗教起源地的范围。传播是宗教范围扩展的重要形式，通过传播一些宗教由原来的民族或国家宗教转变为世界宗教，一些宗教由少数信徒信仰扩展为世界性的信仰。

一、宗教主要传播形式

宗教传播的主要形式一般有移民、传布和领土竞争等。

（一）移民

宗教范围扩展最直接的途径是通过移民实现的。宗教作为一种文化现象，既表现在实体的宗教景观上，也反映在宗教信仰者的行为规范与宗教意识中。当某一宗教的信仰者从一地迁向另一地，必然将他们的信仰带到新的地方。

因移民而使宗教分布发生明显变化的事例很多，而基督教则是最突出的一例。基督教早期迁移扩散得益于罗马帝国，信奉基督教的罗马人成为这一宗教文化的载体。伴随着罗马帝国领土的扩大，基督教传播的地域远远超出最初的起源地巴勒斯坦地区。经历了最初的迁移传播后，随着信徒增加，信徒和其他居民交流日益频繁，进入传染扩散阶段；当君士坦丁大帝立基督教为国教后，该教在政府支持下形成了等级扩散。基督教传播再次依托移民，依托迁移传播扩大范围则是几百年前的事情。新大陆的开辟与欧洲国家海外殖民地的建立，大量欧洲人的迁移使基督教范围扩大了许多倍。特别是近数百年基督教范围的扩大，导致佛教、伊斯兰教信徒向新的地方移民，这些移民多是流动性的游牧民，他们被迫进入亚洲或非洲的山区、沙漠。

犹太教的传播与犹太民族的迁移有很大的关系，原居于地中海世界和沙漠边缘的犹太人，一部分出于自我强盛的愿望，另一部分则是出于商业需求，在罗马帝国摧毁犹太国家之前就移居海外，犹太教也随人群的流动而不断扩散。犹太人的大规模迁移主要发生在近代，波兰、立陶宛、俄罗斯西部各地等世界较大的犹太人聚居区基本是在20世纪初开始形成的，继此之后又发生了两次大的人口流动，一次是美国内部人口向东北部城市的移民，经过这次移民，目前纽约已容纳约世界1/4的犹太民族人口；另一次移民是东欧犹太民族人口涌向以色列。犹太人在向外移居过程中，因人口聚居地的原因，有选择地将宗教中心移向城镇，这一点与诞生在半农半牧环境中的早期犹太教，已经有所不同了。

（二）传布

在各种宗教传播形式中，宗教传布的作用十分重要。通过这种形式进行宗教传播，除受政治、自然等因素影响，也与种族意识，以及宗教观念、宗教仪式的简单或复杂，组织形式是否灵活等有关，而传布还可以表现为两种情况。

① 交流和转教：交流和转教也是宗教传播中的常见形式，依靠这种形式扩展信仰范围的往往与两种宗教的联系程度有关，尤其两种文明程度差异较大的团体，处于较低文明进程的团体往往向更高的文明转化，最初是物质交流，随后信仰的交融变得更为重要。印度宗教与文化对周围地区的影响，中国儒学历史上与周围国家文化的交流都是典型事例。

不同文化和宗教背景的婚姻也是宗教交流的重要因素，不同宗教信徒之间的婚姻往往使婚姻的一方皈依另一方的宗教信仰，如果这样的婚姻是在较大规模的人群中进行的，那么也会促进宗教的传播。

一种宗教可以通过宗教统治者的威望，而加大传播速度。伊斯兰教创立后，伴随着征服异教战争的胜利，伊斯兰教的分布范围得以扩展。目前中东地区重新皈依到起源于这里的古老宗教基督教、犹太教、波斯教、摩尼教的人很少，而穆斯林的数量却不断增加，从中东地区扩展到亚洲。

②　有组织的传教：世界性宗教往往发展不同的机构，根据它们自己的组织形式来完成宗教使命，进行传教活动。

基督教具备高度组织化的传教活动，在最初几个世纪内，罗马天主教会就直接从事传教活动，将其北方人民纳入教会，并统治他们的领地。由于这样的传教活动，基督教信徒不断增长，基督教盛行地区也不断扩展。近代基督教传教活动与几个世纪前主要针对大的宗教团体不同，开始转向个人，如在美国传教的一个显著特点是将注意力转向不去教堂的那部分人。通过传教，美国印第安人中的一半转向信奉基督教，其中除天主教外，也包括新教或东正教。

佛教的传教活动，由世俗社会引导支持，从印度扩展到全球范围。与基督教不同，佛教寺庙虽然也有成体系的组织，但是就整个宗教而言，则缺乏统一的组织，因此佛教的传教活动不是在统一的宗教组织下进行的，而往往是僧侣的个人努力。仅从汉传佛教这一支的传播来看，从传说中东汉初年的白马驮经，到后来法显、玄奘等高僧的艰难取经历程，僧侣的取经、译经、传经活动都证明了僧侣个体对推动佛教的传播做了重要贡献。

三大宗教中，为传教而设的组织在伊斯兰教中发展缓慢。伊斯兰教虽没有职业的传教士，但在伊斯兰教的传播中，阿拉伯商人与学者却起了重要作用，他们前往各地，特别是在东方的商业活动中，将宗教信仰送达异国他乡。

（三）领土竞争

当宗教势力与政治势力合为一体时，往往会以领土扩张的形式，将宗教信仰带到新的领地。三大世界宗教中，以这一方式快速扩展宗教传播范围的事例是伊斯兰教创立初，传播效果十分显著。

伊斯兰教创立后，一系列的宗教战争不但将伊斯兰教信仰带到各地，而且对亚、非等洲的历史也产生过很大影响。穆罕默德在世时，伊斯兰教基本已传遍阿拉伯半岛，成为阿拉伯半岛的统治宗教。穆罕默德去世后，随着统一阿拉伯国家的建立，他们开始了对外的军事扩张。第一任哈里发艾卜·伯克尔时期就开始了对外征服，第二任哈里发欧麦尔时期继续进行大规模的对外战争，公元636年阿拉伯军队击溃了东罗马帝国军队，占领了大马士革，公元638年攻占耶路撒冷，公元640年攻占了全部叙利亚、巴勒斯坦，642年灭波斯萨珊王朝，同年西进，占领亚历山大港。第三任哈里发奥斯曼时期又继续西进，征服北非，东部征服亚美尼亚，势力达亚非两洲。10世纪以后伊斯兰教向亚洲、非洲和东南欧更广泛的范围传播。伊斯兰教传入北非后，以北非为基地，通过战争和商业活动，把伊斯兰教传入西非和中非；在东非征服埃及的阿拉伯人沿尼罗河南进，至公元1275年彻底征服了东苏丹，13世纪伊斯兰教伴随商业活动和移民逐渐传入索马里，以及索马里以南的东非沿海地区和海上的许多岛屿。伊斯兰教每征服一地，督令当地人改信伊斯兰教，而这些新的地区不久又成为向外进一步扩散的源地。大约从11世纪伊斯兰教逐渐扩展到南亚，13世纪印度以德里为中心建立的德里苏丹国确立了伊斯兰教为国教，16世纪初信奉伊斯兰教的蒙古人在南亚建立了莫卧儿帝国，至此伊斯兰教在这里占有重要地位。14世纪信奉伊斯兰教的奥斯曼帝国占领了君士坦丁堡，并将都城迁于此地，将其更名为伊斯坦布尔，15世纪中叶东罗马帝国彻底灭亡，伊斯兰教随着奥斯曼帝国势力的扩张传播到小亚细亚半岛、巴尔干半岛。

伊斯兰教向亚洲东南部的传播主要通过商业活动，13世纪末穆斯林商人首先将伊斯兰教传入印度尼西亚的苏门答腊，又传至马六甲、爪哇等地，随后又传至菲律宾。

（四）当代宗教特点与传播方式

当代宗教是传统宗教在第二次世界大战以后的延续、演变和发展，在社会与科技快速进步的冲击下，呈现世俗化、多元化、本土化趋势。其突出特点在于神学理论弱化，视角从对于来世的关注转向今世，宗教组织不再是单纯的传教组织，许多组织积极参与慈善事业，且教会体制向民族化方向发展。从全球视野来看世界宗教，不同国家存在政教分离、政教合一、政教协约等多种形态，但"政教分离"则成为世界各大宗教发展的主导趋势。

当代宗教的传播方式同样具有鲜明的时代特点。利用媒体、网络进行宣传，成为当代宗教通行的做法。这些现代工具用于传播宗教，不仅使传教方式多样灵活，而且具有极高的效率。

二、宗教间的关系与宗教传播

几种宗教交织分布在一个地区，相互之间的作用方式大致表现为：和平共处、竞争、排斥与冲突。宗教间关系，也在不同程度上影响宗教传播。

（一）和平共处

和平共处表示两种观念平等，并带有相互尊重。广义上讲，东方的宗教，包括佛教，它们之间多数时期都是相容的。宗教之间的相容，使许多人有了一个复合的宗教信仰，这样的事例在西方可以找到，但东方宗教中更多。佛教传入中国后，与中国本土文化有过多次融合，特别是道教兴起后，首先是道教与佛教之间的渗透，然后是儒、释、道三教的融合。宋代理学兴起，理学就是融合了三教的产物。哲学观念为前导，也影响到世俗信仰，佛教寺庙中主殿供奉佛祖，偏殿供奉老子、玉皇大帝、孔子并不是稀罕之处。山西浑源县悬空寺内供奉的诸神，就是儒、释、道三家的教主。与佛寺相似，道教的宫观内也会找到佛祖或孔子的形象。中国古代宗教之间的相容达到最高程度，百姓中也全无固定的宗教观念，无论家中供奉，还是遇急求助，阿弥陀佛、老天爷什么都有，近代基督教传入后，还会在阿弥陀佛、老天爷外加上上帝保佑的说法。

宗教间的相容共处还可以在其他一些国家看到，特别是在没有一个宗教被看作国教的国家。当然美国似乎也具有这样的特点，但它的宗教环境还有些特殊，国家建立时无固定的教会，人口不断流动，代表着19世纪来自欧洲移民的各种教会随机地出现在各地，特殊的空间关系在美国环境中产生，以一种宗教机构在一个地区占优势的情况是非常例外的。

（二）竞争

宗教之间还存在竞争关系。在一般民族宗教与基督教接触的过程中可以看到，如印度教、东亚一些民族宗教，甚至佛教与基督教都有争信众的事件，信徒们往往会从原来的宗教改信基督教。基督教在与东方宗教竞争的过程中，除了基督教教义中救世和预言救世，对信仰转换产生巨大冲击力外，传教士们已适应了各种宗教的政治、经济关系，相应也采取了不同的传教方式。代表西方科技水平的技术、工艺是传教士打动东方社会上层的主要方式，一旦社会上层表现出不加排斥的态度，传教士们立刻集中力量向信仰并不稳定的较低级的社会和经济阶层传播，福利事业是打动这一阶层的必要手段。东方人本来就缺乏固定的宗教信仰，传教士的努力自然会有不错的报偿。东方人信仰不稳定，不仅在本土有所体现，在海外也有这样的事例。有人进行了统计，在美国的第一代日本人约1/5信奉基督教，第二代大约一半是基督教徒。宗教间不稳定关系的结果，除导致信仰转换外，也会促使新的宗教产生，例如锡克教就是在伊斯兰教与印度教的相互关系中产生的。

相对于东方宗教，伊斯兰教与基督教都是具有很大稳定性的宗教，在宗教发展史上伊斯兰教与基督教长期的冲突之间，穆斯林只有极少数向基督教徒转化，基督教徒也很少改信伊斯兰教，双方多保持着稳定。

（三）排斥与冲突

宗教差异同其他文化差异不同，它更根植于人们内心，因此宗教排斥与冲突主要源于信仰的差异，此外，宗教的生活禁忌、宗教景观也成为导致冲突的原因。因此，在政治冲突地区若涉及宗教问题，则冲突一般会加剧，宗教也会成为发动战争的借口。但是，任何宗教在产生时都有排他的一面，也有普适的一面，任何宗教内部都有极端派别和宽容派别的差异，因此不能说宗教是冲突的源头，或者说哪一种宗教更助长冲突。

宗教之间的排斥与冲突可以表现为几种主要形式：

其一是宗教战争，通过征服和政治力量达到宗教范围扩展的目的，这是宗教集团之间经常发生的事件，为此历史上发生过很多次宗教战争。其中在基督教与其他宗教的无数征战中，以十字军东征最为著名。耶路撒冷是三大宗教（犹太教、基督教、伊斯兰教）的圣地，犹太人相信这是他们的旧都，基督教徒相信这里是耶稣基督传道和受难之地，而穆斯林相信这里是穆罕默德登天朝见真主之地。三大宗教都以此地为圣城，因此围绕它的争端一直很多，历史上曾发生十字军东征，这是基督教国家为夺回耶路撒冷发生的战争，从1096年至1270年近200年内，罗马教廷组织法、德、意、英等国的封建主以从穆斯林手中夺回基督教圣地耶路撒冷的名义，发动8次十字军东征，大约700多万人卷入战争，大片土地沦为赤地。时至今日，巴勒斯坦、以色列之间围绕圣城仍然冲突不断。

其二为地区性的冲突，其中本地居民和外来统治者或殖民者宗教信仰不同，往往引起冲突，如北爱尔兰天主教徒同英国新教徒的冲突，1930年代缅甸佛教徒反抗英国的起义。同一国家或地区内，存在两大宗教信仰不同的族群，彼此争夺国家领导权和文化统治权会引发冲突，如塞浦路斯希腊族和土耳其族的冲突，斯里兰卡佛教徒僧伽罗人和印度教徒泰米尔人的冲突。同一地区内不同宗教或教派，代表不同利益集团，为争夺利益会引起冲突，如法国胡格诺战争时期天主教贵族和新教贵族间的斗争，唐代的佛教与道教势力斗争。同一宗教内部教派分化也会引起冲突，如欧洲的新教与天主教，沙俄早期的正教和分裂教徒斗争，清代中期回族、撒拉族等西北穆斯林民族中新教、老教之争。

其三为宗教迫害，16世纪发生在欧洲的宗教改革以及在这场运动中天主教与新教的较量，充满了宗教迫害。1530年代在宗教改革中英格兰国王亨利八世宣布英国教会脱离罗马教廷；1553年玛丽女王即位后恢复了天主教信仰，处死280多名新教徒及其领袖；1558年伊丽莎白一世即位，又强力将英国变为新教国家，处死了180多名天主教神父和教徒。

宗教间虽然存在不同形式的关系，但无论和平的还是排斥的，空间上的进退均会造成宗教地理格局的变化。

三、宗教与政治的关系

政治组织和政治势力是影响文化现象空间变化的重要因素，政治势力的扩张与衰退往往决定着文化地理界线的进退。在各类文化现象之中，宗教对于政治的依附程度更高，受政治影响造成的空间变化特征也更明显。以宗教地理为主题，宗教与政治的关系大体有这样几种类型：

1. 神权政治

神权政治中，宗教组织是政府统治和施加政治力量的工具。世界性宗教中早期伊斯兰教具有政教合一的特点，中世纪天主教教皇权势曾盛极一时，但从总的宗教发展史来看，神权政治实行的时段还很有限。

神权政治下宗教信仰是至高无上的，宗教神权凌驾于一切世俗权力之上，这时的宗教不但培养了更狂热的信徒，而且也增大了扩展宗教领地的要求。神权政治只是宗教发展史中宗教与政治的一种形式，当宗教与民族、政府等问题纠缠在一起的时候，往往增大了彼此的复杂性。

2. 政府与宗教

宗教组织有时给政府提供仪式服务，是精神统治的工具，反过来又受到政府的保护。

案例10-1　"四层一体"中的宗教景观

太湖畔的东山镇有一座东山寺，当地人还将此寺称为张师殿、猛将堂等，这是因为寺中三处殿宇里，分别供奉着释迦牟尼、张天师和刘猛将军。此寺南门的门楣上，原镌刻着"碧霞元君庙"。如今庙里保留着三块清代留下来的官府告示碑。其中一块是公元1858年（咸丰八年）所立。碑文大意是，东山寺前道路由石板铺就，其下是排水沟，因年久淤塞，大雨时此条通衢如同河港。当年人们准备修庙浚沟，但因有些人家的房屋和院墙压住了排水沟上的石板，故使得该段排水沟无法清淤，后通过打官司勒令拆除建筑。此碑告知人们，修路浚沟皆为善举，并警示人们遵守公约。从这块立在庙中的官府告示碑，我们可以看到宗教是如何嵌入在当地四层一体的地域系统中，与社会政治联系在一起。

东山属于北亚热带季风区，降水丰沛。在台风天里，暴雨倾盆【自然层】。东山镇的人们为了应对这种天气，就设计了街道下的排水沟，以保证雨季道路不会积水【生产生活层】。为了让排水沟保持功效，建立了众人联合疏浚排水沟的乡约；咸丰八年的告示碑讲的是，当地人通过官府仲裁使得乡约具有强制性【制度层】。事情本该就此结束，但是官府因此事重大，便设立告示碑警示后人。当地人为了强化此碑的作用，则将之置于许多神明集中的庙中，让各方神明来"监督"【意识形态层】。

资料来源：周尚意，2019。

如日本神道教天神与天皇祖先合一、忠孝合一，强调忠在孝前，实现国家认同，进行文化整合和政治整合。在三大宗教中佛教与政治之间的联系最弱，虽然在某些历史时期也有一些帝王虔诚地信奉佛教，但是佛教始终与世俗社会是分立的。

历史时期多数情况宗教是政府的支持者，但进入当代，彼此的关系出现变化。历史上天主教会曾给予拉丁美洲统治阶级无条件支持，并成为统治者的支柱之一，但这种情况从1960年代发生重大变化，教会开始成为拉丁美洲各国政府的反对派。1960—1990年代之间，拉丁美洲各国主要由军政府统治，教会在反对军政府滥用国家权力，反对财富不平等、社会不平等中起过重要作用。

3. 宗教与国家

在一些国家内有着各种不同宗教，或不同教派，它们可以和平共处，相安无事。可是也有的国家，各种宗教或教派之间由于宗教本身的积怨，或与其他问题纠合在一起，相互对立，成为政治不稳定，甚至分裂的重要原因。例如爱尔兰与北爱尔兰人的归属问题就是这样一个事例，他们本为一个民族，爱尔兰人信奉天主教，大部分北爱尔兰人也信奉天主教，而北爱尔兰的英格兰移民信奉新教，信奉天主教的北爱尔兰人愿意与爱尔兰合并，信奉新教的英格兰后裔愿意留在英国，为此双方矛盾十分严重，曾经出现爆炸事件。北爱尔兰首府贝尔法斯特市天主教徒和新教徒很少往来，各自居住于所属的社区，学龄儿童也上各自学区的学校，实际上城市已经分成两部分。这种情况，不仅是当地的重要政治问题，而且也引起英国和爱尔兰两国的关系问题。

1990年代南斯拉夫解体，原来一个国家陆续分裂为6个国家。克罗地亚与波斯尼亚和黑塞哥维纳（波黑）内部曾战火纷飞，尤其是波黑更严重，而宗教则是造成其分裂的重要原因之一。克罗地亚人信奉天主教，塞尔维亚人信奉东正教，民族矛盾、历史积怨，加上宗教问题，造成克罗地亚从南斯拉夫分出后发生内战。波黑较克罗地亚更为复杂，既有信奉天主教的克罗地亚人，信奉东正教的塞尔维亚人，还有信奉伊斯兰教的波黑人，3种宗教，3个民族，摩擦与冲突经常发生。

现在虽然很多国家采取宗教自由、政教分离的办法，但是也有些国家规定某一宗教为国教。例如不少伊斯兰教国家，把伊斯兰教定为国教；而挪威宪法规定新教为国教，教堂中的牧师与政府公务员一样同属政府雇员，由政府支付工资。

由于宗教在一些国家影响力很大，在很多地方可以看到其社会作用及由此产生的地理景观（帕默，1997：182—187）。

四、宗教组织

宗教组织不能创造宗教景观，却是宗教发展过程中的媒介。不同宗教，宗教组织的表现是不一样的，有的宗教有着严密的组织形式，有的则很松散；有的有统一的教主，有的则表现为独立的教会。在各类宗教中天主教的宗教组织可称是最严密的，而同样是世界性宗教的佛教基本没有明显的教区，伊斯兰教更没有传教的教士，信仰的传播多数在征服区内实现，或通过商贸活动。

佛教寺院在不同国家有不同的组织形式，印度最早建立的寺院称毗诃罗（寺），这种寺院组织极为简单，只有一个长老负责管理僧众的饮食起居，主持布萨仪式等。3—5世纪才出现规模较大的摩诃毗诃罗（巴利语Mahā-vihara的音译，原意为大寺），著名的那烂陀寺就属于这样的寺院。这种寺院建筑规模宏大，装饰华丽，拥有大量的田庄和巨额寺产。这里既是僧人修持、诵读、居住的场所，也是学术文化研究中心，寺院内采取集体议事制度，组织分工比较具体。

东南亚国家寺院组织比较复杂，如泰国佛教最高首领是由各个派别共同组成的长老会议选出的僧王，僧王领导僧伽会议、僧伽内阁和僧伽法庭，僧伽内阁下设管理、教育、传教和公共事业等部，按照行政区划省、府、县、乡都设有僧伽委员会。

佛教传入中国后，汉传佛教的寺庙大致可分为两类：一是"十方丛林"，这种寺院一般建于大城市或名胜地区，接纳全国各地朝拜、修持的僧人；二是师徒相承的小庙宇，这种庙宇分散于乡村和集镇上，主要供当地人作佛事之用。藏传佛教寺院规模不一，格鲁派长期执行政教合一制度，因此寺院组织也是宗教、教育、经济、军事相结合的单位。格鲁派所属的三大寺（甘丹、哲蚌、色拉）都设有分寺，大寺或宗寺设有若干"扎仓"（学塾），每个扎仓又设有若干"康村"（地区性学经单位），康村以下还有"密村"等，构成严密的组织系统。在这个系统中，扎仓是基础单位，设有住持。

天主教中教皇是最高领袖，被认为是基督在现实世界的代表，集一切大权于手中，如建立与划分教区，制定与解辨教义、教规，任免主教等重大决策，均由教皇掌握。主教分为4级，地位最高的是枢机主教，因教皇特准他们着红色衣袍，故俗称红衣主教。目前全世界有100多名红衣主教，组成红衣主教团，是教皇的咨询机构。其他主教因教区与权限的大小不同分为总主教、大主教与主教，各自负责本教区的宗教事务。天主教组织与教堂的分布具有一定地理原则，人们在礼拜天去教堂集会礼拜，选择的教堂不会太远，一个教区一般只有几平方千米。目前，天主教教区大约有2000多个，范围广大，并且有数量可观的信徒。欧洲以外的教区，通常比欧洲教区大几倍，但人数少得多。在教会人口迅速增长的地区，空间组织经常变动，以便提供更多的精神服务。

东正教的组织与天主教有一定区别。东正教会基本依附于其所在国家，没有统一的管理中心，全世界有15个教会：君士坦丁堡、亚历山大里亚、安提阿、耶路撒冷、俄罗斯、格鲁吉亚、塞尔维亚、罗马尼亚、保加利亚、塞浦路斯、埃拉多斯（希腊）、阿尔巴尼亚、波兰、捷克斯洛伐克、美国。东正教也没有统一的教会领袖，教会中牧首为最高教阶，实行3级教阶制。每一教会都在其地区宗教会议上解决宗教问题。教会由牧首负责，教会下划分为若干主教辖区。

新教由下分的各教派自主组织，没有统一的制度。

宗教组织不仅存在于上述宗教中，原始宗教、民族宗教和世界性宗教都有宗教组织。只是原始宗教组织一般很简单，部落中一个男人或女人就可能在宗教活动中起着最重要的作用。随着宗教发展进入更高级阶段，宗教组织也变得复杂庞大。

宗教组织对于宗教传播与管理起了很大作用，传教活动需要集中组织，同时为了方便传教活动还要选择一定的交通路线和传教士活动点。与其他类型的文化传播不同，宗教传教的目的是与无差别的人相联系，而不是控制商品资源或战略要地，因此传教活动通常远离商业区或教区，这一切都要求传教士需要经常通过宗教组织与教会保持联系，以便取得援助和指导，并将新扩展的信徒纳入统一的宗教范畴之中。

五、主要宗教地理分布与信徒比例

宗教的各种传播方式，造就了今天的宗教地理分布格局。目前，基督教遍及欧洲、美洲、亚洲北部大部分、南非、澳大利亚等，是世界上信奉者最多的宗教。基督教中天主教信奉者又最多，欧洲大部分人口信奉此教，并在拉丁美洲占主导地位；英国、北爱尔兰中部、荷兰北部、斯堪的纳维亚半岛、芬兰、德国等是新教势力范围；东欧各国及希腊信奉东正教。伊斯兰教主要分布在亚洲、非洲、欧洲及美洲，其中信奉者以西南亚与东南亚最多。佛教主要分布在东亚、东南亚。

除三大世界宗教，犹太教、印度教、道教、神道教、摩门教等虽然没有形成世界性宗教，但是也具有非常广泛的影响。

若以信徒的数量而论，基督教信徒最多，约占世界总人口的33%，其次是伊斯兰教，信徒约占世界总人口的22%，印度教信徒约占15%，佛教信徒约占6%，道教信徒约占4%，原始宗教信奉者约占3%，另有3%属于信奉其他宗教者，全世界人口中还有大约14%没有宗教信仰（Rubenstein，1996：59）。

宗教获得了信众，信众创造了具有魅力的宗教景观。

第三节　宗教仪俗与宗教景观

宗教与其他文化现象一样，其产生、发展也与地理环境有着密切的关系。地理环境不但对宗教的起源直接发生作用，而且影响宗教习俗、宗教禁忌和宗教思想。任何宗教无论其中含有多少虚幻的内容，其本质的东西仍要人们在生存的环境中提取，特定的地理环境既构成了人们对世界的认识基础，也决定了人们的行为规范与宗教活动范围。

一、宗教禁忌与地理环境

英国学者史密斯（W. R. Smith）的名著《闪米特人的宗教》以大量事例归纳出一个结论：闪米特人把事物区分为神圣的事物和非神圣的普通事物。所谓神圣的事物乃是慑于神的震怒而在严格的限制之下才能使用的；与此相反，非神圣的普通事物是指那些不怕遭受自然惩罚，可以随意使用和摆布的。根据史密斯的研究，禁忌作为一种宗教行为与关于神圣事物的观念同时产生。

宗教社会存在许多禁忌，这些禁忌或影响到环境，或与环境有相应的关系。不同宗教饮食禁忌有差异。许多宗教在宰杀动物上也有禁忌，这会影响到生物链的平衡。伊斯兰教禁食猪肉；印度教禁吃牛肉，由于有了这样的禁忌，印度就出现了神牛遍地的现象。宗教中也有对工作时间与工作种类的禁忌，有些宗教禁止在一定时间、地点工作，有些则反对某些形式的经济活动。这两类工作禁忌都影响到环境的利用途径。例如中国门巴族曾将藏历四月十五日和六月四日定忌耕日，这两天戒杀生，禁下地耕作，认为违犯则可能冲犯天神，招致冰雹等灾异；裕固族认为六月和腊月动土不吉；湘西苗族在阴历每月初一、十五忌挑粪，逢"戊日"不动土、不下田；土家族每月初五、十五、二十五忌下田，逢"五"而耕作谓之破五，破则不吉。东南亚有些农业社会对采矿业，甚至金矿业有偏见，他们认为这会伤了大地的元气，因此采矿业一度受到限制。印度、非洲的一些部落，铁匠是由部落以外的个体家庭担任，专属于一个种姓等级。部落内的人认为打铁是一种禁忌。印度的种姓等级规定每一等级都有其特定的禁忌，随着世俗势力的增长，虽然现在只有极少数的种姓成员仍遵循传统禁忌，但是在印度社会中经济生活受宗教控制的痕迹还存在。这些宗教禁忌有时会营造出具有特色的宗教景观，有时也会产生负面影响，如以往土家族逢五即休耕则会因此而耽误农时（Jordan 和 Domosh，1999：215-254）。

宗教禁忌也存在积极因素。哈萨克人十分忌讳拔青草、毁坏树木，这与其长期生活在相对干旱的自然环境，从事游牧活动有关，哈萨克人将赖以生存的绿色植物视为神圣物而不可以随意破坏。宗教禁忌、崇尚也会影响到动植物的聚散。许多宗教崇尚某种植物或动物，随之就出现某种动植物在一定宗教范围内的聚与散，如佛教崇尚菩提树，印度教禁止杀牛，基督教必须用松树当作圣诞树等，由于宗教原因这些动植物都得到保护。也有的动植物由于宗教传说而得到推广，《圣经》记述在耶稣与众徒最后的晚餐上，耶稣说手中的食物和酒是他的身体和鲜血，他要为大家免罪而流血。以后基督徒为了纪念耶稣，在圣餐中都会有象征鲜血的红色葡萄酒。随着基督教在全球的传播，葡萄种植也得到推广。

《圣经》记载耶稣星期五被钉死在十字架上，因此，教徒们遵守规定，于该日不吃肉，以纪念耶稣为挽救世人所受的苦难。星期五虽然不能吃肉，但可吃鱼。这样，就刺激了基督教地区捕鱼业的发展。沿海地区鱼的供应比较容易，但内地比较困难，就需要用盐制成咸鱼，运往离海较远的内地。这不但促进捕鱼业，而且也促进了运输业，以及沿海与内地的商业往来。

二、宗教节日具有的地理意义

宗教节日在宗教中占有重要地位，作为节日本身几乎都是对众神创世行为的再现，是一种对神圣历史的重复。通过宗教节日信徒一方面体会与神同在的感受，另一方面信徒在分享同一道德感情的同时，也增强了宗教社会的认同与稳定。即使如此，宗教节日的背后仍然不乏地理环境的影响。

犹太教诞生的巴勒斯坦地区属于地中海气候类型。这里的气候冬季温暖湿润，夏季炎热干旱。与气候特征吻合，人们也将农作物生长安排在雨水充沛的冬季、秋季种植，春夏收获。种植与收获是最重要的农事活动，每当这时人们都要举行仪式，祈祝丰收。住棚节是犹太教三大重要节日之一，于每年公历九、十月举行，这时正是一年农业活动的开始，节日期间人们住在临时用树枝搭起的棚内，献上祭品祈祝丰收。逾越节也是犹太教三大节日之一，于每年公历三、四月进行。抛弃其中的历史传说，这也是一个与收获有关的节日。五旬节是犹太教三大节日中的最后一个，每年公历五、六月举行，这时正是地中海气候下农业生产活动进入尾声的季节，每逢节日大家都停止工作，用馒头、牛羊祭祀上帝，感谢一年的恩赐。度过了五旬节，就是漫长的干旱夏季。

当犹太教这些与农时相关的节日被赋予了神圣历史传说之后，深深地留在人们的记忆中。即使散居国外的犹太教徒也能保留这些宗教传统。也正是这样的原因，犹太教的传播仅限于犹太人中间，始终未从民族宗教转为世界宗教。基督教就不同了，虽然基督教的形成与犹太教有密切的关联，但是基督教抛弃了许多与犹太历史和传说有关的内容，这才得以在世界上成功地扩展。反映在基督教教历中，这一变化更明显，基督教教历中吸收了罗马世界中的许多内容，犹太教的节日逐渐减少。基督教中的复活节与犹太教逾越节的时间基本相仿，这一节日虽然保留了生产、收获的季节意义，但是名称已完全不同。世界上大多地区雨热同期这个特点与地中海沿岸气候不同。为适应气候变化，农业生产的安排也与地中海地区完全不一样，因此对于基督教世界来讲，非地中海地区的信徒往往存在对节日与农时关系理解的隔膜，他们缺少对本应该是播种季节，却有着庆祝收获内涵的节日的认识。由于这样的原因，复活节中与收获有关的传统内容，在人们的意识中越来越淡，特别是南半球的信徒更无法感觉这些宗教节日最初的意义。南欧，复活节是收获时日；北欧，复活节结合了古代宗教的元素，表达了农人下种的急切和迎接春天的喜悦；北美，信徒们单独设立了感恩节作为收获节日；南半球，由于气候的不同，复活节的自然意味变得很淡了。

以往全世界均实行每周工作六天、周日休息的作息制度，这项制度就起源于宗教。《旧约圣经·创世记》说主在六日内创造了天地万物，第七天他要安息了，这一天主的信徒也要放弃手中的工作而赞美上帝的造物之功。关于安息日的规定，不适于犹太教，流浪民族不可能遵守这样的规则，尤其是在较动荡的时期。农业社会就不同了，周期性的休息是必要的，具有这样特点的宗教禁忌日也自然不断畅行起来。

三、宗教圣地

宗教圣地与一般概念中的圣地有所不同，这里既包括宗教领袖与宗教圣贤诞生、创教或埋葬的地方，如伊斯兰教的圣地麦加、麦地那，犹太教、基督教、伊斯兰教共同的圣地耶路撒冷。宗教圣地也包括宗教理想化的空间，如基督教中描述的伊甸园。此外还有一些与民族宗教或原始宗教传说、信仰有关的神圣地方。这些宗教圣地虽然与地理环境并不一定有完全的对应关系，但是自身却形成了特殊的宗教景观，同时由于这些宗教圣地的存在，既增强了宗教凝聚力，也加大了人们对宗教的实体感觉，这一切又促进了宗教的发展。

宗教圣地中最著名的是耶路撒冷，耶路撒冷是犹太教、基督教和伊斯兰教三大亚伯拉罕传统宗教的圣地[①]。自从公元前10世纪犹太人在耶路撒冷建成圣殿，这里一直是犹太教信仰的中心和最神圣的城市。基督徒视耶路撒冷为圣地，根据《圣经》的记载，耶稣在这里受难、埋葬、复活、升天。伊斯兰教亦将耶路撒冷列为麦加、麦地那之后的第三圣地，传说这里是穆罕默德夜行登霄、拜见真主之处。今天的耶路撒冷，是一个文化对比强烈的城市，不同宗教、不同民族、不同阶层同处一城，城市的东西两部分截然不同。老城雅法门以西的西耶路撒冷是现代以色列的核心地带，老城及其东、北、南三面的东耶路撒冷则以巴勒斯坦人为主。城中最特别的地方是面积只有1 km²的耶路撒冷老城，其中又分为犹太区、基督徒区、亚美尼亚区和穆斯林区四个宗教与种族聚居区。犹太教的圣殿西墙和圣殿山、穆斯林的圆顶清真寺和阿克萨清真寺，以及基督教的圣墓教堂、苦路均位于此。

佛教圣地多与佛陀生平关系密切，如蓝毗尼为佛陀诞生地，菩提伽耶为佛陀觉悟地，鹿野苑为佛陀初转法轮之处，拘尸那迦为佛陀涅槃处。

自然物中山脉、河流或巨石往往具有宗教圣地的基础，如高大的山岳在中国古代人心中是很神圣的。中国古代民众认为神生活在天上，站立在高山上就可以与天神直接通话，于是在泰山举行封禅仪式成为中国历代帝王的一大愿望。相传尧、舜、禹等先贤都在泰山举行过封禅仪式，至秦始皇是历史上有明确记载，在泰山封禅的第一位帝王，此后汉武帝、汉光武帝、唐太宗、武则天、宋真宗等帝王相继在泰山举行封禅仪式。中国境内的高大山岳很多，唯独泰山在人们心中有如此高的地位，这与泰山独立于鲁中平原，高大神秘，形成平原、山地的巨大高差有直接关系。在泰山封禅是帝王的业举，而民间信仰崇拜则在特定地理位置形成圣地，如蒙古族祭拜的敖包，就往往位于地势较高的地方。

有些宗教圣地与地理环境有一定关联，如《旧约圣经》载伊甸园是人类始祖亚当、夏娃居住的地方，那里有清波流淌的河水，有树木繁茂、景色优美的果园，是理想的天堂。有关伊甸园的神话最早来自犹太教的传说，今巴勒斯坦地区是犹太教的诞生地，干旱缺水是这里

[①] 基督教、伊斯兰教和犹太教均奉《旧约圣经》中的亚伯拉罕为共同祖先，且均发源于西亚沙漠地区，来源于闪米特人，故有此称。

主要的环境特点，渴望水源、渴望果木繁茂的绿洲，是居住在干旱地区人们的共同心声，这片心声在现实世界无法满足，人们只好将其寄托在宗教信仰之中。

四、宗教与文化

由宗教创造的文化还集中体现在建筑、绘画、诗歌、音乐、雕塑等方面，艺术既是人们对众神的赞美，也表达了人们对宗教信仰的追求。巍峨的石雕神像，以震撼人们心灵的力量显示着神的威严；壁画上优美的飞天，轻盈、飘逸，展现出神界的悠然；基督教圣歌将人们引向圣洁的天堂，佛教音乐的声声钟鼓引导人们完成对佛祖的顶礼膜拜。宗教不仅建构了独特的艺术形式，而且又通过哲学、文学将宗教思想融汇到人们的意识中，唐代诗人王维的诗文就是将佛理融入文学创作的代表，他所写的《过香积寺》就是一首"字字入禅"之作："不知香积寺，数里入云峰。古木无人径，深山何处钟？泉声咽危石，日色冷青松。薄暮空潭曲，安禅制毒龙。"诗中通过闻钟声而悟道的过程，描绘了一个圆满自在、和谐空灵的"真如"境界。

不同宗教有各自的文化表现形式，随着宗教传播，宗教文化也不断扩展更新。由宗教产生的文化是多方面的，除了视觉、听觉可以感到的文化类型外，观念与特定崇拜物也会造成一种文化现象。有时在一些宗教及地方信仰中，往往有选择地将本地区的某种环境要素神圣化。根据对各种宗教信仰与习俗的分析，凡是被人们神圣化的对象多具有这样的特征：其一，直接影响当地社会经济发展与人们生活的环境要素。印度人对恒河的崇拜就是一个这样的事例，在印度人心中流动的水是纯洁而神圣的，恒河的神圣又远在众河之上。这条大河对沿岸人民具有非常重要的经济作用，从源头直到沿岸泥土，从沿岸到较远的地区，河水孕育着这里的生命与文化。其二，对人们有保护作用（包括事实和心理两方面）或在当地自然条件下稀见的自然事物。原始宗教与民间崇拜中，树是人们普遍崇拜的对象。森林地区的人们将树与山神联系在一起；村旁或宅边的大树，则自然被人们视作村落或家宅的保护神。为了祈祝神树的保护，朝鲜族将村中的大树敬为神树，禁止人们砍伐、毁坏；德昂族、锡伯族、壮族等民族每年都在规定的日子，举行仪式祭祀村中的神树。与对村民具有保护意义的神树不同，有的地方也将一些远离村落的孤立大树视为神树，进行祭祀。属于这种祭祀的对象多在干旱、半干旱气候下，高大乔木稀少的地区，其中可以称著的要数内蒙古准格尔旗境内的一棵油松树。据研究这棵油松已有1000多年的树龄了，松树生长在黄土高原的墚面上，四周一片黄色，没有树，没有草，没有村落。1000多年中无论人世更迭，还是自然变迁，大油松和它的子孙们牢牢地扎根在这片干旱的黄土地上，方圆几十里、上百里的百姓都将这棵油松视作神树，年年、季季都有人远道前来祭树。

地理环境不仅影响到宗教风俗，对宗教观念上也起了一定作用。人们一度认为沙漠环境对一神论的起源有重要影响。持这种观点者指出沙漠环境的单调、浩瀚，使生活在这里的游牧民族首领的地位与作用更被人们推崇。男性首领负责处理重大事务，负责部落的生存发展，成为部民信赖与仰恃的对象。当宗教形成后，部落首领与神逐渐趋于一体，一神论就这样诞生了。基督教、伊斯兰教都是著名的一神教，这两大宗教的起源都与犹太教有关，而犹太教就是诞生在游牧民族中的宗教。据《旧约圣经》记载，犹太人的祖先亚伯拉罕曾先后在美索不达米亚、迦南（今巴勒斯坦地区）牧羊，后又举族迁至埃及北部尼罗河三角洲牧养羊群，当犹太人离开埃及，再次回到迦南才进入半农半牧社会。

五、宗教塑造的景观

宗教形成与地理环境相关，宗教一旦形成就又以显性的形式，营造出独特的人文景观。这些人文景观与宗教信仰及宗教氛围具有同一性，成为大地上最具特色、最具魅力、最具影响的文化表征。

（一）宗教塑造的文化景观

建筑是最具代表意义的宗教景观。人们由于对于神灵的崇拜，祈望寻求神灵的保佑，不惜花费巨资修建教堂、神庙。各类宗教建筑不但代表了当时最高的建筑水平，而且融各种艺术精品为一体，构成让人难以忘怀的艺术与文化宝库。各类宗教建筑风格各异，基督教高耸的尖顶教堂与伊斯兰教穹隆式顶的清真寺，乃至于佛教屋宇型的寺庙具有完全不同的建筑风格。人们接近这些建筑时，会被特有的艺术与信仰魅力所感染，并久久不能忘怀。由于宗教具有清楚的地理分布，因此隶属于不同宗教的建筑具有鲜明的地标意义，即使陌生人也能明白它的宗教归属。

佛教建筑各地风格差异很大，印度早期佛教并无寺院，后来摩揭陀国的频毗沙罗王（Bimbisara）布施迦蓝陀竹园，印度佛僧才有了第一个寺院。印度人称佛寺院为"僧伽蓝摩"，略称"僧伽"。印度佛寺传入中国后，很快与中国传统宫殿建筑结合，成为具有中国风格的佛教建筑。魏晋南北朝时期，佛寺已采用中国传统的院落式格局，院落重重，层层深入。隋唐时期，供奉佛像的佛殿，成为寺院的主体，塔被移到殿后，或另建塔院，这与印度以塔为中心的佛寺，已有很大的不同。中国佛寺一般以殿堂为主体，大殿一般采用梁柱结构。中国建筑群体的平面布局多为对称式，一般佛寺以中轴线为主，主要建筑多位于南北向中轴线上，次要建筑安排在轴线的东西两侧。佛寺院落自南向北，依次为山门、天王殿、大雄宝殿、法堂，以及藏经楼。这种整体布局具有中国传统四合院风格。

古希腊人精心修建了许多庙宇，相隔数千年，建于雅典卫城的帕特农神庙至今仍显示出巨大的艺术魅力。"教堂是尘世之天国"，它的功能为传教、布教，以及教徒从事宗教活动的场所，但随着基督教的发展，俨然在基本功能之外，成为装点在人间的恢宏建筑。希腊的建筑技术传入罗马后，罗马人又把它提高到一个新的水平。公元4世纪初罗马帝国解除了对基督教的禁令，教堂也随着基督教的扩展而在各地兴建起来。巴西利卡式是比较早期的教堂风格，盛行于古罗马后期至西罗马帝国灭亡前后的300多年内。巴西利卡本是古罗马的一种公共建筑形式，基本特点为长方形大会堂，外侧有一圈柱廊，主入口在长边，采用条形拱券作屋顶。随着基督教的地位在罗马帝国逐步提升，巴西利卡式的结构被用于教堂建筑中，长厅被立柱分为三部分，中厅最宽也最高，侧廊较低且窄，主入口改在了短边。此后巴西利卡式教堂又在原有基础上进行改造，出现十字巴西利卡，即通过垂直于巴西利卡的长轴添置一个横廊，且横廊的高度、宽度与中厅一样。

公元11世纪基督教分为天主教与东正教后，天主教的中心在罗马，东正教的中心位于君士坦丁堡（今土耳其伊斯坦布尔）。东西之间教堂的结构与艺术完全不同。东正教教堂发展了古罗马的穹顶结构和集中式型制，又汲取了亚美尼亚、波斯、叙利亚、巴勒斯坦、阿拉伯等国家和民族的建筑要素，形成了拜占庭式建筑的风格。拜占庭式建筑突出的特点在于穹隆状屋顶，高大的圆穹顶，往往成为整座建筑的中心，穹顶被支承在独立方柱上。由支柱构成四边发券，四个券之间即以对角线为直径的穹顶。典型的拜占庭式建筑为君士坦丁堡（今土耳其伊斯坦布尔）的圣索菲亚大教堂，这座建筑布局为穹隆覆盖的巴西利卡式，中央穹隆通过帆拱支承在四个大柱墩上。公元330年由君士坦丁大帝修建，6世纪经查士丁尼大帝改建成现在看到的形态，奥斯曼帝国时期圣索菲亚教堂被改建为清真寺，周围矗立起四座高塔。在拜占庭建筑同时，西欧基督教教堂则发展了罗马拱顶结构和巴西利卡型制，这种风格的教堂在建筑上被称为"罗马风"，在建筑艺术上继承了古罗马的半圆形拱券结构，形式上又略有古罗马的风格，故称为罗马风建筑。罗马风建筑于11—12世纪在西欧发展至巅峰，它外观封闭、类似城堡，门窗均为半圆形拱券，艺术造型常常通过连列券廊表现。罗马风建筑的进一步发展，就是12—15世纪西欧以法国为中心的哥特式建筑，并从法国渐渐传播到整个欧洲，取代"罗马风"逐渐成为西欧教堂中流行的型制。哥特式建筑风格完全脱离了古罗马的影响，不但体量和高度上创造了新纪录，而且形体向上的动势十分强烈，轻灵的垂直线直贯全身，墙、塔越往上分划越细，装饰也越多，顶部的塔尖直刺天空。哥特式建筑越到后期越强调向上的动势，多数在两个塔楼上又建一对尖塔，如法国的兰斯主教堂；而晚期外形高、直的特征更加突出，如德国的科隆大教堂。

伊斯兰教清真寺将阿拉伯建筑技术与早期罗马建筑结合起来，创造出风格各异的伟大建筑。伊斯兰教清真寺建筑形式经历了由简到繁的发展、演变过程，各地清真寺建筑虽然风格各异，但穹隆式圆顶却构成了整个建筑的中心，四周高高的尖塔，秀丽挺拔，为这些神圣的建筑增添了无数的神韵。麦加大清真寺、麦地那先知寺都是建筑巍峨高大，装饰华丽的著名清真寺。与其他宗教一样，伊斯兰教在扩展的过程中，也在各地形成了不同的建筑风格，其中黑海沿岸清真寺的半圆形穹隆顶、中亚地区的尖圆穹隆顶都成为鲜明的地域人文景观。中国境内清真寺型制的变化与地域人文风采尤其吻合，河西走廊以西地区的清真寺，拱券型门罩与塔身浑圆的宣礼塔，构成了明显的阿拉伯风格；河西走廊以东地区的清真寺则与中原地区具有基本相似的建筑特征，高大的木结构殿堂，楼阁式的宣礼塔与其他建筑浑然无异；河西走廊沿线、甘青地区的清真寺则大多有着阿拉伯式的门罩和中原楼阁式的宣礼塔，自然地融合了东西两种建筑文化的特征（陈志华，2010：303-320）。

（二）宗教景观的地域差异

宗教生态、社会行为和文化景观之间存在着密切的关系，当一个区域内由两个以上宗教体系垄断时，景观上的差异性表征就非常明显了。不同宗教形成的插花式分布，世界各地都有，如塞尔维亚等国境内的基督教与伊斯兰教就是一例；此外19世纪中期，美国摩门教产生了一定的文化影响，给该教所在地如犹他州、新墨西哥州等处创造了一种独特的宗教景观；而耶路撒冷则是最著名的一处。

中国的甘肃西南部地区应该说是一处最能反映宗教地理景观的地方，临夏县是信奉伊斯兰教的回族聚居区，与之相邻的夏河县则是信奉藏传佛教的藏族聚居区，两个民族信奉两种宗教，创造了两种宗教文化景观，有着两种社会行为方式。临夏县的南面是宗教信仰不分明的汉族分布区，在这里可以见到汉传佛教的寺院，与其他地方的寺院一样，沿中轴线对称分布的寺院布局，寺内特色鲜明的楼阁式宝塔，数里外就告诉人们，这里又是一处佛家圣地了。寺院外一处处一面坡式的西北民居，一个个农田中劳作的农户，又显现出世俗世界的悠然。

当第一座高悬着星星新月的清真寺展现在面前的时候，人们会知道这里是回族聚居区了。临夏一带的清真寺在建筑形式上有浓重的中原建筑风格。村落中一般多为悬山或硬山顶的礼拜堂，一座楼阁式的邦克楼耸立在旁边，黄色、绿色的琉璃装点在屋顶或墙面上。建筑形式并不重要，信仰的凝聚才是最重要的，临夏一带几乎村村都有清真寺，无论建在宽敞的街道，还是坐落在黄土崖畔，礼拜堂内安放神龛的后墙都向西，因为西面是位于麦加的伊斯兰教圣物克尔白的方向，每当礼拜的时刻，全世界东南西北的穆斯林都向这个方向顶礼膜拜。黎明前清真寺内传出的阿訇诵经声，在晨曦的寂静中震撼着每一个人，神圣而威严。街市上男人头上的白帽，女人头上绿色、黑色、白色的头巾，融汇在星星新月的辉映下，和谐自然。

此寺距离最近的回族村落与藏族村落之间只有几十米，透过清真寺的院墙，不远就是藏传佛教寺庙的旌幡，一边是真主安拉及其使者穆罕默德的信徒，一边是佛祖释迦牟尼与众神建构的佛国世界。甘肃最大的佛学院拉卜楞寺坐落在距夏河县不远的地方，在这里学习佛学的有1000多名僧人，一路上随处可见身着褐红色衣袍，出来散步、购物的僧人。寺院由一组建筑群组成，藏式雕楼建成的寺庙，白墙红顶，中间簇拥着金碧辉煌的宝塔。袅袅香烟中，不时传来的牛角号声，更增添了几分佛国的神秘。藏族多为虔诚的佛教信徒，随处都可见到他们口诵经文，手转嘛呢轮缓步走向佛祖的金像前，俯身长拜。拉卜楞寺对面的山崖上有一面巨大的水泥墙面，那是每年寺内僧人晒唐卡的地方。即使不是晒唐卡的时节，面对这面空荡荡的巨墙，人们也能想象万头攒动、静候展现佛祖圣容的动人场面。

世界上有很多像甘肃西南部这样的地方，这里展现的宗教地理景观不仅有深厚的文化内涵，也营造了独特的人文风貌。

宗教涉及人们的信仰与心灵，宗教地理则是一种文化从起源地到传播形成的空间结果。

【本章主要概念】

宗教；宗教区；宗教景观

【思考题】

1. 宗教节日、宗教禁忌与地理环境的关系是什么？
2. 宗教的主要传播形式有哪些？
3. 欧洲前往美国的移民与宗教地理的对应关系如何？
4. 南美洲主要信奉的宗教是什么？其形成过程与什么重要的地理活动相关？
5. 结合某个宗教景观或宗教圣地，分析它在宗教地理格局所起的作用。

第十一章
尺度、领域、边界和地缘

内容提要

政治地理学主要研究政治现象的分布、空间联系和空间差异，分析政治（权力）和冲突如何作用于空间，从而生产出不同尺度的领域和边界，以及这些领域和边界的存在对政治决策和行动产生的影响。在宏观层面，政治地理学可为国家的政治决策、国际事务处理提供依据；在中观和微观层面，政治地理学可为行政区划调整、政治体制改革，以及日常的区域、城市及社区治理提供参考。本章主要对政治地理学的发展简史、核心概念，以及地缘政治、地方政治、城市政治三个主要分支领域的研究内容进行概要性阐述，并侧重两个分析维度。其一是为何地理学需要关注政治，"政治"要素如何作用于空间；其二是政治地理学采用的研究视角和方法。只有将空间过程置于权力结构中进行考察，方能理解空间的本质。

第一节　政治地理学发展简史

政治地理学自成为一门独立地理学分支以来，短短100多年时间里在人文地理学乃至整个社会科学中的地位经历了剧烈的跌宕起伏，期间其认识论和方法论都发生了转变，而相关学科如政治学对权力等核心概念的认识也在不断演化。鉴于此，本章首先简要回顾政治地理学的历史。早在现代地理学产生之前，政治地理学就已作为一门独立的研究领域存在了（泰勒，2005：518-523）。然而，由于德国地缘政治学（geopolitik）成为纳粹发动战争的理论依据，这一历史阴影导致政治地理学之后被一部分学者理解为一种面向军事外交和战争的"政策科学"，在第二次世界大战后相当长的时间里，地缘政治学都被视为"恶学"，被学者们心照不宣地回避，这一局面直到1980年代后才逐渐得到改善。

一、早期政治地理思想起源

政治地理学起源于人们对政治和地理环境相互关系的关注。早在2300年前，古希腊哲学家柏拉图就已在《理想国》（*Politeia*，又译《共和国》）中对国家与地理环境的关系进行了探讨。此后，亚里士多德、斯特拉波（Strabo）、赫勒敦（I. Khaldūn）、孟德斯鸠、佩第（W. Petty）、李特尔等进一步发展了国家与地理关系的思想。其中，拉赫曼和李特尔还发展了国家（或王朝）循环理论。不过，从如今的观点来看，这些理论多具有环境决定论和种族中心主义倾向（Flint，2009：549-551）。

在中国，政治地理思想是基于传统哲学的易学（易经）的，这是一种解释宇宙中作为对立的二元关系的"女性和负向"（阴）与"男性和正向"（阳）之间变化的思维体系，它有非常悠久的历史。战国时期战略家苏秦和张仪提出辩证但相反的一对外交策略（合纵连横）。在同一时期，范雎也提出另一个军事外交战略，建议与较远的国家结盟而攻击较近的国家（远交近攻）。三国时期诸葛亮制定的"隆中计划"（隆中对），作为一个详细的地缘战略帮助刘备建立了蜀国，等等，这些思想至今仍被提及（刘云刚等，2018）。与西方思想不同，这些观点多是直接面向政策实践。

二、古典地缘政治学

尽管近年来随着激进政治地理思潮的兴起，两位早期无政府主义地理学家克鲁泡特金（P. Kropotkin）和雷克吕（É. Reclus）被"追封为"政治地理学的先驱，但他们并没有使用"政治地理学"这一名词。真正提出"政治地理学"，并正式将其确立为地理学的一个独立分支的是拉采尔，他也因此被誉为"政治地理学之父"。拉采尔于1897年发表《政治地理学》（*Politische Geographie*），提出了国家有机体学说，1901年又发表了《生存空间论》（*Lebensraum*，英译 *Living Space*），把达尔文的物竞天择、优胜劣汰的生物进化概念应用到国家的生长、发展上，认为国家像生物有机体一样，有兴盛、衰亡的过程，国家的兴盛需要广阔的空间。

与此同时，麦金德在英国的大学建立了政治地理学科框架，开始宣扬大英帝国的扩张。而在瑞典，政治学家契伦（J. R. Kjellén）于1899年提出了"地缘政治学（geopolitics）"一词，并于1917年发表《作为生命形态的国家》（*Der Staat als Lebensform*）。他认为一个国家成为世界强国的条件是：广阔的空间、对全体国民的控制和自由的活动能力（Kjellén，1917：10）。此后一直到20世纪中叶，这种国家中心主义的古典地缘政治学主张在美、英、法等大国乃至日本这样的新兴国家得到广泛传播，并与国家政策紧密联系在一起。而在德国，政治地理学更走向极端化的地缘政治学，成为法西斯主义侵略战争的理论工具，尽管豪斯霍弗提出地缘政治的出发点与希特勒的观点并不相同，但是政治地理学的"国家科学"形象也从此根深蒂固。在疯狂的20世纪上半叶，只有极少数学者曾发出质疑的声音，如历史学家魏特夫（K. A. Wittfogel）便批评地缘政治是"资产阶级的"殖民主义扩张的集中体现。

这一时期选举地理学的出现构成了政治地理学发展的另一条（国家尺度以下研究的）脉络。它是1913年由西格弗里德（A. Siegfried）提出，在很长一段时期内多是对选举形式的经验调查，理论基础较弱，更缺乏与当时主流的地缘政治学的联系（约翰斯顿，2005：184）。

同时期在中国，面向实践的政治地理思想也有不少成果。一是传统政治地理思想的延续，如毛泽东提出的"农村包围城市"等；二是引入西方政治地理理论，如沙学浚（1946：1）在《国防地理和政治地理》中第一次运用"地缘政治"的概念，从地理的角度解释中国国防政策。

三、功能主义政治地理学

随着法西斯的倒台，政治地理学作为一门严肃学科的地位迅速遭到否定，声誉一落千丈。第二次世界大战后的十年，政治地理学退回到国家层面下较为"安全"的研究领域（刘云刚等，2018）。哈特向将功能主义方法引入政治地理学，之后琼斯（S. B. Jones）集惠特莱西、哈特向和戈特曼（J. Gottmann）之大成，提出统一场理论（unified field）。但是，这些研究忽略了国家外部关系和国家内部"垂直"（社会）分异的特征，被斥责为"没有政治意义的政治地理学"（弗林特、泰勒，2016：8）。除选举地理学等少数分支外，席卷人文地理学的"计量革命"也几乎没有影响到政治地理学，政治地理学整个学科沦为陈腐的"一潭死水"。

不过，冷战铁幕的降临也重新唤起了学者们对地缘政治研究的兴趣。地缘政治学虽然已经被地理学家丢进历史的垃圾场，但是政治学家和政治家又以另一种方式将其"复活"了，代表人物包括基辛格（H. A. Kissinger）、布热津斯基（Z. Brzezinski）等。当然，这也造成了作为政策科学的地缘政治学和作为人文地理学分支的政治地理学的渐行渐远。

自1949年到1980年代在中国，由于"一边倒"政策，政治地理学被作为"恶学"赶出学术殿堂，高校的相关教学研究也一度中断。不过，面向实践的政治地理思想并未止步，比如，毛泽东提出的"中间地带"和"三个世界"划分的战略思想，周恩来提出的"和平共处五项原则"等，都在一定程度上带动了政治地理学实践的发展。

四、多尺度的新政治地理学

1960年代后期欧美国家的诸多重大政治事件——反越战示威游行、城市暴乱和学生抵抗运动，对所有社会科学影响都极为深远，这也为人文地理学的发展提供了大量政治素材（泰勒，2005：518-523）。1969年，以《对立面》（*Antipode*）的创刊为标志，在马克思主义和后结构主义思想的影响下，人文地理学发生了新的转向，并明显地具有越来越政治化的倾向。哈维等学者阐述了资本主义社会不平等的权力结构，及其如何导致发展的地理不均衡，这批学者逐渐发展了激进地理学和城市政治地理学。这些批判性研究的积累酝酿了新政治地理学的出现。

1982年，约翰斯顿出版《地理学与国家》（*Geography and the State*），将马克思主义国家理论正式引入政治地理学。同年，国际地理联合会（IGU）设立了政治地理研究小组，专业杂志《政治地理学季刊》（*Political Geography Quarterly*）也正式创刊，后更名为《政治地理学》（*Political Geography*）。1985年，弗林特（C. Flint）和泰勒（P. J. Taylor）所著的教科书《政治地理学：世界经济、民族国家和地方》（*Political Geography: World-economy, nation-state and locality*）出版，采纳了新马克思主义学者沃勒斯坦（I. M. Wallerstein）提出的世界体系理论（world system theory），将国家置于资本主义世界经济的动态变化当中，指出有四种主要的权力表达主体：家庭、族群、阶级和国家。政治权力不仅局限于国家本身，也不再是政府或政策制定者的特权，其他三类主体的政治权力同样不可忽视。随后，一系列会议的召开和学术期刊的创立，如《空间与政体》（*Space and Polity*）、《地缘政治学》（*Geopolitics*）、《社会与空间》（*Society and Space*）等，这些标志着新政治地理学（new political geography）在西方的确立。

1990年代，西方人文地理学经历了"后现代转向"，政治地理学者开始更加关注批判性研究。关注包括全球化所带来的国家权威弱化、民族主义、后殖民主义、新帝国主义、信息的政治空间、地理知识的生产、政治制度、政治景观和表征的权力等主题，由此发展出更多不同的分支领域，包括采用政治经济学，主要是（新）马克思主义的方法和跨尺度来分析新地缘政治学，领域政治行为与政治话语关系发展了批判地缘政治学，女性主义地缘政治学，无政府主义政治地理学，以及着眼于微观尺度的地方政治等（刘云刚，2009）。冷战后"新的世界秩序"和以美国全球霸权为中心的地缘格局变化同时吸引了地理学者和政治学者的注意，但此时新政治地理学与古典地缘政治的分歧仍有待解决。

1980年代后，中国政治地理学的学科体系得以重建，但步伐略显缓慢。这不仅仅是相对于西方政治地理学而言，相对于中国人文地理学其他子学科亦是如此。当时一批地理学者肩负着复兴中国人文地理学的使命，呼吁推动作为人文地理学重要分支的政治地理学复兴。1984年，李旭旦建议在《中国大百科全书·地理学·人文地理学》中加入"政治地理学"词条；鲍觉民（1985；1988）在其文章《政治地理学研究的若干问题》和《再论政治地理学的几个理论问题》中，讨论了中国发展政治地理学的重要性；张文奎（1987）在《人文地理学概论》教材中，专门用一章讨论了政治地理的性质、研究对象和内容等。1998年由王恩涌等编写的《政治地理学》（王恩涌等，1998）和《中国政治地理》（王恩涌，2004），集成了当时已经出现的相关理论成果。可是，当时的学者们对政治地理学的认知依然停留在古典地缘政治学的范畴，而这些理论在地理学的科学化氛围中显得有些"不合时宜"，没有如经济地理学、城市地理学中区位论、同心圆模型这样的科学理论，这导致在1990年代中后期再度出现学科"断层"。

2000年后，一部分地理学者开始在其他分支领域的研究中探讨"政治"因素的相关话题。比如城市地理学者开始探讨城市管治与城市空间权力，经济地理学者开始关注跨边界问题和地缘政治经济等。就像泰勒说的那样，此时的政治地理学，不是再由专业的政治地理学者（Political Geographers，首字母大写），而是更多地由关心政治的地理研究者（political geographers，首字母小写）推动其向前发展。

第二节　政治地理学核心概念

在空间（space）、尺度（scale）、权力（power）、领域（territory）和边界（border，boundary）中，后三者是政治地理学更为关注的概念。政治地理学的本质是研究权力和空间的关系，权力作用于空间便生产出领域，同时也使边界得以确立。由于只有在人的活动涉及他人时才存在权力关系，政治的运作必然至少涉及单一主体和多个主体的不同尺度，因而跨尺度分析成为政治地理学的基本思维模式。

一、空间

空间的概念贯穿了地理学所有子学科，但不同的子学科对空间的认识仍存在微妙的差别。人文社会科学长期以来具有高度一致的空间观念，空间被看作僵化的、死亡的、固定的、非辩证的"被填充的容器"（Foucault和Gorden，1980：63-67）。政治地理学亦是如此。这一问题存在于大多数人文社会科学当中，也是第二次世界大战后政治地理学被批判为"没有政治意义的政治地理学"的缘由所在。忽视空间辩证性的人文社会科学对1960年代后期资本主义世界发生的一系列社会、政治和经济危机无能为力。基于此，一系列学者进行了深刻反思并引发了一场"空间转向"的革命，这股激进思潮也很快引起了政治地理学者的关注，并最终彻底改造了政治地理学的空间观。

对空间本体论的重新发现源自福柯，他认为权力安排创造了空间，空间既是权力运作所建构的工具，也是其运作得以可能的条件。列斐伏尔是空间理论集大成者，他提出了"（社会）空间是（社会的）产物"这一论断。列斐伏尔认为，空间并非是一个预先被给定的东西（pre-given），也不是中性的、客观的和虚空的，它是被生产出来的，是社会实践的产物（Space is a social product）。每个社会都有与其生产方式相适应的空间生产模式，或者说每个社会为了能够顺利运作其逻辑，必定要生产（制造、建构、创造）出与之相适应的空间（Lefebvre，1991：23-31）。

为了论证空间是社会的产物这一论断，列斐伏尔进一步提出了本书第三章提到的空间三元辩证法，该理论虽然极富启发性，但是由于其讨论集中在哲学层面，因此后续研究对其进行了细化，使之更加容易作为分析框架。这方面的研究很多，比较有代表性的是格雷戈里（D. Gregory）、索加和哈维的相关研究。格雷戈里将列斐伏尔的空间三元辩证法放置在"抽象化/去形体化"和"可视化/几何学化"的维度里，着重探讨"抽象空间"通过空间科学、奇观和监控对"具体空间"的殖民和支配，主要体现在经济领域的商品化和国家领域的官僚化中，具体空间反过来透过元哲学、节庆与革命等对抽象空间发起反抗（Gregory，2009：592）（图11-1）。

相较于格雷戈里偏重社会内涵的探讨，索加采取了认识论与存在论相结合的思路，从物理空间、心灵空间和社会空间三者出发解读列斐伏尔的空间三元辩证法。他认为，社会空间既是与物理空间和心灵空间不同的空间，又是兼纳两者的一种超越性的、无所不包的空间。索加将这一空间命名为"第三空间"，认为第三空间是超越物理空间（实在论幻觉）和心灵空间（认知幻觉）二元对立而持续衍生的可能性场域。第三空间的概念基础是"生三成异"（或"作为他者的第三化"）。索加继承了列斐伏尔的空间三元辩证法。索加的第三空间强调破除支配和被支配、抽象和具体、视觉和身体、物质和想象的二元对立，迈向"兼具真实与想象"的表征的空间和超越黑格尔式辩证法的空间三元辩证法。

哈维则从空间同时作为本体论与实践对象的角度出发，提出了空

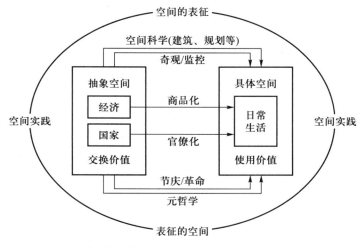

图11-1　格雷戈里的具体空间殖民化

间分析矩阵。哈维的空间矩阵包括绝对空间、相对空间、关系空间三个本体论维度和物质空间（经验空间）、空间的表征（概念化空间）、表征的空间（生活空间）三个列斐伏尔式的分析面向（表11-1）。相对于格雷戈里单纯强调表征的空间对空间的表征的支配关系仍存在二元论痕迹，哈维的空间矩阵更为灵活，侧重不同类型空间的辩证张力和相互作用，也更适合用于实证分析。

表11-1　哈维的空间矩阵

空间类型	物质空间（经验空间）	空间的表征（概念化空间）	表征的空间（生活空间）
绝对空间	楼梯、街道、建筑物、城市、山岭、大陆、水域、领域标志、实质边界与障碍、门禁小区等。	地籍与行政地图；欧式几何学；区位、位置和位置性的隐喻；（指挥与控制它们相对容易）——牛顿与笛卡儿。	围绕着壁炉的满足感；门禁带来的安全感或监禁感；拥有、指挥与支配空间的权力感；对"栅栏外"他者的恐惧。
相对空间（时间）	能量、水、空气、商品、人员、信息、货币、资本循环与流动；距离摩擦的衰减等。	主题与地形图；非欧式几何和拓扑学；透视画；情境知识、运动、移动性、时空压缩和延展的隐喻；（指挥与控制较复杂）——爱因斯坦与黎曼。	上课迟到的焦虑；进入未知之境的惊骇；交通堵塞的挫折；时空压缩、速度、运动的紧张或欢快。
关系空间（时间）	电磁能量流动与场域；社会关系；地租与经济潜力面；污染集中区；能源潜力；声音、气味。	超现实主义；存在主义；心理地理学；虚拟空间；力量与权力内化的隐喻；（指挥与控制极度困难）——莱布尼茨（G. W. Leibniz）、怀特海、德勒兹、本雅明（W. B. S. Benjamin）。	视域、幻想、欲望、挫败感、记忆、梦想、幻象、心理状态（如广场恐惧症、眩晕、幽闭恐惧症）。

资料来源：Harvey，2005：111。

二、权力

当A使B做了B不愿做的事情时，就可以说A行使了权力。从主体间关系看待权力，可以区分出以下三种类型，它们彼此不同又相互作用（弗林特、泰勒，2016：32-33）。

第一种权力是规定的权力，指个人、群体和其他机构依靠他们与其他个人、群体和机构之间的相对地位而固定地拥有的权力。例如，警察拥有依据其职务所规定的固有权力，国际原子能机构拥有调查和评估伊朗国内的原子能装置并提交到联合国安全理事会的权力。

第二种权力指某种资源，是动用权力而达到某种结果的能力，军事行动就涉及这种权力。美国拥有将伊朗核问题推上联合国议事日程的外交权力，而其他联合国安全理事会的成员国也可以动用外交权力来阻碍或修订美国的提议。

第三种权力是作为战略、实力和技术的权力。这种权力方便了强权者以一种隐蔽的方式为所欲为，政府的资源可以通过管治的技巧来弥补。

权力在本质上是主体间的关系，但必须通过空间得以实现和表达。从"人地关系"看待权力，历史上存在五种主流观点，并催生出相应的政治地理/地缘政治理论。其中一些理论来源于政治地理学之外，也存在历史局限性，但对于人们理解权力的地理性质仍然大有裨益：

① 海权论（sea power）。由美国海军军官、历史学家马汉（A. T. Mahan）提出，旨在从地缘战略角度，说服美国政府发展海上力量。马汉基于历史研究认为，由于地球表面的大陆被海洋所包围，并且海洋运输比陆地运输廉价便捷，因而海洋是自然赐予的伟大公路。富有进取性的国家必须依靠海洋来获得海外的原料、市场和基地。所以，一个国家要想成为世界强国，必须能在海洋上自由行动，并在必要时阻止海上自由贸易竞争。为此须有一支在国内外拥有作战基地，并有庞大商船队辅助保障的、装备精良而训练有素的海军。

② 陆权论（land power）。由麦金德创立，是认为陆地空间决定国家权力的学说。陆权论认为，陆地是人民生活、资源、财富的载体，是国家生存与发展的基础，是国家权力的来源；某些特定的陆地空间对权力具有决定性影响，通过控制这些地理空间，赢得国际竞争的主导权，进而控制更大范围的地理空间。陆权论运用到国际关系层面，诞生了著名的"心脏地带"学说和"边缘地带"学说，美国在冷战时期的地缘战略也深受其影响。

③ 空权论（air power）。创始人是意大利军人杜黑（G. G. Douhet）。空权论认为，飞机在天空中活动可以不受地球表面的地形、海岸线等条件的限制，可以快速和自由地机动；控制天空就可以控制地表，赢得全部战争的胜利，因此制空权是决定胜负成败的先决条件。空权论开始主要是军事理论，后来逐步发展为战略理论。它揭示了天空与国家权力的关系及航空技术进步促使国际战略竞争从地表向天空拓展的地缘政治发展逻辑。

④ 太空权论（space power）。是认为太空决定国家权力的学说，以格雷厄姆（D. O. Graham）为代表。太空权论认为，外层空间可以压制下层空间和地表空间，通过控制和利用外层空间，可以摧毁和消除敌对国家利用远程打击武器对本国的威胁，打破原有的基于相

互摧毁的战略平衡，彻底赢得战略主动权和主导权。为争夺太空主导权，国家需加大投入，增强太空控制和活动能力。

⑤ 信息权论（information power）。由奈（J. S. Nye，Jr）等首次提出。信息权论认为，信息空间正在成为继陆地、海洋、天空、太空之后的第五维战略空间。通过操控和塑造信息空间，能够获得不对称优势或限制敌对国家活动，进而达到掌握战略主动权和主导权的目的。由于信息空间本身的"无国界"性、开放性、虚拟性、异质性、不确定性等特征，信息权论相比传统的地缘政治学说，其应用领域从军事扩展到经济、社会、政治、文化等方面，其应用尺度从国家扩展到城市和个人，正在重塑以国家为中心的传统世界体系。

三、领域

领域既是政治地理学最核心的概念，也是政治地理学区别于人文地理学其他分支学科最根本的概念。它是人类社会及其机构试图控制及主导竞争、冲突、合作等过程的空间产物，意指被社会团体、个人、机构使用和管辖的、以禁止他人接近和进入的连续有界空间，所谓属地、领地、领土皆是其所指。领域是权力空间化的产物，是解读现实世界权力——空间关系的重要视角。

领域的概念最早于1897年由拉采尔引入政治地理研究，认为人类社会（国家）同样也有类似动物的"地盘"现象，并据此认为国家的大小主要取决于不同主体的实力变化消长。第二次世界大战后，这一概念经历了从"生物领域性"向"人文领域性"（human territoriality）、从"国家领域性"向"多尺度领域性"的转变。1980年代，萨克（R.D.Sack）提出，每个社会主体都可以通过划分边界和控制某一尺度的地理空间来影响、改变和调整个人与社会之间的关系（Sack，1986：19-20）。从领域划分中可以观察到各种权力和社会关系的变化，反之利用领域划分，也可以调节社会关系和社会资源的分配（刘云刚等，2015）。

领域争夺和划分过程中各主体围绕领域结构的空间竞争机制构成了领域政治（territorial politics）。可具体细分为领域化（territoria-lization）、再领域化（reterritoria-lization）和去领域化（deterritorialization）3种形式（图11-2）。

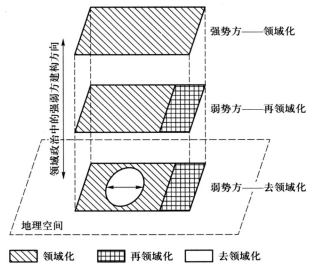

图11-2 领域政治图示（刘云刚等，2015）

在领域政治中，强势方划分边界和生产领域，并采取强化措施维持领域的正常运行，即领域化，这种强化措施主要包括两种方式，一是占有弱势方领域实现扩张，二是实现领域增值，这种增值汇集于特定的空间，以弱势方领域贬值为代价，因此两种方式都是高度地理不均衡的；而弱势方不仅消极地服从领域配置，也可能采取积极的再领域化策略重构现有领域，从而修改空间的权力结构；在难以实现再领域化时，弱势方可能通过去领域化拒绝或破坏领域附属的权力关系，如跨越边界、拒绝接受管理等。强势方常常对应于国家、地方政府、多数族群、富人等具有更高权力的人群。但在某些领域中，也可能是大多数情况下话语权较弱的人群或个体，如少数民族聚居区中的少数族裔、贫民窟里的穷人等。领域政治的过程可能向强势方或弱势方的建构方向偏移，其结果体现了双方空间控制权的强弱。

领域概念首先被应用于国家尺度，被看作承载现代国家管辖权的物理空间，被称为"有界的政权容器"。国家通过领域性策略将主权和领域结合，从而形成现代领域国家体系。1980年代后一些学者开始将领域划分为多尺度，如国家尺度外的城市、区域，以及超国家的全球性组织如世界银行、国际货币基金组织、联合国等。

在城市尺度上，将城市化的过程看作不断的领域化和再/去领域化过程。快速城市化将人口持续地揽入城市，然而在有限空间内，城市的公共服务、基础设施和公共空间的不均衡决定了城市化进程中必然伴随着空间权力的争夺。尤其是成熟的城市空间作为高密度的社会关系附着物，其稀缺性变得愈发明显。在市场经济体制下，建构合理有效的领域管理体制，既是城市政府亟待探索的重要现实议题，也是未来领域研究的目标之一。

在区域尺度上，大规模的区域开发带来的空间属性的变动必然涉及各种主体的权力关系调整。由于协商制度的缺失，一般主体的利益在政府策略制定之时往往很少体现甚至被忽略，尤其是社会团体和个人。假若区域主体间缺乏良性的领域政治机制，区域开发计划的实施过程就变得难以把握，其效果往往与预想相差甚远。因此，区域开发的过程也要以区域协调和领域政治为基础，从领域的视角理解区域开发过程，并据此制定更加切实可行的区域开发计划和实施框架，这无疑也是区域研究和开发实践中值得期待的路径（刘云刚等，2015）。

四、边界

英语语境中与边界有关的术语包括"边境"（frontier）和"边界"（border，boundary）。前者主要是一个界线划分不甚明晰的中心地区的外围地带，一般在国家间尺度才具有意义，类似于中国的边疆概念，是"不同宽度的带"，即两国领域相接触和隔离的地带；后者是区分地区间的"线"，具有限制的意义，是划分不同政治实体及其管辖空间（即领域）并被政治实体相互承认的地理界线（唐雪琼等，2014）。

主流的边界理论通常将边界看作通过一定的法律框架确定，分割不同的政治实体的界线，是一种"自上而下"的观点。然而，地理学研究已经指出，边界并非是一个僵化、一成不变的物质实体。边界的社会文化意义及在社会过程中的作用，是随着社会情境、社会关系及社会成员的实践而不断重构的。边界并非仅仅划定不同的社会或政治实体，而是蕴涵了联系与互动的巨大可能性。因此，需要从社会成员自下而上的日常空间实践出发，探讨边界对社会过程的生成性（productive）与构成性（constitutive）。

近年在全球化背景下，跨边界的商品、货物、信息、资本、服务及人的流动不断增强，这为边界研究带来了新课题。国家边界曾一度被视为"客观""永久不变"的空间要素，而今的认识已有改变。一方面，国家自上而下的边界管制企图塑造稳定的国家认同，界定"我者"与"他者"之间的文化差异；另一方面，无论是国家还是草根社群都明确地意识到边界两侧的经济、社会与文化差异创造了跨界流动的机会（唐雪琼等，2016）。自上而下与自下而上的复杂互动共同引发了跨界管治和身份政治等诸多的问题。

在区域和地方尺度，区域一体化及城市群协同发展，资源的跨界开发及环境等问题的协同处理，都是当前边界研究的新课题。

五、尺度

尺度概念贯穿于地理学的各个子学科，当今地理学中的尺度概念已包含了本体论、认识论和实践论等多个层面的含义，并可据此划分为现实尺度、分析尺度和实践尺度三个层次（图11-3）。现实尺度基于尺度的本体论含义，是实体单元、空间格局和地理过程的真实尺度，是客观存在的、地理现象固有的性质，如城市、流域、地区、全球等；而分析尺度基于尺度的认识论含义，受到研究者视角的影响，是对现实尺度的等级化、建构主义的理解，如宏观-中观-微观的三级尺度，全球-地方的两级尺度，个体-家-社区-地方-区域-国家-全球的七级尺度等；实践尺度即尺度政治（politics of scale），是基于对尺度效用的主观运用，利用尺度的相对性作为争夺

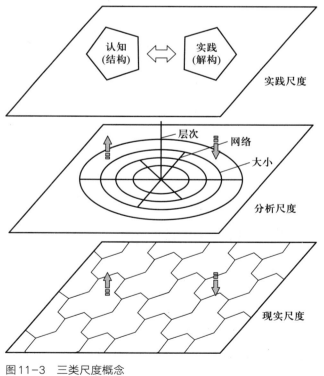

图11-3　三类尺度概念

资源和权力的工具，通过对尺度实施转换过程（scale-jumping）来使事态向有利于主体自身的方向发展（刘云刚、王丰龙，2011）。

政治地理学重视尺度，主要源于对分析尺度的建构主义理解（尺度政治），认为尺度并非现实世界固有的或抽象出的实体结构，而是人类认识世界时在头脑中形成的结构，是为了将世界条理化而人为创造出来的概念化机制和思想工具。一个给定的事物可以同时处于全球、国家、区域、地方等多重尺度之中，或同时具有进一步提升或降低尺度的可能性。在实践中，不同主体为了自身的利益或需求，可以对尺度采用不同的表述，或进而实施有利于自身的尺度转换，此时真正重要的就不是对事物处于哪一尺度的认知，而是对尺度运用背后的策略和手法进行理解。

在尺度政治中一般存在两个相互对立的派别，两者掌握的社会资本或权力往往不均等。势力较强的一派（强势方）常通过自身拥有的权力等来将势力较弱一派（弱势方）的政治诉求限制在某个尺度内（尺度下推），并通过表达等手段使其隐性化、自然化；而弱势方则会努力冲破尺度限制，通过获取外部的支持或动员内部力量来共同对抗强势方（尺度上推），从而改变权力的对比关系，争取权益的分配。这种强势方通过限制尺度下推来获取政治和经济利益，而弱势方则通过尺度上推冲破限制的尺度争夺即"尺度政治"。

弱势方的尺度上推通常通过两种手段实现：直接斗争和动员外界支持，第二种方法较为常见，其中第三方的角色尤为关键（图11-4）。

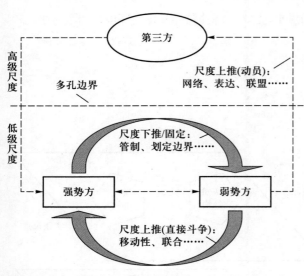

图11-4　尺度政治分析框架（刘云刚、王丰龙，2011）

第三节　地缘政治

传统的政治地理学就是（古典）地缘政治学，其研究对象是基于领域的国家和国家间体系，这一现代国家体系多被认为是1648年《威斯特伐利亚和约》（*Peace of Westphalia*）后的产物。这仍然是当今政治地理学的主要研究内容之一，主要包括国家间的地缘关系及其组成和影响要素的分析，以及由此形成的全球地缘政治格局。

1980年代政治地理学界发生的最为重大的变化便是新地缘政治学的兴起。新地缘政治学基于世界体系分析的视角，建立了国家和国家间体系的历史地理观点，当今世界经济的空间结构被理解为动态发展的进程。其研究的重心不再是指向外交、军事政策的应用，而是转向了世界经济与政治动态的空间分析，着重解释世界经济对国际政治的决定性作用；国家不再是政治地理学唯一的分析单元，全球化过程中世界城市正在挑战国家的霸权。近年兴起的另一分支是以批判地缘政治学和女性主义地缘政治学为代表的地缘政治话语的批判分析。

尽管全球化进程正在不断重塑当今世界政治格局，政治地理学的研究尺度也已经下移，但当人们论及政治地理学时，最能引起共鸣的可能依然是一张标明全世界各国家边界的世界地图。本节我们依然从上述最为人们熟悉和最为根深蒂固的地缘政治想象讲起。

一、领域、国家与民族

（一）领域国家

1. 领域国家的起源和发展

领域与权力是一对相辅相成的概念。在国家层面，领域可以看作领土的同义语。与领域紧密相关的就是主权（sovereignty）这一法律概念。早期的渔猎采集者部落已经形成明确的领域边界。一万年前左右，渔猎采集者部落开始逐渐向定居的农业社会过渡，并在苏美尔、古埃及等地诞生了城邦国家（city-state）。拉丁语中用以描述属于城市管辖的城市周边地区的terra，就是英语中领域一词的词源。

随着农业生产水平的提高，城邦国家人口增长，经济专业化程度提高，使得更庞大的官僚机构和常备军队、更宏大和更中央集权化的政治机构的出现成为可能。于是一些野心勃勃的城邦国家统治者希望吞并周边城邦国家的领域，以使贸易可以不受阻碍地扩大，国民的安全和物质保障也得以提高（赫尔佐克，1998：178）。公元前2371年，苏美尔地区的温马人入侵基什国（Kish），国王乌尔萨巴巴抵抗失败，萨尔贡大帝（Sargon the Great）乘机夺得了政权，在经历一系列军事胜利后，以阿卡德城为首都建立了世界上第一个帝国——阿卡德（Akkad）帝国（Diener和Hagen，2012：19-36）。

明确的主权概念也在帝国时代诞生，它最早指罗马帝国的皇帝对帝国的统治权，并流传到中世纪，国王或女王是国家主权的象征。中世纪早期，教皇成为普世性权威，并建立了庞大的法兰克帝国。但随着统一信仰的破坏，帝国分裂为若干王国，教皇仅具有象征性权力。王国主要实行采邑制，国王将土地分封给公爵、侯爵、伯爵、大主教、主教等高级封建主，这些封建领主又将土地转封给子爵、男爵等下属，子爵、男爵再依次封给最低一级的骑士。由此，帝国被分割为多元并存、各自为政的诸多单位，呈现封建割据状态。不过，无论领域大小如何改变，领域扩张的性质几乎是相同的，不同的只是扩张的方式和扩张的强度，领域属于君主的"私权"性质始终未发生任何改变（吴晓秋，2015）。

领域的高度割据引发了旷日持久的战争。15世纪开始，民族国家的信仰兴起，世俗统治逐步取代了神权统治，并整合了高度分散的地方政治。欧洲"三十年战争"后，通过《威斯特伐利亚和约》的签订，国家及其君主才是主权所有者的信条被正式确立下来，并形成运行至今的国家为主体的世界政治体系。

领域主权被赋予到国家这一特定的尺度，与欧洲拥有中央集权、税收和大规模军队的独裁君主的出现有关，但从其根源来讲与世界市场的出现也不无关系。从沃勒斯坦的世界体系观点来看，此时欧洲已从世界帝国（world-empire）过渡到世界经济（world-economy），地主和城市商人是早期世界经济争夺利益的主要集团。换句话说，经济发展已经超越了单一城市，需要国家尺度上的经济措施来促进财富积累。

2. 领域/领土的构成

一个国家所控制的领域包括领陆、领海、领空三部分。

世界上目前的国家有近二百个，其领陆的面积差异很大。各个国家领陆也有不同形态，包括四类：① 狭长形，如南美洲的智利；② 密集形或紧凑形，如欧洲的波兰；③ 蝌蚪形，即大头长尾形状，如亚洲的泰国；④ 松散形，如印度尼西亚与菲律宾由群岛组成。一般说来，密集形对管理有利，狭长形、松散形对管理不利。

领海离陆地的宽度在早期以海岸炮的射程来定，各国所定不一，缺乏统一标准。1982年《联合国海洋法公约》规定，以"不超过12海里为界限"。1984年《联合国海洋法公约》确定在领陆以外的国家管辖海域，还包括专属经济区。专属经济区是指内邻领海、外接公海，从测算领海宽度的基线量起，不应超过200海里。按公约确定，沿海国家在管辖的专属经济区内，有勘探开发、养护管理海床和底土及其上覆水域的自然资源的主权权利；利用海水、海流和风力生产能源等的主权权利。但是一国沿海向外延伸的专属经济区与对岸国家的专属经济区发生重叠就需要协商解决。

领空是指领陆和领海的上空。一国的飞机如未得到对方允许不能进入另一国的领空。领空的主权范围只限于空气空间（大气层）。在大气层以上的外层空间则不在此限。

3. 领域/领土争端

领域/领土争端又称边界争端，是指两个具有主权的当事国在陆地、海上划界、勘界、标界过程中产生的争议。领域/领土的争夺是主权国家之间永恒的话题。受威斯特伐利亚体系（Westphalian System）的影响，尤其是接受了两次世界大战的教训，世界上各个国家的领域/领土边界趋于稳定，但领域/领土争端仍持续发生。

领域/领土争端的形成受各种因素的影响，主要有三大类：第一类是老牌殖民帝国瓜分世界、对殖民地抢占及掠夺形成的历史余留问题，如1970年代在非洲爆发的坦桑尼亚与乌干达战争、埃及与利比亚的军事冲突，1978年越南与柬埔寨边界争端导致的战争。第二类是宗教极端主义及狭隘民族主义、大国干涉相互交织形成，主要集中于中东，其中以阿拉伯国家和以色列之间的边界争端、伊朗与伊拉克之间的边界争端最为典型、最具代表性。第三类是经济利益之争。冷战结束后，经济发展成为各国增强综合国力的首要任务。国家间经济利益之争的政治表现形式多样，资源丰富的边境地区、有归属纠纷的岛屿及大陆架成为局部冲突的热点，如在中国南海海域，越南、菲律宾等国从四面八方对其侵占，掠夺中国南海丰富的渔业及石油资源；中东石油资源的争夺，导致1990年8月爆发海湾战争。

4. 全球化下的领域国家

国家不是"自然"的产物，国家权威正在被削弱的观点长期存在，甚至远早于当今关于全球化的争论。杜伊茨（K. W. Deutsch）便认为1945年世界进入"核时代"便意味着国家不能再行使其最基本的职能——保卫它的人民。布朗（L. R. Brown）（1972）在《没有边界的世界》（World without Borders）中也声称"国家正在逐渐稳定地因财富而牺牲主权"（Brown，1972：183-208）。当今世界时常被描述为由大量竞争构成，其中大型私有企业正在削弱传统的领域国家的地位。

认为企业终将胜利的依据在于，企业比领域国家具有更强的机动性，可以制定跨越领域的经济政策。但事实上，国家拥有一个企业不可能拥有的重要特征，这就是权力，特别是制定法律的权力。所有的企业财产最终由它们所在国家的物权法来保障。因此，国家和企业存在一种共生的关系，彼此相互需要。每一个国家都需要领域内的资本积累来为它的权力提供物质基础，每一个企业都需要国家为它们的积累提供法律环境。跨国公司的兴起代表资本主义步入了一个新的阶段，代表了资本不断集中的长

案例11-1　中国在缅甸北部的跨国禁毒实践

"金三角"地区指缅甸、老挝和泰国北部交界的山区，是世界上最重要的海洛因生产地。随着中国经济蓬勃发展，人们购买力不断提升，境内外的毒贩相互勾结，将大量的海洛因和冰毒片剂走私进入中国，严重危害云南的边境稳定和经济社会发展。但由于中国政府恪守和平共处五项基本原则，承认缅甸政权所包含的领域主权，无法派出大量武装力量对盘踞在"金三角"的毒贩进行有效的打击和根除。中缅双方必须寻求合作，克服"领域陷阱"，通过双方都接受的措施来实施中国的跨国禁毒。

自2003年开始，中国、泰国、缅甸和老挝等国最高禁毒执法部门的负责人定期会晤，交流上一年取得的成果，部署来年的禁毒行动。国家公安部禁毒局同中南半岛国家的最高禁毒机构合作，处理大案要案，打击特大跨国毒品犯罪集团；云南的地方禁毒部门通过收集情报，同缅甸北部的执法机构合作，逮捕跨境毒品走私犯罪分子。2011年10月，中老缅泰湄公河流域执法安全合作会议在北京举行，会议发表了《中国老挝缅甸泰国关于湄公河流域执法安全合作的联合声明》，建立起湄公河流域执法安全合作机制。同年12月10日，中老缅泰湄公河联合巡航执法开始首航。到2017年10月，共举行了63次联合巡逻执法，极大地改善了湄公河流域的安全形势。

从地缘政治的国家主体到地缘经济的跨境贸易，意味着处理非传统安全挑战经历深刻的变化。中国武装力量的出境巡航正是为了适应这一变化，在领域主权和中缅边境安全之间取得平衡，有效地拓展中国在中南半岛的区域安全和发展中扮演的作用。

资料来源：苏晓波、蔡晓梅，2017。

期趋势，但它并没有预示着任何根本性的新结构的出现（弗林特、泰勒，2016：178-180）。

尽管断定领域国家的终结为时尚早，当今世界的一些现象确实持续挑战领域国家主权，这就是超越一国边界的公共性议题，包括区域共同发展议题及非传统安全带来的威胁等。这种情况下，如果国家固守传统的主权观，局限于自身的安全和利益，仅仅在本国领域范围内采取行动，那么他们便会陷入"领域陷阱"（territorial trap）。这将导致国家政府的管制模式僵化、效率低下和资源浪费（Agnew，1994：53-80）。国家有必要采取更加灵活和弹性的措施，区域性的国家联盟便在这种背景下诞生，欧盟就是典型的区域性联盟。它们既可被视为区域国家间的共同协商机制，也可被视为一种全新的超越传统国家的"超国家主义"主权实体。值得注意的是，上述形式的国家主权联合通常是国家自身主动产生的结果。

（二）民族与移民

民族国家（nation-state）的兴起是现代威斯特伐利亚体系形成的前提。国家需要一定范围的领域，但本质上最需要的还是产生这种共同需求的人群。为了满足这种需求，国家（state）便"创造"了它的民族（nation）。

1. 民族、民族主义与民族国家

关于民族的本质，主要存在两种主流的理解。第一种认为民族是"族群"（people，ethnic group）的一种，是一种"文化共同体"。赫尔德（J. G. Herder）强调民族是以特有语言、文化和"精神"为特征的团体，即将民族视为"自然"或"有机"实体。第二种认为民族是"政治共同体"，认为民族主要是因共同的公民资格结合起来的一群人，它强调公民的忠诚和政治效忠，而不论其文化、族群等认同如何。这种观念得到多民族理论的支持。如霍布斯鲍姆（E. Hobsbawm）强调，民族在很大程度上乃"虚构的传统"，不同意现代民族由存在已久的族群共同体发展而来的说法，认为对历史连续性和文化纯净性的信念根本就是神话，并且是民族主义（nationalism）本身创造的神话。安德森（B. Anderson）也将民族视为经教育、大众传媒及政治社会化过程而给我们建构出来的想象之创造物，他称之为"想象的共同体"（imagined community）。从以上意义来讲，正是民族主义的政治意识形态创造了民族、国家作为意识形态的支配者创造了民族，而不是相反。

2. 少数民族

尽管在学术意义上，民族越来越倾向于被视为政治或"公民"实体而非文化或"族群"实体，但民族主义的推动者在很大程度上仍将"民族"想象为具有统一文化的族群，民族成员自身也是如此。这个时候，民族国家就会成为族群的理想状态。依这样的标准来看，当今世界几乎没有真正的"民族国家"。而强调文化的"异质性"和（某些情况下）种族的纯净的保守民族主义和扩张民族主义便会采取极端的相对策略，如鼓励少数族群共同体采用多数族群共同体的价值、态度和效忠的同化策略，乃至遣返、驱逐或杀害少数族群团体的法西斯行为。但少数族群的存在并非意味着民族的地理范围和国家的地理边界不重合，它们更多在

"地方政治"的层面运行。

3. 公民权利、跨国移民与族裔经济

民族和国家之间的联系，不仅是民族认同和民族主义信条的问题，还是个体和国家联系的问题，个体通过公民权利的实践和信仰与国家联系。公民权利包括三部分内容：民事公民权，指民事法律权利；政治公民权，指投票权、参与政治团体的权利；社会公民权，指各种社会权利，如教育、健康和社会福利等。

公民权利在实践中是被区别对待的，它实际是根据国家在世界经济体系中的地位和角色变化，以及人们对国家政治需求的变化而动态变化的。从理论上来讲，所有个体享有公民权利并履行公民义务，但是能够被赋予公民权利的仅是部分社会团体，而另一些社会团体在国家中的社会经济地位使得他们不能享有国家公民权利。公民权利总是需要通过斗争才能获得。比如，在英国，1918年的一系列改革带来了普遍的选举权；在美国，女性在1921年获得了选举权；然而一些少数群体直到第二次世界大战后才获得了选举权。此外，对公民权利的实践也可能滞后于法律认可。1950—1960年代的民权运动使非洲裔美国人获得了通过投票表达政治声音的权利，然而不公平仍然没有完全消除。

当资本主义世界中流动性和动态性增强的时候，公民政治中包容性和排外性的不确定性和紧张感也将增加。因而

案例11-2　上海日本人聚居区族裔经济形成中的移民政治

中国对外开放政策实施以后，为更好地吸引和利用外资和技术，上海放宽了外商投资政策，加大外资的引进力度。在外资不断流入的过程中，也带动了外国人的迁入。

上海最大的外国人聚居区"古北新区"形成于1990年代。其日本族裔经济的演变可分为两个阶段：

萌芽阶段（1990年代—2002年）。居住在古北地区的日本人对日本进口商品、日本式服务等日常生活的族裔需求旺盛，但受制于当时的中国移民政策，日本人无法对该领域进行投资经营活动。该阶段日本族裔经济以日本人聚居区为空间依托，其日常生活需求主要由他裔人士（中国人）代为提供。但是大多日本人对中国人提供的商品和服务并不满意，特别是在日语和日本式服务方面更为明显，日本人对中国本地提供的族裔经济活动依赖程度较低。

发展阶段（2003年至今）。2004年6月起实施的《外资投资商业领域管理办法》，放宽了外商投资商业企业的限制，外商获准投资批发、零售、特许经营等商业企业。这一法律法规打破了此前日本族裔经济由中国本土企业和商家主导的局面，日本人经营的族裔经济设施开始出现并逐渐增多。此外，新的群体——拥有在日本生活经历的中国人也开始积极参与到日本族裔经济的经营群体中。

族裔经济的空间载体及提供者的出现，主要与中国移民政策的松紧程度相关；另外，族裔经济的存在不仅有助于降低族裔群体与当地社会的矛盾和冲突、加强同胞间的相互扶持，同时对族裔个体的身份和文化认同也发挥积极的作用。这种特殊的"身份政治"意味着中国的城市管理体系和国际化发展正面临着如何协调开放社会与城市治理的冲突、优化城市秩序、促进族群社会融合等新挑战。

资料来源：周雯婷、刘云刚，2015。

在经济重构时期，对社会公民权利的需求与国家竞争力之间的冲突尤为强烈；另外，流动性不断增强，移民也成为持续引发公民权利议题的主要群体。

跨国移民可以粗略地分为高技术型和低技术型（或无技术型）两种。前者被认为是一个新的阶级——世界主义者，他们在公司的帮助下，能够在全球范围内旅行，并可以居住在不同的国家，乃至于一些国家已经出现了对双重国籍的认可。相反，低技术跨国移民一般不能获得与前者一样的待遇，他们越来越多地依赖于地方，以获得公民权利的实际利益。此外，为西方政治地理学者所忽略的一点是，高技术跨国移民向新兴国家的迁移也可能面临迁出国的限制，还可能伴随着与低技术跨国移民反向的"身份认同"，以"主动隔离"的方式形成族裔聚居区，并发展族裔经济。由此，不同国家、不同地方之间的流动人口，与民族国家和地方发生相互作用，形成了特定地方背景下特定社会群体享受公民权利的不同经历。

二、国家构成理论

领域/领土、主权和民族三要素需要有机结合方能形成国家，不同学者从不同角度出发提出了国家构成的一系列理论。

（一）国家有机体学说

国家有机体学说是拉采尔在《政治地理学》一书中提出的有关国家空间增长的理论。该理论把国家比作有生命的有机体，认为它的社会行为遵循生物规律，适用生物进化的理论（Ratzel，1897）。

拉采尔的思想是德国19世纪哲学、自然科学和德国现实三者结合的产物。自康德以后，在德国的学术研究中地理学和哲学密切相关，洪堡、李特尔强化了地理学整体论思想，而达尔文（1859）的《物种起源》对科学界产生了巨大的影响，社会科学接受达尔文的"自然选择""适者生存"的理论，并运用于人类社会领域，进而形成社会达尔文主义。而拉采尔《政治地理学》一书写作时正值德意志第二帝国刚完成统一，推动这个国家走向繁荣的力量也日益强大。如何在国家间竞争中争夺空间成为受关注的一个重要的政治问题。很难想象任何一个"科学的"理论能比这个理论更加适合当时德国的需要。正是以上三方面的背景下拉采尔提出了"国家有机体学说"。

国家有机体学说建立在其关于国家空间增长的理解之上。首先，人在地球上的存在，和其他生物一样是适应环境的结果，人类的一切行为都受环境制约。其次，国家是人类在地球上社会活动的基本单元。边界是国家的边缘器官，反映了国家实力的强弱变化。再次，国家有机体与其他生物一样，总是处于不断生长的过程中，也有幼年、青年、壮年、老年等不同发展阶段。最后，国家有机体对生存空间的争夺，就像生态系统中的相互作用一样自然而然地发生。通过淘汰不适应世界发展的有机体，不同国家控制生存空间范围也同步变化（Murphy，2018：87）。

拉采尔的这些观点不仅影响德国地理界，而且还对其他国家产生了一定影响。其学生森普尔（1911）在《地理环境之影响》（*Influences of Geographic Environment: On the Basis of Ratzel's System of Anthropo-Geography*）一书中就详细介绍了拉采尔的学术理论。但是随着社会达尔文主义的衰落，拉采尔的"国家有机体学说"也受到学术界的严厉批评。特别是20世纪中期以来，世界版图比拉采尔所构想的要更加稳定。20世纪后半叶，随着西方帝国的去殖民化和一些社会主义国家的解体，国家的数量激增，但是新建国家的边界仍保持了原样。这种现象与拉采尔的国家有机体学说完全相悖。

（二）国家职能学说

国家职能学说（state functionalism theory）是哈特向1950年在美国地理学家协会的一次会议的开幕词中提出的一种关于国家的见解。哈特向提出，政治地理学的中心问题应在国家的功能研究。首先应考虑的是作为一块土地和一群人所组织成的国家的基本目的。国家的企图是对其内部的政区建立完全的和排他性的控制。简言之，就是建立法律、维持秩序，地方的政治制度必须符合中央的总体政治组织原则和制度。

在许多社会条件方面，如阶级结构、家庭组织、宗教和教育，一个国家可以容忍其各地区间有很大差异。但是，由于这些因素对政治生活的重要作用，在某些国家，有一种明显的力量要对这些社会条件施以统一的控制。

在经济领域中，每一个现代国家都设法形成某种统一的经济组织。最低限度，它要建立统一的货币、统一的经济制度，对对外经济贸易活动加以某种程度的控制。此外，国家还要在很大程度上把生产和贸易的各个方面（例如价格、工资水平等）置于自己的统一控制之下。

最后，也是最重要的，因为世界上存在着不同的国家，他们受到其他国家的威胁，每个国家要尽力获得境内各地区居民的最高忠诚，并明确反对对任何境外国家的忠诚。

以上描述的是国家的内部问题，但某些地域满足以上要求，却由于受域外国家的控制，并未组成一个国家。因此国家地域还受与世界其他地区的外部关系影响，这些关系主要可归纳为地域的、经济的、政治的和战略的四个方面。

（三）统一场理论

统一场理论（unified field theory）是美国政治地理学家琼斯于1954年提出的关于国家形成的理论。该理论的名称借鉴了理论物理学，学术思想则来自三位著名的政治地理学家惠特莱西、哈特向和戈特曼。

该理论指出"观念"与"国家"只是政治链的两个端点，在两者之间还有政治决策、政治运动、政治场三个环节，最终形成从观念到政治区域的完整链条，故又被称为"观念－区域链"。政治观念向行为发展出现政治决策，决策是政治行动的必要条件，运动是决策的产物，而政治运动则形成一个空间政治场，政治场的强弱和强度中心的差异影响政治区域的形成。

统一场论把政治地理学的不同视角统一起来，把政治行为动力机制、政治活动历程与政治区域结合起来，拓宽了学科的研究领域；提出的"政治场"概念，揭示了政治活动的作用形式和特征，加深了对政治活动空间作用的认识；把传统的静态区域研究与动态的政治运动、政治场结合起来，进一步发展了政治地理学的动态分析方法。该理念在1970年代被广泛应用于政治区、国家权力、边界、首都、城市等研究领域。该理念对地理研究另一可能的效果是，激发出新型研究和编辑新型的地图，而且该理念正在超越政治地理学的研究范围，对经济地理、外交和战略等领域亦产生了显著影响。

（四）资本主义国家理论

克拉克（G. L. Clark）和迪尔（M. Dear）（1984：14-35）在《国家机器》（*State Apparatus*）一书中指出存在两种国家的分析模式："资本主义中的国家"（state in capitalism）和"资本主义国家"（capitalist state）。前一种模式将资本主义视为一种给定的条件，主要聚焦于国家的职能，这些理论通常被称为国家的自由主义或保守主义理论；第二种模式将资本主义的经济关系纳入政治分析，属于马克思主义的国家理论。从政治的层面看区别在于，前者将国家看作超乎社会之上的中立实体，而马克思主义则认为国家是社会运转的党派工具。

"资本主义中的国家"分析模式强调国家作为提供者、管理者、帮助者的角色。国家提供了现代生活方式必需的公共产品——学校、医院、警察、防火、废物处理、邮政服务，等等；国家也作为管理者和帮助者，凭借宏观经济政策和其他政策来支持领域内的经济，建设基础设施——公路、铁路、电力传输线等——以实现经济平稳增长，乃至在领域范围内确保分配公平。但是"资本主义中的国家"分析模式仍是浮于表层的，它没有密切地联系那些表征之下的社会事实。将国家看作中立的观点是一种天真的想法，无论人们是否认为它运行良好，国家作为权力的焦点都不可能置于政治之外。

与将国家看作中立的观点相反，关于"资本主义国家"的分析模式是基于马克思主义视角的，提供了一种与国家的作用紧密相连的社会冲突的模型。国家起到保持资产阶级主导性的作用，并且促进了资本主义的继续运转和资本的不断累积。根据这一理论，国家的存在是为了保护资本主义免于受到政治挑战，而这是通过强制和建立共识的手段来实现的。强制性的政府机构（警察、军队、监狱等）和意识形态的国家机构（教育、大众传媒、流行娱乐）共同形成资产阶级对资产阶级统治的支持。在这个理论中，国家不仅仅是公共部门，因为其意识形态的职能不一定由公共机构来实施。

（五）国家作为协商的结果

关于"资本主义中的国家"和"资本主义国家"的分析模式都以国家是特定领域的官僚实体作为分析出发点，但最近一些政治地理学者，如阿格纽（J. A. Agnew）正在挑战这一观点，他不再将国家看作既定的事实（或是一系列具体的可被定义的制度），而是越来越多地将国家看作一种永远处于变化状态的策略性结果（Agnew，2009：97-142）。这个观点着重说明国家是一种社会控制手段，这种手段是国家官僚机构和非国家组织互动的产物。

国家以实体的方式存在：领域、宪法、军队、警察，等等。然而，国家的这些实体表征形式和目的，是不同政治角色间进行协商的结果。国家不仅仅是国家领导人行为的结果，而且是政府和学者、政府内部智囊和政治说客，以及民间组织等之间协商的产物，也可以被理解为首都城市和一个国家其他部分间不同权力关系互动过程的产物。

国家的中央控制力度与国际国内金融、贸易、移民甚至是军事干预的渗透程度相互影响。从这些要素中总结出两种指标：① 国家自治权的集中性；② 国土被渗透或被侵略的程度。目前有四个主权政体模式（表11-2）。但阿格纽的理论依然存在一个关键的缺陷，他仅仅从国家内部审视，而没有将国家放置于整个资本主义世界经济中去理解（弗林特、泰勒，2016：140-185）。

表11-2　主权政体的组合模式

主权		国家领土	
		紧密的	开放的
中央国家主权	强大	典型的	全球主义
	弱小	综合的	帝国主义

资料来源：Agnew，2009：94-142。

（六）国家的工具性理论

国家的工具性理论是基于世界体系理论提出来的。这种理论不将视野局限于单一的国家，而是拓宽到整个国家间体系。世界经济体系中国家作为机构的可操纵性，代替了作为单独实体国家的相对自主。这些特定体系中的机构行使正规权力，他们制定规则，并监管规则的执行。因此，国家作为这种权力的汇集处，能够被某些群体所利用，成为实现自己群体利益的工具。

资本积累是通过阶级制度来组织的，资本的控制者试图最大化他们所拥有的世界剩余的占有额。这种剩余最终体现为世界市场的利润。控制者通过两个基本策略来增加他们的利润：提高价格或降低成本。在这两种策略中，资本控制者一直利用国家作为重要的工具来争夺剩余的占有额。

首先他们利用国家来控制边界流动，通过对商品和资金的限制来制造虚假垄断并操控价格。极端的例子是自给自足的经济（或封闭的民族经济）和纯粹的自由贸易（或开放的民族经济），但事实上国家通常采取处于两个极端之间的政策。无论采取什么政策，都会以牺牲他人的利益为代价，而有利于国家内外的某些资本控制者。总的来说，在外部关系中对国家的利用，是控制资本的阶级内部竞争的组成部分。

其次是制定法律规则来管理领域内的社会生产关系。通过这种方式可以将生产成本维持在最低水平。有关工资协商、公司对雇员的福利责任和工会成员权利等方面的法律，就是国家活动直接影响生产成本的例子。总的来说，对国家的利用，是资本控制者和直接生产者之间阶级冲突的组成部分。

资本控制者的两种策略形成了两种政治：提高价格产生了一个针对外部的、阶级内的、国家间的政治，而降低成本则产生了一个着眼于内部的、阶级间的、国家内的政治（图11-5）。这并不意味着世界经济中仅有这两种政治在运行，但它们是最关键的，因为它们指向资本主义体系的核心——资本积累过程。

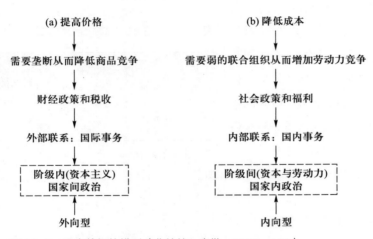

图11-5　国家的拓扑模型（弗林特、泰勒，2016：171）

国家操纵力的真实属性和政治结果既是资本积累和重构的必然产物，也是政治家运用各种条件操控出的必然结果。正如世界政治地图一样，世界市场绝不是世界经济体系的一个既定成分，它永远被争夺和重构，以利于一些群体而牺牲其他群体，国家是这个过程的核心。在这个过程中，国家的形式也呈现多样化发展。

三、世界秩序

本部分探讨的重点将从单个国家转向多个国家构成的国家间体系，关注国际层面的政治现象，通过各种自然、人文地理要素的综合，分析和解释全球权力空间格局。国家间体系研究的基本单位不仅包括国家，还包括国家之间因地理位置的空间关系，因一定的政治、经济、军事、文化等战略利益的需求，所构建的区域性组织或联盟形成的地理空间单元，或具有相对空间关系的地域单元，即地缘体（geo-body）。当然，传统的地缘政治学并非止步于空间结构的呈现和解释，它的最终目的是预测世界或地区范围的战略态势，并提出有利于特定国家的政治决策建议。

（一）地缘环境解析

分析全球权力空间格局必然以对所有国家权力相对大小的认识为前提，因此仍然需要以单个国家为出发点。在国际体系中一国的权力来源相当广泛，既来自物质层面，也来自非物质层面；同时，权力既可以以一种实力的形式出现，也可以存在于国家之间的关系或结构之中，尤其在当今国家间联系不断增强的全球化时代。因此，有学者认为国家权力实际体现为国家间相互制约，这种制约在国际体系中被认为更多地来源于地缘环境（geo-setting）。具体来说就是地理环境（geographical environment）、地缘关系（geo-relations）和地缘结构（geo-structure）（胡志丁等，2013）。

地理环境对国家权力的制约主要集中在地形、气候、空间距离、海洋等对权力运用的阻碍作用。早期的地缘政治理论，如海权论、陆权论和空权论等基本都是从地理环境方面研究国家权力的空间制约；当前石油、水等战略性资源的开采和利用关系到国家的国计民生，是地缘冲突与合作的焦点。因此，地理因素是国家权力的基本要素。正如摩根索（H. J. Morgenthau）所说：一国权力所依赖的最稳定的因素显然是地理。反之，拥有地理优势的国家，可以为自己的发展或防守赢得宝贵的时间，以便制衡霸权国家的霸权。地理因素会影响国家的对外政策。沃尔特（S. M. Walt）就指出：国家投送实力的能力随着距离的增加而减弱，对邻近国家的威胁比距离远的国家更严重，因此在其他因素相同的情况下，国家更有可能与邻近的国家结成联盟。

地缘关系主要指政治区域间的地缘政治关系、地缘军事关系、地缘经济关系、地缘社会文化关系，以及地缘资源环境关系。在这五个地缘关系中，不同研究者往往具有不同的侧重。亨廷顿强调地缘社会文化关系中的文化因素对世界地缘秩序的重建作用，莫伊西（D. Moïsi）则侧重地缘社会文化关系中的情感因素对塑造世界地缘秩序的作用。地缘关系对国家权力的制约表现在国家权力的叠加，如发生在冷战时期的朝鲜战争。在战争爆发前，朝鲜的军事力量不管在兵力、火炮、机枪还是坦克等方面都明显优于韩国。若在没有他国介入的情况下，则朝鲜的胜算更大。然而当时的地缘关系情况是，朝鲜是社会主义国家，而韩国加入资本主义阵营。随后由于以美国为首的联合国军以及中国、苏联的参与，朝鲜战争以1953年7月朝鲜在《朝鲜停战协议》上签字而告一段落。而第二次世界大战后日本的迅速崛起在很大程度上也是源于美国对日本地缘关系的改善。这一切都说明地缘关系可以制约国家权力的实施。

地缘关系形成地缘结构，不同的地缘结构展现了不同类型的地缘关系。地缘结构一旦形成就会反过来作用于地缘关系，进而起到制约国家权力的作用。如1942年由美、苏、中、英等26个国家，为维护国际和平与安全，促进国际合作与发展，签署了《联合国家共同宣言》，并据此建立了最大的国际性组织联合国。虽然1956年联合国接纳了日本为会员国，其缴纳联合国会费比例也仅次于美国，经济规模居世界第三，但是日本却在国际政治中没有什么话语权，这就是地缘结构对国家权力的制约。

通过对一国地缘环境以上三个方面的解析，就可以判定特定国家权力在不同地区的空间分布，即"地缘位势"（geo-potential）（胡志丁等，2014）。当然，不同研究者采用的具体指标及赋予各指标的权重不同，所得出的结果也可能各有差异。地区既包含国家领域范围以内的，还包括国家领域范围以外的所有地区；也可以针对各个空间尺度，大到全球，小到特定的地方。在一国领域范围内，军事实力的空间布局、经济发展状况、文化发展程度、地区地形复杂程度、交通便利度等都将影响国家内部地缘位势的差异。在国家领域范围之外，地缘位势的差异则来自距离国家领域远近、地形、海洋、国家军事实力的机动性及相互依赖形成的经济势差等。在当前形势下，由相互依赖形成的经济势差和地区的地缘关系、地缘结构等对一国地缘位势的影响尤为重要。

（二）传统地缘政治视角下的世界政治格局

将不同国家的全球地缘位势进行叠加，便可以得到一张展现国家权力空间分布的世界政治地图。同样，由于不同学者对地缘环境因素认识的差异，最终得到的世界政治地图也是千差万别的。其中，以下几种观点尤其具有代表性，在政治地理学界乃至整个人文社会学界影响深远。尽管以当下的眼光来看一些观点已经不合时宜，但它们都是当时时代背景和国家现实需要的理论产物，对根据当前实际情况制定地缘战略仍具有重要意义。

1. 麦金德的"心脏地带"学说

麦金德是在牛津大学首开地理课程的英国政治地理学家，曾任伦敦政治经济学院院长、皇家地理学会会长等多种职务。1904年，他在伦敦皇家地理学会宣读他的《历史的地理枢纽》（*The Geographic Pivot of History*）（Mackinder，1904）论文，首先提出"枢纽地区"（pivot-area）概念。1919年在巴黎举行解决战后问题的巴黎和会时，麦金德发表了《民主的理想与现实》（*Democratic Ideals and Reality: A Study in the Politics of Reconstruction*）（Nichols和Mackinder，1919）一文，修改了原来的枢纽地区的范围，并正式使用"心脏地带"（heartland）代替原来的"枢纽地区"。

麦金德的"心脏地带"学说是由地理、历史与现实的分析得出的。在地理上，亚欧大陆是世界上面积最大、人口最多的一片陆地。在该大陆的中心，即欧洲沙皇俄国的范围，从法国的边界往东一直到亚欧两洲边界的乌拉尔山，越过该山经过西西伯利亚到东西伯利亚，向北到北冰洋，向南到伊朗、阿富汗、阿尔泰山以北是一个地势平坦的大平原。其中的河流，除进入里海、黑海与咸海以外，都是流入北冰洋的。这里在自然地理上是一个北为泰加林、南为草原的自然区。麦金德认为这里是亚欧大陆的心脏地带。在心脏地带以外，是两个新月形地带。从德国东部边缘往西直到欧洲陆地的海岸，向南到北非的撒哈拉沙漠，再向东包括中东、南亚次大陆、中南半岛、中国、朝鲜半岛，以及太平洋与东西伯利亚之间的山地。这个围绕心脏地带的新月形成为内新月形地带。这个内新月形地带以外的南美洲、北美洲、大洋洲、撒哈拉以南非洲和亚欧大陆的西、南、东岸以外的岛屿为外新月形地带（图11-6）。

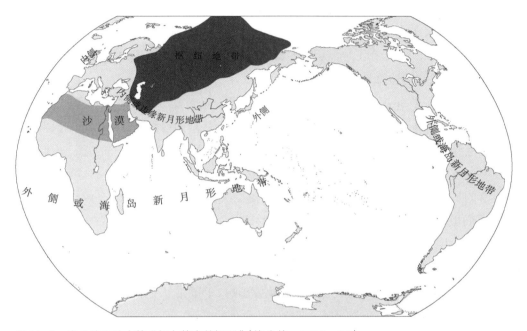

图11-6　麦金德理论中的"权力的自然场所"（麦金德，2009：68）

　　从历史上，这个心脏地带的草原，特别是蒙古草原和中亚草原的游牧民族多次通过俄罗斯南部草原与东欧平原进入中欧、东南欧，甚至西欧，给欧洲带来很大的破坏。游牧民族正是靠骑兵的快速战术与平原的通道使其获得这种优势。今天在东欧的匈牙利居民就是由心脏地带游牧民族入侵后留居当地的民族所组成。

　　在现实情况方面，在19世纪末，英国已开始面临德国的竞争。当时德国经济实力已接近英国。沙皇俄国也在改革，由于国土大、人口多，经济实力在上升。麦金德认为心脏地带如果以铁路代替马匹，可以把人力物力快速集中，不论是德国，还是俄国，或者德、俄联合起来，那么心脏地带的力量就能释放起来，就可以控制整个欧洲大陆。如果出现这种情况，欧洲陆地的力量集中起来，就会使原来英国一直采用的分化与均衡欧洲陆地政策失败。最后会导致欧洲海上强国英国孤立而失败。

面对这种严酷现实，麦金德遂向英国敲起警钟，提出其"心脏地带"学说的名言：

> 谁控制了东欧，谁就统治了心脏地带；
>
> 谁控制了心脏地带，谁就统治了世界岛；
>
> 谁控制了世界岛，谁就统治了世界。

其中，世界岛是指欧、亚、非三大陆。由于它们连成一体，从世界整体看，像一个大岛，所以称为世界岛。东欧是俄国从心脏地带进入中欧、德国进入心脏地带的通道，其重要性可想而知。但是，东欧是一个多民族地区，长期处于中欧大国与俄罗斯影响之下。巴黎和会后根据民族自决原则成立了许多新国家。如果要确保这些国家的独立与安全，不为占据"心脏地带"国家用作向外扩张的通道，就需要设法阻止这种地缘政治趋势的出现。

2. 斯皮克曼的"边缘地带"学说

斯皮克曼（N. J. Spykman）是美国耶鲁大学教授。他对麦金德的"心脏地带"学说持反对意见，认为影响全世界的战略不在"心脏地带"，而在"边缘地带"（rimland）。当时，正值第二次世界大战时期，美国亦刚刚参加战争，战争吸引了全体美国人的注意，人们关心战局的发展与结局。斯皮克曼当时发表了不少文章，还通过讲演阐述他的观点与见解，影响甚大。不幸的是他没有看到德国、日本的失败与第二次世界大战的胜利，于1943年6月病故。他的同事们根据其生前的著作与讲演稿进行整理编写成《和平地理学》（*The Geography of the Peace*）一书，于1944年出版（Spykman，1944）。

当时，在欧洲战场上，苏、德两国在苏欧部分，彼此往往以百万级的军事力量展开决战。这里的战争胜负对整个世界的前途具有重要影响。因此，人们很自然地将其与麦金德的"心脏地带"学说相联系。而美国居于亚欧大陆之外的美洲，是"心脏地带"学说中所指的外新月形地带，是从外新月形地带向欧洲的内新月地带与亚洲东端外海的群岛进攻。对于美国这种形势下的战略意义，斯皮克曼却形成新的认识与理解，提出与"心脏地带"学说相反的"边缘地带"学说。

他认为第二次世界大战中战略关键是"边缘地带"而不是"心脏地带"（图11-7）。从心脏地带的地理条件看，他认为这里是低温且干旱的地区，从气候上不适于农业发展，人口稀少，经济发展缓慢。在对外联系上，通道有四：一是通过东欧平原进入中、西欧；二是通过黑海，经过马拉马尔海进入地中海；三是由中亚南下经阿富汗与巴基斯坦进入南亚与印度洋；四是在远东由不冻港进入日本海。除去欧洲东部由心脏地带可以顺利进入边缘地带以外，整个心脏地带，在北、东、南、西南方面为世界上最大的交通障碍环绕。在可见的将来，中亚无疑仍然是一个实际潜力相当低的地区。

对于麦金德所划的内新月形地带，斯皮克曼认为"（它）是一个中间区域，在海上势力和陆上势力的冲突中，起着一个缓冲地带的作用"。"过去，它不得不对抗心脏地带的陆上势力和大不列颠与日本这些岛屿的海上势力。它的水陆两面的性质是它的安全问题的基础"。

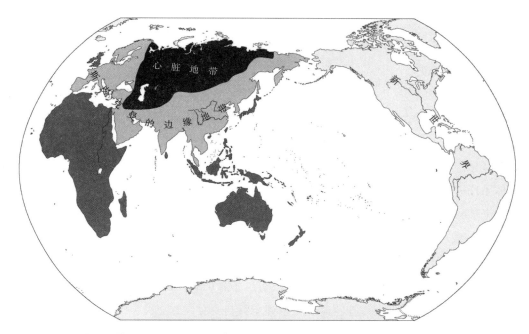

图11-7 斯皮克曼的"边缘地带"模型（Spykman，1944：52）

对于麦金德深信欧洲大陆上的冲突一定要循着陆海势力对立形式，斯皮克曼（1965：76）却提出质疑。他说："实际上，在19世纪和20世纪的三次世界大战——拿破仑战争、第一次和第二次世界大战当中，大英帝国和俄罗斯帝国及苏联都是站在一起反抗拿破仑、威廉二世和希特勒所领导的边缘地区的侵略国家的。"因此，"从来不曾发生过单纯的陆上势力与海上势力的对抗。"

根据上述的论证，斯皮克曼提出：

谁支配着边缘地带，谁就控制欧亚大陆；

谁支配着欧亚大陆，谁就掌握世界的命运。

针对这种形势分析与估计，要防止边缘地带强权大国的出现及其所产生的威胁，对美国所应当采取的对策，《和平地理学》书中提出：尽管有一个共同承担义务而结合在一起的国际组织，美国仍将主要依靠自己力量，因为一个大国不讲究实力就意味着终究要被征服和灭亡。第二次世界大战后，美国与英国、苏联仍应合作才能为建立一个有效的安全制度提供基础。为了对安全制度有执行义务的能力，在三大国间形成均势，美国应该是亚欧大陆边缘地带安全事务的参加者，为维持地区实力平衡，需在边缘地区建立必要的军事基地（斯皮克曼，1965：78）。

3. 德国地缘政治学的"泛区"模型

德国地缘政治学的中心人物是豪斯霍弗。其信念是：任何国家之所以能成为强国是依靠了地理条件。一个有生机的国家的人民，在某种意义上是"上帝选择了"他们去执行征服的使命。《凡尔赛和约》分割出去的德国的国土必须归还德国，而且经过长期发展，全部日耳曼人必须结成一个单一的国家。根据德意志民族、语言和文化的空间分布，德国生存空间扩张方向被认为是东方。

在德国地缘政治学思想发展过程中，出现了关于全球"泛区"（pan-region）的观点，它反映了德国地缘政治学对世界形势的分析及对世界政治格局的设想，它也成为德国地缘政治战略的目标。

泛区思想的来源，一是契伦的"经济独立自足"的思想。在现实中，以英国为首的自由贸易体系崩溃以后，世界逐渐转向关税壁垒的经济集团体系。英国的殖民体系就通过帝国特惠政策来加强其控制及维持其在世界上的地位。德国在第一次世界大战后失去了其所有的海外殖民地，德国的地缘政治学家关于殖民地的重新划分和德国的生存空间扩展引起其对更大范围的思考，特别是对全球经济区与地缘政治的泛区的联系。

二是思想意识的思考。豪斯霍弗说："没有思想意识的内容，帝国主义很快就会一个个地死去。"他把泛区定义为："在空间上寻求显示其自身存在的超民族的全球性思想。"其列出的主要泛区思想有泛美、泛亚、泛俄罗斯、泛太平洋、泛伊斯兰及泛欧思想。这些泛区思想涉及的地域范围最初是模糊不清的。通过区域核心使泛区向外扩展，使其空间具体化。最后，大生存空间形态的轮廓变得清晰了，这时可以预期会产生一种新的世界秩序。

在1941年德国进攻苏联以前，德国地缘政治学家所划分出的4个泛区，见图11-8。一是泛美区：南、北美洲联合，以美国为主导；二是泛亚区：从东北亚、东南亚至澳大利亚实

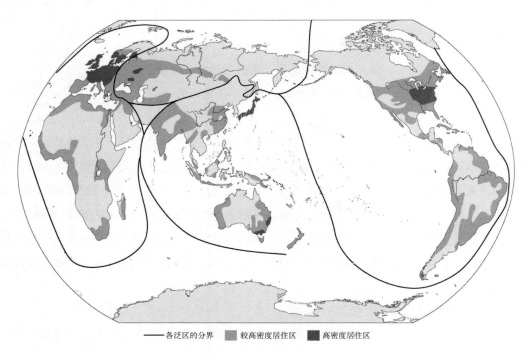

　　　　━━ 各泛区的分界　　▨ 较高密度居住区　　■ 高密度居住区

图11-8　全球"泛区"模型（丹尼尔斯等，2014：713）

现联合，以日本为主导；三是泛欧区：使欧洲与非洲统一，以德国为主导；四是泛俄区：以苏联加西南亚及印度，以苏联为主导。豪斯霍弗的这种生存空间的设计，实际上是以大国列强为中心重新划分势力范围的设想。这种泛区划分对于战前德、意、日轴心国的世界战略确有一定影响。德国在1941年前的向东进占东欧，向西击败法国，向南进入北非，其行为与泛区构想是一致的。第二次世界大战中，日本在东亚鼓吹的"大东亚共荣圈"亦是这种泛区思想的体现。

值得注意的有两点。一是，该泛区图上，盎格鲁－撒克逊的海权国家中的英国已不存在，分别为欧、亚、俄三泛区所瓜分，而美国则以单独泛区存在。这反映德国地缘政治学家承认美国及门罗主义存在，试图使美国与英国分离，及不要插手欧洲事务的一种战略。二是，在德国进攻苏联后，德国地缘政治学家的泛区图发生了变化，泛俄区已不存在，其原来范围中的南亚与勒拿河以东地区并入泛亚区，其余地区全部属于以德国为主导的泛欧区。这样，泛欧区就成为三个泛区中面积最大的，而且横跨欧、亚、非三洲，它包括了麦金德所说的东欧、心脏地带全部与世界岛的绝大部分地区。它反映了德、苏两国在心脏地带上的不可调和的矛盾。

4. 科恩的"分裂世界"图式

美国政治地理学家科恩（S. B. Cohen）（1973）在《分裂世界中的地理与政治》（*Geography and Politics in a World Divided*）一书中，提出他的分裂世界的观点（fundamental twofold division of the globe）。

他的全球划分，第一级是世界性的，称之为全球战略区；第二级是区域的，称为地缘政治区（图11-9）。第一级根据战略特点分为两个大区：一个是海洋贸易世界，另一个是欧亚大陆世界。它们分属于以美、英为首的两大集团。第二级是根据文化、经济和政治方面的相对一致性而分出的不同地缘政治区。海洋贸易世界全球战略区以下包括五个地缘政治区：盎格鲁－北美洲和加勒比，沿海欧洲和马格里布区，南美区，撒哈拉以南非洲区，亚洲离岸国家和大洋洲区。欧亚大陆世界全球战略区以下包括两个地缘政治区：大陆腹地与东欧区和东亚区。此外，还有三个不属于上述范围的特殊区：即东南亚区、南亚区和中东区。科恩称东南亚区与中东区为破碎区。因为这两地区不仅受外来势力的争夺，而且其内部在政治、经济和文化等方面也存在着差异与矛盾，是不稳定的地区。另一个是南亚，因其规模与影响都比不上两个全球战略区级，而又不受其影响，是一个独立的地缘政治区。

在科恩的"分裂世界"中，各单元彼此的关系及其地位随着时间而发生变化，因此他在后期曾多次修改各个单元。各个单元是以区域的文化、经济和政治的相对一致为基础，故其区域有相对的稳定性。该"分裂世界"的图式具有以下三个显著特点：第一，有既灵活而又相对稳定的全球地缘政治结构，尽管近些年来国际形势发生根本性变化，其一、二级区的框架并无大变动；第二，主要核心区具有连续性，核心实力不变，尽管其边缘发生重大变化，仍能维持其地缘政治系统的稳定与持续；第三，地缘政治系统在演化，科恩认为地缘政治系

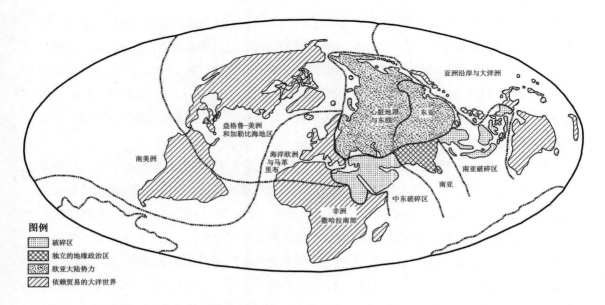

图例
破碎区
独立的地缘政治区
欧亚大陆势力
依赖贸易的大洋世界

图11-9 世界地缘战略区与地缘政治区（科恩，1991）

统是动态的，其不平衡是由其政治结构与其运行环境之间不相适应而产生的，不平衡的出现会引发新的更大整合过程。

总之，这个开放的世界系统，由于各国实力的变化，影响范围的伸缩，国家国际地位的升降，政治、经济、军事等关系的交错、重叠，变得越来越复杂。但是，其结构上的等级性、大国核心区的相对稳定性，使全球的地缘政治系统成为一个综合的有机系统。

（三）世界体系视角下的世界秩序

世界体系理论由著名历史学家和社会学家沃勒斯坦提出，他吸收了以布罗代尔的"长时段理论"（longue durée）为代表的年鉴学派观点和马克思主义理论，指出社会变迁并不是以国家为单位发生的，人们需要从一个更广泛的地理与历史维度思考社会，从全球视野的"世界体系"去理解一个特定政治事件所处的更广阔的背景。在20世纪80年代，世界体系理论曾在"拯救"政治地理学的学科地位中发挥了重要作用，它不仅可以很好地解释世界政治格局演变，对于"冷战"乃至当今全球化下新的世界秩序依然具有相当强的解释力。

1. 从微型体系、世界帝国到世界经济

沃勒斯坦认为人类历史上的社会可以划分为三大类历史体系：微型体系（mini-system），世界帝国（world-empire）和世界经济（world-economy）。它们分别对应于三种生产方式（mode of production），包括生产任务的分配方式和对生产、消费、积累及最终商品的分配。

微型体系是由血缘关系的生产方式所确定的，是小型家族或亲族群体的扩展。这种原始的生产方式基于非常有限的分工。生产由狩猎、采集和原始农业所构成，生产者之间的交换

是互惠的，组织生产的主要原则是依据年龄和性别。历史上曾有无数这样的微型体系，但都已经被更大的世界体系所掌控或融合。

世界帝国是由"再分配－纳贡"（redistributive-tributary）的方式所确定的。它是由农业生产者组成的大群体，他们的技术领先，以至于在满足日常需要之外还有剩余产品。这些剩余产品足够满足那些专业化的非农业生产者——如工匠和管理者——的发展。尽管农业生产者和工匠的交换依旧是互惠的，但这一体系最显著的特征是军事官僚阶级（military-bureaucratic）的统治。他们剥削了部分剩余产品，这样再分配的财富不断向上层聚集，从而产生微型体系中不存在的大量物质不平等。这类历史体系自新石器革命开始就已经出现。

世界经济是由资本主义的生产方式确定的。其生产的准则是营利，这种体系的基础驱动力是将剩余产品积累为新的资本，其中不存在支配一切的政治结构。不同生产单位的竞争最终被市场这只"冷酷无情的手"所控制，最基本的规则就是积累或者消亡。在这种体系中，效率越高发展越快，而那些相对低效率的产品则会由于其价值在市场中的降低而遭淘汰。历史上，世界经济的发展可能随时被世界帝国体系吸收或征服。唯一的例外是公元1450年后出现的欧洲世界经济体系，它存活下来，并掌控了整个世界。到公元1557年，随着欧洲世界帝国体系的破产，欧洲世界经济取而代之并度过了初生时的脆弱阶段，最终成为历史上唯一充分发展的社会类型。随后它不断扩张并消灭了所有残存的微型体系和世界帝国，在公元1900年左右成为真正的全球性体系（图11-10）。

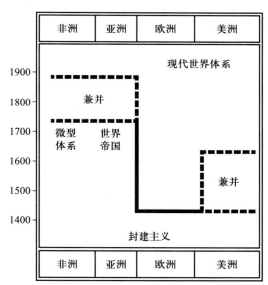

图11-10　现代世界体系的形成过程（弗林特、泰勒，2016：16）

2. 世界经济的基本元素

单一的世界市场。世界经济只存在一个世界市场，即资本主义市场。这就意味着生产是为了交换而不是使用而进行的。商品的价格由市场决定，生产者之间存在经济上的竞争。在这种竞争中，越有效率的生产者越有能力降低他们的产品价格，从而增加他们的市场份额并消灭竞争对手。通过这种方式，世界市场决定了产品的长期数量、种类和区位。这种过程的具体结果将是世界经济的不平衡发展。

国家间体系。相对于单一的世界市场，世界经济中一直存在大量的政治竞争。尽管单一国家能在其领域内通过扭曲市场而满足国内资本主义团体的利益，强大的国家甚至能在短期内扭曲它们的境外市场，但没有一个国家能控制整个体系并使竞争得以消除。国家间呈现多种"权力平衡"状态，如第二次世界大战后很长一段时期内的两极平衡。

三级结构。沃勒斯坦认为，世界经济的发展过程总是以一种三级形式运行。鉴于那些处于底端的阶级总是会强调"他们与我们"的两极对峙，位于顶端的阶级则会使用策略"创造"一个三级结构。世界经济持续存在的部分原因是统治阶级在各个冲突领域成功地维护了一种三级形式。从地理学视角来看，最值得注意的是沃勒斯坦创造的半边缘区（semi-periphery）概念，它分隔了现代世界经济体系中核心（core）和边缘（periphery）。

3. 世界经济的空间结构

公元1450年以后，欧洲经济开始向其以外地区扩散，到公元1900年，它已扩展到全世界，形成一个欧洲人主宰的世界经济。商业活动在其中起着重要作用。但是，这时期的商业不像古时只是交易奢侈品，而是交换生活、对经济发展起着重要作用的商品，它把不同的地区联系起来，形成紧密的关系。

由欧洲人主宰的世界经济最初包括的范围是西欧、东欧和伊比利亚人控制的南美洲和中美洲的某些地方。世界的其余地方由于与欧洲经济联系少而并不重要，所以属于外部地区。葡萄牙那时虽在印度洋和太平洋地区进行些贸易，但与西班牙人在拉丁美洲的活动相比则弱得多。在这个时期以后，欧洲人主宰的世界经济迅速向外扩张，其顺序是加勒比地区，北美、印度、东亚、澳大利亚，最后达到太平洋群岛。此世界经济范围扩大所采取的形式并不相同。开始是赤裸裸的掠夺，接着是殖民带去一些生产活动，主要在拉丁美洲。在澳大利亚和北美则是破坏土著经济，建立全新的经济。还有一种形式是现存的社会虽然原封不动，但是将其经济转向服务于其所处的世界经济的广泛需求。在印度，这种形式是通过政治统治而获得的，在中国则是通过强迫开放市场而实现。欧洲经济通过各种方式把这些地区纳入世界经济，从而消除了这种外部地区。

在世界经济中，各个地区在该系统中的地位和作用各不相同。按经济上的地位与作用的差异，可以分出核心与边缘。核心与边缘首先指的是两种过程。核心过程由那些包含相对较高的工资、较先进的技术和较多样的生产方式组合的关系所构成，而边缘过程则由那些包含相对较低的工资、较为初级的技术和较简单的生产方式组合的关系所构成。需要注意的是，到底是核心过程还是边缘过程不是由具体生产哪些产品来决定。例如，在19世纪末，印度和澳大利亚都向英国提供纺织原料，前者是棉花，后者是羊毛，可是两地社会关系情况不同——前者是强迫性的边缘过程，后者是被移植的核心过程。

在不同的地区、区域或国家，如果这两种过程只有其中一种起到主导作用，那么它就可以被定义为核心区或边缘区。就全世界而言，最早的核心区在西欧，而后扩及北美和日本。边缘区原只在拉美，后扩大到非洲和亚洲广大地区。只有西欧一直维持着核心地位。此外，一些地区、区域或国家内部的核心或边缘过程都没有表现出主导作用，该地既受核心区剥削，又剥削其他边缘区，所以可称之为半边缘区（注意：并不存在半边缘过程）。半边缘区是世界经济体系中的一种动态类型，它有可能在世界经济体系空间重构的阶段上升为核心区，如中欧、北欧与美国都是由半边缘区上升到核心区的。一国内也存在这两个过程，这意味着世界体系理论还可用于分析国家内部。

4. 世界体系的历史变迁

世界体系理论认为，世界经济是循环发展的。这一基本思想来源于苏联经济学家康德拉季耶夫（N. D. Kondratieff）。他认为，资本主义经济发展包括三个长波，每个波段持续约50年到60年。后经他人补充修正，从1780年到今天共为五个波段或周期，并命名为康德拉季耶夫周期（Kondratieff wave）。每个波段或周期又分为A和B两个阶段。其各波长与持续时间及阶段划分如下：

第1周期：1780/1790年—A1阶段—1810/1817年—B1阶段—1844/1851年

第2周期：1844/1851年—A2阶段—1870/1875年—B2阶段—1890/1896年

第3周期：1890/1896年—A3阶段—1914/1920年—B3阶段—1940/1945年

第4周期：1940/1945年—A4阶段—1967/1973年—B4阶段—2000/2003年

第5周期：2000/2003年—A5阶段—

学术界对这种周期与阶段划分的认识较一致，但是究其原因则有分歧。康德拉季耶夫本人坚持认为长波存在，但没有提供系统的理论，只不过略述了物价水平、利息率、工资、对外贸易、生产及消费等有关因素的数据。支持此学说的人认为，此周期与技术革新有关，A阶段与采用技术革新的主要时间有明显的联系。例如，A1是棉纺机械与蒸汽机的应用时间，A2是炼钢及铁路技术应用时间，A3则是汽船与电力广泛运用之际，A4则是石油化工与汽车工业大发展时代（其后期又出现宇航与电子工业）（图11-11）。在每个A阶段新技术采用促进了生产的发展，其后就接着一个停滞时期。经济以阶梯式增长及技术革新的爆发式集中出现，可能是资本主义生产方式运行的结果，是由其历史系统内在机制所产生的。生产组织中的矛盾不可能出现线性的累积增长，中间出现停滞阶段则是必然的。这是因为资本主义的生产是市场经济，追逐利润的企业单位各以其自身利益进行决策，缺乏中心的控制与宏观调控。所有企业单位都是按短期当前利益做决策。在A阶段时，应用新技术的企业获利，出现经济发展的好时期。为获得更大利益盲目大量投资必然导致生产过剩，经济停滞，A阶段结束。在B阶段，企业获利情况不佳，因而投资裹足不前，生产下降，出现经济衰退，甚至出现经济大萧条。这正是资本主义的生产无政府状态所形成的经济上升与停滞的循环交替。A阶段由于投资过分集中于某新技术部门产生许多矛盾，这就需要在B阶段进行调整，重新组合，为新的生产扩张和应用新的技术创造条件，这也就是康德拉季耶夫周期变化、演替的原因。

按照这一模型，可以大概推知当前的情况。从20世纪70年代开始，已经经历了几个相对短的阶段：第4周期B阶段从艰难的20世纪80年代开始到1991/1992年的经济危机结束。随后新的A阶段（第5个康德拉季耶夫周期的开始）持续直到最近的经济危机（2007/2008年）。这两个阶段囊括了当代的全球化进程，其中，以世界范围内的专业化市场为代表的"新自由主义"是在冷战结束后的B4阶段形成的。苏联解体后，资本主义大行其道，"新自由主义"在A5阶段开花结果。但2008年的次贷危机给这一切带来了爆炸性和灾难性的结局。这些都表明正在进入康德拉季耶夫第5周期的B阶段。

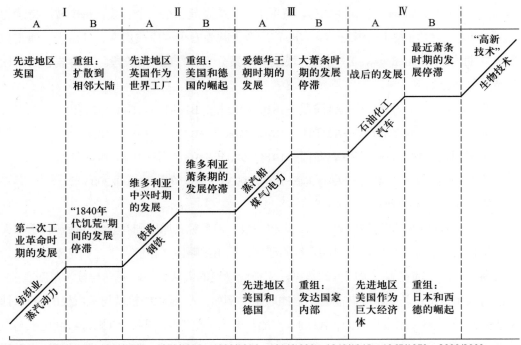

图11-11 1780年以来的康德拉季耶夫周期(弗林特、泰勒,2016:26)

康德拉季耶夫周期讨论的是工业化在英国开始后的资本主义经济情况。有学者,如布罗代尔认为在此之前也存在这种波动。这种波动时间长达300年,也分为A与B两阶段,称为逻辑斯谛波动(logistic wave),其持续时间如下:

$$1050—A1—1250—B1—1450$$
$$1450—A2—1600—B2—1750$$

第一个逻辑斯谛波动是欧洲封建社会农业经济的兴衰及向资本主义的过渡,其B阶段反映整个欧洲农业的收缩,这就是所谓的封建主义的危机。其最终的解是转向一种新的生产方式,也就是逐渐出现的欧洲对美洲的剥削和掠夺,新贸易格局的发展,以及农业生产技术的改进。结果就出现一种新的体系,即以农业资本主义为基础的欧洲人的世界经济。该体系本身构成了在第二个逻辑斯谛波动中的16世纪的扩展,成为A2阶段,其后就是17世纪的停滞的危机,即B2阶段。B2与B1不同,B2是停滞,B1是下降。在停滞中,是物质生产空间的重新布局,某些集团与地区获利,而其他集团与地区则受损。这与康德拉季耶夫B阶段相似。表11-3的时空矩阵概括了世界经济体系空间格局的演变过程。

表 11-3　时空信息矩阵

周期	时间	核心	半边缘	边缘
逻辑斯谛波动	A 1450—1600	地理上的扩张开始于伊比利亚，但经济上西北欧处于领先	中部和地中海地区欧洲城市的相对衰落	新世界的伊比利亚帝国；东欧的第二"封建主义"
	B 1600—1750	西北欧的主导地位得到加强，最早是荷兰，之后是法国、英国角逐	伊比利亚衰落；瑞典、普鲁士和美国东北部正在崛起	拉丁美洲和东欧的紧缩政策；加勒比地区的制糖业崛起；法国在印度和加拿大的挫败
康德拉季耶夫周期1	A 1780/1790—1810/1817	英国掀起的工业革命；法国大革命；法国的败北	整个半边缘区的相对衰落；美国的建立	对印度的正式控制和对拉丁美洲的非正式控制
	B 1810/1817—1844/1851	英国经济领先地位的加强；社会主义在英国和法国的出现	北美和中欧部分地区开始崛起	英国势力在拉丁美洲的扩大；东亚地区的最早的开放
康德拉季耶夫周期2	A 1844/1851—1870/1875	英国在自由贸易时期作为世界工厂	半边缘区的重组；美国内战；德国和意大利的统一；俄国的登场	伴随着拉丁美洲发展的"非正式帝国主义"的古典时代
	B 1870/1875—1890/1896	英国相对于美国、德国的衰落；社会主义第二国际的出现	俄国和欧洲地中海地区的衰落	对非洲的扩大掠夺；古典帝国主义时期
康德拉季耶夫周期3	A 1890/1896—1914/1920	美国和德国经济主导地位的强化；军备竞赛	日本和其他主权国家的登场	新殖民地（非洲）的强化和其他地区贸易的增加（尤其是中国）
	B 1914/1920—1940/1945	德国的战败；英国的保全；美国经济主导地位的确立	社会主义在俄国的胜利——苏联的建立；阿根廷的登场	边缘区被忽视，边缘区的反抗；拉丁美洲的进口替代战略
康德拉季耶夫周期4	A 1940/1945—1967/1973	美国作为军事和经济上的霸主；自由贸易的新时代	东欧的崛起和冷战；OPEC的登场	社会主义在中国的胜利；从去殖民化到新殖民主义
	B 1967/1973—	美国相对于中国、其他亚洲国家和欧洲的衰落；冷战的结束；反恐战争；新自由主义	亚洲国家特别是中国经济的崛起；东欧社会主义的瓦解，苏联的解体；对核心区债务的增加；争先进入自由贸易体制	严重的经济危机和冲突；贫困的扩大；伊斯兰"原教旨主义"思潮的出现

资料来源：弗林特、泰勒，2016：30。

（四）城市与国家：全球城市网络下的世界格局新动态

在全球化力量的推动下，1970年代之后，在传统的以国家为中心、以高政治（high politics）领域为场景的国际政治之外，迅速形成了多元主体共治、以国际机制为纽带、以世界贸易和全球社会为舞台的世界政治与全球治理。相对于传统的国际政治，全球治理在主体方面展现出了开放性和多元性，除民族国家外，超国家组织、跨国组织、跨国公司、全球公民组织等，无一不在全球治理的框架中占据一席之地。在民族国家内部，各类亚国家主体（比如城市），同样被视为全球治理的主体。

全球化与信息化对城市产生了深刻的影响。全球化使城市的资源配置功能越发突出，信息化则给城市带来了"流动空间"。前者使全球市场体系对城市产生了需求，后者为城市参与全球公民社会提供可能，而这两种力量共同推动了城市对全球管理体系的参与。一些城市学者已经注意到全球城市和全球城市区域在世界经济和全球治理中的地位，比如斯科特（A. J. Scott）认为，全球城市区域已经成为"全球经济实质上的空间节点和世界舞台上独特的政治行为体"。根据萨森（S. Sassen）的观察，全球主要城市之间不断加强往来，正在创造在一定程度上绕开民族国家的战略性跨边界地理，全球城市的战略网络为各类地方行为体提供了活动空间，各地方行为体借此建构新的全球政治及其主体性。城市对于全球治理的贡献有很多，主要表现在两个方面，一是城市外交，二是全球城市网络（Sassen, 2004）。

1. 城市外交

探讨全球城市是否能成为全球治理的主体，第一步需要讨论一个城市是否具备不通过国家层面对外交往的能力。

传统外交被认为是主权国家的专利。在全球治理的框架下，外交格局发生了新的变化。一方面随着全球化的发展，国家与非国家的地方行为体的职能分工开始发生变化，为后者融入经济、文化和政治全球化创造了新机会，同时削弱了国家的传统功能和作用；另一方面，信息通信技术的发展也使边缘的行为体更容易接受信息，并发挥其对中心决策者的影响。鉴于此，外交模式出现了似乎相互矛盾的两个趋势：在跨国层面上，由于国家无法独立解决类似于气候变化和跨国犯罪等问题，出现了国际机制或世界政治一体化的趋势；在次国家层面上，由于某些国际政治问题对广大国内群体及其代表的开放，次国家主体逐步卷入其中。

在理论层面，罗西瑙（J. N. Rosenau）提出的"两个世界的世界政治论"（two worlds of world politics）为城市外交的研究开辟了理论空间。这一理论认为，在"国家中心世界"，由国家行为体运作；而在"多中心世界"，由城市与其他非国家行为体运作。两个世界的行为者存在竞争、合作互动或者共存的关系（Rosenau, 1988）。此外，"平行外交"（paradiplomacy）理论也十分形象地表达了类似的观点：外交的"主干道"由民族国家的政府主导，而另一条"次要道路"则交由城市等其他行为体主导。尽管这两种观点在理论上将国家主导的外交同城市等其他行为体主导的外交区分开来，但在实际运行中，这样简单的区分是行不通的。在现实中，与其说新行为体（例如城市）形成独立的新的外交形式，不如说它融入了一个多层次主体构成的网络状外交模式之中，正是不断发展的多层次外交为城市主体发挥外交作用提供了机会。

无论在现实当中，还是在理论研究方面，都表明城市具备了对外交往的能力。城市外交被定义为城市出于代表自身利益的目标，在国际政治某一领域参与同其他行为体的交往的制度和过程。首先，在具体城市的外交中，代表城市共同利益的目标开展城市外交的主体主要有市长、市议员、政府公务人员及城市顾问团队，而市民团体只有在他们的行动影响足够多的市民时，才具有城市外交行为者的资格。其次，这些行为体通过双边或者多边互动，在国际政治层面参与同其他行为体的交往。双边城市外交中至少一方为城市，目标有利于其中一方或者对双方都有利。多边城市外交拥有多个参与方，分别代表不同城市。除此之外，诸如城市与地方政府联盟（UCLG）等组织，也可以作为多边城市外交的参与方。也有中国学者将城市外交分为国际友好城市、城市间国际组织和各国城市的对外交往三种形式。再次，城市外交从具体领域上分为安全、发展、经济、文化、网络及代表六个维度。前四个维度类似于国家外交内容，重点在于代表城市的利益；网络维度是在国家构成的国际社会逐渐被国际网络所取代这一背景下提出的，重视全球城市网络所起的作用；而代表维度则强调城市对于超国家层面决策制度的影响，例如在欧洲议会中城市代表的出席。最后，城市外交不能脱离传统主权国家外交。一方面，城市行为体可以被看成是一个影响外交部主导的传统外交权威的因素；另一方面，城市与国家行为体在外交事务中是相辅相成的，城市外交加强了国家外交无暇顾及的地方体系构建。

2. 全球城市网络

如上所述，城市外交正在发展，但它仍处于发展初期，还有许多缺陷需要克服。例如，城市外交一般仅基于短期目标，尤其是在安全和社会领域；又或者，国际组织、国家和城市行为体在相互合作时仍然需要探索一条更有效的道路，来保证各方在事件中重叠利益的协调以及各方在行动中享有的自由。不仅如此，虽然城市外交表明城市具有对外交往的能力，但是城市在很大程度上仍依附于所在国家，在影响国际政治的力度上仍显不足。因此，一般城市无法发挥全球治理主体的功能。而全球城市拥有一般城市的外交能力，同时处于全球城市网络的节点位置，网络结构在一定程度上消除或削弱了全球城市对于国家的依附，使其在国际体系中本体地位的独立性更加明显。同时，节点地位还加强了它与区域其他城市的联系，使全球治理规范更容易通过它由地方向下渗透。可以说，全球城市网络是全球城市成为全球治理主体的关键因素，它为全球城市发挥治理主体的地位提供了平台。博尔哈（J. Borja）和卡斯特尔（2008：180）认为，"网络打破了地方、国家资助形成的严格模式，开始认可不同地区的不同利益，城市或地区积极参与国际空间建设中的身份，采取逻辑网络模式而非金字塔结构"，"这是传统国际规则系统无法实现的"，有利于加强国际稳定与实施再分配政策的辅助系统建设。

通过这样一个多中心多层级的全球城市网络的形成和维持，城市内部的政治经济活动不必经过国家而走向全球，城市内部人的行为、制度也沿着城市—国际体系这条轴线重新定位。而位于其中的全球城市作为控制节点，卷入全球治理进程，成为其中的重要主体。

（五）世界秩序的话语与表征：批判地缘政治学

20世纪90年代后，地缘政治研究的重大思潮即是"批判地缘政治"，批判地缘政治学将地理视为一个有价值立场的知识生产和"地理书写"过程，并研究地理知识生产与人们的政治行为、政策选择之间的关系，其目的和作用在于通过审视这种关系，进而批判性地和深层次地探究人们对空间、政治及其相互关系的理解。

批判地缘政治学是对古典地缘政治学的延续和补充。古典地缘政治学兴起于20世纪早期，研究地理环境，如河流、山岳、海洋等对国际关系、外交政策的影响。冷战以后，人们逐渐意识到不仅客观的地理环境对政治活动有影响，而且"主观的"地理书写与政治活动之间也有复杂的关系；同时，人们也意识到地缘政治实践或话语本身也并非客观表达，而是嵌入在特定的权力关系当中。批判地缘政治学在此背景下应运而生。

批判地缘政治学主要由地理学家奥图泰尔（G. O' Tuathail）开创。1996年，奥图泰尔在《批判地缘政治学：全球空间的政治书写》（*Critical geopolitics: The politics of writing global space*）（O' Tuathail，1996）中提出批判地缘政治学的观点，将后现代主义分析方法引入地缘政治学，并以此揭示地理知识生产背后权力的运行和实施。奥图泰尔系统地提出批判地缘政治学的本体论、认识论和方法论，奠定了该流派发展的重要基础。批判地缘政治学发展初期（前10年）的主要关注点是对一些政策文本、智库报告进行解构，探讨其中地理学知识的经世致用之道；后来逐渐关注到人们日常生活领域的要素与地理学及国际关系学知识之间的共谋。

根据不同研究对象，批判地缘政治学可分为：正式地缘政治（formal geopolitics）、实践地缘政治（practical geopolitics）和流行地缘政治（popular geopolitics）等几个主要研究方向。

"正式地缘政治"研究科班出身的"专家"（如智囊团和科研人员等）将具有价值立场的地理书写转换成为常识性的地理知识，并将这种常识运用到政治活动中。专家的治国经典被认为对于地缘政治的论述和话语起着至关重要的作用，对这些文化资本的言论、资料等的梳理和论述能有效推动地缘政治思想体系的建设。专家既是将地缘政治理论传播给权力者的媒介，更是权力话语的生产商。这个研究方向的代表人物有：爱尔兰地理学家达尔比（S.Dalby），他编写的《制造第二次冷战》（*Creating the Second Cold War*）（Dalby，1990）一书全面分析了冷战期间美国智囊团关于苏联的地理表达与美国对苏联外交政策之间的密切关系，是正式地缘政治研究方向的经典案例之一。

"实践地缘政治"更加关注行动者们在应用层面的地缘政治行动及其叙述策略，如军事部署及其意义的表述等。这个方向的代表人物有美国地理学家阿格纽。他编写的《地缘政治：对世界政治的再审视》（*Geopolitics: Re-visioning World Politics*）（Agnew，1998）一书分析了"9·11"事件后美国在全球的军事部署变化，以及美国反恐话语的合法化，是应用地缘政治的一个经典案例。

"流行地缘政治"探究大众日常生活领域的流行文化对空间和地方的书写，以及此类地理书写与人们的政治行为、思想之间的关系，涉及对杂志、报纸、广播、电影、漫画和电子游戏等流行文化的分析。这个方向的代表人物有夏普（J. P. Sharp），她编写的《冷战风云》（*Condensing the Cold War: Reader's Digest and American Identity*）（Sharp，2000）一书首次将流行文化纳入批判地缘政治学研究范围中来，是流行地缘政治奠基之作。此外，道斯（K. Dodds）长期分析电影（尤其是007系列电影）与地缘政治学的关系，迪特默（J. Dittmer）讨论了漫威漫画公司与地缘政治话语之间的关系，等等。

批判地缘政治学在当代政治地理学中发挥着重要的作用，它有助于揭开政策声明和学术理论的真正面目，使它们看清自己在维系权力关系中的角色。然而最近，批判地缘政治学者对其自身进行了批判。女性主义地缘政治学从两个方面质疑了批判地缘政治学和包括世界体系方法在内的其他框架。第一，批判地缘政治学的内容仍以国家为中心：关注的焦点仍然是为政府说话的"男性白人"；第二，批判地缘政治学的实践仅停留在学术层面的批判，而没有做一些实际的工作。换句话说，它未能促成规范的地缘政治议程。

案例11-3 美国队长：霸权的捍卫者

作为霸权国家，当为自身行为（包括军事侵略）寻找合理证据时，美国必须应对全球公众舆论的问题，它也必须得到国内公众的支持。2005—2006年，美国公众接受了一项普遍常识：美国在国家间体系中有特别的权力和责任。这些观点通过流行文化得以建构和维系：电影、书、歌曲和电视剧等。其中一种途径就是漫画书，而"美国队长"就是其中一个著名的角色。

"美国队长"第一次出现是在1940年美国参与第二次世界大战之前。有趣的是，尽管这个人物因过于柔弱而不能成为合格的军人，但他自愿参与危险的科学实验。他被注射了一种能将他的身体变成运动员体格的免疫血清，换句话说，"美国队长"作为一个国家的代表，在科技与军事工业融合的工业综合体帮助下蜕变成蝶。他的使命本质上也传达出一个国家的"神话"：只在保卫国家时才使用武力。"美国队长"并没有过分地使用他的超能力。

漫画书中的"美国队长"有多种表现形式，反映了在不同时期面临不同挑战的美国霸权：自封的"二战英雄"全球角色；冷战初期的"共产阴谋粉碎者"；面临贫困、种族主义和污染问题的20世纪60年代的新角色。值得注意的是，越战时期出现了公众不满，"美国队长"这时主要在美国本土为"美国价值"而战。"9·11"恐怖袭击之后，美国队长又有了新使命，他需要维护的是被描述为具有宽容美德的基督徒民族，新敌方则是伊斯兰教。

资料来源：弗林特、泰勒，2016：86。

第四节　地方的政治

地方政治（politics of place）指研究国家尺度以下政治力学的流派，关注的焦点包括选举、社会运动、性别与身份、民族与公民权利等。除了选举地理学，"地方政治"的其他主题都非传统政治地理学研究领域，如探讨社会发展过程中政府、社会力量在不同地方的相互作用和相互关系的"个性"差异，以及不同地方的社会运动过程和运行的具体机制；社会关系和社会差异研究，探讨种族、民族、阶级、性别等相关的地方政治过程，分析其不公平性和差异性的产生等。

一、行政区划

国家实施分级管理的区域划分制度。即国家根据政治和行政管理的需要，遵循一定的法律规定或原则，将领域划分成不同层次结构的区域，这一划分的过程即是"行政区划"，它是一个动态的概念。以行政区划为研究对象的学科称为政区地理学。行政区划的要素结构包括具有一定规模的人口和面积的地域空间、一个设有相应行政机构的行政中心、一个具有明确的上下级隶属关系的行政等级和一个与行政建制相对应的行政区名称。

传统上，政治地理学关注国家和次国家层级行政区划之间的关系，并根据其政治整合程度将国家分为单一制国家（unitary state）和联邦制国家（federal states）两种类型。在单一制国家中，主权不分割，中央政府具有最高权力，而地方政府只能在中央政府的领导下，依据宪法所赋予的权限，行使其职权。通常认为英国和法国是典型的单一制国家，如在英国，传统上主权由"议会中的君主"拥有，议会为君主提供智力支持。联邦制国家的主权在两级政府间分割，联邦和各组成单元各有自己的宪法与法律，各有自己的立法与司法机构，典型的例子如美国。在美国，50个州政府和联邦政府共享主权。此外，邦联（confederation）有时也被视为一种特殊的主权形式——联盟国家，如欧盟，国家将一部分主权让位于超国家的机构。与联邦不同的是，欧盟主权权力的最大限制存在于防卫领域——成员国拥有保卫它们领域的基本职能。

在立法意义上，中国被视为典型的单一制国家。但改革开放以来，中国的经济和财税体制由高度的中央集权逐步转型，这不仅包括国家（政府）向市场的分权，也包括由中央向地方政府的分权。因此"单一制–联邦制"的二元对立划分方式只是一种粗线条的描述，政治地理学需要更加关注权力的实际空间结构。

（一）行政区划的形成和发展

行政区划在人类历史上经历从无到有、从不完备到逐步完备的过程，并随着社会的变更而变化和发展。在原始社会，人们以原始群、血缘公社、氏族、部落、部落联盟等组织为单位，并没有地域管理和行政区划的概念。随着生产力的不断发展和地域分工管理的需要，开始有了行政区划的雏形。在周代开始实行按血缘划分的分封制度，天子把其直接管辖的王畿以外的土地，分封给诸侯。即所谓的封邦建国，也称为"封土建国"，简称"封建"。但随着国家的进一步发展，分封制容易造成诸侯的叛乱和社会混乱，在春秋战国时期逐渐出现了郡、县的设置，与分封制并存。在秦朝统一中国后，郡县制的行政区划制度渐渐明确和固定下来，完全取代了分封制，被视为行政区划制度之始。郡县制的出现，标志着中国开始按照地域进行统治和行政管理，是国家治理的一个重要突破和里程碑。

世界上除极少数国家（如新加坡）之外，都对国家的领域进行区域划分，即产生了行政区划制度。英国的行政区划形成较晚，在公元7世纪，盎格鲁－撒克逊人入侵时是氏族部落组织。入侵后按地域组成的村社取而代之。到11世纪，国王以诏书的形式把土地册封给贵族，成为封建领地。在地方上，国王的权力主要通过各郡郡长贯彻。英国出现"郡"（shire）这种制度大概有1500年的历史，最早是威塞克斯国（Wessex）自己内部的行政制度。郡长由国王任命并直接管辖。在分封的领地上到处都出现封建庄园。以这些封建庄园为基础形成了地区（district）和教区（parish），所谓民政教区，就是一些小的村镇或者城市里的分区，类似中国的乡镇、街道办事处。19世纪后，英国的领域形成了4-14-3模式，即4个联合王国组成的英国本土、14个海外领域、3块皇室属地。英国本土主要由英格兰、威尔士、苏格兰和北爱尔兰4部分组成，而这4个部分，都有自己的行政区划体系，如英格兰分为9个大区，威尔士分为22个单一管理区，苏格兰分为32个议会区，北爱尔兰包含26个区。从英格兰看，共有4级行政区划：大区、郡、地区、教区。法国本土行政区划大致分为5个级别：大区（région）、省（département）、区（arrondissement）、选区（canton）以及市镇（commune）。法国本土一共有13个大区，下辖96个省。法国是一个单一制国家，上述的任何部分都不握有权力。这种划分方法，对于省、区、选区和市镇可以追溯至1789年；而大区是比较晚近的划分，建立于1950年代，然后从省行政权的联合发展成为带有议会和独立预算的地方行政区域。美国原为印第安人的聚居地，15世纪末，西班牙、荷兰、法国、英国等相继移民至此。18世纪前，英国在美国大西洋沿岸建立了13个英属北美殖民地。除了最初的13个殖民地外，其他各州依据美国国会法案成为美利坚合众国的一部分。每个州都是一个独立的邦国，有自己的宪法。联邦政府的权力，由各州政府授予。50个州，下设县和区，再依都会结构下设市、乡、镇、村及其他基层政区。德国的行政区划分为联邦、州、市镇三级。日本的行政区划，随明治政府于1871年实施的废藩置县政策而建立，一般分为都、道、府、县（广域地方公共团体）以及市、町、村（基础地方公共团体）两级。英、法、美、德、日等国的行政区划是从19世纪继承发展下来的。另外，在同一个政权下，由于政治、经济、民族等情况的变化，在不同时期的行政区划也会有所调整和变更。1970年代以来，西方国家有人倡议改革行政区划，提出了匀称、精简、协调等标准；有的还提出如何有利于提高政府工作效率和对公职人员进行管理等问题，但改革的实际措施很少。

作为管理国家的重要基础和支撑，中国历朝历代的行政区划设置都有其鲜明的特点，既有一定的继承性，又有相应的调整和创新。从秦代开始实行郡县制，初期设有36郡加一内史，秦末约有50个郡级政区，近千个县。西汉也是郡县两级制，与郡并行还有分封王国，在郡之上设置了刺史部作为监察区。但刺史部不是真正意义上的行政区。东汉与西汉类似。三国时期实行州、郡、县三级制，西晋和东晋沿袭之。南北朝时期也是州、郡、县三级制，只是政区滥置，比例失调。隋至唐朝初中期，实行州（郡）县两级制，后期在州之上设置了道，全国分为10道，其后改为15道。北宋的政区设置和唐朝大部分时期一样，二实一虚，即州（府）、县二级为实，路一级为虚。路的职责从征收和运输各地财赋到中央，逐渐扩大到监管边防、治安、刑狱、监察、财政各种事务，俨然成为州（府）之上的高级行政区，数量也由初期的15路扩展到24路。南宋沿袭北宋行政建制，划分为16路。元代行政区设置复杂，同时存在三级、四级和五级。高级政区为行省，全国除了中书省以外，还有10个行省。明朝因袭元朝建制，改行省为布政使司，共设了12个布政使司和一个直隶。清代实行省、道、府、县四级制，在内地设置了18个省，在边疆地区设置由将军或办事大臣统辖的8个地区，共计26个省级政区。民国初期，承袭清代区划制度，中期开始实行省、县二级制，省县之间存一名为行政督察区的准行政区，多为三级行政区划制度。中华人民共和国成立后，《中华人民共和国宪法》第30条规定，中华人民共和国的行政区域一般划分为三个层级：省、县、乡。但在实际操作上是四级，即省级、地级、县级和乡级（刘君德等，1999：3）。

（二）行政区划调整

国家以下政治区域所行使的权力应该分散还是集中，不同行政单元的权力空间范围（领域）大小如何，是行政区划研究永恒的话题。随着社会经济条件的演变，行政区之间的关系及行政区划本身需要不断进行调整，包括国家对各级行政区划进行的设立、撤销、更名、变更隶属关系、变更行政区域界线、迁移地方人民政府驻地等。

由于行政管理的需要，以及经济体制转轨、政府职能转变、生产力水平提高、交通通信条件改善、城市化发展等情况的变化，中国改革开放以来出现了大规模的地方行政区划调整，主要有以下几种类型。

（1）地级行政区划调整

撤地设市，又称地改市。指撤销地区行政公署而设立相同行政级别的地级市的行政区划变更行为。其中又分为两种情况：① 将原来的地区与原有的地级市合并（地市合并）；② 撤销地区，同时将某一县级市升格为地级市。中国从1983年开始大规模撤地设市，目前还有7个：黑龙江大兴安岭地区，西藏阿里地区，新疆塔城地区、和田地区、阿勒泰地区、阿克苏地区、喀什地区。

市管县，又称市领导县。中国自1949年起即有该体制，至1981年底，共有57个市领导147个县、自治县。1983年后，全国在撤地设市的同时广泛实行市管县的管理体制，由地级市领导县并代管县级市。目前，市管县体制已成为中国大多数地区的行政区划体制。县或县级市的隶属关系可以在不同地级市之间变更。

（2）区县级行政区划调整

撤县设市，又称县改市。指依据一定的设市标准，将原来的行政单位"县"改名为行政单位"市"，但行政级别仍然为县级，属于地级行政区或省级行政区管辖。中国从1983年起开始大规模撤县设市，截至1998年底，中国县级市数量达437个，其中近350个为县改市。撤县设市在1997年后暂停，2010年起重新启动。截至2023年6月，中国大陆地区共有397个县级市。

撤县（县级市）设区。指撤销原来隶属于地级市或直辖市的县（或代管县级市），同时设立新的市辖区的行政区划变更行为。一般以被撤销的县（或县级市）的行政区域为新设立的市辖区的行政区域，但也有少量将原县（或县级市）的行政区域与其他市辖区的行政区域进行拆分、合并、重组的情况。撤县设区从1983年开始在全国普遍发生，2000年以后尤其频繁。至2016年，共撤销201个县或县级市，新设立208个地级及以上城市的市辖区。

（3）乡镇级行政区划调整

撤乡并镇。指撤销部分乡、镇，将其行政区域与其他乡、镇合并或重组，以减少乡镇级行政区划数量、扩大乡镇行政区域的行为。中国从20世纪90年代开始大规模撤乡并镇，尤其是在东部发达地区，使乡镇数量大为减少。

撤乡镇设街道。在撤县设区之后，原县或县级市管辖的乡镇逐步改为街道的行政区划变更行为。同时，原乡镇下辖的村民委员会也逐步改为居民委员会。

二、民主与选举地理

国家是资本主义世界经济中强大的政治机构，个人和团体通过参政融入这个机构并从中获利。政治地理学主要通过研究选举的空间分布来考察这一融入过程，近来社会运动作为一种政治形式也开始受到政治地理学者的关注。

（一）选举地理学

选举地理学（electoral geography）关注地理要素对选举活动的影响，研究友邻效应、城乡差异、人口流动，以及宗教、种族和性别等"地方"的政治风土（milieu）对居民政治倾向的作用。同时，选举地理也关注选举活动所呈现的地理特征，关注选举结果如何转换为代表席位、如何影响行政结构等。

选举地理研究主要分为以下两个方面：

1. 选区边界划定

在民主政治体制下，可以假定选区应容纳大体相等数目的选民，假定选区应该相当紧凑，假定选出代表的比例应该与某政党成员所投的选票份额相符合。由于界线划分的方法可以使一群人的权力最大化、最小化或事实上被取消，因而问题丛生（格蒂斯等，2013）。

非公正改划选区（gerrymandering）是通过改划立法区的界线，以达到有利于某个政党而不利于另一政党、分裂选举集团或达到其他非民主目的的手段。典型的例子如格里选区划分，其目的是有利于他所在的党派（图11-12）。

另一种策略是不公平分配选区（malapportionment），通过使选区在人口规模上的不平等，从而使一些政党或组织获利。过量选票法（excess vote）把反对党的支持者集中在少数几个选区，使反对党可以在这几个区轻易获胜，但在其他选区几乎得不到议席；相反的策略是浪费选票法（wasted vote），即把反对党的选票分散到许多选区。

图11-12 非公正改划选区的来源（格蒂斯等，2013：402）
该术语源自1811年格里（Elbridge Gerry）任马萨诸塞州州长时所批准的选区的分布。有人将格里名字替代蝾螈（图中怪物）英文组合为Gerrymander，意为不公正的选区划分。

假设X和O代表选民数相等但有不同政策偏好的两个集团。虽然X和O数目相等，但选区的划分方法影响选举结果。图11-3（a）中X集中在一个选区，因而可能只能从4个议员中选出1人；图11-13（b）中X的实力达到最大化，他们可能控制4个选区中的3个；图11-13（c）中选民均匀分布，X有可能从4个议员中选出2个；图11-13（d）表明，两个政党怎样才能就选区划分达成一致，为任职者提供"无损于双方的议席"，这样的分区就很少出现变化的偶然性。

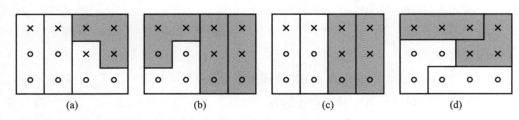

图11-13 可供选择的选区划分策略（格蒂斯等，2013：403）
（a）X控制一个区域；（b）X控制三个区域；（c）X和O各控制两个区域；（d）X和O各控制两个区域。

2. 选举的空间格局与选民的社会经济特征的关系

除了选举本身的空间格局外，选举地理学还关注正式的选举与实际权力结构的关系，主要包括以下三个议题：区域外在的地理特性、区域内在的社会经济文化状况及区域与区域之间的扩散效应。

首先，关注区域外在的地理特性（泛指物理特征与自然条件等）对选举结果及选举结果的转化的影响，例如平原或高山的交通便利性、投票所设置的密度与位置、投票当日区域间不同的天候状况等。

其次，关注区域内在的社会经济文化状况对选举活动的影响，强调区域内部的地方脉络，包括区域的经济资源分布与贫富差距、不同性别参与政治的程度、不同族群之间的关系、宗教信仰的单一或多元等对选举结果及其行政转化的影响。区域的社会经济文化状况也会随着新的刺激因子而改变，进而影响选举结果的空间分布差异，例如区域新产业发展带来的人口移入与年龄结构转变、媒体对地方议题的呈现与其对社会舆论的影响、政党与地方组织的关系转变等。其中，政治地理学者对友邻效应（neighborhood effect）尤为关注。友邻效应的概念由考克斯（K. R. Cox）在《空间背景下的投票决定》（*The Voting Decision in a Spatial Context*）一文中首次提出，用以描述一个人所在居住地的邻里关系影响了其投票倾向的现象（Cox, 1969）。人们在生活中与邻里建立的相互关系使他们的投票偏好也

案例11-4 三鹿奶粉事件的尺度政治

三鹿奶粉事件是2008年发生的一起重大公共食品安全事件。截至2008年11月已造成全国范围内约29.4万名婴幼儿因食用三聚氰胺含量超标的奶粉而患泌尿系统结石。这一事件影响恶劣，在国内外引起轩然大波。三鹿奶粉事件可分为个体尺度、地方尺度、全国尺度和国际尺度4个尺度。作用主体主要有5个，即消费者（弱势方）、企业（强势方、弱势方）、媒体（第三方）、地方政府（第三方—强势方）和中央政府（第三方—强势方）。在阶段上，根据事件影响的尺度变化特征，以事件曝光的2008年9月8日为界，可分为前期（2007.12—2008.09）和后期（2008.09—2008.12）两个阶段。

三鹿奶粉事件前期的尺度政治主要围绕三鹿集团（强势方）、石家庄市地方政府（从第三方到强势方）和消费者（弱势方）之间展开。消费者在觉察到三鹿奶粉的质量问题后，采用了向企业投诉、举报等直接斗争手段与三鹿集团进行交涉。在追问无果的情况下，继而采用了动员第三方的方式，如诉诸网络、向消协、工商、质检部门投诉等，积极上推问题的尺度。而与此对应，三鹿集团则进行了积极的尺度下推"应对"，包括运用公关措施对消费者进行安抚、秘密对问题进行补救、降低网络信息传播的影响、寻求媒体和政府协助，等等。石家庄市政府在初期是第三方，但随着事件扩大化，为了地方利益而与三鹿集团形成利益共同体，转而成为强势方的一员，与三鹿集团共同实施尺度下推行为。

2008年9月8日，通过国内外的媒体力量及官方行动介入，三鹿奶粉事件尺度骤然升级。其后事件相关报道和投诉案件激增，大量婴幼儿开始接受相关检查、护理。多个国家也对此做出反应，纷纷限制中国乳制品，并要求赔偿和召回，使三鹿奶粉事件的影响迅速跨越国界，事件升级到国际尺度。

面对迅速的尺度上推，尺度政治的格局旋即发生了变化。首先是原来的强势方三鹿集团成为弱势方，转而开始积极进行尺度上推，而非降低尺度。三鹿集团试图将企业的产品质量问题引导向更大范围的市场监管、环境、道德等社会问题，以扩大责任范围来消减事件对企业本身的影响。同时，原来处于第三方位置的中央政府转而成为强势方，开始积极采取各种手段下推尺度，消除影响。

与此相对，事件后期受害消费者尺度上推的努力则受到了百般阻挠。国内曾有多位律师组成志愿律师团为受害者提供免费的法律援助，但受到了来自多方面的强力干预，最终使律师团逐渐式微乃至解体，而受害者也大多放弃诉讼转而在调解协议书上签字。

上述分析表明，中国的社会事件管理中存在着国际、国家、地方、个体等不同层级的尺度转换，也存在尺度政治的运用。在三鹿奶粉事件中，以尺度下推为主的尺度政治强化了强势主体对事件发展的主导，形成了顽固的地方边界，也使得一些矛盾被掩藏和压制；但是，这种尺度控制又是相对的，它会通过网络、非政府组织、群体性事件等力量所形成的"尺度上推"而被打破和改变。

资料来源：刘云刚、王丰龙，2011。

倾向于形成共识，形象地来说就是"一起说话的人一起投票"（people who talk together vote together）。

最后，关注区域与区域之间的扩散效应。除了地理区域本身的外在地理条件与内在社会经济文化状况外，区域与区域间的比较也能显示出选举结果在空间分布上的差异。随着人口的跨区域移动与资讯传播工具等的发展，选举地理学也关注区域与区域之间如何相互影响选举结果及其转化，分析地理上的邻近性如何决定空间上传播的速度和方向。

（二）社会运动与权力地理

社会运动（social movement）是由有组织的个人或小型团体组织实施的以实现某些社会目标为目的的活动。社会运动作为一种政治形式，在有效的情况下是对选举行为的规避和补充；当投票权被否定时，它便成为唯一有效的选择。当投票权被限定，并被国家政治地理所框定时，社会运动更能推行超出国家范围的政治。

对社会运动日渐增长的关注源于对权力的再思考，特别是福柯（M. Foucault）的著作。他将政治看作权力的"纠缠"（entanglement），统治力量"试图控制或威胁他人"，同时反抗力量"试图设置情境、组织起来采取行动，以反抗主导权力的压迫"。统治力量可以联系所有种类的政治实体，不仅包括国家，还包括制造和维持人种、阶级、性别、年龄等方面不平等的企业和文化团体。反抗力量可以包含小而琐碎的活动，如在非吸烟区吸烟、制定反对政策、追求改变当前体制的政治目标等。

社会运动通过地方和尺度两个概念与政治地理紧密联系在一起。地方的本质可以动员特定的抗议团体，地方是"政治机会的结构"，包容最可能产生对地方的亲密依恋，它促进地方的个人与团体之间形成联系，并塑造一种地方依恋性。地方不仅涉及认同感，还是地方政权机关所在的场所，这些机关鼓励某些团体的政治活动，同时排斥另一些团体的活动。积极的地方依恋及地方政权的可参与性促进了政治动员能力；反过来，这些运动可以改变该地方的集体认同和政治制度。

社会运动的另一个主要特征就是与其他地方的其他运动建立联系，这是一项要求交互的尺度建构。社会运动总是尝试寻求超出单一地方的联系以达成目标，这种尺度政治被视为进步的政治，它要求不同地方拥有不同议事日程的各个团体间相互合作及建立共同的取向。比如，美国的民权运动在对抗某些地方的种族歧视和不平等现象方面很有成效，靠的就是形成国家级的政治运动——比如穿行于不同地方间进行的游行，以及最终在国家首都的示威（弗林特、泰勒.2016）。

第五节　城市政治

地理学中的城市研究兴起于区位传统，并在计量革命中达到巅峰。到20世纪60年代，城市研究都为生态学和经济决定论所主宰，并在价值中立的预设下开展。但越来越多的研究开始注意到，观察到的空间模式与预想的模式之间存在大量难以解释的差异。在激进、后现代思潮的呼吁下，城市研究已经渗透了越来越多的政治考量。

如果城市（区域）增长（发展）的外部原因从中央－地方关系的维度考察，那么在城市（区域）内部，视角就转向地方政府－企业－居民（行政－市场－社会）的维度。只有充分理解城市内部的政治地理，方能理解城市的空间形态特征和发展动力。主要议题包括：城市土地价值、资本的循环与空间生产，土地、资本等因素在城市空间生产中的作用，城市权力的结构和实践，地方政府和开发商、房地产商、银行等精英团体组成的增长联盟或反增长联盟对城市增长的推动作用，政府、企业、市民等多元主体构成的权力结构的相互制衡关系等。

一、城市化与空间的生产

城市化的过程可以看作不断的领域化和再／去领域化过程，也是空间在权力作用下不断得以生产和再生产的过程。1970年代开始至今，借助马克思主义理论，国外在城市空间生产问题上已经形成了一个新马克思主义城市研究的派别。虽然空间的生产理论并非只着重于城市问题，但城市（化）问题在其中处于核心地位。正如哈维所说：城市化和空间的生产是交织在一起的。众多理论家也多是围绕城市空间生产并以城市为案例进行他们的研究工作（殷洁、罗小龙，2012）。

资本和权力是目前城市空间生产的主要动力，其中资本主要作用于物质的、社会-经济空间的生产，引发了社会经济空间的重构；而权力主要作用于抽象的、政治-制度空间的生产，引发了政治制度的重构。这两个过程分别称为空间的生产（Ⅰ）和（Ⅱ），两者之间是非线性的、相互交织的关系，体现了空间与社会（政治）这对矛盾统一体之间一体两面、相互建构的关系（图11-14）。

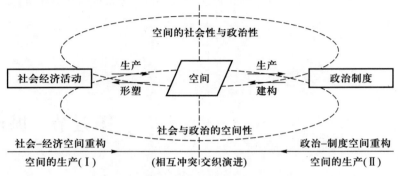

图11-14 "空间的生产"的资本逻辑和权力逻辑（殷洁、罗小龙，2012）

（一）空间的生产（Ⅰ）——社会-经济空间的生产

哈维深受列斐伏尔的影响，提出了资本的城市化（the urbanization of capital）理论，认为城市建成环境的生产和创建过程实质上是资本控制和作用的结果。他提出资本有三重循环，第一重循环是资本向一般生产资料和消费资料的投入，即马克思对工业资本生产过程的分析。在第一重循环中，由于过度生产、利润率降低、剩余价值缺乏投资途径，以及剩余劳动力等原因造成了资本主义的"过度积累"（over accumulation），使第一重循环面临中断的危险。为了重启循环，资本转向对城市建成环境的投入，包括生产性和消费性物质环境的投入，主要表现为居住空间、各项基础设施与社会事业的发展，此即为资本的第二重循环。资本第二重循环将城市空间本身视为生产的直接对象，而非第一重循环中为生产所提供的必要条件。城市空间作为"商品"在城市房地产市场上为资本赚取新的利润，使第一重循环中过度积累的剩余价值找到了有利可图的投资渠道。资本第三重循环是政府所提供的"集体消费方式"（社会住房、教育、卫生服务、警察、儿童看护等方面），通过提供私人资本不能轻易实现但为了进行成功的积累所必需的一些功能，来维持社会相对和平的发展。类似的政府调节形式还有社会福利、区域开发赞助等，目的是提高劳动力素质进而提高劳动生产率获取剩余价值，以维持劳动力的再生产和生产关系的再生产。

资本的三重循环理论揭示了资本在当代的运动方式。在资本运动的过程中，它总是试图创造出与自己的生产方式和生产关系相适应的空间。这里所指的"空间"是具象的、物质环境的空间，它在资本循环过程中产生，并直接参与和建构资本循环。资本循环中最主要的就是"空间修复"（spatial fix）概念。空间修复中"fix"具有双重含义——一方面通过对新市场空间的开拓和对已有基础设施的升级"固定"过剩的流动资本；另一方面通过基础设施和科技教育投资提高资本的生产率，缓解资本利润率下降的趋势、"修复"资本主义的危机（如图11–15）。哈维的空间修复理论是对马克思主义的重要发展，将马克思的一系列论断与空间化过程进行了理论整合，使得"历史唯物主义"演变为"历史–地理唯物主义"，"原始积累"发展成为"剥夺性积累"。类似地，资本逻辑与空间/领域逻辑、集体消费（通过公共投资改善资本积累的条件）与剥夺性积累（将公共财产私有化或金融化等）辩证统一，成为资本主义增长过程的一体两面。

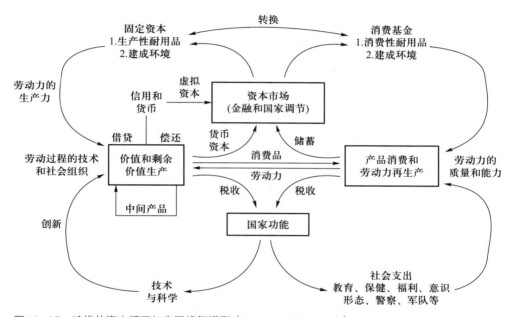

图11–15　哈维的资本循环与空间修复模型（Harvey，2006：98）

（二）空间的生产（Ⅱ）——政治–制度空间的生产

在空间的生产（Ⅰ）中，可以看到权力在帮助资本维持稳定的生产关系方面的调节作用及其对具体的城市建成环境的生产。在此要讨论的是，权力为了使地方更好地融入全球生产网络而进行的另一种形态的空间——抽象的政治制度空间——的生产过程，此处称之为"空间的生产（Ⅱ）"。

"空间的生产（Ⅱ）"基于以下时代背景：① 1973年全球经济危机爆发后，新自由主义取代了凯恩斯主义的国家干预政策，在西方国家社会政治领域中占据主导地位。国家的城市政策因此而发生变化，中央政府对城市的拨款和财政资助被撤销或缩减。② 1970年代末以来，弹性积累取代福特主义成为资本积累的主要模式。经济活动日益全球化，资本和制造业开始从发达国家流向发展中国家。去工业化、结构性失业、财政紧缩等问题使一些城市陷入衰退。③ 跨国公司在全球经济中的权力上升，生产和投资的地域流动性增加，城市之间吸引资本的竞争日趋激烈。由于以上原因，城市政府的政策目标由传统福利国家模式下单纯地提供地方福利和服务，转变为积极促进地方经济增长，并为此与各种部门、机构展开合作。

因此，在全球化时期，世界既处于"地方空间"中，也处于"流的空间"中。资本、信息、技术在全球流动，为了争取这些生产要素在本地停留，国家和地方尽可能地为资本循环创造优越的运行条件。但在另一方面，地方的或区域的生产网络也不是漂浮在毫无地方性的"虚空"中，而是深深地扎根于地方/区域的制度环境、政治环境和文化环境之中，受到其影响和制约。

1. 城市企业主义

为了克服空间距离摩擦、制度摩擦和其他社会文化摩擦，资本常常希望取得地方权力的帮助。越来越多的城市致力于塑造这样的城市形象：一个"正面的""积极的""活力四射的"，对于全球经济体系"不可或缺的"地点空间，以增强城市在"流的空间"中的竞争力，获得潜在买家（游客、移民、工厂、公司总部或者投资者）的青睐。在塑造城市形象的同时，城市政府勾勒出了一个概念化的空间想象，集中体现为城市企业主义（urban entrepreneurialism），即城市政府与私人部门合作推动地方经济发展的理论与实践，又称企业家城市（entrepreneurial city）。

城市企业主义有两个本质特征：① 城市政府把促进地方经济增长作为首要目标，制定一系列以增长为导向的城市政策，积极创造就业、扩大地方税基、培养小企业成长，以及最重要的吸引新投资等。城市成为经济发展主体，城市政府表现出原本属于企业的特征——冒险、创新、促销和利益驱动。② 城市管理制度向多元协商管治（governance）模式转变。为了获得促进城市经济增长的行动能力，城市政府与私人部门、非政府组织及其他社会力量建立合作伙伴关系，这使政府、私人部门和市民社会均成为城市政治经济结构中的重要力量。政府选择与不同的对象结盟将构成不同的城市政体（urban regime）类型，并显著影响城市政策的走向。

为了在城市竞争中获得比较优势，地方营销（place-marketing）是城市企业主义经常采用的发展战略。主要的政策与实践包括：① 通过广告和宣言来包装和推销城市，如发布城市规划，以图像、文字、口号等形式传达城市形象等。② 提升城市物质空间环境，使之成为令人满意的投资和消费场所。提供多样化的文化、娱乐、消费设施，塑造充满活力的、商业环境良好的、宜居的后工业城市形象。如滨水区、旧厂房或仓库、历史街区的更新改造等。③ 举办大型活动（mega-event）来优化城市环境、提升城市国际地位。如举办奥运会、世界博览会、城市文化庆典等。城市政府试图通过这些政策赋予工业化城市以新的身份，使之符合全球化经济的需要，以获得潜在买家（游客、移民、工厂、公司总部或者投资者）的青睐。在此过程中，城市政府与私营企业、金融机构、非营利组织及基金会等建立公私合作伙伴关系（public-private partnership），通过多种合作方式，如制定税收政策、财政补贴、特许经营、合同承包、股权投资及发行有价债券等，吸引私人投资以达到政府的政策目标。

对城市企业主义的批评主要集中在三个方面：① 在社会公正方面，城市企业主义将公共注意力和财政集中于城市形象塑造，却忽视了更加基本的社会需求，比如公共服务、住房、教育等。② 在经济效益方面，由于更多的城市投资在娱乐设施和大型活动上，它们所获得的竞争优势变得越来越短暂，而在城市公共债务不断增长时，资本却已经迅速转移到别的地方，去获取新的伙伴关系带来的利益。③ 在城市文化方面，每个城市都建设了风格相似的购物中心、主题公园和酒吧街，使各个城市更加相像、趋同，远离了传统街道生活，丧失了城市的地方性。

2. 政策特区

城市层面上空间的生产（Ⅱ）的另一种形式是政策特区的设立，典型的如自由港区。自由港区是指各国和地区在对外经济交流活动中，划出一块特定的、采取更加开放的特殊政策和措施的自由经济区域。按自由港区设置的目的与功能可分为四种类型：① 贸易型，包括自由港、自由贸易区、自由边境区、自由关税区、保税仓库和对外贸易区等；② 工贸结合型，基本形式为出口加工区，还有自由工业区、投资促进区、自由出口区等；③ 综合型，如香港和新加坡；④ 科技型，如科学工业园。中国在改革开放后设立的实行国家特定优惠政策的各类开发区，如经济技术开发区、保税区、高新技术产业开发区、国家旅游度假区等，以及近年来流行的文化创意产业园、科技孵化园、大

案例11-5　M垃圾猪场的"弱"空间生产

以上对空间的生产理论的讨论主要集中于资本和政府作用下的"强"空间生产，而由弱势群体推动的"非正规"的"弱"空间生产也不容忽视。

垃圾猪生产是指以餐厨垃圾为主要饲料的生猪饲养方式。M地位于广州市天河区，面积约有5.5 km²。该区域以林地和废旧厂房为主，聚居了近300家养猪户，年饲养垃圾猪约2万头。城市政府和主流媒体对垃圾猪饲养多采取管制、取缔和诟病的态度，但取缔行动效果并不明显。

M垃圾猪场空间生产包含了三个过程，即对物理空间的生产、对社会空间的生产，以及对相关制度要素的运用。

① 物理空间的生产。从区位上看，M地本身即是一个相对封闭和隐秘的空间。M地四周皆为快速路，到达猪场须经过一条偏僻的马路。猪农将猪棚散建于马鞍山脚下的树丛之中，背靠山体围成一圈，住所则置于猪棚前面，形成一个类似土楼的环形聚落结构。另外，垃圾猪生产需要大面积开敞空间，因而需要低租金、使用功能限制较少的场所。马鞍山附近为广州市内的荒地和废旧工厂区，而猪棚的搭建和垃圾猪的饲养反过来对环境产生影响，起到了维持甚至降低地价的作用。

② 社会空间的生产。M地的近300户猪农多具有血缘或地缘联系，面对长期的被监管，猪农间的非正规同盟在日常的博弈过程中不断强化，从而形成相对紧密的、以亲戚和老乡关系为基础的社群，并形成猪农之间的身份认同和信赖关系。此外，猪农和村口主营肉菜调料的商店已形成良好的合作关系，共同建立了对城管的预警机制；猪农和屠户、司机、猪贩子、垃圾佬、餐馆和周边的垃圾回收者之间形成了基于生产关系的社会网络；他们还同附近的黑社会性质组织建立了联系以应付日益强化的外部管制压力。

③ 制度要素的运用。M猪场的形成也有对转型期中国一系列制度要素的运用。城乡分割的户籍制度导致进城农民难以融入主流社会，他们在城市中遭受制度歧视和"社会屏蔽"，城市对其"经济吸纳，社会拒入"，从而使进城农民转而涌向城乡接合部并从事非正规的生计活动。国有和集体所有并行的土地制度则为M地这样的土地所有权模糊、三不管的区域产生提供了制度条件。

资料来源：刘云刚、王丰龙，2011。

学城等，也都属于政策特区的范畴。政策特区由于为资本循环提供特殊的、更为优越的运行条件而成为吸引投资的重要载体，同时其本身也成为一个与外界不同的特殊制度空间。

空间的生产（Ⅱ）塑造的政治－制度空间虽然是非物质形态的，但却可以约束或促进资本和市场的活动，从而间接作用于具象的空间的生产（Ⅰ）。如开发区提供的优惠政策吸引了大量资本和劳动力前来从事生产活动而形成了生产空间；又如城中村、待拆迁地区形成了独特的政治－制度小环境后，对违法建房等物质空间生产行为的影响（殷洁、罗小龙，2012）。

3. 行政城市化

在社会主义中国，亦有与城市企业主义类似的"空间的生产"手段，这就是"行政城市化"（administrative urbanization）。在这种独特的城市化模式中，政府运用中央或地方的高效管理机构和强力行政手段，在用地、人口、产业等方面加速、引导或限制城市的发展进程、规模和方向。

从20世纪80年代开始，中央政府积极推动城市的发展，将城市作为国家的发展引擎。至20世纪90年代后，中央政府实施扩大开放战略，中央政府逐级"分权"，地方政府在财政、税收、融资等政策制定方面拥有了更多的主动权。因此，当代中国形成了一种独特的由中央政府政策引导、地方政府推行的城市化模式。通过中央政府赋予的行政及财政权力，地方政府参与并主导了一系列对城市发展起决定作用的行动，如区划调整、新城及产业园建设、地方营造等。这种行动又支持和反映了中央政府在全国层面的经济、社会发展目标。在推动城市化的过程中，地方政府依靠行政机制，逐渐成为直接主导城市化进程的一个实体，如在旧城更新和城市扩张的过程中，又如地产开发及高新技术园区的建设中，地方政府在项目的各个阶段发挥着积极的作用，而不仅仅是一个参与方。

行政城市化与城市企业主义存在两点差异：一是西方城市化中的"地方政府"与中国的语境不同，中国的地方政府所控制的权力和资源远远大于西方的地方政府，因此可以通过种种行政手段对城市化直接施加影响，无须将市场力量纳入决策圈，所以产生的影响更加强烈和直接；二是西方世界的国家政府很少介入当地事务，而中国中央政府对地方政府具有明确的行政管理职能，因此中国的造城和城市空间的生产本质上都是国家项目（Liu等，2012）。

二、领域化与城市治理

（一）政府力、市场力和社会力

在空间的生产（Ⅱ）中，影响城市发展的资源性要素分别由政府、市场、社会三大主体掌控，因此影响城市的社会、政治力量可分为"政府力""市场力""社会力"。三种力量围绕城市空间资源争夺，不断实现领域化、再领域化和去领域化（图11-16），这是城市空间政治关系分析的另一条思路。

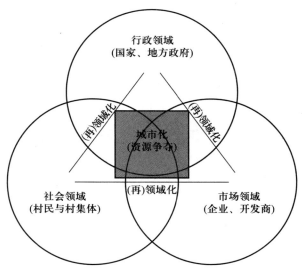

图11-16　领域分析框架下的城市化解读（刘云刚、仵明霞，2016）

1. 城市的领域化力量

西方城市发展主体博弈关系的演变大致是从市场主导到市场-政府二元主导到市场-政府-公众三元主导的过程。不同的政体在城市的特定时期存在着相对的稳定性，但又是动态变化的。社会力表达强度的变化一方面是归于西方的民选制度，也与西方较为发达的社会中立组织、非政府组织（NGO）不无关系。市场力与政府力的表达强度的变化则有着较大的关联性，其波动与当时的市场环境、社会经济政策、政府干预程度等因素密切相关（姜紫莹等，2014）。

与西方国家相比，中国有着截然不同的社会经济发展背景，三大主体力量呈现以下演进趋势：

政府力。1978年改革开放以来，中国开启了以强势政府主导的制度变迁过程。1990年代中央与地方政府之间的分税制改革，使得大多地方政府开始变成企业型的政府，私人开发商所带来的利益正好迎合了政府的需要。虽然政府仍然是公共利益的主要承担者，但在实际的城市发展中往往以经济效率为主，对社会整体的公平和保障少数弱势群体利益的考虑都略显不足。不过，近几年的发展也越来越强调政府应承担更多的社会公共职能。2002年的政府工作报告第一次指出要将政府职能转到经济调节、市场监督、社会管理和公共服务上来；其后也不断加强社会管理和公共服务职能的重要性，强调向服务型政府的转变。

市场力。在计划经济体制下，市场力的影响作用有限。1978年以后，随着改革的不断深入，城市化水平的提高和市场化机制不断完善，在市场主导的资源分配下以私人开发商代表的市场力作用也逐渐凸显。1994年的分税制改革，使得地方政府迫于财政的压力，加大了对市场的依赖度。外资的进入和国内资本的崛起都对城市的发展起到了重要作用。

与西方国家近几十年的经济波动情况不同，中国在改革开放后，经济处于快速增长时期。虽然一定程度上受控于地方政府，但是市场力在决策中仍然追求最大化私人利益。值得注意的是随着2008年全球性金融危机的爆发，中国传统的以出口为主的增长开始转向以内需来带动经济的第二次发展。这种市场服务对象的转变直接改变了市场力作用的导向，国内公众消费地位的提升也将重塑三方博弈的关系格局。而严峻的全球经济形势和更加市场化的国内经济制度，也将促使市场力更加理性地发挥作用。

社会力。信息社会中权力存在分散的趋势，政府的硬权力相对来说在减少，而社会所代表的软权力在不断增加。2010年中国的城市化率超过50%，中国进入快速发展后的转型期。同年农村居民收入基尼系数逼近0.4，接近国际警戒线，不断加剧的收入差距已经成为严重影响社会稳定的社会、政治问题。社会公平背后公众与政府、开发商的博弈成为牵动城市稳定发展的敏感神经。一方面，城市中不断增强的市民意识使得越来越多的公众开始主动地维护自己的利益，公民的意愿在某些危机事件的处理中已经越发凸显；另一方面，中立的专家学者、社会非营利组织和新媒体等为代表的第三方力量成为推动公众权力表达的重要辅助。

2. 乡村的领域化力量

改革开放以来，随着户籍制度、土地制度的改革和市场机制的引入，乡村地区出现了由基层组织和个人筹集资金，积极引入内/外资，推动乡村自身非农化和工业化进程的自下而上的城市化现象。乡村地区三种力量的发展与城市地区迥然不同。

20世纪80年代之后，随着发展体制的转变，乡村地区依托"三来一补""来料加工"等形式培育了大量乡镇和外来企业而蓬勃发展，形成社会力与市场力合力推动的快速工业化过程。20世纪90年代后，随着住房体制的改革，房地产业迅速崛起，带动了资本推动的城市化和领域化，以及行政推动的"土地城市化"进程。在新的城市化过程中，村集体和村民代表的社会力地位逐步上升，成为争夺空间资源和领域化的重要力量，共同推动了第二轮自下而上的城市化过程。而2000年之后，随着全球化的深入，外资企业、开发商为代表的市场力进一步渗透到村庄地区，社会、市场、行政力量在乡村空间中的博弈与领域化过程亦更加多元。如广州市政府主导的大学城、珠江新城建设，从1996年以来的三轮村庄规划等，这些行政领域化的尝试，均在不同尺度上遭到了市场力量和乡村集体不同程度的抵制，至今尚有一些遗留问题有待解决。

总之，当前的乡村城市化并不是政府力的绝对主导，而是政府力、市场力和社会力的共同作用。某种意义上，村集体代表的社会力仍然是村庄领域强有力的维护者。

（二）增长机器与城市政体

政府、市场、社会主体基于不同的目标，在与其他各种利益群体的权力交互中，形成了一系列不同的城市治理结构。这些迥异的治理模式自1970年代开始受到西方学者的广泛关注。

最初，关注的重点在于增长的政治。莫洛齐（H. L. Molotch）基于美国的经验，在《作为增长机器的城市：地方的政治经济学》（*The city as a growth machine: Toward a political economy of place*）（Molotch，1976）。一文中提出城市增长机器（urban-growth machine）的概念，指出地方官员发展地方经济的强烈动机和基于土地的经济精英聚敛财富的动机主导着城市政治的发展方向，并因此在城市发展中形成了由政治精英和经济精英组成的联盟，因而又称城市增长联盟（urban growth coalition）。另外，当城市增长联盟损害到其他利益群体的利益时，这些利益受损群体（如社区）将结成反增长联盟（anti-growth-coalition），阻碍城市的增长，甚至使城市增长联盟的行动纲领无法实施。20世纪80年代末，在这一理论假设铺垫和支撑下，政治学学者斯通（C. N. Stone）等提出了城市政体（urban regime）概念体系，将多元主义引入城市增长联盟理论，进而使得城市发展的目的不再仅仅是城市增长、资本积累，城市不同联盟的利益与目标也不再单一。同时，非正式的制度安排促进了城市政体的更新，进一步提升了理论解释力（Stone，1989）。

城市政体指的是城市政府、商业机构和社会组织在充分利用各自资源优势的基础上，形成的一种非正式的稳定的公私合作关系（public and private partnership）。不同类型的城市政体有不同的经济和社会目标，从功能意义上来说，这种富有生产性的非正式的制度安排是城市政府的重要补充。城市政体的形成受到了以下两个制度性条件的约束：其一，正式的政府机器由大众控制；其二，商业企业由私人占有。这两大条件导致政府没有足够的物质资源促成公民协作，实现社会治理；市场如果没有政府的合作，就不能有效运转；没有政治权力的支持和经济资源的支撑，大众更是无法实现自己的利益诉求。不过，包括传染病的防治、生态环境的保护及社会治安的提升在内的各项议题，则需要社会力量的广泛参与。由此可见，对于组建城市政体而言，"关键的问题是谁对解决问题有所助益"。为实现各自的目标，城市政府、企业机构和社会组织不得不展开合作。

斯通认为，城市政体的类型不仅需要根据城市的政治、经济和社会的力量对比情况来划分，更需要依据其旨在实现的特定目标来划分。据此，斯通主要划分了四类城市政体（表11-4）：维持型政体（maintenance regimes）、发展型政体（development regimes）、（中产阶层）进步型政体（progressive regimes）和低收入阶层机会扩展型政体（regimes devoted to lower class opportunity expansion）。前三类政体是根据美国城市的政治经济境况提炼出来的，最后一类政体只是理论假设（张衔春、易承志，2016）。

维持型政体也叫守夜人政体（caretaker regimes）。顾名思义，它是一种维持已有的社会秩序、无意促成重大变革的政体。它无意动员私人掌控的资源以促成变革，这使得该政体的税率也相对较低。就实际情况而言，这种政体并不多见，究其原因，一方面是由于大部分公务人员都想成就一番事业，名垂青史；另一方面则是在非政府的行为主体看来，这种政体意味着国家的衰落。

发展型政体是一种变革土地规划、促进经济发展或抵制社会衰落的政体，可以对应莫洛

表11-4 斯通的城市政体经典模型

政体类型	政体目标	对变化的促进	政体特征	政府力意愿表达	市场力意愿表达	社会力意愿表达
维持型政体	降低税收；维持现状；提供服务	不改变现状	维持现状特征；需求和回报较少	较弱	弱	较弱
发展型政体	通过土地资源运作，促进经济增长；保持土地利用的适度开发	改变土地利用形式，促进经济增长	产生分歧的同时，产生足够的激励机制和少量的发展机会；发展并非最困难的管理任务，以物质性成果检验地增长	较强	强	弱
(中产阶层) 进步型政体	环境保护、历史保护；供应保障性住房；提高生活质量等	改变现状，促进其进步与发展	非自愿合作，以强制为主；需要民众的支持及细心的选民进步的使命难于单纯地发展	强	较弱	中
低收入阶层机会扩展型政体	扩大低收入人群的就业机会与创业机会	改变现状，尤其是低收入人群现状	艰巨的协调任务；不同机构精英间的协调	中	弱	强

奇提出的增长联盟。就第二次世界大战后美国城市的经济发展历程来看，这种政体最为常见。经济精英往往会利用自身掌控的经济资源与政府展开广泛的合作，他们相信将私人投资与公共行动整合起来是必不可少的。

进步型政体关注的焦点主要有环境保护和艾滋病防治等社会问题，它大致形成于1960—1970年代的欧美。这一时期，欧美已经进入后工业社会，经济发展到了不再需要视增长为第一要务的阶段，政府与社会力量开始就环境保护等社会议题展开广泛的合作。维系这一政体既需要广泛的民意基础，也需要充沛的物质资源。因此，持久地维系这一政体是一项艰巨的任务。

低收入阶层机会扩展型政体主要关注的是为社会中下层提供教育、职业培训、社会保障、改善公共交通和扩大就业机会等议题。"在美国，这类政体在很大程度上是假设性的"。不过，在许多社会组织内部，可以找到一些这类政体存在的蛛丝马迹。这类政体对经济资源配置提出的要求更高，但却面临着严重的技术和组织资源的不足。因此，这一政体的可行性在很大程度上是存在疑问的。

城市政体理论对于城市的政治、经济和社会的互动关系具有较高的解释力，但仍存在以下不足：其一，政体分析强调政治偏好，弱化城市政策取向。政体分析仍然是一种政治分析，其忽略政策分析的核心问题，即谁统治、什么是实际做出的决策。其二，政体分析聚焦于城市层面的行为者之间的互动和联盟关系。忽略城市政治研究的多尺度性。其三，政体分析强调经济力量的主导性，忽略国家机构、宪法制度的调节和干预能力。

城市政体理论着重对政府、市场、社会三大主体的分析，但是在不同条件下，三种力量的大小、权重存在差异，因此从更宽泛的定义来看，城市政体远不止以上四种经典理论模型，有必要根据具体的社会、经济和政治背景，在特定的空间尺度上具体分析。

【本章主要概念】

地缘政治；德国地缘政治学；空间的生产；海权论；陆权论；空权论；太空权论；信息权论；领域；领域性；人文领域性；（去/再）领域化；领域政治；尺度政治；领域国家；"领域陷阱"；民族国家；族裔经济；生存空间；地缘体；地缘环境；地缘关系；地缘结构；地缘位势；"心脏地带"；"边缘地带"；地缘战略区；世界体系；核心区；边缘区；半边缘区；康德拉季耶夫周期；全球城市；全球城市网络；行政区划；非公正改划选区；不公平分配选区；友邻效应；资本三次循环；"空间修复"；行政城市化；增长机器；城市政体

【思考题】

1. 试从理论基础、历史社会情境、政策目标等方面比较"心脏地带"学说和"边缘地带"学说或其他古典地缘政治理论的异同。

2. 试运用世界体系理论阐释冷战以后的世界秩序，说明：核心区、边缘区和半边缘区发生了怎样的变化，当前世界体系处于康德拉季耶夫周期的哪一时期，据此，中国应该采取怎样的地缘政治战略。

3. 举例说明全球城市在当今世界政治中发挥的作用。

4. 阅读一则反映地缘政治事件的报道或观看一部相关电影，分析其如何运用表征和话语塑造不同的国家形象。

5. 收集空间数据，说明特朗普2016年能在票数落后的情况下打败希拉里的原因。

6. 举例说明生活中的尺度政治现象，并分析事件发展中的强势方和弱势方及其权力表达方式的变化。

7. 试以某一区域／城市为例，运用资本的三重循环理论解释其城市化过程。

8. 举例说明城市企业主义现象，并评价其在城市发展中的正负面作用。

9. 分别举例说明"强"空间生产和"弱"空间生产现象，并比较两种现象中的空间社会经济特征及不同权力主体作用的异同。

10. 试以某一城市为例，运用增长机器或城市政体理论解释其发展过程。

第十二章
人文地理学关注的21世纪议题

内容提要

从宏观总体趋势看，21世纪是工业化和现代化带来的人口转型持续演进的世纪，也是人类对环境的影响日益挑战乃至突破环境上限的世纪，更是一个运输和通信技术进步带动下全球化深入发展的世纪。本章将运用前面各章的知识、理论和方法，从地理学的角度对21世纪人类所面临的主要议题进行探究和思考。人地关系和空间思维是地理学的本质核心，因此本章共分三节，第一节人口议题，探讨人地关系中"人"的生存与发展问题；第二节环境议题，探讨环境问题的人文因素与治理途径；第三节全球化，探讨人类社会发展到地球村或全球化阶段，社会－空间系统的新面貌、新特点和新趋势。

第一节　人口议题

人口问题，是指人口与经济、社会及资源环境之间的矛盾冲突影响到人口自身的生产和再生产。从人口地理学的角度看，人口问题的本质是人口数量、结构和分布与区域资源状况、经济发展、生活水平、粮食供应，以及健康与福利追求的不匹配问题。

一、人口数量与结构问题

（一）人口增长的空间差异

1. 人口增长与人口过剩

世界人口的快速增长是工业化和现代化的后果。医药卫生技术的进步，食物生产、保存与分配的改善，人均收入的增长，以及城市化提供的一种集卫生、医疗与粮食分配改善于一体的环境，有助于死亡率下降和预期寿命的大幅延长（格蒂斯等，2013：197）。而生育文化的变化不像技术、经济变化那么迅速，因此出生率的下降不像死亡率那样快。在传统社会，一个有6~8个孩子的家庭，通常只有2~3个可以长大成人。但当健康条件允许更多孩子活下来，鼓励生育和大家庭的文化观念并没有同步跟着发生变化，而是表现出滞后性特征。

世界人口从1900年开始戏剧性增长。直到最近，世界人口的数量一直呈几何级数增加，翻倍的时间越来越短。两千年前世界人口大约有2.5亿人，16个多世纪之后才翻倍到5亿人（1650年世界人口估计值）；仅仅170年之后的1820年，世界人口再一次翻倍，增长到10亿人；一个多世纪后的1930年，世界人口达到20亿；而翻倍到40亿，只用了45年；在1980年代中期，世界人口增长率下降到1.8%，翻倍时间下降到39年（Norton，2007：8）。据联合国最新统计数据，截至2022年世界人口总数已达80亿。

一些学者很早就预言人口的持续增长将产生诸多困难。马尔萨斯（T. Malthus）早在1798年就指出：一切生物物种都有一种超过实际增长率的增长潜力，而支持这种增长率的资源是有限的，饥荒、疾病和战争将是不可避免的结果。马尔萨斯的问题是他忽视了人类的创造力。科技创新，如绿色革命使粮食增长快于人口增长，人类的福利水平如预期寿命、平均受教育水平等也都提高了。今天发达国家普通大众的生活水平比农业社会的地主显得更加富足。不过，几乎所有的观察家都同意，资源消耗和环境污染等自然环境的实际情况，使得在纯人口学基础上预测承载两三倍于现有世界人口的人数是不切实际的。"朱门酒肉臭，路有冻死骨"，与马尔萨斯学派认为适度的贫穷和失业是保持经济活力所必需的观点不同，马克思和恩格斯指出，饥荒、疾病和战争更多的是世界财富分配不均的结果，而不是人口过量导致的。诺贝尔经济学奖获得者森（A. Sen）（2019：61-183）指出，在许多饥荒的实例中，食物的供应能力实际上并未显著减少。相反，正是另外的社会和经济因素，如工资降低、失业、食物价格昂贵、食物分配系统崩溃等，造成了社会中某些群体的人们陷于饥饿。换句话说，饥荒的形成并不是没有粮食，而是饥饿的人有需求而无力获得。2008年世界上几个区域的严重粮食短缺明确显示不公平的食物分配是主要原因，并在非洲西部的几个城市引发了暴动。

联合国粮食及农业组织指出，在低农业技术与低投入情况下，约有30%的发展中国家依靠本国领土不能养活其居民。另外，发达国家日本是世界最大的粮食进口国，本国只能提供其人口消费热量的40%。然而，新马尔萨斯主义者认为，生活水准的改善只有通过提高对每个工人的投入方能达到，为了发展必须实行家庭计划生育（格蒂斯等，2013）。地球承载系统已经被日益扩散的西方物质主义的生活方式过度消耗了。虽然人口爆炸仅仅是人口转变的一个阶段，人口数量将可能在2100年实现稳定，但我们采取的生活方式确实影响到地球可以供养多少人口。特别是西方国家是否仍继续像现在这样消耗大量资源，发展中国家是否决定沿着西方式的道路消耗越来越多的资源，将在很大程度上决定地球上的人类是否已经过剩。

总体上看，随着发展中国家人口出生率的下降，世界人口翻倍速度变快的趋势已经发生逆转，最严重的情况已经过去。20世纪的人口爆炸式增长将被21世纪人口增长的加速减缓所取代。

从区域和国家层面看，世界人口增长率存在很大差异。据联合国预测，在2000—2050年间高生育率将使50个最不发达国家的人口总量增加三倍。中东、北非、南亚、东南亚人口快速增长。撒哈拉非洲面临艾滋病（AIDS）的打击，成百万的人死亡，孤儿增加，人口预期寿命降低，人口增长率受到削弱。由于文化和个人生活决策的影响，43个欧洲国家和地区的总和生育率均低于2.1的替代水平。影响决策的因素包括女性学历较高、婚龄推迟、女性体验挑战性职业或一般就业机会的增加、抚养多名儿童的费用增加、享受没有家庭义务束缚的乐趣、财富日增提供越来越多的休闲娱乐机会，等等（格蒂斯等，2013）。实际上，人口出生率最低的国家多数是中欧和东欧国家，社会转型造成的心灵创伤、经济不稳定和就业机会减少，使白俄罗斯、捷克、摩尔多瓦、波兰、斯洛伐克、乌克兰、波斯尼亚和黑塞哥维那、斯洛文尼亚等国的总和生育率都低于1.2（Norton，2007：134）。

2. 影响人口增长空间差异的制度与文化

人口增长不仅受生物学或资源规则的控制，还受到社会文化因素的影响。

（1）人口控制政策

政府控制人口死亡率的政策通常是出于经济和人道主义的考虑，包括提供医疗护理、改善工作环境。但是，许多政府并不能保证所有民众都平等享有同质的健康护理，这在世界范围内都是如此，无论经济发展水平如何。

政府控制出生率的政策可分为鼓励和限制两类。1984年新加坡认为过低的总和生育率（1.6）已经给国家带来了经济困难，影响了工业品的国内消费市场和劳动力供给，于是推行鼓励生育的政策。"至少两个，三个更好，如养得起，请生四个"，这是新加坡曾经倡导"人口零增长甚至负增长"的李光耀总理在1986年提出的口号。他在1990年的国家预算中，对28岁以下的母亲生育第二胎提供了可观的长期减税额度。新加坡政府每年都重申1997年香港回归中国时的意向：每年接受10万名愿意移居的香港居民（格蒂斯等，2013：181）。许多国家，由于担心人口老龄化和工作人口的减少将带来经济衰退，或者外来移民涌入导致的难以接受的政治和文化后果（如多元文化冲突和国家认同危机），纷纷通过税收激励、建立托儿所、提供低成本高质量住房、鼓励企业提供慷慨的孕产假等方式刺激人口生育，如日本、俄罗斯、加拿大、挪威等国家。

当然，最普遍的人口政策仍然是降低人口出生率。从1960年代开始，许多发展中国家开始推行此类政策。采用这类政策的原因是认为过快的人口增长会消耗掉新增的GDP，不利于投资的增加和经济的起飞，进而损害长远的人均福利水平提高。当今，生育态度的变化、政府计划生育项目、识字率的上升和乡村发展使许多发展中国家的人口出生率迅速降低。

人口控制的间接结果往往是始料未及的，由于发达国家鼓励人口生育的政策很难长时间改变人口转型的趋势，因此生育高峰往往很短暂，但国家不得不为这短暂的人口高峰建设大量的新教室和新学校；而中国则因出生率骤降出现了"未富先老"和农村中小学被迫大量合并而造成学生就学不便、教育质量难以保证等问题，因而逐步放松了计划生育政策。

（2）意识形态的作用

天主教和伊斯兰教不主张控制人口，但人口增长与宗教信仰的关系并不明确。作为天主教的中心，意大利是人口增长最慢的国家之一，而同样信仰天主教的菲律宾却因教会反对人口节育和堕胎而成为亚洲人口增长最快的国家之一。作为伊斯兰教圣城麦加所在国的沙特阿拉伯是人口增长最快的国家之一，而远离圣城的信仰伊斯兰教国家印度尼西亚却通过强迫和劝诱手段消除了宗教影响，成功推行了计划生育。伊朗的穆斯林神权政治也批准一系列避孕方法，推行了世界上最积极的家庭计划生育项目。

一个国家，政治上居主导地位的民族的人口有被少数民族人口超过的可能时，国家就不会主张控制本民族人口，如以色列。一些学者认为，大量人口对经济发展和国家生存有必要，例如法国以各种政策鼓励生育。世界上大多数鼓励生育的国家，都是在总和生育率低于更替水平之后才开始鼓励生育的，但法国却是在总和生育率仍然高于更替水平时就开始鼓励生育。1870年普法战争和第一次世界大战中，法国认识到人口数量对维持国家综合实力很重要。近几十年来，法国的总和生育率从未跌破1.5的警戒线。法国的邻国德国虽然也长期鼓励生育，但由于在鼓励生育方面的投入不及法国，所以德国的生育率长期低于法国。

生育权作为意识形态的要素，影响到了社会制度制定，并传递到生计层的劳动力供给和消费规模。1970年代，罗马尼亚前总统齐奥塞斯库（Nicolae Ceausescu）当政期间，推行强制性的鼓励生育政策，这与自由主义的观点截然不同。21世纪，自由主义的生育权流行。它认为公民的生育权是一项基本的人权，公民的生育权是与生俱来的，是先于国家和法律发生的权利。作为人的基本权利，生育权与其他由宪法、法律赋予的选举权、结社权等政治权利不同，是任何时候都不能剥夺的。但从发展主义的角度看，自由主义给落后国家带去的往往不是富裕，而是长期陷入贫穷与落后。而运用发展主义理念推行计划生育的国家，因可以积累并投入更多资本发展经济大多取得了较好的经济成就，为世界减贫事业做出了突出贡献。

（二）人口老龄化的空间差异
1. 人口老龄化空间差异的原因

人口老龄化是出生率和死亡率共同作用的结果。发达国家和发展中国家的出生率都开始下降是人口老龄化的主导原因：年轻人越少，老年人所占比重越大。从全球尺度看，从1990年到2019年，世界人口总和生育率从3.2降到2.5，人口金字塔的基部变得越来越窄，使老年人口的相对比重上升。2018年，人类历史上第一次全球65岁及以上的人数超过五岁以下儿童的人数；预计到2050年，全球65岁及以上的人口将达到15亿，超过15~24岁的青少年和青年人口数（13亿）[①]。

"替代生育率不足"的现象在1970年代首先出现在斯堪的纳维亚地区，随后迅速席卷欧洲其他地方、俄罗斯、亚洲与南美大部、加勒比地区、印度南部，甚至黎巴嫩、摩洛哥、伊朗等中东国家。在婴儿出生率目前不足以维持人口平衡的59个国家中，有18个被联合国列为"发展中国家"，也就是说，他们并非富国。那些认为我们将迎来"亚洲世纪"的人还没有认识到亚洲的老龄化时代正在逼近。日本的劳动力数量从1980年代末开始萎缩。现在看起来，日本并不是一个特例，而是亚洲人口发展的预演。中国曾经享受出生率下降带来的经济红利：劳动人口比重逐渐提高，社会只需养育较少的儿童。但是，中国劳动年龄人口数量和比重自2012年起不断下降，另外老龄人口持续增加。中国正迅速演变为人口学家所谓的"4-2-1"社会——一名儿童、两位父母和四位祖/外祖父母。目前，中国放开二孩、三孩政策的实际和预期效果并不乐观，原因在于现今年轻家庭若生育多胎，实际上面临更多的生活压力，人们更倾向用孩子的质量替代孩子的数量。

另一个原因是死亡率下降，人口预期寿命增加，越来越多的人可以活到上年纪的岁数。从全球尺度看，世界卫生组织（WHO）2016年发布报告称，全球人口的平均寿命在2000年至2015年间增加了5岁，达到71.4岁。2019年人口预期寿命最高的日本，超过84岁。预期寿命提高的主要原因是生活条件和健康护理的改善。据预计，世界人口的年龄中值将从

---

① 数据来自联合国经济和社会事务部人口司《世界人口展望2019》。

2005年的27岁增加到2050年的38岁，其中将有10个国家人口年龄中值超过50岁，西班牙将达到最高的55岁，意大利和澳大利亚将达到54岁（Norton，2007：148）。在落后的发展中国家，相比人口出生率快速下降的趋势，人口预期寿命的增加则相对缓慢。在艾滋病肆虐的国家，人口预期寿命甚至下降。

总之，第二次世界大战后全球婴儿潮一代人口的变老，促成了老年人口大爆炸。在当今西方世界，我们看到年满60岁的人越来越多；不久，我们将目睹80岁老人数量的爆发。世界上其他大部分地区都将在未来数十年内遵循这一模式。到最后，全球婴儿潮的最后一丝影响会消失殆尽。然后，由于出生率的持续下跌，人类面对的前景可能是人口数量的下降速度将与其曾经的增长速度一样快，乃至更快。

2. 人口老龄化影响的区域差异

人口老龄化对发达国家和发展中国家的影响有很大不同。发达国家劳动生产率高，而且社会已经积累了大量财富可以满足老年人的晚年福利。发展中国家则不同，这些国家一般都生产力水平低，缺乏保障老年公民需求的保健、收入、住房和社会服务。加之发展中国家的劳动力有向发达国家迁移的趋势，育龄人口的外流更加重了发展中国家的老龄化问题。

有评论家指出发展中国家的人口老化将会成为改变我们未来的重要力量，其影响甚至超过化学和大规模杀伤性武器扩散、恐怖主义、全球变暖和种族冲突。这一预言的理由是需要供养的老年人口与工作人口之比的变化。据估计，发达国家这一比重将增加1倍，发展中国家将增加2倍。老化的人口将给退休金、养老金、社会福利日益增加压力，产生剧烈的社会保障制度变革。全球人口老化也将产生不同的疾病模式，与老龄化相关的退化性疾病，如癌症、心脏病、关节炎将变得越来越常见，这需要国家医疗卫生部门做出调整。同时，国家经济将面临巨大压力，因为供养不断增加的不工作老年人口的年轻人逐渐减少。儿童的减少可以为供养老年人省出一些资源，但供养一个老年人所需要的公共资源是抚养一个儿童的2~3倍。家庭养老传统强而人口转型快的国家，如中国将面临特别大的压力，人口预期寿命的增加将使压力越来越大。从2010年到2020年，中国60岁以上的老年人由1.78亿增加到2.64亿，老年人口的比重由13.3%增至18.7%，为应对社保基金压力，人口延迟退休计划已经于2018年开始实施。总之，人口老龄化给发展中国家带来的财政和资源压力是个非常严重的问题。而发达国家则部分受惠于移民的流入，例如近年来欧盟人口自然增长率虽出现负值，但是自2000年以来却实质上经历了人口稳定的过程，这完全是由来自东欧、亚洲和非洲的移民造成的。

二、人口与食物安全

（一）粮食危机的空间差异

粮食危机包括两重含义，其一是世界粮食生产量不能满足人类生存的基本需求；其二是局部地区的粮食生产和供应不能满足本地的生存需求。目前，世界粮食产量若平均分配，可使世界人口免受饥馑之虞，但有些地区粮食的自给和进口能力都不足。因此，这里的粮食危机不是指世界粮食生产能力不能满足世界人口生存的基本需求，而是指发生在某些国家和地区里的粮食短缺。本书第五章只介绍了世界粮食生产的分布，但是还没有介绍世界粮食区域性的供给和需求之间的不匹配，尤其是区域需求与实际购买力的不匹配。按照联合国粮食及农业组织发布的《2010年世界粮食不安全状况——应对持续危机中的粮食不安全问题》的估算，全球大约有10亿人不能得到支撑日常活动的营养。充足的饮食包括供给生长发育和组织更新的蛋白质和各种维生素。食物数量不足会引发营养不良，食物质量供应不足会引起营养失调。营养不良和营养失调可以引发夸休可尔症（缺乏蛋白质）、视力不良（缺乏维生素A）、骨形成不良（缺乏维生素D）和脚气病（缺乏维生素B1）（Norton，2007：196）。严重的营养不良和营养失调将导致死亡。没有充足的营养，身体、大脑不能得到正常发育。这意味着，营养不良和营养失调既是贫困的结果，也是贫困的原因。今天，营养不良最严重的国家是目前最贫穷的国家，如尼日尔、索马里、莫桑比克、塞拉利昂、孟加拉国和玻利维亚。据估计，2017年全世界食物不足的绝对人数近8.21亿，撒哈拉以南非洲食物不足的发生率是23.2%，而加勒比地区和南亚，这一比例分别是16.5%和14.8%[①]。

案例12-1　从"一纵一横"分析乍得湖区粮食危机

乍得湖区是指乍得湖周围的地区，它位于乍得、喀麦隆、尼日利亚、尼日尔四国交界的地方。2009年以来，"博科圣地"组织在当地横行，造成乍得湖地区数万人死亡，240多万人流离失所。2016年联合国大会指出这里正处于严重的人道主义危机中。约900万人急需人道救援，最大的问题就是缺少粮食，几十万人因为粮食短缺出现严重的营养不良。造成这种现象的原因是多方面的，我们可以用第一章提到的"一纵一横"来分析。

"一纵"指当地自然、生计、社会和意识形态四层各个要素之间的关系。由于"博科圣地"组织主张排斥西方意识形态，并以武力和恐怖主义行为达到其目的，因此带来当地社会动荡，进而破坏本地正常生产，原本这里的自然条件并不能保证很高的农业生产能力，处于流离失所的人们也没有财力购买粮食。

"一横"是指本地区与外部地区的各类联系。其一，世界其他地区的工业向大气的碳排放，造成全球气候变化。在乍得湖区的表现就是年降水量减少，乍得湖的面积迅速减少，严重打击了当地的捕鱼和灌溉农业。其二，"博科圣地"组织获得外部势力的财力资助，也是导致恐怖主义活动不断的原因。其三，各类国际组织的援助还无法从根本上解决问题。综上而论，解决乍得湖区的问题需要从多方面入手。

[①] 数据来自联合国粮食及农业组织发布的《2018年世界粮食安全和营养状况》。

（二）粮食危机空间差异的原因

粮食危机空间差异的主要原因是全球政治经济空间格局。发达国家为了缩小城乡收入差距、获得农民的政治支持，多采用形形色色的农业补贴方式。而发展中国家为了充分利用本国的农业劳动力，多倾向于发展劳动密集型的果蔬业等经济作物种植，特别是在人多地少的国家。于是产生了一种表面上看似奇特的农业国际地域分工格局，即发达国家出口更初级的大宗农产品，如美国小麦出口约占世界市场的30%，大豆约占40%，玉米约占70%；而发展中国家则出口经济作物，如肯尼亚是非洲第一、世界第三大鲜花出口国，占据欧盟30%左右的市场份额，是世界上除虫菊主产国，产量占世界总产量的80%（江苏农业考察团，2013）。粮食危机的根源在于，发展中国家出口经济作物的收入并不仅仅用于购买粮食。如肯尼亚的农民被鼓励种植用来出口的咖啡和茶，而不是谷物。虽然该国有30%的人口营养不良，但是政府需要咖啡和茶的出口收入偿还国际金融和发展机构的贷款。1972年，当饥荒正在非洲撒哈拉地区蔓延的时候，美国农民正在接受政府的补贴，削减粮食生产以提高世界谷物价格。2008年全球粮食危机的爆发与美国为首的西方发达国家大力发展生物能源项目密切相关，2006年美国投入4200万t玉米生产乙醇，按照全球平均食品消费水平计算，足以满足1.35亿人口整整一年的食品消耗（王磊，2008）。美国为解决国内危机而采取的美元贬值，经常成为世界大宗商品如石油和粮食价格上升的主要因素。因此，世界粮食危机的主要原因是边缘国家对核心国家的依赖。

抛开人道主义援助不谈，要想纠正和解决这个问题似乎注定要失败，因为发达国家不可能做出削弱他们实力和利益的改变。如果按照这个逻辑推断，那么无论技术如何变化，世界粮食危机都无法得到解决，因为问题的原因在于世界政治经济秩序，虽然媒体经常关注的是相对明显和直接的原因，如干旱、洪涝等。也有人指出，那种认为非洲只能通过外部帮助才能获救是一种破坏性和误导性的观念。有证据表明，在一些地方，世贸组织、联合国粮农组织和世界银行的某些政策损害了地方自治和人权（斯蒂格利茨，2020：84—245）。中国在战胜饥荒上的成功经验表明，赋权于普通百姓，创造良好的社会制度环境，大力发展经济，提高农业技术水平，发展集约农业，也许是发展中国家自己解决粮食危机的出路。

三、人口健康的空间差异

（一）艾滋病的空间分布

艾滋病全称为获得性免疫缺陷综合征（acquired immune deficiency syndrome，AIDS）。1981年科学家初次发现艾滋病毒，全称为人类免疫缺陷病毒（human immune deficiency virus，HIV）。在该病毒被发现前，艾滋病可能已经在非洲存在了几十年，其在世界范围内的快速传播开始于1980年代，并最终成为现在人类最大的健康灾难。医疗地理学家估计，

1980年全世界感染艾滋病毒的人口有20万人，全部在非洲。自艾滋病开始流行以来，约有7700万人感染了艾滋病毒，数千万人死于艾滋病。2017年全球约有3690万人感染艾滋病毒，180万名儿童艾滋病毒携带者，18万名新增感染者，11万人死于艾滋病（UNAIDS，2018）。

艾滋病可以通过性行为、吸毒者共用针头和输血传播，没有社会和地理的绝缘边界。其中，性传播占主导地位，易感人群的年龄为15～49岁，这个年龄段的人口本该是生产力最高且有老人和孩子需要抚养的家庭支柱。目前艾滋病感染者的确切数量和范围是未知的，因为感染艾滋病毒的人口并不立刻表现出症状，他们可以携带病毒好几年而不知情，在此期间他们可能非故意地传染给别人。在感染艾滋病毒的早期阶段，血液检测可以确定艾滋病毒是否存在，但有百万计的人口没有被检测。加上艾滋病被认为是耻辱的标记，官方统计的艾滋病患者低于真实人数。从区域差异的角度看（表12-1），撒哈拉以南非洲占全球艾滋病毒感染者总数的2/3以上，是世界上受影响最严重的地区，艾滋病是该地区人口的首要死因。南非是世界上艾滋病毒携带者最多的国家（720万），斯威士兰是世界上患病率（27.4%）最高的国家。亚洲及太平洋地区大约有520万艾滋病毒感染者，自2010年以来该地区每年新增艾滋病毒感染人数下降了14%。印度和中国作为世界上人口最多的两个国家，虽然感染率很低，但因人口基数大，感染人口数不容忽视。西欧和中欧及北美洲有220万人感染艾滋病毒，但抗逆转录病毒治疗的覆盖率高，自2010年以来该区域与艾滋病有关的死亡人数减少了36%。拉丁美洲约有180万人感染艾滋病毒，2017年拉丁美洲将近一半（48%）的新增艾滋病毒感染发生在巴西。东欧和中亚地区有140万人感染艾滋病毒，2010—2017年间，该地区新的艾滋病毒感染率增加了29%，主要是通过毒品注射来传播，性传播也起着重要的作用。

表12-1　按区域分的全球艾滋病流行情况

区域	成人感染率/%	携带者总人数/人	新增感染人口/人	死亡人数/人
全球总体	0.8	3690万（100%）	180万	94万
东部和南部非洲	6.8	1960万（53%）	80万	38万
西非和中非	1.9	610万（17%）	37万	28万
亚洲及太平洋地区	0.2	520万（14%）	28万	17万
西欧和中欧及北美	0.3	220万（6%）	7万	13000
拉丁美洲	0.5	180万（5%）	10万	37000
东欧和中亚	0.8	140万（4%）	13万	34000
加勒比地区	1.2	31万（<1%）	15000	1万
中东和北非	<0.1	22万（<1%）	18000	9800

资料来源：Henry J. Kaiser Family Foundation，2017。

（二）其他影响预期寿命的疾病

除了新型冠状病毒感染大流行，近年来亚洲国家的禽流感、SARS、甲型H1N1，非洲的马尔保病、青猴病等流行病也是威胁人类健康和预期寿命的重大疾病。据世界卫生组织报告，据估计2016年全世界共发生2.16亿例疟疾（95%置信区间：1.96亿~2.63亿），44.5万人死于疟疾，其中大多数是非洲儿童（见世界卫生组织发布的《世界疟疾报告 2017》）。疟疾容易在贫困人口中肆虐，造成恶性循环。疟疾使非洲劳动力遭受打击，每年由此带来的经济损失约300亿美元，它已成为阻碍非洲经济增长和社会发展的"毒药"。

中老年人口的慢性病也是影响人口预期寿命的主要疾病，其中主要是心脏病、癌症、中风和慢性肺病。今天，心脏病、癌症、中风已经取代肺结核、肺炎和痢疾成为死亡率最高的三种疾病。人类远没有取得抗击心脏病、癌症的成功。近几一年来，新的生活方式、新的压力、新的消费模式和暴露于新的化学物，对人类健康产生了大量已知和不明影响。为了给大城市供给充足的食物，食物被添加各种各样的防腐剂，但我们不知道它们对人类健康的长期影响。人们经常吸烟，因为发现吸烟可以减压，而现代主要健康杀手肺癌与吸烟有关。高糖高脂饮食造成人口的肥胖，增加了心脏病和糖尿病的发病率。目前全球约2/3的糖尿病患者居住在发展中国家。为了替代和减少糖和热量的摄入，食物口被添加大量的调味剂，但事实已经证明许多调味剂是危险的。

经济发展水平的地区差异，是影响这些疾病致亡率的主要原因。在经济发展水平低的地区，卫生条件、环境条件、防治措施都不如经济发达地区；在经济发达地区，不健康生活习惯是慢性病的致病原因之一；在法治薄弱的地区，食品安全是致病的重要原因之一。

四、人口分布存在的问题

（一）人口密度持续增大地区

与商品和资本的跨国流动性高不同，大多数人口都被约束在自己的国家，即使这个国家治理得不好。教育和卫生标准的普及、疫苗的发明、农业的进步等或多或少促使原本已经很稠密地区的人口变得更加膨胀。亚洲季风区的农村人口长期以来一直占据着世界总人口的重要比例（一般认为是30%~40%）。1930年，恒河和红河三角洲的农村人口密度约为300人/km²，如今每平方千米已经达到上千人，但人们的温饱问题得到很好改善，虽然这些地方大部分地区还很贫困（多尔富斯，2010）。

因16—19世纪奴隶贩卖而人口减少的撒哈拉以南非洲地区，在过去50年内人口密度快速增大，到20世纪末，人口年平均增长率已高达3%（1950年代为2%），相当于在二十几年的时间内人口数量翻一番，预计到2050年人口还将翻一番。半个世纪前，苏丹地区的农村人口密度为10~12人/km²，如今已经达到30~40人/km²。虽然非洲地区的人口出生率在降低，艾滋病等传染病还在流行，局部地区甚至会发生屠杀，如东非的大湖地区，但"马尔萨斯人口调节论"并未奏效（多尔富斯，2010：22）。

（二）人口城市化与过度集聚

人口城市化是现代社会人口分布的一个基本演变规律，因为城市体现着产业协作的集中，是各种要素的汇聚地，拥有各种各样的就业机遇，人们在此可能得到社会地位的提升，融入变迁的社会之中。2007年，全球城市人口历史性超过了50%，其中有50%的城市人口居住在人口超过50万的城市中。联合国经济和社会事务部发布的《2018年世界城镇化展望》报告指出，目前世界上有55%的人口居住在城市地区，到2050年这一比例预计将增加到68%。1900年，全世界共拥有17个人口超过百万的城市，2020年这个数字增长到532个。伦敦是当时最大的城市，拥有640万人口。2021年联合国发布的世界人口前十位的城市分别是：日本东京、印度新德里、中国上海、巴西圣保罗、墨西哥墨西哥城、埃及开罗、印度孟买、中国北京、日本大阪、孟加拉国达卡[①]。据联合国预测，到2030年全球将有43个超级大都市。

发展中国家城市人口增长主要是由于三个原因：一是快速增长的人口使农村资源环境越来越难以提供充足的生活保障，二是农业的机械化、商品化和外国农产品的输入，以及城市地区可以提供较好的就业机会和收入，三是城市地区的公共服务和商业服务水平比农村地区高。发展中国家的人口流动具有明显的特大城市指向，世界上人口最多的10个城市中，只有东京、大阪两个发达国家的城市。非洲第二大城市，尼日利亚的拉各斯在1950年只有30万居民，现在人口在1300万～1500万之间，每年增长6%～8%，增长速度比纽约或洛杉矶快10倍。但是，显然多数发展中国家的城市没有对人口的爆炸式增长做好准备，流入城市的人口大量失业或在非正规部门就业，许多城市正面临着过度拥挤、犯罪、贫困、疾病、基本服务缺乏、交通堵塞、环境破坏和种族冲突。大量新移民居住在城市边缘甚至面临洪水、滑坡、环境污染风险等环境脆弱地区的贫民窟中，缺乏基本的公共生活设施。在一些拉丁美洲国家的城市，穷人甚至生活在充满暴力的环境当中，如黑帮和贩毒。拉各斯只有65%的家庭能用上自来水，仅2%的家庭有下水道或电话。开罗大约有50万人生活在开罗北部和南部的墓地里。在肯尼亚内罗毕无序蔓延的玛萨瑞（Mathare）贫民窟，25万人挤在15 km²的地方，缺乏基本的公共服务（格蒂斯等，2013：428）。

（三）空旷带和疏化区

世界上还有广阔的土地没有人居住，而这些地带在当今世界并非毫无用处。有些地方蕴藏着能源或矿产资源（如北冰洋周围的北部地区），这里是地质勘探基地，是强国的战略控制基地。有些地方，可以作为人类未来的储备地，那里人口稀少，但却拥有与其他人口密集区相似的自然条件，只是人类的历史做出了不同的选择。南美奥里诺科河三角洲地区的人口密度少于5人/km²，而恒河地区则多于1000人/km²；印度德干高原从原来的"灌木丛"和

[①] 联合国统计的数据与中国的人口统计数据不一致，中国城市人口包括市辖的郊区人口。

稀疏森林地带被改造成了部分依靠贮水池灌溉的农田，人口密度超过了300人/km²，然而在巴西的马托格罗索州自然条件类似的地区，人口密度却低于3人/km²。

与亚洲和非洲相比，南方其他大陆提前完成了人口转型，拉丁美洲也较早经历了城市人口的增长（这里的城市人口占总人口的3/4），但由于农村人口减少，人口出生率降低，如今这里的城市增长速度也开始减缓。尤其是巴西，农业生产的增长主要依靠的不是单产量的提高，而是土地面积的扩大（多尔富斯，2010：23）。

在发达国家和新兴工业化国家的有些地区则出现了农村人口减少所产生的一系列新问题和新现象。由于经济活动在城市的集聚和农业机械化的推广，在农业部门工作的人口逐步减少，没有了农民家庭的社区支持和购买力，农村学校、邮局被迫关闭，商业萧条，公交线路和频次减少，许多小的居民点失去了活力或存在的必要。农业机械化还暴露出一些新情况，比如由于山区不利于农业机械的使用，很多原来的山地谋生和居住空间逐渐被抛弃，出现森林植被再生和生物多样性恢复的现象。

第二节　环境议题

人类是自然环境的一部分，而且依靠环境生存。但是，作为地球上最智能的物种，人类的活动，尤其是工业革命以来的人类活动，导致了地球系统的改变。20世纪以来，世界人口增长和经济扩张造成了很多环境问题，长远的影响有破坏生态系统平衡性、减少生物多样性、增强温室效应等；短期的影响有降低水体和空气的质量，造成水土流失、土壤退化等。解决环境问题有技术途径、制度途径和经济途径。目前世界各国都意识到保护环境的重要性，人们主要关注的是由于局部区域污染和破坏带来的超出区域之外的负面影响如何由局部地区来承担损失费，同时还关注由局部区域环境保护和生态建设对其外部区域带来的益处如何向受益者收费。人文地理学因关注空间格局、空间联系和空间相互作用，为分析和解决环境问题提供了有力视角。

一、环境问题的人文地理视角

（一）政治生态学的空间尺度

政治生态学研究政治经济、权力和历史在形塑人与环境关系中的作用。地理学家需要将环境问题产生的空间范围和受影响的空间范围确定出来，从而使得法律的执行有空间针对性，从而使计算经济损失、人员损失更为准确。与此同时，地理学还关注空间尺度的差异对环境问题性质的影响。

过去人们认为，全球尺度上穷人（国）比富人（国）更容易破坏环境，如所谓的"越穷越垦，越垦越穷"。但是，有学者研究了马里南部地区农民的环境保护行为，发现在地方尺度上这个规律并不成立（Moseley，2005）。在那里，贫穷的农民更倾向施用有机肥，因为它更加便宜，这种行为保护了表层土壤；而富裕农民更倾向于使用化肥和杀虫剂。富裕农民这么做，除了因为他们更能支付相关费用，还为了更容易地生产棉花，因为生产棉花可以获得政府补贴包括化肥补贴，这得益于政府希望通过出口棉花换取外汇和收入，而为了快速发展棉花种植，马里政府的农业推广服务挑选了最富裕的农户种棉花。地方、国家和全球尺度上的政治与权力关系解释了为什么马里南部地区的富裕农民种植棉花。而长期的棉花种植和欠佳的土壤管理导致了土壤退化和肥力下降（Laris等，2015）。

（二）资本主义制度下的全球经济格局

马克思主义者坚持认为，积累是资本主义的一种结构性要求，生态危机的主要原因在于资本主义的增长需要，基本的积累前提是必须消耗地球上包括能源在内的自然资源。地球上自然资源的空间分布不均匀，资本必然投向自然资源开发条件相对好的地区。这样便带来开发区域的环境问题。

资本的积累还必须靠物质性商品的生产来实现，为了追求这种积累，发达国家和地区作为资本和专利技术的拥有方，可以在其他投资环境相当、但环境立法限制相对低的地区投资，从而减少环境治理的成本。资本主义经济下产生的全球区域差异，使得一些发展中国家和地区为了获得经济总量扩大、产业升级的发展机会，不得已牺牲自己的环境。资本主义制度下，资本的拥有者正是通过污染企业和污染物的跨国转移，将环境污染、生物多样性减少、全球气候变化等问题的责任转嫁到发展中国家，而不是从根本上解决这些问题。实际上，环境问题与贫困密切关联。正是财富的积累，以及财富集中到越来越少的人手里，造成了地球上这么多人的生活贫困，不得不牺牲环境而生存。资本主义导致的贫困，迫使贫困的人们将自己的短期利益置于地球生态的长期利益之上。在发展中国家，资本主义的渗透已经置换了原来传统的、非资本主义的、可持续的生产和生活方式，导致了环境的破坏。新殖民主义强迫发展中国家为了出口的目的，采用工业化的、单一的农业形式，而这在环境上是破坏性的。比如大规模的砍伐森林导致了土壤侵蚀和荒漠化。这些负债累累的、硬通货缺乏的国家，在相互竞争的过程中降低污染和健康规制，降低工资和税收，不顾一切地吸引投资，结果被迫为到处流动的资本或跨国公司提供欢宴之所（Norton，2007：392）。

（三）消费模式的地区差异

人类消耗水、氧气、动植物和矿物，依赖地球上的资源环境生存。人类发展了日趋复杂的资源利用方式。农业文明时代，农民多数过着"靠山吃山，靠水吃水"的生活。今天许多生活在全球经济核心区大城市里的人已经从全球获取资源。现在，许多国家消耗资源的水平远远超过维持基本生存的水平。复杂的消费模式划分包括饮食、起居、出行、精神生活等消费习惯的区分，简单的消费模式划分是按发达国家和发展中国家来区分。发达国家资源消费水平远远高于欠发达国家，包括食物、住宅、金属、纸张（意味着木材）和其他各种各样的资源。落后国家人口快速增长对环境的影响是小的、局部性的，多是以维持基本生存的方式对周边的土壤、植被、水和空气产生有限影响。而发达国家高消费水平的保持对环境的影响是大的、全球性的。例如，2017年美国每天的石油消费量是1988万桶，占世界石油消费总量20.2%，但人口只占全世界的4.42%。美国对制作便宜汉堡的主要原料——牛肉的需求，导致了拉丁美洲大量砍伐森林用来做牧场放牛，还引起水资源的大量消耗。发达国家消费模式的形成与技术有关，通信技术的进步使广告商创造出大量本来不存在的需求，生产技术的进步把这些需求以最低的成本生产出来（商品），交通技术进步则把这些商品快捷地送到消费者手中。技术进步也使得发达国家的消费模式扩散到新兴工业化国家。

（四）技术使用的空间界限

人类利用能量的技术水平越高，越容易实现和满足自身需求，同时对环境的影响也越大。农业革命就是人类获得新的能源的技术，驯化植物使人类通过利用绿色植物的光合作用提高了对太阳能的利用，驯化动物使人类实现了对不可食用植物化学能的利用。工业革命使人们掌握了通过非生物能量转换器——机械来利用新的能源的技术，包括煤、石油、天然气、核燃料和太阳能（Norton，2007：87—89）。但任何技术都不是没有代价的，能源利用是导致环境变化的主要因素。农业导致了森林、草地的减少和生态系统的简单化，化石燃料的利用导致了酸雨、粉尘、光化学烟雾等环境污染问题和全球气候变化，核能的利用使人类面临放射性污染，甚至核冬天和地球毁灭的危险。

人类发明的另一大类技术是促进人员和商品流动的技术。每一种交通运输方式的创新都需要更多的资源消耗，不仅包括制造新式交通工具的消耗，还包括建设和维持交通设施的消耗，如公路、铁路、机场、停车场、修理设施，等等。例如，芝加哥的奥黑尔国际机场占地31 km^2，而芝加哥的CBD占地才8 km^2。交通技术进步还提高了人类对沙漠、极地、高山和深海的探察和利用能力，使这类地方的环境因人类影响而改变。交通运输还带来严重污染，如汽车尾气对大气的污染、油轮泄漏对海洋的污染等。

随着绿色技术的发展，技术还可以减少污染、保护生态环境。为保护和鼓励创新而规定的知识产权的存在决定技术的使用是有边界的。对于人文地理学者而言，需要找到阻碍绿色技术使用的空间要素。国界是一个重要的空间要素，由于有国界，绿色技术或绿色技术生产的产品的国际贸易成本就要高于国内贸易成本，因此会使得经济上无力购买绿色技术或绿色技术产品的国家放弃进口，从而限制了绿色技术对人类的造福程度。许多发达国家的学者提议，由于发达国家是地球环境破坏的主要责任国，因此为治理地球环境，需要向发展中国家低价或免费输出绿色技术，作为对环境欠账的返还。

二、国际公约与环境问题治理

正如本节开篇所说，环境问题是局部地区与其影响的外部区域的损益关系问题。由于许多环境问题不是局限在一个国家内且缺少合理价格信号，例如全球变暖、酸雨、河流的污染、海洋石油开采的漏油污染、核泄漏物质随洋流的扩散等，环境问题的解决需要利益相关方之间共同协商和集体行动。但是，主权国家的政治体制决定了国家以服务和满足本国国民的利益为根本原则，而对不能独享投资收益的全球公共物品缺少足够的提供积极性。目前权威的国际环境政策制定机构很少，有强制约束力的国际组织也没有，因此国家间在处理环境问题时的外交成本很高，效果也有限。一国的领导人为追求政治利益（选票），往往会实行追求短期利益而放弃长期环境利益、追求本国利益而轻视全球公共利益的政策。因此，为根本地解决这些跨国的环境问题，相关的国际公约先后出现。

（一）臭氧层保护

1930年代，美国杜邦公司首次发现了氟利昂（几种氟氯代甲烷和氟氯代乙烷的总称），它无色、无味、无毒、不可燃，一度被认为是"十全十美"的化学品，被广泛用于制冷剂、发泡剂、气雾剂、清洗剂的生产；随后发现的哈龙、三氯乙烷、四氯化碳和甲基溴等相似产品先后用于消防、清洗、化工助剂、农业生产等行业。然而，1974年美国科学家罗兰和莫利纳在《自然》（Nature）杂志上发表论文指出，人类排放的大量氟利昂穿过低层大气，在7~15年内上升到平流层，在那里紫外线辐射将这些气体分子破坏，产生游离的氯原子和溴原子，经过一定时间，一个这样的原子就能破坏成千上万的臭氧分子，造成臭氧层的耗损。臭氧层的耗损让更多的紫外线辐射到达地表。紫外线辐射增多，提高了皮肤癌的发病率，影响植物的光合作用和代谢作用，造成农业减产。

从1970年代末期开始，国际社会逐步认识到保护臭氧层的重要性，在联合国环境规划署的组织协调下，多个国家于1985年制定了《保护臭氧层维也纳公约》，确定了国际合作保护臭氧层的原则；1987年，臭氧层保护的重要历史性文件《关于消耗臭氧层物质的蒙特利尔议定书》（后简称《议定书》）通过，在该议定书中，规定了保护臭氧层的受控物质种类和淘汰时间表，要求到2000年全球的氟利昂消减一半，并制定了针对氟利昂类物质生产、消耗、进口及出口等的控制措施。由于进一步的科学研究显示臭氧层耗损的状况更加严峻，1990年通过《〈蒙特利尔议定书〉伦敦修正案》，1992年通过了哥本哈根修正案，其中受控物质的种类逐步扩充，完全淘汰的日程也一次次提前。《议定书》使氟利昂的产量急剧下降，到1998年其产量已经比10年前的峰值减少了88%。按照2007年调整后的《议定书》，发达国家在2020年完全禁止氢氯氟烃（HCFCs）的生产和消费；发展中国家则是在2010年完成氯氟烃（CFCs）和哈龙等消耗臭氧层物质的淘汰，并从2013年冻结和逐步禁止HCFCs的生产和消费。

但是，有两个问题值得注意。其一，虽然人类已采取多种措施保护臭氧层，使那些被认为是破坏臭氧层元凶的物质排放总量减少，但这些物质在大气中的浓度仍然远高于臭氧层出现明显耗损之前的水平，而且他们在大气中的平均寿命达数百年，所以在今后相当长时间内它们还会继续破坏臭氧层。其二，人们应当清醒地认识到，臭氧层的恢复是在当前全球气候变暖的大背景下进行的，涉及大气中很多复杂的物理、化学和动力学过程，这就使得臭氧层的恢复过程变得十分复杂，并且带有很大的不确定性。正因为如此，人们对臭氧层恢复时间的预测出现了较大的差别。由此可见，臭氧层的恢复将是一个漫长的过程。国际社会必须携手合作，继续采取有效措施，保护臭氧层这把人类赖以生存的"保护伞"。

（二）应对全球气候变化

自1980年后的十年间，一系列的国际政府间会议召开，讨论人类活动对气候系统的影响。1988年由联合国环境规划署（UNEP）和世界气象组织（WMO）联合发起的政府间气候变化专门委员会（IPCC）成立。1990年，世界气象组织、联合国环境规划署和其他国际组织发起会议，在日内瓦讨论气候变化问题，有欧盟和137个国家的代表参加。会议认为有充足的人类活动导致气候变化的证据使得各国必须签署一个气候变化公约。1992年5月在联合国纽约总部通过《联合国气候变化框架公约》（简称《公约》），同年6月在巴西里约热内卢举行的联合国环境与发展大会期间该《公约》正式开放签署。《公约》的最终目标是"将大气中温室气体的浓度稳定在防止气候系统受到危险的人为干扰的水平上"。该水平应该在一个时间框架内达到，以使生态系统自然适应气候的变化，保证粮食生产不受威胁，并以可持续的方式发展经济。该《公约》于1994年3月生效，奠定了应对气候变化国际合作的法律基础。目前已有198个国家签署了《公约》，欧盟作为一个整体也是《公约》的一个缔约方。《公约》是世界上第一个全面控制二氧化碳等温室气体排放，应对全球气候变暖给人类经济和社会带来的不利影响的国际公约，也是国际社会在应对全球气候变化问题上进行国际合作的一个基本框架。它指出，历史上和目前全球温室气体排放的最大部分源自发达国家，发展中国家的人均排放量仍相对较低，因此应对气候变化应遵循"共同但有区别的责任"原则。根据这个原则，发达国家应率先采取措施限制温室气体的排放，并向发展中国家提供有关资金和技术；而发展中国家在得到发达国家技术和资金支持下，采取措施减缓或适应气候变化。

1997年12月，第3次缔约方大会在日本京都举行，会议通过了《京都议定书》，对2012年前主要发达国家减排温室气体的种类、减排时间表和额度等做出了具体规定。《京都议定书》于2005年开始生效。根据这份议定书，从2008年到2012年间，主要工业发达国家的温室气体排放量要在1990年的基础上平均减少5.2%，其中欧盟将削减8%，美国削减7%，日本削减6%。2001年3月时任美国总统布什以"发展中国家不承担义务"为由，宣布退出《京都议定书》，实际等于拒绝承认已经签订的《联合国气候变化框架公约》中规定的义务。美国是唯一没有签署《京都议定书》的工业化国家，而且其 CO_2 的排放量占世界的35%。2007年12月，第13次缔约方大会在印度尼西亚巴厘岛举行，会议着重讨论"后京都"问题，通过了"巴厘岛路线图"，启动了加强《公约》和《京都议定书》全面实施的谈判进程，致力于在2009年年底前完成《京都议定书》第一承诺期2012年到期后全球应对气候变化新安排的谈判并签署有关协议。2009年7月8日，八国集团领导人表示，愿与其他国家一起到2050年使全球温室气体排放量至少减半，并且发达国家排放总量届时应减少80%以上。2016年4月22日，170多个国家领导人齐聚纽约联合国总部，共同签署气候变化问题《巴黎协定》。协定指出，各方将加强对气候变化威胁的全球应对，把全球平均气温较工业化前水平的升高控制在2℃之内，并为把升温控制在1.5℃之内努力。2016年9月3日，中国全国人大常委会批准中国加入《巴黎协定》，成为第23个完成了签署协定的缔约方。令人遗憾的是，2017年6月1日时任美国总统特朗普在华盛顿宣布退出《巴黎协定》。

（三）生物多样性保护

目前，世界各国正努力通过建立各类自然保护区、制定法规及缔结国际公约等措施来保护生物多样性，滞缓物种灭绝的进程。早在1961年12月2日国际上就发起并制定了《国际植物新品种保护公约》，1972年11月10日、1978年10月23日在日内瓦又进行了修订。《生物多样性公约》是一项保护地球生物资源的国际性公约，于1992年6月1日由联合国环境规划署发起的政府间谈判委员会第七次会议在内罗毕通过，1992年6月5日由签约国在巴西里约热内卢举行的联合国环境与发展大会上签署，并于1993年12月29日正式生效。截至2020年，该公约共有196个缔约方。《生物多样性公约》第一次取得了保护生物多样性是人类的共同利益和发展进程中不可缺少一部分的共识，公约涵盖了所有的生态系统、物种和遗传资源，努力把传统的保护与可持续利用生物资源的经济目标联系起来，公约建立了公平合理地共享遗传资源利益的原则，尤其是作为商业性用途，公约涉及了快速发展的生物技术领域，包括生物技术发展、转让、惠益共享和生物安全等。尤为重要的是，公约具有法律约束力，缔约方有义务执行其条款。公约为21世纪建立了一个崭新的理念——生物多样性的可持续利用。过去的保护努力多集中在保护某些特殊的物种和栖息地，公约认为生态系统、物种和基因必须用于人类的利益，但这应该以不会导致生物多样性长期下降的利用方式和利用速度来获得。基于预防原则，公约为决策者提供一项指南：当生物多样性发生显著的减少或下降时，不能以缺乏充分的科学定论作为不采取措施减少或避免这种威胁的借口。公约确认保护生物多样性需要实质性投资，但是同时强调，保护生物多样性应该带给人们环境的、经济的和社会的显著回报。

《生物多样性公约》作为一项国际公约，认同共同的困难，设定完整的目标、政策和普遍的义务，同时组织开展技术和财政上的合作，但是达到这个目标的主要责任在缔约方自己。私营公司、土地所有者、渔民和农场主从事了大量影响生物多样性的活动，政府需要通过制定指导自然资源利用的法规、保护国有土地和水域生物多样性等措施发挥领导职责。根据公约，政府承担保护和可持续利用生物多样性的义务，政府必须制定国家生物多样性保护战略和行动计划，并将这些战略和计划纳入更广泛的国家环境和发展计划中，这对林业、农业、渔业、能源、交通和城市规划尤为重要。公约的其他义务包括：① 识别和监测需要保护的重要的生物多样性组成部分；② 建立保护区保护生物多样性，同时促进该地区以有利于环境的方式发展；③ 与当地居民合作，修复和恢复生态系统，促进受威胁物种的恢复；④ 在当地居民和社区的参与下，尊重、保护和维护生物多样性可持续利用的传统知识；⑤ 防止引进威胁生态系统、栖息地和物种的外来物种，并予以控制和消灭；⑥ 控制现代生物技术改变的生物体引起的风险；⑦ 促进公众的参与，尤其是评价威胁生物多样性的开发项目造成的环境影响；⑧ 教育公众，提高公众有关生物多样性的重要性和保护必要性的认识；⑨ 报告缔约方如何实现生物多样性的目标。

（四）危险废物的控制

危险废物和垃圾的越境转移和扩散与全球气候变化、臭氧层破坏、生物多样性减少一样，是国际社会最关心的全球性生态环境问题。目前全球危险废物正以每年 3×10^8 t 的速度剧增，构成对环境的严重威胁。危险废物主要产自工业化国家，其产量占全世界产量的90%。1980 年代发达国家处理危险废物的主要办法就是以"循环利用"的名义将它们出口到发展中国家，即所谓的"洋垃圾"，让不发达国家承受环境恶化的后果。这种不负责任和不公平的做法引起了许多国家的不满，甚至引发了外交纠纷。正是在这种背景下，《巴塞尔公约》应运而生。

《巴塞尔公约》的全名为《控制危险废物越境转移及其处置的巴塞尔公约》。1989 年，联合国环境规划署在瑞士巴塞尔召集 105 个国家和欧盟共同签署了《巴塞尔公约》，制定出危险废物越境转移和处置等相关规定。1992 年 5 月该条约正式生效，目前有 186 个缔约方。《巴塞尔公约》的要点包括：各缔约方有权禁止危险废物的进境和进口；建立预先通知制度和批准制度；危险废物的非法越境转移视为犯罪行为。《巴塞尔公约》要求各缔约国，根据各国社会、技术和经济方面的能力，保证将本国内产生的危险废物减至最低限度；保证提供充分的处置设施用以从事危险废物的环境无害化管理，在可能范围内，这些设施应设在本国内；保证在管理过程中不产生危险废物的污染，并在产生这类污染时，尽量减少其对人体健康和环境的影响。鼓励各缔约方之间和有关国际组织之间进行合作，以提高公众认识，发展对危险废物和其他废物的无害化管理和采用新的低废技术。

在公约生效后的十几年中，已举行了13次缔约方大会，每次大会都会根据形势的变化，通过一些新的决议，对公约的条款和内容进行修订和补充。如正式禁止经济合作与发展组织（OECD）的成员国在1997年后出口危险废物；不断扩大和充实危险废物的清单，如废旧电脑和打印机、医疗废弃物、旧手机、废弃船只等都被列入清单中；除禁止越境转移和处置的内容外，公约还增加了关于废弃物的产出、整体管理与处理处置等条款。《巴塞尔公约》生效以来，世界上许多国家针对危险废物的处理也出台了一些法律和法规。2003年年初，欧盟通过了电子废物回收法令，要求电子生产商和经销商对电子产品淘汰后的循环费用负责。中国不仅是《巴塞尔公约》的首批缔约国，还于1995年通过了《固体废物污染环境防治法》。但目前《巴塞尔公约》的执行情况并不理想。一方面，许多经济体并没有加入公约，其中就包括作为第一大电子垃圾生产国的美国，这使《巴塞尔公约》在实施过程中留下了许多漏洞。同时，受利益驱动，违法进口"洋垃圾"的行为在许多发展中国家仍然相当严重。例如，据报道一家荷兰的公司租用希腊注册的船只在科特迪瓦的阿比让居民区附近十余处倾倒了共约 500 t 高毒的汽油废物和清洁剂，造成至少7人死亡，约3万人前往医院就诊（李力，2006）。

2008年11月，美国CBS电视台新闻节目《60分钟》曝光了电子垃圾跨国走私的行当，广东汕头潮阳区贵屿镇的污染暴露在阳光下，贵屿从此被称为"世界电子垃圾之都"。当地政府材料显示，截至2013年6月，贵屿镇从事废旧电子电器及塑料拆解加工的有21个村、300多家企业、3200多个经营户，仅本地从业人员就达8万余人。根据联合国的数据，全球70%的电子垃圾曾经以中国为最终处理地（Ivan，2013）。2017年7月，国务院办公厅印发《禁止洋垃圾入境推进固体废物进口管理制度改革实施方案》，禁止进口废塑料、未经分拣废纸、废纺织原料、钒渣等24类固体废物。但是，随着技术和经济的发展，中国国内产生的电子垃圾快速增长，并且研究发现环境治理管制法令和政策的实施需要相关上下游企业紧密配合，以完成生产系统的转换，投资来源地、目标市场、地理集群、企业规模、环境管理能力、创新倾向和生产链位置等7个因素对电子产业集群企业采纳绿色技术创新的影响存在明显差异（史进、童昕，2010）。

三、环境问题的人文地理学解决方案

环境问题是多元过程在特定场景交汇的结果，环境问题的因果关系和责任复杂，特定的社会、经济、政治、历史和文化背景形塑着环境问题的过程与结果。我们需要认识到环境方面的多种问题和危机是与社会、经济和政治问题交织在一起的。以气候变化为例，贸易自由化、私有化、城市化、消费主义扩散、交通方式改变、通信与信息技术和其他许多过程加速了全球气候变化过程，创造了更大不平等，增加了面对气候变化的脆弱性（O'Brien，2011）。

首先，环境问题的严重程度与经济发展水平和产业结构演进存在密切关系。这种关系被称为倒U形环境库兹涅茨曲线。该理论认为，在发展的早期阶段，环境污染的程度有限，此时环境问题主要是生存性需求所产生的环境破坏，如毁林开荒、围湖造田等；随着经济逐渐迈向工业化，一方面经济增长要增加投入，进而增加资源的使用，另一方面更多产出也带来污染排放的增加，因此环境问题日益严重，SO_2、NO_x、CO_2，以及各种固体废物和废水排放是主要污染源；在经济发展的后期阶段，由于产业结构转向服务业和信息产业，要素投入结构发生变化，民众环境意识和环境质量需求日益提高，环境问题得到逐步改善（Panayotou，1993）。所以，单纯从倒U形环境库兹涅茨曲线理论看，先污染后治理难以避免，改善环境问题的密码在于大力发展经济，尽快变得富有，尽快越过倒U形曲线的拐点（Panayotou，2000）。

　　其次，环境问题与国际劳动地域分工存在密切关系。目前的国际劳动地域分工可以被看成一个三元结构的体系，分别由消费国、生产国、资源国构成。典型的消费国，比如美国、西欧北欧各国。典型的生产国，是中国、东南亚国家等新兴工业化国家。典型的资源国，则是中东石油国、巴西、委内瑞拉等国。按照比较优势理论，生产国依靠劳动力比较优势一边进口资源品，一边为消费国和资源国提供制造业产品，这种大进大出的格局虽然积累了财富，但也必然造成环境承载力的饱和甚至超载。而发达的消费国，因将污染密集型工业转向制造国，实现了收入上升与环境质量改善的双重目标。制造国在收入提高的过程中，为了满足国内需求，也需要增加资源消耗、排放更多污染物，在其强化环境规制时，将面临较大的经济发展与环境保护矛盾。因此，世界范围的污染并非下降了，更多只是转移了。从这个维度看，解决环境问题的要旨是采取地方化或区域化的生产、交换和消费方式，以减少物质和人员的流动，充分利用废弃物（Hudson，2007）。比如按照4R原则打造循环经济产业园区，既能降低原材料消耗，最小化物流运输成本，也能减少废弃物对环境的污染。区域化的食物供应链，既能提供健康、新鲜、实惠、富有地方特色的食物，也能通过缩短食物里程和减少碳排放降低农业的生态足迹。长远来看，改变建成环境的空间安排，降低人们在工作、居住和休闲等活动中的出行量和出行距离，对节能减排、改善环境问题具有更重要的意义。

　　最后，一些资料表明发达国家污染密集型生产下降的同时，其污染密集型产品的消费并未同幅下降，说明发达国家生产结构的变化与消费结构的变化并非同步。目前有关的国际协定主要以国家本土温室气体排放为基准核算国家的碳排放责任和减排成效，忽略了国际商品贸易流引起的排放区位与产品消费区位的空间分离（张晓平，2009）。研究表明，基于消费责任制核算下，中国和俄罗斯是主要的碳排放量流出国，贸易和开采使这些国家消耗大量的资源，带动了经济发展，但随之也带来了更多的减排责任和减排压力，给区域经济发展造成一定程度的不利影响。就美国、欧盟等国家或地区而言，长期以来，这些国家或地区通过贸易转嫁了大量的区域减排责任，从而一定程度上减轻了碳减排对经济发展所产生的不利影响（钟章奇等，2018）。面对全球贸易隐含碳排放对全球环境所造成的严重影响，这些发达经济体应该主动以技术转移或者资金援助等方式，帮助提高其他国家或地区的生产技术水平，这样不仅有利于减低贸易对自身碳排放核算及其减排责任的影响，同时也有利于进一步推动全球减排。

第三节　全球化议题

地理空间和社会关系是互相决定的，社会关系塑造了地理布局，地理布局也影响着各种社会关系的互动。交通和信息与通信技术（ICT）的巨大变革，以及贸易壁垒的下降使地球上不同地点之间的相对距离空前的接近。全球化与国家及其疆界作用的变化有关，意指跨国性、跨洲性活动不断增加，任一区域与其他地区的联系日渐加强。全球化有很多不同的维度，从不同国家间贸易、产业、金融等经济活动的相互依赖到流行文化的跨国传播都属于全球化的范畴。全球化可以理解为一种发展过程，也可以理解为一种状态。与国际化相比，全球化指的是国家之间经济、政治和文化的联系都从根本上建立了完全不同的关系。具体来说，不是这个世界被分成了一系列相独立并且边界清晰的个体，而是通过全球范围的专业化劳动分工和与之伴生的长距离联系成为一个整体。虽然贸易和宗教的全球化可以追溯到第一次世界大战之前甚至是前资本主义时期，但目前广受关注和争议的全球化，实际上兴盛于1990年代早期冷战格局结束之后。

关于全球化的影响，充满着各种对立的观点，有人把全球化当作福音，有人则认为它是灾难。以外资的影响为例，赞同者认为它可为投资地带来资本、技术、就业机会，促进贸易和产业结构变化；可加强投资地的竞争优势，提高资源利用效率，实现规模经济和范围经济；可改善发展中国家的基础设施。悲观者认为，由于在生产和交换中不同产品和服务的经济利益存在巨大差异，导致了发达国家（地区）凭借在资本、技术、信息等方面的垄断优势，获取巨额利润；而第三世界国家在全球化进程中，则成为发达国家资本积累的对象（李小建等，2000）。

全球化是一个不平衡的发展过程，不同地点之间相对距离越来越小的进程是明显各异的。全球化在特定时间、特定地区，以不同的方式进行着社会关系与地理空间的重塑。但是，并不能认为地方是被动受全球经济和政治运动控制的牵线木偶，正是因为各个地方的差异性和独特性，全球化才把各个地方联系在一起，并产生地方之间的相互依赖（霍洛韦等，2008：132−146）。即使是在今天，同样的钱在不同的地方所能购买到的产品和服务并不完全等值，许多活动和社会关系并没有去地方化。在生活区域附近能够找到工作，对于工人维持日常生活和一代代繁衍下去至关重要。有时因为地理位置上的不匹配，比如工人住在市区中心，而就业机会在郊区，工人们往往会因为缺乏必要的交通工具而又买不起郊区的房子而无法找到工作。因此，全球化时代地理位置是变得更加重要了，而不是越来越无关紧要。本节试图以简短的篇幅介绍全球化对人文地理现象的影响，相关内容不是结论性的，而更多是启发式和开放式的。

一、全球化与国家的关系

全球化的快速发展得益于国际政治格局的变化，全球化也正在日益挑战着主权国家的治理方式。可以说，全球化与国家化治理体系的矛盾是目前英国脱欧、美国新贸易保护主义等产生的根本原因。因此，全球化与国家的关系是人类21世纪所面临的最重要议题。

从技术和经济的角度看，1990年代以来的全球化过程主要受三个力量驱动：技术变革、经济自由化和全球贸易领域劳动力市场的扩大。① 技术变革，最重要的是现代互联网和移动通信技术的迅猛发展，使得通信成本大大降低。这两项技术比历史上的任何技术在世界上传播的速度都快，影响了世界经济的每一部分。现代通信技术使人们坐在家里的客厅就可以了解世界另一个半球正在发生的事情。2001年9月11日，在基地组织的第一架飞机撞击纽约世界贸易中心后的几分钟内，伦敦的股票市场就有所震荡。因为担心人们出行不选择坐飞机而导致乘客数量下降，在那一天的伦敦金融时报100指数中，英国航空的股票价格下跌了20%。与此同时，该交易所的成交量迅速上涨，因为纽约关闭了其股票市场，全世界的投资者们都选择伦敦作为替代。② 经济自由化，国际货币基金组织（IMF）公布的亚洲和拉丁美洲发展中经济体从1980年代至今的关税变化数据显示，这些经济体基本都实现了自由贸易，尤其在亚洲的一些发展中国家，经济的开放程度已经与发达国家相当，中国在此起到了主导作用。中国从1990年代到加入世界贸易组织，其关税的变化数据显示，历史上没有任何一个大国有速度这么快、规模这么大的经济开放过程。③ 全球贸易领域劳动力市场的扩大，来自OECD的数据显示，1980年代初全球参与到贸易领域的劳动力大概是9亿人，到1980年代末期达到15亿人，现在已经超过了30亿人。此外，全球服务贸易成为增长最快速的部门，2017年已经占到全球贸易总额的1/5强；2004年—2014年，在OECD国家工作的外籍医生和护士数量增加了60%。

（一）国家在全球化中的作用

在全球化的文献中一度流行一个神话，那就是现在人们生活在一个国家已经无关紧要的无国界世界里。尽管事实上国家的一些力量被削弱，尽管可能存在着国家空心化的过程，但在塑造世界经济的过程中，国家仍然是非常重要的力量，全球任何地方的政府在任何时间都没有不干预经济的（萨缪尔森、诺德豪斯，2014：40-49）。迪肯（2007：104-138）（P.

Dicken）认为国家在全球经济中的作用主要表现在四个方面：第一，国家具有特定的文化认同和经济体制；第二，国家是经济与贸易的管制者；第三，国家作为竞争主体与其他国家之间存在激烈的竞争；第四，越来越多的国家作为区域合作的主体，通过与其他国家的双边及多边贸易安排寻求合作。

1. 国家具有特定的文化认同和经济体制

国家是文化实践和认同的首要空间地理单位，国家被认为是承载文化的主体。比如，法国是法国文化的承载者。当然，这种对于文化的表述依赖于人们的构想。国家的概念促使人们认为本国文化与其他国家人民所开创的文化是有所区别的，比如英国文化、法国文化，至少一个国家之内的文化差异被人们认为比国家之间的文化差异小得多。当然国家作为文化的容器不是封闭的，与外界隔绝的，而是在不同程度上可渗透的。尽管现在信息技术与通信系统正在使国家容器变得更容易渗透，但还是完全可以将各国之间的文化区分开来。

在全球化背景下，人们关注的主要焦点集中在三种不同的政治经济体制之间的差异上：① 新自由主义的市场资本主义体制——以美国和英国为代表；② 社会–市场资本主义体制——以德国、斯堪的纳维亚国家等欧洲国家为代表；③ 发展资本主义体制——以日本、韩国、新加坡，以及多数东亚国家和地区为代表。三种政治经济体制差异的本质在于政府在经济管制中所起的作用的不同。在新自由主义的市场资本主义体制中，主要用市场机制来管制经济，个人主义是主导性特征，短期商业目标占主流，国家不会公开试图对经济进行战略性规划，主流哲学是保证资本拥有者的回报最大化。相比之下，在社会–市场资本主义体制中，优先强调不同经济行为主体之间的合作，并且对"利益主体"（stakeholder）的判定超出了资本拥有者的范畴，多采用累进税制和从摇篮到坟墓的社会保障体系，收入差距和不平等程度低。在发展资本主义体制中，政府发挥着更核心的作用，这种模式的主导特征是：有一套实实在在的社会和经济目标，政府优先关注产业政策，即关注国内产业的结构，并推动形成能够提高国家国际竞争力的产业结构。产业政策的存在意味着战略性的、以目标为导向的经济发展路径。

目前，这三种政治经济体制在国际政策方面发生较大转变，但三种体制之间的差异将以不同的表现形式持续存在。因为经济协调和管治的形式嵌入特定社会所拥有的社会生产系统中，它们很难从一个社会移植到另一个社会；一个系统在任意时间所处的位置都受其初始状态的影响，不同社会的社会生产系统趋同存在着内在的障碍；由于路径依赖，一个社会生产系统会沿着特定的逻辑延续下去，除非有根本性社会危机打断它。

2. 国家是经济与贸易的管制者

作为看得见的手，国家政府有着一套丰富的、可任由其支配的管制工具，用来控制和激励经济活动及界之内的投资，并在国际层次上影响贸易和投资的流动及构成。

（1）贸易政策

在国家用来管制其国际经济活动的所有措施中，贸易政策的历史最长。欧洲发达国家所采取的重商主义政策大大影响了17—18世纪出现的世界经济雏形（重商主义认为贵金属或货币是衡量一国财富的标准，国际贸易必须保持顺差，即出口大于进口）。19世纪末期，美国和德国成功挑战了英国的工业霸主地位，其基础就是他们强烈的重商主义（即保护主义）贸易政策。1930年代世界经济的严重萧条，也是以各国退缩到贸易壁垒之后为特征的。

总体而言，各国政府对进口采取的政策较为严格，而对待出口则是激励性的。进口政策分为两类：关税和非关税壁垒。关税在本质上是对进口产品的价值征税，这意味着价格的提高和消费的减少，使进口产品比征税前竞争力降低，以保护本国工业，包括处于发展初期的"新生"产业和在外部竞争下为生存而挣扎的夕阳产业。非关税壁垒更加多样化，最重要的一种是进口配额制，即对可能进口的特定产品进行进口数量限制。进口商可能还要寻求进口许可证、支付保证金或缴纳附加税。为限制从一些特定国家进口并鼓励本地生产，还可能附加"原产地"要求。对那些被怀疑在海外低价销售产品的公司，可能要进行反倾销惩罚。其他非关税壁垒还包括各种管制和行政措施，如特殊标签和包装条例、健康与安全条例、海关手续与单据要求等。出口政策可能与产业和外资政策重叠，此外还可能应用一些特殊的税收和关税特权：出口收入可能是免税收或低税率的；对出口活动所必需的进口产品可能给予税收减免。政府可能会实施出口信贷和担保计划，设立海外出口促进机构。某些地区可能被划为出口加工区和自由贸易区。出口限制的例子发生在战略性或军事与国防安全敏感产品的出口中。许多国家实行一些有选择的出口禁运。最后，还有一个在出口和进口上都很普遍采取的措施，即操纵汇率。货币贬值会使出口产品变得便宜而进口产品变得昂贵，反之亦然。

（2）外商直接投资政策

在一个由跨国公司和复杂国际投资流构成的世界经济格局里，各国政府都明显期望从外资带来的影响中获益。外来投资政策分为四大类：第一类政策涉及外国公司进入本国经济的准入问题。对于那些不能满足国家经济或政治目标的投资，政府可以运用"筛选"机制将其剔除。事实上，在一些特别敏感的经济部门，外国公司可能完全被拒之门外，或者其渗入程度被限制在一定比例之内。政府可能要求只有与本地资本合资的企业才能得到批准，而且很可能是有利于国内企业的51∶49股比。还有一种可能是要求外国企业在管理岗位上聘用当地人。第二类政策与外国公司的运作有关。一个特别普遍的要求是，这些公司在生产活动中必须满足一定程度的"本地化"要求，以增加外国投资对本地供应商的带动作用，减少原材料和零部件的进口。第三类政策与政府对待公司利润和资本转移的态度有关。所有的政府都希望资本外流最小化，税收收入最大化，而跨国公司则相反。第四类政策是鼓励外来投资的流入。通过海外促进机构和投资激励政策进行投资竞标，已经在世界范围内流行起来。

（3）产业政策

虽然产业政策在本质上是有关国内问题的，但也有着广泛的国际影响。最明显的鼓励措施就是政府可以给私营部门公司提供各种金融和财政激励政策。一方面，政府会给予公司资本资助或贷款，为其提供某个生产项目所需的部分或全部投资；另一方面，政府可以赋予公司税收减免的优惠。政府也可以通过采用各种就业和劳动力政策来帮助和鼓励国内的产业活动。为促进就业，政府会通过直接补贴来鼓励公司增加雇佣劳动力，支付培训费用或直接培训劳动力以为企业提供具有适合技能的劳动力。政府可能会鼓励，或者不鼓励，甚至禁止工会和集体谈判。

在任何经济体中，政府都是各种商品和服务的最大单个消费者，因而政府采购是极为重要的。巨大政府订单的给予或取消，能够造就或摧毁一个私营部门的企业，从而对就业产生巨大的影响。多数国家政府还尝试激励关键部门的研发，鼓励公司间的技术合作。互联网、浏览器等许多关键技术，最初都是公共资金支持的。政府也会试图推动重组公司甚至整个产业，以防止垄断、促进竞争。

这些不同的激励政策和管制政策可以普遍地或有选择性地应用到整个国家的各个产业中。这种选择性有多种形式：产业部门上，如支持衰落产业、鼓励新兴产业、保护关键战略性产业；企业活动上，如吸引外资、帮助国内公司抵抗外国的竞争、鼓励公司从事进口替代或出口活动，等等。

3. 国家作为竞争主体

国家的目标之一就是使国家利益最大化。国家利益主要包括四个方面：生存，独立，经济财富和集体自尊。在越来越一体化和相互依赖的全球经济中，为了达到这个目标，国家间被迫展开竞争。各个国家为提高在国际上的贸易地位而竞争，并尽可能多地从贸易中捕捉利益。他们争相吸引生产性投资来构建其国内生产基础，这反过来也增强了其国际竞争力。按波特的观点，国家内部特定的条件组合对于身处其中的公司的竞争力有重要影响。波特（2002）把这种情形构想为一个钻石模型：一个由四个主要决定因素相互作用构成的系统。每一个决定因素都可以再分解为若干子要素。① 生产要素，对于一个特定的国家来说是"天赋的"和"创造的"要素之组合。在大多数产业中，尤其是发达国家中对生产力增长至关重要的那些产业，对竞争优势作用最大的要素是通过高水平的制度机制创造的，包括人口的知识和技能水平、完善的物质基础设施条件等。② 需求条件，尤其是母国的市场条件是特别重要的，对公司感知和解剖购买者需求的能力具有超乎寻常的影响。③ 相关及辅助产业，如果具有国际竞争力，就构成了国家竞争优势的第三个主要决定因素。④ 公司战略、结构和相互较量，波特非常强调国内公司之间激烈竞争的重要性，他认为这对公司产生了巨大的压力，使其进行产品和工艺的创新，变得更有效率，成为高质量的产品和服务供应商；使其向海外销售产品寻求发展……通过国内竞争得到强化的那些更强大的公司具备了海外获胜的能力。波特（2002：65-122）将政府视为四个基本要素的影响因素，是竞争环境的贡献者。

与这一观点相反，克鲁格曼（Krugman，1994）认为：国家不同于公司，它不会倒闭，没有明确的底线，因此国家竞争的概念是难以理解的；国际贸易并非零和博弈，主要工业化国家彼此互为主要出口市场和重要进口产品供应方。欧洲经济体的良好运行，并不会以美国的利益为代价；断言日本的增长削弱了美国的地位完全不同于说它降低了美国的生活水平。用竞争力的概念来思考和表达会造成三个真正的危险。首先，为增强所谓的国家竞争力政府可能过度投资在不具比较优势的高科技部门；其次，它可能寻致保护主义和贸易战；最后，它可能导致在一系列重要问题上的不良公共政策。

但是，15世纪以来九个世界性大国相继崛起和衰落的历史表明，虽然所有的国家都可能会从国际经济合作中受益，但他们也都有强烈动机试图以牺牲他国利益来壮大自己、争夺和维护主导地位。

4. 国家作为区域合作的主体

分工与贸易是提高劳动生产率、获得更多财富的重要手段。国家为达到特定的经济和福利目标而与其他国家开展合作，形成一定的区域经济集团是当代全球经济的主要特点之一。特惠贸易协定（Preferential Trade Agreement，PTA）是区域经济集团形成的基础。特惠贸易协定就是各国同意为区域集团的其他成员提供优惠的市场准入——主要是通过关税削减，至少最初是这样。因此特惠贸易协定具有双重性，即成员间主张商业自由化，但却歧视第三方。就此而言，区域贸易集团本质上是歧视性的，因此它违反了关税及贸易总协定建立的无歧视基本原则。但关税及贸易总协定的第二十四条指出，允许在遵守一些限制性条款的前提下创立自由贸易区和关税同盟。多数区域集团具有很强的防御性特点，它们通过为自己的生产商创造巨大的市场来获得贸易规模的益处，并抵御外部竞争。

有关区域集团贸易效应的经典分析给出两种相反的结果：贸易转移，由于区域集团的形成，集团内部的贸易伙伴取代了过去集团外的贸易伙伴；贸易创造，由于区域集团的形成，贸易取代了本国生产，或者集团内经济增长带来了贸易的增加。区域贸易集团对跨国公司的投资流向也有重大影响。内部贸易（及其他）障碍的排除会导致公司重整其组织结构和增值活动来响应区域的市场，而不是严格的国内市场，这注定会使投资从某个地点转移到其他区位。

多年来，所有的区域合作安排都是建立在特惠贸易协定原则基础上的。但是，实际上存在着几种不同类型的通过政治谈判达成的区域经济协定，涉及不同程度的经济和政治一体化。以下四种类型区域协定的经济和政治一体化程度逐渐递增。

自由贸易区。成员国之间通过协定消除贸易限制，但对非成员国仍维持各自的贸易政策。

关税同盟。成员国之间实施自由贸易，同时对非成员国建立统一的对外贸易政策（关税及非关税壁垒）。

共同市场。不仅取消成员国之间的贸易壁垒和采取统一的对外贸易政策，而且允许生产要素（资本、劳动力等）在成员国之间自由流动。

经济同盟。成员国之间不仅要消除内部贸易障碍、实行统一的关税和允许生产要素自由流动，而且经济政策要在更广泛的层次上协调统一，并服从于超国家机构的控制。

如表12-2所示，一体化的下一阶段都包含了上一阶段的要素，同时增加了标志特定阶段的新要素。

表12-2　区域经济一体化类型

项目	自由贸易区	关税同盟	共同市场	经济同盟
成员国之间取消贸易限制	✓	✓	✓	✓
对非成员国的共同贸易政策		✓	✓	✓
允许成员国之间生产要素自由流动			✓	✓
超国家机构控制下的经济政策一体化				✓

资料来源：迪肯，2007：125。

（二）从金融危机看全球化与国家的关系

2008年9月爆发的金融危机从2007年年初美国次贷危机爆发后开始浮现，投资者开始对按揭证券的价值失去信心，从而引发流动性危机，即使多国中央银行多次向金融市场注入巨额资金也无济于事。到2008年9月这场金融危机开始失控，并导致多家相当大型的金融机构倒闭或被政府接管，从而演变为全球金融危机。进入2008年第四季度后，金融危机开始波及实体经济，主要发达国家的经济全面出现负增长。2009年世界经济的增速下降2.2%，全球贸易流量下降11.9%，全球贸易额严重收缩14.4%。此次金融危机的传播速度极快，主要发达国家的金融市场几乎同时受到冲击；扩散影响范围极广，不仅危及发达国家，而且也危及发展中国家。全球金融危机发生后，人们普遍认为，由美国主导的新自由主义是这场危机的罪魁祸首（刘迎秋，2009）。在之前的30年中，由新自由主义引领的市场化、私有化和自由化改革，促进了全球化的快速发展，深刻改变了世界经济的格局。其中，最主要的新特点是美国变成低储蓄国家，财政赤字不断推高，去工业化进程明显，贫富分化日益严重，居民负债不断增加，房地产市场畸形繁荣；其他国家则通过贸易顺差形成美元外汇储备，并通过购买美国国债、证券、高风险金融衍生品等回流到美国。但是，因为信息不对称、金融自由化、全球金融市场多边监测严重不足，全球体系中酝酿的系统性风险被低估和忽视。全球化与金融危机的联系，可从金融、贸易和投资等方面具体考察。

1. 金融全球化与全球金融危机

金融全球化的贡献在于其消除了资本流动的国界障碍，从而推动了资本需求和供给在全球范围内的结合。这一变革通过资本在全球范围的有效配置，为投资者分散投资风险和实现利益最大化创造了有利条件。但是，金融全球化也带来了一定的风险，这些风险主要表现在以下几个方面：

首先，金融全球化增加了与大规模资本移动相关的系统性破坏风险。金融全球化意味着在全球范围内，将分割的金融市场汇集成一个统一的金融市场。这一变化意味着将一些分散、缓慢的资本移动汇集成大规模、快速的资本移动，大型经济体货币供应量和利率等变化引发的巨额资金转移，可能对整个系统产生巨大的破坏作用。1998年亚洲金融危机显示了在条件不具备的情况下，资本市场自由化过程中出现的"热钱"能造成巨大危害。

其次，金融全球化强化了金融危机的传染与扩散。在2008年这次全球金融危机中，大规模跨境投资和全球金融资产价格的联动助长了金融危机的扩散，而这些变化与金融全球化存在密切的联系。在全球化时代，跨境投资已成为各国金融机构投资的重要组成部分。在这一状况下，美元资产在金融泡沫挤压中的大幅度缩水必然会使其他国家的投资者蒙受巨大损失，并引发连锁反应，演变为全球性金融危机。

再者，金融机构业务全球化和全球金融市场多边监测严重不足助长了潜在的金融风险。金融机构业务全球化背景下，以主权国家为主体的金融监管体制只能有效监管国内金融业务，而无法监管境外业务，特别是"避税天堂"的离岸金融业务。在这种情况下，即使一国国内金融监管体制不存在问题，其金融系统仍有可能遭受来自外部风险的冲击（周宇，2009）。

最后，金融全球化助长了美国次贷危机的发生。美元是全球最主要的结算货币和储备货币，美国金融市场无论在流动性、安全性和收益性方面，都属于全球最优市场。因此，以消除跨境投资障碍为主要内容的金融全球化必然会导致大量资本流入美国，助长美国的过度消费倾向和过度金融创新，并使其能够在世界各地出售不良抵押贷款。

2. 贸易、投资全球化与全球金融危机

1990年代以来，人们普遍认为贸易、投资全球化推动了世界经济的繁荣。首先，贸易全球化实现了商品供给与需求在全球范围内的结合，从而大幅度提高了资源配置效率。比如，在劳动密集型产品方面，中国低成本供给和美国高消费需求的结合，一方面可以扩大中国的生产规模，另一方面还可以降低美国的消费价格，同时改进了中国生产者与美国消费者的福利水平。在技术密集型产品方面，美国卓越技术创新与中国庞大市场的结合，同样可以改进美国生产者与中国消费者的福利水平。其次，贸易全球化为投资全球化开辟了道路，从而为生产要素在全球范围内进行有效配置创造了有利条件。随着贸易全球化时代的到来，为追求低工资、低税收、低监管，发达国家的企业纷纷将生产基地转移到发展中国家。这一变化意味着贸易全球化推动了投资全球化的发展，而贸易全球化与投资全球化的结合，实现了发达国家高生产率技术与发展中国家低劳动力成本的结合，从而明显提高了企业利润。

但是，贸易、投资全球化在加速全球经济增长的同时，也给全球经济发展带来了诸多的风险。第一，贸易、投资全球化上加剧了美国经济与社会不平等和不稳定性。美国把越来越多的低端制造业转移或外包到发展中国家虽然增加了美国公司的收益，并通过进口廉价商品提高了美国居民的总福利。但是，全球化在很大程度上是由大型跨国公司和金融机构运作的，并服务于他们，由他们倡导的放松管制和自由化削减了美国的税收、扩大了其收入财富分配差距，并导致在美国纺织、钢铁等产业部门就业的普通工人和低技能工人大量失业或工资水平下降（斯蒂格利茨，2020a：19）。为了获得中低收入者的选票支持，美国政府不得不提供养老金、失业救济金和健康医疗等其他社会保障。社会保障和社会福利进一步吸引了大量低端移民涌入美国。为了圆中低收入群体的住房梦，美国鼓励金融机构不断放松住房抵押贷款的贷款条件，以至于没有任何信用记录的人也可以获得房贷，最终导致房地产泡沫和信贷泡沫的累积和破裂。

第二，贸易、投资全球化提高了供求波动的冲击力。与面向国内市场的生产相比，面向全球市场的生产的需求弹性更大，极易受到汇率、贸易伙伴产出和竞争对手产品价格的影响，这一状况为生产带来更高的不确定因素。美国次贷危机引发的全球金融危机，引起全球需求紧缩，从而导致日本、德国、中国和韩国等一部分出口大国的出口下降幅度接近或超过了30%。中国受冲击巨大的东南沿海地区，出现大量的工厂倒闭，并引发外来务工人员的返乡潮。为应对巨大的产能过剩，中国政府适时提出了供给侧结构性改革，推动去产能、去库存、去杠杆、降成本、补短板，着力构建以国内大循环为主体、国内国际双循环相互促进的新发展格局。

第三，贸易、投资全球化导致各国政府货币和财政政策的调控能力下降。随着贸易、投资全球化格局的形成，一国的需求和供给不仅被分割为内部和外部两大部分，而且外部需求和供给的比重明显上升。由于外部需求和供给受制于本国宏观经济调控政策的程度相对较低，以上变化意味着主权国家政府通过货币和财政政策调整本国经济的能力明显下降。举例来说，1985年中国的国际贸易依存度，即国际贸易总额对GDP的比率为23%，然而到2006年这一比率达到64.24%的峰值。由于2008年全球金融危机中中国经济的减速主要源于外部需求的下降，加上下降的速度过快、幅度过大，因此扩张性货币、财政政策的正面效果不太理想，并对房价上升起到助推作用。而大多数欧洲国家则放弃了调控本币利率的权力。

3. 金融危机对全球化的影响

2008年全球金融危机爆发以来，经过十年的调整，全球经济并未实现理想复苏，反陷持续低迷，贸易保护主义不断加码，"逆全球化"思潮暗流涌动（盛玮，2017）。在发达地区，英国公投脱欧使欧洲一体化进程受挫，难民危机让欧盟对移民问题再现分歧，特朗普政府奉行"美国优先"，实施修筑边墙、撕毁贸易条约、大幅提高关税等政策。一些发展中经济体和后发国家中也有人持"逆全球化"的主张。他们认为，以美国为代表的消费国和以中国为代表的大部分生产国，在全球化过程中都获得了较大部分的实际利益。消费国得到了全球供应的廉价商品，生产国实现了产能、技术、资本的积累和劳动力素质的提升。但是，更多依赖资源出口的资源国并未享受到这种红利，出现了增长低迷、资源透支、效率低下、产业不振等问题。

尽管不能说全球经济已进入逆全球化时代，但当今世界面临的逆全球化挑战却无时不在，并成为掣肘全球化深入发展的主要障碍。作为逆全球化挑战的主要表现，全球范围内的保护主义此起彼伏。2017年7月英国经济政策研究中心（CEPR）发布的《全球贸易预警》报告显示，在2008年11月至2017年6月期间，20国集团（G20）的19个成员国（不包括欧盟）总计出台了6616项贸易和投资限制措施，相比而言贸易和投资自由化措施仅为2254项。其中，美国成为全球保护主义措施的主要推手。数据显示，金融危机后美国累计出台贸易和投资限制措施1191项，居全球首位，占G20成员国家保护主义措施总数的18%，比排名第二的印度多462项，是中国的4.5倍多（徐秀军，2018）。

造成贸易摩擦或贸易战的主要原因之一是目前的国际贸易规则仍以最终产品为对象，这与以中间品贸易为特征的全球价值链贸易具有较大的不兼容性。在一个彼此联系日益密切的世界里，跨国公司在各国的投资、生产线、行政管理和决策制定等各方面纵横交错，要想确切地定义一个产品到底是属于哪个国家生产的是很难的。如在"三角贸易"模式中，中国向美国的出口中就包含了大量从日本、韩国等东亚国家进口的中间产品。据人民日报报道，2016年中国进口芯片金额高达2300亿美元，花费几乎是排在第二名的原油进口金额的两倍。在全球劳动地域分工格局中，中国主要是利用丰富的劳动力对中间产品进行加工和组装，生产最终产品后出口到国外，即加工贸易。从全球价值链看，标明"中国制造"的苹果手机，由美国设计并提供核心芯片、内存和集成电路等核心零部件，日本提供摄像头模组等光学组件及显示面板，中国台湾生产印刷电路板、代工中央处理器芯片，韩国提供显示面板和部分芯片，由中国大陆生产非核心零部件并组装，而最终的出口额却都算给了中国。因此，单单依据中美两国贸易逆差和顺差的统计发动贸易战是不科学的，也只能导致两败俱伤，并波及其他国家。高盛的一份报告指出，在苹果智能手机的全球供应链中，中国的生产成本占25%~35%，其中15%左右为零部件加工和最终组装所投入的劳动力成本。该报告估算，如将在中国的苹果手机生产与组装全部移到美国，苹果手机的生产成本将提高37%（陶涛，2018）。

龙永图（2018）指出，之所以出现"逆全球化"，主要是因为相关国家政府对于全球化所产生的负面影响，没有给予足够的重视，没有直面并解决这些问题。美国经济学家斯蒂格利茨直截了当地指出，美国没能驯服和统筹金融领域，没能妥善应对经济全球化所造成的影响，在面对日益严重的公平缺失问题时，美国似乎正逐步演变为一个1%的国家——美国的经济和政治都只为那1%的人存在，也被那1%的人操纵着（斯蒂格利茨，2020b：29）。而中国通过对贫困、地区差距和环境保护等问题所采取的措施，较好地解决了全球化带来的负面影响。最后，应该看到经过几十年的发展，全球的产业链和供应链网络已经建立起来了，新的科学技术的发展是全球化的持续动力，全球化将沿着开放、包容、均衡、普惠的方向不断深化，逆全球化只能牺牲本国的居民总福利和经济增长。

二、如何认识全球化过程中的人文现象演变

（一）全球化与各类网络

全球各地有各类网络，它们各有其特点。卡斯特（2006：6）认为网络是由以无数种方式连接的一系列自主节点组成的。理想的网络是水平结构的，权力在所有参与者中共享，思想向各个方向流动。不是所有的全球网络都符合这种理想描述。卡斯特认为信息技术比印刷术和工业革命更具革命性。但全球信息技术和信息网络的发展并不均衡，信息技术网络更密集地连接一些地方而非其他地方，核心和边缘地区在信息网络普及程度上的分化是目前世界

的一个特征，也是全球化利益不均衡的一个例子。2014年，家庭电脑普及率最高的国家（冰岛）其普及率达96.7%，而最低的国家只有2.1%，手机普及率最高的可以达到215%，而最低的只有17.7%，互联网普及率最高的冰岛已经达到了96.6%，而最低的国家只有1.9%（信息社会发展研究课题组、张新红，2015）。

除了电子信息网络，目前世界上还存在众多网络，如金融、交通、通信、政府、媒体、教育等网络。在过去20年，由于全球化连接地点的信息技术扩散，各种网络已经发生了明显变化。一方面，它使全球化发生并创造了比以往更密切的相互作用和相互依赖；另一方面，网络的连接并不均衡，依据主导集团的利益，这个星球上任何有价值的地方被连接起来，而没有价值或价值下降的任何事物（人、公司、区域、资源）均被排斥。一些地方如全球城市，特别是核心地域的全球城市，通过通信和交通网络比以往更加密切地连接起来，而其他地方，如边缘地区比以往更加偏远。例如，在北美大平原，许多农村道路被废弃了，一方面原因是一些地方农村人口密度的降低，另一方面是维护较老的基础设施如桥梁的成本增加。本部分主要探讨当今世界的4种主要网络：生产网络、传媒网络、零售网络和金融网络，包括它们在全球化世界中运行的尺度，既考虑每个网络的全球尺度，也考虑它们的地方或区域尺度。

1. 生产网络

经济全球化过程中生产网络的变化源自三组过程之间的动态相互作用：跨国公司的战略，国家政府的战略，以及技术变化的特征、方向和本质。下面以纺织服装工业和汽车工业为例展示生产网络变化的过程是如何组合在一起，并在全球尺度上创造出特定的组织和地理形式（表12-3）。

表12-3　生产者驱动和购买者驱动网络比较

要素	经济管治形式	
	生产者驱动	购买者驱动
资本控制类型	产业	商业
资本/技术密集度	高	低
劳动力特征	技术型/高薪酬	非技术型/低薪酬
控制企业	制造商	零售商
生产整合	垂直/官僚	横向/网络化
控制	内化的/等级的	外化的/市场
承包的/外包的	适度渐进的	高
供应商提供	原件	已完成的商品
实例	汽车、电脑、飞行器、电子机械	服装、鞋类、玩具、家用电器

资料来源：丹尼尔斯等，2014：512。

纺织服装工业生产网络。纺织服装业是最早实现全球化的制造业，也是所有行业中在地理上最分散的行业，无论是在发达国家还是发展中国家。因为制造纺织品和服装所需的技术设备相对简单，对劳动力的技术要求也不高，资本要求相对较低。最近几十年，纺织服装业的技术、组织和地理格局都发生了重大变化。纺织业的普遍发展趋势是资本密集程度越来越高，大型企业的地位越来越重要。服装业依然在组织上相对零散，在技术上相对简单。在服装业中，外包是特别重要的经营方式，特别是缝纫工序。虽然服装经销商不是生产链中的一环，但他们（尤其是零售商）的作用非常重要，对服装业的组织方式和全球地理格局造成越来越显著的影响。实际上服装业是一个非常典型的由买方驱动的生产链。当市场主要由大众市场的零售商支配时，需要的是低成本、标准化服装的长期生产。而随着市场个性化的加强，时尚变化越来越频繁，制造商必须更快地对零售商的需求和服装流行款式做出响应。在这种背景下，空间临近所带来的时间节约和生产成本最小化日益重要。技术革新、生产商的国际化战略、与零售商的关系，以及多重纤维协议的限制等各种因素相结合，形成了一个非常复杂的服装业生产网络，远不是单靠劳动力成本差异所能说明的。尽管纺织及服装公司确实参与海外直接投资，但海外投资的力度远比不上其他跨国活动。由大零售商和采购商所组织的国际外包和许可证生产是纺织与服装行业国际化生产的主要形式，在服装制造业尤为如此：服装设计及布料纤维主要从美国和欧洲输入亚洲各地，而服装制成品的输送方式恰恰相反。全球纺织与服装行业已经发生了几次明显的区域转移：1950年代至1960年代从北美和西欧转移到日本，1970年代至1980年代从日本转移到中国香港、中国台湾和韩国，1980年代后期至1990年代从中国香港、中国台湾和韩国转移到中国其他省份、东南亚和斯里兰卡，1990年代转向美洲（集中在美国、墨西哥和加勒比海地区）。然而，目前纺织服装业的生产网络越来越呈现出全球区域化的趋势，这种变化受到降低劳动力成本和靠近市场的双重需要驱动：需要熟练技术的生产工序，如服装剪裁和纺织材料的收尾仍需留在发达国家（如美国、日本、德国和意大利等），而生产线上低报酬的职位将继续流向发展中地区，如拉丁美洲、亚洲、东欧和北非；另外，上市时间和较短周期生产的要求开始影响零售—服装—纺织渠道，三个全球性区域正在形成，即美国、墨西哥和加勒比海地区，日本、东亚和东南亚，西欧、东欧和北非，其中每个区域都包括发达经济体和靠近消费市场的发展中经济体（迪肯，2007：269-299）。

汽车工业生产网络。汽车工业是核心的制造业部门，曾被认为是国家经济发展战略中至关重要的产业，贸易壁垒对汽车工业的全球化施加了极端重要的影响。各国政府为吸引主要汽车制造商的大型制造厂，进行了激烈的竞争。在组织结构上，汽车工业是所有制造业部门中最全球化的。它是一个由巨型公司构成的产业部门，其中的很多公司越来越按照跨国一体化的方式来组织它们的生产活动。汽车工业从本质上是一个组装工业，它将大量的、各种各样的零部件组合在一起，其中很多零部件是由其他工业部门彼此独立的企业制造的。它是一个最典型的生产者驱动的生产链。这个产业部门的本质使单一生产过程在组织上和空间上的分离成为可能。汽车工业曾经是大规模生产的产业部门，为大众消费市场生产品种有限的标准化产品。它在大规模组装厂里，用非常固定的方法生产数量巨大的产品，每个流水线工人快速完成狭窄单一的重复劳动，这就是著名的福特制生产。1970年代以来，汽车研发和制造的方法发生了革命性的变化，由日本发明的精益生产或者叫弹性专精生产与大规模生产技术形成鲜明对比，前者生产方式非常灵活，使用模块化的元件，应用"即时提供"的交货系统，雇用多技能的工人，生产多样化的产品。主要汽车生产商所使用的一个越来越重要的策略是，将不同生产平台（及零部件）的数量减到最小，企业产品目录中的多个车型共用一个平台。这个战略的一个新版本是大规模定制的概念：在大规模的基础上销售高度个人化的产品，即只有消费者定购后才进行商品的生产，这意味着将生产推动的部门转变为一个消费拉动的部门。随着运输和通信技术进步使长距离交易成为可能，主要汽车厂商致力于在全世界范围内寻找低成本的供应商。但是在精益生产系统中，组装厂与零部件商需要在功能上极端紧密，通过非常密切的协商，进行零部件的设计和生产，所以它们在空间上的关系更密切。汽车工业的生产区域化也特别明显，各主要汽车厂商并非试图在真正的全球尺度上组织及重组业务，而是倾向于在全球三个主要区域（即亚洲、北美和西欧）分别建立一体化生产系统。目前，与日本和美国的汽车公司相比，欧洲厂商的空间扩张仍十分有限。只有大众集团基本上有一个国际一体化的系统。欧洲和北美的汽车生产网络发展反映了多个力量的结合：市场规模、富裕程度及政治经济一体化（分别通过欧盟和北美自由贸易协定）。这些条件使零部件的供给、生产和流通的高度区域一体化成为可能。东亚的情况则相当不同，目前仍是一些单个的国家/地区市场，但毋庸置疑的市场潜力使其成为主要汽车厂商争夺的"焦点"。虽然日本汽车厂商现在在亚洲占据主导地位，但他们正受到德国、美国和韩国生产商的挑战（迪肯，2007：301-335）。

2. 传媒网络

今天，全球传媒远不止包括印刷机、收音机和电视机，它还包括各种娱乐的空间，例如纽约时代广场上的新阿姆斯特丹剧场（为迪士尼公司所有），美国无线电公司、Jive、贝图斯曼等唱片公司生产的歌曲，游戏网站上玩的游戏，电影地带软件上的电影资讯，通过电子地图导航获得的去电影院的路线，等等。二战后，通过一系列的兼并和重组，全球传媒主要由6家跨国公司控制。它们是时代华纳、迪士尼、贝图斯曼、维亚康姆、新闻集团、维旺迪。传媒集团竞争三样东西：内容、传播渠道和消费者。通过一体化或兼并，全球传媒集团获得内容（电台秀、电视节目、电影、书籍）和传播媒体（电台、电视台、杂志、电影院线和互联网公司），吸引和维持消费者。① 对于内容的控制，譬如美国70%的电影剧本开支来自六大传媒巨头。但是，单一的娱乐集团无疑面临着巨大的经营风险，一旦失去了掌握渠道的传媒的支持，内容制作商难以在市场中生存。② 对于传播渠道的控制，比如华纳兄弟公司发行《史酷比》时，整个公司都在围着它转：卡通电视网播放老片片段，WB电视网则播放新片片段，华纳唱片公司推出其音乐，而娱乐部门则已经推出了史酷比的现场节目。而每一个部门都带来了相当可观的利润。近年来，传媒赖以生存的传播渠道随着科技的发展不断更新，网络和移动互联网的飞速发展使传统传播渠道的地位面临着严峻的挑战。新的传播渠道出现并逐渐普及，依靠传统传播渠道的传媒的用户使用率随之下降，利润不断收缩，生存受到了威胁。传媒企业一般采用并购的方式，实现传媒的转型与整合。③ 全球传媒集团还以跨国资本的方式形成全球性的消费意识，其文化霸权话语渐渐进入民族国家的神经之中，导致很多国家受众和广告主的需求相对趋同。

网络技术的发展，使个人在响应由大企业和政府控制的传媒网络方面获得了新渠道，网民的心声和力量已经成为政府和传统媒体不能忽视的重要方面。其中一个标志性的渠道就是个人博客，博客一词来源于"网络日志"（weblog），它是因特网上的一项免费服务，它可以使用户不用掌握网页制作与发布技术，而自由地发布个人的观点、照片和经历，并链接到网络和其他博客。博客是个人性和公共性的结合体，是个体用户为应对全球传媒网络而构建的地方、区域或全球网络。目前依托移动终端的Facebook、Twitter、微信、抖音发展更为迅猛，使人们可以随时随地地发表和交流对时事的评论与感想。历史上，政府和媒体有能力成为强势的舆论看门人，他们可以对同一事实讲述不同的故事版本，从而引导和操控舆论。今天随着自媒体的快速发展，严格地看门变得越来越困难。因为自媒体可以通过链接其他网页实现交叉宣传，激发和影响主流媒体的报道内容（de Blij等，2007：425-426）。

3. 零售网络

零售业是生产链的终端，所以它对所服务的消费者市场的特性极其敏感，这直接影响了其网络组织结构、营销形式和扩张方式（迪肯，2007：414-421；de Blij等，2007：426-427）。不像主要传媒集团以垂直一体化为主，国际零售企业主力集团是典型的水平一体化。水平一体化的集团，第一眼看起来好像是不同的零售公司追求各自的市场份额，然而实际上所有零售公司都为同一个母公司所有。水平一体化获得的成本节约、规模效应和品牌效应给居世界前列的公司提供了一条更稳固的创造价值、增长收益的途径。全球性零售商在空间上更分散，商店分布在成千上万个地方；而全球性制造商在空间上更集中，特别是在生产区位上的集中更明显。另外，全球性零售商直接与消费者接触，具有地方形象，走进单体商店的消费者直接在地方层面上与全球性零售商相作用，而全球性制造商则不同。

1990年代以来，受欧盟、北美自由贸易区以及新兴工业化国家普遍采取更加开放政策的影响，零售业的国际化快速发展，并表现出如下特征：首先，零售业的国际化主要以欧美发达国家的大型零售商为主。全球零售企业中海外销售额最大的10家企业除日本的Ito Yokado外，其余均为欧美发达国家的零售企业巨头。其次，欧美发达国家仍是零售商国际化的空间集中区，因为零售商在扩张海外市场时非常倾向于优先进入地理相近、文化相似的国家。最后，近年来国际零售企业主力集团加快了向拉丁美洲、亚洲、中东欧和南欧扩张的步伐，这些地区的吸引力在于快速的经济发展、富裕水平不断上升、消费开支和零售额不断增长，同时国际零售企业的零售形式及其物流系统的渗透成本极低。食品和非食品商品组合型超级自选大卖场是"现代"西式零售业进入新兴市场的主要载体。

主要零售商的跨国策略基于以下几类竞争优势：零售形式的创新；物流和配送系统，特别是能在存货和配送上节省成本的系统；信息系统和供应链管理，例如电子信息交换；用于扩展的低成本资金；"最佳方法"的推广；充裕的人力资本和管理资本，以便获得更广泛的国际管理经验；全球采购能力。

零售业国际化主要有两种扩张模式。一种是渐进式并购扩张。这种模式与零售企业国际化的相对保守战略相适应。表现特征为本地市场—邻国市场—全球市场的渐进式跨国扩张。即在空间上，首先在母国获得较大的市场份额并形成较强的竞争实力；然后以母国为中心，在空间邻近、文化相通、消费水平相近的邻国市场开始其国际化过程；最后，形成全球化的销售和采购网络（食品产品的全球采购受到民族口味、偏好不同和容易腐坏的限制）。一般来讲，采取渐进式扩张的零售企业在进入方式上常常采取并购的方式，使零售企业直接获得一个地方性网络并快速实现规模扩张，使其进入优势得以乘数放大。另外，并购合资还为跨国公司提供了一种有效的学习方式，使跨国公司在与东道国合作伙伴的共同工作中逐渐熟悉当地的社会经济环境。其中规模最大的例子之一是沃尔玛耗资110亿美元收购英国连锁超市阿斯达（Asda）。沃尔玛还收购了德国的韦特考夫（Wertkauf）连锁超市。另一个例子是家乐福收购了法国零售连锁店普罗莫德斯（Promodes），这使家乐福能进入普罗莫德斯的海外市场。第三个例子是皇家阿霍德公司（Ahold）在美国、北欧、南美等地收购当地零售商。

另一种是独资扩张。并购合资可以使外资企业在进入他国市场初期避免一些水土不服，但是各自持有一部分股权，会使得一些决策互相牵制，并且会使外资方流失一部分利润。全外资或者独资的优势是，可以提高利润，还有助于统一管理。同时，全外资零售企业还会在一些政策上获利，这也是不少企业颇为看重的。例如，2004年底中国外商投资的连锁零售企业门店总数为2024个，而外商独资的门店数仅有49个，而且独资门店在营业面积、销售收入等方面的份额更低，仅占1%左右。在此之后，跨国零售企业在中国不论是初次进入，还是进入后的增资扩股、股权回购、并购等行为，都显露出独资化倾向。一方面，在新进入的跨国零售企业中，独资模式所占比例急剧上升。在中国2017年批准的187家外资零售企业中，外商独资企业占到了63%。另一方面，已进入中国的跨国零售企业，则通过多种手段试图达到对合资企业的控股或全资经营。比如，中国对外资零售企业全面解禁伊始，易初莲花就迅速完成了对公司在上海、北京、广州等地合资公司的中方股权回购工作。

4. 全球金融网络

随着金融化和金融全球化的发展，全球资本市场与地方的发展构建起紧密而复杂的联系，越来越多的企业通过获得国际股权投资或者在境外资本市场上市等方式融入全球资本市场。以中国企业为例，早期的代表有百度、新浪、搜狐等在美国纽约纳斯达克交易所上市的公司，近些年的则有腾讯、阿里巴巴和京东等相继在纽约等地上市。除了这些知名的互联网企业之外，还有很多中央直属的国有企业包括中石油、中国银行等在纽约等地上市。目前，国内已有1000多家企业在境外交易所上市。全球金融网络（GFN）为理解这些新现象提供了有力视角。全球金融网络主体包括2个地理单元和网络中的行动单元，即世界城市、离岸管辖区和ABS企业。其中，世界城市如纽约、伦敦、香港等，是GFN空间结构中的关键地理单元。离岸管辖区，例如开曼群岛和英属维尔京群岛，是GFN空间结构中整合全球投资和利润流动的关键地理单元。投资银行、律师事务所和会计师事务所等ABS企业作为中介，促进了金融活动的运行，并帮助地方经济与世界城市和离岸管辖区建立联系。融资企业所在的城市是资金需求的节点，世界城市是资金供给的节点，而离岸管辖区则是为融资方和投资方提供法律、税收和资金流动等便利条件的节点，这三者的联系构成了地方经济进行全球融资的整体性地理网络。

企业境外融资对地方经济发展产生了积极作用，很多成功在境外融资的企业成长为相关产业的领头羊，并进而衍生出大量创业企业，这些企业所在的城市如北京、深圳、上海和杭州等受益良多。需要指出的是，融入GFN对地方经济发展也可能存在着负面效应。首先，大量本地企业借助金融业务的"体外循环"进行全球融资，使得地方经济和地方企业发展的红利外流，也给本地自身的资本市场发展造成了巨大损失。例如，包括腾讯、阿里巴巴、百度、京东等在内的大量优质企业在境外上市，对中国大陆资本市场发展是巨大的损失，也让国内投资者失去了重要的投资机会。其次，地方经济融入GFN意味着企业、城市和区域不得不面对金融化所伴生的矛盾冲突。资本具有逐利性，在金融资本的裹挟和支配下，企业的决策更容易在短期利益和长期利益、局部利益和全局利益的抉择中选择短期和局部利益，从而伤害所在城市、区域乃至国家的可持续发展及社会公正。最后，融入GFN意味着企业和地方经济更多暴露在全球资本市场面前，因此也要面对全球金融体系内生性危机的伤害（潘峰华、方成，2019）。

分析生产网络、传媒集团的一体化，零售业国际化和全球金融网络使我们看到了全球网络的多样性，有些越来越集中，有些越来越分散。在每个例子中，人们与全球网络相作用，塑造它、抵制它、展现它，并以自身特有的方式响应全球化。

（二）全球化与文化认同

社会学家常常将认同（identity）视为共有的信仰与情感和维持社会秩序的社会角色与身份。微观层面，认同是人类行为与动力的持久源泉，它坚定了人们对自己的看法，又从他们与他人的关系中，派生出生命的意义。宏观层面，认同是一个更深的个人意义的代码，它将个人与最一般层面的社会意义相联系。它是涂尔干（É. Durkheim）称之为"集体良知"的东西，是将一个共同体中不同的个人团结起来的内在凝聚力。从政治学上讲，认同是形成国家，实现国家现代化和民主政治的政治资源（张汝伦，2001）。纵观历史，人类逐渐跨越了"部落""城邦""王国""帝国""天下"的地平线，眼界不断扩大，已经不可避免地进入全球视野。

1. 全球化与文化认同危机

全球化时代的认同危机主要来源于三个方面的社会经济和技术转型。一是现代化，虽然现代化指的是由传统社会向现代社会的变化，但近代以来整个世界的现代化过程与全球化过程关系密切。在这个过程中，一些非西方落后国家在发展外源型现代化过程中，不同程度地认同了西方价值观，从而形成了本民族传统价值观与西方现代价值观的冲突。马克思和恩格斯在《共产党宣言》中曾深刻揭示了近代全球化中价值认同的必然性，他们指出："由于一切生产工具的迅速改进，由于交通的极其便利，把一切民族甚至最野蛮的民族都卷到文明中来了。它的商品的低廉价格，是它用来摧毁一切万里长城、征服野蛮人最顽强的仇外心理的重炮。"在今天，资本主义卖的不再仅仅是商品和货物，它还卖标识、声音、图像、软件和联系。华尔兹、摇滚乐、米老鼠、唐老鸭、西方大片，还有那些被非西方国家的人们奉为时髦的各种"高雅"的西式兴趣和爱好，更在深刻影响着现代化过程中非西方国家的人们。当全球化中对西方价值的认同危及非西方民族和国家的核心价值观，使这些民族和国家的人们陷入精神上无可归依的状态时，西方价值观的合理性、合法性就会受到民族国家的质疑和对抗。如果这个对抗超出了民族认同的范围，把某种不同于西方的价值加以绝对化，从而演变成以另一种价值观的普遍化诉求来替代西方价值观的普遍化诉求，将使全球化中的认同冲突变得异常激烈和复杂。这种冲突表现为全球化时代原教旨主义的兴起及其社会后果。2001 年发生的美国纽约世贸中心"9·11"事件充分说明了这一点。

二是移民。土地、自然和社会环境是不可移动的，移民的原因是个体与家庭为了寻找更适宜的不可移动空间。全球化产生的巨大贫富差距和方便的交通通信技术，大大扩展着移民的范围和规模。实际上，移民的增加和人口的流动带来的不仅是民族间的经济利益冲突，不同文化背景和发展程度的民族人口忽然走到一起，相互之间的陌生感和文化冲突也是必然的。由旅游者、移民、难民、流放者和外国劳工等人口流动而产生的一定空间内人种、种族和民族的混杂，是产生认同问题的重要原因。由于社会剧烈变动，在西方国家中出现了所谓"新认同政治"现象，也即人们开始减弱和摆脱传统的政治认同，而以文化、宗教、地缘或性别等为纽带确立自己的身份，由此创立社团、组织活动或发起运动，以便参与政治、维护各自的利益。这其中的"族性认同"尤为突出。所谓"族性认同"就是以共同的肤色、种族、民族、语言、出生地和宗教等"族"的要素确立的认同。作为族性（ethnicity）单位的"族群"本身不是民族，但却是民族的衍化物或"碎片"，具有民族的一些特质和感召力。因此，当因"族性认同"导致的"族性政治"出现的时候，民族问题的属性也便呈现出来了。不同族群之间的利益之争、文化冲突成为民族矛盾的一种特殊反映。可以想见，因外来移民的进一步增多，以"族性政治"为特征的民族矛盾在西方乃至更大的范围内都将是一个严重的社会问题。亨廷顿（2002）就对美国社会文化中出现的"马赛克化"忧心忡忡，担心美国的国家认同和西方的文化认同会在外来移民的冲击下日益衰弱，因此他极力主张独尊英语和文化同化政策，而美国文化的核心是"白种盎格鲁－撒克逊清教徒"（WASPs）的价值观念。

三是信息传播。现代化的通信技术为全球化提供了技术手段，大力推进了全球化的进程和速度。人们足不出户就可以通过电话、电视、传真、网络等工具，迅速了解世界任何一个角落发生的事情。譬如，人们习惯每天坐在沙发上快速变换有线和卫星电视频道，在陌生的地方穿梭跳跃，其移动速度远非超音速飞机和宇宙飞船所能及。目前由互联网、卫星电视、电影及其他文化媒介传播的西方（特别是美国）文化，可能使全球文化出现同质化倾向。一个特别令中国担忧的事实是，英语通过传媒渗入中国人的日常生活，众多的中国城市青年热衷于学英语、看美剧。这表明即使是在民族文化中根深蒂固的中文，也未必能免于语言全球化的侵蚀。青年人中流行的享乐主义对社会主义理想和价值观形成挑战，日益突出的个人主义腐蚀着传统美德（奈特，2007）。

2. 全球普世认同的发展

与一个世纪前相比，现在人们有种非常强烈的感觉，即我们是人类整体的一部分，我们相互依赖并共享着一个共同且脆弱的地球环境；同时还有一种强烈的愿望，即保护独特文化元素，并使之融入文化全球化的融合进程中。当代文化可以而且在某种意义上也必须既是地方性的，又是全球性的。日本和韩国保留了高度日本化和韩国化的特征，但与此同时它们也都吸收了西方文化元素，并向世界传播自身文化元素。随着改革开放的推进，中国正沿着同样的道路前进。在国家关系领域里，人们可以看到，国家不但已经达成了一种基于主权平等的普遍认同，而且也支持一系列重要的国际制度规范。

首先，当前大多数国家都遵守市场规则，并有强大的政府间组织作为支撑。就此而言，市场已经成为一种全球性机制。当然，有些国家和民众是出于信仰而支持它，有些则是因为实用主义的利益权衡或胁迫之下的政治妥协而接受市场原则。如果西方力量衰落，其胁迫能力减弱，且利益平衡被打破，那么很难说市场作为一种全球性机制依然可以继续存在下去。然而，中国和印度义无反顾地开放自我、走向市场的事实，也表明共享文化进程的不断扩展。

其他很多制度也被广为接受。在国家层面，尊重主权和领土完整、互不干涉内政、和平外交、国际法、大国治理、民族主义、民族自决（并非所有的看法）、主权在民、人类平等和进步等国际规范都已深入人心，成为较为普遍的国际原则。一些具体的事例或者具体适用可能会激起争议，比如对大国治理的不满（例如美国在伊拉克）、抵制基于文化民族主义的民族自决（例如科索沃、库尔德）。但在国家间和人际间（包括国家、民众和跨国行为体），多元共存的基本制度规范得到了广泛支持。大多数自由主义运动都寻求主权独立，大多数民众对民族主义、领土、主权，以及有关进步的观念感到满意，大多数跨国行为体想要并且需要一个稳定的法律体系。有人认为，即使当西方力量衰落之时，这些多元制度规范中的大部分将会保留下来，这也同样适用于对全球环境治理的适度且有望增长的承诺与热忱。就像足球和其他一些体育运动在世界各国得到发展一样，这些制度已经深入人心，成为跨越国家和民族的全球文化的组成部分。这种全球文化因资本主义的全球化而得到巩固和传播，而资本主义的经济、文化和政治力量则展现了强大的现代化逻辑。先锋派认为，这种现代化逻辑与西化无异，带有西方烙印；调和论者则认为，全球市场无可争议的文化承载能力在两方面都会发挥作用：一方面传播西方文化从而影响其他文化，另一方面西方文化也受全球文化流动的影响而发生自身的改变。对此，调和论拥有大量的论据，从亚洲食物、时装、电影及非洲音乐在西方的流行，到全球采纳日式管理方式，吸收和传播印度、日本和中国的哲学，等等。在这一融合逻辑下，国家和民众在强调他们彼此不同的同时，正变得越来越相像。

3. 全球化时代的中国国家认同

在全球化时代，国家认同已经不再是对国民身份的"绝对同一性"要求，而是国民对自身多重角色和多重选择的身份整合。当代中国的社会发展是在全球化语境下展开的，面临着自身与外在他者的矛盾，同时自身还面临着历史与当下的关系。因此，当代中国的社会建设，既是在"中国—世界"这样的空间坐标中展开的，也是在"当下—历史"这一时间坐标中展开的（韩震，2010）。所以，人们的身份认同随着环境的变化而变化。一个人可能是中国公民，同时又可能在为外国公司工作。他的国家认同指向中华人民共和国，他的文化认同却包括了对外来文化的吸收与接纳，他的经济身份大概是属于跨国公司，如此等等。全球化对国家认同提出了更高的要求。一方面，国家认同必须能够统领其他认同，如地域认同、族裔认同、职业认同，等等，以容纳人们身份的多样性和归属的多重性；另一方面，不能因其他认同而削弱国家认同，例如一个人在作为中国人的同时可以是东北人、香港人、蒙古族人、回族人，但国家认同不能让他或她因强调自己是某地、某族裔的人而弱化其是中国人的认同。

在全球化时代，国家认同已经不再是臣民的服从或蒙昧的集体无意识，而应该是人民自主选择的立场。换言之，在过去国家认同是一种历史现实，而现在却在历史现实之上增加了某种竞争性。在一个流动比较容易的世界之中，一个大家自觉认同的国家必定是人们愿意生活于其中的国家。过去，国门关闭，人们没有选择权；可是，在全球化时代，人们可以比较鉴别。因此，建设一个富强、民主、文明、和谐、美丽的社会，是强化国民国家认同的前提条件。一个国民高度认同的国家不仅是人民可以幸福地生活于其中的国家，也必定是人民自由权利和个性发展得到尊重的国家。封建制度下的国家认同是被动的、消极的，本质上不属于真正的认同，即使有认同也是对自己家族、故乡和土地的自然眷恋，或者是对生存共同体及文化传统的依赖。在今天，人们的国家认同必须在生存和身份的意义上做出自己的选择，因此是一个人作为公民的权利与义务的统一。鉴于此，我们不仅要构筑中国特色社会主义共同理想，而且要建设经济富裕、政治民主、文化繁荣、社会公平、生态良好的现代化强国，实现中华民族的伟大复兴，增强国民的向心力、凝聚力和自豪感。

在全球化时代，国家认同不再是既定国民身份的确认，而是需要公民意识的支撑和公共空间的拓展。为了培养公民意识，必须拓展公共领域或公共空间，使人们的思想文化超越地域、族群和狭隘习惯的束缚，凝聚公民之间的共同感。过去的人们都是通过家族、族裔、信仰共同体与国家联系起来，现在人们必须通过自己的公民权利走向国家认同。市场经济和社会的转型，使人们不再被动、消极地依赖自然、传统和家族。实际上，人们只有超越了家族、族裔和宗教信仰的束缚，才能成为真正自主的公民，才能形成自觉的公民意识和国家认同。而在这个过程中，国民教育、大众传媒、公共论坛、国家庆典仪式等对于拓展公共空间和培养公民意识具有重要作用。当然，如何更好地发挥它们的作用，仍需要不断实践和探索。

在全球化时代，多民族、多文化国家的国家认同强化是非常必要的。西方发达国家对国民的国家认同培养很重视，而且很有效。尽管他们鼓吹多元文化，但当多元文化威胁到国家认同时他们会毫不犹豫地抹平"差异"，让"他者"归化。为了国家的统一和中华民族的复兴，我们必须把强化国家认同放在重要的位置上。虽然汉族人口占绝对多数，但中国历来是一个多民族国家，少数民族聚居的北方、西北和西南是中国的地缘安全高地，因此构建强大的国家认同事关中国的长治久安，也事关各民族的根本福祉。原兰州军区司令员李乾元上将认为："首先，要用国家观念淡化民族界限，不分民族，不论出身，把忠于国家、忠于宪法、维护国家统一作为公民必须坚守的最高理念、基本准则和基本价值观，并以法律形式固定下来，以强化公民的国家意识。不允许背离国家的人分享公民权利，更不允许有凌驾其他公民之上的'特殊公民'。国家和各项法律制度要充分体现公民政治平等与机会均等，是国家而不是族群让公民感受到尊严和尊重，从而提高国家的凝聚力；个人因国家而不是因族群而感到荣耀自豪，从而增强公民的向心力（向熹、姚忆江，2010）。"

总之，基于最广泛、最深厚认同的国家的团结与强大，才是一国公民实现自由、平等、安全和幸福的根本保证。

三、如何认识全球化过程中的空间变化

"距离已死""世界是平的""地球村""俄罗斯套娃"等是从空间角度认识全球化流行而夸张的说法，本节主要运用地理学的基本概念认识全球化过程中的空间变化（霍洛韦等，2008：32）。

（一）距离等相关空间要素

1. 距离的新含义

距离就是地点与地点的间隔，可以是两个或多个地点。定义一个距离，就是要定义地点、参照空间和维度数量之间的几何关系。因此一个城市、一座机场，乃至日常生活中的一家蛋糕店、一所学校、一家大超市，或是住所和工作地，都需要相对一个参照点来测量距离。人们每一天都能感受到距离，如大城市居民的出行时间和费用，以及跨大洋或跨大洲飞

行时的疲惫或时差，这些都是距离的体现。

两种类型的生产活动受到距离的限制：重货生产和建筑材料的生产往往都是地方性的，必要时才变成区域性的。将水泥厂建在世界各地的消费区附近，采用专业的技术设备进行生产是有利的。同样，在汽车制造业中，由于当地市场潜力有限，制造商为了创造更高的利润，常常需要将公司设在销售目的地附近，以避免远距离输送所带来的麻烦。然而在汽车工业中，安装工厂的运作要求尽可能小的库存量，因此需要分包公司位于汽车安装公司不远的地方，以保证及时供给安装汽车所需的零部件。从上面的例子可以看出，距离影响着汽车工业的两个环节：生产和销售。最后，还应该提到，依靠信息流动而运作的非物质活动，如"避税天堂"，虽然看似完全脱离了距离的限制，但它们与主要的享有者往往位于同一时区：美洲有加勒比群岛，欧洲有盎格鲁诺曼底群岛、不列颠群岛中的马恩岛或摩纳哥岛。

因此，交通和电信的发展消除了距离的影响这种说法是不确切的，应该说距离效应因这些进步而改变、变化和多样化（多尔富斯，2010：48）。而改善交通通信条件和成本的技术进步是引起全球化的底层因素之一。

2. 地方的含义与价值

地方在全球化的世界里一直保持着自身的重要性，这与一个信息瞬时传递和交通速度飞快的世界看起来似乎是矛盾的（多尔富斯，2010：48）。地方的价值不仅仅是经济价值，而且还有政治性或象征性的价值。当地方在世界范围内与外界发生联系时，它就不再只是地方性的或区域性的，而成为世界性的地方。举一个常见的例子：世界性特大城市群的中心城市，如东京的土地价值远比日本其他城市的土地价值更为昂贵，因为这里的世界性大公司带来了高额的经济效益。

一些地方比其他地方的地位更高得益于它的优势位置和对所有"外部性"的汇集能力，如大量高素质的劳动力、高质量的职业培训、宜人的环境、富饶的土地，以及规范的税收制度和法规。在世界棉纺织工业领域，今日珠江三角洲的乡镇要比法国孚日山谷的小城市更有价值。对于全球化的农业生产而言，秘鲁中部海岸的绿洲比法国的阿让特伊更适宜生产芦笋。全球化充分利用地域的自然条件，使得一些地区至少在农业生产方面表现出新的比较优势，如气候温和的秘鲁沿海地区和波哥大的萨巴那（盛产花卉）可以利用温差小的自然特征填补北半球市场供应淡季的空白。有些地方因冲突而成为政治焦点，在世界地缘政治意义上地位更高。像"圣地"一样的象征性区域具有重要的政治价值和象征意义，也因全球化而增值，如耶路撒冷。另外，有一些地方因为长久以来一直是各种网络（尤其是交通网络）的汇聚地，从而获得了越来越重要的地位。这些重要的枢纽地带需要很长时间的建设和投资。位于莱茵河口的鹿特丹就是这样一个枢纽城市（多尔富斯，2010：49）。

3. 交通等设施网络

交通的发展在一定程度上克服了距离带来的不便，但并没有完全摆脱距离的限制。特别是对于那些受到自然条件限制的地区，地形障碍对现在的影响比过去还要大。如今在山区建设一条高速铁路或高速公路比过去修建一条窄轨铁路要花费更高昂的成本，有时甚至是无法实现的。如今，连接世界的设施网络形式多样、四通八达，不仅仅局限于交通运输网，而且还包括石油和天然气网络、城市引水网络、水利灌溉或废水排放网络、电信网等。每种设施网络都有各自的规模、数量、速度和成本，每种设施网络都有各自所适合的空间。它们不规则地连接在一起，分布在相关的空间里；另外，整个空间也由连接和组织它的设施网络所确定。

一座城市的用水网络是地方性或区域性的，一条电网可能是区域性或国家性的，或者与其他几个设施网络互相连接，但这些设施网络都不是世界性的。有些航空网或电信网可能或者趋向于成为世界性设施网络。作为全球化的标志之一，世界性设施网络产生于大型跨洋或跨大陆设施网络所属不同公司之间的协议合作。

每个设施网络，不论是否与其他设施网络交接，都是宏观技术系统（MST）的产物。一个MST需要大量不同的工艺相互合作，如获得专利、取得许可证、掌握技术知识。这些工艺和系统有时是互补的，有时又相互竞争，比如电力生产包括核能发电、热力发电和水力发电。每个设施网络都要符合环境、设置等方面的安全标准，符合与其他设施或活动兼容或不兼容的规则。每个设施网络都要占据一定的场地，不论是在城市还是在郊区，给每个设施网络的分配根据价格、法规和力量对比来确定。自然条件也很重要：机场要求有几千米长的无障碍平整场地；港口要求锚地足够广、足够深，还需要保养完善的航道便于船舶的通行；用火箭发射卫星最好选在赤道附近的地方，这样能够节省能量。这些自然因素决定了设施网络的位置不能随便确定。除此之外，市场和辐射范围也是安置设施网络所考虑的因素。因此，在技术、市场和人口一定的条件下，某些设施网络只能设置在有限的几个特定的地方或场地上。

建设这些宏观技术系统的设施网络需要高额的投资，并且要很长时间才能收回成本。全世界的大型基础设施价值约为世界年生产总值的两倍。大型地区性工程，如英吉利海底隧道或欧洲高速列车的结算单位是几百亿美元，而工期约为25年。建成的大型设施网络导致了"惰性现象"，并在很长时间内决定着土地的规划，如美国州际高速公路网对美国边缘城市的兴起影响很大。大型运输飞机的发展需要十多年的时间和上百亿美元的投入，但这些飞机的飞行期限将超过30年。利用卫星建立通信网络，包括卫星的制造与发射，以及建立地面接收站和信息发送网络，整个过程也需要花费几十亿美元。这些宏观技术系统需要成千上万的工程师、管理人员、法学家和金融家协作完成，这些人都来自实力强劲的大公司，后者拥有多样化的技术能力和经济实力，并实施长远的战略方针。而能够实现这些目标的国有或私营公司数量是非常有限的，有些是垄断性公司，如今它们的地位因自由主义所宣扬的竞争而大受冲击。大部分公司实行卖方市场原则，它们通常是通过价格大战而互相竞争，或者彼此结盟共同对抗一个对手，目的是平分某一市场或更有效地在世界范围内拓展公司实力。从这个角度分析，电动汽车普及替代燃油汽车不仅要提高电动汽车本身的技术竞争力，还要建立一个包含充电桩、充电站、电网等在内的宏观技术系统。

一些设施网络的建设带来区域性或世界性的重大影响，而选择建设哪种设施网络则取决于公司的某些领导，他们可能受到一些政界人士的帮助或推动。在市场经济环境下，追求利益是天经地义的，因此设施网络要建在有使用价值的地方，以获得利润。另外，设施网络建成后需要有人使用并购买相关产品和服务，因此设施网络位置的选择也要考虑到市场前景，这就带来了设施网络在同一座城市里、在国家内部或全世界范围的不均匀分布。从小的街区到大的行政区域，到处都有交通不便的封闭地区，相反有些地方交通过于发达甚至于发生堵塞，从而导致了空间的不平等性。但是，随着技术的进步和竞争效应，成本在降低，各类基础设施网络得以扩张普及（多尔富斯，2010：50-52）。

4. 自然环境

自然环境是社会经济活动的基础条件，全球化带来的交通便利，激发凸显了某些自然环境在社会经济中的新功能和新价值。例如，亚热带的旅游目的地就为北半球中纬度的居民提供了在冬季享受阳光的好去处。从突尼斯到加那利群岛，再到安的列斯群岛，甚至到泰国，这些地方拥有广阔的户外场地，并且价格相对适中，对于欧洲中纬度地区的人们来说是非常好的度假胜地。这些自然条件可以根据社会需要在技术的改造下重新分配到各项活动和生产中去，尤其是在农业和旅游业或用来创造具有舒适氛围的领域。阿里巴巴、华为、腾讯、中国移动、苹果公司等纷纷把数据中心建在贵州，因为贵州夏无酷暑、冬无严寒，可以降低服务器的运行成本。这种新型的地理比较优势在全世界变得越来越有价值。科技发展需要利用某些地理条件，但它并没有损坏大自然的魅力，从局部地区到整个世界，到处都有宜人的风光。修建高速公路和普通道路所要考虑的自然因素是不同的，建设国际性大港口所要求的自然条件和航海时期建设一个贸易港口所要求的自然条件也不能相提并论。在全球化世界的空间组织中，自然环境的优势与局限并存（多尔富斯，2010：50-52）。

5. 地方根植性

自然条件、规模生产、聚集效应及相互影响的行为体的表现很好地结合在一起时会带来效益的增长（马歇尔，2019：328-351）。资本、技术、商品等要素的流动性及劳动力的流动性又加强了地方的重要性，也就是由地方的根植性和固定性所确定的社会的整体特征（多尔富斯，2010：53-54）。此外，就业市场和技术性互补的存在也共同促进了地方的革新。鉴于社会和地理环境的复杂性，各个地方之间不存在绝对的竞争，不同地方的潜力始终存在着差异。

信息、资本、物质资产的流动性与地方的固定性之间的关系看似矛盾，但正是出于这个悖论，跨国企业在全世界寻找着可以变成工厂或市场的地方，以更好地实现它们的计划和目标。企业的领导者拥有前人所不知的各种手段，而这些手段通常是全球化的直接产物。随着信息系统的发展，世界上的主要行为体——政治家或企业家——拥有目前最先进的"地理资料"处理技术，可以根据不同的目标收集一个地区的所有特征，包括这个地区的优势和劣势，比如相对于另一地区的可连接性，交通和通信是否便利，人口特征（人口数量、组成、教育水平、文化特征），司法体系，税收制度和政治制度等。所有这些信息都能用来帮助他们选择投资地点，开发市场，或挑选了解当地情况的政治盟友。企业选择在一定时期内对它们最有利的地点投资建厂，而这些分公司往往为它们所在的地方带来了改变。目前人们经常强调劳动力成本问题。诚然，劳动力成本在一定程度上影响着某些制造业和服务业，但它的重要性不是绝对的，原因在于目前世界上劳动力多且廉价的地方相对而言比较多，对于某些生产来说，劳动力成本只占总成本的很小比例（多尔富斯，2010：21-23）。中国企业家在美国投资修建了玻璃工厂，以利用美国便宜的电、天然气等能源资源，并成功实现了盈利。因此，公司的位置要选在各种要素组合起来最有利的地方。

（二）空间尺度

人们的生活和各项活动的组织主要在三个不同的空间尺度上进行：地方尺度，涉及人的日常生活，以及在小范围内的活动；国家尺度，或国家职权代表所组成的空间尺度，如欧盟；世界尺度，全世界所有体系所构成的整体（多尔富斯，2010：59）。

在全球化带来的动荡与变革中，各个尺度上的规划和调控机构并非总是适应其所管辖的活动。这也是目前全世界的一大挑战：调控机构和调控能力与活动层次和活动强度不相适应。在城市密集区，地方尺度上的市镇已经不再是一个有效的行政单位。有着礼俗社会含义的"乡村共同体"也日益消散。国家的界限被"淡化"，甚至被"超越"或被"规避"。区域机构尚处于雏形或缺乏合法性。联合国体系下的重要国际机构以及世界银行、国际货币基金组织和世界贸易组织，只有在获得各个国家特许、委托或承认的条件下才具有法律效力和权力。为了应对某一局势而组成的临时机构几乎随处可见。因此，大部分调控机构和领土管理机构都对新的空间组织形式所带来的问题表现出或多或少的不适应。

问题的关键在于：全球化逻辑超过了领土性逻辑，而前面所提到的那些不一致的现象正体现了领土性的危机。在探讨这个问题之前，有必要对不同层次的领土所包含的内容和所有权进行描述，并对其合理性做出分析。

每一个领土层次都有一个对应的时间性、一种距离度量标准和一套空间组织形式。地方尺度涉及日常生活和普通活动，还包括外出的时间、成本，享用服务的次数和质量。在国家尺度上，交通服务条件非常重要：除了高速公路和高速铁路之外，到达机场航站楼所需的时间、出入境手续及行李的处理速度也要计算在内。在世界尺度上，则表现为长途空运的频率和成本，当然还有发达的通信技术——只需三颗地球同步卫星就能覆盖整个地球，实现全球通信。世界上的证券交易所在亚洲沿海地区、西欧和美国东海岸之间不间断地运转。纽约的一家银行分行或一个出版社，可以在下班时间将它们的数据或手稿发往印度班加罗尔（12小时的时差）的一家外包公司，外包公司用一个工作日的时间完成数据处理或书籍排版，纽约的工作人员第二天上班时就能收到重新电邮回来的成品（弗里德曼，2008：10-13），当然这离不开英国对印度殖民所形成的语言、会计财务规则和教育的相通性。可见，时间和距离在地方尺度和世界尺度上有着不同的性质和意义。

1. 地方尺度

地方是最基本的空间尺度，即便它已不再是共同体的生活范畴，而成为大小不同、目的不同的空间在同一地点上的交叉和叠加。因为，不论通信和交通技术如何发达，在很多方面人们依然遵循着近距离关系的法则：每天或每周去附近的市场采购，经常享用的服务不能离住所太远，孩子上中小学要去附近的学校，存钱要去附近的银行，甚至家庭聚会或情侣约会都要就近选择场所。就近性也体现在信息交换和日常交往中。在科研领域，虽然互联网和电子邮件实现了人们的远距离交流，但它并没有取代各大实验室之间的密切接触。金融领域的活动总是依靠城市进行，尽管像纳斯达克这样利用上万台电脑的互动而运作的交易所，会对在同一地点上的汇聚交易能力提出挑战。企业领导人之间为了交换信息，往往遵从"对手—伙伴"的策略，常常直接接触，面对面商讨问题。因此，尽管一些大企业的部分下属部门分散在世界各地，但总部总是聚集在大城市的同一街区。通信和交通领域的发达技术并不能取代就近性的优势，而后者正是地方层次的本质特征。尽管"地方"的面积在不断扩大，乘坐高速列车从天津到北京只需30分钟，人们可以每天往返于这两个城市之间，但也要考虑高额的交通费用，当然如果是不定期去从事非常有价值的活动还是能接受的。

一些专业化生产集群和"马歇尔式工业区"的形成也证明了就近性的重要性。"第三意大利"模式下的小城市群，如波河平原、威内托或托斯卡纳的中小型工业主要生产并向世界市场出口专业化的"高档次"产品。企业之间的近距离能使它们保持频繁的联络，利用同一行业的专业人员，享受共同的服务（如银行、保险公司、中介商、运输商等）。

亚洲沿海沿江工业地带的产业园区都存在大量的"工厂群"，这些工厂的云集形成了产业链，实现了功能互补。在拉丁美洲的中等城市（人口数量在20万~100万），一些新型工业活动正在逐步发展起来。原因是多方面的：首先，城市中的大学和科技中心为工业发展提供了良好的环境。其次，通信技术的不断进步使得中等城市的通信质量与特大城市没有任何差距。航空的发展使这些城市与该地区其他城市，甚至欧洲或北美洲的中心城市之间的联系更加便利。再者，经济自由化减少了国家及其行政机构对经济的干预，做生意不再严格受到政治权力和公共部门的限制。超大城市不再是人们唯一的选择。一些地价低、交通堵塞少、往往更加安全的城市具有同样多的优势，这些优势再加上当地资源的协作促进了城市的发展。

2. 国家和区域尺度

半个多世纪前，国家这个领土层次是指国民经济、制度和法律方面的社会组织，以及某种连带关系，它表现为资源的重新分配，以及一种共同生活的愿望。如今，对国家层次的理解依然很重要。关于这一点已经在国家与全球化的关系中详细阐述。一些区域层次也越来越多地介入人们的生活之中。区域有很多含义：国家领土的一级区划，如中国东北；世界领土的一级区划，比如中东地区，这些国家拥有相近的历史、文化或共同的问题；相邻国家的部分领土之间跨越国境所构成的共同地带，比如大湄公河次区域。

第一种形式的区域化，是指在国家行为体之外，越来越多的区域行为体试图利用邻近性，发挥地区间的协作优势。欧盟的面积在逐渐扩大，它的职能和角色也在不断变化；亚洲太平洋经济合作组织（APEC）1989年成立之初有12个国家，目前已经发展到21个成员国家和地区。每种形式的"区域化"都有不同的历史、内容和发展过程，并不存在统一的模式或趋同的发展规律。但对世界性的大企业而言，区域集团扩大了市场意义上的"国家"范围；对于国家经济来说，区域集团更有利于面对某些世界性谈判。

这些由条约和协定所形成的具有部分国家主权或国家特性的世界性机构（如世界贸易组织）和区域性组织都不表现为简单的"相加性"，他们各有自己的特性和运作规则。例如，欧盟不是各个成员国特性的简单叠加，欧盟采取了很多措施来培养每一个国家的国民对它的拥护，比如共同的旗帜、歌曲、宪法、货币，欧盟议会、中央银行、欧盟护照，等等。

第二种形式的区域化是以建设和加强网络为基础而形成的，而这些网络则是一些企业利用不同地区的不同潜力和优势推动发展起来的，它们通常由同族群或具有相同文化的社会群体来组织。在这些区域内，网络的地位比领土更重要。在亚洲东部和中国沿海，存在着不同发展阶段的地区，它们排列在从首尔到新加坡的大弧线上。在过去几十年里，航空客流和电话流量的变化充分体现了这种区域化的影响：如今中国海域两边的地区，航空业发展迅速，直达航线贯穿各地，航班次数也明显增多，而几十年前这里只有有限的几条直达航线，人们不得不从东京、新加坡、香港和北京转机前往他地。

还有第三种形式的区域化，它是前一种的变形，是由某几个城市共同发起的，目的是在企业家的推动下通过贸易和跨边界的协作建立更加巩固的城际关系。亚洲东部和东南亚的"经济增长三角区"就是以这个原则为基础建构的，例如跨越三个国家的新加坡—（马来西亚）柔佛州—（印度尼西亚）廖内群岛的增长三角区，以及在欧洲建立的上莱茵跨境合作区，它包括德国的莱法州、巴登府州，法国的阿尔萨斯地区和瑞士的巴塞尔。这种跨境区域也体现了就近性和邻近性的作用。

3. 势力范围

世界上有一些地带可被称为"势力范围"，这种说法比较模糊，但主要控制国家对这些区域政治、经济、金融或文化的干涉力度并不薄弱。在国际体系中，任何大国都希望并将致力于加强在其邻近地区的势力范围。这些地带有些是从前的帝国或殖民地体系遗留下的产物，有些可能是出于地缘政治的目的。"势力范围"的内容随着区域或行动者的不同而变化：对法国来说，有些国家是它的"施展场所"，直到2000年一些非洲国家还属于法国的管辖范围，比如原非洲的法属殖民地，后来又加入了刚果民主共和国和原葡萄牙帝国的非洲殖民地国家。有些国家隶属于"非洲法郎区"，他们都分布在非洲、加勒比海和太平洋地区，也叫非加太国家 / 地区（ACP），他们通过与欧盟签订《洛美协定》彼此联系在一起。这些国家组成了法语国家共同体，但各国讲法语的程度和情况并不一样；他们受到法国情报机关的关注和干涉；他们的国家元首可以联合起来与法国总统共同处理一些重要事务。德国的势力范围波及东欧地区和土耳其。虽然苏联已经解体，但俄罗斯毫无疑问仍将苏联各加盟共和国、波罗的海国家、东欧国家和远东地区视为其势力范围，并努力维护俄罗斯在这些国家和地区的利益和影响力。

美国的情况比较特殊，它是第二次世界大战的重要获胜者，1945—1989年间世界两极化的主角之一，并最终战胜对手苏联取得了冷战的胜利。美国是唯一拥有能力将武力投放到世界各地的国家，它的武器库足以将整个世界摧毁。第二次世界大战后，在工业上称霸的美国又成了全球金融中心。美元是世界性基准参照货币，其他国家的货币都要遵照美元制定的规则。美国是世界上唯一能将财政负担转嫁给其他国家的大国：它依靠从其他国家的融资来弥补自己的财政赤字，从而影响着银行利率；它的军费开支部分是由其盟友来承担的。虽然高新技术不再被美国公司所垄断，但这些公司凭借着美国政府的支持在世界范围内不断扩张依然是全球化格局的重要现实，而其他国家公司的全球化扩张则面临诸多障碍。然而，由次贷危机引发的金融危机使美国的霸权地位有所削弱，很多美国人甚至悲观地认为，全球格局已经进入"后美国时代"。

4. 类大陆区域

类大陆区域是由相邻地区各种不同的甚至有时是相互冲突的政治和文化统一在一起构成的，组成整体的区域通常拥有某种共同的特征和发展速度。这些类大陆区域有各自的发展速度、文化凝聚力，因此在世界上占有特殊的地位。共同市场、经济合作联盟或自由贸易区的区域制度化安排，显示了类大陆区域的现实性。全球化的过程对每个类大陆区域都有不同的影响。

撒哈拉以南非洲国家都曾经是欧洲列强的殖民地，而且大部分都分布在热带，但除了这些共同特征之外，各国在人口、宗教和文化上都有很大的差异，其中一些刚刚成立的国家往往政局动荡。这一区域现在的人口增长速度很快，但经济落后，工业生产在世界上的地位微乎其微。

位于大西洋另一边的拉丁美洲，是欧洲发起全球化的产物，鲁齐埃（A.Rouquié）将其称为"未完成的远西和不完全的第三世界"。这里4/5的土地处于热带；一部分国家诞生于拿破仑战争，有的产生于19世纪初西班牙帝国的分裂，而巴西开始被并入葡萄牙，后来又从葡萄牙分离出来。将拉丁美洲称为"远西"，即西欧的最远端，原因在于这里的拉丁语系（西班牙语和葡萄牙语）、法律、宗教，以及人口都来自大西洋东部的欧洲和非洲；而称为"不完全的第三世界"是因为拉丁美洲虽然有3/4的人口生活在城市，但城市的非正规就业和贫民窟问题非常突出。

亚太地区，即亚洲大陆和一连串岛屿之间的国家，民众呈现出较强的多样性，但也有一些共同之处：大多数人口集中在水源得到很好治理的平原地带，山区人口稀少；有些国家之间的关系一直很紧张。这里有正在快速崛起的中国和世界经济强国日本。这一带的政治局势和文化背景看似复杂异质，但经济却普遍经历了近四十年的持续增长。资本的积累、技术的进步、人力资本的提高，使得该地区为世界经济增长和减贫事业做出巨大贡献（多尔富斯，2010：40-70）。

总之，尽管全球化横向影响着不同的大陆和区域，纵向波及各个空间尺度，改变着距离及相关空间要素的特点，但全球化并没有带来世界的同步发展，新兴工业化国家的内部差距也多呈扩大趋势。

【本章主要概念】

人口转型；老龄化；粮食危机；人口迁移；环境公约；环境库兹涅茨曲线；比较优势；生产网络；价值链贸易；金融全球化；全球金融网络；宏观技术系统；文化认同；区域集团；地方根植性；类大陆区域

【思考题】

1. 从地理视角可以推断出中国人口发展的哪些趋势？
2. 为什么发展中国家多存在人口向城镇过度集聚的现象？
3. 理解环境公平与环境正义的地理学视角是什么？
4. 全球化时代网络为什么连接一些区域而排斥另一些区域？
5. 试举例说明经济贸易领域的区域集团化现象，并运用地理学的视角进行解释。
6. 你如何看待全球化对某一国家发展的正负效应？

外国人名汉英对照

阿伯勒（Ronald F. Abler）

阿布－卢格霍特（Janet L. Abu-Lughod）

阿尔都塞（Louis P. Althusser）

阿格纽（John Agnew）

阿努钦（Anuchin Dmitry Nikolaevich）

埃拉托色尼（Eratosthenes)

埃里克森（Rodney A. Erickson）

艾萨德（Walter Isard）

爱因斯坦（Albert Einstein）

安德森（Benedict Anderson，Benedict
　　　Richard O' Gorman Anderson）

奥图泰尔（Gearoid O' Tuathail）

巴克尔（Henry T. Buckle）

巴克拉诺夫（Baklanov Petr Yakovlevich）

巴朗斯基（Baransky Nikolay Nikolayevich）

巴罗斯（Harlan H. Barrows）

巴特尔（Dietrich Bartels）

白吕纳（Jean Brunhes）

柏拉图（Plato）

邦奇（William Bunge）

贝里（Brian Berry）

贝廷杰（Robert L. Bettinger）

本茨（Karl Friedrich Benz）

本雅明（Walter B. S. Benjamin）

宾福德（Lewis Binford）

波普尔（Karl Popper）

伯贝克（Hans Bobek）

伯吉斯（Ernest W. Burgess）

博尔登（Matthew Boulton）

博尔哈（Jordi Borja）

博赛洛普（Ester Boserup）

布蒂默（Anne Buttimer）

布莱德伍德（Robert J. Braidwood）

布莱克（Carlos P. Blacker）

布朗（Lester R. Brown）

布罗代尔（Fernand Braudel）

布热津斯基（Zbigniew Brzezinski）

柴尔德（Vere G. Childe）

达比（Clifford Darby）

达尔比（Simon Dalby）

达尔文（Charles Darwin）

道格拉斯（Mike Douglas）

道斯（Klaus Dodds）

德勒兹（Gilles L. R. Deleuze）

德里达（Jacques Derrida）

迪尔（Michael Dear）

迪肯（Peter Dicken）

迪肯森（Robert E. Dickinson）

迪特默（Jason Dittmer）

笛卡儿（René Descartes）

杜黑（Giulio Douhet）

杜能（Johann Heinrich von Thünen）

杜伊茨（Karl W. Deutsch）

段义孚（Yi-Fu Tuan）

恩格斯（Friedrich Engels）

费弗尔（Lucien Febvre）

费根（Feygin Yakov Grigorievich）

费景汉（John C. H. Fei）

弗赫图伊（Jean-Claude Fortuit）

弗雷泽（James George Frazer）

弗里德（Alan Freed）

弗里德曼（John R. Friedmann）

弗林特（Colin Flint）

福柯（Michel Foucault）

傅立叶（Charles Fourier）

戈尔金（Gorkin Alexander Pavlovich）

戈特曼（Jean Gottmann）

格波哈特（Hans Gebhardt）

格拉肯（Clarence J. Glacken）

格雷厄姆（Daniel O. Graham）

格雷戈里（Derek Gregory）
葛兰西（Antonio Gramsci）
哈伯德（Phil Hubbard）
哈德（Gerhardt Hard）
哈格斯特朗（Torsten Hägerstrand）
哈格特（Peter Haggett）
哈兰（Jack. R. Harlan）
哈利迪（Michael Halliday）
哈里斯（Chauncy D. Harris）
哈特克（Wolfgang Hartke）
哈特向（Richard Hartshorne）
哈维（David Harvey）
海德格尔（Martin Heidegger）
海登（Brain Hayden）
豪斯霍弗尔（Karl Ernst Haushofer）
赫勒敦（Ibn Khaldūn，Abū Zayd'Abd ar-Rahmān）
赫特纳（Alfred Hettner）
亨廷顿（Samuel P. Huntington）
洪堡（Alexander von Humboldt）
胡塞尔（Edmund G. A. Husserl）
怀特海（Alfred N. Whitehead）
惠特莱西（Derwent Whittlesey）
霍布斯鲍姆（Eric Hobsbawm）
霍华德（Ebenezer Howard）
霍伊特（Homer Hoyt）
基钦（Rob Kitchin）
基辛格（Henry A. Kissinger）
加里森（William L. Garrison）
杰弗逊（George W. Jefferson）
卡斯特（Manuel Castells）
凯伊（John Kay）
康德（Immanuel Kant）
康德尔（Alphonse de Candolle）
康德拉季耶夫（Kondratiev Nikolai Dmitriyevich）
康斯坦丁诺夫（Konstantinov Oleg Arkadievich）
考克斯（Kevin R. Cox）
科厄里夫（Khorev Boris Sergeevich）
科尔布（Albert Kolb）
科罗绍夫（Vladimir A. Kolossov）
科罗绍夫斯基（Kolosovsky Nikolay Nikolayevich）
科斯格罗夫（Denis Cosgrove）
科特（Herry Cort）

克拉克（Gordon L. Clark）
克雷维列夫（Kryvelev Iosif Aronovich）
克里斯塔勒（Walter Christaller）
克鲁格曼（Paul R. Krugman）
克鲁泡特金（Peter Kropotkin）
孔德（Auguste Comte）
寇尔（Ansley Coale）
拉波（Lappo Georgiy Mikhaylovich）
拉采尔（Friedrich Ratzel）
拉尼斯（Gustav Ranis）
莱（David Ley）
莱布尼茨（Gottfried W. Leibniz）
赖特（Frank L. Wright）
兰德里（Adolph Landry）
兰帕德（Eric Lampard）
朗迪内里（Dennis A. Rondinelli）
雷尔夫（Edward Relph）
雷克吕（Élisée Reclus）
黎曼（Georg F.B. Riemann）
李特尔（Carl Ritter）
利科（Paul Ricoeur）
利普顿（Michael Lipton）
廖什（August Lösch）
列斐伏尔（Henri Lefebvre）
列维－斯特劳斯（Claude Lévi-Strauss）
刘易斯（William A. Lewis）
鲁伯（Paul Reuber）
鲁齐埃（Alain Rouquié）
罗杰斯（Andrei Rogers）
罗马克斯（Alan Lomax）
罗士培（Percy M. Roxby）
罗西瑙（James N. Rosenau）
洛克（John Locke）
洛斯乌姆（Lorne H. Russwurm）
马汉（Alfred T. Mahan）
马克思（Karl H. Marx）
迈克塞尔（Marvin W. Mikesell）
麦基（Terence G. McGee）
麦金德（Halford J. Mackinder）
芒福德（Lewis Mumford）
梅洛－庞蒂（Maurice Merleau-Ponty）
梅西（Doreen Massey）

孟德斯鸠（Montesquieu，Charles-Louis de
　　　　Secondat）

米勒（William L. Miller）

米洛尼恩科（Mironenko Nikolay
　　　　Semenovich）

米纳科尔（Pavel A. Minakir）

米歇尔（Donald Mitchell）

摩根索（Hans J. Morgenthau）

莫尔（Thomas More）

莫洛齐（Harvey L. Molotch）

莫伊西（Dominique Moïsi）

穆勒（Peter O. Muller）

拿破仑·波拿巴（Napoléon Bonaparte）

奈（Joseph S. Nye, Jr）

牛顿（Isaac Newton）

纽科门（Thomas Newcomen）

诺特斯坦（Frank W. Notestein）

派普尔（Stephen Pepper）

培根（Francis Bacon)

佩第（William Petty）

佩鲁（Fransois Perroux）

皮特（Richard Peet）

皮亚杰（Jean Piaget）

普雷德（Allan Pred）

齐奥塞斯库（Nicolae Ceausescu）

齐普夫（Alex Zipf）

契伦（Johan R. Kjellen）

乔丹－比奇科夫（Terry G. Jordan-
　　　　Bychkov）

琼斯（Stephen B. Jones）

萨尔贡大帝（Sargon the Great）

萨克（Robert D. Sack）

萨森（Saskia Sassen）

萨特（Jean-Paul Sartre）

萨乌什金（Saushkin Yulian Glebovich）

赛明思（Marwyn S. Samuels）

森（Amartya Sen）

森普尔（Ellen C. Semple）

沙里宁（Eliel Saarinen）

施坚雅（George W. Skinner）

施吕特尔（Otto Schlüter）

史密斯（Neil Smith）

史密斯（William Robertson Smith）

斯宾格勒（Oswald Arnold Gottfried Spengler）

斯宾塞（Herbert Spencer）

斯宾塞（Joseph E. Spencer）

斯科特（Allen J. Scott）

斯米顿（John Smeaton）

斯密（Adam Smith）

斯皮克曼（Nicholas J. Spykman）

斯皮瓦克（Gayatri C. Spivak）

斯特拉波（Strabo）

斯通（Clarence N. Stone）

斯托尔（Walter Stohr）

斯托福（Samuel Andrew Stouffer）

索尔（Carl O. Sauer）

索加（Edward W. Soja）

索绪尔（Ferdinand de Saussure）

塔夫（Edward J. Taaffe）

泰勒（Peter J. Taylor）

汤因比（Arnold J. Toynbee）

特雷维什（Treivish Andrey Ilyich）

特里卡尔（Jean Tricart）

特罗尔（Carl Troll）

涂尔干（Émile Durkheim）

托德林（Franz Todtling）

托马斯（William L. Thomas）

瓦格纳（Philip L. Wagner）

瓦特（James Watt）

瓦维洛夫（Nikolai I. Vavilov）

威尔勒恩（Benno Werlen）

威廉二世（Wilhelm II von Deutschland）

韦伯（Alfred Weber）

韦伯（Max Weber）

维达尔－白兰士（Paul Vidal de la Blache）

魏特夫（Karl A. Wittfogel）

沃尔特（Stephen M. Walt）

沃勒斯坦（Immanuel M. Wallerstein）

沃思（Eugen Wirth）

乌尔曼（Edward L. Ullman）

西格弗里德（André Siegfried）

西蒙（David Seamon）

希波克拉底（Hippocrates）

希罗多德（Herodotus）

希特勒（Adolf Hitler）

夏普（Joanne P. Sharp）

谢弗（Fred K. Schaefer）

雅各布斯（Jane Jacobs）

亚里士多德（Aristotle）

伊万斯（Edward E. Evans）

约翰斯顿（Ronald J. Johnston）

参考文献

巴兆祥. 1999. 中国民俗旅游 [M]. 福州: 福建人民出版社.

白彩艳. 2020. 网络语言与汉语规范化的思考 [J]. 产业与科技论坛, 19（16）: 134-135.

鲍觉民. 1985. 政治地理学研究的若干问题 [M]//李旭旦. 人文地理学论丛. 北京: 人民教育出版社.

鲍觉民. 1988. 再论政治地理学的几个理论问题 [J]. 国外人文地理, 1: 9-13.

陈才, 李文华. 1993. 世界经济地理 [M]. 北京: 北京师范大学出版社.

陈广汉. 2000. 刘易斯的经济思想研究 [M]. 广州: 中山大学出版社.

陈涓. 2003. 中国民歌的地理探析 [J]. 福建教育学院学报, 10: 53-55.

陈志华. 2010. 外国建筑史 [M]. 北京: 中国建筑工业出版社.

成志芬, 周尚意, 张宝秀. 2017. 土地产权制度变迁对地方名人故居文化的影响研究——以什刹海历史文化街区名人故居为例 [J]. 现代城市研究, 11: 63-72.

崔功豪, 魏清泉, 陈宗兴. 1999. 区域分析与规划 [M]. 北京: 高等教育出版社.

邓辉. 2012. 世界文化地理 [M]. 北京: 北京大学出版社.

方创琳, 周尚意, 柴彦威, 等. 2011. 中国人文地理学研究进展与展望 [J]. 地理科学进展, 30（12）: 1040-1078.

冯长春, 贺灿飞, 邓辉, 等. 2017. 北京大学人文地理学发展与创新 [J]. 地理学报, 72（11）: 1952-1973.

高慧慧, 周尚意. 2019. 人文主义地理学蕴含的现象学——对大卫·西蒙《生活世界地理学》的评介 [J]. 地理科学进展, 38（5）: 783-790.

葛全胜, 刘卫东, 孙鸿烈, 等. 2020. 地理科学与资源科学的国家智库建设 [J]. 地理学报, 75（12）: 123-136.

顾朝林, 甄峰, 张京祥. 2001. 集聚与扩散——城市空间结构新论 [M]. 南京: 东南大学出版社.

海山, 高娃. 1998. 地理环境对语言的影响 [J]. 经济地理, 18（02）: 124-128.

胡兆量, 阿尔斯朗, 琼达. 2017. 中国文化地理概述 [M]. 4版. 北京: 北京大学出版社.

胡兆量. 2000. 中国戏曲地理特征 [J]. 经济地理, 20（1）: 84-87.

胡志丁, 曹原, 刘玉立, 等. 2013. 中国政治地理学研究的新发展: 地缘环境探索 [J]. 人文地理, 28（5）: 123-128.

黄心川. 1988. 世界十大宗教 [M]. 北京: 东方出版社.

江苏农业考察团. 2013. 关于南非、肯尼亚农业情况的考察报告 [J]. 江苏农村经济, 8: 6-8.

姜巍, 高卫东, 周保. 2017. 高校《人文地理学》课程内容体系的构建 [J]. 教育现代, 43: 77-78.

姜紫莹, 张翔, 徐建刚. 2014. 改革开放以来我国城市旧城改造的进化序列与相关探讨——基于城市政体动态演进的视角 [J]. 现代城市研究, 4: 80-86.

金炳镐. 1999. 中国饮食文化的发展和特点 [J]. 黑龙江民族丛刊, 3: 87-93.

金民卿. 2011. 全球化的文化效应与民族文化的发展前景 [J]. 学术探索, 2: 106-112.

李蕾蕾. 2004. 从新文化地理学重构人文地理学的研究框架 [J]. 地理研究, 23（1）: 125-133.

李力. 2006. 谁应对科特迪瓦"毒垃圾"事件负责 [N]. 光明日报, 2006-12-1.

李玲珑. 2007. 中国戏剧 [M]. 上海: 同济大学出版社.

李小建, 张晓平, 彭宝玉. 2000. 经济活动全球化对中国区域经济发展的影响 [J]. 地理研究, 19（3）: 2-10.

李旭旦, 等. 1984. 中国大百科全书·地理学·人文地理学 [M]. 北京: 中国大百科全书出版社.

李亚静, 何跃, 刘光中. 2002. 电视广告效果预测模型 [J]. 数学的实践与认识, 32（1）: 27-31.

梁鹤年. 2019. 一个以人为本的规划范式[J]. 城市规划, 43（09）: 13–14, 94.

刘君德, 靳润成, 周克瑜. 1999. 中国政区地理[M]. 北京: 科学出版社.

刘迎秋. 2009. 国际金融危机与新自由主义的理论反思[J]. 经济研究, (11): 12–21.

刘云刚, 安宁, 王丰龙. 2018. 中国政治地理学的学术谱系[J]. 地理学报, 73（12）: 2269–2281.

刘云刚, 王丰龙. 2011a. 城乡结合部的空间生产与黑色集群——广州M垃圾渚场的案例研究[J]. 地理科学, 31（5）: 563–569.

刘云刚, 王丰龙. 2011b. 尺度的人文地理内涵与尺度政治——基于1980年代以来英语圈人文地理学的尺度研究[J]. 人文地理, 26（3）: 1–6.

刘云刚, 仵明霞. 2016. 领域化视角下的珠三角乡村城市化再思考——以广州市旧水坑村为例[J]. 地理科学, 36（12）: 1834–1842.

刘云刚. 2009. 中国政治地理学研究展望[J]. 人文地理, 24（2）: 12–16, 28.

刘振, 戚伟, 王雪芹, 等. 2019. 国内外人口收缩研究进展综述[J]. 世界地理研究, 28（01）: 13–23.

刘振, 齐宏纲, 戚伟, 等. 2019. 1990～2010年中国人口收缩区分布的时空格局演变——基于不同测度指标的分析[J]. 地理科学, 39（10）: 1525–1536.

龙永图. 2018. 全球化与中国的发展[J]. 探索与争鸣, 1: 28–30.

陆卓明. 2011. 世界经济地理结构[M]. 北京: 北京大学出版社. (中国物价出版社于1995年首版)

马克思, 恩格斯. 1956. 马克思恩格斯全集（第26卷）[M]. 北京: 人民出版社.

马克思, 恩格斯. 1960. 马克思恩格斯全集（第3卷）[M]. 北京: 人民出版社.

马克思. 1975. 资本论（第2卷）[M]. 北京: 人民出版社.

美国国家研究院地学、环境与资源委员会地球科学与资源局《重新发现地理学》委员会. 2002. 重新发现地理学——与科学和社会的关联[M]. 黄润华, 译. 北京: 学苑出版社.

宁继鸣. 2013. 语言与文化传播研究[M]. 济南: 山东大学出版社.

牛汝辰. 1993. 中国地名文化[M]. 北京: 中国华侨出版社.

潘峰华, 方成. 2019. 从全球生产网络到全球金融网络: 理解全球–地方经济联系的新框架[J]. 地理科学进展, 38（10）: 1473–1481.

庞广昌. 2009. 中华饮食文化和食品科学探源[J]. 食品科学, 30（03）: 11–20.

瞿明安. 1995. 中国饮食文化的象征符号——饮食象征文化的表层结构研究[J]. 史学理论研究, 4: 45–52, 13.

人民日报. 2018. 中国将不计成本加大芯片投资[N]. 人民日报, 2018–04–19

沙学浚. 1946. 国防地理新论[M]. 上海: 商务印书馆.

盛玮. 2017. "逆全球化": 新自由主义泛滥的恶果[J]. 红旗文稿, 11: 39.

史进, 童昕. 2010. 绿色技术的扩散: 中国三大电子产业集群比较研究[J]. 中国人口·资源与环境, 20（9）: 120–126.

舒瓦洛夫, 严鉴. 1982. 人口地理学的对象与任务[J]. 人口与经济, 5: 55–58.

苏金智, 夏中华. 2013. 语言、民族与国家[M]. 北京: 商务印书馆.

苏晓波, 蔡晓梅. 2017. 领域陷阱与中国在缅甸北部的跨国禁毒实践[J]. 地理科学进展, 36（12）: 1552–1561.

孙冬虎. 1990. 华北平原城镇地名群的发展及其地理分布特征[J]. 地理研究, 9（3）: 49–56.

孙瑞祥. 2009. 当代中国流行文化生成的动力机制——一种分析框架与研究视角[J]. 天津师范大学学报（社会科学版）, 3: 51–56.

陶涛. 2018. iPhone价值链中的国际分工[N]. 第一财经, 2018–05–20.

王恩涌, 等. 1995. 文化地理学[M]. 南京: 江苏教育出版社.

王恩涌, 王正毅, 楼耀亮, 等. 1998. 政治地理学: 时空中的政治格局[M]. 北京: 高等教育出版社.

王恩涌. 1991. 文化地理学导论[M]. 北京: 高等教育出版社.

王恩涌. 2004. 中国政治地理[M]. 北京: 科学出版社.

王法辉，王冠雄，李小娟. 2013. 广西壮语地名分布与演化的 GIS 分析 [J]. 地理研究，32（3）：487-496.

王华，陈烈. 2006. 西方城乡发展理论研究进展 [J]. 经济地理，（03）：463-468.

王磊. 2008. 粮食危机更是一场"粮食战争"[N]. 中国青年报，2008-5-1.

王臻. 2008. 论地理环境因素民族因素在民俗中的体现 [J]. 延边教育学院学报，22（2）：9-12.

韦艳，张力. 2013. "数字乱象"或"行政分工"：对中国流动人口多元统计口径的认识 [J]. 人口研究，（04）：58-67.

翁烈辉. 2020. 浅论"中国民俗学之父"钟敬文的学术思想 [J]. 潮商，8：63-66，80.

吴传钧，陆大道，毛汉英. 2000. 紧密为国家发展宏观决策服务的人文地理学——50 年来人文地理研究的历史与回顾 [M] // 陆大道. 地理学：发展与创新. 北京：科学出版社.

吴国琴. 2003. 中国民族服饰旅游资源开发 [J]. 信阳师范学院学报，16（1）：121-124.

吴良镛. 2001. 人居环境科学导论 [M]. 北京：中国建筑工业出版社.

吴晓秋. 2015. 公法上领土概念的形成与建构 [J]. 环球法律评论，37（2）：60-81.

吴永生，冯健，张小林. 2005. 中国民歌文化的地域特征及其地理基础 [J]. 人文地理，2：88-92.

吴志强. 2018. 人工智能辅助城市规划 [J]. 时代建筑，1：6-11.

向熹，姚忆江. 2010. 西部安，则中国宁——访全国人大常委、农业与农村委员会副主任委员、兰州军区原司令员李乾元上将 [N]. 南方周末，2010-1-28.

谢丹. 2017. 浅谈中国民歌的地域差异及其地域特色的成因 [J]. 北方音乐，8：45.

信息社会发展研究课题组，张新红. 2015. 全球信息社会发展报告 2015 [J]. 电子政务，6：2-19.

徐建华. 2002. 现代地理学中的数学方法 [M]. 2 版. 北京：高等教育出版社.

徐旺生. 1994. 关于农业起源的若干问题探讨 [J]. 农业考古，01：31-35.

徐秀军. 2018. 全球经济显复苏迹象，仍面临"逆全球化"侵蚀 [N]. 新华网，2018-01-05.

许桂香，司徒尚纪. 2007. 岭南服饰历史变迁与地理环境关系分析 [J]. 热带地理，27（2）：179-184.

薛晴，霍有光. 2010. 城乡一体化的理论渊源及其嬗变轨迹考察 [J]. 经济地理，30（11）：1779-1784，1809.

阎小培，林初升，许学强. 1994. 地理·区域·城市：永无止境的探索 [M]. 广州：广东高等教育出版社.

杨武. 1993. 中国民族地理学 [M]. 北京：中央民族学院出版社.

杨彦. 2010. 汉语变化及汉语变化衍生方式 [J]. 安徽文学（下半月），5：222-223.

殷洁，罗小龙. 2012. 资本、权力与空间："空间的生产"解析 [J]. 人文地理，27（2）：12-16.

尹朝静，李谷成，葛静芳. 2016. 粮食安全：气候变化与粮食生产率增长——基于 HP 滤波和序列 DEA 方法的实证分析 [J]. 资源科学，38（4）：665-675.

于可，等. 1988. 世界三大宗教及其流派 [M]. 长沙：湖南人民出版社.

余世谦. 2002. 中国饮食文化的民族传统 [J]. 复旦学报（社会科学版），5：118-123，131.

张果，李玉江. 2017. 人口地理学 [M]. 北京：科学出版社.

张晖. 2018. 马克思恩格斯城乡融合理论与中国城乡关系的演进路径 [J]. 学术交流，12：122-127.

张继红，吴玉鸣，何建坤. 2007. 专利创新与区域经济增长关联机制的空间计量经济分析 [J]. 科学学与科学技术管理，28（1）：83-89.

张京祥. 2005. 西方城市规划思想史纲 [M]. 南京：东南大学出版社.

张琦. 2020. 徽派建筑的色彩美 [J]. 中国民族博览，20：196-197.

张汝伦. 2001. 经济全球化和文化认同 [J]. 哲学研究，2：17-24.

张善余. 2013. 人口地理学概论 [M]. 3 版. 上海：华东师范大学出版社.

张文奎. 1987. 人文地理学概论 [M]. 长春：东北师范大学出版社.

张文奎. 1993. 人文地理学概论 [M]. 3 版. 长春：东北师范大学出版社.

张衔春，易承志. 2016. 西方城市政体理论：研究论域、演进逻辑与启示 [J]. 国外理论动态，（6）：112-121.

张晓平. 2009. 中国对外贸易产生的 CO_2 排放区位转移分析 [J]. 地理学报，64（2）：234-242.

赵荣光. 2003. 中国饮食文化概论 [M]. 北京：高等教育出版社.

甄峰，张姗琪，秦萧，等. 2019. 从信息化赋能到综合赋能：智慧国土空间规划思路探索 [J]. 自然资源学报，34（10）：2060−2072.

中国科学院现代化研究中心. 2009，中国现代化研究（2009）[M]. 北京：北京大学出版社.

中国农业百科全书总编辑委员会农业经济卷编辑委员会. 1990. 中国农业百科全书·农业经济卷 [M]. 北京：农业出版社.

中国社会科学院，澳大利亚人文科学院. 1999. 中国语言地图集 [M]. 香港：香港朗文（远东）有限公司.

钟敬文. 1990. 话说民间文化 [M]. 北京：人民日报出版社.

钟茂兰，范朴. 2006. 中国少数民族服饰 [M]. 北京：中国纺织出版社.

钟章奇，姜磊，何凌云，等. 2018. 基于消费责任制的碳排放核算及全球环境压力 [J]. 地理学报，73（3）：442−459.

周尚意. 2010. 人文地理学野外方法 [M]. 北京：高等教育出版社.

周尚意，孔翔，朱华晟，等. 2016. 地方特性发掘方法 [M]. 北京：科学出版社.

周尚意，孔翔，朱竑. 2010. 文化地理学 [M]. 北京：高等教育出版社.

周尚意，左一鸥，吴倩. 2008. KFC 在北京城区的空间扩散模型 [J]. 地理学报，63（12）：1311−1317.

周尚意. 2017. 四层一体：发掘传统乡村地方性的方法 [J]. 旅游学刊，32（1）：6−7.

周尚意. 2019. 东山寺看碑 [J]. 地图，5. 142.

周尚意. 2020. 中国地名的文化地理特点 [J]. 中国民政，（2）：21.

周雯婷，刘云刚. 2015. 上海古北地区日本人聚居区族裔经济的形成特征 [J]. 地理研究，34（11）：2179−2194.

周宇. 2009. 全球化时代的金融危机与对策 [J]. 国际关系研究，2：1−8.

竺可桢 等 编译. 1933. 新地学 [M]. 南京：钟山书局.

[澳] 奈特. 刘西安/编译. 2007. 对全球化悖论的反思：中国寻求新的文化认同 [J]. 当代世界与社会主义.（1）：94−100.

[德] 豪斯霍弗. 2020. 太平洋地缘政治学：地理与历史之间关系的研究 [M]. 马勇，张培均，译，北京：华夏出版社.

[德] 赫尔德. 2014. 论语言的起源 [M]. 姚小平，译，北京：商务印书馆.

[德] 赫特纳. 1983. 地理学：它的历史、性质和方法 [M]. 王兰生，译. 张翼翼校. 北京：商务印书馆.

[德] 赫尔佐克. 1998. 古代的国家：起源和统治形式 [M]. 赵蓉恒，译. 北京：北京大学出版社.

[德] 韦伯. 2011. 工业区位论 [M]. 李刚剑，陈志人，张英保，译. 北京：商务印书馆.

[法] 白吕纳. 1935. 人地学原理 [M]. 任美锷，李旭旦，译. 南京：钟山书局.

[法] 布留诺. 1933. 人文地理学 [M]. 谌亚达，译，上海：世界书局.

[法] 布罗代尔. 2005. 地中海考古：史前史和古代史 [M]. 蒋明炜，等译. 北京：社会科学文献出版社.

[法] 德里达. 2001. 书写与差异 [M]. 张宁，译. 北京：三联书店.

[法] 多尔富斯. 2010. 地理观下的全球化 [M]. 张戈，译. 北京：社会科学出版社

[法] 费弗尔. 2012. 大地与人类的演进——地理学视野下的史学引论 [M]. 高福进，任玉雪，侯洪颖，译. 上海：上海三联书店.

[法] 克拉瓦尔. 2007. 地理学思想史 [M]. 4版. 郑胜华，等译. 北京：北京大学出版社.

[法] 孟德斯鸠. 2007. 论法的精神（第三卷）[M]. 申林，译. 北京：北京出版社.

[法] 皮埃尔. 2015. 城市政体理论、城市治理理论和比较城市政治 [J]. 陈文，史滢莹，译. 国外理论动态.（12）：59−70.

[法] 萨特. 1998. 辩证理性批判（上下）[M]. 林骧华，等译. 合肥：安徽文艺出版社.

[古希腊] 柏拉图. 1986. 理想国 [M]. 郭斌和，张竹明，译. 北京：商务印书馆.

[美] 艾萨德. 2010. 区域科学导论 [M] 陈宗兴，等译，北京：高等教育出版社.

[美] 艾特肯，[英] 瓦伦丁. 2016. 人文地理学研究方法 [M]. 柴彦威，周尚意，等译. 北京：商务印书馆.

[美] 波特. 2002. 国家竞争优势 [M]. 李明轩，邱如美，译. 北京：华夏出版社.

[美] 博任纳，2019. 城市·地域·星球：批判城市理论 [M]. 李志刚，徐江，曹康，译. 北京：商务印书馆. 2019.

[美]布莱森.2013.布莱森英语简史[M].曾琳,赵菁,译,北京:中国人民大学出版社.

[美]弗林特,[英]泰勒.2016.政治地理学[M].刘云刚,译.北京:商务印书馆.

[美]福格尔森.2010.下城:1880—1950年间的衰落[M].周尚意,志丞,吴莉萍,译.上海:上海人民出版社.

[美]格蒂斯,格蒂斯,费尔曼.2013.地理学与生活[M].黄润华,等译.上海:世界图书出版公司.

[美]哈特向.1963.地理学性质的透视[M].黎樵,译.北京:商务印书馆.

[美]哈特向.1996.地理学性质[M].叶光庭,译 北京:商务印书馆.

[美]哈维.2010.巴黎城记[M].桂林:广西师范大学出版社.

[美]亨廷顿.2002.文明的冲突与世界秩序的重建[J].周琪,译.北京:新华出版社.

[美]卡斯特.2006.网络社会的崛起[M].夏铸九,译.北京:社会科学文献出版社.

[美]科恩.1991.地缘战略区与地缘政治区[J].人文地理,6(1):72–77,43.

[美]科恩.2011.地缘政治学:国际关系的地理学[M].2版.严春松,译.上海:上海社会科学院出版社.

[美]芒福德.城市发展史:起源、演变和前景[M].倪文彦,宋俊岭,译.北京:中国建筑工业出版社,1989.

[美]墨菲.2020.地理学为什么重要[M].薛樵,译.北京:北京大学出版社.

[美]诺克斯,麦克卡西.2009.城市化[M].顾朝林,汤培源,杨兴柱,等译.北京:科学出版社.26.

[美]帕默.1997.世界宗教概览[M].向红笛,徐晓冬,译.北京:中央民族大学出版社.

[美]皮特.2005.现代地理学思想[M].周尚意,等译.北京:商务印书馆.

[美]萨缪尔森,诺德豪斯.2014.经济学[M].19版.萧琛,译.北京:商务印书馆.

[美]沙里宁.城市:它的发展、衰败与未来[M].顾启源,译.北京:中国建筑工业出版社,1986.

[美]斯皮克曼.1965.和平地理学[M].刘愈之,译.北京:商务印书馆.

[美]斯蒂格利茨.2020a.全球化逆潮[M].李扬,等译.北京:机械工业出版社.

[美]斯蒂格利茨.2020b.美国真相[M].刘斌,等译.北京:机械工业出版社.

[美]苏贾.2004.后现代地理学——重申批判社会理论中的空间[M].王文斌,译.北京:商务印书馆.

[美]魏克斯.2016.人口学概论[M].侯苗苗,译 北京:中国社会科学出版社.

[美]沃勒斯坦.1974.现代世界体系(第一卷)[M].尤来寅,路爱国,朱青浦,等译.北京:高等教育出版社.

[美]谢觉民.1991.人文地理学[M].北京:中国友谊出版公司.

[美]雅各布斯.2005.美国大城市的死与生.[M].金衡山,译,南京:译林出版社.

[美]詹姆斯,马丁.1989.地理学思想史(增订本)[M].李旭旦,译.北京:商务印书馆.

[日]岸根卓郎.1985.迈向21世纪的国土规划:城乡融合系统设计[M].高文琛,译,北京:科学出版社.

[日]桥本万太郎.1985.语言地理类型学[M].余志鸿,译.北京:北京大学出版社.

[苏]克雷维列夫.1981.宗教史[M].王先睿,等译 北京:中国社会科学出版社.

[西]博尔哈,卡斯特.2008.本土化与全球化:信息时代的城市管理[M].姜杰,胡艳蕾,魏述杰,译.北京:北京大学出版社.

[印]森.2009.贫困与饥荒:论权利与剥夺[M].王宇,王文玉,译.北京:商务印书馆.

[英]丹尼尔斯,布莱德萧,萧 等.2014.人文地理学导论:21世纪的议题[M].邹劲风 等译.南京:南京大学出版社.

[英]迪肯.2007.全球性转变——重塑21世纪的全球经济地图[M].刘卫东,等译.北京:商务印书馆.

[英]弗里德曼.2008.世界是平的:一部二十一世纪简史[M].何帆,等译.长沙:湖南科学技术出版社.

[英]赫德森.1989.社会语言学[M].卢德平,译.北京:华夏出版社.

[英]霍洛韦,赖斯,瓦伦丁.2008.当代地理学要义:概念、思维与方法[M].黄润华,等译.北京:商务印书馆.

[英]马尔萨斯.2012.人口原理[M].陈小白,译.北京:华夏出版社.

[英]马歇尔.2019.经济学原理[M].朱志泰,陈良璧,译.北京:商务印书馆.

[英]麦金德.2009.历史的地理枢纽[M].林尔蔚,陈江,译.北京:商务印书馆.

[英]泰勒.2005.原始文化[M].连树声,译.桂林:广西师范大学出版社.

[英]汤因比. 1986. 历史研究（上册）[M]. 曹未风，等译. 上海：上海人民出版社.

[英]约翰斯顿. 2004. 人文地理学词典[M]. 柴彦威，等译. 北京：商务印书馆.

[英]约翰斯顿. 2000. 哲学与人文地理学[M]. 蔡运龙，江涛，译. 北京：商务印书馆.

[英]约翰斯顿. 2005. 选举地理学[M]// 约翰斯顿. 人文地理学词典. 柴彦威，等译. 北京：商务印书馆.

Abu-Lughod J. 1990. Restructuring the Premodern World-System [J]. Review (Fernand Braudel Center for the Study of Economies, Historical Systems, And Civilizations), 13(2): 273-286.

Agnew J. 1994. The Territorial Trap: The Geographical Assumptions of International Relations Theory [J]. Review of International Political Economy, 1(1): 53-80.

Agnew J. 2009. Globalization and Sovereignty [M]. Plymouth: Rowman & Littlefield, 97-142.

Algan Y, Bisin A, 2012. [M]//Manning A, Verdier T. (eds). Cultural Integration of Immigrants in Europe. Oxford: Oxford University Press.

Arnoult M H, Jones P J, Tranter R B, et al. 2010. Modelling the Likely Impact of Healthy Eating Guidelines on Agricultural Production and Land Use in England and Wales [J]. Land Use Policy, 27: 1046-1055.

Atkinson-Palombo C. 2010. New Housing Construction in Phoenix: Evidence of "New Suburbanism"? [J]. Cities, 2: 77-86.

Bettinger R L. 1991. Hunter-Gatherers: Archaeological and Evolutionary Theory[M]. New York : Plenum

Binford L R. 1968. Post-Pleistocene Adaptations[M]// Binford S R, Binford L R (eds). New Perspectives in Archeology. Chicago: Aldine.

Blacker C P. 1947. Stages in Population Growth [J]. The Eugenics Review,39(3): 81-101.

Bloom D E, Canning D, Fink G. 2010. Implications of Population Ageing for Economic Growth [J]. Oxford Review of Economic Policy, 26(4): 583-612.

Borja J. Castells M. 1997. Localand Global: Management of Cities in the Information Age [M]. London: Eathscan.

Boserup E. 1965. The Conditions of Agricultural Growth [M]. Chicago: Aldine,55-63.

Braidwood R J. 1960. The Agricultural Revolution [J]. Scientific American,203(3): 130-152.

Brown L R. 1972. World Without Borders [M]. New York: Random House,183-298.

Buckle H T. History of Civilization in England [M]. London：Adamant Media Corporation, 2001.

Burgess E W. 1925. The Growth of the City: An Introduction to a Research Project[M]// Park RE, Burgess E W, Mckenzie RD (eds), The City. Chicago: University of Chicago Press.

Buttimer A. 1993. Geography and the Human Spirit [M]. Baltimore: Johns Hopkins University Press.

Buttimer A. 2013. 多元视角下的人地关系研究[J]. 周尚意，吴莉萍，张镜宸，译,地理科学进展, 32(3): 1-9.

Christaller W. 1966. Central Places in Southern Germany[M]// Baskin C, Cliffs E (eds). The Pioneer Work in Theoretical Economic Geography. NJ: Prentice-Hall.

Ciarke J I. 1972. Population Geography [M]. 2nd Ed. New York: Pergamon Press.

Clark G L, Dear M. 1984. State Apparatus: Structures and Language of Legitimacy [M]. London: Allen & Unwin.

Claval P, Entrikin J N. 2004. Cultural Geography: Place and Landscape Between Continuity and Change[M]//Strohmayer U, Benko G. Human Geography: A History for the 21st Century. London: A Hodder Arnold Publication.

Coale A. 1974. The History of the Human Population [J]. Scientific American, 231(3): 41-51.

Coe N M, Hess M, Yeung H W, et al. 2004. Globalizing Reginal Development: A Global Networks Perspective [J]. Transactions of the Institute of British Geographers, 469-483.

Cohen S B. 1991. Global Geopolitical Change in the post-Cold War Era [J]. Annals of AAG, 81(4): 551-580.

Cosgrove D E. 1998. Social Formation and Symbolic Landscape [M]. Madison: University of Wisconsin Press.

Cox K L. 2011. Dreaming of Dixie How the South Was Created in American Popular Culture [M]. Chapel Hill: University of North Carolina Press.

Cox K R. 1969. The Voting Decision in A Spatial Context[J]. Progress in Geography, 1(3): 412−413.

De Blij H J, Murphy A B, Fouberg E H. 2007. Human Geography: People, Place, and Culture [M]. 8th Ed . New Jersey: Wiley.

Denevan W M, Mathewson K. 2009. Carl Sauer on Culture and Landscape: Readings and Commentaries [M]. Baton Rouge: Louisiana State University Press.

Diamond J M. 1999. Guns, Germs and Steel: The Fates of Human Societies [M]. London and New York: W W Norton & Co Ltd.

Diener A C, Hagen J. 2012. Borders: A Very Short Introduction [M]. Oxford: Oxford University Press.

Domosh M, Neumann R P Price P L, et al. 2009. The Human Mosaic: A Cultural Approach to Human Geography [M]. New York: W. H. Freeman and Company.

Domosh M, Jordan-Bychkov T G, Neumann R P, et al. 2013. The Human Mosaic: A Cultural Approach to Human Geography [M] 12th Ed. New York: W. H. Freeman.

Domosh M, College D, Neumann R P, et al. 2010. The Human Mosaic: A Cultural Approach to Human Geography [M]. 11th Ed. New York: Freeman and Company.

Duncan J. S. 1977. The Superorganic in American Cultural Geography: A Critical Commentary [D]. New York:Syracuse University, 26−28.

Ellegård K, 2018. Thinking Time Geography: Concepts, Methods and Applications [M]. New York: Routledge.

Erickson R A. 1983. The Evolution of the Suburban Space Economy [J]. Urban Geography, 4(2): 95−121.

Evans E E. 1942. Irish Heritage : The Landscape, the people and their work [M]. Dundalk: Dundalgan Press.

Flint C. 2009. Political Geography[M]//Gregory D, Johnston R J, Pratt G, et al. (eds.). The Dictionary of Human Geography. 5th Ed. London: Wiley−Blackwell.

Foucault M, Gordon C. 1980. Power/Knowledge: Selected Interviews and Other Writings, 1972—1977 [M]. New York: Pantheon.

Friedmann J, Douglass M. 1978. Agropolitan Development: Towards a New Strategy for Regional Planning in Asia [M]// Lo F C, Salih K(eds). Growth Pole Strategy and Regional Development Policy. Oxford: Pergamon Press, 163−192.

Gao S. 2017. Extracting Computational Representations of Place with Social Sensing[D]. Dissertation Abstracts International 78−12B(E). Santa Barbara: University of California.

Glacken C J. 1967. Traces On the Rhodian Shore: Nature and Culture in Western Thought from Ancient Times to the End of the Eighteenth Century [M]. Berkeley: University of California Press.

Golledge R G. 1993. Geographical Perspectives on Spatial Cognition [J]. Advances in Psychology, 96: 16−46.

Gregory D, Johnston R, Pratt G, et al. 1993. The Dictionary of Human Geography [M]. 5th Ed. London: Wiley.

Groce N. 2015. Link To the Library of Congress: Alan Lomax—Folk Songs, Song Collectors, and Recording Technology [M]. Music Educators Journal, 29−30.

Hägerstrand T. 1970. What About People in Regional Science? [J]. Papers in Regional Science. 24(1): 7−24.

Haggett P. 1965. Locational Analysis in Human Geography [M]. London: Edward Arnold Ltd.

Harlan J R. 1965. The Possible Role of Weed Races in the Evolution of Cultivated Plants [J]. Euphytica,14: 173−176.

Harlan J R. 1970. Evolution of Cultivated Plants [C]//Frankel O H, Bennett E (eds). Genetic Resources in Plants: Their Exploration and Conservation. Chicago: Aldine.

Harris C D, Ullman E L. 1945. The Nature of Cities [J]. Annals of the Association of American Academy of Political and Social Science, 242: 7−17.

Hart R A, Moore G T. 1973. The Development of Spatial Cognition: A Review [M]. New Brunswick: Aldine Transaction.

Harvey D. 1973. Social Justice and the City [M]. London: Edward Arnold.

Harvey D. 1982. The Limits of Capital [M]. Oxford: Blackwell.

Harvey D. 2005. Spaces of Neoliberalization: Towards a Theory of Uneven Geographical Development [M]. Stuttgart: Franz Steiner Verlag.

Harvey D. 2006. The Limits to Capital [M]. London, New York: Verso.

Harvey, D. 1969. Explanation in Geography [M]. London: Edward Arnold.

Hayden B. 1992. Models of Domestication[M]//Gebauer A B. et al. (eds). Transition To Agriculture in Prehistory. Monographs in World Archeology, No. 4. Madison: Prehistory Press.

Hayden B. 2014. Thepower of Feast [M]. Cambridge: Cambridge University Press.

Henderson G L. 1998. California and the Fictions of Capital [M]. Cary: Oxford University Press.

Higgs E S, Jarman M R. 1969. The Origins of Agriculture: A Reconsideration [J]. Antiquity, 43(169): 31−41.

Hill J S, Vincent J, Curtner−Smith M. 2014. The Worldwide Diffusion of Football: Temporal and Spatial Perspectives [J]. Global Sport Business Journal,2(2): 1−27.

Howe N. 2016. Landscape Vs Region (Part I) [M]//Agnew J A, Duncan J S (eds). The Wiley – Blackwell Companion To Human Geography. Oxford: Blackwell Publishing Ltd.

Hoyt H. 1939. Structure and Growth of Residential Neighborhoods in American Cities[M]. Washington, DC: Federal Housing Administration.

Hudson J C. 1969. A Model of Spatial Relations [J]. Geographical Analysis, 1(3): 260−271.

Hudson R. 2007. Region and Place: Rethinking Regional Development in the Context of Global Environmental Change [J]. Progress in Human Geography, 31(6): 827−836.

Ivan. 2013. 世界电子垃圾场[J]. 新高考：高一英语, (9): 4−5.

Jordan−Bychkov T G, Domosh M, Rrowntree L. 1997. The Human Mosaic: A Thematic Introduction to Cultural Geography [M] 7th Ed. Clayton, MO: Addison−Wesley Educational Publishers Lnc.

Jordan−Bychkov T G, Domosh M. 1999. The Human Mosaic: A Thematic Introduction to Cultural Geography [M]. 8th Ed. New York: Longman.

KjellÉn R. 1917. Der Staat Als Lebensform[M]. Stockholm: Hugo Gebers Forlag.

Krugman P. R. 1994. Competitiveness: A Dangerous Obsession[J]. Foreign Affairs, 73(2), 28−44.

Landry A. 1934. La revolution demogra phigue [M]. Paris: Sirey.

Landry A. 1987. Demographic Revolution [J]. Population and Development Review, 13(4): 731−740.

Laris P, Foltz J D. Voorhees B. 2015. Taking from cotton to grow maize: The shifting practices of small-holder farmers in the cotton belt of Mali[J]. Agricultural Systems, 133: 1−13.

Lee E. S. 1966. A Theory of Migration[J]. Demography. 3(1): 47−57.

Lipton M. 1977, Why Poor People Stay Poor: Urban Bias in World Development[M]. London: Maurice T. Smith.

Liu Y, Tan Y, Nakazawa T. 2011. Move Globally, Live Locally: The Daily Lives of Japanese Expatriates in Guangzhou, China [J]. Geographical Review of Japan B, 2011, 84: 1−15.

Liu Y, Yin G, Ma L. 2012. Local state and administrative urbanization in post-reform China: A case study of Hebi City, Henan Province[J]. Cities, 29: 107−117.

Lynch K, 1960. The Image of the City[M]. Poston: MIT Press.

McGee T G. 1991. The Emergence of Desakota Region in Asia: Expanding A Hypothesis[A]. The Expanded Metropolis: Settlement Transition in Asia[C]. University of Hawaii Press.

Mikesell M W. 1961. Northern Morocco: A Cultural Geography[M]. Berkeley: University of California Press.

Mitchell D, Brown M. 2000. Cultural Geography: A Critical Introduction[M]. Malden, MA: Blackwell Publishing.

Molotch H. L. 1976. The City as A Growth Machine: Toward A Political Economy of Place[J]. American Journal of Sociology. 82: 309−330.

Moseley W G. 2005. Global cotton and local environ mental management: the political ecology of rich and poor small-hold farmers in southern Mali. [J]. The Geographical Journal. 171(1): 36−55.

Muller P O. 1981. Contemporary Suburban America [M]. Upper Saddle River, NJ: Prentice Hall.

Murphy D T. 2018. Retroactive effects: Ratzel's spatial dynamics and the expansionist imperative in interwar Germany [J]. Journal of Historical Geography, 61: 86−90.

Nash J. 2017. Linguistics, Geography, and the Potential of Australian Island Toponymies [J]. Australian Geographer, 48(4): 519−537.

Nichols J P, Mackinder H J. 1919. Democratic Ideals and Reality: A Study in the Politics of Reconstruction [J]. The American Historical Review, 48(4): 552−554.

Norton W. 2007. Human Geography 6th Ed [M]. Oxford: Oxford University Press.

Notestein F W, Taeuber I B, Kirk D, et al. 1944. The Future Population of Europe and the Soviet Union [M]. Geneva, Switzerland: League of Nations.

O' Tuathail, G. 1996. Critical Geopolitics: The Politics of Writing Global Space [M]. Minneapolis, MN: University of Minnesota Press.

O' Brien K. 2011. Responding To Environmental Change: A New Age for Human Geography? [J]. Progress in Human Geography, 36(5): 667−676.

Panayotou T. 1993. Empirical Tests and Policy Analysis of Environmental Degradation at Different Stages of Economic Development [Z]. ILO, Technology and Employment Programme, Geneva.

Panayotou T. 2000. Economic Growth and the Environment. Center for International Development [Z], Harvard University, CID Working Paper.

Peet R. 1998. Modern Geographical Thought [M]. Oxford: Blackwell.

Pepper S C. 1942. World Hypotheses: A Study of Evidence [M]. Berkeley, CA: University of California Press, Berkeley, Los Angeles, and London.

Ratzel F. 1897. Politische Geographie [M]. Munich: Oldenbourg.

Ratzel F. 1901. Der Lebensraum: Eine Biogeographische Studie [M]. TüBingen, Germany: Verlag Der Laupp'schen Buchhandlung.

Ravenstein E G. 1885. The Laws of Migration[J]. Journal of the Statistical Society of London, 48(2): 167−235.

Relph E. 1970. An Inquiry into the Relations Between Phenomenology and Geography[J]. Canadian Geographer, 14: 193−201.

Rogers A. 1984. Migration, Urbanization, and Spatial Population Dynamics [M]. Boulder, Colorado: Westview Press.

Rondinelli D. 1983. Secondary Cities in Developing Countries: Policies for Diffusing Urbanization [M]. Beverly Hills: Sage Publications.

Rosenau J N. 1988. Patterned Chaos in Global Life: Structure and Process in the Two Worlds of World Politics 1[J]. Interational political Science Review. 9(4): 327−364.

Rubenstein J M. 1996. The Cultural Landscape: An Introduction to Human Geography. [M]. 5th Ed. Upper Saddle River, NJ: Simon & Schuster / A Viacom Company.

Sack R D. 1986. Human territory: its theory and history [M]. Cambridge Cambridge University Press.

Sassen S. 2004. Local Actors in Global Politics [J]. Current Sociology, 52(4):649−670.

Sauer C O. 1940. The March of Agriculture Across the Western World [J]. Proceedings of American Science Congress,

Washington, DC. 8th, 5-63-5.

Sauer C O. 1952. Agricultural Origins and Dispersals [M]. New York: American Geographic Society.

Sauer C O. 1963. Man in the Ecology of Tropical America[M]// Leighly J (Ed). Land and Life; A Selection from the Writings of Carl Ortwin Sauer. Berkeley: University of California Press.

Scott A J. 1996. High-Technology Industrial Development in the San Fernando Valley and Ventura County Observations on Economic Growth and the Evolution of Urban Form [M]// Scott A J, Soja E W(eds). The City: Los Angeles and Urban Theory at the End of the Twentieth Century. Oakland: University of California Press.

Seamon D. 1979. A Geography of the Lifeworld: Movement, Rest, and Encounter [M]. London, UK: Croom Helm.

Semple E C. 1903. American History and Its Geographic Conditions [M]. Houghton: Mifflin Company.

Semple E C. 1911. Influences of Geographic Environment: On the Basis of Ratzel's System of Anthropo-Geography [M]. New York: Henry Holt and Company; London: Constable and Company.

Sharp J P. 2000. Condensing the Cold War: Reader's Digest and American Identity [M]. Minneapolis: University of Minnesota Press.

Shioji E. 2001. Composition Effect of Migration and Regional Growth in Japan [J]. Journal of the Japanese and International Economies, 15(1): 29-49.

Smith N. 1979. Toward a Theory of Gentrification: A Back to the City Movement by Capital, Not People [J]. Journal of the American Planning Association, 45: 4, 538-548.

Soja E. 1996. Thirdspace: Journeys to Los Angeles and Other Real-and-Imagined Places [M]. New York: Blackwell Publishers.

Sopher D E. 1967. Geography of Religions [M]. London: Prentice-Hall International, Inc.

Spencer J E, Thomas W L. 1978. Introducing Cultural Geography[M]. 2nd ed. New York: Wiley.

Stohr W, Taylor F. 1981. Development from Above or Below? The Dialectics of Regional Planning in Developing Countries[M]. London: Wiley.

Stone C N. 1989. Regime Politics: Governing Atlanta, 1946-1988[M]. Kansas City: University Press of Kansas.

Stouffer S A. 1960. Intervening Opportunities and Competing Migrants [J]. Journal of Regional Science, 2(1): 1-26.

United Nations. 2020. World Population Prospects: The 2019 Revisions [M]. New York: United Nations.

Vavilov N I. 1992. Origin and Geography of Cultivated Plants [M]. Cambridge: Cambridge University Press.

Villadsen K. 2017. Constantly Online and the Fantasy of "Work-Life Balance": Reinterpreting Work-Connectivity as Cynical Practice and Fetishism [J]. Culture and Organization, 23(5): 363-378.

Von Thünen J H. 1842. Der Isolirte Staat in Beziehung Auf Landwirthschaft Und Nationalökonomie Part One[M]. 2nd Ed. Rostock: Leopold. (First Published in 1826).

Wagner P L. 1958. Nicoya: A Cultural Geography [M]. Berkeley: University of California Press.

Walmsley D J, Lewis G J. 1984. People and Environment: Behavioural Approaches in Human Geography [M]. London: Routledge.

Walters B B. 2017. Explaining Rural Land Use Change and Reforestation: A Causal-Historical Approach [J]. Land Use Policy, 67: 608-624.

Wheeler J O, Muller P O. 1986. Economic Geography [M]. 2nd Ed. New York: John Wiley & Sons.

Yeung H W C. 2005. Rethinking Relational Economic Geography [J]. Transactions of the Institute of British Geographers, 30(1): 37-51.

Young D. 2015. Book Review of Edward Relph (2014) Toronto: Transformations in a City and Its Region. Philadelphia: University of Philadelphia Press [J]. International Journal of Urban and Regional Research, 39(3): 650-651.

Yu Z L, Zhang H, Tao Z L, et al. 2019. Amenities, Economic Opportunities, and Patterns of Migration at the City Level in

China [J]. Asian and Pacific Migration Journal, 28(1): 3–27.

Zelinsky W. 1971. The Hypothesis of the Mobility Transition [J]. Geographical Review, 61(2): 219–249.

Zelinsky W. 1980. North America's Vernacular Regions[J]. Annals of the Association of American Geographers, 70: 1–16.

Zhou S, Xu W. 2018. Interpreting the Inheritance Mechanism of the Wu Yue Sacred Mountains in China Using Structuralist and Semiotic Approaches [J]. Sustainability, 10(7): 2127.

Zhou S, Cheng Y, Xiao M, Bao X. 2013. Assessing the Location of Public-and-Community Facilities for the Elderly in Beijing, China [J]. Geojournal, 78(3): 539–551.

郑重声明

高等教育出版社依法对本书享有专有出版权。任何未经许可的复制、销售行为均违反《中华人民共和国著作权法》，其行为人将承担相应的民事责任和行政责任；构成犯罪的，将被依法追究刑事责任。为了维护市场秩序，保护读者的合法权益，避免读者误用盗版书造成不良后果，我社将配合行政执法部门和司法机关对违法犯罪的单位和个人进行严厉打击。社会各界人士如发现上述侵权行为，希望及时举报，我社将奖励举报有功人员。

反盗版举报电话　（010）58581999　58582371

反盗版举报邮箱　dd@hep.com.cn

通信地址　北京市西城区德外大街4号　高等教育出版社法律事务部

邮政编码　100120

读者意见反馈

为收集对教材的意见建议，进一步完善教材编写并做好服务工作，读者可将对本教材的意见建议通过如下渠道反馈至我社。

咨询电话　400-810-0598

反馈邮箱　hepsci@pub.hep.cn

通信地址　北京市朝阳区惠新东街4号富盛大厦1座

　　　　　高等教育出版社理科事业部

邮政编码　100029

防伪查询说明

用户购书后刮开封底防伪涂层，使用手机微信等软件扫描二维码，会跳转至防伪查询网页，获得所购图书详细信息。

防伪客服电话

（010）58582300

数字课程账号使用说明

一、注册/登录

访问https://abooks.hep.com.cn，点击"注册/登录"，在注册页面可以通过邮箱注册或者短信验证码两种方式进行注册。已注册的用户直接输入用户名加密码或者手机号加验证码的方式登录。

二、课程绑定

登录之后，点击页面右上角的个人头像展开子菜单，进入"个人中心"，点击"绑定防伪码"按钮，输入图书封底防伪码（20位密码，刮开涂层可见），完成课程绑定。

三、访问课程

在"个人中心"→"我的图书"中选择本书，开始学习。